Suisse
Schweiz
Svizzera

 le guide
MICHELIN
2015

HOTELS & RESTAURANTS

Cher lecteur

Plus de clarté, plus de couleurs, plus d'images : vous l'aurez d'emblée remarqué en feuilletant ce guide MICHELIN, nous avons voulu cette édition 2015 plus gourmande et plus plaisante à lire… afin de vous permettre d'aller plus vite encore au meilleur !

Toute l'année sur la route, les « inspecteurs Michelin » s'attachent avec une passion intacte à dénicher pour vous des adresses de qualité – restaurants, hôtels mais aussi maisons d'hôtes, dans toutes les catégories de standing et de prix. Faut-il encore vanter l'expertise de ces fins palais, dont les papilles s'aiguisent toujours plus au contact de ces savoir-faire réinventés, de ces innombrables métissages culinaires qui font la vitalité de la gastronomie contemporaine ?

Si l'on mange bien dans toutes les tables que nous recommandons, nos étoiles ✿ – une, deux ou trois – distinguent les cuisines les plus remarquables, quel que soit leur style : de la plus belle tradition à la créativité la plus ébouriffante… L'excellence des produits, le savoir-faire du chef, l'originalité des recettes, la qualité de la prestation à travers le repas et au cours des saisons : voilà qui définira toujours, au-delà des genres et des types de cuisine, les plus belles assiettes… et les plaisirs les plus gourmets !

Et puisque l'on peut aussi se régaler sans penser forcément à sa bourse, il y a – fidèle compagnon des tables à partager entre amis ou en famille

– le fameux Bib Gourmand ⊛, inégalable estampille de la bonne table au meilleur prix.

Car notre engagement est bien d'être attentifs aux exigences et aux envies de tous nos lecteurs. Autant dire que nous attachons beaucoup d'intérêt à recueillir vos opinions sur les adresses de notre sélection, afin de l'enrichir en permanence. Pour toujours mieux accompagner votre route… toutes vos routes !

DEUTSCH

Liebe Leser

Mehr Farben, mehr Bilder, mehr Klarheit – das wird Ihnen auffallen, wenn Sie den diesjährigen Guide MICHELIN durchblättern. Wir wollten die Ausgabe 2015 für Sie unterhaltsamer gestalten und Ihnen die Suche nach Hotels und Restaurants noch leichter machen. Denn seit über einem Jahrhundert sind wir nur einer Aufgabe verpflichtet: Ihnen bei der richtigen Wahl zu helfen.

Das ganze Jahr über dreht sich bei den MICHELIN Inspektoren alles darum, hochwertige Adressen – Restaurants, Hotels und Pensionen – in allen Komfortklassen und Preiskategorien zu finden.

Die heutige Gastronomie ist überaus lebendig angesichts der sich ständig entwickelnden Küchen und kulinarischer Verschmelzungen.

Gutes Essen erwartet Sie in allen Restaurants, die wir empfehlen, doch die bemerkenswertesten Küchen sind die mit MICHELIN Stern ❀ – einem, zwei oder drei. Von traditionell bis innovativ, von schlicht bis aufwändig – ganz unabhängig vom Stil erwarten wir immer das Gleiche: beste Produktqualität, Know-how des Küchenchefs, Originalität der Gerichte sowie Beständigkeit auf Dauer und über die gesamte Speisekarte hinweg.

Sich zu verwöhnen muss nicht teuer sein, nicht einmal ein Essen mit der ganzen Familie oder Freunden – dafür sorgt ein treuer Verbündeter: der Bib Gourmand ⓐ, unsere Auszeichnung für gutes Essen zu fairen Preisen.

Wir nehmen die Bedürfnisse unserer Leser ernst und schätzen Ihre Meinungen und Vorschläge. So können wir unsere Auswahl immer weiter verbessern und Ihnen auf Ihren Reisen zur Seite stehen... auf all Ihren Reisen!

3

Caro lettore

Maggiore chiarezza, più colori e più immagini: sfogliando questa guida avrete sicuramente notato che abbiamo voluto questa edizione 2015 più accattivante e più piacevole da leggere… per permettervi di raggiungere più velocemente l'optimum! Questo è infatti il nostro intento da oltre un secolo: aiutarvi a scegliere il meglio.

Tutto l'anno in viaggio, gli "ispettori Michelin" s'impegnano con costanza e passione a scovare per voi indirizzi di qualità: ristoranti, alberghi, ma anche agriturismi, in tutte le categorie e fasce di prezzo.

Le nostre papille gustative si acuiscono sempre più a contatto di conoscenze reinventate o degli innumerevoli melting pot culinari che conferiscono tanto dinamismo alla gastronomia contemporanea.

Se si mangia bene presso tutte le tavole da noi consigliate, è anche vero che le nostre stelle ❀ – una, due o tre – pongono l'accento su quelle cucine particolarmente degne di nota, qualsiasi sia il loro stile: dalla più radicata nella tradizione alla creativa più esasperata… L'eccellenza dei prodotti, la maestria dello chef, l'originalità delle ricette, la qualità della prestazione durante tutto il pasto e nell'arco delle stagioni: ecco i presupposti che definiranno sempre – al di là dei generi e dei tipi di cucina – i migliori piatti e i più intriganti piaceri gourmet!

E poiché ci si può deliziare senza necessariamente spendere una fortuna, c'è – fedele compagno di indirizzi da condividere con amici o familiari – il famoso Bib Gourmand ☺, ineguagliabile sostenitore della buona tavola a prezzi interessanti.

Come già ribadito, il nostro obiettivo è di essere attenti alle esigenze e desideri dei nostri lettori sia in termini di qualità che di budget. Inutile sottolineare che ci sta a cuore conoscere la vostra opinione sugli indirizzi selezionati al fine di arricchirli ulteriormente, per accompagnarvi sempre meglio sulla vostra strada… qualsiasi essa sia!

Dear reader

As you flick through this year's MICHELIN guide, you will notice more colours, more pictures and greater clarity: we wanted the 2015 edition to be more enjoyable to read and to make your search for establishments easier and faster! This is because our commitment for over a century has been to help you make the right choice.

All year, the Michelin inspectors have been focusing their efforts on finding top quality establishments – restaurants, hotels and guesthouses – across all categories of comfort and price.

Our palates get sharper and sharper as they come across ever-evolving cuisines and culinary crossovers that bring an extraordinary vitality to contemporary cooking.

You'll eat well in all of the places we recommend but our stars ✿ – one, two and three – mark out the most remarkable kitchens. Whatever the cooking or restaurant style – from the traditional to the innovative, the modest to the extravagant – we look for the same things: the quality of the produce; the expertise of the chef; the originality of the dishes; and consistency throughout the meal and across the seasons.

Since treating yourself doesn't have to be costly, you can rely on a faithful ally when it comes to sharing meals with family and friends: the Bib Gourmand ❦, our award for good food at moderate prices.

We listen to our readers' needs and we truly value your opinions and recommendations so we can keep improving our selection and help you on your journeys... all of your journeys!

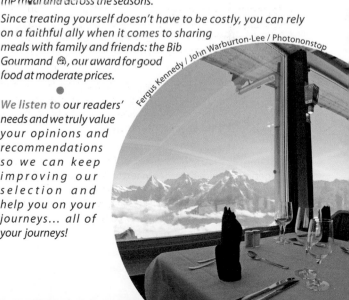

Fergus Kennedy / John Warburton-Lee / Photononstop

Sommaire Inhaltsverzeichnis
Indice *Contents*

La cuisine suisse...
Vous avez dit
fromage ?

Certes, quand on parle de la Suisse, on pense à ses fromages. il suffit d'évoquer les très populaires fondue et raclette. Mais on ne saurait oublier la viande des Grisons, les pizokels ou la tarte (aussi appelée tourte) aux noix de l'Engadine, qui sont de véritables classiques. Forte de ses entités germanophone, francophone et italophone, la cuisine suisse recèle dans son répertoire des spécialités aux influences aussi multiples.

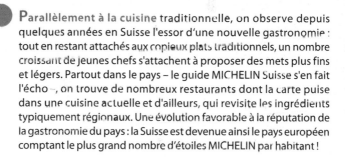

Parallèlement à la cuisine traditionnelle, on observe depuis quelques années en Suisse l'essor d'une nouvelle gastronomie : tout en restant attachés aux copieux plats traditionnels, un nombre croissant de jeunes chefs s'attachent à proposer des mets plus fins et légers. Partout dans le pays – le guide MICHELIN Suisse s'en fait l'écho –, on trouve de nombreux restaurants dont la carte puise dans une cuisine actuelle et d'ailleurs, qui revisite les ingrédients typiquement régionaux. Une évolution favorable à la réputation de la gastronomie du pays : la Suisse est devenue ainsi le pays européen comptant le plus grand nombre d'étoiles MICHELIN par habitant !

Spécialités fromagères

La cuisine suisse sans fromage ? Impensable! La fondue au fromage est une véritable institution nationale. Cet onctueux mélange de fromage fondu (selon la région, vacherin, gruyère, appenzell, emmental…) et de vin blanc, rehaussé d'une pointe de kirsch, vient initialement de la Suisse francophone, la Romandie. Mais la fondue connaît depuis longtemps un grand succès dans l'ensemble du pays. La raclette, deuxième classique parmi les spécialités helvétiques au fromage, se préparait autre-fois de manière rustique, directement sur le feu, et on l'accom-pagne toujours de la même manière : avec des pommes de terre en robe des champs, des cornichons, des oignons blancs au vinaigre, etc.

Viandes et poissons

J.D. Sudres / Hemis.fr

Autre plat bien emblématique, l'émincé de veau à la zurichoise, une spécialité de Zurich qui consiste à faire cuire de fines lamelles de veau, des rognons de veau et des champignons dans une sauce au vin blanc et à la crème ; le tout générale- ment servi avec des röstis de pommes de terre. Citons aussi le **plat bernois**, une spécia- lité de la Suisse occidentale remontant au 18ᵉ s., qui mêle différentes sortes de viande, des saucisses, de la choucroute, des haricots... et des pommes de terre. Mais dans ce registre traditionnel, rien n'égale la viande séchée du Valais ni la viande des Grisons, toutes deux séchées à l'air pur des montagnes...

Les amateurs de poisson trouveront aussi leur bonheur en Suisse : au bord du Lac Léman, du Lac de Neuchâtel ou du Lac de Bienne, on se régale volontiers d'une perche, d'un corégone ou d'une truite. Même si, dans la région du Lac de Bienne, on apprécie tout autant une saucisse cuite à la vapeur de marc.

Pâtes et pommes de terre

Que ce soit comme garniture ou comme plat principal, les röstis sont un incontournable en Suisse, Si la recette fait l'objet de controverses – faut-il les préparer avec des pommes de terre crues ou cuites ? –, elles sont toujours râpées ! Les copeaux de pommes de terre doivent rissoler dans une poêle beurrée, sans œufs ni farine, mais on tolè- rera certaines variantes, telles que l'addition de fromage ou de lardons (avant cuisson).

Un cousin proche, **les maluns** se préparent avec des pommes de terre cuites et râpées, que l'on mélange avec de la farine et du beurre avant de les faire rôtir. Un délice, encore meilleur avec une compote de pommes... ou, bien sûr, du fromage !

Si les Suisses remplacent la semoule de blé dur de la pasta italienne par de la farine de blé ou de sarrasin, les pâtes sont bien les rivales de la pomme de terre.

Tels les **pizzocheris des Grisons** qui, mariés dans une potée avec du chou frisé, des pommes de terre et du fromage, sont un vrai régal après une randonnée dans les Alpages ! Idem avec les **pizokels**, un dérivé suisse des spätzlis, servis accompagnés de légumes et de fromage. Autre variation sur le thème des spätzlis, les **capuns** – authentique spécialité des Grisons –, sont des paupiettes farcies de pâte à spätzli, enveloppées dans des feuilles de bette et à laquelle on incorpore de la viande des Grisons coupée en dés ; le tout volontiers gratinées au fromage. Quant aux influences italiennes, plus légères, elles se font sentir dans le Tessin, où l'on préfère savourer **marronis** ou polenta (purée de semoule de maïs)...

● Délices sucrées

Impossible de résister à la tentation du chocolat suisse. Mais les vrais gourmands savent aussi apprécier les gâteaux et les tartes. Parmi ces dernières, on citera la tourte aux noix de l'Engadine, aussi consistante que savoureuse avec ses noix caramélisées sur une pâte brisée. Autres "must", le gâteau de carottes à l'argovienne, la tourte au kirsch de Zoug et le gâteau du Vully, appelé aussi tout simplement gâteau à la crème... tout simplement bon !

Salé ou sucrée, de fait la cuisine suisse reste bien ancrée dans la tradition : celle d'une cuisine solide, propre à rassasier les montagnards. Car en Suisse, la gourmandise atteint des sommets !

Schweizer Küche...
Alles Käse oder was?

Die Schweiz ist ja bekannt **für ihren Käse - man denke nur an leckere und sehr beliebte Gerichte wie Käsefondue und Raclette. Aber auch Bündnerfleisch, Pizokel oder Engadiner Nusstorte sind echte Klassiker. Entsprechend ihrem deutschen, französischen und italienischen Teil hat die Schweiz natürlich auch kulinarisch entsprechende Einflüsse zu bieten.**

Neben der traditionellen Schweizer Küche ist seit einigen Jahren eine aufstrebende junge Gastronomie zu beobachten. Immer mehr junge Köche ergänzen das Angebot an doch recht nahrhaften Traditionsgerichten um feine, leichte Speisen. Der Guide MICHELIN Schweiz hat es Schwarz auf Weiss: Überall im Land finden sich zahlreiche Restaurants, deren Speisekarten modern und international inspiriert sind, aber dennoch typische regionale Elemente mit einbeziehen. Eine bedeutende Entwicklung für die hiesige Gastronomie, denn die Schweiz ist in Europa das Land mit den meisten MICHELIN Sternen je Einwohner!

Käsespezialitäten

Schweizer Küche ohne Käsegerichte? Undenkbar! Ein echtes Nationalgericht ist das Käsefondue. Die Mischung aus geschmolzenem Käse (je nach Region Vacherin, Greyerzer, Appenzeller, Emmentaler…) und Weisswein sowie Kirschwasser kommt ursprünglich aus der französischsprachigen Schweiz, ist aber in unterschiedlichen Varianten schon lange überall im Land verbreitet. Der zweite Klassiker unter den Käsegerichten ist Raclette, wobei der Käse ursprünglich auf ganz urige Art am Feuer geschmolzen wurde. Dazu werden Pellkartoffeln („Gschwellti"), saure Gurken, Essigzwiebeln usw. gereicht.

Fleisch und Fisch

Wohl eines der bekanntesten Fleischgerichte der Schweiz ist das Zürcher Geschnetzelte. Diese aus Zürich stammende Spezialität besteht aus Kalbfleisch, Kalbsnieren und Champignons in Rahm-Weissweinsosse, dazu serviert man ganz klassisch Kartoffelrösti. Aus der Westschweizer Berner Küche kommt die Berner Platte, die ihren Ursprung bereits im 18. Jh. hat. Hierbei werden verschiedene Fleisch- und Wurstsorten mit Sauerkraut, Bohnen und Kartoffeln auf einer Platte angerichtet.

Ebenfalls probiert haben sollte man das Walliser Trockenfleisch oder das Bündnerfleisch, die beide für ihre Herstellung das Bergklima brauchen. Auch auf frischen Fisch muss man in der Schweiz nicht verzichten. So isst man beispielsweise am Genfersee, am Neuenburgersee oder am Bielersee gerne Egli, Felchen und Forellen. Am Bielersee kennt man auch die Treberwurst, eine im Brennkessel gegarte Rohwurst („Saucisson").

Kartoffeln und Teigwaren

Sie sind wohl jedem ein Begriff: Rösti. Sie sind überall in der Schweiz sehr beliebt, als Beilage oder auch als Hauptgericht. Nicht ganz einig ist man sich bei der Frage, ob man für Ihre Zubereitung rohe oder gekochte Kartoffeln nimmt. Auf jeden Fall sind die Kartoffeln immer gerieben. Ohne Zugabe von Eiern oder Mehl werden sie in der Pfanne in heissem Fett ausgebacken. Ergänzende Zutaten wie Käse oder Speck sind im Röstiteig aber durchaus erlaubt. Ein weiteres Kartoffelgericht sind Maluns, für die gegarte, geriebene Kartoffeln mit Mehl und Butter vermischt und geröstet werden – dazu schmeckt z. B. Apfelmus, aber natürlich auch der allgegenwärtige Käse.

Typisch sind auch Teigwaren, für die die Schweizer den Hartweizengriess der italienischen Pasta durch Weizenmehl und Buchweizenmehl ersetzen, wie z. B. in den Bündner Pizzoccheri, die mit Wirsing, Kartoffeln und Käse einen der leckeren Eintöpfe ergeben, den Pizokel, einer Art Spätzle, die ebenfalls mit Gemüse und Käse serviert werden, oder den Capuns, ein in Mangoldblätter gewickelter Spätzleteig mit Bündnerfleischstücken und gerne auch mit Käse überbacken. Italienische Einflüsse machen sich mit den aus dem Tessin stammenden Marroni sowie mit der Polenta bemerkbar, einem festen Brei aus Maisgriess.

gourmet-vision/image BROKER / agefotostock

●● Sie mögen es süss?

Eine Sünde wert ist nicht nur die berühmte Schweizer Schokolade, auch Torten sind ein Muss, allen voran die Engadiner Nusstorte. Diese Spezialität aus mit karamellisierten Walnüssen gefülltem Mürbteig ist zwar recht gehaltvoll, aber ebenso schmackhaft! Lecker auch die Aargauer Rüeblitorte, die Zuger Kirschtorte sowie der Nidelfladen, ein Rahmkuchen.

Sie sehen, es gibt einiges zu entdecken. Wir wünschen Ihnen viel Vergnügen auf Ihren genussvollen Erkundungsreisen durch die Schweizer Gastronomie!

Cucina svizzera...

Solo formaggio o c'è dell'altro?

La Svizzera è celebre per i suoi formaggi: basti pensare a piatti deliziosi e tanto apprezzati come la fonduta e la raclette. Ma in tema di classici non si possono non menzionare anche la Bündnerfleisch (carne bovina salata e stagionata), i Pizokel (specialità di pasta dei Grigioni) o la Engadiner Nusstorte (torta di noci dell'Engadina). Essendo, inoltre, il paese diviso in tre parti - tedesca, francese e italiana - non potevano mancare influssi culinari corrispondenti.

Oltre alla cucina tradizionale, si osserva da alcuni anni l'emergere di una gastronomia giovane e ambiziosa. Un crescente numero di cuochi aggiunge all'offerta di specialità locali - piuttosto nutrienti - piatti leggeri e delicati. La guida MICHELIN Svizzera ne cita qualche esempio: su tutto il territorio elvetico sono presenti, infatti, numerosi ristoranti che offrono menu moderni e internazionali arricchiti con ingredienti tipici della regione. Si tratta di un' importante svolta per la gastronomia locale, se si pensa che, a livello europeo, la Svizzera è il paese con il maggior numero di stelle MICHELIN per abitante!

Specialità a base di formaggio

Togliere il formaggio dalla cucina svizzera? Praticamente, impensabile! Uno dei piatti nazionali è la fonduta: una preparazione ottenuta mescolando formaggio fuso (a seconda della regione, Vacherin, groviera, Appenzeller, Emmental ecc.) e vino bianco, nonché acquavite di ciliegie. La specialità è originaria della Svizzera francofona, ma si è poi diffusa con varianti in tutto il paese. Un altro classico fra i piatti a base di formaggio è la raclette, un tempo ottenuta facendo fondere il formaggio tradizionalmente sul fuoco; questo piatto è accompagnato da patate lesse con buccia ("Gschwellti"), cetrioli e cipolle sottaceto, ecc.

Carne e pesce

Uno dei piatti di carne più noti del paese è indubbiamente il Zürcher Geschnetzelte, ovvero lo spezzatino alla zurighese. Originaria della città di cui porta il nome, la specialità è a base di carne e reni di vitello, champignon in salsa di panna e vino bianco; solitamente servita con Rösti. Dalla Svizzera occidentale giunge il Berner Platte (piatto bernese) risalente al 18° secolo. Su una pirofila vengono serviti diversi tipi di carni e salumi con crauti, fagiolini e patate. Imperdibile anche la Walliser Trockenfleich (carne secca del Vallese) o la Bündnerfleisch, per produrre le quali è indispensabile il clima montano. Anche il pesce è protagonista della cucina svizzera: pesce persico, coregone e trota abitano, per esempio, il lago di Ginevra, di Neuchâtel o di Bienne. In quest'ultima località si può anche gustare la Treberwurst, ossia salsiccia cotta al vapore nell'alambicco durante la distillazione del liquore.

Patate e pasta

bernjuer / agefotostock

I famosi Rösti sono apprezzati in tutta la Svizzera sia come contorno che come piatto principale: si preparano con patate crude o cotte, ma, in entrambi i casi, i tuberi vengono grattugiati. Senza aggiunta di uova o farina vengono cotti in padella in olio bollente; chi lo desidera può aggiungere nell'impasto formaggio o pancetta. Un altro piatto interessante sono i Maluns preparati con patate lesse grattugiate mescolate con farina e burro e cotte in padella. Possono essere serviti con mousse di mele o con l'immancabile formaggio.

Molto diffusa è anche la pasta, per la quale gli svizzeri usano farina di frumento e di grano saraceno al posto del grano duro usato per la pasta italiana. Da non dimenticare, infine, i Pizzoccheri dei Grigioni che insieme a verza, patate e formaggio danno vita ad una gustosa minestra o i Pizokel, una specie di Spätzle da servire con verdura e formaggio oppure anche i Capuns, un impasto simile a quello degli Spätzle, ma avvolto in foglie di barbabietola e contenente pezzetti di Bündnerfleisch da gratinare – eventualmente – con del formaggio. Gli influssi italiani si fanno notare nel Ticino con i Marroni, nonché con la Polenta, una purea a base di semolino di mais.

E per gli amanti dei dolci?

Per loro, oltre al proverbiale cioccolato svizzero, ci sono anche torte deliziose come la Engadiner Nusstorte, la torta di noci dell'Engadina. Questa specialità fatta di pasta frolla ripiena di noci caramellate è sostanziosa quanto saporita! Gustose sono anche la Aargauer Rüeblitorte (torta di carote dell'Argovia), la Zuger Kirschtorte (torta al kirsch zughese), nonché il Nidelfladen (dolce con panna).

Come vedete, l'offerta è ricca e varia. Vi auguriamo, quindi, buon divertimento alla scoperta delle delizie gastronomiche svizzere!

Le vignoble suisse

La production vinicole suisse est estimée à 1,2 million d'hectolitres, moitié en vins blancs, moitié en vins rouges. Le relief tourmenté du pays rend difficile l'exploitation du vignoble, mais assure une grande variété de climats et de terroirs. Cépage blanc typique de Suisse romande et peu cultivé ailleurs, le Chasselas est sensible à toute nuance de terroir et de vinification, d'où une grande variété de caractères selon les régions. Pinot, Gamay et Merlot sont les principaux cépages rouges cultivés dans le pays.

La réglementation d'« Appellation d'Origine Contrôlée », dans le cadre des ordonnances fédérales sur la viticulture et sur les denrées alimentaires, est de la compétence des cantons. Elle existe déjà dans les cantons d'Argovie, Fribourg, Genève, Neuchâtel, Schaffhouse, Tessin, Vaud, Valais et la région du lac de Bienne. 2009 et 2010 sont les meilleurs millésimes récents.

→ Das Schweizer Weinanbaugebiet

Die Weinproduktion in der Schweiz wird auf 1,2 Millionen Hektoliter geschätzt, je zu 50 % Weisswein und Rotwein. Die Topographie der Schweiz macht den Weinanbau zwar schwierig, sorgt jedoch für eine grosse Vielfalt verschiedener Klimazonen und Böden. Der Chasselas, eine typische weisse Rebsorte aus der Westschweiz, die woanders kaum angebaut wird, reagiert sehr unterschiedlich auf den Boden un die Verarbeitung des Weins. Daher variiert der Charakter dieses Weins sehr stark je nach Region, in der er angebaut wird. Blauburgunder, Gamay und Merlot sind die wichtigsten roten Rebsorten.

Die Regelung zur kontrollierten Ursprungsbezeichnung im Rahmen der Wein- und Lebensmittelverordnung wurde vom Bund an die Kantone übertragen und existiert schon für die Kantone Aargau, Freiburg, Genf, Neuenburg, Schaffhausen, Tessin, Waadt, Wallis und die Region Bielersee. 2009 und 2010 sind die besten letzten Jahrgänge.

→ La Svizzera vinicola

La produzione vinicola svizzera è stimata a 1,2 milioni d'ettolitri, la metà dei quali di vino bianco e l'altra metà di vino rosso. Il rilievo accidentato del paese rende difficoltosa l'attività vitivinicola, ma assicura una grande varietà di climi e terreni. Vitigno bianco tipico della Svizzera romanda e poco coltivato altrove, lo Chasselas è sensibile a tutte le sfumature del terreno e della vinificazione; da ciò deriva una grande varietà di caratteristiche. Pinot, Gamay e Merlot sono i principali vitigni rossi coltivati nel paese.

La normativa sulla «Denominazione d'Origine Controllata», nell'ambito delle disposizioni federali sulla viticoltura e sui generi alimentari, è di competenza dei cantoni, ma già esiste, nei cantoni di Argovia, Friburgo, Ginevra, Neuchâtel, Sciaffusa, Ticino, Vaud, Vallese e nella regione del lago di Bienne. 2009 e 2010 sono i migliori millesimi recenti.

Le palmarès 2015

→ Die Top-Adressen
→ Palmares

❀ Les nouvelles étoiles
   → die neuen Sterne
   → Le nuove stelle

❀

Basel (BS)	Les Quatre Saisons
Basel / Bottmingen (BL)	Philippe Bamas - Restaurant Sonne
Bubendorf (BL)	Landgasthof Talhaus - PURO
Cavigliano (TI)	Tentazioni
Charmey (FR)	La Table - Hôtel Le Sapin
Flüh (SO)	Martin
Gais (AR)	Truube
Oberwil (BL)	Schlüssel
Orisières (VS)	Les Alpes
Samnaun (GR)	La Miranda Gourmet Stübli
Schlattingen (TG)	dreizehn sinne im huuswurz
Sion (VS)	Damien Germanier
Uznach (SG)	Der Kunsthof
Vitznau (LU)	PRISMA
Vitznau (LU)	Sens
Worb (BE)	Eisblume
Zürich (ZH)	Maison Manesse
Zürich (ZH)	Sankt Meinrad

→ Et retrouvez toutes les étoiles et tous les Bib Gourmand 2015 à la fin du guide MICHELIN, page 522.

→ Und finden Sie alle Sterne-Restaurants und Bib Gourmand Restaurants 2015 am Ende des Guide MICHELIN, Seite 522.

→ E ritrovate tutte le stelle e tutti il Bib Gourmand 2015 alla fine della guida MICHELIN, pagina 522.

Les nouveaux "Bib Gourmand"
➜ die neuen Bib Gourmand
➜ I nuovi Bib Gourmand

Adliswil (ZH)	Krone
Aigle (VD)	la pinte communale
Ascona (TI)	Aerodromo da Nani
Auvernier (NE)	Brasserie du Poisson
Balgach (SG)	Bad Balgach
Brissago (TI)	Osteria al Giardinetto
Burgdorf (BE)	La Pendule
Cham (ZG)	the blinker
Emmen (LU)	Kreuz
Erlenbach (ZH)	Zum Pflugstein
Erlinsbach (AG)	Hirschen
Fislisbach (AG)	Linde
Ftan (GR)	Paradies - La Cucagna
Gerolfingen (BE)	Züttel
Grenchen (SO)	Chappeli
Gstaad / Saanen (BE)	16 Art Bar
Gurtnellen (UR)	Gasthaus im Feld
Interlaken / Unterseen (BE)	benacus
Kandersteg (BE)	Ritter
Lyss / Suberg (BE)	Pfister's Goldener Krug
Murten / Merlach (FR)	La Pinte du Vieux Manoir
Sachseln (OW)	Gasthaus Engel
Safenwil (AG)	Central
Sankt Moritz / Champfèr (GR)	Giardino Mountain - Stüva
Stäfa (ZH)	Gasthof zur Sonne
Tegna / Ponte Brolla (TI)	T3e Terre
Valeyres-sous-Rances (VD)	A la Vieille Auberge
Widnau (SG)	Paul's
Wölflinswil (AG)	Landgasthof Ochsen
Zug (ZG)	Zum Kaiser Franz im Rössli
Zuoz (GR)	Dorta

Les Tables étoilées 2015
Die Sterne Restaurants

Basel

Oberwil • Bottmingen

Flüh • Bubendorf

Trimbach

Hägendorf

Le Noirmont • Riedholz • Nebikon

Solothurn • Thörigen

Sonceboz

Scheunenberg • Burgdorf

St-Blaise • Münchenbuchsee

Bern • Escholzmatt

Villarepos • Worb

Fribourg • Bourguillon

Wilderswil

Charmey

Cossonay

Crissier Lausanne

Vufflens-le-Château • St-Légier • Gstaad

Morges Chardonne Brent

Vevey

Vouvry Crans-Montana Sierre

Anières

Peney-Dessus Cologny Sion

Genève Thônex Saas Fee

Carouge Verbier

Zermatt

Orsières

La couleur correspond à l'établissement le plus étoilé de la localité.
Die Farbe entspricht dem besten Sterne-Restaurant im Ort.

Crissier ❀❀❀ La localité possède au moins un restaurant 3 étoiles
Ort mit mindestens einem 3 Sterne-Restaurant

Basel ❀❀ La localité possède au moins un restaurant 2 étoiles
Ort mit mindestens einem 2 Sterne-Restaurant

Bern ❀ La localité possède au moins un restaurant 1 étoile
Ort mit mindestens einem 1 Stern-Restaurant

Schaffhausen
Schlattingen
Kreuzlingen
Eglisau
Winterthur
Wittenbach
Rehetobel
Zürich Wangen
Widen
Gais
Wetzikon
Küsnacht
Uetikon am See LIECHTENSTEIN
Gattikon
Vaduz
Hurden Uznach
Triesen
Mels
Samnaun
Bad Ragaz

Schwyz
Klosters
Vitznau
Arosa Davos
Hergiswil

Brail
Fürstenau
La Punt-Chamues-Ch.

Sankt Moritz

Champfer

Bellinzona
Cavigliano
Ascona

Lugano
Vacallo

Bib Gourmand 2015

Localités possédant au moins un établissement avec un Bib Gourmand.
Orte mit mindestens einem Bib-Gourmand-Haus.

Basel
Bottmingen
Wölflinswil
Mägenwil
Erlinsbach
Pleujouse
Gunzgen
Safenwil
Riedholz
Solothurn
Nebikon
Sonceboz
Ebersecken
Sursee
Grenchen
Sempach
Les Prés d'Orvin
Utzenstorf
Emmen
Scheunenberg
Blatten bei Malters
Gerolfingen
Suberg
Luthern
Auvernier
Bern
Burgdorf
Escholzmatt
Merlach
Murten
Sachseln
St-Aubin
Villarepos
Düdingen
Steffisburg
Meiringen
Baulmes
Hilterfingen
Unterseen
Valeyres-sous-Rances
Aeschiried
Wilderswil
Montricher
Cossonay
Reichenbach
Mézières
Frutigen
Chalet-à-Gobet
Kandersteg
Arzier
Aubonne
Saanen
Versoix
Bluche
Genève
Conches
Chancy
Landecy
Aigle
Saas Fee

Les engagements du guide MICHELIN

L'expérience au service de la qualité

Qu'il soit au Japon, aux Etats-Unis, en Chine ou en Europe, l'inspecteur du guide MICHELIN respecte exactement les mêmes critères pour évaluer la qualité d'une table ou d'un établissement hôtelier, et il applique les mêmes règles lors de ses visites. Car si le guide peut se prévaloir aujourd'hui d'une notoriété mondiale, c'est notamment grâce à la constance de son engagement vis-à-vis de ses lecteurs. Un engagement dont nous voulons réaffirmer ici les principes :

LA VISITE ANONYME

Première règle d'or, les inspecteurs testent de façon anonyme et régulière les tables et les chambres, afin d'apprécier pleinement le niveau des prestations offertes à tout client. Ils paient donc leurs additions ; après quoi ils pourront révéler leur identité pour obtenir des renseignements supplémentaires. Le courrier des lecteurs nous fournit par ailleurs de précieux témoignages, autant d'informations qui sont prises en compte lors de l'élaboration de nos itinéraires de visites.

L'INDÉPENDANCE

Pour garder un point de vue parfaitement objectif – dans le seul intérêt du lecteur –, la sélection des établissements s'effectue en toute indépendance, et l'inscription des établissements dans le Guide est totalement gratuite. Les décisions sont discutées collégialement par les inspecteurs et le rédacteur en chef, et les plus hautes distinctions font l'objet d'un débat au niveau européen.

LE CHOIX DU MEILLEUR

Loin de l'annuaire d'adresses, le Guide se concentre sur une sélection des meilleurs hôtels et restaurants, dans toutes les catégories de confort et de prix. Un choix qui résulte de l'application rigoureuse d'une même méthode par tous les inspecteurs, quel que soit le pays où il œuvre.

UNE MISE À JOUR ANNUELLE

outes les informations pratiques, tous les classements et distinctions sont revus et mis à jour chaque année afin d'offrir l'information la plus fiable.

L'HOMOGÉNÉITÉ DE LA SÉLECTION

Les critères de classification sont identiques pour tous les pays couverts par le guide MICHELIN. A chaque culture sa cuisine, mais la qualité se doit de rester un principe universel…

Car notre unique dessein est de tout mettre en œuvre pour vous aider dans chacun de vos déplacements, afin qu'ils soient toujours sous le signe du plaisir et de la sécurité. « L'aide à la mobilité » : c'est la mission que s'est donnée Michelin.

Consultez le guide MICHELIN sur : www.Viamichelin.com
et écrivez-nous à : leguidemichelin-suisse@ch.michelin.com

Mode d'emploi

INFORMATIONS PRATIQUES

Distances depuis les villes principales,
références de la carte routière MICHELIN
où vous retrouverez la localité.

CORTAILLOD
2016 Neuchâtel (NE) – 4 407 hab. – Alt. 482 m – Carte
▪ Bern 58 km – Neuchâtel 9 km – Biel 44 km – Lausa
Carte routière Michelin 552 F17

Le Galion Ⓝ
à Petit Cortaillod – ℰ 032 843 44 35 – www.ho
– Fermé 18 décembre - 8 janvier
22 ch ⌑ – ♦110/130 CHF ♦♦180/230 CHF – ½
Rest – (fermé dimanche) (16 CHF) Menu 49
Au plus près de la nature, entre lac et vign
ment décorées, pour des nuitées sans re
classiques et spécialités du lac. Cuvée m

NOUVEL ÉTABLISSEMENT DANS LE GUIDE

La Retraite !
18 r. Chanélaz – ℰ 032 844 22 34 – ww
– Fermé 22 décembre - 8 janvier et d
25 ch ⌑ – ♦75/100 CHF ♦♦160/190
Rest – (17 CHF) Menu 49/89 CHF – C
Hôtellerie familiale établie dans u
Ses deux chalets renferment d'a
taurant apprécié pour son confo

L'HÉBERGEMENT

De 🏠🏠🏠 à 🏠 :
catégories de confort.
En rouge 🏠🏠🏠 ... 🏠 :
les plus agréables.

La Pomme de Pin
14 av. François-Borel – ℰ 032 8
Fermé dimanche et lundi
Menu 18 CHF – Carte 43/87 CH
Table entièrement rénovée
tisme : perches, homards,
propice à la détente.

LES MEILLEURES ADRESSES À PETITS PRIX

🍽 Bib Hôtel.
😋 Bib Gourmand.

COSSONAY
1304 Vaud (VD) – 2 487 hab. – /
▪ Bern 107 km – Lausanne 16
Carte routière Michelin 552 D

LES RESTAURANTS

De 🗙🗙🗙🗙🗙 à 🗙 : catégories de confort.
En rouge 🗙🗙🗙🗙🗙 ... 🗙 : les plus agréables.

Le Petit Comptoi
22 r. du Temple – ℰ
– Fermé 24 décemb
Menu 80 CHF (déj.)/
Ancienne maison
mobilier Louis XV
Du plaisir pour l
➔ Pressée de th
Mille-feuille de

LES TABLES ÉTOILÉES

😊😊😊 Vaut le voyage.
😊😊 Mérite un détour.
😊 Très bonne cuisine.

COURGENAY
2950 Jura (JU) – 2 09
▪ Bern 92 km – Bas
ière Mich

le **8**C2
km

Plan : B1**e**

alion.ch

– Carte 51/87 CHF
rois catégories de chambres joli-
e restaurant vogue entre recettes
rovenant des vignes.

Plan : A2**b**

raite.ch
e

84 CHF
er résidentiel, donc exempte de chahut.
nambres à touches campagnardes. Res-
ur le soin apporté à se préparations.

Plan : C1**d**

5 – www.pommedepin.ch

é Noël et Nouvel An)
orientation culinaire ne manque pas d'éclec-
de mer et produits terrestres. Terrasse d'été

m – Carte régionale **12** A3
ribourg 78 km – Genève 62 km

26 20 – www.lepetit-comptoir.ch
nvier, 9 juillet - 3 août et dimanche
– Carte 128/208 CHF
s. mariant harmonieusement décor ancien – élégant
nne cheminée en pierre moulurée – et cuisine innovante.
et le palais.
iné aux herbes. Gnocchi à la truffe noire et jus de légumes.
les Monts.

– Alt. 488 m– Carte régionale **5** D7
n – Biel 57 km – Montbéliard 38 km
1 H4

32 471 22 35 – www.hotelterminus.ch
te 33/72 CHF
taines dotées
plus

LOCALISER LA VILLE

Repérage de la localité sur la carte
régionale au début du guide
(n° de la carte et coordonnées).

LOCALISER
L'ÉTABLISSEMENT

Localisation sur le plan de ville
(coordonnées et indice).

DESCRIPTION
DE L'ÉTABLISSEMENT

Atmosphère, style, caractère...

ÉQUIPEMENTS
ET SERVICES

PRIX

27

Classement & distinctions

LES CATÉGORIES DE CONFORT

Le guide MICHELIN retient dans sa sélection les meilleures adresses dans chaque catégorie de confort et de prix. Les établissements sélectionnés sont classés selon leur confort et cités par ordre de préférence dans chaque catégorie.

ᐃᐃᐃᐃ	XXXXX	**Grand luxe et tradition**
ᐃᐃᐃ	XXXX	**Grand confort**
ᐃᐃᐃ	XXX	**Très confortable**
ᐃᐃ	XX	**De bon confort**
ᐃ	X	**Assez confortable**
sans rest garni, senza rist		**L'hôtel n'a pas de restaurant**
avec ch mit Zim, con cam		**Le restaurant possède des chambres**

LES DISTINCTIONS

Pour vous aider à faire le meilleur choix, certaines adresses particulièrement remarquables ont reçu une distinction : étoiles ou Bib Gourmand. Elles sont repérables dans la marge par ✿ ou ⊛.

LES ÉTOILES : LES MEILLEURES TABLES

Les étoiles distinguent les établissements, tous styles de cuisine confondus, qui proposent la meilleure qualité de cuisine. Les cartères retenus sont : la qualité des produits, la personnalité de la cuisine, la maîtrise des cuissons et des saveurs, le rapport qualité/prix ainsi que la régularité.

Chaque restaurant étoilé est accompagné de trois exemples de plats représentatifs de sa cuisine. Il arrive parfois qu'elles ne puissent être servies : c'est souvent au profit d'autres savoureuses recettes inspirées par la saison.

✿✿✿	**Cuisine remarquable, cette table vaut le voyage** On y mange toujours très bien, parfois merveilleusement.
✿✿	**Cuisine excellente, cette table mérite un détour**
✿	**Une très bonne cuisine dans sa catégorie**

LES BIBS : LES MEILLEURES ADRESSES À PETIT PRIX

 Bib Gourmand
Établissement proposant une cuisine de qualité à moins de 65 CHF (prix d'un repas hors boisson).

Bib Hôtel
Établissement offrant une prestation de qualité avec une majorité de chambres à moins de 180 CHF (prix pour 2 personnes, petit-déjeuner compris).

LES ADRESSES LES PLUS AGRÉABLES

Le rouge signale les établissements particulièrement agréables. Cela peut tenir au caractère de l'édifice, à l'originalité du décor, au site, à l'accueil ou aux services proposés.

à **Hôtels agréables**

à **Restaurants agréables**

LES MENTIONS PARTICULIÈRES

En dehors des distinctions décernées aux établissements, les inspecteurs Michelin apprécient d'autres critères souvent importants dans le choix d'un établissement.

AGRÉMENTS

Vous cherchez un établissement tranquille ou offrant une vue attractive ? Suivez les symboles suivants :

Au calme

Belle vue

CARTE DES VINS

Vous cherchez un restaurant dont la carte des vins offre un choix particulièrement intéressant ? Suivez le symbole suivant :

 Carte des vins particulièrement attractive
Toutefois, ne comparez pas la carte présentée par le sommelier d'un grand restaurant avec celle d'une auberge dont le patron se passionne pour les vins de sa région.

Équipements & services

🛗	Ascenseur
A/C	Air conditionné (dans tout ou partie de l'établissement)
🛜	Connexion internet « Wireless Lan » dans la chambre
♿	Établissement en partie accessible aux personnes à mobilité réduite
🧒	Équipement d'accueil pour les enfants
🍽	Repas servi au jardin ou en terrasse
Spa	SPA : bel espace de bien-être et de relaxation
🏋 🧖	Salle de remise en forme, sauna
🏊 🏊	Piscine : de plein air ou couverte
🌳	Parc ou jardin
🎾 18	Tennis – Golf et nombre de trous
🧑	Salles de conférences
🍽	Salons pour repas privés
🐕‍🦺	Accès interdit aux chiens (dans tout ou partie de l'établissement)
🚗	Garage dans l'hôtel (généralement payant)
P	Parking réservé à la clientèle
💳	Cartes de crédit non acceptées

NON-FUMEURS

Dans quelques cantons il est interdit de fumer dans les restaurants.
La réglementation peut varier d'un canton à l'autre.
Dans la majorité des hôtels sont proposées des chambres non-fumeurs.

Prix

À l'occasion de certaines mani-festations : congrès, foires, salons, festivals, événements sportifs…, les prix demandés par les hôteliers peuvent être sensiblement majorés.

RÉSERVATION ET ARRHES

Certains hôteliers demandent le versement d'arrhes en signe d'engagement du client. Il est souhaitable de bien demander à l'hôtelier d'indiquer dans sa lettre d'accord si le montant ainsi versé sera imputé sur la facture (dans ce cas, les arrhes servent d'acompte) ou non. Il est également conseillé de se renseigner sur les conditions précises du séjour.

CHAMBRES

29 ch (Zim, cam)	Nombre de chambres
100/150 CHF	Prix minimum 100 CHF et /maximum 150 CHF pour une chambre d'une personne.
200/350 CHF	Prix minimum 200 CHF et /maximum 350 CHF pour une chambre de deux personnes.
ch (Zim,cam) ⊡ -	Petit-déjeuner compris.
⊡ 20 CHF	Prix du petit-déjeuner (Suites et junior suites : se renseigner auprès de l'hôtelier.)
½ P	L'établissement propose la demi-pension.

RESTAURANT

⊗	Restaurant proposant un plat du jour **à moins de 20 CHF**
(16 CHF)	**Plat du jour :** Prix moyen du plat du jour généralement servi au repas de midi, en semaine.
	Menu à prix fixe : Prix d'un repas composé d'un plat principal, d'**une entrée** et d'**un dessert**.
Menu 36/80 CHF (Menü – Menu)	**Prix du menu :** minimum 36 CHF/maximum 80 CHF
	Repas à la carte :
Carte 50/95 CHF (Karte – Carta)	Le premier prix correspond à un repas simple comprenant une entrée, un plat garni et un dessert. Le second prix concerne un repas plus complet comprenant une entrée, un plat principal et un dessert.

Informations sur les localités

_____ (BIENNE)	Traduction usuelle du nom de la localité
✉ 3000	Numéro de code postal de la localité
✉ 3123 Belp	Numéro de code postal et nom de la commune de destination
Bern (BE)	Canton auquel appartient la localité
1 057 hab. (Ew. – ab.)	Nombre d'habitants
Alt. (Höhe) 1 500 m	Altitude de la localité
▶ Bern 195 km	Distance depuis les villes principales
Nord, Süd, Sud,	au Nord, au Sud
Est, Ost,	à l'Est
Ouest, West, Ovest	à l'Ouest

Légende des plans

- Hôtels
- Restaurants

CURIOSITÉS

Bâtiment intéressant

Édifice religieux intéressant : catholique · protestant

VOIRIE

Autoroute - Double chaussée de type autoroutier

Echangeurs numérotés : complet, partiels

Grande voie de circulation

Rue réglementée ou impraticable

Rue piétonne · Tramway

Parking · Parking Relais

Tunnel

Gare et voie ferrée

Funiculaire, voie à crémaillère

Téléphérique, télécabine

SIGNES DIVERS

Office de tourisme

Mosquée · Synagogue

Tour · Ruines · Moulin à vent

Jardin, parc, bois · Cimetière

Stade · Golf · Hippodrome

Piscine de plein air

Vue · Panorama

Monument · Fontaine · Phare

Port de plaisance · Gare routière

Aéroport · Station de métro

Transport par bateau :
passagers et voitures, passagers seulement

Bureau principal de poste restante

Hôpital · Marché couvert

Police cantonale (Gendarmerie) · Police municipale

Hôtel de ville · Université, grande école

Bâtiment public repéré par une lettre :
M H   Musée · Hôtel de ville
P T   Préfecture · Théâtre

Touring Club Suisse (T.C.S.)

Automobile Club de Suisse (A.C.S.)

Die Grundsätze des Guide MICHELIN

Erfahrung im Dienste der Qualität

Ob in Japan, in den Vereinigten Staaten, in China oder in Europa, die Inspektoren des Guide MICHELIN respektieren weltweit exakt dieselben Kriterien, um die Qualität eines Restaurants oder eines Hotels zu überprüfen. Dass der Guide MICHELIN heute weltweit bekannt und geachtet ist, verdankt er der Beständigkeit seiner Kriterien und der Achtung gegenüber seinen Lesern. Diese Grundsätze möchten wir hier bekräftigen:

DER ANONYME BESUCH

Die oberste Regel. Die Inspektoren testen anonym und regelmässig die Restaurants und Hotels, um das Leistungsniveau in seiner Gesamtheit zu beurteilen. Sie bezahlen alle in Anspruch genommenen Leistungen und geben sich nur zu erkennen, um ergänzende Auskünfte zu erhalten. Die Zuschriften unserer Leser stellen darüber hinaus wertvolle Erfahrungsberichte für uns dar und wir benutzen diese Hinweise, um unsere Besuche vorzubereiten.

DIE UNABHÄNGIGKEIT

Um einen objektiven Standpunkt zu bewahren, der einzig und allein dem Interesse des Lesers dient, wird die Auswahl der Häuser in kompletter Unabhängigkeit erstellt. Die Empfehlung im Guide MICHELIN ist daher kostenlos. Die Entscheidungen werden vom Chefredakteur und seinen Inspektoren gemeinsam gefällt. Für die höchste Auszeichnung wird zusätzlich auf europäischer Ebene entschieden.

DIE AUSWAHL DER BESTEN

Der Guide MICHELIN ist weit davon entfernt, ein reines Adressbuch darzustellen, er konzentriert sich vielmehr auf eine Auswahl der besten Hotels und Restaurants in allen Komfort- und Preiskategorien. Eine einzigartige Auswahl, die auf ein und derselben Methode aller Inspektoren weltweit basiert.

DIE JÄHRLICHE AKTUALISIERUNG

Alle praktischen Hinweise, alle Klassifizierungen und Auszeichnungen werden jährlich aktualisiert, um die genauestmögliche Information zu bieten.

DIE EINHEITLICHKEIT DER AUSWAHL

Die Kriterien für die Klassifizierung im Guide MICHELIN sind weltweit identisch. Jede Kultur hat ihren eigenen Küchenstil, aber gute Qualität muss der einheitliche Grundsatz bleiben.

Denn unser einziges Ziel ist es, Ihnen bei Ihren Reisen behilflich zu sein. Mobilität im Zeichen von Vergnügen und Sicherheit ist die Mission von Michelin.

Den Guide MICHELIN finden Sie auch im Internet unter:
www.Viamichelin.com
oder schreiben Sie uns eine E-mail:
leguidemichelin-suisse@ch.michelin.com

Hinweise zur Benutzung

PRAKTISCHE INFORMATIONEN

Entfernungen zu größeren Städten, Angabe der Michelin Straßenkarte...

NEU EMPFOHLEN IM GUIDE MICHELIN

DIE HOTELS

Von 🏨🏨🏨 bis 🏠:
Komfortkategorien.
In Rot 🏨🏨🏨 ... 🏠:
Besonders angenehme Häuser.

DIE BESTEN PREISWERTEN ADRESSEN

🔲 Bib Hotel.
🙂 Bib Gourmand.

DIE RESTAURANTS

Von 🗙🗙🗙🗙 bis 🗙: Komfortkategorien.
In Rot 🗙🗙🗙🗙... 🗙: Besonders angenehme Häuser.

DIE STERNE-RESTAURANTS

❀❀❀ Eine Reise wert.
❀❀ Verdient einen Umweg.
❀ Eine sehr gute Küche.

CORTAILLOD
2016 Neuchâtel (NE) – 4 407 hab. – Alt. 482 m
🚗 Bern 58 km – Neuchâtel 9 km – Biel 44 km
Carte routière Michelin 552 F17

Le Galion N
à Petit Cortaillod – ℰ 032 843 44 35 –
– Fermé 18 décembre - 8 janvier
22 ch ⌑ – ✝110/130 CHF ✝✝180/23
Rest – (fermé dimanche) (16 CHF) N
Au plus près de la nature, entre la
ment décorées, pour des nuitées
classiques et spécialités du lac. C

La Retraite !
18 r. Chanélaz – ℰ 032 844 22
– Fermé 22 décembre - 8 jan
25 ch ⌑ – ✝75/100 CHF ✝✝1
Rest – (17 CHF) Menu 49/89
Hôtellerie familiale établie
Ses deux chalets renferm
taurant apprécié pour so

La Pomme de Pin
14 av. François-Borel –
Fermé dimanche et lu
Menu 18 CHF – Carte
Table entièrement r
tisme : perches, he
propice à la déten

COSSONAY
1304 Vaud (VD) – 2 487
🚗 Bern 107 km – Lausa
Carte routière Micheli

Le Petit Co
22 r. du Tem
– Fermé 24 CH
Menu 80 CH
Ancienne
mobilier
Du plais
→ Press
Mille-fe

COURGENA
Jura (JU)

36

égionale **8**C2
nne 65 km

≤ 斤 圓 牛 占 茲

Plan : B1**e**

tel-le-galion.ch

2P
/63 CHF – Carte 51/87 CHF
nobles, trois catégories de chambres joli-
mous. Le restaurant vogue entre recettes
naison provenant des vignes.

🐾 ↻ 础 ⅋

Plan : A2**b**

w.laretraite.ch
imanche

HF
rte 40/84 CHF
n quartier résidentiel, donc exempte de chahut.
mples chambres à touches campagnardes. Res-
t et pour le soin apporté à se préparations.

器 屛 🚫

Plan : C1**d**

342 29 45 – www.pommedepin.ch

F / (fermé Noël et Nouvel An)
, dont l'orientation culinaire ne manque pas d'éclar-
fruits de mer et produits terrestres. Terrasse d'été

Alt. 565 m – Carte régionale **12** A3
km – Fribourg 78 km – Genève 62 km

斤 占 **P**

9

032 614 26 20 – www.lepetit-comptoir.ch
re - 5 janvier, 9 juillet - 3 août et dimanche
240 CHF – Carte 128/208 CHF
du 18ᵉ s. mariant harmonieusement décor ancien – élégant
I, ancienne cheminée en pierre moulurée – et cuisine innovante.
es yeux et le palais. Gnocchi à la truffe noire et jus de légumes.
non mariné aux herbes.
bœuf des Monts.

9 hab. – Alt. 488 m– Carte régionale **5** D7
sel 54 km – Biel 57 km – Montbéliard 38 km

屛 **P**

551 H4
w.hotelterminus.ch

LAGE DER STADT

Markierung des Ortes auf der Regionalkarte
am Anfang des Buchs
(Nr. der Karte und Koordinaten).

**LAGE
DES HAUSES**

Markierung auf
dem Stadtplan
(Planquadrat und
Koordinate).

**BESCHREIBUNG
DES HAUSES**

Atmosphäre, Stil,
Charakter...

**EINRICHTUNG
UND SERVICE**

PREISE

Kategorien
& Auszeichnungen

KOMFORTKATEGORIEN

Der Guide MICHELIN bietet in seiner Auswahl die besten Adressen jeder Komfort- und Preiskategorie. Die ausgewählten Häuser sind nach dem gebotenen Komfort geordnet; die Reihenfolge innerhalb jeder Kategorie drückt eine weitere Rangordnung aus.

🏠🏠🏠	XXXXX	**Grosser Luxus und Tradition**
🏠🏠🏠	XXXX	**Grosser Komfort**
🏠🏠	XXX	**Sehr komfortabel**
🏠	XX	**Mit gutem Komfort**
🏠	X	**Mit Standard-Komfort**
sans rest garni, senza rist		**Hotel ohne Restaurant**
avec ch mit Zim, con cam		**Restaurant vermietet auch Zimmer**

AUSZEICHNUNGEN

Um Ihnen behilflich zu sein, die bestmögliche Wahl zu treffen, haben einige besonders bemerkenswerte Adressen dieses Jahr eine Auszeichnung erhalten. Die Sterne bzw. „Bib Gourmand" sind durch das entsprechende Symbol ❀ bzw. 🄑 gekennzeichnet.

DIE STERNE : DIE BESTEN RESTAURANTS

Die Häuser, die eine überdurchschnittlich gute Küche bieten, wobei alle Stilrichtungen vertreten sind, wurden mit einem Stern ausgezeichnet. Die Kriterien sind: die Qualität der Produkte, die persönliche Note, die fachgerechte Zubereitung und der Geschmack sowie das Preis-Leistungs-Verhältnis und die immer gleich bleibende Qualität.
In jedem Sterne-Restaurant werden drei Beispielgerichte angegeben, die den Küchenstil widerspiegeln. Nicht immer finden sich diese Gerichte auf der Karte, werden aber durch andere repräsentative Speisen ersetzt.

❀❀❀	**Eine der besten Küchen: eine Reise wert** Man isst hier immer sehr gut, oft auch exzellent.
❀❀	**Eine hervorragende Küche: verdient einen Umweg**
❀	**Ein sehr gutes Restaurant in seiner Kategorie**

**Neu empfohlen im
Guide MICHELIN**

DIE BIBS : DIE BESTEN PREISWERTEN HÄUSER

Bib Gourmand
Häuser, die eine gute Küche für weniger als 65 CHF bieten
(Preis für eine dreigängige Mahlzeit ohne Getränke).

Bib Hotel
Häuser, die eine Mehrzahl ihrer komfortablen Zimmer für weniger
als 180 CHF anbieten (Preis für 2 Personen mit Frühstück).

DIE ANGENEHMSTEN ADRESSEN

Die rote Kennzeichnung weist auf besonders angenehme Häuser hin. Dies bezieht
sich auf den besonderen Charakter des Gebäudes, die nicht alltägliche Einrichtung,
die Lage, den Empfang oder den gebotenen Service.

fi bis ﬁﬁﬁﬁ   **Angenehme Hotels**

X bis XXXXX   **Angenehme Restaurants**

BESONDERE ANGABEN

Neben den Auszeichnungen, die den Häusern verliehen werden, legen die Michelin
Inspektoren auch Wert auf andere Kriterien, die bei der Wahl einer Adresse oft von
Bedeutung sind.

LAGE

Wenn Sie eine ruhige Adresse oder ein Haus mit einer schönen Aussicht suchen,
achten Sie auf diese Symbole:

🦢   **Ruhige Lage**

🔭   **Schöne Aussicht**

WEINKARTE

Wenn Sie ein Restaurant mit einer besonders interessanten Weinauswahl suchen,
achten Sie auf dieses Symbol:

Weinkarte mit besonders attraktivem Angebot
Aber vergleichen Sie bitte nicht die Weinkarte, die Ihnen vom
Sommelier eines grossen Hauses präsentiert wird, mit der Auswahl
eines Gasthauses, dessen Besitzer die Weine der Region mit
Sorgfalt zusammenstellt.

Einrichtungen & Service

▣	Fahrstuhl
A/C	Klimaanlage (im ganzen Haus bzw. in den Zimmern oder im Restaurant)
🛜	Internetzugang mit W-LAN in den Zimmern möglich
♿	Einrichtung für Körperbehinderte vorhanden
🧑‍🤝‍🧑	Spezielle Angebote für Kinder
	Garten bzw. Terrasse mit Speiseservice
Spa	Wellnessbereich
	Fitnessraum, Sauna
	Freibad oder Hallenbad
	Park oder Garten
⚔ 18	Tennis – Golfplatz und Lochzahl
	Konferenzraum
	Veranstaltungsraum
	Hunde sind unerwünscht (im ganzen Haus bzw. in den Zimmern oder im Restaurant)
🚗	Hotelgarage (wird gewöhnlich berechnet)
[P]	Parkplatz reserviert für Gäste
	Kreditkarten nicht akzeptiert

NICHTRAUCHER

In vielen Kantonen ist das Rauchen in Restaurants verboten. Die genauen Bestimmungen variieren je nach Kanton.
In den meisten Hotels werden Nichtraucherzimmer angeboten.

Preise

RESERVIERUNG UND ANZAHLUNG

Einige Hoteliers verlangen die Bezahlung eines Haftgeldes als Zeichen der Verpflichtung des Kunden. Es ist empfehlenswert, den Hotelier aufzufordern, in seinem Bestätigungsschreiben anzugeben, ob dieser bezahlte Betrag an die Rechnung angerechnet wird (in diesem Fall dient das Haftgeld als Anzahlung) oder nicht. Es wird ebenfalls empfohlen, sich über die präzisen Konditionen des Aufenthaltes zu informieren.

ZIMMER

29 Zim (ch, cam)	Anzahl der Zimmer
🛏 100/150 CHF	Mindest- und Höchstpreis für ein Einzelzimmer
🛏🛏 200/350 CHF	Mindest- und Höchstpreis für ein Doppelzimmer
ch (Zim,cam) ☕ -	Zimmerpreis inkl. Frühstück
☕ 20	Preis des Frühstücks (Suiten und Junior Suiten: bitte nachfragen)
½ P	Das Haus bietet auch Halbpension an.

Anlässlich größerer Veranstaltungen, Messen und Ausstellungen werden von den Hotels in manchen Städten und deren Umgebung erhöhte Preise verlangt. Erkundigen Sie sich bei den Hoteliers nach eventuellen Sonderbedingungen.

RESTAURANT

🍴	Restaurant, das einen Tagesteller **unter 20 CHF** anbietet
(16 CHF)	**Tagesteller:** Mittlere Preislage des Tagestellers im Allgemeinen mittags während der Woche.
Menu 36/80 CHF **(Menü – Menu)**	**Feste Menüpreise:** Preis einer Mahlzeit aus Vorspeise, Hauptgericht und Dessert. **Menüpreise:** mindestens 36 CHF/höchstens 80 CHF
Carte 50/95 CHF **(Karte – Carta)**	**Mahlzeiten „à la carte":** Der erste Preis entspricht einer einfachen Mahlzeit mit Vorspeise, Hauptgericht mit Beilage und Dessert. Der zweite Preis entspricht einer reichlicheren Mahlzeit aus Vorspeise, Hauptgang und Dessert.

Informationen zu den Orten

─────── (BIENNE)	Gebräuchliche Übersetzung des Ortsnamens
✉ 3000	Postleitzahl
✉ 3123 Belp	Postleitzahl und Name des Verteilerpostamtes
Bern (BE)	Kanton, in dem der Ort liegt
1 057 Ew. (hab. – ab.)	Einwohnerzahl
Höhe (Alt.) 1 500 m	Höhe der Ortschaft
1 200/1 900 m	Minimal-Höhe der Station des Wintersportortes / Maximal-Höhe, die mit Kabinenbahn oder Lift erreicht werden kann
▶ Bern 195 km	Entfernungen zu größeren Städten
Nord, Süd, Sud,	Im Norden, Süden der Stadt
Ost, Est	Im Osten der Stadt
West, Ouest, Ovest	Im Westen der Stadt

Legende der Stadtpläne

- Hotels
- Restaurants

SEHENSWÜRDIGKEITEN

Interessantes Gebäude

Interessantes Gotteshaus: Katholisch · Protestantisch

STRASSEN

Autobahn · Schnellstraße

Numerierte Ausfahrten

Hauptverkehrsstraße

Gesperrte Strasse oder Strasse mit Verkehrsbeschränkungen

Fussgängerzone Einbahnstrasse · Strassenbahn

Parkplatz · Park-and-Ride-Plätze

Tunnel

Bahnhof und Bahnlinie

Standseilbahn · Zahnradbahn

Seilbahn · Kabinenbahn

SONSTIGE ZEICHEN

Informationsstelle

Moschee · Synagoge

Turm · Ruine · Windmühle

Garten, Park, Wäldchen · Friedhof

Stadion · Golfplatz · Pferderennbahn

Freibad

Aussicht · Rundblick

Denkmal · Brunnen · Leuchtturm

Jachthafen · Autobusbahnhof

Flughafen · U-Bahnstation

Schiffsverbindungen: Autofähre · Personenfähre

Hauptpostamt (postlagernde Sendungen)

Krankenhaus · Markthalle

Kantonspolizei · Stadtpolizei

Rathaus · Universität, Hochschule

Öffentliches Gebäude, durch einen Buchstaben gekennzeichnet:
M   H   Museum · Rathaus
P   T   Präfektur · Theater

Touring Club der Schweiz (T.C.S.)

Automobil Club der Schweiz (A.C.S.)

I principi
della guida MICHELIN

L'esperienza al servizio della qualità

Che si trovi in Giappone, negli Stati Uniti, in Cina o in Europa, l'ispettore della guida MICHELIN rimane fedele ai criteri di valutazione della qualità di un ristorante o di un albergo, e applica le stesse regole durante le sue visite. Se la guida gode di una reputazione a livello mondiale è proprio grazie al continuo impegno nei confronti dei suoi lettori. Un impegno che noi vogliamo riaffermare, qui, con i nostri principi:

LA VISITA ANONIMA

Prima regola d'oro, gli ispettori verificano - regolarmente e in maniera anonima - ristoranti e alberghi, per valutare concretamente il livello delle prestazioni offerte ai loro clienti. Pagano il conto e - solo in seguito - si presentano per ottenere altre informazioni. La corrispondenza con i lettori costituisce, inoltre, un ulteriore strumento per la realizzazione dei nostri itinerari di visita.

L'INDIPENDENZA

Per mantenere un punto di vista obiettivo, nell'interesse del lettore, la selezione degli esercizi viene effettuata in assoluta indipendenza: l'inserimento in guida è totalmente gratuito. Le decisioni sono prese collegialmente dagli ispettori con il capo redattore e le distinzioni più importanti, discusse a livello europeo.

LA SCELTA DEL MIGLIORE

Lungi dall'essere un semplice elenco d'indirizzi, la guida si concentra su una selezione dei migliori alberghi e ristoranti in tutte le categorie di confort e di prezzo. Una scelta che deriva dalla rigida applicazione dello stesso metodo da parte di tutti gli ispettori, indipendentemente dal paese.

L'AGGIORNAMENTO ANNUALE

Tutte le classificazioni, distinzioni e consigli pratici sono rivisti ed aggiornati ogni anno per fornire le informazioni più affidabili.

L'OMOGENEITÀ DELLA SELEZIONE

I criteri di classificazione sono identici per tutti i paesi interessati dalla guida Michelin. Ad ogni cultura la sua cucina, ma la qualità deve restare un principio universale…

Il nostro scopo è, infatti, aiutarvi in ogni vostro viaggio, affinché questo si compia sempre sotto il segno del piacere e della sicurezza. «L'aiuto alla mobilità»: è la missione che si è prefissata Michelin.

Consultate la guida MICHELIN su:
www.ViaMichelin.com

e scriveteci a: leguidemichelin-suisse@ch.michelin.com

Come leggere la guida

INFORMAZIONI PRATICHE

Distanza dalle città di riferimento e carta stradale MICHELIN in cui figura la località.

NUOVO ESERCIZIO ISCRITTO

L'ALLOGGIO

Da 🏨🏨🏨 a 🏠:
categorie di confort.
In rosso 🏨🏨🏨 ... 🏠:
I più ameni.

I MIGLIORI ESERCIZI A PREZZI CONTENUTI

🏨 Bib Hotel.
🍴 Bib Gourmand.

I RISTORANTI

Da 🍴🍴🍴🍴🍴 a 🍴: categorie di confort.
In rosso 🍴🍴🍴🍴 ... 🍴: i più ameni.

LE TAVOLE STELLATE

🟢🟢🟢 Vale il viaggio.
🟢🟢 Merita una deviazione.
🟢 Ottima cucina.

CORTAILLOD
2016 Neuchâtel (NE) – 4 407 hab. – Alt. 482 m – Ca
🚗 Bern 58 km – Neuchâtel 9 km – Biel 44 km – La
Carte routière Michelin 552 F17

🏨 **Le Galion** Ⓝ
à Petit Cortaillod – 𝒞 032 843 44 35 – ww
– Fermé 18 décembre - 8 janvier
22 ch ⌧ – ♦110/130 CHF ♦♦180/230 CHF Men
Rest – (fermé dimanche) (16 CHF) Men
Au plus près de la nature, entre lac et
ment décorées, pour des nuitées sar
classiques et spécialités du lac. Cuvé

🏠 **La Retraite !**
📷 18 r. Chanélaz – 𝒞 032 844 22 34 –
– Fermé 22 décembre - 8 janvier
25 ch ⌧ – ♦75/100 CHF ♦♦160/1
Rest – (17 CHF) Menu 49/89 CHF
Hôtellerie familiale établie dar
Ses deux chalets renferment
taurant apprécié pour son co

🍴 **La Pomme de Pin**
🍴 14 av. François-Borel – 𝒞 0
Fermé dimanche et lundi
Menu 18 CHF – Carte 43/8
Table entièrement réno
tisme : perches, homa
propice à la détente.

COSSONAY
1304 Vaud (VD) – 2 487 hab
🚗 Bern 107 km – Lausanne
Carte routière Michelin 55

🍴🍴 **Le Petit Comp**
🍴 22 r. du Temple –
– Fermé 24 déce
Menu 80 CHF (d
Ancienne ma
mobilier Loui
Du plaisir po
→ Pressée c
Mille-feuille

COURGENAY
2950 Jura (JU) – 2
🚗 Bern 92 km –
Carte routière N

🏠 **Term**
🍴 2 r. d

...nale **8**C2
...5 km

⟨ 昼 🏨 ↔ 🕭 🛁
Plan : B1**e**

...galion.ch

...HF – Carte 51/07 CHF
...s, trois catégories de chambres joli-
...s. Le restaurant vogue entre recettes
...provenant des vignes.

🐕 🏚 🛁 🌱
Plan : A2**b**

...etraite.ch
...che

...0/84 CHF
...rtier résidentiel, donc exempte de chahut.
...s chambres à touches campagnardes. Res-
...pour le soin apporté à se préparations.

🏛 🍴 🚫
Plan : C1**d**

...45 – www.pommedepin.ch

...rmé Noël et Nouvel An)
...t l'orientation culinaire ne manque pas d'éclec-
...s de mer et produits terrestres. Terrasse d'été

...65 m – Carte régionale **12** A3
...– Fribourg 78 km – Genève 62 km

🍴 �& **P**

...14 26 20 – www.lepetit-comptoir.ch
...janvier, 9 juillet - 3 août et dimanche
...CHF – Carte 128/208 CHF
...18ᵉ s. mariant harmonieusement décor ancien – élégant
...cienne cheminée en pierre moulurée – et cuisine innovante.
...eux et le palais.
...mariné aux herbes. Gnocchi à la truffe noire et jus de légumes.
...uf des Monts.

...b. – Alt. 488 m – Carte régionale **5** D7
...4 km – Biel 57 km – Montbéliard 38 km
...551 H4

...551 H4

...e-Albertine – 𝒸 032 471 22 35 – www.hotelterminus.ch
...u 15 janvier
...CHF ⁑150 CHF – ½ P
...5 CHF ...**rtine** – (fermé lundi) Menu 44 CHF – Carte 33/72 CHF
...t aux chambres personnalisées, certaines dotées
...ément, réservez celles l'Albertine, la plus
...te aussi son nom à la brasserie de

LOCALIZZARE LA CITTÀ

Posizione della località
sulla carta regionale a inizio della guida
(n° della carta e coordinate).

**LOCALIZZARE
L'ESERCIZIO**

Localizzazione sulla pianta
di città (coordinate ed indice).

**INSTALLAZIONI
E SERVIZI**

**DESCRIZIONE
DELL'ESERCIZIO**

Atmosfera, stile, carattere ...

PREZZI

Categorie
e simboli distintivi

LE CATEGORIE DI CONFORT

Nella selezione della guida MICHELIN vengono segnalati i migliori indirizzi per ogni categoria di confort e di prezzo. Gli escercizi selezionati sono classificati in base al confort che offrono e vengono citati in ordine di preferenza per ogni categoria.

🏨🏨🏨🏨🏨	XXXXX	Gran lusso e tradizione
🏨🏨🏨🏨	XXXX	Gran confort
🏨🏨🏨	XXX	Molto confortevole
🏨🏨	XX	Di buon confort
🏨	X	Abbastanza confortevole
senza rist garni, sans rest		L'albergo non ha ristorante
con cam mit Zim, avec ch		Il ristorante dispone di camere

I SIMBOLI DISTINTIVI

Per aiutarvi ad effettuare la scelta migliore, segnaliamo gli esercizi che si distinguono in modo particolare. Questi ristoranti sono evidenziati nel testo con 🕄 e 🍴.

LE STELLE : LE MIGLIORI TAVOLE

Le stelle distinguono gli esercizi che propongono la miglior qualità in campo gastronomico, indipendentemente dagli stili di cucina. I criteri presi in considerazione sono: la scelta dei prodotti, la personalità della cucina, la padronanza delle tecniche di cottura e dei sapori, il rapporto qualità/prezzo, nonché la regolarità.

Ogni ristorante contraddistinto dalla stella è accompagnato da tre esempi di piatti rappresentativi della propria cucina. Succede, talvolta, che queste non possano essere servite: tutto ciò concorre, però, a vantaggio di altre gustose ricette ispirate alla stagione.

🕄🕄🕄	**Una delle migliori cucine, questa tavola vale il viaggio** Vi si mangia sempre molto bene, a volte meravigliosamente.
🕄🕄	**Cucina eccellente, questa tavola merita una deviazione**
🕄	**Un'ottima cucina nella sua categoria**

48

BIB : I MIGLIORI ESERCIZI A PREZZI CONTENUTI

Bib Gourmand
Esercizio che offre una cucina di qualità a meno di 65 CHF.
Prezzo di un pasto, bevanda esclusa.

Bib Hotel
Esercizio che offre un soggiorno di qualità a meno di
180 CHF per la maggior parte delle camere. Prezzi per 2 persone,
compresa la prima colazione.

GLI ESERCIZI AMENI

Il rosso indica gli esercizi particolarmente ameni. Questo per le caratteristiche dell'edificio, le decorazioni non comuni, la sua posizione ed il servizio offerto.

a   **Alberghi ameni**

a   **Ristoranti ameni**

LE SEGNALAZIONI PARTICOLARI

Oltre alle distinzioni conferite agli esercizi, gli ispettori Michelin apprezzano altri criteri
spesso importanti nella scelta di un esercizio.

POSIZIONE

Cercate un esercizio tranquillo o che offre una vista piacevole?
Seguite i simboli seguenti :

Risorsa tranquilla

Vista interessante

CARTA DEI VINI

Cercate un ristorante la cui carta dei vini offra una scelta particolarmente interessante?
Seguite il simbolo seguente:

Carta dei vini particolarmente interessante
Attenzione a non confrontare la carta presentata da un sommelier
in un grande ristorante con quella di una trattoria dove il proprie-
tario ha una grande passione per i vini della regione.

Installazioni e servizi

▉	Ascensore
AC	Aria condizionata (in tutto o in parte dell'esercizio)
📶	Connessione internet « Wireless Lan » in camera
♿	Esercizio accessibile in parte alle persone con difficoltà motorie
🚸	Attrezzatura per accoglienza e ricreazione dei bambini
🍽	Pasti serviti in giardino o in terrazza
Spa	Spa/Wellness center: centro attrezzato per il benessere ed il relax
⚙ 🏊	Palestra, sauna
🏊 ⊠	Piscina: all'aperto, coperta
🌳	Parco o giardino
🎾 18	Tennis – Golf e numero di buche
🎦	Sale per conferenze
⊡	Sale private nei ristoranti
🐕	Accesso vietato ai cani (in tutto o in parte dell'esercizio)
🚗	Garage nell'albergo (generalmente a pagamento)
P	Parcheggio riservato alla clientela
⊘	carte di credito non accettate

VIETATO-FUMARE

In qualche cantone è vietato fumare nei ristoranti. La regolamentazione può variare da un cantone all'altro.
Nella maggior parte degli alberghi sono proposte camere per non fumatori.

I prezzi

LA CAPARRA

Alcuni albergatori chiedono il versamento di una caparra per confermare la prenotazione del cliente. Si consiglia di chiedere d'indicare chiaramente nella lettera d'accettazione se la somma versata sarà dedotta dalla fattura finale (nel qual caso la caparra sarà trattata come un acconto) o se è pagata a fondo perso. È ugualmente consigliato d'informarsi riguardo alle condizioni precise del soggiorno.

CAMERE

25 cam (Zim, ch)	Numero di camere
👤 100/150 CHF	Prezzo minimo e massimo per una camera singola
👥 200/350 CHF	Prezzo minimo e massimo per una camera doppia
ch (Zim,cam) ☕ -	Prima colazione compresa
☕ 20 CHF	Prezzo della prima colazione (Suite e junior suite. informarsi presso l'albergatore)
½ P	L'esercizio propone anche la mezza pensione.

In occasione di alcune manifestazioni (congressi, fiere, saloni, festival, eventi sportivi…) i prezzi potrebbero subire un sensibile aumento. Chiedete informazioni sulle eventuali promozioni offerte.

RISTORANTE

🍴	Esercizio che offre un **pasto semplice per meno di 20 CHF**
(16 CHF)	**Piatto del giorno** Prezzo medio del piatto del giorno generalmente servito a pranzo nei giorni settimanali.
Menu 36/80 CHF (Menü – Menu)	**Menu a prezzo fisso:** minimo 36 CHF/massimo 80 CHF pasto composto da : **primo** del giorno e **dessert.**
Carte 50/95 CHF (Karte – Carta)	**Pasto alla carta** Il primo prezzo corrisponde ad un pasto semplice comprendente: primo, piatto del giorno e dessert. Il secondo prezzo corrisponde ad un pasto più completo comprendente: antipasto, due piatti, formaggio o dessert.

Informazioni sulle località

——— (BIENNE)	Traduzione in uso dei nomi di comuni
✉ 3000	Codice di avviamento postale
✉ 3123 Belp	Numero di codice e sede dell'ufficio postale
Bern (BE)	Cantone a cui la località appartiene
1 057 ab. (hab. – Ew.)	Popolazione residente
Alt. (Höhe) 1 500 m	Altitudine
Sports d'hiver – Wintersport	Sport invernali
1 200/1 900 m	Altitudine minima della stazione e massima raggiungibile con gli impianti di risalita
▶ Bern 195 km	Distanza dalle principali città vicine
Nord, Sud, Süd,	a Nord, a Sud della città
Est	a Est della città
Ouest, Ovest	a Ovest della città

Legenda delle piante

- Alberghi
- Ristoranti

CURIOSITÀ

Edificio interessante
Costruzione religiosa interessante: cattolici • protestanti

VIABILITÀ

Autostrada • Strada a carreggiate separate
Cambiavalute numerati: totale, parziale
Grande via di circolazione
Strada regolamentata o impraticabile
Via pedonale • Tram
Parcheggio • Parcheggio Ristoro
Tunnel
Stazione e ferrovia
Funicolare, ferrovia a cremagliera
Funivia, cabinovia

SIMBOLI VARI

Ufficio informazioni turistiche
Moschea • Sinagoga
Torre • Ruderi • Mulino a vento
Giardino, parco, bosco • Cimitero
Stadio • Golf • Ippodromo
Piscina all'aperto
Vista • Panorama
Monumento • Fontana • Faro
Porto turistico
Aeroporto • Stazione della metropolitana
Trasporto con traghetto:
passeggeri ed autovetture, solo passeggeri
Ufficio postale centrale
Ospedale • Mercato coperto
Polizia cantonale (Gendarmeria) • Polizia municipale
Municipio • Università, Scuola superiore
Edificio pubblico indicato con lettera:
  Museo • Municipio
  Prefettura • Teatro
Touring Club Svizzero (T.C.S.)
Automobile Club Svizzero (A.C.S.)

M H
P T

The MICHELIN guide's commitments

Experienced in quality

Whether it is in Japan, the USA, China or Europe our inspectors use the same criteria to judge the quality of the hotels and restaurants and use the same methods of visiting. The guide can only boast this worldwide reputation thanks to its commitment to the readers and we would like to stress these here :

ANONYMOUS INSPECTIONS

Our inspectors make regular and anonymous visits to hotels and restaurants to gauge the quality of products and services offered to an ordinary customer. They settle their own bill and may then introduce themselves and ask for more information about the establishment. Our readers' comments are also a valuable source of information, which we can then follow up with another visit of our own.

INDEPENDENCE

To remain totally objective for our readers, the selection is made with complete independence. Entry into the guide is free. All decisions are discussed with the Editor and our highest awards are considered at a European level.

SELECTION AND CHOICE

The guide offers a selection of the best hotels and restaurants in every category of comfort and price. This is only possible because all the inspectors rigorously apply the same methods.

ANNUAL UPDATES

All the practical information, the classifications and awards are revised and updated every single year to give the most reliable information possible.

CONSISTENCY

The criteria for the classifications are the same in every country covered by the MICHELIN guide.

The sole intention of Michelin is to make your travels both safe and enjoyable.

Consult the MICHELIN guide at: www.ViaMichelin.com
and write to us at: leguidemichelin-suisse@ch.michelin.com

How to use this guide

PRACTICAL INFORMATION

Distances from the main towns, References for the MICHELIN road map which cover the area.

NEW ESTABLISHMENT IN THE GUIDE

HOTELS

From 🏨🏨🏨 to 🏠:
categories of comfort.
In red 🏨🏨🏨 ... 🏠:
the most pleasant.

GOOD FOOD & ACCOMMODATION AT MODERATE PRICES

🏩 Bib Hotel.
🍽 Bib Gourmand.

RESTAURANTS

From 𝄂𝄂𝄂𝄂𝄂 to 𝄂: categories of comfort.
In red 𝄂𝄂𝄂𝄂𝄂 ... 𝄂: the most pleasant.

STARS

❀❀❀ Worth a special journey.
❀❀ Worth a detour.
❀ A very good restaurant.

CORTAILLOD
2016 Neuchâtel (NE) – 4 407 hab. – Alt. 482 m – Carte régio
◘ Bern 58 km – Neuchâtel 9 km – Biel 44 km – Lausanne 6
Carte routière Michelin 552 F17

🏨🏨 **Le Galion** Ⓝ
à Petit Cortaillod – 𝒞 032 843 44 35 – www.hotel-le-
– Fermé 18 décembre - 8 janvier
22 ch 🞀 – ♦110/130 CHF ♦♦180/230 CHF – ½P
Rest – (fermé dimanche) (16 CHF) Menu 49/63 CHF
Au plus près de la nature, entre lac et vignobles
ment décorées, pour des nuitées sans remous
classiques et spécialités du lac. Cuvée maison

🏠 **La Retraite !**
🍽 18 r. Chanélaz – 𝒞 032 844 22 34 – www.lare
– Fermé 22 décembre - 8 janvier et dimanc
25 ch 🞀 – ♦75/100 CHF ♦♦160/190 CHF
Rest – (17 CHF) Menu 49/89 CHF – Carte 40
Hôtellerie familiale établie dans un quar
Ses deux chalets renferment d'amples
taurant apprécié pour son confort et po

𝄂 **La Pomme de Pin**
🍽 14 av. François-Borel – 𝒞 032 842 29 4
Fermé dimanche et lundi
Menu 18 CHF – Carte 43/87 CHF (ferm
Table entièrement rénovée, dont
tisme : perches, homards, fruits
propice à la détente.

COSSONAY
1304 Vaud (VD) – 2 487 hab. – Alt. 565
◘ Bern 107 km – Lausanne 16 km – F
Carte routière Michelin 552 D9

𝄂𝄂 **Le Petit Comptoir**
❀ 22 r. du Temple – 𝒞 032 614
– Fermé 24 décembre - 5 jar
Menu 80 CHF (déj.)/240 CHF –
Ancienne maison du 18ᵉ
mobilier Louis XVI, ancier
Du plaisir pour les yeux
→ Pressée de thon mari
Mille-feuille de bœuf d

COURGENAY
2950 Jura (JU) – 2 099 hab. –
◘ Bern 92 km – Basel 54 km
Carte routière Michelin 551

🏠 **Terminus**
2 r. de la Petite-Al
é 1ᵉʳ au 15

LOCATING THE TOWN

Locate the town on the regional map at the begining of the guide (map number and coordinates).

Plan : B1**e**

51/87 CHF
égories de chambres joli-
urant vogue entre recettes
t des vignes.

Plan : A2**b**

LOCATING THE ESTABLISHMENT

Located on the town plan (coordinates and letters giving the location).

entiel, donc exempte de chahut.
s à touches campagnardes. Res-
apporté à se préparations.

Plan : C1**d**

FACILITIES AND SERVICES

.pommedepin.ch

Nouvel An)
on culinaire ne manque pas d'éclec-
et produits terrestres. Terrasse d'été

DESCRIPTION OF THE ESTABLISHMENT

Atmosphere, style, character...

e régionale **12** A3
78 km – Genève 62 km

www.lepetit-comptoir.ch
illet - 3 août et dimanche
28/208 CHF
nt harmonieusement décor ancien – élégant
inée en pierre moulurée – et cuisine innovante.
ais.
erbes. Gnocchi à la truffe noire et jus de légumes.

PRICES

m– Carte régionale **5** D7
7 km – Montbéliard 38 km

℘ 032 471 22 35 – www.hotelterminus.ch

CHF – ½ P
(fermé lundi) Menu 44 CHF – Carte 33/72 CHF
chambres personnalisées, certaines dotées
réservez celles l'Albertine, la plus
son nom à la brasserie de

Classification & awards

CATEGORIES OF COMFORT

The MICHELIN guide selection lists the best hotels and restaurants in each category of comfort and price. The establishments we choose are classified according to their levels of comfort and, within each category, are listed in order of preference.

🏨🏨🏨🏨	XXXXX	Luxury in the traditional style
🏨🏨🏨	XXXX	Top class comfort
🏨🏨🏨	XXX	Very comfortable
🏨🏨	XX	Comfortable
🏨	X	Quite comfortable
sans rest garni, senza rist		This hotel has no restaurant
avec ch mit Zim, con cam		This restaurant also offers accomodation

THE AWARDS

To help you make the best choice, some exceptional establishments have been given an award in this year's guide. They are marked ✿ or 🕸.

THE BEST CUISINE

Michelin stars are awarded to establishments serving cuisine, of whatever style, which is of the highest quality. The cuisine is judged on the quality of ingredients, the skill in their preparation, the combination of flavours, the levels of creativity, the value for money and the consistency of culinary standards.

For every restaurant awarded a star we include 3 specialities that are typical of their cooking style. These specific dishes may not always be available.

✿✿✿	**Exceptional cuisine, worth a special journey** One always eats extremely well here, sometimes superbly.
✿✿	**Excellent cooking, worth a detour**
✿	**A very good restaurant in its category**

**New establishment
in the guide**

GOOD FOOD AND ACCOMMODATION AT MODERATE PRICES

Bib Gourmand

Establishment offering good quality cuisine for under 65 CHF (price of a meal, not including drinks).

Bib Hotel

Establishment offering good levels of comfort and service, with most rooms priced at under 180 CHF (price of a room for 2 people, excluding breakfast).

PLEASANT HOTELS AND RESTAURANTS

Symbols shown in red indicate particularly pleasant or restful establishments: the character of the building, its décor, the setting, the welcome and services offered may all contribute to this special appeal.

to   **Pleasant accomodations**

to   **Pleasant restaurants**

OTHER SPECIAL FEATURES

As well as the categories and awards given to the establishment, Michelin inspectors also make special note of other criteria which can be important when choosing an establishment.

LOCATION

If you are looking for a particularly restful establishment, or one with a special view, look out for the following symbols:

Peaceful

Great view

WINE LIST

If you are looking for an establishment with a particularly interesting wine list, look out for the following symbol:

Particularly interesting wine list

This symbol might cover the list presented by a sommelier in a luxury restaurant or that of a simple inn where the owner has a passion for wine. The two lists will offer something exceptional but very different, so beware of comparing them by each other's standards.

Facilities & services

🛗	Lift (elevator)
AC	Air conditioning (in all or part of the establishment)
🛜	Wireless Lan internet access in bedrooms
♿	Establishment at least partly accessible to those of restricted mobility
⛹	Special facilities for children
🍽	Meals served in garden or on terrace
🆂🅿🅰	Wellness centre: an extensive facility for relaxation and well-being
🏋 🧖	Exercise room, sauna
🏊 🏊	Swimming pool: outdoor or indoor
🪑	Park or garden
🎾 ⛳18	Tennis – Golf course and number of holes
🧑‍💼	Equipped conference room
✛	Private dining rooms
🐕	No dogs allowed (in all or part of the establishment)
🚗	Hotel garage (additional charge in most cases)
P	Car park for customers only
💳	Credit cards not accepted

NON-SMOKERS

In some cantons it is forbidden to smoke in restaurants. The regulations can vary from one canton to another.
Most hotels offer non-smoking bedrooms.

Prices

RESERVATIONS AND DEPOSIT

Certain hoteliers will request the payment of a deposit which confirms the commitment of the customer. It is desirable that you ask the hotelier to indicate in its written confirmation if the amount thus paid will be charged to the invoice (in this case, the deposit is used as a down payment) or not. It is also advised to get all useful information about the terms and conditions of the stay.

ROOMS

29 ch (Zim, cam)	Number of rooms
👤 100/150 CHF	Lowest price 100CHF and highest price 150CHF for a comfortable single room
👥 200/350 CHF	Lowest price 200CHF and highest price 350CHF for a double or twin room for 2 people
ch (Zim, cam) ☕	Breakfast included
☕ 20 CHF	Price of breakfast (Suites and junior suites: ask the hotelier)
½ P	This establishment offers also half board.

In some towns, when commercial, cultural or sporting events are taking place the hotel rates are likely to be considerably higher. Certain establishments offer special rates. Ask when booking.

RESTAURANT

⊗	Restaurant serving a dish of the day **under 20 CHF**
	Dish of the day:
(16 CHF)	Average price of midweek dish of the day, usually served at lunch.
	Set meals:
	Price of a main meal with an entrée and a dessert.
Menu 36/80 CHF	**Price of the set meal:** lowest price 36 CHF/ highest price 80 CHF
(Menü – Menu)	
	A la carte meals:
Carte	The first figure is for a plain meal and includes entrée, main dish and
50/95 CHF	dessert. The second figure is for a fuller meal and includes entrée,
(Karte – Carta)	main course and dessert.

Information on localities

———— (BIENNE)	Usual translation for the name of the town
✉ 3000	Local postal number
✉ 3123 Belp	Postal number and name of the postal area
Bern (BE)	"Canton" in which a town is situated
1 057 hab. (Ew. – ab.)	Population
Alt. (Höhe) 1 500 m	Altitude (in metres)
Wintersport Sport invernali Sports d'hiver	Winter sports
1 200/1 900 m	Lowest station and highest points reached by lifts
▶ Bern 195 km	Distances from the main towns
Nord, Sud, Süd, *Est, Ost,* *Ouest, West, Ovest*	north, south of the town east of the town west of the town

Plan key

- Hotels
- Restaurants

SIGHTS

 Place of interest
Interesting place of worship: catholic • protestant

ROADS

Motorway • Dual carriageway
Numbered exchangers: full, partial
Main traffic artery
Street subject to restrictions or impassable street
Pedestrian street • Tramway
Car park • Park and Ride
Tunnel
Station and railway
Funicular • Rack railway
Cable car, cable way

VARIOUS SIGNS

Tourist Information Centre
Mosque • Synagogue
Tower or mast • Ruins • Windmill
Garden, park, wood • Cemetery
Stadium • Golf course • Racecourse
Outdoor swimming pool
View • Panorama
Monument • Fountain • Lighthouse
Pleasure boat harbour • Coach station
Airport • Underground station
Ferry services:
passengers and cars, passengers only
Main post office
Hospital • Covered market
Local Police Station • Police
Town Hall • University, College
Public buildings located by letter:
   Museum • Town Hall
   Offices of Cantonal Authorities • Theatre
M   H
P   T
Touring Club Suisse (T.C.S.)
Automobile Club der Schweiz (A.C.S.)

La Suisse en cartes

Schweiz in Karten

→ Svizzera in carte

→ Swiss in maps

Les cantons suisses

➜ Die Schweizer Kantone

➜ I cantoni svizzeri

➜ Swiss Districts (cantons)

Basel
BS
BASEL (BÂLE)
Liestal •
BL

Delémont •
JU
JURA

SO
SOLOTHURN
(SOLEURE)

Solothurn •

NE
NEUCHÂTEL
(NEUENBURG)
Neuchâtel •

BERN

Fribourg •

VD
VAUD (WAADT)

FR
FRIBOURG
(FREIBURG)

BE
BERN
(BERNE)

Lausanne •

Sion •

Genève •
GE
GENÈVE
(GENF)

VS
VALAIS (WALLIS)

SCHAFFHAUSEN (SCHAFFHOUSE)

SH
Schaffhausen

TG
THURGAU
(THURGOVIE)
Frauenfeld

AG
AARGAU
(ARGOVIE)
Aarau

ZH
ZÜRICH
Zürich

Sankt Gallen
Herisau

AR
APPENZELL
Appenzell
AI

SG
SANKT GALLEN
(SAINT GALL)

LU
LUZERN
(LUCERNE)

Zug
ZG
ZUG
(ZOUG)

SZ
SCHWYZ

Glarus

GL
GLARUS
(GLARIS)

Chur

Luzern

NW
Sarnen Stans

OW
UNTERWALDEN
(UNTERWALD)

Schwyz

Altdorf

UR
URI

GR
GRAUBÜNDEN
(GRISONS)

TI
TICINO
(TESSIN)

Bellinzona

Demi-cantons	APPENZELL	AI	Innerrhoden (Rhodes intérieures)
→ Halbkantone		AR	Ausserrhoden (Rhodes extérieures)
→ Semi-cantoni			
→ Half-cantons	BASEL BÂLE	BS	Basel-Stadt (Bâle-ville)
		BL	Basel-Landschaft (Bâle-campagne)
	UNTERWALDEN	NW	Nidwalden (Nidwald)
	UNTERWALD	OW	Obwalden (Obwald)

La Confédération Helvétique regroupe 23 cantons dont 3 se divisent en demi-cantons. Le « chef-lieu » est la ville principale où siègent les autorités cantonales. Berne, centre politique et administratif du pays, est le siège des autorités fédérales. Le 1er août, jour de la Fête Nationale, les festivités sont nombreuses et variées dans tous les cantons.

→ Die Schweizer Kantone

Die Schweizer Eidgenossenschaft umfasst 23 Kantone, wobei 3 Kantone in je zwei Halbkantone geteilt sind. Im Hauptort befindet sich jeweils der Sitz der Kantonsbehörden. Bern ist verwaltungsmässig und politisch das Zentrum der Schweiz und Sitz der Bundesbehörden. Der 1. August ist Nationalfeiertag und wird in allen Kantonen festlich begangen.

→ I cantoni svizzeri

La Confederazione Elvetica raggruppa 23 cantoni, dei quali 3 si dividono in semi-cantoni. Il «capoluogo» è la città principale dove risiedono le autorità cantonali. Berna, centro politico ed amministrativo del paese, è sede delle autorità federali. Il 1° Agosto è la festa Nazionale e numerosi sono i festeggiamenti in tutti i cantoni.

→ Swiss Districts

The Helvetica Confederation comprises 23 districts ("cantons") of which 3 are divided into half-cantons. The «chef-lieu» is the main town where the district authorities are based. Bern, the country's political and administrative centre, is where the Federal authorities are based. On 1st August, the Swiss National Holiday, lots of different festivities take place in all the cantons.

Les langues

Outre le « Schwyzerdütsch », dialecte d'origine germanique, quatre langues sont utilisées dans le pays : l'allemand, le français, l'italien et le romanche, cette dernière se localisant dans la partie ouest, centre et sud-est des Grisons. L'allemand, le français et l'italien sont considérés comme langues officielles administratives et généralement pratiqués dans les hôtels et restaurants.

➔ Die Sprachen

Neben dem "Schwyzerdütsch", einem Dialekt deutschen Ursprungs, wird Deutsch, Französisch, Italienisch und Rätoromanisch gesprochen, wobei Rätoromanisch im westlichen, mittleren und südöstlichen Teil von Graubünden beheimatet ist. Deutsch, Französisch und Italienisch sind Amtssprachen; man beherrscht sie in den meisten Hotels und Restaurants.

➔ Le lingue

Oltre allo "Schwyzerdütsch", dialetto di origine germanica, nel paese si parlano quattro lingue : il tedesco, il francese, l'italiano ed il romancio ; quest'ultimo nella parte ovest, centrale e sud-est del Grigioni. Il tedesco, il francese e l'italiano sono considerate le lingue amministrative ufficiali e generalmente praticate negli alberghi e ristoranti.

➔ Languages

Apart from "Schwyzerdütsch", a dialect of German origin, four languages are spoken in the country: German, French, Italian and Romansh, the latter being standard to the West, Centre and South-East of Grisons. German, French and Italian are recognised as the official administrative languages and generally spoken in hotels and restaurants.

Romanche
Rätoromanisch
Romancio
Romansh

Italien
Italienisch
Italiano
Italian

Allemand
Deutsch
Tedesco
German

Français
Französisch
Francese
French

Cartes régionales
→ Regionalkarten
→ Carte regionali
→ Regional maps

LOCALITÉ OFFRANT AU MOINS...
→ Ort mit mindestens...
→ La località possiede come minimo...
→ Place with a least...

- un hôtel ou un restaurant
  → einem Hotel oder Restaurant
  → un albergo o un ristorante
  → a hotel or a restaurant

😋 un restaurant étoilé
  → einem Sternerestaurant
  → un ristorante « stellato »
  → one starred establishment

😊 Bib Gourmand

🏨 Bib Hôtel

✗ un restaurant particulièrement plaisant
  → einem besonders angenehmen Restaurant
  → un ristorante molto piacevole
  → one particularly pleasant restaurant

🏠 un hôtel particulièrement agréable
  → einem besonders angenehmen Hotel
  → un albergo ameno
  → one particularly pleasant hotel

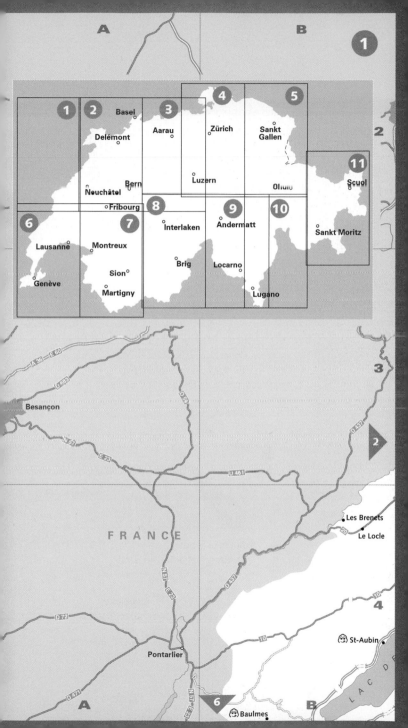

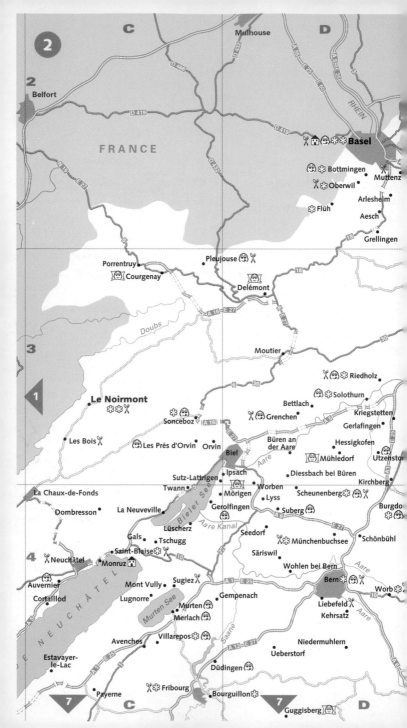

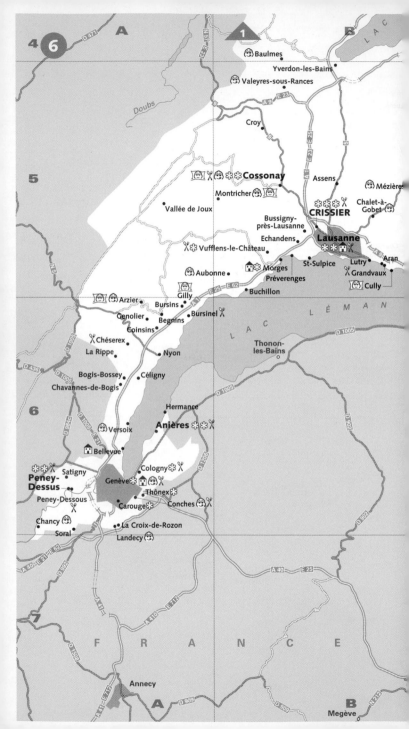

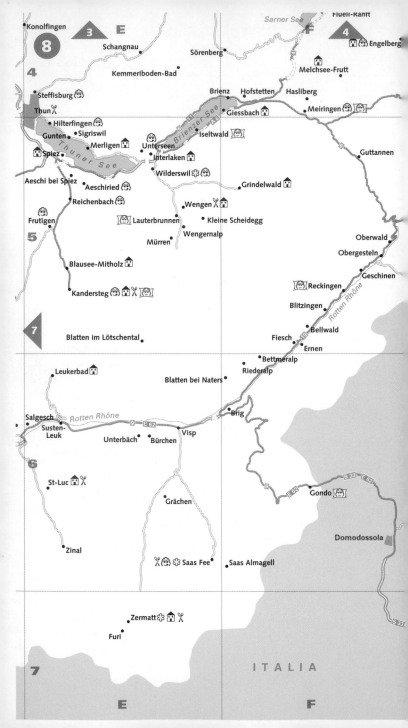

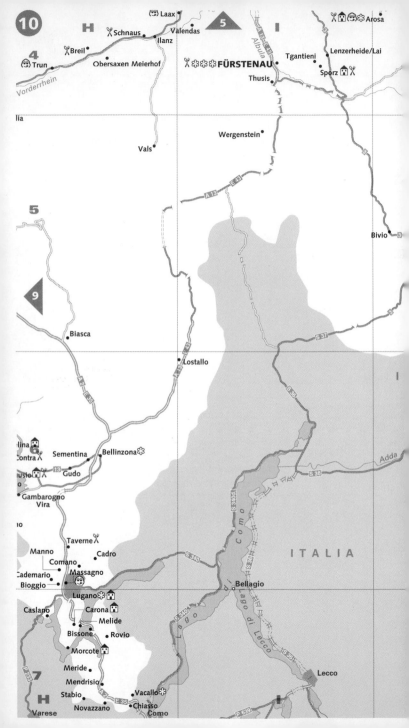

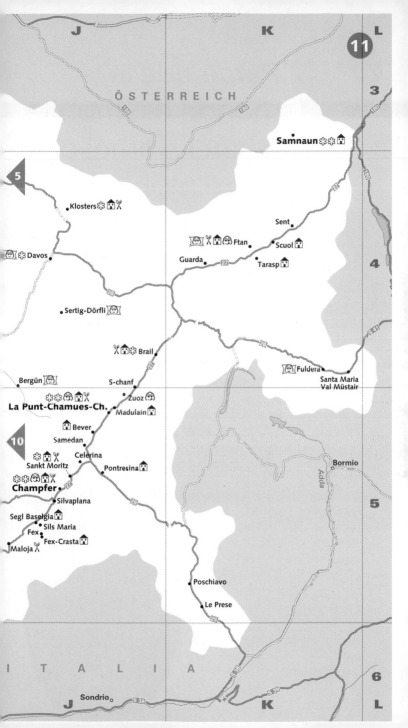

Parce que le monde est mobile, **Michelin** améliore notre mobilité

PAR TOUS LES MOYENS ET SUR TOUTES LES ROUTES

Depuis l'avènement de l'entreprise – il y a plus d'un siècle ! –, Michelin n'a eu qu'un objectif : aider l'homme à toujours mieux avancer. Un défi technologique, d'abord, avec des pneumatiques toujours plus performants, mais aussi un engagement constant vis-à-vis du voyageur, pour l'aider à se déplacer dans les meilleures conditions. Voilà pourquoi Michelin développe, en parallèle, toute une collection de produits et de services : cartes, atlas, guides de voyage, accessoires automobiles, mais aussi applications mobiles, itinéraires et assistance en ligne : Michelin met tout en œuvre pour que bouger soit un plaisir !

→ Michelin Apps

Parce que le confort et la sécurité sont des notions essentielles, pour vous comme pour nous, Michelin a créé un bouquet de 6 applications mobiles gratuites. Un équipement complet pour que la route soit synonyme de bien-être...

→ *Michelin MyCar • Pour obtenir le meilleur de vos pneus, des services et des infos pour préparer sereinement vos trajets.*

→ *Michelin Navigation • Une nouvelle approche de la navigation : le trafic en temps réel avec une nouvelle fonctionnalité de guidage connecté.*

→ *ViaMichelin • Calcul d'itinéraires et données cartographiques : un incontournable pour se déplacer sans perdre de temps.*

→ *Michelin Restaurants • Parce que la route doit être un plaisir, retrouvez un très large choix de restaurants, en France et en Allemagne, dont la sélection complète du Guide MICHELIN.*

→ *Michelin Hôtels • Pour réservez votre chambre d'hôtel au meilleur tarif, partout dans le monde !*

→ *Michelin Voyage • 85 pays et 30 000 sites touristiques sélectionnés par le Guide Vert Michelin. Et un outil pour réaliser votre propre carnet de route.*

Un pneu
→ *c'est quoi ?*

Rond, noir, à la fois souple et solide, le pneumatique est à la roue ce que le pied est à la course. Mais de quoi est-il fait ? Avant tout de gomme, mais aussi de divers matériaux textiles et / ou métalliques... et d'air ! Ce sont les savants assemblages de tous ces composants qui assurent aux pneumatiques leurs qualités : adhérence à la route, amortissement des chocs, en deux mots : confort et sécurité du voyageur.

1 BANDE DE ROULEMENT
Une épaisse couche de gomme assure le contact avec le sol. Elle doit évacuer l'eau et durer très longtemps.

2 ARMATURE DE SOMMET
Cette double ou triple ceinture armée est à la fois souple verticalement et très rigide transversalement. Elle procure la puissance de guidage.

3 FLANCS
Ils recouvrent et protègent la carcasse textile dont le rôle est de relier la bande de roulement du pneu à la jante.

4 TALONS D'ACCROCHAGE À LA JANTE
Grâce aux tringles internes, ils serrent solidement le pneu à la jante pour les rendre solidaires.

5 GOMME INTÉRIEURE D'ÉTANCHÉITÉ
Elle procure au pneu l'étanchéité qui maintient le gonflage à la bonne pression.

Michelin
→ *l'innovation en mouvement*

Créé et breveté par Michelin en 1946, le pneu radial ceinturé a révolutionné le monde du pneumatique. Mais Michelin ne s'est pas arrêté là : au fil des ans, d'autres solutions nouvelles et originales ont vu le jour, tel le pneu diagonal, confirmant Michelin dans sa position de leader en matière de recherche et d'innovations, pour répondre sans cesse aux exigences des nouvelles technologies des véhicules.

→ *la juste pression !*

L'une des priorités de Michelin, c'est une mobilité plus sûre. En bref, innover pour avancer mieux. C'est tout l'enjeu des chercheurs, qui travaillent à mettre au point des pneumatiques capables de "freiner plus court" et d'offrir la meilleure adhérence possible à la route. Aussi, pour accompagner les automobilistes, Michelin organise, partout dans le monde, des campagnes de sensibilisation à la sécurité routière : les opérations "Faites le plein d'air" rappellent à tous que la juste pression des pneumatiques est un facteur essentiel de sécurité.

La stratégie Michelin :
→ *des pneumatiques multiperformances*

Qui dit Michelin dit sécurité, économie de carburant et capacité à parcourir des milliers de kilomètres. Un pneumatique MICHELIN, c'est tout cela à la fois.

Comment ? Grâce à des ingénieurs au service de l'innovation et de la technologie de pointe. Leur challenge : doter tout pneumatique – quel que soit le véhicule (automobile, camion, tracteur, engin de chantier, avion, moto, vélo et métro !) – de la meilleure combinaison possible de qualités, pour une **performance globale optimale**.

Ralentir l'usure, réduire la dépense énergétique (et donc l'émission de CO_2), améliorer la sécurité par une tenue de route et un freinage renforcés : autant de qualités dans un seul pneu, c'est cela Michelin Total Performance.

Chaque jour, **Michelin** innove en faveur de la mobilité durable

DANS LE TEMPS ET LE RESPECT DE LA PLANÈTE

La mobilité durable
→ *c'est une mobilité propre...*
et pour tous

La mobilité durable c'est permettre aux hommes de se déplacer d'une façon plus propre, plus sûre, plus économique et plus accessible à tous, quel que soit le lieu où ils vivent.

Tous les jours, les 113 000 collaborateurs que Michelin comptent dans le monde innovent :

• en créant des pneus et des services qui répondent aux nouveaux besoins de la société,

• en sensibilisant les jeunes à la sécurité routière,

• en inventant de nouvelles solutions de transport qui consomment moins d'énergie et émettent moins de CO_2.

→ *Michelin Challenge Bibendum*

La mobilité durable, c'est permettre la pérennité du transport des biens et des personnes, afin d'assurer un développement économique, social et sociétal responsable. Face à la raréfaction des matières premières et au réchauffement climatique, Michelin s'engage pour le respect de l'environnement et de la santé publique. De manière régulière, Michelin organise ainsi le Michelin Challenge Bibendum, le seul événement mondial axé sur la **mobilité routière durable.**

Hôtels & restaurants
Les localités, de A à Z

Hotels & Restaurants
Städte, von A bis Z

Alberghi & ristoranti
Città da A a Z

Hotels & restaurants
Towns from A to Z

AARAU

Aargau (AG) – ✉ 5000 – 20 103 Ew – Höhe 383 m – Siehe Regionalatlas **3**-E3

▶ Bern 84 km – Basel 54 km – Luzern 51 km – Zürich 47 km

Michelin Straßenkarte 551-N4

XX Mürset   ⅋ 🛜 ⇔

Schachen 18 – ℰ 062 822 13 72 – www.muerset.ch   Stadtplan : A2**c**
Tagesteller 34 CHF – Menü 59/64 CHF – Karte 57/100 CHF
Brasserie Menü 24 CHF (mittags unter der Woche) – Karte 45/96 CHF
Weinstube Tagesteller 26 CHF – Menü 56 CHF – Karte 55/80 CHF
Das Haus bietet eine interessante gastronomische Vielfalt: Im Mürset, der eigent-
lichen Alten Stube (schön die Holztäferung), serviert man klassische Küche, in der
legeren Brasserie typische Bistrogerichte (zur Saison Muscheln) und in der netten
gemütlich-rustikalen Weinstube isst man bürgerlich-traditionell.

X Einstein   🛜 ⇔

Bahnhofstr. 43 – ℰ 062 834 40 34   Stadtplan : A2**b**
– www.restauranteinstein.ch – geschl. Juli - August 2 Wochen und Sonntag
Tagesteller 26 CHF – Menü 78 CHF – Karte 65/99 CHF
Im Medienhaus (hier auch Radio Argovia) finden Sie das quirlige, lebendige Restaurant mit "Chef's table" und integrierter Lounge-Bar. Aus der einsehbaren offenen Küche kommen internationale und regionale Gerichte, mittags einfachere
Karte. Alles in allem eine trendige Adresse, in der man auch gut isst.

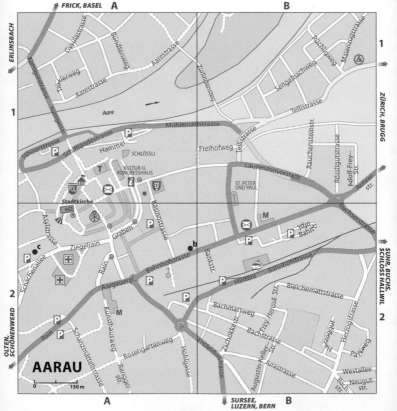

AARBURG

Aargau (AG) – ⊠ 4663 – 7 193 Ew – Höhe 412 m – Siehe Regionalatlas **3-E3**
▶ Bern 65 km – Aarau 22 km – Basel 50 km – Luzern 51 km
Michelin Straßenkarte 551-M5

 Krone 🎩 🔔 ♨ 🚗 **P**
 Bahnhofstr. 52, (am Bahnhofplatz) – ℰ 062 791 52 52 – www.krone-aarburg.ch – geschl. 26. Januar - 9. Februar, 20. Juli - 10. August
25 Zim 🍴 – ♦150/180 CHF ♦♦200/250 CHF – ½ P
Rest Tagesteller 26 CHF – Menü 35/100 CHF – Karte 54/88 CHF – *(geschl. Sonntag)*
Familie Lustenberger führt ihr Haus mit Engagement, ist traditionsbewusst und dennoch offen für Modernes. So hat man neben klassischen Zimmern auch einige sehr schöne, grosszügige neue Zimmer. Im gediegenen Restaurant bietet man Klassiker wie verschiedene Lebervariationen, aber auch ganzjährig Grillgerichte.

ADELBODEN

Bern (BE) – ⊠ 3715 – 3 500 Ew – Höhe 1 356 m (Wintersport : 1 353/2 362 m) – Siehe Regionalatlas **7-D5**
▶ Bern 67 km – Interlaken 48 km – Fribourg 104 km – Gstaad 81 km
Michelin Straßenkarte 551-J10

 The Cambrian 🍴 🏡 🌳 Rest, 🔔 ♨ 🚗 **P**
Dorfstr. 7 – ℰ 033 673 83 83 – www.thecambrianadelboden.com – geschl. 12. April - 28. Mai
71 Zim 🍴 – ♦190/450 CHF ♦♦215/475 CHF – 10 Suiten – ½ P
Rest Menü 79/99 CHF – Karte 72/104 CHF – *(geschl. Juni - November: Sonntagabend) (nur Abendessen)*
Entspannung bietet hier schon die weitläufige Lobby mit offenem Kamin, Bar und Snooker und natürlich der schöne Spa auf 700 qm. Besonders toll die talseitigen Zimmer, grosszügig die Juniorsuiten und Suiten. Überall modernes Design, so auch im Restaurant, davor die Terrasse mit Bergblick.

 Parkhotel Bellevue 🌳 🍴 🏡 **P**
Bellevuestr. 15 – ℰ 033 673 80 00 – www.parkhotel bellevue.ch – geschl. 12. April - 5. Juni
50 Zim 🍴 – ♦155/225 CHF ♦♦270/460 CHF – 3 Suiten – ½ P
Rest *belle vue* – siehe Restaurantauswahl
Leicht erhöht und ruhig liegt das Hotel von 1901, wunderschön der Bergblick. Mit den Zimmern "Tradition", "Nature" und "Privilege" sowie dem grosszügigen hochwertigen Spa vereint das Haus Tradition und Moderne. Chic die Lobby im 50er-/60er Jahre-Stil. Vom Pool schaut man übers Tal!

 Adler 🍴 🏡 **P**
 Dorfstr. 19 – ℰ 033 673 41 41 – www.adleradelboden.ch – geschl. 12. April - 12. Juni, 25. Oktober - 6. November
43 Zim 🍴 – ♦119/222 CHF ♦♦198/364 CHF – ½ P
Rest Tagesteller 20 CHF – Menü 56 CHF (abends) – Karte 35/82 CHF
Seit über 25 Jahren gibt es dieses Chalet nun schon. Das Haus wird von Familie Loretan engagiert geführt, langjährige Mitarbeiter an ihrer Seite. Fragen Sie nach den talseitigen Zimmern. Für Familien interessant: der gute Kinderspielbereich. Verschiedene Restauranträume von traditionell bis rustikal-elegant.

 Beau-Site 🍴 ♨ **P**
Dorfstr. 5 – ℰ 033 673 22 22 – www.hotelbeausite.ch – geschl. 15. April - 1. Juni, 20. Oktober - 12. Dezember
36 Zim 🍴 – ♦90/150 CHF ♦♦180/320 CHF – 2 Suiten – ½ P
Rest Tagesteller 25 CHF – Menü 38 CHF (mittags)/65 CHF – Karte 38/91 CHF – *(geschl. Dienstag) (nur Abendessen)*
Das Hotel am Dorfrand verfügt über wohnliche Zimmer mit Balkon, besonders geräumig die Südzimmer. Freizeitangebot mit gutem Fitnessbereich und Aussensauna in Form eines Fasses. Das Restaurant: recht elegant mit schönem Panoramablick oder rustikaler.

⊞⊞ Bristol
⅍ ⪡ 🛏 🏠 🐕 ▯🏮 🍴 Rest. ⬢ 🚗 **P.**

Obere Dorfstr. 6 – ℰ 033 673 14 81 – www.bristol-adelboden.com – geschl. Mitte April - Mitte Mai, Mitte Oktober - Mitte Dezember
31 Zim � – 🛉95/185 CHF – 🛉🛉160/400 CHF – ½ P
Rest Tagesteller 25 CHF – Menü 41/75 CHF (abends) – Karte 46/73 CHF – *(nur für Hausgäste)*
Das Hotel oberhalb der Kirche wird seit 1902 von der freundlichen und engagierten Familie geführt und bietet gemütlich-rustikale Zimmer. Nett der Freizeitbereich mit Fasssauna im Garten.

⌂ Bären
🏠 🐕 ▯🏮 ⬢ 🚗

Dorfstr. 22 – ℰ 033 673 21 51 – www.baeren-adelboden.ch – geschl. Mitte April - Anfang Juni, Anfang November - Mitte Dezember
14 Zim ⊻ – 🛉80/125 CHF – 🛉🛉160/270 CHF – ½ P
Rest Tagesteller 26 CHF – Menü 36/75 CHF – Karte 37/93 CHF – *(geschl. Donnerstag)*
Der älteste Gasthof Adelbodens stammt a. d. J. 1569 und ist ein sehr gepflegter Familienbetrieb mit behaglichen Zimmern im rustikalen Stil, darunter die urige "Grossmueters Stuba". In den Gaststuben speisen Sie in ländlichem Ambiente, im Sommer im "Dorfplatzgarten". Gute Weinauswahl.

✗✗✗ belle vue – Parkhotel Bellevue
🦀 ⪡ 🏠 🐕 ♻ **P.**

Bellevuestr. 15 – ℰ 033 673 80 00 – www.parkhotel-bellevue.ch – geschl. 12. April - 5. Juni
Menü 65/130 CHF (abends) – Karte 52/84 CHF – *(abends Tischbestellung ratsam)*
Wählen Sie einen Platz am Fenster! So können Sie neben dem schönen klaren Design auch noch die tolle Sicht geniessen! Aus der Küche kommen klassische Speisen, dazu reicht man eine erlesene Weinkarte. Mittags kleineres Angebot.

✗✗ Alpenblick
⪡ 🏠 **P.**

Dorfstr. 9 – ℰ 033 673 27 73 – www.alpenblick-adelboden.ch – geschl. 9. Juni - 10. Juli, 10. November - 4. Dezember und Montag, im Sommer: Montag - Dienstag
Tagesteller 22 CHF – Menü 83/107 CHF – Karte 48/91 CHF
Das Haus in der Ortsmitte beherbergt eine bürgerliche Stube und ein Restaurant mit eleganter Note und schöner Aussicht. Traditionelle Küche aus überwiegend regionalen Produkten.

✗ Hohliebe-Stübli
🦀 ⪡ 🏠 🐕 **P.** 🚭

Hohliebeweg 17, Süd-Ost: 3,8 km, Richtung Bonderlen, auf 1480 m Höhe – ℰ 033 673 10 69 – www.hohliebestuebli.ch – geschl. Mai und Sonntag - Montag
Menü 87 CHF – *(nur Abendessen) (Tischbestellung erforderlich)*
Der Weg hinauf zu dem einsam gelegenen alten Bauernhaus lohnt sich: wunderschön die Aussicht (vor allem von der Terrasse!), reizend die Stuben, anspruchsvoll die Küche. Andy Schranz empfiehlt Ihnen am Tisch mündlich sein kreatives Menü. Am Nachmittag gibt's leckeren Kuchen oder Berner Choscht.

ADLIGENSWIL
Luzern (LU) – ✉ 6043 – 5 406 Ew – Höhe 540 m – Siehe Regionalatlas **4-F3**
▶ Bern 117 km – Luzern 7 km – Aarau 56 km – Schwyz 32 km
Michelin Straßenkarte 551-O7

✗✗ Rössli mit Zim
🏠 ⬢ ♻ **P.**
😊
🛏️
Dorfstr. 1 – ℰ 041 370 10 30 – www.roessli-adligenswil.ch – geschl. 7. - 22. Februar, 11. Juli - 2. August und Mittwoch - Donnerstag
8 Zim ⊻ – 🛉120/140 CHF – 🛉🛉170/200 CHF – ½ P
Tagesteller 21 CHF – Menü 45/89 CHF – Karte 42/82 CHF – *(Tischbestellung ratsam)*
Mögen Sie es etwas gehobener? Dann speisen Sie in der Rössli-Stube, hier gibt's z. B. "gebackenen Kalbskopf auf Rhabarber-Randensalat" oder auch leckere Wildgerichte! Wer es gerne einfacher hat, isst in der Gaststube Schnitzel oder Schweinsbratwurst. Draussen gibt's die Rosenterrasse und den Rössligarten. Tipp: Bleiben Sie über Nacht, man hat charmante Zimmer.

OX

Dorfstr.2 – ℰ 041 370 39 38 – www.ox-adligenswil.ch – geschl. Samstagmittag, Sonntag - Montagmittag
Tagesteller 23 CHF – Menü 29/66 CHF – Karte 49/86 CHF – *(abends Tischbestellung ratsam)*
Hier steht der Holzkohlegrill im Mittelpunkt - vom "Big Green Egg" kommen Steaks, Burger und Fisch, aber auch Vegetarisches. Am Abend wählt man aus einem umfangreichen Angebot, mittags ist die Karte kleiner.

ADLISWIL

Zürich (ZH) – ✉ 8134 – 18 037 Ew – Höhe 451 m – Siehe Regionalatlas **4-G3**
▶ Bern 132 km – Zürich 10 km – Aarau 55 km – Luzern 49 km
Michelin Straßenkarte 551-P5

Krone

Zürichstr. 4 – ℰ 044 771 22 05 – www.krone-adliswil.ch – geschl. über Ostern 1 Woche, Juli - August 3 Wochen und Sonntag - Montag
Tagesteller 28 CHF – Menü 85/115 CHF – Karte 60/104 CHF – *(Tischbestellung ratsam)*
In dem schönen Riegelhaus haben Aline und Gion Spescha ein angenehm leger-modernes Restaurant geschaffen. Aus der Küche kommt nur Schmackhaftes, ob traditionell oder international. Manche Gerichte (z. B. "Lammcarré mit Thymian-Olivenruste") gibt es auch als kleine Portion.

Zen

Im Slhlhof 1 – ℰ 043 377 06 18 – www.restaurant-zen.ch – geschl. Montag
Tagesteller 25 CHF – Menü 29/70 CHF – Karte 48/96 CHF
Das moderne Restaurant mit kleiner mittiger Lounge befindet sich in einem ver-glasten Rundbau und bietet seinen Gästen authentische chinesische Küche mit Schwerpunkt Hongkong.

AESCH

Basel-Landschaft (BL) – ✉ 4147 – 10 220 Ew – Höhe 318 m
– Siehe Regionalatlas **2-D2**
▶ Bern 103 km   Basel 14 km – Delémont 30 km – Liestal 22 km
Michelin Straßenkarte 551-K4

Mühle

Hauptstr. 61 – ℰ 061 756 10 10 – www.muehle-aesch.ch – geschl 20. Dezember - 4. Januar, 3. Juli - 26. August
18 Zim ☲ – ♦135 CHF ♦♦195 CHF
Rest Menü 20 CHF (mittags unter der Woche)/78 CHF – Karte 43/78 CHF – *(geschl. Montag, ausser an Feiertagen)*
Ein gepflegtes kleines Hotel in der Ortsmitte, das über zeitgemässe und funktio-nelle Gästezimmer mit gutem Platzangebot verfügt und auch für Tagungen gut geeignet ist. Neuzeitlich-schlicht gehaltenes Restaurant mit Terrasse im Hinterhof.

AESCHI bei SPIEZ

Bern (BE) – ✉ 3703 – 2 123 Ew – Höhe 859 m – Siehe Regionalatlas **8-E5**
▶ Bern 44 km – Interlaken 16 km – Brienz 37 km – Spiez 5 km
Michelin Straßenkarte 551-K9

in Aeschiried Süd-Ost: 3 km – Höhe 1 000 m – ✉ 3703 Aeschi bei Spiez

Panorama

Aeschiriedstr. 36 – ℰ 033 654 29 73 – www.restaurantpanorama.ch – geschl. 16. - 31. März, 22. Juni - 31. Juli und Montag - Dienstag
Tagesteller 28 CHF – Menü 72/125 CHF – Karte 54/105 CHF
Seit 30 Jahren betreiben Luzia und Daniel Rindisbacher ihr "Panorama", das sei-nem Namen alle Ehre macht - der Renner ist natürlich die Sonnenterrasse! Spezia-lität ist Pasta aus der eigenen Manufaktur, und auch den Wein produziert man selbst! Probieren Sie z. B. Tajarin oder Ravioli, oder lieber Chateaubriand (für 2 Pers.)? Dazu die Panoteca für Feinkost und Apéro.

AFFOLTERN am ALBIS

Zürich (ZH) – ✉ 8910 – 11 276 Ew – Siehe Regionalatlas **4-F3**

▶ Bern 135 km – Zürich 21 km – Aarau 58 km – Sarnen 55 km

Michelin Straßenkarte 552-P5

Holiday Inn Express ⓝ garni   🛗 ☕ 🎦 🛜 ♨ 🐾 🅿

Obstgartenstr. 7 – 𝒞 044 782 00 00 – www.express-zuerich.ch
102 Zim ⌂ – 🛉159 CHF 🛉🛉159 CHF

Das Hotel ist mit seiner günstigen Lage zwischen Zürich und Zug sowie den modern-funktionalen Zimmern samt gutem Arbeitsplatz und aktueller Technik vor allem bei Businessgästen beliebt. In der Halle gibt es eine Bar mit Snackangebot.

AIGLE

Vaud (VD) – ✉ 1860 – 9 703 h. – alt. 404 m – Carte régionale **7-C6**

▶ Bern 105 km – Montreux 17 km – Evian-les-Bains 37 km – Lausanne 44 km

Carte routière Michelin 552-G11

CALM Comme à la Maison ⓝ sans rest   🐾 🖕 🎝 🛜 🅿

Chemin des Payernettes 12 – 𝒞 024 466 20 91 – www.bnb.ch/1699
3 ch ⌂ – 🛉130/150 CHF 🛉🛉170/200 CHF

À la recherche d'une adresse pleine de charme ? La maison d'hôtes de Nathalie Cline vous tend les bras ! Elle abrite des chambres modernes et confortables ; le matin, on prend son petit-déjeuner sur la terrasse, avec une superbe vue sur le vignoble et la montagne.

la pinte communale ⓝ

Place du Marché 4 – 𝒞 024 466 62 70 – www.pinte-communale.ch – fermé 21 décembre - 5 janvier, juillet 2 semaines, dimanche et lundi
Plat du jour 18 CHF – Menu 50 CHF (déjeuner en semaine)/125 CHF (dîner) – Carte 48/91 CHF

Le jeune chef, Alexandre Luquet, a déjà une solide expérience et sait en faire la preuve ! Dans cette petite adresse au pied de la vallée des Ormonts, il concocte, avec d'excellents produits, des plats savoureux et délicats ; le service, assuré par sa compagne Ana, est charmant. Menu plus ambitieux le soir, sur réservation.

AIRE-LA-VILLE – Genève ➜ Voir à Genève

AIROLO

Ticino (TI) – ✉ 6780 – 1 557 ab. – alt. 1 142 m (Sport invernali : 1 175/2 250 m) – Carta regionale **9-G5**

▶ Bern 162 km – Andermatt 30 km – Bellinzona 60 km – Brig 75 km

Carta stradale Michelin 553-P10

Forni con cam   🐾 ⩽ 🖢 🛜 ⇆ ♨ 🅿

via della Stazione 19 – 𝒞 091 869 12 70 – www.forni.ch – chiuso 2 novembre - 17 dicembre, gennaio - aprile: mercoledì
20 cam ⌂ – 🛉95/130 CHF 🛉🛉150/190 CHF

Piatto del giorno 22 CHF – Menu 38 CHF (in settimana)/75 CHF – Carta 65/95 CHF

Di fronte alla stazione, nella parte bassa del paese, appena varcata la soglia due sale dall'atmosfera informale introducono ad una cucina tradizionale, il cui menu viene regolarmente rinnovato. Camere di dimensioni eterogenee, con mobili chiari funzionali.

sul Passo di Gottardo Nord-Ovest : 14 km – ✉ 6780 Airolo

Ospizio San Gottardo ⓝ senza rist   🖢 🎝 🅿

– 𝒞 091 869 12 35 – www.passosangottardo.ch – chiuso metà ottobre - metà maggio
14 cam ⌂ – 🛉130/150 CHF 🛉🛉200 CHF

Sul passo del San Gottardo, la struttura è l'indirizzo giusto per chi è alla ricerca di assoluto relax nel quadro di una natura incontaminata. Il check-in si effettua presso l'Albergo: qui le camere sono sobrie e moderne, la televisione è bandita! Ospitalità più raffinata, invece, presso l'Ospizio San Gottardo, edificio dalle origini duecentesche, attualmente sotto tutela del Patrimonio Europeo. Specialità ticinesi e della Svizzera tedesca al ristorante dell'albergo, Prosa.

ALDESAGO – Ticino ➜ Vedere Lugano

ALTDORF

Uri (UR) – ⊠ 6460 – 8 981 Ew – Höhe 447 m – Siehe Regionalatlas **4-G4**
◨ Bern 152 km – Luzern 42 km – Andermatt 34 km – Chur 133 km
Michelin Straßenkarte 553-Q8

⌂ **Goldener Schlüssel** ❿   🛣 🕽 🕸 Rest, 🛜 🛁 **P**
Schützengasse 9 – ℰ 041 870 80 90 – www.goldenerschluessel.com – geschl.
Ende Dezember - Mitte Januar
18 Zim 🖭 – ♦100/120 CHF ♦♦160/180 CHF – ½ P
Rest Tagesteller 20 CHF – Menü 35/180 CHF (abends) – Karte 36/124 CHF
In dem historischen Gasthof aus den Anfängen des 18. Jh. wohnen Sie in zeitge-
mässen, hellen Zimmern mit guter Technik und können im Restaurant in der 1.
Etage neben traditionellen Klassikern auch Steaks (Fleisch aus dem Kan-
ton Uri) wählen.

⌂ **Höfli**   🛣 🕽 🕭 🛜 🛁 🗣 **P**
🕮 *Hellgasse 20 – ℰ 041 875 02 75 – www.hotel-hoefli.ch*
30 Zim 🖭 – ♦100/155 CHF ♦♦160/200 CHF – ½ P
Rest Tagesteller 25 CHF – Karte 42/75 CHF
Gasthaustradition seit 1768. Hier bietet man Ihnen zum einen gepflegte Zimmer
- im Stammhaus etwas einfacher, im Gästehaus moderner, komfortabel und auch
für Familien geeignet. Zum anderen kann man hier im Höfli-Stübli bürgerlich
essen, alternativ gibt es noch eine Pizzeria.

ALTENDORF

Schwyz (SZ) – ⊠ 8852 – 6 376 Ew – Höhe 412 m – Siehe Regionalatlas **4-G3**
◨ Bern 161 km – Zürich 39 km – Glarus 35 km – Rapperswil 7 km
Michelin Straßenkarte 551-R6

⌂ **Garni Seehof** garni   🕽 🕸 🛜 **P**
Churerstr. 64 – ℰ 055 462 15 00 – www.garni-seehof.ch – geschl. Weihnachten
- Neujahr
7 Zim 🖭 – ♦115 CHF ♦♦165 CHF
Das sehr gepflegte kleine Hotel ist angenehm funktionell: Da wäre zum einen die
Lage zwischen Altendorf und Lachen, zum anderen grosszügige zeitgemässe Zim
mer mit guter Technik, eine kleine, aber frische Frühstücksauswahl und dazu noch
kostenfreie Parkplätze. Ausserdem ist die Führung schön familiär und persönlich.

🍴 **Steinegg**   🛣 🕭 **P**
Steineggstr. 52 – ℰ 055 442 13 18 – www.restaurant-steinegg.ch – geschl. 1. -
7. Januar, 21. - 30. Mai, 20. Juli - 5. August und Montag - Mittwoch
Tagesteller 33 CHF – Menü 48 CHF (mittags)/89 CHF – Karte 58/99 CHF –
(Tischbestellung ratsam)
In dem gemütlichen Lokal spürt man den ländlichen Charme des einstigen Bau-
ernhauses, ein lauschiges Plätzchen findet sich auch auf der hübsch begrünten
Laubenterrasse. Die Gerichte sind frisch und saisonal, der freundliche Service
wird von der Chefin geleitet.

ALTNAU

Thurgau (TG) – ⊠ 8595 – 2 067 Ew – Höhe 409 m – Siehe Regionalatlas **5-H2**
◨ Bern 198 km – Sankt Gallen 31 km – Arbon 18 km – Bregenz 49 km
Michelin Straßenkarte 551-T3

🍴🍴 **Urs Wilhelm's Restaurant** mit Zim   🛣 **P**
Kaffeegasse 1, (im Schäfli, neben der Kirche) – ℰ 071 695 18 47
- www.urswilhelm.ch – geschl. 20. Dezember - 10. Januar und Montag
- Donnerstag
4 Zim 🖭 – ♦145/165 CHF ♦♦240/260 CHF
Karte 61/140 CHF – *(nur Abendessen) (Tischbestellung erforderlich)*
Ein Urgestein am See - und genauso wenig kann man sich den rund 100 Jahre
alten Gasthof aus Altnau wegdenken! Innen allerlei Nostalgisches in Form zahlreicher Accessoires und antiker Möbelstücke, dazu die herzlichen Gastgeber Rita
und Urs Wilhelm. Spezialität ist Hummer.

AMRISWIL

Thurgau (TG) – ✉ 8580 – 12 619 Ew – Höhe 437 m – – ✉ Amriswil
– Siehe Regionalatlas **5**-H2
▶ Bern 198 km – Frauenfeld 36 km – Herisau 33 km – Appenzell 48 km
Michelin Straßenkarte 551-U4

✗ **Hirschen** mit Zim   🏠 ☆ 🛜 P̄
Weinfelderstr. 80 – ℰ 071 412 70 70 – www.hirschen-amriswil.ch – geschl.
Februar 1 Woche, Ende Juli - Anfang August 2 Wochen und Sonntag - Montag
8 Zim ☲ – 🛏90 CHF 🛏🛏160 CHF – ½ P
Tagesteller 24 CHF – Menü 54 CHF (mittags)/92 CHF – Karte 52/92 CHF
Fährt man die Hauptstrasse entlang, fällt einem das hübsche alte Haus mit sei-
nem hellblauen Fachwerk auf! Drinnen bekommt man in gemütlichen Räumen
Saisonales, aber auch internationale Klassiker.

ANDERMATT

Uri (UR) – ✉ 6490 – 1 320 Ew – Höhe 1 438 m (Wintersport : 1 444/2 963 m)
– Siehe Regionalatlas **9**-G5
▶ Bern 148 km – Altdorf 35 km – Bellinzona 84 km – Chur 94 km
Michelin Straßenkarte 551-P9

🏰🏰🏰 **The Chedi** 🅝   ⟸ ⫯ ▨ ⊕ ⏃ ▷ ⬚ ♿ ▥ 🛜 ♨ ⌂
Gotthardstr. 4 – ℰ 041 888 74 88 – www.ghmhotels.com/de/andermatt – geschl.
Mai 3 Wochen, November 3 Wochen
104 Zim ☲ – 🛏700/1400 CHF 🛏🛏700/1400 CHF
Rest *The Restaurant* **Rest** *The Japanese Restaurant* – siehe
Restaurantauswahl
Imposant, grosszügig, geschmackvoll... ein Alpen-Hideaway par excellence! Das
spektakuläre Luxus-Refugium ist das erste europäische Haus der exklusiven klei-
nen asiatischen Hotelgruppe und ein einzigartiger Mix aus Schweizer Charme
und modernem Design, aus asiatischen Stilelementen und regionalen Materialien.
Edel der Spa auf 2400 qm, top der Service.

🏠 **The River House Boutique Hotel** 🅝   🛜 P̄
Gotthardstr. 58 – ℰ 041 887 00 25 – www.theriverhouse.ch – geschl. Mai,
September, Oktober
8 Zim ☲ – 🛏150/165 CHF 🛏🛏200/230 CHF
Rest Menü 80 CHF – Karte 36/91 CHF – *(geschl. Montag) (nur Abendessen)*
Das weit über 250 Jahre alte Haus ist etwas für Individualisten: Jedes Zimmer ist
anders geschnitten, wohnlich und geschmackvoll sind sie alle, zudem nach öko-
logischen Gesichtspunkten gestaltet. Der familiäre Service steht unter dem Motto
"young@heart und Eco" - angenehm unkompliziert und einfach zum Wohlfühlen!
Kleines Restaurant und trendige Bar.

🏠 **3 Könige und Post**   🏠 ▷ ☆ Zim, 🛜 ⌂ P̄
Gotthardstr. 69 – ℰ 041 887 00 01 – www.3koenige.ch – geschl. 7. April - 16. Mai,
13. Oktober - 19. Dezember
22 Zim ☲ – 🛏90/130 CHF 🛏🛏180/280 CHF – ½ P
Rest Tagesteller 20 CHF – Karte 36/83 CHF
Wirklich gepflegt wohnt man hier an der historischen Reussbrücke mitten im
Dorf. Das Zimmerangebot reicht von schlicht-rustikal bis frisch-modern, das Res-
taurant teilt sich in einen einfacheren Bereich und das elegantere Goethe-Säli.
Entspannen kann man im hellen kleinen Saunabereich.

✗✗✗ **The Restaurant** 🅝 – Hotel The Chedi   ⚬ 🏠 ▥ ☆ ⇆
Gotthardstr. 4 – ℰ 041 888 74 88 – www.chediandermatt.com – geschl. Mai 3
Wochen, November 3 Wochen
Karte 72/132 CHF
Schon beim Betreten des Restaurants ist man beeindruckt: Zuerst stechen einem
beachtliche begehbare Humidore für Käse und Wein ins Auge, dann die offenen
Küchenbereiche mit langem Chef's Table. Mansour Memarian, ein Weltenbumm-
ler in Kochmontur, verwöhnt Sie hier mit Schweizer und europäischer Küche
sowie mit Speisen aus Indien, China und Thailand.

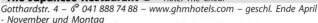

XX **The Japanese Restaurant** ❶ – Hotel The Chedi ⌘
Gotthardstr. 4 – ☎ 041 888 74 88 – www.ghmhotels.com – geschl. Ende April
- November und Montag
Menü 65/125 CHF – Karte 55/152 CHF – *(nur Abendessen)*
Sushi, Sashimi, Tempura - wirklich authentisch und auf hohem Niveau, und das in
Andermatt! Das Konzept des international aktiven Chefs Hide Yamamoto ist eine
kulinarische Reise ans andere Ende der Welt. Die ganze Bandbreite lernt man am
besten mit dem "Chef's Tasting Menu" kennen.

XX **Bären** ❶ mit Zim ⌃
Gotthardstr. 137 – ☎ 041 887 03 03 – www.baeren-andermatt.ch – geschl. 3.
- 13. November
6 Zim ⌂ – ✟82/95 CHF ✟✟152/160 CHF
Tagesteller 28 CHF – Menü 45 CHF (mittags)/85 CHF – Karte 56/102 CHF
In einem der ältesten Häuser Andermatts finden Sie auf zwei Ebenen ein
geschmackvolles Restaurant - viel Holz und Stein kombiniert mit modernem Stil.
Aus der Küche kommen z. B. "sautierte Froschschenkel mit Kartoffel-Artischocken-
püree" oder frische Pastagerichte. Mo. und Di. ganztägig einfachere Karte.

ANIÈRES

Genève (GE) – ✉ 1247 – 2 265 h. – alt. 410 m – Carte régionale **6-A6**
▶ Bern 168 km – Genève 12 km – Annecy 55 km – Thonon-les-Bains 25 km
Carte routière Michelin 552-B11

XXX **Le Floris** (Claude Legras) ⅏ ← 🕽 ⅉ ⌘ 🅿
⌘⌘ *Route d'Hermance 287 – ☎ 022 751 20 20 – www.lefloris.com – fermé*
24 décembre - 12 janvier, 5 - 13 avril, 6 - 14 septembre, dimanche et lundi
Menu 75 CHF (déjeuner en semaine)/250 CHF – Carte 145/216 CHF – *(réservation
conseillée)*
Le style Claude Legras ? L'évidence ! Sa cuisine, toujours parfaitement exécu-
tée, ose tout en restant mesurée dans sa créativité ; le chef est habité à tout instant par le souci de la finesse et des saveurs. On déguste ses préparations en terrasse, où la vue magnifique sur le Léman ajoute au plaisir du moment.
→ L'œuf de la ferme de Chevrens. Le bar de ligne de Noirmoutier. Crémeux de
chocolat Jivara, cigare à la feuille de citronnier.
Le Café de Floris – voir la sélection des restaurants

X **Le Café de Floris** – Restaurant Le Floris ← ⌘ 🅿
Route d'Hermance 287 – ☎ 022 751 20 20 – www.lefloris.com – fermé
24 décembre - 12 janvier, dimanche et lundi
Plat du jour 22 CHF – Menu 53 CHF – Carte 69/93 CHF – *(réservation conseillée)*
Gaspacho andalou à l'huile d'olive de Crète ; bar grillé au fenouil et thym
citronné, petits farcis et sauce vierge... On vient ici pour le bon goût de la tradition, et pour un joli festival de saveurs : le Floris version Bistrot séduit ! D'autant
que depuis la salle, la vue sur le Léman est tout simplement superbe...

APPENZELL

Appenzell Innerrhoden (AI) – ✉ 9050 – 5 661 Ew – Höhe 789 m
– Siehe Regionalatlas **5-I2**
▶ Bern 215 km – Sankt Gallen 20 km – Bregenz 41 km – Feldkirch 35 km
Michelin Straßenkarte 551-U5

🏨 **Säntis** 🕽 ⅏ 🕽 ⅉ ⌃ ⅏ 🅿
Landsgemeindeplatz 3 – ☎ 071 788 11 11 – www.saentis-appenzell.ch – geschl.
Februar
36 Zim ⌂ – ✟160/200 CHF ✟✟240/280 CHF – ½ P
Rest Tagesteller 29 CHF – Menü 58/74 CHF (abends) – Karte 55/94 CHF
Am Landsgemeindeplatz fällt das Hotel mit der schön bemalten Appenzeller
Holzfassade auf. Geboten werden moderne Juniorsuiten, Romantik- oder Stan-
dardzimmer. Das Restaurant ist in regionalem Stil eingerichtet.

🏠 **Appenzell**　　　　　　　　　　　　　🛏 🖾 ⅙ ❀ Zim, 🛜 🅿

💰 *Hauptgasse 37, (am Landsgemeindeplatz) –* 𝒞 *071 788 15 15*
– www.hotel-appenzell.ch – geschl. 10. November - 3. Dezember
16 Zim 🖵 – ♦125/135 CHF ♦♦210/230 CHF – ½ P
Rest Tagessteller 20 CHF – Menü 35/73 CHF – Karte 33/64 CHF – *(geschl.*
Dienstagmittag)
In dem regionstypischen Hotel mitten im Ort stehen zeitlos und gediegen
gestaltete Zimmer bereit. Gefrühstückt wird in einem kleinen, teils antik eingerichteten Raum.

in Appenzell-Appenzell Schlatt Nord: 5 km Richtung Haslen – Höhe 921 m –
🖾 9050

✗ **Bären** mit Zim　　　　　　🍴 ⇐ 🏠 ⅙ ❀ Zim, 🛜 ⇔ 🅿
Dorf 6 – 𝒞 *071 787 14 13 – www.baeren-schlatt.ch/livecam – geschl. Februar 2*
Wochen, Juli 2 Wochen und Dienstag - Mittwoch
3 Zim 🖵 – ♦110/120 CHF ♦♦170/180 CHF – ½ P
Tagessteller 30 CHF – Menü 44/75 CHF – Karte 44/66 CHF
Der Landgasthof am Dorfrand bietet in zwei netten Stuben eine traditionelle
Küche. Von der Terrasse aus hat man einen sehr schönen Blick auf das Alpstein-
massiv.

in Weissbad-Schwende Süd-Ost: 4 km – Höhe 820 m – 🖾 9057

🏠🏠 **Hof Weissbad**　　🍴 ⇐ 🍷 ⚒ 🗔 ⊕ 🐾 ⅃ ❀ 🖾 ⅙ ❀ 🛜 🛁 🚗 🅿
Im Park 1 – 𝒞 *071 798 80 80 – www.hofweissbad.ch*
82 Zim 🖵 – ♦220/250 CHF ♦♦420/460 CHF – 5 Suiten – ½ P
Rest *Schotte-Sepp-Stube / Flickflauder* – siehe Restaurantauswahl
Kein Wunder, dass dieses Hotel zu den bestfrequentierten der Schweiz zählt,
denn hier wird so einiges geboten, angefangen beim grosszügigen Rahmen über
wohnlich-moderne Zimmer (schön die Stoffe in kräftigem warmem Rot) bis hin
zum vielfältigen Spa nebst medizinischer Abteilung für Kur und Reha. Nicht zu
vergessen der tolle Service mit persönlicher Note und das hochwertige HP-Ange-
bot, und dann sind da noch die guten Tagungsmöglichkeiten.

✗✗ **Schotte-Sepp-Stube / Flickflauder** – Hotel Hof Weissbad　　🐾 ⇐ 🏠
Im Park 1 – 𝒞 *071 798 80 80 – www.hofweissbad.ch*　　　　　　⅙ 🅿
Tagessteller 32 CHF – Menü 62/119 CHF (abends) – Karte 48/78 CHF –
(Tischbestellung ratsam)
In der gemütlichen Schotte-Sepp-Stube können Sie die schöne Holzvertäferung
aus dem alten Kurhaus Weissbad bewundern, im Flickflauder dagegen zieht ein
Wind aus hypermodernem Style durch den Raum. In allen Bereichen können Sie
die ambitionierte Küche von Käthi Fässler geniessen, zu der z. B. "Rehrückenfilet
auf Shiitake-Pilzen mit Heidelbeer-Kaki" gehört. Oder möchten Sie lieber das
Gourmet-Menü probieren?

in Schwende Süd: 5 km – Höhe 842 m – 🖾 9057

🏠 **Alpenblick**　　　　　　　　　　　　🐾 ⇐ 🏠 🖾 🛜 🅿
🍽 *Küchenrain 7 –* 𝒞 *071 799 11 73 – www.alpenblick-appenzell.ch – geschl. Mitte*
Februar - Anfang März, 1. November - 5. Dezember
17 Zim 🖵 – ♦94/120 CHF ♦♦150/180 CHF
Rest Tagessteller 25 CHF – Menü 33/63 CHF – Karte 37/78 CHF – *(geschl. Dienstag,*
November - Mai: Montag - Dienstag)
Hier bleibt man gerne auch ein bisschen länger: ruhige Lage, ringsum Natur, und
den "Alpenblick" können Sie wörtlich nehmen! Die Zimmer sind hell, wohnlich
und sehr gepflegt, mit individueller Note eingerichtet. Und auch Familie Streule-
Fässler trägt mit ihrer herzlichen Art dazu bei, dass man sich hier wohlfühlt. Richtig schön sitzt es sich bei traditioneller Küche auf der Aussichtsterrasse.

ARAN
Vaud (VD) – 🖾 1091 – alt. 468 m – Carte régionale **6-B5**
▶ Bern 98 km – Lausanne 5 km – Montreux 22 km – Yverdon-les-Bains 42 km
Carte routière Michelin 552-E10

XX **Le Guillaume Tell**

Route de la Petite Corniche 5 – ℰ 021 799 11 84 – www.leguillaumetell.ch
– fermé début janvier 2 semaines, fin juillet - mi-août 3 semaines, dimanche et
lundi
Plat du jour 41 CHF – Menu 68 CHF (déjeuner en semaine)/159 CHF
– Carte 89/114 CHF
Une maison rose toute pimpante au cœur de ce village de vignerons qui domine
le lac Léman. Le chef propose une cuisine gastronomique créative, mêlant les
saveurs avec originalité. Cadre traditionnel.

ARBON
Thurgau (TG) – ✉ 9320 – 14 012 Ew – Höhe 399 m – Siehe Regionalatlas **5-I2**
▶ Bern 220 km – Sankt Gallen 14 km – Bregenz 32 km – Frauenfeld 61 km
Michelin Straßenkarte 551-V4

 Seegarten

Seestr. 66 – ℰ 071 447 57 57 – www.hotelseegarten.ch – geschl. 21. Dezember
- 11. Januar
42 Zim ☑ – ✝112/140 CHF ✝✝170/190 CHF – ½ P
Rest Tagesteller 18 CHF – Menü 35 CHF (mittags unter der Woche)/70 CHF
– Karte 42/85 CHF – *(geschl. November - Ende Februar: Sonntagabend)*
Ein sehr schönes funktionelles Hotel. Die Zimmer wurden alle renoviert und
sind wunderbar zeitgemäss! Auch ein freundliches Restaurant gehört zum Haus,
ebenso wie ein Anbau für Tagungen.

 **Frohsinn**

Romanshornerstr. 15 – ℰ 071 447 84 84 – www.frohsinn-arbon.ch – geschl.
21. Dezember - 5. Januar
14 Zim ☑ – ✝115/125 CHF ✝✝170/190 CHF – ½ P
Rest *Braukeller* Tagesteller 20 CHF – Menü 23 CHF (mittags unter der Woche)
– Karte 34/104 CHF – *(geschl. Sonntag)*
Rest *Allegro* Tagesteller 25 CHF – Menü 55 CHF – Karte 42/105 CHF – *(geschl.*
Sonntag - Montag)
Modern und funktional sind die Gästezimmer in dem familiär geführten kleinen
Hotel, einem erweiterten hübschen Fachwerkhaus. Eine nette rustikale Atmo-
sphäre herrscht im Braukeller. Täglich wechselndes 2- bis 3-Gänge-Menü im italie-
nischen Restaurant Allegro.

XX **Römerhof** mit Zim

Freiheitsgasse 3 – ℰ 071 447 30 30 – www.roemerhof-arbon.ch
11 Zim ☑ – ✝120/140 CHF ✝✝200/270 CHF – ½ P
Tagesteller 39 CHF – Menü 75/150 CHF – Karte 57/96 CHF – *(geschl. Sonntag*
- Montag) (Tischbestellung ratsam)
Schon von aussen ist das sorgsam restaurierte Haus a. d. 16. Jh. hübsch anzu-
schauen, drinnen dann zurückhaltende Eleganz - markant die Kassettendecke.
Das engagierte Betreiberpaar bietet Ihnen hier international geprägte Küche.
Lust auf eine Zigarre? Dafür hat man eine gemütlich-moderne Lounge. Und wer
über Nacht bleiben möchte, darf sich auf schöne wohnliche Zimmer freuen.

ARLESHEIM
Basel-Landschaft (BL) – ✉ 4144 – 9 073 Ew – Höhe 330 m
– Siehe Regionalatlas **2-D2**
▶ Bern 103 km – Basel 13 km – Baden 68 km – Liestal 12 km
Michelin Straßenkarte 551-K4

 Gasthof Zum Ochsen

Ermitagestr. 16 – ℰ 061 706 52 00 – www.ochsen.ch
34 Zim ☑ – ✝99/390 CHF ✝✝230/550 CHF – 1 Suite – ½ P
Rest *Ermitagestübli* – siehe Restaurantauswahl
Eine weit über 300-jährige Tradition und Familienbesitz seit 1923 stehen für
Beständigkeit! Von einigen der ländlichen Zimmer kann man auf den Rebberg
von Arlesheim schauen - übrigens gibt es so nette Annehmlichkeiten wie Wasser,
Obst und hausgemachte Würste gratis!

XX **Ermitagestübli** – Gasthof zum Ochsen
Ermitagestr. 16 – $\mathcal{C}$ 061 706 52 00 – www.ochsen.ch
Tagesteller 26 CHF – Menü 77/105 CHF – Karte 59/95 CHF
Im "Ochsen" speist man in drei charmanten Stuben mit Holztäfer. Natürlich bekommt man in einem Haus wie diesem gepflegte traditionelle Küche, und die lebt stark von den guten Produkten aus der eigenen Metzgerei! Auf der Dorfterrasse kommt's schön warm von unten - das liegt an der Bodenheizung!

ARNEGG

Sankt Gallen (SG) – ✉ 9212 – Höhe 621 m – Siehe Regionalatlas **5**-H2
◼ Bern 196 km – Sankt Gallen 16 km – Bregenz 54 km – Frauenfeld 37 km
Michelin Straßenkarte 551-U4

Arnegg garni
Bischofszellerstr. 332 – $\mathcal{C}$ 071 388 76 76 – www.hotel-arnegg.ch – geschl. Weihnachten - Neujahr
14 Zim ☐ – ♦110/120 CHF ♦♦168/178 CHF
In dem kleinen Hotel in der Ortsmitte erwarten die Gäste gepflegte, funktionell eingerichtete Zimmer, und die bekommt man zu fairen Preisen.

AROLLA

Valais (VS) – ✉ 1986 – alt. 2 003 m (Sports d'hiver : 2 000/3 000 m) – Carte régionale **7**-D7
◼ Bern 195 km – Sion 39 km – Brig 90 km – Martigny 69 km
Carte routière Michelin 552-J13

Du Pigne
Chemin de l'Évêque 1 – $\mathcal{C}$ 027 283 71 00 – www.hoteldupigne.ch – fermé 10 mai - 10 juin et 15 octobre - 15 décembre
12 ch ☐ – ♦94/102 CHF ♦♦144/160 CHF – ½ P
Rest Menu 25/69 CHF – Carte 39/82 CHF – *(fermé mercredi hors saison)*
Niché au cœur d'un village de montagne, à 2 000 m d'altitude, un hôtel idéal pour les amoureux de nature, de rando et de ski. Les chambres sont spacieuses et pimpantes (certaines avec mezzanine) ; l'ambiance chaleureuse, y compris au restaurant et au carnotzet (cuisine traditionnelle et spécialités du Valais).

AROSA

Graubünden (GR) – ✉ 7050 – 2 199 Ew – Höhe 1 739 m (Wintersport : 1 800/ 2 653 m) – Siehe Regionalatlas **10**-J4
◼ Bern 273 km – Chur 31 km – Davos 90 km – Sankt Moritz 115 km
Michelin Straßenkarte 553-W9

Tschuggen Grand Hotel Rest,
Sonnenbergstr. 1 – $\mathcal{C}$ 081 378 99 99 – www.tschuggen.ch
– geschl. Anfang April - Anfang Juli und Ende September - Stadtplan : A2**a**
Ende November
120 Zim ☐ – ♦225/640 CHF ♦♦405/1200 CHF – 10 Suiten – ½ P
Rest *La Vetta* ❀ – siehe Restaurantauswahl
Rest *La Collina* Tagesteller 34 CHF – Menü 72/102 CHF – Karte 67/110 CHF – *(Dezember - April: nur Mittagessen)*
Rest *Bündnerstube* Karte 57/95 CHF – *(geschl. Anfang April - Mitte Dezember und Mittwoch) (nur Abendessen)*
Lifestyle pur - edel umgesetzt von Carlo Rampazzi und Mario Botta. Der eine schuf exklusive und überraschend farbenfrohe Wohnräume, der andere liess 5000 qm Spa auf 4 Etagen im Berg verschwinden! Eigene Bergbahn ins Skigebiet.

Arosa Kulm Zim,
Innere Poststrasse – $\mathcal{C}$ 081 378 88 88 Stadtplan : A2**b**
– www.arosakulm.ch – geschl. April - Ende Juni und Ende September - Anfang Dezember
105 Zim ☐ – ♦240/595 CHF ♦♦290/1195 CHF – 14 Suiten – ½ P
Rest *Ahaan Thai* ❀ **Rest** *Muntanella* – siehe Restaurantauswahl

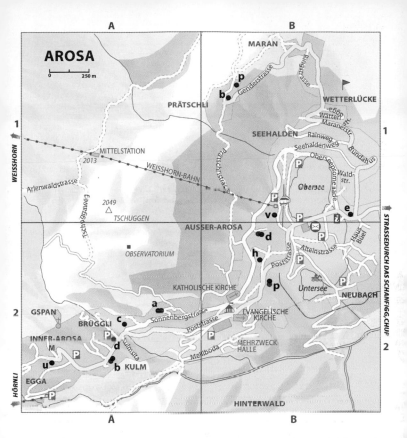

** AROSA**

0 250 m

MARAN

WETTERLÜCKE

PRÄTSCHLI

SEEHALDEN

WEISSHORN

MITTELSTATION
2013

WEISSHORN-BAHN

Arlenwaldstrasse

Tschuggaweg

2049
TSCHUGGEN

OBSERVATORIUM

AUSSER-AROSA

Obersee

Oberseepromenade

Waldstr.

KATHOLISCHE KIRCHE

Sonnenbergstrasse

Postatrasse

EVANGELISCHE KIRCHE

Untersee

NEUBACH

GSPAN

BRÜGGLI

INNER-AROSA

KULM

EGGA

HÖRNLI

MEHRZWECK HALLE

HINTERWALD

Melchboda

Postatrasse

STRASSEDURCH DAS SCHANFIGG, CHUR

Rest *Taverne* Karte 44/84 CHF – *(geschl. Donnerstag; Juli - September: Freitag - Samstag) (nur Abendessen)*
Eines der Traditionshäuser in Arosa. Wohnlich-moderne Lobby/Bar und schöner Spa. Die Zimmer: regional in Arvenholz oder elegant, geschmackvoll die Suiten. "Dine Around"-Möglichkeit für HP-Gäste.

 Waldhotel National ⟵ ⟵ ⟵ ⟵ ⟵ ⟵ ⟵ ⟵ ⟵ ⟵ ⟵ ⟵ ⟵ ⟵
Tomelistrasse – ☏ 081 378 55 55 – www.waldhotel.ch   Stadtplan : B2**d**
– geschl. 12. April - 19. Juni, 4. Oktober - 4. Dezember
128 Zim ⌷ – ♦160/245 CHF ♦♦310/540 CHF – 11 Suiten – ½ P
Rest *Kachelofa-Stübli* – siehe Restaurantauswahl
100 Jahre Hotelgeschichte in exponierter Lage - traditionell im Waldhotel, topmodern-alpin im Chesa Silva. Ganz mit der Zeit geht man auch in Sachen Wellness: sehenswert der "Aqua Silva"-Spa - hochwertig und chic! Sie kommen zum Essen hierher? Nicht nur Hausgäste können sich aus der Showküche des "Thomas Mann Restaurant & Zauberberg" das HP-Menü servieren lassen.

 Erwarten Sie in einem ✗ oder ⌂ nicht den gleichen Service wie in einem ✗✗✗✗✗ oder ⌂⌂⌂⌂⌂.

BelArosa garni 🕭 🗁 🔲 🌐 🐾 ♨ 🎫 🛜 🚗 **P**
Prätschlistrasse – ☎ *081 378 89 99* – *www.belarosa.ch* Stadtplan : B2**h**
– *geschl. Anfang April - Mitte Juni, Mitte Oktober - Anfang Dezember*
6 Zim ⌇ – ♦130/350 CHF ♦♦250/680 CHF – 16 Suiten
Dass dieses kleine Schmuckstück kein Hotel "von der Stange" ist, wird Ihnen schon beim persönlichen Empfang klar. Im grosszügigen Zimmer warten dann neben der ausgesprochen wohnlichen Einrichtung noch diverse kleine Annehmlichkeiten und auch das Frühstücksbuffet ist nicht nur hochwertig, sondern auch liebevoll angerichtet! Wer sich noch mehr Gutes tun will, verwöhnt sich im charmanten Spa - und lassen Sie sich nicht die 25-m-Wasserrutsche entgehen!

Sporthotel Valsana 🗁 🍴 🛖 🔲 🐾 ♨ 🍽 🎫 ⚓ 🎾 🛜 🐟 **P**
Äussere Poststrasse – ☎ *081 378 63 63* – *www.valsana.ch* Stadtplan : B1**e**
– *geschl. April - November*
65 Zim ⌇ – ♦215/295 CHF ♦♦400/630 CHF – 8 Suiten – ½ P
Rest Karte 34/89 CHF
Wer sich gerade nicht in seinem wohnlichen Zimmer aufhält (schön modern die Carlo-Rampazzi-Zimmer!), macht es sich in der Lobby & Bar gemütlich, gönnt sich eine der vielfältigen Beautyanwendungen oder ist aktiv bei Beachvolleyball, Putting Green und Boccia. Lust auf Fondue? Das gemütliche "Chesalina" hat abends auf Reservierung geöffnet. Eine wirklich nette Alternative zum Restaurant - Halbpension ist hier im Winter übrigens inklusive.

Prätschli 🕭 🗁 🛖 🐾 ♨ 🎫 🛜 🚗 **P**
Prätschlistrasse, in Prätschli, Nord: 3 km Stadtplan : B1**p**
– ☎ *081 378 80 80* – *www.praetschli.ch* – *geschl. 13. April - 20. Juni, 19. Oktober - 3. Dezember*
61 Zim ⌇ – ♦180/245 CHF ♦♦280/370 CHF – 7 Suiten – ½ P
Rest Tagesteller 20 CHF – Menü 28 CHF (mittags) – Karte 45/88 CHF
Ruhe, Ausblick, das Skigebiet gleich vor der Tür... ein schönes Domizil für Winterurlaubstage! Und das Ambiente? Wohnlich-neuzeitlich-alpenländisch. Nehmen Sie doch eines der Südzimmer - hier ist die Sicht besonders reizvoll und einen Balkon haben Sie auch! Die passende Stärkung (z. B. Regionales und Grillgerichte) haben das "Locanda" und das Tagesrestaurant "Serenata" samt Sonnenterrasse oder der urige "Prätschli-Stall" mit Käsefondue und Raclette.

Cristallo 🗁 🐾 🎫 🛜 🐟 **P**
Poststrasse – ☎ *081 378 68 68* – *www.cristalloarosa.ch* Stadtplan : B2**p**
– *geschl. 12. April - 26. Juni, 21. September - 4. Dezember*
36 Zim ⌇ – ♦150/275 CHF ♦♦220/340 CHF – ½ P
Rest *Le Bistro* – siehe Restaurantauswahl
Hier überzeugen wohnliche Atmosphäre und Bergblick. Die Zimmer bieten moderne Bäder und gute Technik. Buchen Sie ein Südzimmer mit Balkon und traumhafter Sicht - in den Eckzimmern haben Sie sogar ein Wasserbett!

Vetter 🎫 🛜 **P**
Seeblickstrasse – ☎ *081 378 80 00* Stadtplan : B1**v**
– *www.arosa-vetter-hotel.ch* – *geschl. 13. April - 3. Juli*
22 Zim ⌇ – ♦95/175 CHF ♦♦160/440 CHF – ½ P
Rest *Vetterstübli* Tagesteller 20 CHF – Karte 39/93 CHF
Das kleine Hotel bei den Bergbahnen nennt sein Design selbst passenderweise "Alpinstyle", entsprechend chic und modern-rustikal sind die Zimmer. Drei weitere Zimmer sind recht einfach.

Belri 🕭 🗁 🍴 🛜 🚗 **P**
Schwelliseestrasse – ☎ *081 378 72 80* – *www.belri.ch* Stadtplan : A2**u**
– *geschl. 12. April - 27. Juni, 15. September - 5. Dezember*
17 Zim ⌇ – ♦135/145 CHF ♦♦280/300 CHF – 1 Suite – ½ P
Rest Menü 38/55 CHF – Karte 30/44 CHF – *(nur Abendessen) (Tischbestellung ratsam)*
Ein nettes regionstypisches Haus nahe den Pisten, das man mit viel Arvenholz ausgestattet hat. Gemütlich sind die geräumigen Gästezimmer und die Lounge, in der man am offenen Kamin beim Lesen schön relaxen kann.

⌂ **Sonnenhalde** garni   ✎ ⪪ 🐾 🎿 🍽 **P**
Sonnenbergstrasse – ☎ 081 378 44 44   Stadtplan : A2**c**
– www.sonnenhalde-arosa.ch – geschl. 12. April - 25. Juni, 11. Oktober
- 26. November
25 Zim ⌷ – ♦118/148 CHF ♦♦208/274 CHF
Einen sehr persönlichen Charakter hat das gastliche Schweizer Chaletnaus, das
mit seinen neuzeitlich-rustikalen, in hellem Holz gehaltenen Zimmern zu überzeugen weiss. Im Winter gibt es mittwochabends Fondue, Hausgäste bekommen täglich kleine Snacks.

⌂ **Arlenwald**   ✎ ⪪ 🐾 📶 🍽 **P**
😊 *Prätschlistrasse, in Prätschli, Nord: 3 km*   Stadtplan : B1**b**
– ☎ 081 377 18 38 – www.arlenwaldhotel.ch
11 Zim ⌷ – ♦80/140 CHF ♦♦200/270 CHF – ½ P
Rest Burestübli Tagesteller 19 CHF   Karte 27/65 CHF   *(geschl. Mai Juni,*
September - November und Mittwoch - Donnerstag)
Inmitten einer wahrlich traumhaften Berglandschaft wohnt man in einem langjäh-
rigen Familienbetrieb, den Skilift hat man ganz in der Nähe. Freundlich die Zim-
mer, charmant die kleine Sauna mit Aussicht und Terrasse, bürgerlich-rustikal das
Burestübli - hier bekommt man Grillgerichte.

✕✕✕ **La Vetta** – Tschuggen Grand Hotel   🛁 ♿ 🏵 **P**
❀ *Sonnenbergstr. 1 – ☎ 081 378 99 99*   Stadtplan : A2**a**
– www.tschuggen.ch – geschl. Anfang April - Anfang Juli, Ende September - Ende
November und Montag; Juli - September: Montag - Dienstag
Menü 94/139 CHF – *(nur Abendessen) (Tischbestellung ratsam)*
"Modern, ungezwungen & verführerisch" - dieses Motto findet sich in den drei
Menüs von Küchenchef Tobias Jochim: "1929", "Weisshorn" und "vegetarisch"
- Sie dürfen hier auch gerne variieren! Und der Rahmen dafür? Elegantes
Ambiente und kompetenter Service. Letzterer empfiehlt Ihnen u. a. auch so
manch schönen Rotwein aus dem Burgund oder Italien. Oder darf es ein feiner
Champagner sein?
→ Confierter Saibling, Charentais Melone, Aroser Joghurt, frische Mandeln. Bresse
Kaninchen, Poveraden, Olivenöl, Apfel, Majoran, Enoki. Rehrücken, Serviettenknö-
del, Erbse, Portulak, Karamell Feige.

✕✕✕ **Muntanella** – Hotel Arosa Kulm   ⪪ 🍴 ♻ **P**
Innere Poststrasse – ☎ 081 378 88 88   Stadtplan : A2**b**
– www.arosakulm.ch – geschl. April - Ende Juni, Ende September - Anfang
Dezember; Juli - September: Sonntag - Montag
Karte 69/100 CHF
Am Abend reicht man in dem modern-alpin gehaltenen Restaurant eine anspre-
chende zeitgemässe Karte. Eine ganz andere, einfache Speiseauswahl bietet mit-
tags das Tagesrestaurant mit Lounge-Charakter.

✕✕ **Kachelofa-Stübli** – Waldhotel National   🛁 🍴 🅺 🏵 **P**
Tomelistrasse – ☎ 081 378 55 55 – www.waldhotel.ch   Stadtplan : B2**d**
– geschl. 12. April - 19. Juni, 4. Oktober - 4. Dezember und im Winter: Dienstag
Tagesteller 25 CHF – Menü 38 CHF (mittags)/128 CHF – *(Mitte Juni - Mitte Oktober*
nur Mittagessen)
So behaglich, wie man sich ein "Kachelofa-Stübli" vorstellt: Warmes Holz und
Kachelofen sorgen für rustikale Gemütlichkeit, gepflegte Tischkultur für die elegante Note. Seit über 20 Jahren steht Gerd Reber hier am Herd: Am Abend bietet
er die zwei ambitionierten Menüs "Tradition" und "Degustation" (Sie können auch
à la carte daraus wählen), mittags gibt es nur ein einfacheres Angebot.

✕✕ **Ahaan Thai** – Hotel Arosa Kulm   **P**
😊 *Innere Poststrasse – ☎ 081 378 88 88*   Stadtplan : A2**b**
– www.arosakulm.ch – geschl. April - Ende Juni, Ende September - Anfang
Dezember und Dienstag - Mittwoch; Juli - September: Dienstag - Donnerstag
Menü 68/98 CHF – Karte 60/82 CHF – *(nur Abendessen) (Tischbestellung ratsam)*
Wer könnte authentischer kochen als ein rein thailändisches Küchenteam? Da
bestellt man nur zu gerne schmackhafte und aromatische Speisen wie Frühlings-
rollen, Dim Sum oder Currys in verschiedenen Schärfestufen! Und das in angenehm landestypisch-elegantem Ambiente.

XX **Stüva Cuolm**   ≤ 🏠 **P**

Innere Poststrasse – 𝒞 081 378 88 88   Stadtplan : A2**d**
– www.arosakulm.ch – geschl. 7. April - 4. Dezember und Sonntagabend
- Dienstagmittag
Karte 68/134 CHF
Das rustikale Winterrestaurant mit herrlicher Sonnenterrasse (grandios die Aus-
sicht von hier!) gehört zum wenige Schritte entfernten Hotel Kulm. Italienisches
Speisenangebot, das mittags einfacher ist.

X **Le Bistro** – Hotel Cristallo

Poststrasse – 𝒞 081 378 68 68 – www.cristalloarosa.ch   Stadtplan : B2**p**
– geschl. 12. April - 26. Juni, 21. September - 4. Dezember
Tagesteller 21 CHF – Menü 110 CHF – Karte 54/119 CHF
Ein beliebter Treff an der Promenade, deshalb ist es hier auch immer voll! Die
Gäste mögen das charmante Bistro-Ambiente mit getrockneten Blumensträussen
an der Decke und französischer Kunst an den Wänden.

ARTH

Schwyz (SZ) – ✉ 6415 – 10 924 Ew – Siehe Regionalatlas **4-G3**
▶ Bern 143 km – Schwyz 14 km – Zug 14 km – Stans 52 km
Michelin Straßenkarte 551-P7

X **Gartenlaube**   ≤ 🏠

🍝 *Zugerstr. 15 – 𝒞 041 855 11 74 – geschl. Ende Dezember - Mitte Januar, Ende
September - Mitte Oktober und Ende August - Mitte Juni: Mittwoch - Donnerstag*
Tagesteller 25 CHF – Menü 65 CHF – Karte 34/80 CHF
Eine nett dekorierte bürgerliche Gaststube, in der man frisch und regional isst. Im
Sommer ist die grosse Terrasse am See ein Besuchermagnet - kein Wunder bei
der Aussicht!

ARZIER

Vaud (VD) – ✉ 1273 – 2 392 h. – alt. 842 m – Carte régionale **6-A6**
▶ Bern 139 km – Lausanne 44 km – Genève 39 km – Fribourg 118 km
Carte routière Michelin 552-B10

XX **Auberge de l'Union** avec ch   𝔅 ≤ 🔥 rest. 🛜 **P**

🏮 *Route de Saint Cergue 9 – 𝒞 022 366 25 04 – www.auberge-arzier.ch – fermé
Noël et Nouvel An, fin juillet - début août, dimanche et lundi*
8 ch 🛏 – †140/190 CHF ††180/230 CHF – ½ P
Menu 73/128 CHF – Carte 82/121 CHF
Une auberge élégante et lumineuse, ouvrant sur le village et le lac... Un agréable
écrin pour une cuisine du marché ambitieuse et savoureuse : homard breton en
vinaigrette de combava, copeaux de racines et bisque concentrée ; suprême de
pigeon des Deux-Sèvres, barigoule d'artichaut et bouchon de pommes croquet-
tes ; etc.
Café🍴 – voir la sélection des restaurants

X **Café** – Restaurant Auberge de l'Union   𝔅 ≤ **P**

🍝 *Route de Saint Cergue 9 – 𝒞 022 366 25 04 – www.auberge-arzier.ch – fermé
Noël et Nouvel An, fin juillet - début août, dimanche et lundi*
🍴 Plat du jour 19 CHF – Menu 26 CHF (déjeuner en semaine)/60 CHF – Carte envi-
ron 65 CHF
Le Café de l'Auberge de l'Union, c'est une alternative conviviale et pleine de couleurs, où l'on profite d'une jolie ardoise, renouvelée au gré des saisons : salade,
tartine de chèvre, pièce de veau rôtie, gaufre au sucre perlé, glace au caramel au
beurre salé...

ASCONA

Ticino (TI) – ⊠ 6612 – 5 450 ab. – alt. 210 m – Carta regionale **9-H6**
▶ Bern 240 km – Locarno 4 km – Bellinzona 23 km – Domodossola 51 km
Carta stradale Michelin 553-Q12

© S. Cellai / Sime / Photononstop

Alberghi

Castello del Sole 🛇 ← 🐾 🛋 🖥 📶 🕥 🖼 ⅙ 🛠 🖻 ⅙ Ⅺ 🎿 🛐
via Muraccio 142, Est : 1 km per via Muraccio B2 – ☎ 091 791 02 02
– www.castellodelsole.com – chiuso 19 ottobre - 27 marzo
70 cam ⌷ – †430/780 CHF ††660/820 CHF – 11 suites – ½ P
Rist *Locanda Barbarossa* ❀ – vedere selezione ristoranti
In riva al lago - all'interno di un grande parco con vigneto - questa raffinata casa di fine Ottocento dispone di una meravigliosa Spa e di camere da sogno: degne di nota le suite e le junior suite.

Eden Roc 🛇 ← 🐾 🛋 🖥 📶 🕥 🖼 🖻 ⅙ 🎿 Ⅺ 🎿 rist, 🗢 🕸 🛐
via Albarelle 16 – ☎ 091 785 71 71 – *www.edenroc.ch*   Pianta : AB2**r**
60 cam ⌷ – †240/790 CHF ††300/900 CHF – 35 suites – ½ P
Rist *La Brezza*   Rist *Eden Roc* – vedere selezione ristoranti
Rist *Marina* Piatto del giorno 25 CHF – Menu 35 CHF (pranzo)/60 CHF (cena)
– Carta 58/94 CHF – *(13 dicembre - 5 gennaio : aperto solo a mezzogiorno)*
Ad accogliervi, l'elegante hall che v'introdurrà a camere di design o a stanze più classiche, ma altrettanto confortevoli. Tre piscine, una bella spa e il giardino completano lo charme, mentre specialità italiane vi attendono al Marina. Non appena il tempo lo permette, si può approfittare della terrazza del ristorante La Casetta, il più vicino al lago.

Giardino 🛇 🐾 🛋 🖥 📶 🕥 🖼 🖻 🎿 🖻 🗢 🕸 🛐
via del Segnale 10, Est : 1,5 km per via Muraccio B2 – ☎ 091 785 88 88
– www.giardino.ch – chiuso fine ottobre - fine marzo
56 cam ⌷ – †305/450 CHF ††535/760 CHF – 16 suites
Rist *Ecco* ❀❀ **Rist *Aphrodite*** – vedere selezione ristoranti
Il nome trae spunto dal romantico giardino mediterraneo che ospita piccoli stagni di ninfee e una piscina; come cliente di questa lussuosa risorsa avete la possibilità di beneficiare di uno sconto in tutti i ristoranti "Giardino" a Ascona e Minusio. Gestione competente e professionale, servizio impeccabile.

Parkhotel Delta 🛇 ← 🐾 🛋 🖥 📶 🕥 🖼 ⅙ 🛠 🖻 🖻 cam, 🎿 Ⅺ 🗢 🕸 🛐
via Delta 137 – ☎ 091 785 77 85 – *www.parkhoteldelta.ch*   Pianta : B1**a**
42 cam ⌷ – †160/540 CHF ††250/640 CHF – 8 suites
Rist *Da Jean-Pierre* Piatto del giorno 24 CHF – Menu 49 CHF – Carta 50/94 CHF
– (novembre - marzo : solo a cena da lunedì a venerdì)
Ad un quarto d'ora di passeggiata dal lago, l'albergo è dedicato agli amanti degli spazi: ampie camere immerse in un parco con mini golf e otto campi da tennis di cui quattro coperti, svaghi e relax. Le sere di giovedì, venerdì e sabato, la lobby del ristorante ospita un pianista, mentre la cucina sforna piatti dagli aromi mediterranei.

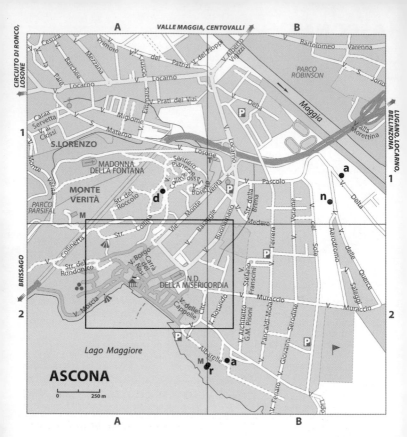

VALLE MAGGIA, CENTOVALLI

CIRCUITO DI RONCO, LOSONE

LUGANO, LOCARNO, BELLINZONA

BRISSAGO

PARCO ROBINSON

S.LORENZO

MADONNA DELLA FONTANA

MONTE VERITÀ

PARCO PARSIFAL

N.D. DELLA MISERICORDIA

Lago Maggiore

ASCONA

0   250 m

Ascovilla

🐾 ☕ 🍴 ⚒ 🏊 🛎 🎬 🍽 rist, 🛜 ⚙ 🚗 **P**

via Albarelle 37 – ☏ 091 785 41 41 – www.ascovilla.ch   Pianta : B2**a**
– chiuso fine ottobre - metà marzo

50 cam ⚏ – ♦205/280 CHF ♦♦360/420 CHF – 5 suites – ½ P

Rist *Albarella* Piatto del giorno 23 CHF – Menu 30 CHF (pranzo)/59 CHF (cena)
– Carta 59/94 CHF

Affacciato su due giardini ognuno con piscina, l'hotel dispone di un'elegante hall
impreziosita da marmi, belle suite e camere accoglienti (alcune con balconi). Piacevole area *wellness* con sauna e possibilità di massaggi. Ristorante di tono elegante.

Castello - Seeschloss

⬅ ☕ ⚒ 🛎 🎬 🛜 🚗 **P**

via Circonvallazione 26, (piazza G. Motta) – ☏ 091 791 01 61   Pianta : D2**r**
– www.castello-seeschloss.ch – chiuso inizio novembre - inizio marzo

45 cam ⚏ – ♦120/350 CHF ♦♦180/600 CHF – ½ P

Rist *al Lago* – vedere selezione ristoranti

Sulle rive del lago e a due passi dal centro della località, accoglienti camere
- quasi tutte affrescate - in una suggestiva struttura del XIII secolo, di cui restano
le antiche torri.

Un pasto accurato a prezzo contenuto? Cercate i Bib Gourmand 🅑.

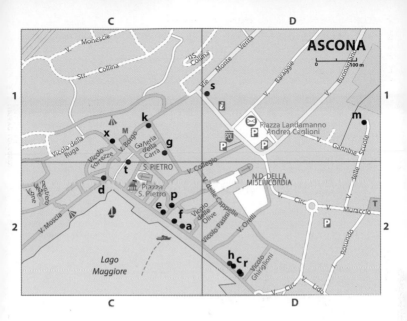

 Ascona   🐾 ⪻ 🍴 🍹 ⅃ 🐚 ⋈ ⅁ cam, 📺 cam, 🍴 rist, 🛜 🛁 🚗 🅿️

via Collina, (sopra via Signor in Croce 1) – 𝒞 091 785 15 15   Pianta : A1**d**
– www.hotel-ascona.ch
67 cam ⴲ – †100/240 CHF ††190/510 CHF
Rist Piatto del giorno 45 CHF – Menu 45 CHF (cena) – Carta 30/70 CHF – *(chiuso 3 gennaio - 1° marzo)*
In posizione dominante, si respira un'aria familiare in questa struttura che dispone di un magnifico giardino con piscina da cui godere di un'ottima vista sul lago. Camere spaziose, recentemente rinnovate, servizio attento e cordiale. Al ristorante la cucina riporta sapori e profumi del Mediterraneo: il grotto per l'inverno e la terrazza per l'estate.

 Riposo   🍹 🍹 ⅃ 🛎 🛜 🚗

scalinata della Ruga 4 – 𝒞 091 791 31 64   Pianta : C1**x**
– www.arthotelriposo.ch – chiuso fine ottobre - fine marzo
28 cam ⴲ – †160/270 CHF ††180/380 CHF – ½ P
Rist *Arlecchino* Piatto del giorno 38 CHF – Menu 48 CHF (cena)
– Carta 57/73 CHF – (chiuso mercoledì - giovedì e domenica)
Il profumo del vecchio glicine nella corte interna aggiunge romanticismo a questa struttura già ricca di fascino, dove ambienti in stile mediterraneo e belle camere assicurano un buon risposo. Sublime vista del lago dal solarium e piscina...sul tetto! Sabato, serata jazz; il martedì cena a lume di candela sotto le stelle nella splendida terrazza panoramica.

🏠 **La Meridiana** senza rist   ⪻ 🍹 🔲 🐚 🛗 🛎 📺 🍴 🛜

piazza G. Motta 61 – 𝒞 091 786 90 90 – www.meridiana.ch   Pianta : D2**c**
– chiuso 4 gennaio - 20 febbraio
21 cam ⴲ – †130/430 CHF ††250/480 CHF
Punti di forza della struttura sono la vista mozzafiato sul lago e la grande terrazza solarium, ma anche le camere - moderne e funzionali - non sono da meno!

Al Porto ⟵ 🛱 🚿 🖳 📠 rist, 🛜

piazza G. Motta 25 – ☏ 091 785 85 85 Pianta : C2**p**
– www.alporto-hotel.ch – chiuso 2 novembre - 13 marzo
36 cam ⌁ – ♦95/185 CHF ♦♦235/340 CHF
Rist Menu 29 CHF (pranzo)/79 CHF – Carta 56/87 CHF – *(chiuso 3 novembre - 13 marzo)*
La famiglia Wolf é al timone di questa bella struttura composta da quattro anti-che case ticinesi, le cui camere per la maggior parte si affacciano sulla corte interna o sul giardino. Piatti locali rivisitati con gusto e creatività nel caratteristico ristorante, dal cui balcone si gode di una vista sublime sulla piazza.

 Mulino 🛎 🛱 🚿 ⚒ 🐾 🖳 📠 cam, 🛜 🧖 **P**

via delle Scuole 17 – ☏ 091 791 36 92 Pianta : D1**m**
– www.hotel-mulino.ch – chiuso fine ottobre - metà marzo
32 cam ⌁ – ♦120/200 CHF ♦♦200/280 CHF
Rist Menu 40 CHF (cena) – Carta 33/77 CHF
Giardino con pergolato e piscina in un grazioso hotel sito in un quartiere resi-denziale: l'arredamento semplice e funzionale delle camere non ne compro-mette il confort. In estate il ristorante si apre sulla gradevole terrazza; menu par-ticolare a cena.

 Schiff - Battello senza rist ⟵ 🖳 🛜 🚗

piazza G. Motta 21 – ☏ 091 791 25 33 Pianta : C2**e**
– www.hotel-schiff-ascona.ch – chiuso fine novembre - metà febbraio
15 cam ⌁ – ♦85/145 CHF ♦♦175/275 CHF
Edificio che sorge proprio sul lungolago. Dalla reception si accede alle funzionali camere: alcune moderne ed ammobiliate in legno chiaro, altre meno recenti, più piccole e più semplici.

 Piazza ⟵ 🚿 🖳 🛜

piazza G. Motta 29 – ☏ 091 791 11 81 – www.hotelpiazza.ch Pianta : C2**f**
43 cam ⌁ – ♦85/170 CHF ♦♦135/250 CHF
Rist Piatto del giorno 25 CHF – Carta 45/74 CHF – *(chiuso lunedì e martedì dal 7 gennaio al 1° marzo)*
Sul lungolago, una risorsa con camere di differenti tipologie, ma tutte rinnovate di recente. Alcune, dotate di piccoli balconi, godono della vista sulla passeggiata. Al ristorante, la scelta è generosa: si va dalla pizza, a piatti regionali, passando curiosamente per specialità thai preparate da due signore thailandesi.

● Ristoranti

✕✕✕✕ **La Brezza** – Hotel Eden Roc 🕸 ⟵ 🚿 ♿ 📠 🌿 **P**

via Albarelle 16 – ☏ 091 785 71 71 – www.edenroc.ch Pianta : AB2**r**
– chiuso inizio novembre - fine marzo
Menu 84/150 CHF – *(solo a cena) (consigliata la prenotazione)*
Come una brezza piacevole e leggera, la cucina mediterranea e creativa di questo ristorante è pronta a deliziare i più esigenti gourmet, non tanto con clamorosi effetti speciali, ma con delicati ingredienti che ricordano il Sud.

✕✕✕ **Ecco** – Hotel Giardino 🕸 🚿 🌿 **P**

🏵 🏵 *via del Segnale 10, Est : 1,5 km per via Muraccio B2 – ☏ 091 785 88 88*
– www.giardino.ch – chiuso fine ottobre - marzo, lunedì e martedì
Menu 138/194 CHF – *(solo a cena) (consigliata la prenotazione)*
Le alchimie del giovane cuoco, enfant prodige della gastronomia tedesca, non cessano di stupire: scelta ristretta a pochi piatti, la sua cucina è un viaggio tra i migliori prodotti del continente e non solo. Ma anche l'ambiente ci mette del suo per giungere al cuore del cliente; elegante e moderno, si contraddistingue per i suoi vivaci cromatismi.
➜ San Pietro bretone - carota - gallinacci. Lombata di capriolo - cerfoglio - sam-buco. Pistacchio - crema acidula - pera.

XXX **Locanda Barbarossa** – Hotel Castello del Sole   🐕 🛬 🖈 ⚓ 🅰 ⚙ **P**

𝔓 *via Muraccio 142, Est : 1 km per via Muraccio B2*
– ✆ 091 791 02 02 – www.castellodelsole.com
– *chiuso 19 ottobre - 27 marzo*
Piatto del giorno 35 CHF – Menu 65 CHF (pranzo)/140 CHF
– Carta 74/132 CHF – *(consigliata la prenotazione la sera)*
La carta strizza l'occhio ai sapori mediterranei in questo ristorante rustico-elegante con un grazioso cortile attorno ad un grande e ombreggiato ulivo. Nella bella stagione, l'adiacente Leone Terrazza vi attende per un light lunch o una romantica cena a lume di candela.
→ Insalatina d'astice tiepida, aceto di fiori sambuco e olio d'agrumi. Risotto con funghi di stagione saltati, nocciole e rucola. Filetti di sogliola al sale d'ibisco, marmellata di carciofi e mais, crema di cerfoglio allo champagne.

XXX **Aphrodite** – Hotel Giardino   🐕 🖈 ⚓ ⚙ **P**
via del Segnale 10, Est : 1,5 km per via Muraccio B2
– ✆ 091 785 88 88 – www.giardino.ch
– *chiuso fine ottobre - metà aprile*
Carta 73/112 CHF – *(consigliata la prenotazione la sera)*
Insalata di couscous agli aromi del Marocco, olive caramellizzate e capesante crude marinate - Risotto allo zafferano con polpo candito - Filetto di vitello affogato ed erbe fini con verdure liguri... giusto qualche specialità per intrigarvi con i sapori mediterranei di questa cucina: nella bella stagione servita sulla splendida terrazza o nel fresco giardino.

XXX **Eden Roc** – Hotel Eden Roc   🐕 ⪜ 🛬 🖈 ⚓ 🅰 ⚙ **P**
via Albarelle 16 – ✆ 091 785 71 71 – www.edenroc.ch   Pianta : AB2**r**
– *chiuso inizio gennaio - fine febbraio, inizio novembre - metà dicembre; nel inverno : domenica - mercoledì*
Menu 58/102 CHF – Carta 70/102 CHF
L'incanto di una terrazza sul lago ed il piacere di una cucina dai sapori mediterranei e classici, a cui si aggiunge un servizio impeccabile: ecco svelato il successo di questo ristorante. Tra le specialità del menu, il filetto di salmerino ai pomodori secchi.

XX **Hostaria San Pietro**   🐕 🖈 🅰
Passaggio San Pietro 6 – ✆ 091 791 39 76   Pianta : C1_2**t**
– *chiuso 7 gennaio - 7 febbraio e lunedì - martedì a mezzogiorno*
Piatto del giorno 22 CHF – Menu 40 CHF (pranzo)/50 CHF (cena)
– Carta 49/64 CHF
Piccola e raffinata osteria, situata nella parte vecchia della città, in una stradina laterale. La cucina è tradizionale con offerte regionali a prezzi favorevoli.

XX **al Lago** – Hotel Castello - Seeschloss   ⪜ 🖈 **P**
via Circonvallazione 26, (piazza G. Motta)   Pianta : D2**r**
– ✆ 091 791 01 61 – www.castello-seeschloss.ch
– *chiuso inizio novembre - inizio marzo*
Piatto del giorno 26 CHF – Menu 68/104 CHF – Carta 55/94 CHF
Direttamente sul lago la vista si fa superba dalla terrazza spaziando fino alle isole di Brissago, mentre il menu cita sapori mediterranei come la zuppetta di vongole leggermente piccante con crostone di pane all'aglio o la fracosta di vitella cotta rosa su letto di gallinacci trifolati.

XX **Della Carrà**   🖈 🅰
Carrà dei Nasi 10 – ✆ 091 791 44 52   Pianta : C1**g**
– www.ristorantedellacarra.ch
Menu 23 CHF (pranzo in settimana)/85 CHF – Carta 60/103 CHF
Simpatico ristorante con patio situato nella parte vecchia della città; la griglia è la specialità del locale, ma la carta annovera anche altre prelibatezze. Un esempio? Le gustose paste fatte in casa come le linguine all'astice o i ravioli ripieni di ricotta e carciofi con vongole, pancetta e zenzero.

Seven (Ivo Adam)
£3 < ♨ ⚗ 🅰🅲 🗶

via Moscia 2 – ℰ 091 780 77 88 – www.seven.ch Pianta : C2**d**
– chiuso novembre - marzo; lunedì (escluso giugno, luglio e agosto)
Menu 150/187 CHF – Carta 99/118 CHF – *(consigliata la prenotazione)*
La vista spazia dal lago alle montagne in questo ristorante dall'atmosfera informale e la cui cucina a vetri permette agli ospiti di osservare gli chef all'opera. La
carta presenta solo gli ingredienti che concorrono a creare un piatto: a voi la
scelta tra tre, cinque o sette portate. Tre appartamenti di lusso sono a disposizione per chi volesse prolungare la sosta.
→ Vongole - carciofi - pere - crescione. Polpo - chorizo - pescanoce - semi di
coriandolo. Agnello - porro - prezzemolo - pepe sancho.

Al Pontile
< ♨

piazza G. Motta 31 – ℰ 091 791 46 04 – www.alpontile.ch Pianta : C2**a**
– chiuso 24 novembre - 18 dicembre
Piatto del giorno 40 CHF – Menu 70/79 CHF – Carta 66/104 CHF
Vivace nella cucina dai sapori regionali e nella frequentazione, il ristorante
dispone di un piacevole *dehors* estivo sul lungolago. Serate a tema nonché rasse-
gne gastronomiche.

Giardino Lounge e Ristorante
♨ 🅰🅲 🗶

Viale Bartolomeo Papio 1 – ℰ 091 791 89 00 Pianta : D1**s**
– www.giardino-lounge.ch – chiuso domenica
Piatto del giorno 27 CHF – Menu 69 CHF – Carta 46/72 CHF
Nel centro di Ascona a pochi minuti a piedi dal lago, questo ristorante/lounge bar
sfoggia uno stile moderno ed originale. Non passa infatti inosservato il giardino
interno verticale, ma anche la cucina fa parlare di sé grazie a sapori che evocano
terre lontane e specialità indiane come il tandoori kebab, il chicken tikka masala o
il malabari fish curry; per addolcire la bocca, il mango kulfi o l'indian chocolate
cheesecake. Giovedì sera: buffet!

Aerodromo da Nani 🅽
♨ ♿ 🅿

via Aerodromo 3 – ℰ 091 791 13 73 – chiuso fine ottobre Pianta : B1**n**
- inizio novembre 2 settimane, mercoledì - giovedì a mezzogiorno
Piatto del giorno 25 CHF – Menu 40 CHF – Carta 62/97 CHF
Presso l'ex campo di volo, raccolto ristorante suddiviso in due sale di tono rustico
con bella veranda estiva. Imperdibili le specialità alla griglia come il galetto "da
Nani", ma la carta propone anche degli ottimi ravioloni freschi ripieni alla ricotta
e spinaci con scampi alla piastra, burro e salvia o l'ossobuco di vitello cotto al
forno con risotto allo zafferano.

Seven Asia
♨ 🅰🅲

Via Borgo 19 – ℰ 091 786 96 76 – www.seven.ch Pianta : C1**k**
– chiuso gennaio; settembre - maggio: lunedì
Piatto del giorno 19 CHF – Menu 86 CHF (cena) – Carta 58/96 CHF – *(consigliata
la prenotazione)*
Vetrina delle cucina asiatiche, si passa con disinvoltura dal sushi su nastro e tempura alle specialità al curry, dagli involtini primavera alle cotture sulla piastra teppanyaki nonché proposte tailandesi.

Seven Easy
< ♨ 🅰🅲 🗶

piazza G. Motta 61 – ℰ 091 780 77 71 – www.seven.ch Pianta : D2**h**
– chiuso novembre 2 settimane
Piatto del giorno 19 CHF – Menu 29 CHF (pranzo) – Carta 56/105 CHF –
(consigliata la prenotazione la sera)
Bella terrazza vista lago, nonché ambiente moderno e di tendenza con grandi
tavoloni in legno per un ristorante aperto fin dal primo mattino. Il menu sciorina
una serie di stuzzicanti proposte dal sapore mediterraneo, qualche esempio?
Pomodori datterini con burrata, rucola, basilico e salsa al balsamico - vitello tonnato - costolette d'agnello con carciofi e patate al rosmarino. Proverbiale, il loro
gelato artigianale!

ASCONA

a Moscia Sud-Ovest : 2 km per via Collinetta A2, verso Brissago – ✉ 6612

🏨 **Collinetta** ◈ ← 🦽 🏠 📺 *Ⅰ₆* 🖥 & cam, 🛜 **P**
strada Collinetta 115 – 𝒞 091 791 19 31 – www.collinetta.ch – chiuso metà novembre- metà febbraio
44 cam ☲ – 📱119/155 CHF 📱📱155/305 CHF
Rist Piatto del giorno 32 CHF – Menu 42/54 CHF – Carta 37/77 CHF
Posizione invidiabile per questa piacevole struttura circondata da un ampio giardino e con camere tutte dotate di balcone, nonché pregevole vista da alcune di esse. Una passeggiata di circa 5 minuti conduce al lago con accesso e spazio privati per la clientela dell'hotel. Cucina mediterranea e bella terrazza estiva al ristorante.

a Losone Nord-Ovest : 2 km per via Mezzana A1 – alt. 240 m – ✉ 6616

🏨🏨 **Albergo Losone** ◈ 🦽 🏠 🎿 🕊 🍽 🖥 🖥 & cam, ⚖ 🄰 🍴 rist, 🛜 🛁 **P**
via dei Pioppi 14 – 𝒞 091 785 70 00 – www.albergolosone.ch – chiuso 31 ottobre - metà marzo
50 cam ☲ – 📱235/336 CHF 📱📱420/430 CHF – 10 suites
Rist Piatto del giorno 68 CHF – Menu 68 CHF (cena)/87 CHF – Carta 45/91 CHF
Struttura poliedrica in grado di soddisfare gli amanti del golf, ma anche una clientela business o le famiglie. Nel verde dei prati, ampie camere in stile mediterraneo ed un'offerta wellness entusiasmante: massaggi con pietre laviche, tepidarium ed olii essenziali. Al ristorante, bella terrazza e cucina classica.

🏠 **Elena** senza rist ◈ 🦽 🎿 🛜 **P**
via Gaggioli 15 – 𝒞 091 791 63 26 – www.garni-elena.ch – chiuso 26 ottobre - 15 marzo
20 cam ☲ – 📱130/220 CHF 📱📱160/250 CHF
Costruzione che sorge in una tranquilla zona residenziale. Godetevi le calde serate estive sotto le arcate, di fronte alla piscina e al giardino con le palme.

🍴🍴 **Osteria dell'Enoteca** 🏠 **P**
contrada Maggiore 24 – 𝒞 091 791 78 17 – www.osteriaenoteca.ch – chiuso martedì e mercoledì; giugno - settembre : martedì e mercoledì a pranzo
Piatto del giorno 43 CHF – Menu 104 CHF – Carta 73/119 CHF – *(consigliata la prenotazione la sera)*
In una tranquilla zona residenziale, charme e raffinatezza sono gli atout di questa moderna osteria gestita da una giovane coppia che propone sfiziose prelibatezze, quali il gazpacho di pomodori e fragole o le costolette di agnello con salsa all'aglio dolce e camomilla. Angelo custode della sala, il grande camino, ma d'estate il servizio si sposta anche nel fiorito giardino… E per chi non ha fretta di partire, c'è anche un appartamento in affitto.

🍴 **Delta Green** ← 🏠 & **P**
via alle Gerre 5 – 𝒞 091 785 11 90 – www.deltagreen.ch
Piatto del giorno 26 CHF – Carta 64/99 CHF – *(novembre - aprile : solo a pranzo) (consigliata la prenotazione)*
Dispone di una splendida terrazza con vista impareggiabile sui green del Golf Gerre e sulla valle questo moderno ristorante che, oltre alle proposte del giorno, offre ai suoi ospiti - golfisti e non - alcuni "classici della casa", la "pastoteca" e le insalate; nella carta un po' più strutturata troveranno invece spazio piatti quali il filetto di manzo ai tre pepi, il branzino selvatico al sale, ed altro ancora.

sulla strada Panoramica di Ronco Ovest : 3 km

🏨 **Casa Berno** ◈ ← 🦽 🏠 🎿 🕊 🖥 🍴 rist, 🛜 🛁 **P**
Via Gottardo Madonna 15 ✉ 6612 Ascona – 𝒞 091 791 32 32 – www.casaberno.ch – chiuso metà ottobre - fine marzo
62 cam ☲ – 📱234/260 CHF 📱📱320/586 CHF
Rist Piatto del giorno 24 CHF – Menu 37/72 CHF – Carta 55/90 CHF
Beneficiate della posizione privilegiata delle colline, sopra il lago, per ammirare i dintorni! Le camere vantano un buon livello di confort: in stile moderno o tradizionale, dispongono tutte di un grazioso balcone con splendida vista. Anche al ristorante, bella terrazza panoramica dove viene servito il pranzo.

111

ASSENS

Vaud (VD) – ✉ 1042 – 1 016 h. – alt. 625 m – Carte régionale **6-B5**

▶ Bern 91 km – Lausanne 13 km – Fribourg 83 km – Thonon-les-Bains 126 km

Carte routière Michelin 552-E9

XX **Le Moulin d'Assens** avec ch   🛏 🛜 🅿️

*Route du Moulin 15, Est : 1 km, par route de Brétigny – ☎ 021 882 29 50
– www.le-moulin-assens.ch – fermé Noël - Nouvel An, mi-juillet - mi-août,
dimanche soir, mardi midi et lundi ; avril - août : dimanche soir, lundi et mardi*
2 ch – †95/110 CHF ††150/160 CHF, � 20 CHF
Plat du jour 46 CHF – Menu 65 CHF (déjeuner en semaine)/150 CHF
– Carte 83/107 CHF *– (nombre de couverts limité, réserver)*
Agréable moment dans cet authentique moulin du 18ᵉ s., niché dans une nature
préservée… La spécialité du chef, ce sont les grillades au feu de bois, préparées
avec une passion et un savoir-faire évidents ! Profitez de la terrasse pour prendre
l'apéritif ; il y a aussi deux jolies chambres pour passer la nuit…

AUBONNE

Vaud (VD) – ✉ 1170 – 3 011 h. – alt. 502 m – Carte régionale **6-B5**

▶ Bern 119 km – Lausanne 25 km – Genève 44 km – Montreux 56 km

Carte routière Michelin 552-C10

XX **L'Esplanade**   ⪡ 🏠 ⛓ 🌿 🔄 🅿️

😊 *Avenue du Chêne 42 – ☎ 021 808 03 03 – www.lesplanade-aubonne.ch
– fermé Noël - Nouvel An, dimanche et lundi*
Plat du jour 24 CHF – Menu 59/89 CHF – Carte 63/90 CHF
Sur les hauteurs d'Aubonne, ce restaurant offre un magnifique panorama sur le
Léman et les vignobles environnants ! Un plaisir des yeux… et des papilles avec
un chef qui travaille les beaux produits frais. De quoi avoir envie de rester sur
cette savoureuse esplanade. Un bon rapport qualité-prix.

AUVERNIER

Neuchâtel (NE) – ✉ 2012 – 1 589 h. – alt. 492 m – Carte régionale **2-C4**

▶ Bern 58 km – Neuchâtel 7 km – Fribourg 53 km – Delémont 82 km

Carte routière Michelin 552-G7

X **Brasserie du Poisson** 🆕   🏠 🔄

🍷 *Rue des Epancheurs 1 – ☎ 032 731 62 31 – www.lepoisson-auvernier.ch
– fermé 24 décembre - 3 janvier*
😊 Plat du jour 20 CHF – Menu 60 CHF – Carte 58/99 CHF
Tout près du lac, cette brasserie contemporaine propose une cuisine sans
esbroufe, faisant la part belle au poisson – tartare de thon, filets de perche – et
à de bons plats de tradition – croûte aux morilles, côte de veau… On ne boude
pas son plaisir, d'autant que tout (jusqu'au pain et aux glaces) est fait maison.

Les AVANTS – Vaud → Voir à Montreux

AVENCHES

Vaud (VD) – ✉ 1580 – 3 587 h. – alt. 475 m – Carte régionale **2-C4**

▶ Bern 40 km – Neuchâtel 37 km – Fribourg 15 km – Lausanne 72 km

Carte routière Michelin 552-G7

🏨 **De la Couronne**   🛏 🛗 ⛓ 🛜 🧖 🚗

Rue Centrale 20 – ☎ 026 675 54 14 – www.lacouronne.ch
24 ch ⊠ – †130/145 CHF ††190/220 CHF – ½ P
Rest *De la Couronne* – voir la sélection des restaurants
Depuis que le fils a repris la Couronne, il souffle un vent nouveau, non pas sur le
royaume mais sur cet établissement ! À deux pas des arènes romaines, les chambres se révèlent contemporaines et bien tenues.

XX **De la Couronne** – Hôtel De la Couronne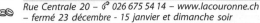
Rue Centrale 20 – ℰ 026 675 54 14 – www.lacouronne.ch
– fermé 23 décembre - 15 janvier et dimanche soir
Plat du jour 20 CHF – Menu 50/150 CHF – Carte 43/88 CHF
Vers l'arrière du restaurant, vous trouverez une salle élégante où l'on vous servira
une cuisine voyageuse et inspirée ; près de l'entrée, parmi les habitués de l'établissement, vous dégusterez quelques plats de brasserie dans une ambiance
décontractée... À vous de choisir !

XX **Des Bains**
Route de Berne 1 – ℰ 026 675 36 60 – www.restaurantdesbains.ch
– fermé février - mars 3 semaines, août 2 semaines, dimanche soir, mardi soir et
lundi
Plat du jour 19 CHF – Menu 22 CHF (déjeuner en semaine)/112 CHF
  Carte 63/101 CHF
Ne vous y trompez pas, vous n'êtes pas dans une galerie d'art – on vend les
tableaux des artistes exposés – mais bien au restaurant ! Les gourmands apprécieront l'agréable cuisine traditionnelle accompagnée de vins locaux. Pour l'anecdote : le nom de l'établissement évoque les anciens thermes d'Aventicum.

BAAR
Zug (ZG) – ⌷ 6340 – 22 355 Ew – Siehe Regionalatlas **4-G3**
▶ Bern 136 km – Zug 4 km – Zürich 34 km – Aarau 71 km
Michelin Straßenkarte 551-P6

XXX **Baarcity**
Bahnhofstr. 7, (10. Etage) ⌷ 6340 – ℰ 041 760 77 99 – www.baarcity.ch
– geschl. 1. - 18. Januar, 27. Juli - 9. August und Sonntag - Montag
Menü 42 CHF (mittags)/159 CHF (abends) – Karte 87/114 CHF
"40 Meter über dem Alltag" bietet man Ihnen klassische Küche mit mediterranem
Einfluss, so z. B. "Lammrücken mit Pestomarinade in Parmaschinken-Mantel". Das
Ambiente stylish, die Sicht phänomenal! Tolle Dachterrasse und schicke Bar, für
Langzeitgäste hat man drei edle Appartements.

BADEN
Aargau (AG) – ⌷ 5400 – 18 522 Ew – Höhe 396 m – Siehe Regionalatlas **4-F2**
▶ Bern 108 km – Aarau 30 km – Basel 68 km – Luzern 75 km
Michelin Straßenkarte 551-O4

Limmathof Novum & Private Spa
Limmatpromenade 28 – ℰ 056 200 17 17   Stadtplan : B1**f**
– www.limmathof.ch
21 Zim – 180/310 CHF 240/440 CHF – ½ P
Rest Goldener Schlüssel ℰ 056 221 77 21 – Menü 49/70 CHF – (geschl.
Sonntag - Montag) (nur Abendessen)
Der Limmathof: zwei Häuser, zwei Stilrichtungen. Da ist zum einen das Haus "Novum Spa" mit klassischer Architektur, modernen Zimmern, schönem Spa unter
einem Kreuzgewölbe sowie dem Restaurant Goldener Schlüssel, zum anderen
(über eine Limmatbrücke erreichbar) das Haus "Private Spa" mit exklusiven Desig-
nerzimmern und luxuriösen Spa-Suiten.

Du Parc
Römerstr. 24 – ℰ 056 203 15 15 – www.duparc.ch   Stadtplan : AB1**a**
– geschl. 23. - 30. Dezember
106 Zim – 135/230 CHF 155/280 CHF – ½ P
Rest Menü 20 CHF (mittags unter der Woche)/90 CHF – Karte 38/85 CHF
Das Hotel ist vor allem auf Tagungen und Geschäftsreisende zugeschnitten. Die
Zimmer sind frisch und funktional gestylt oder klassisch-komfortabel. Diverse
Seminarräume. Hübsch ist das sehr zeitgemässe Restaurant Elements, davor der
kleine Bistrobereich mit etwas einfacherem Angebot.

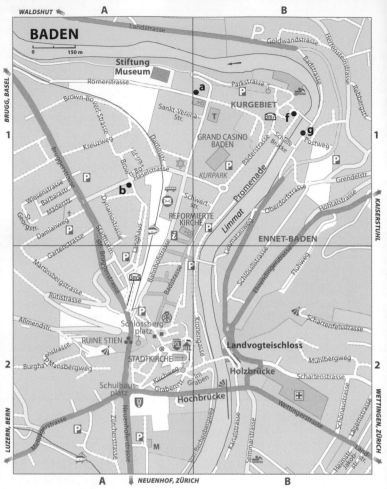

WALDSHUT

A   B

BADEN

0   150 m

BRUGG, BASEL

Landstrasse

Goldwandstrasse

Stiftung Museum

Römerstrasse

Brown-Boveri-Strasse

Sankt Verena-Str.

Parkstrasse

KURGEBIET

f

g

Postweg

Kreuzweg

Haselstrasse

GRAND CASINO BADEN

KURPARK

Schiefe Brücke

Badstrasse

Promenade

Grendelstr.

Wiesenstrasse

Barbarastr.

Mädelstr.

b

Dynamostrasse

St.-Georgstr.

Damianweg

Gartenstrasse

Schwert-str.

REFORMIERTE KIRCHE

Oberdorfstrasse

Höhtalstrasse

KAISERSTUHL

Limmat

ENNET-BADEN

Martinsbergstrasse

Rütistrasse

Bahnhofstrasse

Badstrasse

Limmatauweg

Schlossistrasse

Ehrendingerstrasse

Fluhweg

Allmendstr.

Schartenfelsstrasse

Schlossberg-platz

RUINE STIEN

STADTKIRCHE

Kronengasse

Landvogteischloss

Mühlbergweg

Schartenstrasse

Burgha-Mansbergweg

Kirchweg

Grabenstr.

Im Graben

Holzbrücke

Schulhaus-platz

Hochbrücke

Wettingerstrasse

LUZERN, BERN

Mellingerstrasse

Neuenhoferstrasse

Zürcherstrasse

M

Kanalstrasse

Seminarstrasse

WETTINGEN, ZÜRICH

NEUENHOF, ZÜRICH

Blue City   🏠 🛗 📶 ♿ 🅿

Haselstr. 17 – 𝒞 056 200 18 18 – www.bluecityhotel.ch   Stadtplan : A1**b**
– geschl. 24. - 26. Dezember
25 Zim 🖵 – †135/275 CHF ††185/325 CHF – 3 Suiten
Rest Tagesteller 17 CHF – Menü 50 CHF (abends) – Karte 47/88 CHF – *(geschl. Samstagmittag, Sonntagmittag)*
Die zentrale Lage beim Bahnhof sowie wohnlich und modern eingerichtete Gästezimmer in warmen Farben machen dieses Businesshotel aus. "Lemon" nennt sich das bistroartige Restaurant mit Bar und Lounge, das Speisenangebot ist amerikanisch.

in Dättwil über Mellingerstrasse A2: 3,5 km – Höhe 432 m – ✉ 5405

XX   **Pinte** ❶   🏠 ⇄ 🅿

Sommerhaldenstr. 20 – 𝒞 056 493 20 30 – www.pinte.ch – geschl. 24. Dezember - 4. Januar, 4. - 19. April, 26. September - 11. Oktober und Samstag - Sonntag
Tagesteller 34 CHF – Menü 60 CHF – Karte 52/110 CHF
Das stattliche Gasthaus a. d. 18. Jh. bietet etwas für jeden Geschmack, ob gemütliche Gaststube oder komfortables Restaurant, ob traditionelle Klassiker wie Wiener Schnitzel und Entrecôte oder geschmorte Spanferkelbäggli und Zander.

in Ennetbaden Nord-Ost: 1 km – Höhe 359 m – ⊠ 5408

✕✕ Hertenstein ⚇ ⟨ 🏠 **P**

Hertensteinstr. 80, Richtung Freienwil – ℰ 056 221 10 20 – www.hertenstein.ch
– geschl. 1. - 16. Februar
Tagesteller 25 CHF – Menü 36 CHF (mittags unter der Woche) – Karte 41/110 CHF
In dem seit rund 30 Jahren sehr seriös geführten Restaurant mit herrlicher Panoramasicht kochen Vater und Tochter Ettisberger schmackhaft und frisch. Probieren Sie z. B. "Zanderfilet auf Schwarzwurzeln" oder "Rehpfeffer Alp Suvretta". Auf der tollen Weinkarte findet sich in jeder Preislage das Passende. Die Terrasse ist eine der schönsten der Region!

✕ Sonne 🏠 ❀

Badstr. 3 – ℰ 056 221 24 24 – geschl. Ostern 1 Woche,   Stadtplan : B1**g**
Ende Juli - Anfang August 2 Wochen und Samstagmittag, Montag
Tagesteller 24 CHF – Karte 39/103 CHF
Ein bisschen merkt man der Speisekarte die kroatische Herkunft der Gastgeber an. Der Patron kocht einen Mix aus Schweizer und mediterraner Küche mit Einflüssen seiner Heimat. Sehr nett: Die Terrasse liegt über der Limmat.

BAD RAGAZ

Sankt Gallen (SG) – ⊠ 7310 – 5 590 Ew – Höhe 502 m – Siehe Regionalatlas **5-I3**
▶ Bern 222 km – Chur 24 km – Sankt Gallen 84 km – Vaduz 24 km
Michelin Straßenkarte 551-V7

🏨🏨🏨🏨 Grand Resort ⚇ ⟨ 🏠 🏠 ⛲ 🏊 ⑩ 🏠 ♨ ✕ 📷 🖥 ⑤ ♿ 🚶 📶 ❀ Rest. 📶

Bernhard-Simon-Str. 2 – ℰ 081 303 30 30   🛎 🚗 **P**
– www.resortragaz.ch
230 Zim ⌂ – †380/710 CHF ††490/890 CHF – 37 Suiten – ½ P
Rest Äbtestube ❀ **Rest Olives d'Or Rest Namun Rest Zollstube** – siehe Restaurantauswahl
Rest Bel-Air Tagesteller 40 CHF – Menü 55/87 CHF – Karte 81/135 CHF
An Luxus und Grosszügigkeit kaum zu übertreffen! Eindrucksvoll die Zimmervielfalt (26 Kategorien von klassisch bis modern, allesamt sehr elegant), unvergleichlich der Spa, führend im medizinischen Angebot (von Dermatologie bis Zahngesundheit)... Die Gastronomie lässt da natürlich auch keine Wünsche offen.

🏨🏨 Sorell Hotel Tamina 🏠 🖥 ♿ Rest, ❀ 📶 🛎 🚗

Am Platz 3 – ℰ 081 303 71 71 – www.hoteltamina.ch
50 Zim ⌂ – †170/250 CHF ††220/310 CHF – ½ P
Rest Restaurant im Park Menü 27 CHF (abends)/59 CHF – Karte 49/92 CHF
In dem Hotel mitten im Ort geht man ganz mit der Zeit - modernes Design überall im Haus beweist es! So auch im Restaurant mit Wintergarten-Feeling und im Loungebereich oder auf der Terrasse zum Garten hin! Direkter Zugang zum "Spahouse".

🏨 Rössli 🖥 📶 **P**

Freihofweg 3 – ℰ 081 302 32 32 – www.roessliragaz.ch – geschl. 22. Dezember
- 13. Januar, 6. - 27. Juli
18 Zim ⌂ – †120/170 CHF ††205/260 CHF
Rest Rössli – siehe Restaurantauswahl
Modern in Technik und Design, spricht das Hotel vor allem junges Publikum und Businessgäste an. In den Betten schläft man wie auf Wolken! Eine kleine Erfrischung zwischendurch? Auf jeder Etage gibt es Wasser, Tee und Obst.

🏨 Schloss Ragaz ⚇ 🏠 🏠 🏊 ⑩ 🖥 ❀ 📶 🛎 **P**

Schloss-Strasse, Süd-Ost: 1,5 km Richtung Landquart – ℰ 081 303 77 77
– www.hotelschlossragaz.ch – geschl. 25. Januar - 14. März
52 Zim ⌂ – †119/176 CHF ††238/312 CHF – 4 Suiten – ½ P
Rest Menü 36/65 CHF – Karte 37/78 CHF
Wer ruhig ausserhalb des Ortes schlafen möchte, ist hier richtig. Im traditionellen Haupthaus wohnt man gediegen, modern oder eher funktional sind die Zimmer in den verschiedenen Pavillons auf dem reizvollen Parkgrundstück - einer davon ist der Wellness-Pavillon. Schön isst man auf der Gartenterrasse.

XXX **Äbtestube** – Hotel Grand Resort
Bernhard-Simon-Str. 2 – 𝒞 081 303 30 30 – www.resortragaz.ch – geschl.
15. Februar - 2. März, 12. Juli - 10. August und Sonntag - Montag
Menü 95 CHF (vegetarisch)/165 CHF – Karte 135/158 CHF – *(nur Abendessen)*
(Tischbestellung ratsam)
Klassische Küche, bei der das Produkt ganz im Fokus steht, das hat sich Roland
Schmid auf die Fahnen geschrieben. Begleitet werden die aus top Zutaten beste-
henden Speisen von einer tollen Weinauswahl samt bemerkenswerter Romanée-
Conti-Karte! Umsorgt wird man ebenso freundlich wie fachkundig.
→ Rotbarbe, Erbsen, Brunnenkresse, Amarant. Entrecôte vom "Holzen" Angus
Beef, Ochsenschwanz, Wurzelgemüse, Kartoffel-Karotten-Cannelloni. Schokoladen-
traum von der wilden bolivianischen Criollo 68% Couverture.

XXX **Olives d'Or** – Hotel Grand Resort
Bernhard-Simon-Str. 2 – 𝒞 081 303 30 30 – www.resortragaz.ch
Tagesteller 35 CHF – Menü 65/85 CHF – Karte 51/110 CHF
Hier widmet man sich den Ländern rund ums Mittelmeer: Mit Antipasti, arabischer
Linsensuppe, Gnocchi, Tajine, Sardinen und Seezunge oder dem panierten Kalbs-
kotelett alla milanese bietet man Spezialitäten von orientalisch bis italienisch.

XX **Löwen**
Löwenstr. 5 – 𝒞 081 302 13 06 – www.loewen.biz – geschl. April 3 Wochen,
Oktober 3 Wochen und Sonntag - Montag
Menü 20 CHF (mittags) – Karte 47/103 CHF
Sympathisch, gemütlich und schön an der Tamina gelegen. In dem über 250 Jahre
alten Gasthaus legt man Wert auf gute Produkte! Die schmackhaften Gerichte
kommen teilweise vom Holzkohlegrill - daneben gibt es natürlich auch Klassiker.

XX **Namun** – Hotel Grand Resort
Bernhard-Simon-Str. 2 – 𝒞 081 303 30 30 – www.resortragaz.ch – geschl. 8.
- 23. März, 9. - 24. August und Sonntag - Montag
Menü 58/89 CHF – Karte 73/100 CHF – *(nur Abendessen)*
Eine interessante asiatische Karte, die Thailand, Indien, Japan und China präsen-
tiert. Probieren Sie eines der "Dim Sum"-Gerichte, "Som Tam" oder "Indu Beef"!
Stimmig das edle puristisch-fernöstliche Ambiente.

X **Zollstube** – Hotel Grand Resort
Bernhard-Simon-Str. 2 – 𝒞 081 303 30 30 – www.resortragaz.ch – geschl. 21.
- 29. April, 23. Juni - 16. Juli und Dienstag - Mittwoch
Tagesteller 34 CHF – Menü 64/76 CHF – Karte 53/97 CHF – *(nur Abendessen)*
In den urchig-gemütlichen Stuben mischen sich Hotelgäste und Einheimische. Sie
alle mögen die hiesigen Klassiker ebenso wie Fondue, Züricher Geschnetzeltes
und Waadtländer Wurst! Dazu gibt's natürlich Weine aus der Bündner Herrschaft
- die ist ja nur einen Steinwurf entfernt.

X **Rössli** – Hotel Rössli
Freihofweg 3 – 𝒞 081 81 302 32 32 – www.roessliragaz.ch – geschl.
22. Dezember - 13. Januar, 6. - 27. Juli und Sonntag - Montag
Tagesteller 21 CHF – Menü 69/110 CHF – Karte 64/106 CHF
Ein attraktives Restaurant: geradliniger Stil und warme Töne sprechen die Gäste
ebenso an wie die gute saisonale Küche von Ueli Kellenberger - Spezialität sind
hausgemachte Nudeln. Zu Recht stolz ist man auch auf die schöne Weinkarte!

BAD SCHAUENBURG – Basel-Landschaft → Siehe Liestal

BAGGWIL – Bern → Siehe Seedorf

BÂLE – Basel-Stadt → Voir à Basel

BALGACH

Sankt Gallen (SG) – ✉ 9436 – 4 530 Ew – Höhe 410 m – Siehe Regionalatlas **5-I2**

▶ Bern 238 km – Sankt Gallen 37 km – Appenzell 23 km – Ruggell 24 km

Michelin Straßenkarte 551-W5

XX **Bad Balgach** Ⓝ mit Zim

Hauptstr. 73 ✉ 9436 – ✆ 071 727 10 10 – www.badbalgach.ch – geschl. über Weihnachten 2 Wochen, Juli - August 3 Wochen und Dienstag - Mittwoch, Samstagmittag

12 Zim – 125 CHF 190 CHF

Tagesteller 25 CHF – Menü 39 CHF (mittags)/138 CHF – Karte 58/87 CHF

Dass der Chef kochen kann, beweist er mit einer regionalen und einer gehobeneren Karte. Lassen Sie sich in dem hübschen Gasthof (gemütlich die historische Stube, hell und zeitgemäss das Restaurant) z. B. "Kalbsrücken mit Trüffelkohlrabi" servieren. Sie möchten übernachten? Man hat schöne moderne Zimmer.

BASEL

Basel-Stadt (BS) – ⊠ 4000 – 165 566 Ew – Höhe 273 m – Siehe Regionalatlas **2-D2**
▶ Bern 100 km – Aarau 56 km – Belfort 79 km – Freiburg im Breisgau 72 km
Michelin Straßenkarte 551-K3+4
Stadtpläne siehe nächste Seiten

© G. Croppi / Sime / Photononstop

 Hotels

 Grand Hotel Les Trois Rois ← 🛁 ⊜ 🕭 ⅢC ☆ 🤶 😫 🚗
Blumenrain 8 ⊠ 4001 – 𝒞 061 260 50 50 – www.lestroisrois.com   Stadtplan : D1**a**
95 Zim ⌕ – 🛏300/710 CHF 🛏🛏520/865 CHF – 6 Suiten
Rest *Cheval Blanc* ✿✿ **Rest** *Brasserie* – siehe Restaurantauswahl
In dem Traditionshaus von 1844 dürfen Sie ruhig Luxus erwarten! Der Service ist top, das Interieur geschmackvoll und alles andere als alltäglich - und genau das macht das Hotel in seiner Art so eindrücklich! Auch Veranstaltungsräume und Smoker's Lounge (ausgewähltes Sortiment) sind exklusiv. Die Lage hat ebenfalls ihren Reiz: direkt am Rhein und mitten in der Stadt.

 Swissôtel Le Plaza Basel 🛎 ⋔ 🛁 ⊜ 🕭 ⅢC 🤶 😫 🚗
Messeplatz 25 ⊠ 4005 – 𝒞 061 555 33 33   Stadtplan : E1**r**
– www.swissotel.com/basel
236 Zim ⌕ – 🛏190/780 CHF 🛏🛏215/805 CHF – 2 Suiten
Rest Tagesteller 28 CHF – Karte 60/122 CHF
Das hier ist ein eher moderner "Klassiker" in Basel. Praktisch und sehr business-freundlich sind die Lage direkt beim Messegelände, variable Veranstaltungsräume und der Kongressbereich. In der Standardkategorie bietet man mit die grössten Zimmer der Stadt. Wer Grilladen mag, isst im modernen "Grill25".

Pullman Basel Europe ❶ 🛁 ⊜ 🕭 Zim, ⅢC ☆ 🤶 😫 🚗
Clarastr. 43 ⊠ 4058 – 𝒞 061 690 80 80 – www.balehotels.ch   Stadtplan : E1**p**
140 Zim – 🛏200/550 CHF 🛏🛏200/550 CHF, ⌕ 25 CHF
Rest *Les Quatre Saisons* ✿ – siehe Restaurantauswahl
Rest *Bistro Europe* 𝒞 061 690 87 10 – Tagesteller 20 CHF – Karte 40/61 CHF
Das Hotel nahe der Messe erstrahlt in neuem Glanz, Technik und Ausstattung sind "up to date". Fragen Sie nach den besonders ruhigen Zimmern zum Garten hin! Im Bistro Europe bietet man internationale und auch regionale Gerichte.

Radisson BLU 🛏 ⋔ 🛁 ⊜ 🕭 ⅢC 🤶 😫 🚗
Steinentorstr. 25 ⊠ 4001 – 𝒞 061 227 27 27   Stadtplan : D3**b**
– www.radissonblu.com/hotel-basel
206 Zim – 🛏199/599 CHF 🛏🛏199/599 CHF, ⌕ 31 CHF – 1 Suite
Rest *filini* 𝒞 061 227 29 50 – Tagesteller 19 CHF – Karte 48/94 CHF
In dem Stadthotel hat sich in den letzten Jahren so einiges getan: Alles ist modern, von der farbenfrohen Lobby über die jungen, frischen Zimmer mit neuester Technik bis zu grosszügigen Freizeitbereich. "Cucina italiano" gefällig? Im filini gibt es Antipasti, Pizza & Pasta sowie klassische Gerichte.

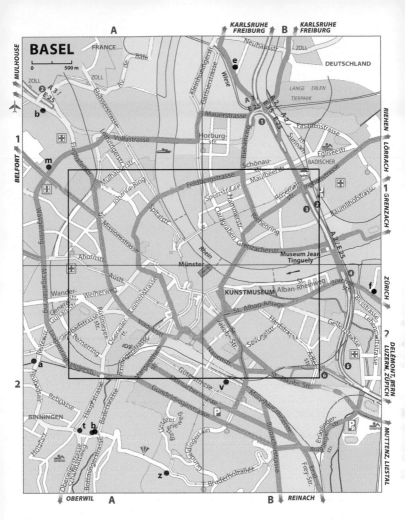

BASEL

0 — 500 m

MULHOUSE
BELFORT
FRANCE
ZOLL
A 3 / E 25
KARLSRUHE FREIBURG
KARLSRUHE FREIBURG
DEUTSCHLAND
ZOLL
Neuhäusli
Wiese
Mauerstrasse
LANGE ERLEN TIERPARK
A 3 / E 25
A 2 / E 25
A 2 / E 25
Fasanenstrasse
Horburg-str.
Schönau-str.
Mauerstr.
BADISCHER
Egliseestr.
Bäumlihofstrasse
RIEHEN
LORRACH
GRENZACH
Volfastrasse
Flughafenstrasse
Feldbergstrasse
Spitzstr.
Hammerstr.
Claragraben
Riehenring
Grenzacherstr.
Theresien-str.
Mülhauserstr.
Johanniter-Ring
Spitalstr.
Missionsstrasse
Rhein
Museum Jean Tinguely
ZÜRICH
Ahornstr.
Münster
KUNSTMUSEUM
St. Alban-Rheinweg
Zürcher-str.
DELÉMONT, BERN LUZERN, ZÜRICH
Austr.
Weiherweg
St. Alban-Anlage
Gellertstrasse
Wander-str.
Rittmeyer-str.
Jakobs-str.
Sevogelstrasse
Gundeldingerstrasse
Güterstrasse
Dornacherstrasse
St. Jakobs-str.
MUTTENZ, LIESTAL
BINNINGEN
Unterer
Bruderholzallee
OBERWIL
A
REINACH
B

Victoria   🛜 ⓕ 🏨 ⛐ Rest, 🄰🄲 ⚡ 🛜 🛝 🚗

Centralbahnplatz 3 ✉ *4002* – ☏ *061 270 70 70*   Stadtplan : DE3**d**
– www.hotelvictoriabasel.ch
105 Zim – 🛇170 CHF 🛇🛇430/530 CHF, 🛏 27 CHF – 2 Suiten
Rest *Le Train Bleu* ☏ 061 270 78 17 – Tagesteller 22 CHF – Menü 45/68 CHF
– Karte 51/85 CHF
Das Hotel gegenüber dem Hauptbahnhof ist eine ideale Businessadresse mit technisch modern ausgestatteten Zimmern. In der Residenz im Innenhof wohnt man ruhiger. Im Restaurant Le Train Bleu kommt die legere Atmosphäre gut an.

The Passage Ⓝ garni   🛜 ⓕ 🏨 ⛐ 🄰🄲 ⚡ 🛜 🛝

Steinengraben 51 ✉ *4051* – ☏ *061 631 51 51*   Stadtplan : D2**s**
– www.thepassage.ch
56 Zim – 🛇155 CHF 🛇🛇155 CHF, 🛏 24 CHF
Urban das Design, wertig die Ausstattung, sehr gut die Technik, dazu die günstige zentrale Lage. Buchen Sie eines der Loftzimmer mit schönem Blick über die Stadt!

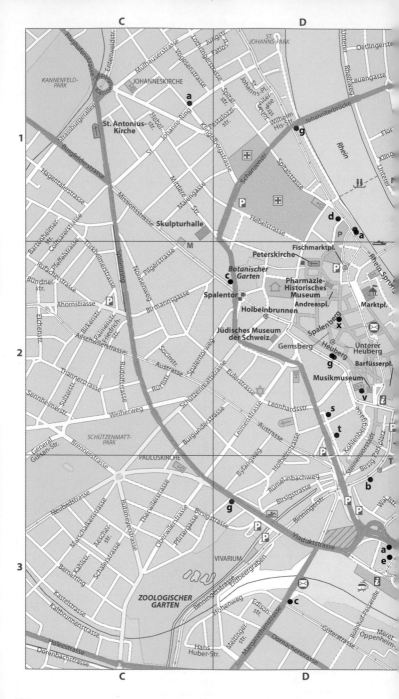

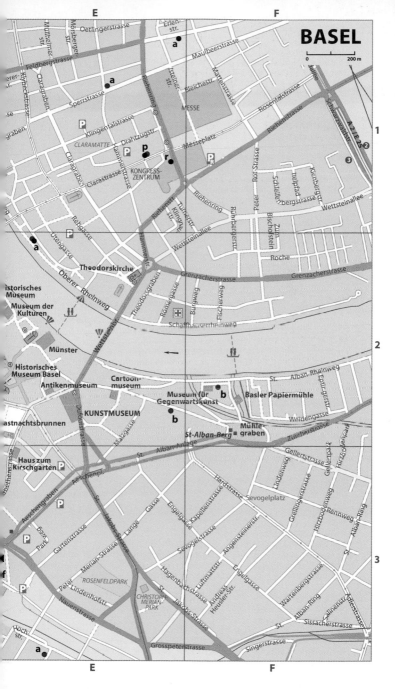

BASEL

0   200 m

E   F

1

2

3

Oetlingerstrasse
Mörsbergerstr.
Mühlheimer str.
Erlen- str.
a
Maulbeerstrasse
Feldbergstrasse
Claragraben
Hochbeckstrasse
a
Sperrstrasse
Isteiner str.
Bleichestr.
Mattenstrasse
Rosentalstrasse
MESSE
Schwarzwaldstr.
A 2 / E 25
2
Klingentalstrasse
Drahtzugstr.
CLARAMATTE
p
Messeplatz
Hammerstrasse
r
Riehenring
3
Clarastrasse
KONGRESS- ZENTRUM
Riehenring
Rot-Strasse
Schlettenbergstrasse
Hellpfad
Kienbergstr.
Wettsteinallee
Rebgasse
Riehenstr.
Klingentalstr.
Türkheim
Wettsteinallee
Peter Rot-Strasse
Zum Bischofstein
a
Utengasse
Theodorskirche
Oberer Rheinweg
Grenzacherstrasse
Roche
Grenzacherstrasse
istorisches Museum
Theodorsgraben
Rosengasse
Burgweg
Eisengasse
Fischerweg
Museum der Kulturen
Schaffhauserrheinweg
Münster
Wettstein
2
Historisches Museum Basel
Cartoon- museum
St. Alban-Rheinweg
Eptingerstr.
Antikenmuseum
Museum für Gegenwartskunst
b
Basler Papiermühle
astnachtsbrunnen
KUNSTMUSEUM
b
Mühle- graben
Weidengasse
Dufourstrasse
St-Alban-Berg
St. Alban-Anlage
Zürcherstrasse
Malzgasse
Haus zum Kirschgarten
P
Aeschenpl.
St.
Gellertstrasse
Lindenweg
Gellertpark
Hirzbogen
P
Aeschengraben
Hardstrasse
Sevogelplatz
Gotlingerstrasse
Geller
Hirzbogenweg
Rennweg
Alban-Ring
St.-Jakobs-Strasse
Park
Gartenstrasse
Lange- Gasse
Engelgasse
Kapellenstrasse
Sevogelstrasse
Angensteinerstr.
Engelgasse
Wartenbergstrasse
Peter Merian-Strasse
ROSENFELDPARK
Hagenbachstrasse
Luftmattstr.
Andreas Heusler-Str.
St. Alban-Ring
f
Lindenhofstr.
CHRISTOPH MERIAN PARK
St. Jakobs-Strasse
Callinenstrasse
Hoch- str.
Nauenstrasse
a
Grosspeterstrasse
Singerstrasse
Sissacherstrasse

E   F

121

Euler
🏠 🛏 🛗 ♿ Rest, 🅰🅲 Zim, 📶 💪 🚗

Centralbahnplatz 14 ✉ *4002 –* ☎ *061 275 80 00*　　　　Stadtplan : D3**e**
– www.hoteleuler.ch
66 Zim – ♦196/279 CHF ♦♦216/309 CHF, 🍽 20 CHF
Rest Menü 40 CHF – Karte 51/92 CHF
Hier wohnen Sie in geschickter Lage am Bahnhof. Auffallend ist die blaue Fassade, hinter der Sie klassisches Ambiente erwartet. Neben gut ausgestatteten Zimmern gibt es eine Bar und ein Restaurant mit internationaler Küche.

Spalentor garni
🏠 ♿ 📶 🅿

Schönbeinstr. 1 ✉ *4056 –* ☎ *061 262 26 26*　　　　Stadtplan : D2**c**
– www.hotelspalentor.ch – geschl. Weihnachten - 1. Januar
40 Zim 🍽 – ♦179/289 CHF ♦♦204/304 CHF
Einiges hier wird Ihnen in angenehmer Erinnerung bleiben - da wäre z. B. das freundliche Personal oder die modernen und ziemlich komfortablen Zimmer (u. a. mit DVD-Player), nicht zu vergessen die gute Auswahl am Frühstücksbuffet. Mobility Ticket für Bus und Tram inklusive.

Hotel D garni
🏊 💪 🏠 ♿ 🍴 📶

Blumenrain 19 ✉ *4051 –* ☎ *061 272 20 20*　　　　Stadtplan : D1**d**
– www.hoteld.ch
48 Zim – ♦158/318 CHF ♦♦158/318 CHF, 🍽 24 CHF
Topmodern wohnen und dann auch noch im Herzen von Basel! Alles ist minimalistisch designt und hochwertig, chic die ruhigen, warmen Töne. Auch so manche technische Finesse werden Sie hier entdecken.

St. Gotthard garni
🏠 ♿ 🅰🅲 📶 💪

Centralbahnstr. 13 ✉ *4002 –* ☎ *061 225 13 13*　　　　Stadtplan : DE3**f**
– www.st-gotthard.ch
85 Zim 🍽 – ♦249 CHF ♦♦299 CHF – 1 Suite
Heute wie schon vor über 80 Jahren ist man hier bei Familie Geyer zu Gast - inzwischen ist die junge Generation im Haus, was der Seriosität und dem Engagement keinerlei Abbruch tut! Und wo kann man schon so stilvoll frühstücken wie in einem denkmalgeschützten Raum von 1902? Ideal die Lage am Hauptbahnhof.

Airport Hotel Basel
🚗 🏊 💪 🏠 ♿ 🅰🅲 📶 💪 🚗

Flughafenstr. 215 ✉ *4056 –* ☎ *061 327 30 30*　　　　Stadtplan : A1**b**
– www.airporthotelbasel.com
167 Zim – ♦120/220 CHF ♦♦140/240 CHF, 🍽 22 CHF – 1 Suite
Rest Karte 47/86 CHF – *(geschl. Sonntag - Montag) (nur Abendessen)*
Was Sie hier erwartet? Modern designte Zimmer, topaktuelle Technik, ein Putting Green auf der Terrasse sowie Airport-Shuttle. Beliebt: "Park, Sleep & Fly". Das Restaurant bietet französische Brasserie-Küche, zudem gibt es eine Lounge mit Snackangebot. Kasino nebenan.

Stücki garni
💪 🏠 ♿ 🅰🅲 📶 💪 🚗

Badenstr. 1 ✉ *4019 –* ☎ *061 638 34 34*　　　　Stadtplan : B1**e**
– www.hotel-stuecki.ch
144 Zim – ♦115/500 CHF ♦♦135/660 CHF, 🍽 23 CHF
Ob Sie nun einfach im gleichnamigen Einkaufszentrum shoppen wollen oder als Businessgast nach Basel kommen, die grosse Lobby mit Bar sowie geradlinigfunktionale Zimmer sind für alle attraktiv. Praktisch: zu fünft im Familienzimmer!

Der Teufelhof
🏠 📶 💪 🚗

Leonhardsgraben 49 ✉ *4051 –* ☎ *061 261 10 10*　　　　Stadtplan : D2**g**
– www.teufelhof.com
29 Zim 🍽 – ♦148/578 CHF ♦♦174/648 CHF – 4 Suiten
Rest *Bel Etage* ✿ **Rest** *Atelier* – siehe Restaurantauswahl
"Kultur- und Gasthaus" nennt sich diese besondere Adresse mit Theater und archäologischem Keller. Mit viel Engagement leitet Raphael Wyniger das Kunsthotel (sehr individuell die Künstlerzimmer) und das Galeriehotel (hier ständige Ausstellungen)!

Basel   🛒 🛗 AC ⚡ 📶 ♨ 🅿️

Münzgasse 12, (Am Spalenberg) ✉ *4001*   Stadtplan : D2**x**
– ☏ 061 264 68 00 – www.hotel-basel.ch
71 Zim – ♥160/300 CHF ♥♥190/330 CHF, ⌑ 25 CHF – 1 Suite
Rest Tagesteller 20 CHF – Menü 25/65 CHF (mittags unter der Woche)
– Karte 39/76 CHF
Die Fassade dieses 70er-Jahre-Gebäudes ist zwar nicht die allerschönste, aber sind moderne Zimmer (mit kostenfreier Minibar), Valet Parking und guter Service nicht viel wichtiger? Nett, lebendig und eine echte Basler Institution sind die Brasserie und die Sperber Stube (hier traditionelle Küche).

 Metropol garni   🛗 ⚡ 📶

Elisabethenanlage 5 ✉ *4002 – ☏ 061 206 76 76*   Stadtplan : D3**a**
– www.metropol-basel.ch – geschl. 23. Dezember - 4. Januar
46 Zim ⌑ – ♥160/260 CHF ♥♥220/350 CHF
Gut untergebracht ist man in dem Businesshotel nicht nur dank zeitgemässer Zimmer (chic die kräftigen Farben) und moderner Technik, auch beim Frühstück im 8. Stock bekommt man etwas geboten, nämlich den Blick über die Dächer von Basel!

 Dorint   🛠 🛗 ♿ AC ⚡ Rest, 📶 ♨ ♨

Schönaustr. 10 ✉ *4058 – ☏ 061 695 70 00*   Stadtplan : E1**a**
– www.dorint.com/basel
171 Zim – ♥140/255 CHF ♥♥140/265 CHF, ⌑ 26 CHF – ½ P
Rest Menü 35/56 CHF – Karte 47/85 CHF
Mit seinen funktional eingerichteten Zimmern und der günstigen Lage nahe Messe und Kongresszentrum ist das Hotel besonders auf Businessgäste zugeschnitten. Internationale Küche im geradlinig gestalteten Restaurant.

 Krafft   ← 🛗 ⚡ 📶

Rheingasse 12 ✉ *4058 – ☏ 061 690 91 30*   Stadtplan : E2**a**
– www.krafftbasel.ch
60 Zim – ♥110/325 CHF ♥♥175/465 CHF, ⌑ 25 CHF
Rest *Krafft* – siehe Restaurantauswahl
Das Hotel von 1873 liegt perfekt: sehr zentral, direkt am Rhein. Davon haben Sie natürlich auch in den Zimmern etwas, vor allem in den oberen Etagen! Besuchen Sie die Bar "consum" gegenüber - hier gibt's eine gute Käse- und Wurstauswahl.

 Au Violon   🛗 🛗 📶

im Lohnhof 4, (über Leonhardsgraben) ✉ *4051*   Stadtplan : D2**v**
– ☏ 061 269 87 11 – www.au-violon.com – geschl. 23. Dezember - 11. Januar
20 Zim ⌑ – ♥120/160 CHF ♥♥140/180 CHF
Rest Tagesteller 24 CHF – Karte 46/91 CHF – *(geschl. Sonntag und an Feiertagen)*
Ein recht spezielles Hotel, in dem man sich freundlich um die Gäste kümmert. Man wohnt in den ehemaligen Zellen und Polizeibüros eines früheren Gefängnisses, beim Frühstück blickt man über die Dächer der Altstadt. Im Restaurant herrscht nette Brasserie-Atmosphäre, zudem hat man einen schönen Innenhof.

Steinenschanze garni   🛗 AC 📶

Steinengraben 69 ✉ *4051 – ☏ 061 272 53 53*   Stadtplan : D2**t**
– www.steinenschanze.ch – geschl. 23. Dezember - 4. Januar
53 Zim ⌑ – ♥110/450 CHF ♥♥130/570 CHF – 2 Suiten
Hier bekommt man schon ein bisschen mehr geboten als üblich: Neben farbenfrohen, modernen Zimmern gibt es tagsüber in der Lounge kostenfreie Snacks und Getränke und für Frühaufsteher ab 4 Uhr morgens das kleine "Early Bird"-Frühstück.

Ibis garni   🛗 ♿ AC 📶 ♨

Margarethenstr. 33 ✉ *4053 – ☏ 061 201 07 07*   Stadtplan : D3**c**
– www.ibishotel.com
112 Zim – ♥105/190 CHF ♥♥105/190 CHF, ⌑ 16 CHF
Beim Hauptbahnhof gelegen, ist das in sachlich-modernem Stil gehaltene Hotel ein praktischer Ausgangspunkt für Geschäftsreisende. Snacks in der Bar.

● Restaurants

XXXX Cheval Blanc – Grand Hotel Les Trois Rois

Blumenrain 8 ✉ 4001 – 𝒞 061 260 50 07   Stadtplan : D1**a**
– www.lestroisrois.com – geschl. 8. Februar - 2. März, 4. - 19. Oktober und
Sonntag - Montag
Menü 88 CHF (mittags unter der Woche)/220 CHF – Karte 131/172 CHF
Peter Knogl kocht stimmig, ausgereift, überaus akurat und ohne viel Chichi
- genau das macht seinen Stil aus. Das räumliche Pendant zu seiner feinen klassisch-französischen Küche bildet ein stilvoll-eleganter Saal mit grossen Gemälden
und Lüstern. Der Service sehr freundlich, versiert und bestens eingespielt.
→ Geräucherter Aal, Rote Bete, schwarzer Knoblauch und Wasabi. Gebratener
Carabineiro mit Zitrone. Gebratenes Kalbsbries, Artischocken-Parmesan-Espuma
und Erdnusskrokant.

XXX Stucki (Tanja Grandits)

Bruderholzallee 42 ✉ 4059 – 𝒞 061 361 82 22   Stadtplan : A2**z**
– www.stuckibasel.ch – geschl. 15. Februar - 9. März, 4. - 27. Oktober, 20.
- 28. Dezember und Sonntag - Montag
Menü 68 CHF (mittags unter der Woche)/180 CHF – Karte 124/139 CHF
Tanja Grandits und ihr Mann René führen in dem stattlichen Herrenhaus eine
grosse Tradition auf moderne Art weiter. Stylisches Interieur, schlicht-luxuriöse
Tischkultur und top Service veranschaulichen das ebenso wie die aromeninten-
sive Küche der Patronne, z. B. als Saisonmenü mit passender Weinbegleitung.
Tipp: die Gartenterrasse - eine der schönsten in Basel!
→ Rindstatar, Umeboshi, Mocca-Randen, Sauerteig-Crunch. Heilbutt, Wacholder-
Lack, Chicorée, Zitronen-Kartoffeln. Kalb, grüner Pfeffer, Kardamom Sellerie, Pista-
zien-Polenta.

XXX Bel Etage – Hotel Der Teufelhof

Leonhardsgraben 49, (1. Etage) ✉ 4051   Stadtplan : D2**g**
– 𝒞 061 261 10 10 – www.teufelhof.com – geschl. Anfang Januar 1 Woche,
6. Juli - 4. August, 23. - 30. Dezember und Sonntag - Montag, Samstagmittag
Tagesteller 59 CHF – Menü 109/169 CHF – Karte 104/138 CHF
Das Kunsthotel des Teufelhofs beherbergt in der 1. Etage elegante Räume mit
schönem Parkettboden und modernen Bildern. Die klassische Küche von Michael
Baader überzeugt durch Geschmack und Bezug zum Produkt!
→ Carpaccio von Steinbutt und bretonischem Hummer mit Minze. Aargauer Mai-
bock mit Tannenwipfel-Jus, Süsskartoffelpüree und badischem Spargel. Bolivia
Schokoladenkubus mit marinierten Erdbeeren und Waldmeisterglace.

XXX Les Quatre Saisons ❶ – Hotel Pullman Basel Europe

Clarastr. 43 ✉ 4058 – 𝒞 061 690 87 20   Stadtplan : E1**p**
– www.les-quatre-saisons.ch – geschl. Mitte Juli - Mitte August und Sonntag
Menü 55 CHF (mittags)/175 CHF – Karte 137/173 CHF
Peter Moser überzeugt mit klassisch inspirierter Küche, die gelungen und nie
übertrieben auch moderne Techniken und Texturen aufgreift. Er kocht elegant
und angenehm reduziert, bringt die einzelnen Komponenten schön zur Geltung.
Ebenso niveauvoll das hochwertige Interieur und der kompetente Service.
→ Gänseleber-Opéra mit schwarzer Johannisbeere. Wolfsbarsch auf Fregola Sarda
mit Camone-Tomaten. Glasierte Jungente mit tasmanischem Pfeffer, Kirschen und
Erbsen.

XX Oliv

Bachlettenstr. 1 ✉ 4054 – 𝒞 061 283 03 03   Stadtplan : D3**g**
– www.restaurantoliv.ch – geschl. 22. Februar - 1. März, 27. Juli - 19. August, 23.
- 30. Dezember und Sonntag - Montag, Samstagmittag
Menü 45 CHF (mittags)/110 CHF – Karte 60/107 CHF
Lust auf "geschmorte Lammschulter mit mediterranem Gemüse und Tomaten-Bra-
mata"? Ein schönes Beispiel für wirklich gute Küche - mittags auch preisgünstiger!
Im Sommer können Sie an einem der wenigen Tische auf dem Gehsteig sitzen.

XX Zum Goldenen Sternen 🐦 ᕋ 🕸 ♻

St. Alban-Rheinweg 70 ⊠ *4052* – ✆ *061 272 16 66*   Stadtplan : F2**b**
– www.sternen-basel.ch
Tagesteller 28 CHF – Menü 85/105 CHF – Karte 69/98 CHF
Ein Stückchen Tradition lebt noch heute in dem jahrhundertealten Bürgerhaus am Rhein weiter: Holzdecke und Parkettboden vermitteln Wärme, während Sie bei gepflegter Tischkultur saisonal-klassische Gerichte serviert bekommen. Die Terrasse zum Fluss ist besonders hübsch!

XX Matisse 🕸
ॐ *Burgfelderstr. 188* – ✆ *061 560 60 66*   Stadtplan : A1**m**
– www.matisse-restaurant.ch – geschl. 20. Juli - 16. August, 24. Dezember
- 1. Januar und Montag - Dienstag
Menü 105/175 CHF – *(nur Abendessen)*
Nahe dem Kannenfeld-Park hat man mit viel Kunst, Jugendstillüstern und einer Einrichtung mit 30er-Jahre-Touch einen schönen Rahmen für die innovative Küche (ein Abendmenü mit 4-7 Gängen) von Erik Schröter geschaffen: Sie ist sehr natürlich, basiert auf ausgezeichneten Produkten und ist stark von frischen Kräutern geprägt. Deutlich einfacheres 3-gängiges Mittagsmenü.
→ Bretonische Makrele, Salzmelde, Bergsauerklee, Grüntee-Dashi. Schwertmuscheln, Corail, Vanille, Red Dhofar, Risina Bohnen, Zwetschge. Geangelter Kabeljau, Erbsen, Süssdolde, Amalfi Zitrone, schwarze Limone.

XX Schifferhaus 🐦 **P**
Bonergasse 75, über Gärtnerstrasse B1 ⊠ *4057* – ✆ *061 631 14 00*
– www.schifferhaus.ch – geschl. 1. - 5. Januar, 23. Februar - 2. März und
Samstagmittag, Sonntag - Montag
Tagesteller 30 CHF – Menü 68 CHF – Karte 55/99 CHF
Das Haus: eine wunderbare Villa, das Konzept: zweigleisig. Mittags schlichtes, schnelles Tagesessen bei Bistroflair, am Abend schmackhafte Küche zu fairen Preisen in schöner, ruhiger Restaurant-Atmosphäre! Hier könnte es dann z. B. "gebratenen Kalbsrücken mit Schwarzwurzeln" geben!

XX Chez Donati ← 🐦 🕸
St. Johanns-Vorstadt 48 ⊠ *4056* – ✆ *061 322 09 19*   Stadtplan . D1**g**
– www.lestroisrois.com – geschl. Weihnachten, 23. Februar - 2. März, 3. - 6. April,
5. Juli - 3. August, und Sonntag - Montag
Tagesteller 34 CHF – Menü 120 CHF – Karte 65/113 CHF
Das Chez Donati gehört einfach zur Basler Gastronomie- und Kunstgeschichte! Mit Engagement empfiehlt man seinen Gästen am Tisch die traditionellen italienischen Gerichte! Nett die kleine Terrasse zum Rhein.

XX St. Alban-Stübli 🐦 🕸 ♻
St. Alban-Vorstadt 74 ⊠ *4052* – ✆ *061 272 54 15*   Stadtplan : E2**b**
– www.st-alban-stuebli.ch – geschl. 24. Dezember - 7. Januar, 27. Juli - 9. August
und Samstag - Sonntag ausser an Messen, November - Dezember:
Samstagmittag, Sonntag
Tagesteller 35 CHF – Menü 53 CHF (mittags unter der Woche)/90 CHF
– Karte 74/96 CHF
Dass man in dem traditionellen kleinen Restaurant so sympathisch und unkompliziert empfangen wird, ist der Verdienst von Chefin Charlotte Bleile, die mit Herz und Verstand bei der Sache ist! Aber auch die klassische Küche und der schöne begrünte Innenhof locken Gäste an.

XX Brasserie – Grand Hotel Les Trois Rois 🕷 ← ᕋ 🅰 🕸
Blumenrain 8 ⊠ *4001* – ✆ *061 260 50 02*   Stadtplan : D1**a**
– www.lestroisrois.com
Tagesteller 29 CHF – Menü 44 CHF (mittags unter der Woche)/120 CHF
– Karte 89/134 CHF
Im linken Flügel des stattlichen Hotels verbirgt sich eine etwas legerere Restaurantvariante - in Form der netten und recht eleganten Brasserie, die sich grosser Beliebtheit erfreut! Das liegt natürlich nicht zuletzt an der schmackhaften zeitgemässen Küche von Pablo Loehle.

XX **Krafft** – Hotel Krafft ⇐ 命 ⌾
Rheingasse 12 ⊠ *4058* – ☏ *061 690 91 30* Stadtplan : E2**a**
– *www.krafftbasel.ch* – *geschl. 24. Dezember - 26. Februar*
Tagesteller 28 CHF – Menü 65 CHF – Karte 34/91 CHF
Bei dieser top Lage kann die Terrasse ja nur ein Highlight sein, also für den Sommer fest einplanen! Vom Restaurant aus hat man aber auch einen tollen Blick auf den Rhein und die andere Stadtseite - und dazu noch das angenehm helle klassisch-stilvolle Interieur. Internationale Küche.

X **Bonvivant** ⌾
Zwingerstr. 10 ⊠ *4053* – ☏ *061 361 79 00* Stadtplan : E3**a**
– *www.bon-vivant.ch* – *geschl. 16. Februar - 1. März, 27. Juli - 10. August, 5.*
- 18. Oktober und Samstagmittag, Sonntag
Tagesteller 41 CHF – Menü 76/125 CHF (abends)
Ganz schön trendig kommt die ehemalige Seidenbandfabrik mit ihrer Loft-Atmosphäre daher - ein Hingucker sind zweifelsohne die Stühle, keiner wie der andere! Die schmackhaften und unkomplizierten Gerichte (z. B. "hell geschmorte Haxe vom Baselbieter Kalb") gibt es in Form eines Menüs, und das wird dem Gast direkt am Tisch vorgestellt. Mittags kleinere Auswahl.

X **Johann** 命 ⌾
St. Johanns-Ring 34 ⊠ *4056* – ☏ *061 273 04 04* Stadtplan : C1**a**
– *www.restaurant-johann.ch* – *geschl. 24. Dezember - 3. Januar und*
Samstagmittag, Sonntag
Tagesteller 23 CHF – Menü 74/85 CHF – Karte 54/89 CHF
In entspannter urbaner Atmosphäre erwarten Sie z. B. "gebratenes Mistkratzerli mit Polenta" oder Flammkuchen nach altem Familienrezept, dazu lockerer und gleichzeitig versierter Service. Einfachere Mittagskarte für den eiligen Gast.

X **Gundeldingerhof** ㅼ 命
Hochstr. 56 ⊠ *4053* – ☏ *061 361 69 09* Stadtplan : B2**v**
– *www.gundeldingerhof.ch* – *geschl. Weihnachten - Anfang Januar, Juli - Mitte*
August und Samstagmittag, Sonntag - Montag
Tagesteller 30 CHF – Menü 84 CHF (abends) – Karte 77/92 CHF – *(Tischbestellung ratsam)*
So beliebt wie dieses Restaurant hier im Quartier ist, macht man mit einem Besuch garantiert keinen Fehler! Es ist ein wirklich nettes Haus (auch die Terrasse unter alter Kastanie) und die zeitgemäss-saisonale Küche ist ambitioniert - richtig gefragt ist die günstige Mittagskarte!

X **Zum Goldenen Fass**
Hammerstr. 108 ⊠ *4057* – ☏ *061 693 34 00* Stadtplan : E1**a**
– *www.goldenes-fass.ch* – *geschl. Juli - August und Sonntag - Montag*
Menü 55/75 CHF – Karte 36/69 CHF – *(nur Abendessen)*
Internationale Küche mit saisonalem Bezug bietet man in dem Restaurant unweit der Messe. Die Atmosphäre ist freundlich und unkompliziert. Günstige Tagesangebote.

X **Atelier** – Hotel Der Teufelhof ㅼ
Leonhardsgraben 49 ⊠ *4051* – ☏ *061 261 10 10* Stadtplan : D2**g**
– *www.teufelhof.com*
Tagesteller 27 CHF – Menü 69/110 CHF – Karte 51/92 CHF
Ein sehr lebendiges, ungewöhnliches Restaurantkonzept. Der Künstler Tarek hat in dem Lokal ein grosses Kunstwerk errichtet, das die Gäste fertigstellen können. Dazu bietet man Küche aus aller Welt mit vielen regionalen Produkten.

in Riehen über Riehenstrasse F1: 5 km – Höhe 288 m – ⊠ 4125

🏠 **Landgasthof Riehen** ፤ AK Zim, 奈 ☫
Baselstr. 38 ⊠ *4125 Riehen* – ☏ *061 645 50 70* – *www.landgasthof-riehen.ch*
20 Zim � – †128/152 CHF ††193 CHF
Rest *Le Francais* – siehe Restaurantauswahl
Rest Tagesteller 23 CHF – Menü 28 CHF (mittags unter der Woche) – Karte 37/99 CHF
Der Landgasthof mitten in Riehen ist ein nettes ländliches Hotel mit vielfältigem Angebot: helle, funktionale Zimmer mit freundlichen Farbakzenten und zeitgemässer Technik, gute Veranstaltungsmöglichkeiten und die quirligen Restaurantstuben (Gaststube und Wettsteinstube) mit traditionellem Angebot - und im Sommer kommt noch die lebendige Terrasse dazu.

XX **Le Francais** – Hotel Landgasthof Riehen   🔐 AC
Baselstr. 38 ✉ 4125 Riehen – ℰ 061 645 50 70 – www.landgasthof-riehen.ch
– geschl. 1. - 11. Januar, 1. - 19. Juli und Sonntag - Montag
Menü 49 CHF (mittags unter der Woche)/90 CHF – Karte 97/126 CHF
Im Gourmet des Landgasthofs bietet Ihnen Küchenchef David Benoît eine ambitionierte klassisch-französische Küche, die auf guten Produkten basiert. Im modernen Glasanbau oder auf der schönen Terrasse können Sie z. B. "Carpaccio von der Jakobsmuschel mit Roter Bete und weissem Balsamico" oder "Lammkarree mit Ziegenkäse und Aubergine" geniessen, dazu gute Weine.

in Birsfelden Höhe 260 m – ✉ 4127

🏠 **Alfa**   📶 ⅃ Rest, 🛜 🕸 P
Hauptstr. 15 ✉ 4127 – ℰ 061 315 62 62   Stadtplan : B2**f**
– www.alfa-hotel-birsfelden.ch
51 Zim 🛏 – †99/290 CHF ††149/420 CHF – 1 Suite – ½ P
Rest Tagesteller 21 CHF – Menü 100 CHF – Karte 43/85 CHF – *(geschl. Sonntagabend)*
Ein mit funktionellen Gästezimmern ausgestattetes Hotel in verkehrsgünstiger Lage. Besonderheit ist der kostenfreie Parkplatz. Im UG befindet sich eine Kleinkunstbühne. Restaurant mit regional-internationalem Angebot.

in Muttenz Süd-Ost: 8,5 km über B2 und A 2, Richtung Luzern – Höhe 271 m
✉ 4132

🏨 **Baslertor** garni   🛗 📶 🕸 🛜 🕸 🚗
St. Jakob-Str. 1 – ℰ 061 465 55 55 – www.balehotels.ch
47 Zim – †110/430 CHF ††130/430 CHF, 🛏 15 CHF
So zeitgemäss wie die nicht ganz alltägliche Architektur ist auch die Einrichtung dieses Businesshotels. Die Zimmer sind geräumig und bieten moderne Technik - wenn Sie länger bleiben, sind die Appartements mit Küche ideal. Mit der S-Bahn sind Sie in wenigen Minuten im Zentrum von Basel.

X **dr Egge - das restaurant** 🄽   🕸 🔐 🕸
Baselstr. 1 – ℰ 061 461 66 11 – www.egge-muttenz.ch – geschl. 21. Februar - 4. März, 24. Juli - 12. August und Sonntag - Montag
Menü 89/110 CHF – Karte 47/94 CHF – *(nur Abendessen) (Tischbestellung ratsam)*
Die Passion der Chefin: Kochen mit Kräutern und Blumen. Die Passion des Chefs: Weine, Schwerpunkt Italien/Piemont. Die sympathischen Gastgeber leiten das charmante kleine Restaurant im alten Zentrum von Muttenz mit Herzblut, Gäste werden wie Freunde empfangen! Menü in 7 Folgen, Di. - Fr. auch à la carte.

in Binningen Höhe 284 m – ✉ 4102

🏨 **Im Schlosspark**   📶 ⅃ 🛜 🕸 🚗 P
Schlossgasse 2 – ℰ 061 425 60 00   Stadtplan : A2**b**
– www.schlossbinningen.ch
23 Zim 🛏 – †140/370 CHF ††160/520 CHF – ½ P
Rest *Schloss Binningen* – siehe Restaurantauswahl
Schön anzusehen ist das harmonische Nebeneinander von Altem und Neuem! Zum einen das denkmalgeschützte Imhofhaus mit all seinen wunderbaren historischen Details, zum anderen puristischer Stil im Anbau. Hausgästen reicht man im Restaurant eine bürgerliche Zusatzkarte.

XXX **Schloss Binningen** – Hotel Im Schlosspark   🔐 ⅃ P
Schlossgasse 5 – ℰ 061 425 60 00   Stadtplan : A2**b**
– www.schlossbinningen.ch – geschl. Samstagmittag, Sonntagabend - Montag
Tagesteller 32 CHF – Menü 59 CHF (mittags unter der Woche)/149 CHF
– Karte 78/114 CHF
Hier ist es so stilvoll, wie man es sich von einem Schloss a. d. 13. Jh. wünscht, und dazu kommt noch die gute zeitgemässe Küche von Thierry Fischer. Schön historisch ist es in den beiden Stuben - mal eher rustikal, mal klassisch-elegant! Im Sommer hat man noch eine tolle Terrasse.

✕✕ Krone Kittipon's Thai Cuisine 🏠 🕄

Hauptstr. 127 – ☎ 061 421 20 42   Stadtplan : A2**t**
– www.kittipon-thai-restaurant.ch – geschl. Juli - August 3 Wochen
Tagesteller 22 CHF – Menü 65 CHF (mittags) – Karte 48/92 CHF
Wer mit der Tramlinie 2 bis zur Endstation fährt, ist schon direkt beim freundlichen Restaurant der Geschwister Kerdchuen. Die authentische thailändische Küche gibt es auch als preislich attraktives Mittagsbuffet!

✕ Gasthof Neubad 🏠 ⇔ **P**

Neubadrain 4 ⊠ 4102 – ☎ 061 301 34 72   Stadtplan : A2**a**
– www.gasthofneubad.ch – geschl. 9. - 18. März, 5. - 21. Oktober und Sonntag - Montag, Samstagmittag
Tagesteller 25 CHF – Menü 45 CHF (mittags unter der Woche)/116 CHF – Karte 38/88 CHF
In dem traditionsreichen Gasthof bieten die freundlichen Betreiber Julie Jaberg Wiegand und Philipp Wiegand in ungezwungener Atmosphäre ambitionierte Küche, mittags ein 3-Gänge-Menü, am Abend bis zu 5 Gänge, zusätzlich eine kleine A-la-carte-Auswahl. Probieren Sie z. B. "Kalb/Bärlauch/Spargel" oder das klassische "Entrecôte mit Pommes Pont-Neuf". Lauschig der Garten.

in Bottmingen Süd: 4,5 km, über Bottmingerstrasse A2 – Höhe 292 m – ⊠ 4103

✕✕✕ Schloss Bottmingen 🏠 🕄 ⇔ **P**
😑

Schlossgasse 9 – ☎ 061 421 15 15 – www.weiherschloss.ch – geschl. 15. - 26. Februar, 27. - 30. Dezember und Montag
Tagesteller 18 CHF – Menü 58/135 CHF – Karte 84/122 CHF – *(Tischbestellung ratsam)*
Seit Jahrzehnten kann man in dem Wasserschloss a. d. 14. Jh. stilvoll und hochwertig essen - und das hat sich auch unter den neuen Betreibern Naomi Z. Steffen und David Picquenot nicht geändert! Ringsum ein toller Park mit altem Baumbestand, im Hof die idyllische Terrasse.

✕✕ Philippe Bamas - Restaurant Sonne (Philippe Bamas) 🏠 ⅙ ⇔ **P**
😊

Baslerstr. 4 – ☎ 061 422 20 80 – www.sonne-bottmingen.ch – geschl. 6. Juli - 10. August und Samstagmittag, Sonntag - Montag
Menü 85/125 CHF – Karte 82/112 CHF
Philippe Bamas bietet hier sein "Menu de L'Atelier", dazu klassisch und auch international geprägte Speisen à la carte. Ebenfalls interessant das Interieur: ein Mix aus modernem Stil und rustikalen Holzbalken, die Küche teils einsehbar.
➜ Cannelloni von Biolachs und bretonischem Hummer, Frühlingszwiebeln, Meerbohnen und Eisenkraut. Lammhaxe mit Weisswein und Zitrone geschmort, Millefeuille von Auberginen und Peperoni, La Ratte-Kartoffel mit geräuchertem Pfefferspeck. Heilbuttfilet gebraten mit Norialgen und Thymianblüten, Fenchelkonfitüre mit Yuzu, Sojabohnenmousseline, Senfemulsion.
Bistro du Soleil😊 – siehe Restaurantauswahl

✕✕ Basilicum 🏠 **P**
😊

Margrethenstr. 1 – ☎ 061 421 70 70 – www.basilicum.ch – geschl. August 2 Wochen und Montagabend, Samstagmittag, Sonntag
Menü 20 CHF (mittags unter der Woche)/75 CHF – Karte 55/75 CHF
Hätten Sie in dem eher unscheinbaren Haus solch ein hübsches modernes Restaurant erwartet? Keine Frage, dass sich bei diesem Namen auch immer etwas mit Basilikum auf der Karte findet - wie wär's z. B. mit "Basilikumsuppe mit Tomaten"? Man erreicht das Restaurant übrigens auch gut mit der Tram.

✕ Bistro du Soleil – Philippe Bamas - Restaurant Sonne 🏠 ⅙ **P**
😊

Baslerstr. 4 – ☎ 061 422 20 80 – www.sonne-bottmingen.ch – geschl. 6. Juli - 10. August und Samstagmittag, Sonntag - Montag
Tagesteller 26 CHF – Karte 48/102 CHF
Das Bistro der "Sonne" ist nicht nur eine günstige und legere Alternative zum Restaurant, sondern hat auch eine eigenständige und schmackhafte Küche von Pasta bis Charcuterie zu bieten - ganz typisch auf Schiefertafeln angeschrieben!

BAUEN

Uri (UR) – ✉ 6466 – 170 Ew – Höhe 440 m – Siehe Regionalatlas **4-G4**
▶ Bern 160 km – Altdorf 11 km – Stans 36 km – Schwyz 28 km
Michelin Straßenkarte 551-P7

XX **Zwyssighaus** ⩗ 🏠 ✿

Dorf – ☎ *041 878 11 77* – *www.zwyssighaus.ch* – *geschl. Februar, November und Montag - Dienstag*
Tagesteller 36 CHF – Menü 51/120 CHF (mittags) – Karte 45/105 CHF – *(Tischbestellung ratsam)*
Das Geburtshaus von Pater Zwyssig hat schon Atmosphäre - sowohl drinnen in der heimeligen Stube ganz in Holz als auch auf der Terrasse, die dank der tollen Sicht auf den nahen Vierwaldstättersee natürlich sehr gefragt ist! Probieren Sie z. B. das Kalbssteak oder den Eiskaffee auf eigene Art!

BAULMES

Vaud (VD) – ✉ 1446 – 1 007 h. – Carte régionale **6-B5**
▶ Bern 90 km – Lausanne 39 km – Neuchâtel 45 km – Fribourg 66 km
Carte routière Michelin 552-D8

X **L'Auberge** avec ch 🏠 🛜 ✿
🐷 *Rue de l'hôtel de ville 16* – ☎ *024 459 11 18* – *www.lauberge.ch* – *fermé début janvier 3 semaines, dimanche soir, mercredi soir, lundi et mardi*
5 ch ☑ – ♦60/120 CHF ♦♦100/170 CHF – ½ P
Plat du jour 23 CHF – Menu 50 CHF (déjeuner en semaine)/78 CHF – Carte 45/82 CHF
Dans cette auberge de 1622 le temps ne s'est pas arrêté ! Dans les assiettes, les poissons tout juste pêchés côtoient les beaux légumes de saison. La propriétaire, qui cuisine elle-même, porte les produits du terroir en étendard. Des chambres toutes simples permettent de prolonger l'étape.

BECKENRIED

Nidwalden (NW) – ✉ 6375 – 3 319 Ew – Höhe 435 m (Wintersport : 435/2 001 m)
– Siehe Regionalatlas **4-G4**
▶ Bern 135 km – Luzern 22 km – Andermatt 54 km – Brienz 57 km
Michelin Straßenkarte 551-P7

🏠 **Schlüssel** ⩗ 🛜 ✿

Oberdorfstr. 26 – ☎ *041 622 03 33* – *www.schluessel-beckenried.ch* – *geschl. Januar - Februar 3 Wochen, 7. - 23. September*
12 Zim ☑ – ♦150/222 CHF ♦♦240/380 CHF
Rest *Schlüssel* – siehe Restaurantauswahl
Hier ist man mit den überaus herzlichen Gastgebern Daniel und Gabrielle per Du. Wunderschönes Interieur mit liebenswerten, teilweise historischen Details macht die überwiegend in Weiss gehaltenen Zimmer zu individuellen Schmuckstücken.

X **Schlüssel** 🐷 ⩗ 🏠

Oberdorfstr. 26 – ☎ *041 622 03 33* – *www.schluessel-beckenried.ch* – *geschl. Januar - Februar 3 Wochen, 7. - 23. September und Montag - Dienstag*
Menü 75 CHF – *(nur Abendessen)*
Errichtet anno 1727, als Gasthaus betrieben seit 1820 - in diesem erhaltenen historischen Ambiente kommt der Patron persönlich an den Tisch, um sein tagesfrisches Menüangebot ausführlich zu erklären.

BEGNINS

Vaud (VD) – ✉ 1268 – 1 617 h. – alt. 541 m – Carte régionale **6-A6**
▶ Bern 132 km – Lausanne 37 km – Genève 32 km – Fribourg 112 km
Carte routière Michelin 552-B10

✗ **MargauX**   🛈   ㉓ ⌘ ⌂

Grand'Rue 8 – ☏ 022 366 50 86 – www.margaux-restaurant.ch – fermé 22 décembre - 5 janvier, 20 juillet - 2 août, mercredi midi, samedi midi et dimanche
Plat du jour 25 CHF – Menu 73/96 CHF (dîner) – Carte 53/91 CHF
Chez MargauX, l'ambiance est animée et le patron fait lui-même le service en toute décontraction : de quoi nous mettre à l'aise ! La cuisine se révèle ambitieuse et pleine de saveurs : poitrine de poularde de maïs avec mousseline de carotte, terrine de foie de canard aux myrtilles et pain d'épice... Un régal.

BEINWIL am SEE
Aargau (AG) – ✉ 5712 – 2 944 Ew – Höhe 519 m – Siehe Regionalatlas **4**-F3
▶ Bern 100 km – Aarau 22 km – Luzern 31 km – Olten 44 km
Michelin Straßenkarte 551-N5

🏠 **Seehotel Hallwil**

Seestr. 79 – ☏ 062 765 80 30 – www.seehotel-hallwil.ch – geschl. Weihnachten - Mitte Januar
12 Zim 🛏 – †125 CHF ††180 CHF – ½ P
Rest Tagesteller 22 CHF – Karte 35/91 CHF – *(geschl. November - Mitte März und Mitte März - Mitte Mai: Montag, Oktober: Montag)*
Das kleine Hotel mit den modern-funktionell ausgestatteten Zimmern überzeugt durch seine reizvolle, ruhige Lage am See. Mit Gästehaus. Gutbürgerlich-traditionelle Küche in der Brasserie, Fisch und Meeresfrüchte im Restaurant Mediterran. Schöne Terrasse zum See.

BELALP – Wallis ➜ Siehe Blatten bei Naters

BELLEVUE – Genève ➜ Voir à Genève

BELLINZONA
Ticino (TI) – ✉ 6500 – 17 744 ab. – alt. 240 m – Carta regionale **10**-H6
▶ Bern 216 km – Locarno 20 km – Andermatt 84 km – Chur 115 km
Carta stradale Michelin 553-S12

🏠 **Unione**

via General Henri Guisan 1 – ☏ 091 825 55 77 – www.hotel-unione.ch – chiuso 21 dicembre - 12 gennaio
39 cam 🛏 – †125/220 CHF ††190/280 CHF – 2 suites
Rist *Da Marco* Piatto del giorno 34 CHF – Menu 42/85 CHF – Carta 58/84 CHF – *(chiuso domenica e giorni festivi)*
Ubicato lungo la strada principale, hotel funzionale con camere accoglienti e dal confort attuale (soprattutto quelle del quarto piano, recentemente rinnovate): balcone e vista sul Castello Grande per alcune di esse. Ambiente classico al ristorante, che propone una carta internazionale.

✗✗ **Locanda Orico** (Lorenzo Albrici)
✤

via Orico 13 – ☏ 091 825 15 18 – www.locandaorico.ch – chiuso 3 - 7 gennaio, 25 luglio - 18 agosto, domenica e lunedì
Piatto del giorno 32 CHF – Menu 48 CHF (pranzo)/120 CHF – Carta 93/127 CHF – *(coperti limitati, prenotare)*
Nella città vecchia, in un antico palazzo, due salette curate ed eleganti dove lasciarsi stupire da una cucina mediterranea con influenze francesi e regionali, a cui si accompagna un'interessante scelta enologica di etichette locali.
➜ Tartare di Fassona piemontese tagliata al coltello, punte di asparagini verdi, galetta al parmigiano delle vacche rosse. Tortellini farciti alla patata dolce, cubi di scaloppa di fegato d' anatra, schiuma alla santoreggia. Dorso di merluzzo selvatico della Bretagna dorato in crosta aromatica, fonduta di cipollotti rossi, emulsione alle verdurine.

XX **Osteria Mistral**

via Orico 2 – ℰ 091 825 60 12 – www.osteriamistral.ch – chiuso 1 settimana a Carnevale, 3 settimane in agosto, sabato a mezzogiorno e domenica
Piatto del giorno 26 CHF – Menu 42 CHF (pranzo in settimana)/115 CHF
In centro, questo simpatico ristorante dal servizio informale propone una carta light per il pranzo e due menu - da quattro e sei portate - la sera. Cucina contemporanea in sintonia con le stagioni.

X **Osteria Sasso Corbaro**

via Sasso Corbaro 44, Salita al Castello Sasso Corbaro, Est : 4 km – ℰ 091 825 55 32 – www.osteriasassocorbaro.com – chiuso 23 dicembre - 18 gennaio, domenica sera e lunedì
Piatto del giorno 25 CHF – Menu 48/82 CHF – Carta 70/87 CHF – *(consigliata la prenotazione)*
Buona cucina locale - a pranzo due menu esposti a voce - nell'amena cornice medievale del più alto dei tre castelli: in estate si mangia nella stupenda corte interna.

X **Osteria Malakoff**

Carrale Bacilieri 10, Ravecchia, (presso dell'ospedale) – ℰ 091 825 49 40 – chiuso 1° - 10 gennaio, domenica, mercoledì e giorni festivi
Piatto del giorno 23 CHF – Menu 37 CHF (pranzo in settimana)/80 CHF – Carta 70/88 CHF – *(consigliata la prenotazione la sera)*
A pranzo il menu segue le stagioni, ma la sera sono numerose le proposte italiane a contendersi la carta. Tra le specialità: pasta fresca fatta in casa dalla proprietaria. Gestione squisitamente familiare.

BELLWALD

Wallis (VS) – ⊠ 3997 – 434 Ew – Höhe 1 560 m – Siehe Regionalatlas **8-F5**
◪ Bern 157 km – Brig 26 km – Domodossola 89 km – Interlaken 103 km
Michelin Straßenkarte 552-N11

🏠 **Bellwald**

Dorf – ℰ 027 970 12 83 – www.hotel-bellwald.ch – geschl. 7. April - 23. März, 24. Oktober - 16. Dezember
15 Zim – ♦105/135 CHF ♦♦165/200 CHF – 1 Suite
Rest Tagesteller 26 CHF – Menü 48/70 CHF – Karte 51/86 CHF – *(geschl. Montag)*
Weckt der Traumblick auf Rhonetal und Berge nicht Ihre Lust auf eine Wanderung? Die kann man mit dem Chef persönlich machen; das anschliessende Raclette-Essen in einer Hütte haben Sie sich dann verdient - genauso wie die Nacht in einem tipptopp gepflegten Haus!

X **Zur alten Gasse** mit Zim

– ℰ 027 971 21 41 – www.alte-gasse.ch – geschl. 31. März - 1. Juni, 16. Oktober - 11. Dezember
15 Zim – ♦113/134 CHF ♦♦176/238 CHF – ½ P
Tagesteller 28 CHF – Menü 48 CHF (mittags)/92 CHF – Karte 32/74 CHF
Natürlich gibt es hier in der schönen erhöhten Lage bei der Sesselbahnstation auch eine tolle Terrasse mit Bergblick! Wer diese Aussicht auch am Morgen geniessen möchte, bleibt einfach über Nacht: Die Zimmer sind modern möbliert und haben alle einen Balkon. Das Speiseangebot ist mittags einfacher und kleiner.

BERG

Sankt Gallen – ⊠ 9305 – 835 Ew – Höhe 580 m – Siehe Regionalatlas **5-I2**
◪ Bern 219 km – Sankt Gallen 15 km – Zürich 100 km
Michelin Straßenkarte 551-U4

X **Zum Sternen**

Landquart 13, Nord: 2 km in Richtung Arbon – ℰ 071 446 03 03 – www.sternen-berg.ch – geschl. Juli 4 Wochen und Sonntag - Montag
Tagesteller 20 CHF – Menü 42/98 CHF – Karte 57/93 CHF
Das schmucke alte Fachwerkhaus mit den grünen Fensterläden sieht einladend aus! Hineingehen lohnt sich: Patron Franz Rumpler kocht traditionell, frisch und schmackhaft.

BERGÜN (BRAVUOGN)
Graubünden (GR) – ✉ 7482 – 449 Ew – Höhe 1 372 m – Siehe Regionalatlas **11-J4**
▶ Bern 295 km – Sankt Moritz 37 km – Chur 54 km – Davos 39 km
Michelin Straßenkarte 553-W10

🏠 Weisses Kreuz

*Plaz 72 – ℰ 081 410 50 10 – www.weisseskreuz-berguen.ch – geschl. 22. März
- 21. Mai, 19. Oktober - 26. November*
25 Zim ☲ – 👤85/100 CHF 👤👤150/180 CHF – ½ P
Rest Tagesteller 20 CHF – Menü 25 CHF – Karte 40/86 CHF
Am schönen kleinen Dorfplatz steht das alte Engadiner Bauernhaus a. d. 16. Jh.
Der Gast findet in seinem freundlichen Zimmer Flachbildschirm, DVD-Player und
W-Lan vor. Die Stüvetta ist das hübsch erhaltene historische Arvenholzstübchen.

🏠 Bellaval garni

*Puoz 138 – ℰ 081 407 12 09 – www.bellaval.com – geschl. 15. März - 31. Mai,
31. August - 10. Dezember*
7 Zim ☲ – 👤65/90 CHF 👤👤120/170 CHF
Engagiert und persönlich leitet Caroline Cloetta das sympathische kleine Hotel am
Ortsrand. Es stehen helle geräumige Zimmer mit Balkon oder Terrasse bereit.

BERIKON
Aargau (AG) – ✉ 8965 – 4 519 Ew – Höhe 550 m – Siehe Regionalatlas **4-F3**
▶ Bern 110 km – Aarau 33 km – Baden 24 km – Dietikon 14 km
Michelin Straßenkarte 551-O5

🏠 Stalden

*Friedlisbergstr. 9 – ℰ 056 633 11 35 – www.stalden.com – geschl. 23. Dezember
- 11. Januar*
40 Zim ☲ – 👤151/159 CHF 👤👤170/190 CHF – ½ P
Rest Tagesteller 19 CHF – Menü 59/76 CHF – Karte 39/79 CHF
Mitten in dem kleinen Ort steht der aus einer Metzgerei entstandene traditionsreiche Gasthof. Familie Kuster hat daraus ein modernes Hotel gemacht, die Zimmer grosszügig, puristisch designt und mit Balkon oder Terrasse. Tiefgarage, Internet und Wasser auf dem Zimmer sind kostenfrei. Gespeist wird im hellen
Restaurant, auf der Terrasse oder im "Isebähnli".

BERN

Bern (BE) – ✉ 3000 – 127 515 Ew – Höhe 548 m – Siehe Regionalatlas **2-D4**
Biel 35 km – Fribourg 34 km – Interlaken 59 km – Luzern 111 km
Michelin Straßenkarte 551-J7
Stadtpläne siehe nächste Seiten

© I. Pompe / hemis.fr

Hotels

Bellevue Palace

Kochergasse 3 ✉ 3000 – ✆ 031 320 45 45 Stadtplan : G2**p**
– www.bellevue-palace.ch
128 Zim – 🚹407/568 CHF 🚹🚹534/684 CHF, ☕ 40 CHF – 28 Suiten
Rest *La Terrasse* Rest *Bellevue Bar* – siehe Restaurantauswahl
100 Jahre Bellevue! Das exklusive Grandhotel liegt mitten in Bern, hat klassische Zimmer, einen modernen Gym über den Dächern der Stadt sowie elegante Veranstaltungsräume! In den Zimmern mit Blick über die Aare steht ein Fernglas für Sie bereit, in einigen Suiten Fitnessgeräte!

Schweizerhof

Bahnhofplatz 11 ✉ 3001 – ✆ 031 326 80 80 Stadtplan : F2**s**
– www.schweizerhof-bern.ch
99 Zim – 🚹355/490 CHF 🚹🚹455/695 CHF, ☕ 30 CHF – 5 Suiten
Rest *Jack's Brasserie* – siehe Restaurantauswahl
Hinter der attraktiven historischen Fassade mischt sich Moderne in das klassisch-stilvolle Bild - elegant und wertig! Fotografien von Bern und Bilder von Paul Klee sind dekorative Details! Entspannung finden Sie bei Beauty, Massage & Co. Skybar mit Stadtblick!

Allegro

Kornhausstr. 3 – ✆ 031 339 55 00 Stadtplan : G1**a**
– www.allegro-hotel.ch
169 Zim ☕ – 🚹215/415 CHF 🚹🚹215/415 CHF – 2 Suiten
Rest *Meridiano* ✿ **Rest *Yù*** – siehe Restaurantauswahl
Rest *Giardino* ✆ 031 339 52 65 – Tagesteller 18 CHF – Menü 29 CHF (mittags)/79 CHF – Karte 60/95 CHF
Das Lifestylehotel ist für Seminare, Events und Individualgäste gleichermassen interessant, auch wegen des Kasinos im Haus. Modern sind die Zimmer (schön die Penthouse-Etage mit eigener Lounge) und der grosse Tagungsbereich. Im Giardino sitzt man bei italienischer Küche an einem kleinen Teich!

Erwarten Sie in einem ✗ oder 🏠 nicht den gleichen Service wie in einem ✗✗✗✗✗ oder 🏨.

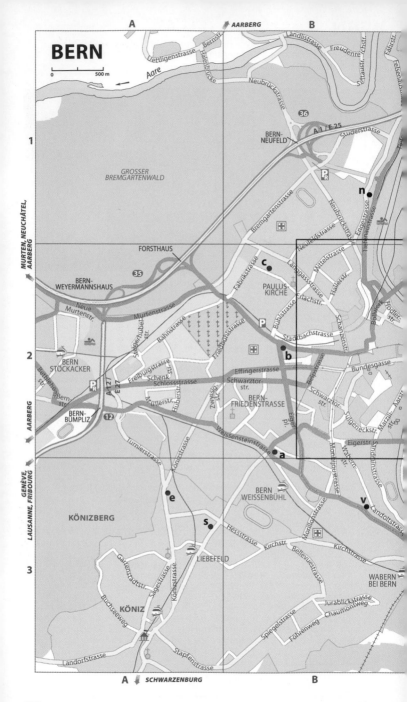

BERN

0   500 m

AARBERG

GROSSER
BREMGARTENWALD

MURTEN, NEUCHÂTEL, AARBERG

LAUSANNE, GENÈVE, FRIBOURG

AARBERG

SCHWARZENBURG

Aare

Uetligenstrasse
Bernstr.
Halenbrücke
Neubrückstrasse
Ländlistrasse
Freudenre
Felsenau...

36
A 1 / E 25
Csuderstrasse
BERN-
NEUFELD

n

Bremgartenstrasse
Neufeldstrasse
Neubrückstrasse
Engestr.
Tiefenaustrasse

FORSTHAUS

3.5
BERN-
WEYERMANNSHAUS

Neue
Murtenstr.
Murtenstrasse

Fabrikstrasse
c
PAULUS
KIRCHE
Landgassstrasse
Mittelstr.
Halleristr.
Erlachstr.
Schanzeneck
Bollwerk
Hodler-
str.

Steigenhübel-
str.
Bahnstrasse
Friedbahnstrasse
Buhlstrasse
P
Stadtbachstrasse
Schanzenstr.

BERN
STÖCKACKER
Freiburgstrasse
Schenk-
Schlossstrasse
Zwinglis-
str.
Effingerstrasse
Schwarztor-
str.
b
Bundesgasse

A-12
E 27
Murtenstr.
Hubertstr.
BERN-
FRIEDENSTRASSE
Schwarztor-
str.
Salgeneckstr.
Mazil- Aarsir

BERN-
BÜMPLIZ
12
Weissensteinstrasse
Eigen-
pl.
Eigerstr.
Walterr
Sulgenbachstr.

Turnierstrasse
Könizstrasse
a
Monbijoustrasse

e
BERN
WEISSENBÜHL
v
Landoltstrasse

KÖNIZBERG
s
Hessstrasse
Kirchstr.
Bellevuestrasse
Kirchstrasse

LIEBEFELD
Morillonstrasse

Gartenstadtstr.
Sulgestrasse
Könizstrasse
KÖNIZ
WABERN
BEI BERN

Buchseeweg
Juräblickstrasse
Chaumontweg

Landorfstrasse
Stapfenstrasse
Spiegelstrasse
Fohlenweg

A   B

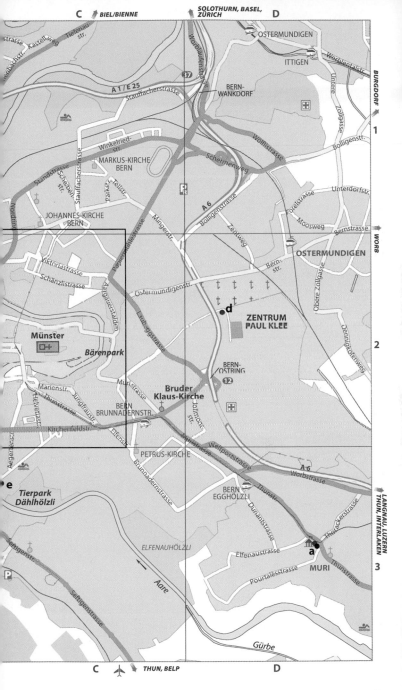

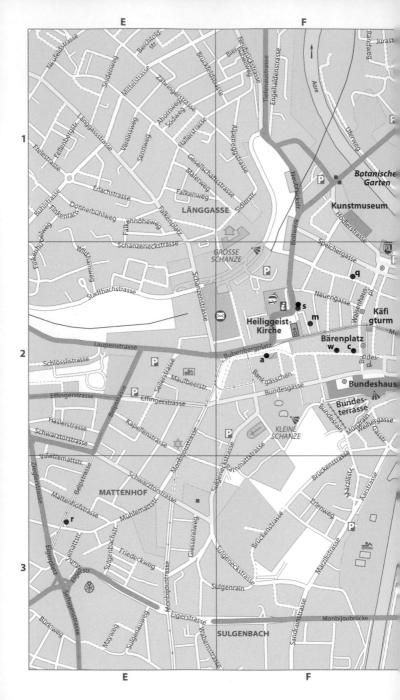

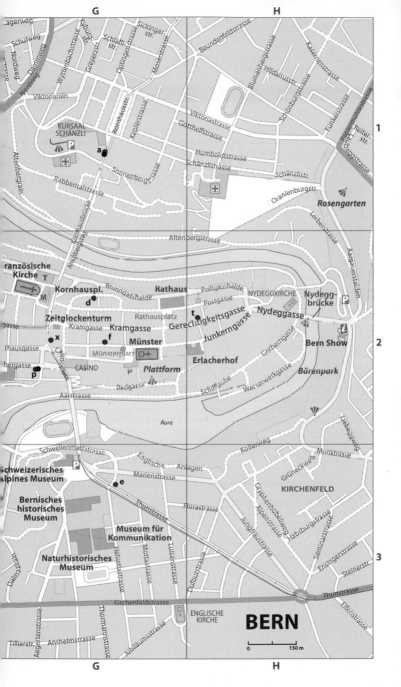

G

Lagerweg
Schulweg
Nordweg
Dammweg

Kyburgstrasse
Wyttenbachstrasse
Greyerzstrasse
Optingenstrasse
Kornhausstr.
Schläflistr.
Sickinger-str.
Kepplerstrasse
Rosenstrasse

Beundenfeldstrasse

H

Blumenbergstrasse
Hildanusstr.
Schönburgstrasse
Kasernenstrasse
Reiter-str.
Funkelstrasse
Papiermühlestrasse
Breggstrasse

Viktoriarain
Viktoriastrasse
Gotthelfstrasse

1

KURSAAL SCHÄNZLI
Altenbergrain
a
Sonnenbergstrasse
Rabbentalstrasse

Humboldtstrasse
Schänzlistrasse
Schänzlistr.
Oranienburgstr.

Lerberstrasse
Rosengarten

Altenbergstrasse

Aargauerstalden

französische Kirche
Kornhauspl.
d
Zeitglockenturm
gasse
Kramgasse
x
f
thaushausgasse
Münsterplatz
hergasse
p
CASINO
Dadgasse
Aalstrasse

Brunngasshalde
Rathaus
Postgasshalde
Postgasse
Rathausplatz
Kramgasse
t
Gerechtigkeitsgasse
Junkerngasse
Münster
Erlacherhof
Plattform
Schifflaube

NYDEGGKIRCHE
Nydegg-brücke
Nydeggasse
Gerberngasse
Bern Show
Wasserwerkgasse
Bärenpark

2

Aure

Liebeggweg

3

Schwellenmattstrasse
Englische Anlagen
Kollerweg
Muristrasse
Grüneckweg

Schweizerisches Alpines Museum
e
Marienstrasse
Thunstrasse
Florastrasse

Gryphenhübeliweg
KIRCHENFELD
Alpenstrasse
Jungfraustrasse
Habsburgstrasse
Seminarstrasse

Bernisches historisches Museum
Museum für Kommunikation
Naturhistorisches Museum
Helvetiastrasse
Mottastrasse
Luisenstrasse
Dufourstrasse
Ensingerstrasse
Steinerstr.

Kirchenfeldstrasse
ENGLISCHE KIRCHE
Thunstrasse
Elfenstrasse

Tillierstr.
Aegertenstrasse
Anselmstrasse
Thormannstrasse
Jubiläumstrasse

BERN

0 ——— 150 m

G   **H**

Innere Enge
🏠🏠🏠   🐾 🏡 🕮 ⚐ ⚜ Zim, 📶 ♨ 🅿

Engestr. 54 ✉ *3012 –* ☎ *031 309 61 11*   Stadtplan : B1**n**
– www.innere-enge.ch
26 Zim ⬡ – ♂255/275 CHF ♂♂330/370 CHF – ½ P
Rest *Josephine Brasserie* Menü 54 CHF (mittags)/92 CHF – Karte 50/100 CHF
Hier dreht sich alles um Jazz - die grosse Leidenschaft der Gastgeber! Viele Zimmer sind nach berühmten Musikern benannt und mit Unikaten versehen. Im Keller man sogar einen Jazzroom, und hier waren schon fast alle grossen Jazzer! Wen wundert's da, dass im Frühjahr im Garten ein Jazz-Zelt steht?

Savoy garni
🏠🏠   🕮 🅰🅲 📶

Neuengasse 26 ✉ *3011 –* ☎ *031 311 44 05*   Stadtplan : F2**n**
– www.hotel-savoy-bern.ch
54 Zim ⬡ – ♂205/235 CHF ♂♂280/330 CHF
Man bietet hier klassische Zimmer mit zeitgemässer Technik und einen hübschen Frühstücksraum mit gutem Buffet. Die Lage ist sehr zentral, praktisch die Nähe zum Bahnhof.

Bristol garni
🏠🏠   🐾 🛁 🕮 🅰🅲 📶

Schauplatzgasse 10 ✉ *3011 –* ☎ *031 311 01 01*   Stadtplan : F2**w**
– www.bristolbern.ch
92 Zim ⬡ – ♂200/275 CHF ♂♂275/330 CHF
Das Stadthaus in der Reihe beherbergt zeitgemässe Zimmer und einen kleinen Saunabereich, den auch die Gäste des durch einen Gang angeschlossenen Hotels "Bären" nutzen.

Bären garni
🏠🏠   🐾 🛁 🕮 🅰🅲 📶

Schauplatzgasse 4 ✉ *3011 –* ☎ *031 311 33 67*   Stadtplan : F2**c**
– www.baerenbern.ch
57 Zim ⬡ – ♂200/225 CHF ♂♂300/330 CHF
Nur wenige Schritte vom Bundesplatz entfernt wohnt man in einem gepflegten alten Stadthaus mit zeitgemässen, unterschiedlich möblierten Zimmern. Kleine Sauna.

Ambassador
🏠🏠   🍴 🏡 🗔 🐾 🕮 🅰🅲 📶 ♨ 🚗 🅿
🔗

Seftigenstr. 99 ✉ *3007 –* ☎ *031 370 99 99*   Stadtplan : B3**v**
– www.fassbindhotels.com
97 Zim – ♂160/360 CHF ♂♂180/400 CHF, ⬡ 19 CHF – ½ P
Rest Tagesteller 23 CHF – Menü 33 CHF (mittags)/79 CHF – Karte 40/82 CHF
Rest *Taishi* Tagesteller 23 CHF – Menü 35/98 CHF (mittags) – Karte 41/90 CHF –
(geschl. 5. Juli - 18. August und Samstagmittag, Sonntag - Montag)
Ein Businesshotel in verkehrsgünstiger Lage am Stadtrand mit schicker Halle, modern-funktionellen Zimmern sowie kostenfreier Tiefgarage. Fragen Sie nach den Zimmern in den oberen Etagen mit Blick über die Stadt! Japanische Küche im Taishi, Internationales im hellen Pavillon.

City am Bahnhof garni
🏠   🕮 📶

Bubenbergplatz 7 ✉ *3011 –* ☎ *031 311 53 77*   Stadtplan : F2**a**
– www.fassbindhotels.com
58 Zim – ♂145/270 CHF ♂♂165/315 CHF, ⬡ 16 CHF
Das Hotel liegt günstig ganz in der Nähe der Fussgängerzone, gegenüber dem Bahnhofsplatz. Es stehen sachlich-funktional eingerichtete Gästezimmer bereit.

🔴 Restaurants

La Terrasse – Hotel Bellevue Palace
𝗫𝗫𝗫𝗫   🕸 ⪕ 🏡

Kochergasse 3 ✉ *3000 –* ☎ *031 320 45 45*   Stadtplan : G2**p**
– www.bellevue-palace.ch
• KREATIV • Tagesteller 45 CHF – Menü 78 CHF (mittags unter der Woche)/
156 CHF – Karte 78/151 CHF
Ambitionierte modern-saisonale Küche mit klassischen Wurzeln, und das in gediegen-komfortablem Rahmen. Per iPad können Sie in die Küche schauen und mit den Köchen kommunizieren! Von der Terrasse hat man eine herrliche Sicht auf die Aare.

XXX **Meridiano** – Hotel Allegro ⟨ 🛋 🄺 ⇔ 🄿
❀ *Kornhausstr. 3 ⊠ 3000 – ☏ 031 339 52 45* Stadtplan : G1**a**
– www.allegro-hotel.ch – geschl. Anfang Januar 1 Woche, Juli 3 Wochen, Ende Dezember 1 Woche und Samstagmittag, Sonntag - Montag
• MODERN • Tagesteller 45 CHF – Menü 54 CHF (mittags)/165 CHF
– Karte 110/133 CHF
Die beiden Menüs von Jan Leimbach sind modern und mediterran inspiriert, Geschmack und Technik zeigen das grosse Engagement des Küchenchefs. Attraktiv auch das chic-elegante Interieur, und draussen eine der schönsten Terrassen der Stadt!
→ Entenleber-Gâteau, Apfel, grüner Spargel, Pistazien. Heilbutt, Carabineiro, Blumenkohl, grüne Mango, Noix de Coco. Blanc Manger, Walliser Aprikosen, Joghurt, Zitronenthymian.

XX **Schöngrün** (Werner Rothen) 🛋 ⅙ ⇔
❀ *Monument im Fruchtland 1, (beim Zentrum Paul Klee)* Stadtplan : D2**d**
⊠ 3006 – ☏ 031 359 02 90 – www.restaurants-schoengruen.ch – geschl. Mitte Juli - Anfang August 3 Wochen und Montag - Dienstag
• KREATIV • Menü 64 CHF (mittags unter der Woche)/180 CHF
– Karte 115/135 CHF – *(Tischbestellung ratsam)*
Neben dem "Zentrum Paul Klee" steht die schöne historische Villa mit schickem luftig-lichtem Glasanbau. Und dieser ist mit seinem geradlinigen Ambiente der perfekte Rahmen für die ebenso modernen und kreativen Speisen aus der einsehbaren Küche. Tipp: mit dem 12er Bus vom Hauptbahnhof in 23 Min. hierher.
→ Entenleber, Stachelbeere, Holunderblüten-Vinaigrette, Brioche-Chips. Bretonischer Hummer, Yuzu-Gazpacho, dunkles Brot, Senf-Rucola. Reh, Vadouvan, Ricottaflan, Erdbeere, Rande.

XX **La Tavola Pronta** 🛋 ⅌
Laupenstr. 57 ⊠ 3008 – ☏ 031 382 66 33 Stadtplan : B2**b**
– www.latavolapronta.ch – geschl. Juli - August 6 Wochen und Samstagmittag, Sonntag - Montag
• ITALIENISCH • Menü 98 CHF – *(Tischbestellung ratsam)*
Eine schöne, wirklich nette Adresse ist das modern gestaltete Kellerlokal mit offener Küche. Chef Beat Thomi bietet seinen Gästen hier täglich Piemonteser Gerichte in Form eines Menüs.

XX **Essort** ⓝ 🛋 ⅌ ⇔
Jubiläumstrr. 97 – ☏ 031 368 11 11 – www.essort.ch Stadtplan : C3**e**
– geschl. Anfang Januar 1 Woche, Anfang Oktober 2 Wochen, über Weihnachten
• INTERNATIONAL • Tagesteller 32 CHF – Menü 59/99 CHF – Karte 60/94 CHF
In der ehemaligen Amerikanischen Botschaft hat Familie Lüthi ein modernes Restaurant, in dessen einsehbarer Küche international gekocht wird, inspiriert von unzähligen Reisen der Gastgeber. Im Sommer sitzt es sich schön unter alten Bäumen.

X **Lorenzini** 🛋 ⇔
❀ *Hotelgasse 10 ⊠ 3011 – ☏ 031 318 50 67* Stadtplan : G2**x**
– www.bindella.ch
• ITALIENISCH • Tagesteller 24 CHF – Karte 43/90 CHF
Lust auf schmackhafte italienische Küche? In dem sympathisch-lebendigen Ristorante im 1. Stock speist man hausgemachte Nudeln und Klassiker aus Italien. In der Bar im EG nehmen Sie den Apero ein, im Bistro sitzt man nett bei einem Kaffee.

X **Bellevue Bar** – Hotel Bellevue Palace 🛋 ⅙
Kochergasse 3 ⊠ 3000 – ☏ 031 320 45 45 Stadtplan : G2**p**
– www.bellevue-palace.ch
• INTERNATIONAL • Tagesteller 22 CHF – Karte 43/109 CHF
Kennen Sie das berühmte "Club Sandwich", das sogar in einem Roman Erwähnung findet? Hier bekommen Sie es! Den gediegenen Charme des alteingesessenen Grandhotels spürt man auch in diesem Restaurant bei internationaler Küche.

milles sens - les goûts du monde   `AK`

Spitalgasse 38, (Schweizerhof-Passage, 1. Etage)   Stadtplan : F2**m**
✉ *3011* – ☎ *031 329 29 29* – *www.millesens.ch* – *geschl. Ende Juli - Anfang August und Sonntag, im Sommer: Samstag - Sonntag*
• INTERNATIONAL • Tagesteller 28 CHF – Menü 52 CHF (mittags)/114 CHF – Karte 65/95 CHF
Von Nudelgerichten und Currys über Klassiker bis zum ambitionierten Menü... In dem geradlinig-modern gehaltenen Restaurant wählt man aus einem breiten Angebot schmackhafter Speisen. Mittags lockt das Businessmenü zahlreiche Gäste an.

Kirchenfeld   🕄 ✿

Thunstr. 5 ✉ *3005* – ☎ *031 351 02 78*   Stadtplan : G3**e**
– *www.kirchenfeld.ch* – *geschl. Sonntag - Montag*
• REGIONAL • Tagesteller 21 CHF – Menü 68 CHF (abends) – Karte 55/91 CHF – *(Tischbestellung ratsam)*
Kein Wunder, dass das Restaurant der Familie Rota so gefragt ist: Hier geht es richtig lebhaft zu und die Küche ist wirklich gut! Schon seit über 20 Jahren bieten die freundlichen Gastgeber Schmackhaftes wie "Perlhuhn auf Wirsing mit Rosinenjus". Lecker auch der lauwarme Tintenfischsalat!

Wein & Sein mit Härzbluet   🕄

Münstergasse 50, (im Keller) ✉ *3011* – ☎ *031 311 98 44*   Stadtplan : EZ**f**
– *www.weinundsein.ch* – *geschl. Juli - August 3 Wochen und Samstagmittag, Sonntag - Montag*
• MODERN • Tagesteller 25 CHF – Menü 78/110 CHF (abends)
Eine steile Treppe führt in den gemütlichen Keller, in dem das junge Team am Abend ein täglich wechselndes 4-Gänge-Menü kocht, mittags ein Lunch-Menü und eine kleine A-la-carte-Auswahl. Sehr charmant - und entsprechend beliebt - ist die Terrasse in der Gasse!

Gourmanderie Moléson   🕄 ⌘ ✿

Aarbergergasse 24 ✉ *3011* – ☎ *031 311 44 63*   Stadtplan : F2**q**
– *www.moleson-bern.ch* – *geschl. Weihnachten - Neujahr und Samstagmittag, Sonntag*
• TRADITIONELL • Tagesteller 30 CHF – Menü 58/89 CHF – Karte 53/90 CHF
Käsefondue, Flammkuchen und Klassiker der französischen Küche stehen in dem reichlich dekorierten Restaurant auf der Karte. Eine sehr nette traditionsreiche Adresse, die es bereits seit 1865 gibt.

Frohegg   🕄 ✿

Belpstr. 51 ✉ *3007* – ☎ *031 382 25 24* – *www.frohegg.ch*   Stadtplan : E3**r**
– *geschl. Sonntag und an Feiertagen, Juli: Samstag - Sonntag*
• TRADITIONELL • Tagesteller 20 CHF – Menü 55/89 CHF – Karte 39/76 CHF – *(Tischbestellung ratsam)*
Gemütlich hat man es in dem Stadthaus von 1898, das schon viele Jahre von Andreas Kobel persönlich geführt wird. Restaurant, Wintergarten und Terrasse sind gleichermassen hübsch, gekocht wird saisonal.

Jack's Brasserie – Hotel Schweizerhof   ♿ `AK`

Bahnhofplatz 11 – ☎ *031 326 80 80*   Stadtplan : F2**s**
– *www.schweizerhof-bern.ch*
• TRADITIONELL • Menü 57 CHF (mittags unter der Woche)/105 CHF – Karte 62/136 CHF
Eine elegante Atmosphäre herrscht im Restaurant des "Schweizerhofs", schön gestaltet mit netten Nischen, Parkettboden, stilvollen Leuchtern. Serviert wird typische Brasserie-Küche, aber auch beliebte Klassiker wie das Wienerschnitzel.

Yù – Hotel Allegro   ◁ ♿ `AK` `P`

Kornhausstr. 3 – ☎ *031 339 52 50*   Stadtplan : G1**a**
– *www.allegro-hotel.ch* – *geschl. Juli 3 Wochen und Sonntag - Montag*
• CHINESISCH • Menü 49/59 CHF – Karte 48/68 CHF – *(nur Abendessen)*
Eine der angesagtesten Ausgeh-Adressen der Stadt! Im Parterre - offen zum Atrium des Hotels - glänzt das Lokal mit stylish-asiatischer Coolness und moderner chinesischer Küche.

✗ Zimmermania

Brunngasse 19 ✉ *3011 –* ✆ *031 311 15 42*   Stadtplan : G2**d**
– www.zimmermania.ch – geschl. 5. Juli - 4. August und Sonntag - Montag; Juni
- September: Samstagmittag
• TRADITIONELL • Tagesteller 19 CHF – Menü 74 CHF – Karte 46/97 CHF
In dem urigen schlichten Restaurant in der Innenstadt geht es lebendig zu. Nett
sitzt man an kleinen Tischen, wird freundlich-leger umsorgt und lässt sich klassische Küche schmecken.

✗ Les Terroirs   🛏

Postgasse 49, (auch über Gerechtigkeitsgasse 56)   Stadtplan : H2**t**
– ✆ *031 332 10 20 – www.restaurant-les-terroirs.ch – geschl. 20. September*
- 5. Oktober und Sonntag - Montag
• TRADITIONELL • Menü 70 CHF – Karte 60/92 CHF – *(nur Abendessen)*
Man sitzt hier zwar recht einfach in einem etwas schlauchartigen Lokal in der
Stadtmitte, aber dafür kommen aus der offenen Küche von Stefan Zingg
schmackhafte Gerichte mit regionalem Bezug!

✗ Waldheim ⓝ   🛏

Waldheimstr. 40 – ✆ *031 305 24 24*   Stadtplan : B2**c**
– www.waldheim-bern.ch – geschl. Samstagmittag, Sonntag - Montag
• SCHWEIZERISCH • Tagesteller 21 CHF – Menü 59 CHF – Karte 55/92 CHF
Das hübsche hell getäferte Restaurant in einer ruhigen Wohngegend hat so man-
chen Stammgast - die frische Schweizer Küche (z. B. "rosa gebratenes mariniertes
Lammgigot am Spiess") und der freundliche Service kommen eben gut an!

✗ Süder ⓝ   🛏 P

Weissensteinstr. 61 ✆ *031 371 57 67*   Stadtplan : D2**a**
– www.restaurant-sueder.ch – geschl. 1. - 9. Januar, 18. Juli - 5. August und
Sonntag - Montag, Samstagmittag
• SCHWEIZERISCH • Tagesteller 27 CHF – Menü 66/89 CHF – Karte 50/88 CHF
Das bürgerliche Ecklokal mit der schönen Holzfäferung hat viele Stammgäste, die
wegen der soliden, frischen Schweizer Küche kommen. Wie wär's z. B. mit Kalbs-
geschnetzeltem? Im Sommer sitzt man natürlich am liebsten im Garten.

an der Autobahn A1 Nord-Ost: 8 km – ✉ 3063 Ittigen

🏨 Grauholz garni   🛏 🖥 ♿ 📺 📶 ⚙ P

(Raststätte Grauholz) ✉ *3063 –* ✆ *031 915 12 12 – www.a1grauholz.ch*
62 Zim 🛏 – 👤124/154 CHF 👤👤180/224 CHF
Das technisch modern ausgestattete Hotel liegt etwas von der A1 zurückversetzt.
Die Zimmer sind sehr gut schallisoliert, ein kleines 24-h-Buffet mit Getränken und
Snacks ist inklusive.

in Muri bei Bern Süd-Ost: 3,5 km – ✉ 3074

🏨 Sternen   🖥 ♿ 📶 ⚙ 🚗 P

Thunstr. 80 – ✆ *031 950 71 11 – www.sternenmuri.ch*   Stadtplan : D3**a**
44 Zim – 👤155/280 CHF 👤👤220/345 CHF, 🛏 20 CHF
Rest Sternen – siehe Restaurantauswahl
Der erweiterte Gasthof bietet im Anbau neuzeitliche Zimmer in den Farben Gelb,
Grün oder Blau, im Haupthaus teilweise mit altem Gebälk. Gute Anbindung an
die Stadt.

✗✗ Sternen – Hotel Sternen   🛏 ♿ ♻ P

Thunstr. 80 – ✆ *031 950 71 11 – www.sternenmuri.ch*   Stadtplan : D3**a**
• SCHWEIZERISCH • Tagesteller 16 CHF – Menü 23 CHF (mittags unter der
Woche)/85 CHF – Karte 50/108 CHF
In gemütlichen Stuben serviert man regionale Gerichte wie "Schweinemedaillons
mit Kürbisravioli". Hübsch der Mix aus warmem Holz und zeitgemässem Stil. Für
Feierlichkeiten: die 170 Jahre alten kleinen Biedermeierstuben.

in Liebefeld Süd-West: 3 km Richtung Schwarzenburg – ⊠ 3097

XX   **Landhaus Liebefeld** mit Zim   🕸 🏡 🖗 ᘓ 🦓 Rest. 🛜 ⇄ **P**
😊   *Schwarzenburgstr. 134* – ℰ *031 971 07 58*   Stadtplan : A3**s**
    – *www.landhaus-liebefeld.ch* – *geschl. Sonntag*
    • TRADITIONELL • **6 Zim** ⚏ – 🛉175/179 CHF 🛉🛉185/189 CHF – ½ P
    Tagesteller 45 CHF – Menü 95/137 CHF – Karte 58/124 CHF – *(Tischbestellung ratsam)*
    Gaststube Tagesteller 18 CHF – Menü 60 CHF (abends) – Karte 39/92 CHF –
    (geschl. Sonntag)
    Wo man so gemütlich sitzen und gut essen kann wie in der ehemaligen Landvog-
    tei von 1671, geht man auch öfter mal hin. Die Fischsuppe ist nach wie vor der
    Klassiker! Im Sommer sitzt man gerne im kleinen Garten und geniesst Grillgerich-
    te. In der Gaststube geht es etwas rustikaler zu. Sie möchten übernachten? Die
    Zimmer sind sehr hübsch, individuell und hochwertig.

X   **Haberbüni**   🕸 🏡 **P**
    Könizstr. 175 – ℰ *031 972 56 55* – *www.haberbueni.ch*   Stadtplan : A3**e**
    – *geschl. Samstagmittag, Sonntag*
    • MODERN • Tagesteller 29 CHF – Menü 61 CHF (mittags unter der Woche)/
    88 CHF – Karte 63/78 CHF – *(Tischbestellung ratsam)*
    Hell, grosszügig und gemütlich ist der Dachstock (Büni) des alten Bauernhauses.
    Gekocht wird modern, das Konzept kommt an: am Abend zwei Menüs, mittags
    Businesslunch. Im Sommer sollten Sie im Garten essen - richtig schön urwüchsig!

BERNECK

Sankt Gallen (SG) – ⊠ 9442 – 3 763 Ew – Höhe 427 m – Siehe Regionalatlas **5-I2**
▶ Bern 235 km – Sankt Gallen 31 km – Altstätten 11 km – Bregenz 21 km
Michelin Straßenkarte 551-W5

XX   **Ochsen - Zunftstube**   🏡 🦓 ⇄
    Neugasse 8 – ℰ *071 747 47 21* – *www.ochsen-berneck.ch* – *geschl. 13. Juli*
    - 3. August und Donnerstag, Sonntagabend
    Tagesteller 39 CHF – Menü 90 CHF – Karte 45/104 CHF
    Dorfstübli Tagesteller 25 CHF – Menü 25 CHF (mittags unter der Woche)
    – Karte 40/91 CHF
    Die Brüder Kast arbeiten eng zusammen: Der eine betreibt die Metzgerei, der
    andere das Restaurant. Ein gutes Gefühl, zu wissen, woher das Fleisch für die klas-
    sisch-traditionelle Küche kommt - eine Spezialität sind übrigens Kutteln. Alternativ
    zur Zunftstube im 1. Stock gibt es das etwas einfachere Dorfstübli.

BETTLACH

Solothurn (SO) – ⊠ 2544 – 4 834 Ew – Höhe 441 m – Siehe Regionalatlas **2-D3**
▶ Bern 56 km – Delémont 43 km – Basel 82 km – Biel 19 km
Michelin Straßenkarte 551-J6

🔠   **Urs und Viktor**   🏡 🖗 ᘓ 🛜 🦓 **P**
    Solothurnstr. 35 – ℰ *032 645 12 12* – *www.ursundviktor.ch*
    73 Zim ⚏ – 🛉130/180 CHF 🛉🛉190/240 CHF – ½ P
    Rest Tagesteller 30 CHF – Menü 39 CHF – Karte 38/85 CHF
    Der Gasthof von 1840 steht heute noch, erweitert zum Seminarhotel. In den modernen
    Zimmern nutzen Sie W-Lan kostenfrei - und nicht nur das: Gäste erhalten einen Gut-
    schein für die Freizeitanlage "Kakadu" sowie ein Bahnbillet nach Solothurn oder Biel!

BETTMERALP

Wallis (VS) – ⊠ 3992 – Höhe 1 950 m (Wintersport : 1 935/2 869 m)
– Siehe Regionalatlas **8-F6**
▶ Bern 114 km – Brig 20 km – Andermatt 91 km – Domodossola 80 km
Michelin Straßenkarte 552-M11

mit Luftseilbahn ab Betten FO erreichbar

La Cabane garni

𝒞 027 927 42 27 – www.lacabane.ch – geschl. 6. April - 19. Juni, 12. Oktober - 10. Dezember

12 Zim ☐ – †140/190 CHF ††215/300 CHF

Zur Seilbahn sind es 15 Gehminuten - ein Klacks angesichts der schönen ruhigen Lage am Ende des Dorfes! Überall im Haus schafft helles Holz Gemütlichkeit. Die Zimmer (auch Familienmaisonetten) tragen Namen von Berghütten.

Waldhaus

– 𝒞 027 927 27 17 – www.ferienhotel-waldhaus.ch – geschl. 15. April - 15. Juni, 10. Oktober - 15. Dezember

22 Zim ☐ – †78/155 CHF ††156/340 CHF – 1 Suite – ½ P

Rest Tagesteller 23 CHF – Menü 49 CHF (abends) – Karte 41/101 CHF

Ein stimmiges Bild: die Fassade aus Stein und Holz, ringsum Wald und Berge! Die "Adlerhorst"-Suite macht ihrem Namen alle Ehre; oben im Giebel gelegen, bietet sie eine einzigartige Sicht! Gemütliche kleine Bibliothek mit Kamin, ebenso rustikal das Restaurant.

BEVER

Graubünden (GR) – ✉ 7502 – 636 Ew – Höhe 1 714 m – Siehe Regionalatlas **11-J5**

▶ Bern 322 km – Sankt Moritz 11 km – Chur 82 km – Davos 58 km

Michelin Straßenkarte 553-X10

Chesa Salis

Fuschigna 2 ✉ 7502 – 𝒞 081 851 16 16 – www.chesa-salis.ch – geschl. 7. April - 11. Juni, 26. Oktober - 10. Dezember

18 Zim ☐ – †175/370 CHF ††195/390 CHF – ½ P

Rest *Chesa Salis* – siehe Restaurantauswahl

Ein historisches Patrizierhaus, 1590 als Bauernhaus erbaut... da ist so einiges an Tradition erhalten: Malereien, Täferungen oder Stuck. Vor allem die neueren Zimmer sind schon echte Schmuckstücke, mit modernem Touch und richtig schönen Bädern. Im Winter führt die Loipe direkt am Haus entlang.

✗✗ Chesa Salis – Hotel Chesa Salis

Fuschigna 2 ✉ 7502 – 𝒞 081 851 16 16 – www.chesa-salis.ch – geschl. 7. April - 11. Juni, 26. Oktober - 10. Dezember

Tagesteller 35 CHF – Menü 58/98 CHF – Karte 60/93 CHF

Ganz so wie man es bei der traditionellen Fassade des alten Hauses vermutet, geht es dahinter schön heimelig zu: Ausgesprochen charmant sind die teils getäferten Stuben, dennoch ist im Sommer die Terrasse im Garten ein Muss! Man serviert klassische Schweizer Küche - der Chef grillt auch am offenen Kamin.

BEX

Vaud (VD) – ✉ 1880 – 6 670 h. – alt. 411 m – Carte régionale **7-C6**

▶ Bern 112 km – Martigny 20 km – Évian-les-Bains 37 km – Lausanne 53 km

Carte routière Michelin 552-G11

✗ Le Café Suisse

Rue Centrale 41 – 𝒞 024 463 33 98 – www.cafe-suisse.ch – fermé 1ᵉʳ - 15 janvier, mi-juillet 2 semaines, dimanche et lundi

Plat du jour 17 CHF – Menu 85/99 CHF – Carte 72/101 CHF

Un jeune couple plein d'enthousiasme préside aux destinées de cet ancien café de village, devenu un restaurant joyeux et convivial. Marie, la chef, régale les clients avec une jolie cuisine contemporaine, accompagnée d'excellents vins locaux. Oserez-vous opter pour son menu surprise, dont les habitués raffolent ?

143

BEX

Route de Lavey Sud : 2 km

XX   **Le Saint Christophe** avec ch   🛏 🛜 P
*Route de Lavey – ☎ 024 485 29 77 – www.stchristophesa.com – fermé 22 juillet
- 5 août, mercredi et jeudi*
11 ch 🛏 – ✝110/130 CHF ✝✝180 CHF – 1 suite – ½ P
Plat du jour 25 CHF – Menu 47 CHF (déjeuner en semaine)/135 CHF
– Carte 68/110 CHF
On accède facilement via l'autoroute à cette douane du 17ᵉ s. transformée en
auberge, tout en pierres et poutres apparentes. On y sert une fraîche cuisine gastronomique et des viandes grillées au feu de bois. Les chambres de style motel
offrent une solution d'hébergement tout à fait convenable.

BIASCA

Ticino (TI) – ⊠ 6710 – 6 091 ab. – alt. 304 m – Carta regionale **10**-H5
➡ Bern 196 km – Andermatt 64 km – Bellinzona 24 km – Brig 111 km
Carta stradale Michelin 553-S11

🏠   **Al Giardinetto**   🛏 📶 ⚊ rist, 🛜 🔥 ⛲ P
😊   *via A. Pini 21 – ☎ 091 862 17 71 – www.algiardinetto.ch*
24 cam 🛏 – ✝98/138 CHF ✝✝158/188 CHF
Rist Piatto del giorno 16 CHF – Menu 24/35 CHF – Carta 37/78 CHF
A 2 km dall'autostrada, direttamente in centro, ma lungo un asse trafficato, la
struttura dispone di camere funzionali ed accoglienti, rallegrate da pareti deco-
rate. Specialità di pesce e pizze al ristorante.

BIEL (BIENNE)

Berne (BE) – ⊠ 2500 – 52 351 Ew – Höhe 437 m – Siehe Regionalatlas **2**-D3
➡ Bern 44 km – Basel 91 km – La Chaux-de-Fonds 52 km – Montbéliard 96 km
Michelin Straßenkarte 551-I6

XX   **Opera Prima** ❶   🛏
*Jakob-Stämpflistr. 2 – ☎ 032 342 02 01 – www.opera-prima.ch – geschl.
Samstagmittag, Sonntag*
Menü 38 CHF (mittags unter der Woche)/125 CHF – Karte 59/98 CHF
In einem Teil seiner Fabrik hat Padrone Granito ein elegantes, grosszügig verglas-
tes Restaurant eingerichtet, in dessen einsehbarer Küche frische, authentische ita-
lienische Speisen entstehen: "Pasta sciué-sciué", "Scampi scottati con crudités di
verdure"... Sehr nett auch die Terrasse.

Süd-West 2 km Richtung Neuchâtel

X   **Gottstatterhaus**   ⬅ 🛏 🍴 P
*Neuenburgstr. 18 ⊠ 2505 Biel – ☎ 032 322 40 52 – www.gottstatterhaus.ch
– geschl. Ende Dezember - Mitte Januar und Mittwoch, Oktober - April: Mittwoch
- Donnerstag*
Tagesteller 36 CHF – Menü 46 CHF – Karte 35/75 CHF
Seit 1748 ist das einstige Rebhaus des Klosters Gottstatt im Besitz der Familie
Römer. Geboten werden überwiegend Fisch und Grilladen. Terrasse am Haus
sowie am See unter Platanen.

BIENNE – Berne ➡ Voir à Biel

BINNINGEN – Basel-Landschaft ➡ Siehe Basel

BIOGGIO

Ticino (TI) – ⊠ 6934 – 2 431 ab. – alt. 292 m – Carta regionale **10**-H7
➡ Bern 241 km – Lugano 6 km – Bellinzona 28 km – Locarno 40 km
Carta stradale Michelin 553-R13

X   **Grotto Antico**   🛏 ♻ P
😊   *via Cantonale 10 – ☎ 091 605 12 39 – chiuso domenica*
Piatto del giorno 20 CHF – Menu 55 CHF – Carta 60/85 CHF – *(prenotazione
obbligatoria)*
All'interno di un edificio del 1838, immerso nel verde, il ristorante propone una
cucina d'impronta classico/regionale ed un piacevole servizio estivo in terrazza.

Les BIOUX – Vaud → Voir à Joux (Vallée de)

BIRMENSTORF
Aargau (AG) – ⊠ 5413 – 2 727 Ew – Höhe 384 m – Siehe Regionalatlas **4-F2**
▶ Bern 102 km – Aarau 25 km – Baden 7 km – Luzern 70 km
Michelin Straßenkarte 551-O4

XX   **Pfändler's Gasthof zum Bären** mit Zim   🐴 🍴 🏠 🏢 🎬 🛜 ♨ 🚗 🅿
      Kirchstr. 7 – ℰ 056 201 44 00 – www.zumbaeren.ch
      12 Zim 🍴 – †125/145 CHF †† 190/210 CHF
      Menü 60 CHF – Karte 63/85 CHF – *(geschl. Samstagmittag, Sonntag - Montag)*
      Gaststube Tagesteller 18 CHF – Karte 48/89 CHF – *(geschl. Samstagmittag,*
      Sonntag - Montag)
      Das Haus mit über 200-jähriger Geschichte ist schon sehr liebevoll gestaltet.
      Zudem bietet Harry Pfändler in der Orangerie schmackhafte Küche auf Tapas-
      Basis, in der Gaststube Traditionelles von der Bratwurst bis zum Schmorgericht.
      Die Zimmer sind hübsch und wohnlich, neu die Zimmer in der "Casa Beatrice".

BIRSFELDEN – Basel-Landschaft → Siehe Basel

BISCHOFSZELL
Thurgau (TG) – ⊠ 9220 – 5 608 Ew – Höhe 506 m – Siehe Regionalatlas **5-H2**
▶ Bern 196 km – Sankt Gallen 25 km – Frauenfeld 35 km – Konstanz 24 km
Michelin Straßenkarte 551-U4

🏠   **Le Lion**   🏠 🏢 ♿ 🅰 🛜
      Grubplatz 2 – ℰ 071 424 60 00 – www.hotel-lelion.ch
      17 Zim 🍴 – †135/185 CHF †† 185/255 CHF
      Rest *Caprese* ℰ 071 424 60 03 – Karte 42/78 CHF – *(geschl. Oktober - März :*
      Sonntag)
      In dem kleinen Stadthotel a. d. 16. Jh. hat man sehr hübsch Altes mit Neuem
      kombiniert: vom Empfangsbereich mit historischen Steinwänden über die Zimmer
      mit schönem Parkett, wertigem Mobiliar und moderner Technik bis zum Restau-
      rant mit nostalgischen Fotos (hier italienische Küche). Abends Lounge-Bar.

BISSONE
Ticino (TI) – ⊠ 6816 – 889 ab. – alt. 274 m – Carta regionale **10-H7**
▶ Bern 250 km – Lugano 10 km – Bellinzona 38 km – Locarno 50 km
Carta stradale Michelin 553-R14

🏠   **Campione**   🏠 🏊 🏢 🅰 🎬 rist. 🛜 ♨ 🚗 🅿
      via Campione 62, Nord : 1,5 km, direzione Campione – ℰ 091 640 16 16
      – www.hotel-campione.ch
      40 cam 🍴 – †115/215 CHF †† 145/295 CHF – 5 suites – ½ P
      Rist Piatto del giorno 24 CHF – Menu 46/58 CHF – Carta 42/83 CHF – *(novembre*
      - marzo : chiuso a mezzogiorno)
      Vicino alla frontiera di Campione con il suo nuovo casinò, sorge questa struttura
      d'impronta classica. Grandi camere arredate con sobrietà. Ameno servizio estivo
      sulla terrazza panoramica. Cucina tradizionale.

BIVIO
Graubünden (GR) – ⊠ 7457 – 200 Ew – Höhe 1 776 m – Siehe Regionalatlas **10-I5**
▶ Bern 307 km – Chur 65 km – Triesen 100 km – Triesenberg 104 km
Michelin Straßenkarte 553-W11

🏠   **Post**   🏠 🏢 🛜 🅿
      Julierstr. 64 ⊠ 7457 – ℰ 081 659 10 00 – www.hotelpost-bivio.ch – geschl. Ende
      Oktober - Anfang Dezember, Mai - Mitte Juni
      45 Zim 🍴 – †82/141 CHF †† 144/256 CHF – ½ P
      Rest Tagesteller 20 CHF – Menü 40/60 CHF (abends) – Karte 30/103 CHF
      Charmant und individuell wohnt man in der ehemaligen Telegrafen-Station von
      1778 an der Julierpassstrasse: mal gemütlich mit warmem Arvenholz, mal mit net-
      tem 60er Jahre Touch - TV gibt's übrigens auf Nachfrage.

BLATTEN bei MALTERS

Luzern (LU) – ⊠ 6102 – Höhe 480 m – Siehe Regionalatlas **4-F4**
▶ Bern 115 km – Luzern 8 km – Aarau 55 km – Altdorf 45 km
Michelin Straßenkarte 551-N7

✗✗ Krone   🐾 🛱 ఉ ⇔ P
– ✆ 041 498 07 07 – www.krone-blatten.ch – geschl. *Sonntagabend - Montag*
Tagesteller 39 CHF – Menü 54 CHF (mittags)/103 CHF – Karte 67/95 CHF –
(Tischbestellung ratsam)
In dem netten Gasthof mit Schindelfassade und grünen Fensterläden hat Mario
Waldispühl am Herd die Regie übernommen, das Konzept bleibt gleich: saisonal,
regional und mediterran beeinflusste Küche. Und die wird nebst toller Weine in
charmanten Stuben oder auf der schönen Terrasse serviert. Raucherlounge.
Gaststube 😊 – siehe Restaurantauswahl

✗ Gaststube – Restaurant Krone   🐾 🛱 ఉ ⇔ P
😊 – ✆ 041 498 07 07 – www.krone-blatten.ch – geschl. *Sonntagabend - Montag*
Tagesteller 20 CHF – Menü 24 CHF (mittags)/39 CHF (abends) – Karte 38/68 CHF –
(Tischbestellung ratsam)
Heimelig-urig wie in einer Dorfbeiz - die wurde hier nämlich nach alten Bauplänen
im originalgetreu rekonstruiert! Die Küche bietet ein breites Spektrum von "Thun-
fisch-Cannelloni mit Erbse und Wasabi" bis "Cordon bleu mit Pommes frites".

BLATTEN bei NATERS

Wallis (VS) – ⊠ 3914 – Höhe 1 322 m (Wintersport : 1 327/3 112 m)
– Siehe Regionalatlas **8-F6**
▶ Bern 103 km – Brig 9 km – Andermatt 85 km – Domodossola 74 km
Michelin Straßenkarte 552-M11

auf der Belalp mit ☁ erreichbar – Höhe 2 096 m – ⊠ 3914 Belalp

Hamilton Lodge
*Wolftola 1, (in 10 min. per Spazierweg erreichbar) – ✆ 027 923 20 43
– www.hamiltonlodge.ch – geschl. 10. April - 13. Juni, 11. Oktober
- 19. Dezember*
19 Zim 🖵 – ♦120/150 CHF ♦♦150/260 CHF – ½ P
Rest Tagesteller 19 CHF – Menü 40 CHF – Karte 38/90 CHF
Lodgestyle - alpin-modern, detailverliebt und mit ganz viel Charme! Keine Autos,
nur Ruhe und ein atemberaubendes Bergpanorama - kein Wunder, dass es hier
alle auf die sonnige Terrasse zieht! Für Kids: eigener Speiseraum und Pfann-
kuchenfrühstück!

BLATTEN im LÖTSCHENTAL

Wallis (VS) – ⊠ 3919 – 295 Ew – Höhe 1 540 m – Siehe Regionalatlas **8-E5**
▶ Bern 73 km – Brig 38 km – Domodossola 101 km – Sierre 38 km
Michelin Straßenkarte 552-L11

🏠 Edelweiss   🐾 ≺ 🛱 🐾 🛏 ఉ 🛜 P
*Tiefe Fluh 2 – ✆ 027 939 13 63 – www.hoteledelweiss.ch – geschl. 15. April
- 20. Mai, 4. November - 15. Dezember*
23 Zim 🖵 – ♦85/165 CHF ♦♦170/230 CHF – ½ P
Rest Menü 45/69 CHF – Karte 31/65 CHF
Ruhig ist die Lage in dem alten Walliserdorf, Panoramasicht bietet die Terrasse!
Von hier aus wandert es sich wunderbar, oder Sie machen mit dem Chef eine
Dorfführung. Die regionalen Produkte, die man im Haus verarbeitet, sind auch
ein schönes Mitbringsel.

BLAUSEE-MITHOLZ – Bern ➜ Siehe Kandersteg

BLITZINGEN

Wallis (VS) – ⊠ 3989 – 74 Ew – Höhe 1 296 m – Siehe Regionalatlas **8-F5**

▶ Bern 145 km – Andermatt 54 km – Brig 24 km – Interlaken 90 km

Michelin Straßenkarte 552-N10

🏠 **Castle**   ⅍ ⪽ 🐾 🛗 🛜 🖨 **P**

Aebnet 8, Nord: 2,5 km – 𝒞 027 970 17 00 – www.hotel-castle.ch – geschl.
29. März - 29. Mai, 25. Oktober - 18. Dezember
10 Zim 🛏 – ♦125/185 CHF ♦♦200/390 CHF – 30 Suiten – ½ P
Rest *Schlossrestaurant* – siehe Restaurantauswahl
Die exponierte Lage entschädigt für die kurvenreiche Strasse hier hinauf zu den
freundlichen Gastgebern (seit über 15 Jahren im Haus)! Die Zimmer sind freundlich, wohnlich und geräumig, haben alle einen Balkon, teilweise nach Süden.

✕✕ **Schlossrestaurant** – Hotel Castle   ⪽ 🔥 🖨 **P**

Aebnet 8, Nord: 2,5 km – 𝒞 027 970 17 00 – www.hotel-castle.ch – geschl.
29. März - 29. Mai, 25. Oktober - 18. Dezember und Oktober: Montag
Menü 68/130 CHF – Karte 58/115 CHF
Natur wohin das Auge blickt! Ob Sie von einem Flight auf einem der schönsten
Berggolfplätze (8 km entfernt), einer Wanderung oder vom Wintersport kommen,
Peter Geschwendter verwöhnt Sie mit einer ambitionierten Küche.

BLUCHE – Valais ➜ Voir à Crans-Montana

BÖNIGEN – Bern ➜ Siehe Interlaken

BÖTTSTEIN

Aargau (AG) – ⊠ 5315 – 3 684 Ew – Höhe 360 m – Siehe Regionalatlas **4-F2**

▶ Bern 114 km – Aarau 31 km – Baden 16 km – Basel 59 km

Michelin Straßenkarte 551-O4

🏠 **Schloss Böttstein**   ⅍ 🔥 💱 🛜 🏋 **P**

Schlossweg 20 – 𝒞 056 269 16 16 – www.schlossboettstein.ch
40 Zim 🛏 – ♦120/145 CHF ♦♦205/250 CHF – ½ P
Rest *Schlossrestaurant* Tagesteller 26 CHF – Karte 55/100 CHF
Rest *Dorfstube* Tagesteller 22 CHF – Karte 54/100 CHF
Kein Wunder, dass hier in den Sommermonaten gerne geheiratet wird, denn der
schlossartige Patrizierbau von 1615 bietet dafür einen klasse Rahmen. Zeitge-
mäss-wohnliche Zimmer, schöne Säle für Veranstaltungen, traditionell-klassische
Küche im eleganten Schlossrestaurant und in der rustikalen Dorfstube (hier mit
einfacherem Zusatzangebot) sowie tolle Terrassen.

BOGIS-BOSSEY

Vaud (VD) – ⊠ 1279 – 875 h. – alt. 470 m – Carte régionale **6-A6**

▶ Bern 144 km – Genève 19 km – Lausanne 49 km – Montreux 79 km

Carte routière Michelin 552-B10

✕✕ **Auberge Communale** avec ch   🐾 🔥 ᴇ rest, 🛜 **P**

Chemin de la Pinte 1 – 𝒞 022 776 63 26 – www.auberge-bogis-bossey.ch – fermé
23 décembre - 20 janvier, 27 juillet - 11 août, lundi et mardi
2 ch 🛏 – ♦110/140 CHF ♦♦210/240 CHF
Plat du jour 23 CHF – Menu 65 CHF (déjeuner)/130 CHF – Carte 52/114 CHF
Dans cette maison de 1750, très engageante, on savoure une cuisine bien tournée,
valorisant des produits de première qualité et accompagnée d'une bonne sélection
de vins. Carte plus courte au café. Aux beaux jours, profitez du soleil en terrasse.

Les BOIS

Jura (JU) – ⊠ 2336 – 1 137 h. – alt. 1 029 m – Carte régionale **2-C3**

▶ Bern 83 km – Delémont 45 km – Fribourg 79 km – Solothurn 62 km

Carte routière Michelin 551-G6

Les BOIS

X **Espace Paysan Horloger** 🔘 avec ch   🕼 ৬ 令 🄿
Le Boéchet 6 – ℰ 032 961 22 22 – www.paysan-horloger.ch – fermé dimanche soir, lundi et mardi
5 ch – ♦100 CHF ♦♦150 CHF, 🛏 8 CHF
Plat du jour 17 CHF – Menu 71/98 CHF – Carte 62/85 CHF
À la pointe sud des Franches-Montagnes, cette ancienne ferme est devenue musée des paysans-horlogers suisses. Mais une autre histoire, culinaire celle-ci, se déroule au restaurant voisin : dans un décor design et atypique, on se régale de plats faisant la part belle aux produits du marché. Carte simplifiée au déjeuner en semaine.

BONSTETTEN
Zürich (ZH) – ✉ 8906 – 5 205 Ew – Siehe Regionalatlas **3**-F3
▶ Bern 128 km – Zürich 14 km – Zug 29 km – Aarau 51 km
Michelin Straßenkarte 551-P5

in Bonstetten-Schachen Nord: 1,5 km

🏠 **Oktogon**   🕼 🕮 ৬ ℁ Rest, 令 🏔 🚗
Stallikerstr. 1 – ℰ 043 466 10 50 – www.hotel-oktogon.ch
23 Zim – ♦95/121 CHF ♦♦123/180 CHF, 🛏 12 CHF
Rest Tagesteller 23 CHF – Karte 51/104 CHF – *(geschl. Sonntagabend)*
Hier können Sie dem Trubel der Stadt auch mal entfliehen, sind aber dennoch in 20 Min. mittendrin - die nahe S-Bahn bringt Sie hin. Wer im Glasturm wohnen möchte, bucht die Juniorsuite. Restaurant mit Wintergarten, dazu die Terrasse.

BOTTMINGEN – Basel-Landschaft ➜ Siehe Basel

BOURGUILLON – Fribourg ➜ Voir à Fribourg

BRAIL
Graubünden (GR) – ✉ 7527 – Siehe Regionalatlas **11**-J4
▶ Bern 311 km – Chur 98 km – Triesen 104 km
Michelin Straßenkarte 553-Y9

🏨 **IN LAIN Hotel Cadonau**   🛏 🕼 ☰ 𝔐 ৬ Zim, 令 🄿
Crusch Plantaun 217 – ℰ 081 851 20 00 – www.inlain.ch – geschl. 7. April - 12. Mai und 1. November - 2. Dezember
10 Zim 🛏 – ♦310/570 CHF ♦♦360/910 CHF – 4 Suiten – ½ P
Rest *Vivanda* ❀
Rest *Käserei* – siehe Restaurantauswahl
Rest *La Stüvetta* Tagesteller 46 CHF – Menü 78/108 CHF – Karte 72/113 CHF
Dass Familie Cadonau auch eine Holzmanufaktur betreibt, dürfte wohl niemanden wundern: Das Haus steckt voller Engadiner Holz! Aus hellem, warmem Arvenholz und modernen Formen entstand ein äusserst hochwertiges und ebenso attraktives Interieur! Frühstück gibt's auf dem ehemaligen Heuboden - oder auf Wunsch auf Ihrer eigenen Terrasse. Im Garten Sauna und Naturbadeteich.

XXX **Vivanda** (Dario Cadonau) – IN LAIN Hotel Cadonau   ✿ 🛏 ৬ 🄿
❀   *Crusch Plantaun 217 – ℰ 081 851 20 00 – www.inlain.ch – geschl. 7. April - 12. Mai, 1. November - 2. Dezember und Dienstag*
Menü 152/198 CHF – *(nur Abendessen) (Tischbestellung ratsam)*
Überraschungen wie diese hat man gerne: Chef Dario Cadonau bereitet je nach Einkauf ein 5-8-gängiges Menü zu, das er seinen Gästen am Tisch erklärt. Und was auch immer hier die Küche verlässt, ist überaus geschmackvoll und durchdacht, verbindet klassische und moderne Elemente. Sie mögen doch sicher schöne Weine zum Essen und guten Käse als Abschluss? Beides lagert gleich neben dem Restaurant - der Käse wird sogar im Haus hergestellt!
➜ Gebratener Seeteufel, Portulaksalat, Zitronenmelisse, Senfkörner, Tomate, Specksud und Bärlauchöl. Grilltes Iberico Schwein, Bohnenpüree, Paprika-Marmelade, Oliventapenade, geschmorter Knoblauch und grillte Pimentos. Rhabarber eingelegt, als Sorbet und Espuma, Erdbeere, Safran und Kakaobohne.

148

X **Käserei** – IN LAIN Hotel Cadonau   &. **P**
Crusch Plantaun 217 – 𝒞 081 851 20 00 – www.inlain.ch – geschl. 7. April
- 12. Mai und 1. November - 2. Dezember
Karte 72/100 CHF – *(nur Abendessen)*
In dem gemütlichen Gewölbe sitzt man wirklich nett, während man sich z. B. Brailer Heusuppe, Pizzoccheri, Münstertaler Käse und Speck-Knödel oder die mit Brailer Käse überbackenen Kräuter-Spätzli schmecken lässt. Apropos Käse: Fragen Sie ruhig nach, wann man das nächste Mal beim Käsen zuschauen kann!

Le BRASSUS – Vaud ➜ Voir à Joux (Vallée de)

BRAUNWALD
Glarus (GL) – ⊠ 8784 – 328 Ew – Höhe 1 280 m (Wintersport : 1 256/1 904 m)
– Siehe Regionalatlas **5**-H4
▶ Bern 203 km – Chur 90 km – Altdorf 51 km – Glarus 20 km
Michelin Straßenkarte 551-S8

        mit Standseilbahn ab Linthal erreichbar

 Märchenhotel Bellevue   ♨ ⪡ 🏡 🏠 ⟰ 🔲 🐎 ⚡ ✕ ⛾ ⚡ ✕ Rest, 🛜
Dorfstr. 24 – 𝒞 055 653 71 71 – www.maerchenhotel.ch – geschl. 10. April
- 15. Mai, 21. Oktober - 14. Dezember
45 Zim ⚏ – ♦225/345 CHF ♦♦320/440 CHF – 8 Suiten – ½ P
Rest Tagesteller 20 CHF – Menü 68/82 CHF (abends) – Karte 36/51 CHF
Familienfreundliches Hotel mit individuellen Zimmern, teils mit Themenbezug. Toll sind die modernen Loftsuiten. Herrlicher Blick auch vom Freizeitbereich im UG. Jeden Abend Märchenstunde für Kinder.

BREIL (BRIGELS)
Graubünden (GR) – ⊠ 7165 – 1 286 Ew – Höhe 1 289 m (Wintersport : 1 257/ 2 418 m) – Siehe Regionalatlas **10**-H4
▶ Bern 199 km – Andermatt 52 km – Chur 50 km – Bellinzona 105 km
Michelin Straßenkarte 553-S9

 La Val   ♨ ⪡ 🏡 🏠 🔲 ● 🐎 🛎 &. Rest, 🛜 ♨ 🚗 **P**
Palius 804 – 𝒞 081 929 26 26 – www.laval.ch – geschl. 3. November
- 5. Dezember, Mitte April - Mitte Mai
33 Zim ⚏ – ♦230/320 CHF ♦♦299/450 CHF – ½ P
Rest *ustria miracla* – siehe Restaurantauswahl
Rest *bistro da rubi* Tagesteller 30 CHF – Menü 49 CHF (mittags)
– Karte 54/106 CHF
Der modern-alpine Stil mit seinem Mix aus Naturmaterialien und klaren Formen zieht sich von der Halle über die Zimmer und den recht exklusiven Spa auf 500 qm bis in die Raucherlounge "Furnascha" - probieren Sie die eigene "La Val"-Zigarre! Sie suchen etwas ganz Besonderes? Dann buchen Sie die Kamin-Maisonettesuite! Und wenn Sie gerne mal ein bisschen rustikaler essen, gibt es in einem kleinen Holzhäuschen im Winter auf Nachfrage Fondue, im Sommer Grillgerichte.

 Alpina   ♨ 🏠 🛜 **P**
– 𝒞 081 941 14 13 – www.alpina-brigels.ch
9 Zim ⚏ – ♦68/83 CHF ♦♦136/166 CHF – 4 Suiten – ½ P
Rest Tagesteller 18 CHF – Karte 30/60 CHF
In dem Familienbetrieb am Kirchplatz hat man ganz unterschiedlich geschnittene Zimmer, vom kleinen Einzelzimmer bis zu den vier schönen geräumigen Galerie-Appartements mit Küchenzeile. Hier hat man ebenso an Familien gedacht wie beim Kinderspielzimmer und beim Spielplatz. Behaglich wie die Zimmer ist auch das rustikale Restaurant - Spezialität sind Grillgerichte: Pferd, Bison, Rind oder Wild kommen auf dem heissen Speckstein auf den Tisch!

XX **Casa Fausta Capaul** mit Zim

*Cadruvi 32 – ℰ 081 941 13 58 – www.faustacapaul.ch – geschl. Mitte April
- Mitte Mai, Anfang November - Mitte Dezember und März - Oktober: Dienstag
- Mittwoch, Januar: Mittwoch*
7 Zim ⌧ – ♦75/81 CHF ♦♦110/150 CHF
Tagesteller 42 CHF – Menü 75/160 CHF – Karte 75/103 CHF
Viel Holz und liebenswerte Deko machen es hier richtig gemütlich - genauso, wie
es das traditionelle alte Holzhaus schon von aussen vermuten lässt. Wer sitzt da
nicht gerne bei Linus Arpagaus' Klassikern wie "Rindsfiletspitzen auf Capuns"
oder "Kalbskotelett mit Pizokel"? Sie sollten sich auch mal bei herrlichem Bergpanorama im Wintergarten oder auf der Terrasse den hausgebackenen Kuchen
schmecken lassen! Wer länger in dem netten Haus bleiben möchte, übernachtet
in einfachen, aber sehr heimeligen Zimmern oder im hübschen Appartement.

XX **ustria miracla** – Hotel La Val

*Palius 804 – ℰ 081 929 26 26 – www.laval.ch – geschl. 3. November
- 5. Dezember, Mitte April - Mitte Mai*
Menü 79/98 CHF – Karte 82/108 CHF – *(nur Abendessen) (Tischbestellung ratsam)*
Auch in Sachen Kulinarik führt man die gelungene Mischung aus alpiner Tradition
und Modernität fort. So bieten Rudolf Möller und sein Team eine ambitionierte
mediterran-traditionelle Küche, zu der z. B. ein schöner Bordeaux passt - hier hat
man eine besonders tolle Auswahl.

BREMGARTEN

Aargau (AG) – ✉ 5620 – 6 447 Ew – Höhe 386 m – Siehe Regionalatlas **4-F3**
▶ Bern 108 km – Aarau 30 km – Baden 27 km – Luzern 46 km
Michelin Straßenkarte 551-O5

▦ **Sonne** garni

*Marktgasse 1 – ℰ 056 648 80 40 – www.sonne-bremgarten.ch – geschl.
22. Dezember - 5. Januar*
14 Zim ⌧ – ♦125/150 CHF ♦♦150/185 CHF – 1 Suite
Hier wohnen Sie direkt in der Altstadt des netten Ortes, und zwar in einem komfortablen kleinen Hotel mit geschmackvollen Zimmern. Wer das Besondere sucht,
sollte die Penthouse-Suite buchen!

Les BRENETS

Neuchâtel (NE) – ✉ 2416 – 1 100 h. – alt. 876 m – Carte régionale **1-B4**
▶ Bern 85 km – Neuchâtel 34 km – Besançon 79 km – La Chaux-de-Fonds 16 km
Carte routière Michelin 552-F6

▦ **Les Rives du Doubs**

*Pré du Lac 26 – ℰ 032 933 99 99 – www.rives-du-doubs.ch – fermé novembre
- mars*
14 ch ⌧ – ♦99/119 CHF ♦♦129/169 CHF – ½ P
Rest Menu 30/50 CHF – Carte 44/76 CHF
Au bord du lac des Brenets, l'établissement est idéal pour une étape avant de
franchir la frontière vers la France. Les chambres sont lumineuses et fonctionnelles, et le restaurant fait la part belle au poisson frais : truites, perches, palées...

BRENT – Vaud ➜ Voir à Montreux

BRIENZ

Bern (BE) – ✉ 3855 – 3 019 Ew – Höhe 566 m – Siehe Regionalatlas **8-F4**
▶ Bern 77 km – Interlaken 22 km – Luzern 52 km – Meiringen 15 km
Michelin Straßenkarte 551-M8

🏠 Lindenhof   ⚖ ⪕ 🛏 🍴 🖥 🦉 🛗 ⚕ Zim, ⚓ **P**

Lindenhofweg 15 – ℰ 033 952 20 30 – www.hotel-lindenhof.ch – geschl.
2. Januar - 7. März
40 Zim ⬜ – 🛏140/160 CHF 🛏🛏160/290 CHF – ½ P
Rest Tagesteller 20 CHF – Menü 50 CHF (abends) – Karte 44/66 CHF – *(geschl.*
März - April: Montag - Dienstag, November - Dezember: Montag - Dienstag)
Schön liegt das hübsche Gebäudeensemble oberhalb des Ortes. Die meisten Zimmer bieten Seeblick, sie sind individuell nach Themen gestaltet, so z. B. Schmuggler- und Venuszimmer. Man hat übrigens eine eigene Gärtnerei mit vielen Kräutern, die natürlich in der Küche Verwendung finden! Speisen Sie am besten auf der Terrasse mit grandioser Aussicht!

in Giessbach Süd-West: 6 km – ✉ 3855 Brienz

🏠 Grandhotel Giessbach   ⚖ ⪕ 🛏 🏊 🖥 📶 ⚓ **P**

Axalpstrasse – ℰ 033 952 25 25 – www.giessbach.ch – geschl. Mitte Oktober
- Mitte AprII
69 Zim ⬜ – 🛏194/284 CHF 🛏🛏194/374 CHF – 3 Suiten – ½ P
Rest *Les Cascades* **Rest** *Le Tapis Rouge* – siehe Restaurantauswahl
Grandhotel a. d. 19. Jh. in einem schönen 22 ha grossen Park in traumhafter Panoramalage neben den Giessbachfällen - fantastisch der Blick über den türkisfarbenen See! Die eigene Standseilbahn bringt Sie hinunter ans Wasser. Drinnen stilvolles Ambiente, draussen ein toller Naturpool und schöne Rundwege.

🍴🍴🍴 Le Tapis Rouge ⓝ – Grandhotel Giessbach   ⪕ 🍴 **P**

Axalpstrasse – ℰ 033 952 25 25 – www.giessbach.ch – geschl. Mitte Oktober
- Mitte April
Menü 75/125 CHF – Karte 81/119 CHF – *(nur Abendessen)*
Sie speisen in klassisch-elegantem Ambiente, und zwar saisonal beeinflusste Küche. Von einem Teil der Tische hat man eine schöne Aussicht auf den See, ebenso natürlich von der Terrasse, die wirklich wunderbar liegt!

🍴🍴 Les Cascades – Grandhotel Giessbach   ⪕ 🛏 🦉 **P**

Axalpstrasse – ℰ 033 952 25 25 – www.giessbach.ch – geschl. Mitte Oktober
- Mitte April
Tagesteller 28 CHF – Menü 30/36 CHF (mittags) – Karte 52/66 CHF
Auch dieses Restaurant des Grandhotels trumpft allein schon durch seine Lage! Tagesgäste kommen per Boot und fahren mit der Standseilbahn bis zur Terrasse! Neben klassischer Küche geniesst man hier die Sicht auf die Wasserfälle!

BRIG

Wallis (VS) – ✉ 3900 – 12 728 Ew – Höhe 678 m – Siehe Regionalatlas **8-F6**
▶ Bern 94 km – Andermatt 80 km – Domodossola 66 km – Interlaken 116 km
Michelin Straßenkarte 552-M11

🏠 Stadthotel Simplon   🍴 🖥 🆒 Rest, ⚓

😴 *Sebastiansplatz 6 – ℰ 027 922 26 00 – www.hotelsimplon.ch – geschl.*
24. Oktober - 30. November
32 Zim ⬜ – 🛏125/150 CHF 🛏🛏150/190 CHF – ½ P
Rest Tagesteller 20 CHF – Menü 25 CHF (mittags unter der Woche)/59 CHF
– Karte 43/77 CHF
Sie wohnen nur wenige Schritte vom historischen Zentrum. Günstig parken kann man in der öffentlichen Altstadtgarage (Ausgang Zentrum). Der Familienbetrieb ist ein idealer Ausgangspunkt, um die Region Aletsch (UNESCO-Weltnaturerbe) zu erkunden.

in Ried-Brig Süd-Ost: 3,5 km – ✉ 3911 Ried

🍴🍴 Zer Mili   ⪕ 🍴 ⭳ 🦉 ⭯ **P**

Bleike 17 – ℰ 027 923 11 66 – www.zer-mili.ch – geschl. Mitte Januar 2 Wochen,
Mitte Oktober 2 Wochen und Montag - Dienstag
Menü 25 CHF (mittags)/79 CHF – Karte 39/80 CHF – *(Tischbestellung ratsam)*
Jakob ("Köbi") Ruppen und seine Frau Marianne sind wirklich herzliche Gastgeber. Der Chef hat ein Faible für Munder Safran! Durch grosse Panoramafenster blickt man auf Brig und das Tal.

BRISSAGO
Ticino (TI) – ⊠ 6614 – 1 848 ab. – alt. 210 m – Carta regionale **9**-G6
▶ Bern 247 km – Locarno 10 km – Bellinzona 30 km – Domodossola 53 km
Carta stradale Michelin 553-Q12

🏠 **Villa Caesar**
 via Gabbietta 3 – 𝒞 *091 793 27 66* – *www.brissago.sunstar.ch* – *chiuso metà*
 novembre - inizio marzo
 24 cam 🖙 – 🛏140/250 CHF 🛏🛏180/480 CHF – 8 suites
 Rist Piatto del giorno 30 CHF – Menu 74 CHF – Carta 58/80 CHF – *(chiuso*
 martedì)
 Immaginate una residenza di villeggiatura di epoca romana, trasportatela sulle
 rive del Verbano ed ecco a voi l'hotel. Il confort è al passo con i tempi: camere
 spaziose in stile mediterraneo. Ristorante con terrazza e vista verso la bella piscina.

🏠 **Yachtsport Resort**
 Al Lago, Strada d'accesso : per via Crodolo – 𝒞 *091 793 12 34*
 – *www.yachtsport-resort.com* – *chiuso 15 ottobre - 31 marzo*
 10 cam 🖙 – 🛏250/350 CHF 🛏🛏400/550 CHF
 Rist Piatto del giorno 40 CHF – Carta 70/140 CHF – *(solo per alloggiati)*
 Servizio molto professionale e personalizzato in uno splendido resort affacciato
 sul lago (vista offerta da ogni angolo della struttura), con piccola spiaggia privata
 e camere contraddistinte da termini nautici. Il top del confort si trova nelle stanze
 che riprendono lo stile navy: il lussuoso mondo dello yacht è infatti il filo rosso
 della casa.

🍴🍴 **Osteria al Giardinetto**
 Muro degli Ottevi 10 – 𝒞 *091 793 31 21* – *www.al-giardinetto.ch*
 – *chiuso mercoledì*
 Menu 65 CHF – Carta 52/84 CHF – *(solo a cena)*
 Nel centro della località, una dimora patrizia del XIV secolo ospita questo piacevole ristorante: intima sala con camino o servizio estivo sotto il grazioso patio. Il
 menu contempla ricette mediterranee con piatti che seguono le stagioni. Conviviale atmosfera familiare.

🍴 **Graziella**
 viale Lungolago 8 – 𝒞 *079 516 35 88* – *www.ristorantegraziella.com*
 – *chiuso 5 novembre - 8 marzo, mercoledì e sabato a mezzogiorno*
 Menu 28 CHF (pranzo)/55 CHF (cena) – Carta 40/78 CHF
 Cucina tradizionale con un menu più contenuto per il pranzo, in questo piccolo
 ristorante sul lungolago dotato di una fresca terrazza affacciata sullo specchio
 d'acqua. Il buon rapporto qualità/prezzo e l'amabile gestione familiare contribui-
 scono alla piacevolezza della sosta.

a Piodina Sud-Ovest : 3 km – alt. 360 m – ⊠ 6614 Brissago

🍴 **Osteria Borei**
 via Ghiridone 77, Ovest : 5 km, alt. 800 m – 𝒞 *091 793 01 95*
 – *www.osteriaborei.ch* – *chiuso metà dicembre - metà marzo e giovedì;*
 novembre - metà dicembre : aperto solo weekend
 Piatto del giorno 26 CHF – Carta 36/64 CHF
 Grotto di ambiente familiare, da cui godrete della vista di tutto il lago in un solo
 colpo d'occhio! Cucina rigorosamente casalinga, che si esprime al meglio in alcuni
 piatti come nel risotto con funghi, ravioli, brasato e polenta, ed altro ancora.

BROC
Fribourg (FR) – ⊠ 1636 – 2 442 h. – Carte régionale **7**-C5
▶ Bern 64 km – Fribourg 34 km – Lausanne 57 km – Neuchâtel 76 km
Carte routière Michelin 552-H9

Broc'aulit sans rest
Rue Montsalvens 4 – 𝄞 026 921 81 11 – www.brocaulit.ch – fermé carnaval et novembre 2 semaines
8 ch ⌑ – ♦135/270 CHF ♦♦215/360 CHF – 2 suites
Amis des jeux de mots, bonjour ! Dans une belle maison du 19ᵉ s., cet hôtel récent offre un splendide panorama sur les montagnes voisines et le château de Gruyères tout proche. Les chambres, confortables et décorées dans un style rural, vous promettent de belles nuits.

BRUGG

Aargau (AG) – 10 611 Ew – Höhe 352 m – Siehe Regionalatlas **4-F2**
▶ Bern 105 km – Aarau 27 km – Liestal 63 km – Zürich 36 km
Michelin Straßenkarte 551-N4

 essen'z
Fröhlichstr. 35 – 𝄞 056 282 20 00 – www.restaurant-essenz.ch – geschl. Januar 1 Woche, Juli - August 3 Wochen und Sonntag - Montag
Tagesteller 28 CHF – Menü 52 CHF (mittags unter der Woche)/95 CHF – Karte 72/100 CHF
Puristisch ist in diesem Ecklokal nicht nur das Interieur, sondern vor allem die Küche von Andri Casanova. Sie basiert auf erstklassigen Produkten und ist frei von jedem Chichi, dafür aber voller Geschmack, und die Preise sind fair. Kompetent der Service unter Kathrin Spillmann.

BRUNEGG

Aargau (AG) – ✉ 5505 – 683 Ew – Höhe 434 m – Siehe Regionalatlas **4-F2**
▶ Bern 93 km – Aarau 18 km – Luzern 61 km – Olten 38 km
Michelin Straßenkarte 551-N4

 Zu den drei Sternen
Hauptstr. 3 – 𝄞 062 887 27 27 – www.hotel3sternen.ch – geschl. 30. März - 12. April
25 Zim ⌑ – ♦150/180 CHF ♦♦210/230 CHF
Rest Gourmet – siehe Restaurantauswahl
Rest Schloss-Pintli Tagesteller 21 CHF – Karte 30/68 CHF
700 Jahre Geschichte liegen den "Drei Sternen" zugrunde, heute präsentiert Familie Müller ein sehr schönes Romantik-Hotel, in dem sich Business- und Privatgäste gleichermassen wohlfühlen. Die Zimmer vereinen Landhaus-Charme und moderne Technik. In der Kellerbar lässt man sich auch mal ein Fondue schmecken, im legeren Schloss-Pintli gibt es traditionelle Küche.

Gourmet – Hotel Zu den drei Sternen
Hauptstr. 3 – 𝄞 062 887 27 27 – www.hotel3sternen.ch – geschl. 30. März - 12. April und Samstagmittag, Sonntagabend
Tagesteller 35 CHF – Menü 50 CHF (mittags unter der Woche)/95 CHF – Karte 55/105 CHF
Hier erwarten Sie geschmackvoll-komfortable Landhausatmosphäre, sehr gepflegte Tischkultur und klassische Küche mit internationalem Einfluss. Probieren Sie z. B. "Entrecôte double in der Kräuterkruste" und danach "Schoggikuchen mit Rahm". Mögen Sie Wein? Im Weinkeller lagern rund 1200 Positionen!

BRUNNEN

Schwyz (SZ) – ✉ 6440 – Höhe 439 m – Siehe Regionalatlas **4-G4**
▶ Bern 152 km – Luzern 48 km – Altdorf 13 km – Schwyz 6 km
Michelin Straßenkarte 551-Q7

 Seehotel Waldstätterhof
Waldstätterquai 6 – 𝄞 041 825 06 06 – www.waldstaetterhof.ch
106 Zim ⌑ – ♦180/290 CHF ♦♦280/430 CHF – ½ P
Rest Rôtisserie Tagesteller 32 CHF – Menü 79 CHF – Karte 49/89 CHF
Rest Sust-Stube Tagesteller 32 CHF – Karte 40/80 CHF
1870 wurde das traditionsreiche Hotel in wunderschöner Seelage eröffnet. Die wohnlichen Zimmer blicken teilweise zum See, wo man ein eigenes Strandbad und einen Bootssteg hat. Neben moderner internationaler Küche und guter Weinauswahl trumpft die elegante Rôtisserie mit einer tollen Terrasse am Urnersee.

Weisses Rössli

Bahnhofstr. 8 – 𝒞 041 825 13 00 – www.weisses-roessli-brunnen.ch – geschl. 16.
- 25. Dezember
17 Zim ⌑ – ♦100/120 CHF ♦♦180/220 CHF
Rest Menü 22 CHF (mittags)/39 CHF – Karte 35/84 CHF
Das kleine Hotel in einer gepflegten Häuserreihe im Zentrum beherbergt im
Haupthaus wohnlich-moderne Zimmer, die in der Dependance sind etwas einfacher. Das Restaurant ist in neuzeitlich-ländlichem Stil gehalten.

 Schmid und Alfa

Axenstr. 5 – 𝒞 041 825 18 18 – www.schmidalfa.ch – geschl. 16. November
- 1. März
30 Zim ⌑ – ♦75/150 CHF ♦♦145/220 CHF – 2 Suiten
Rest Karte 30/70 CHF – *(geschl. März - Ostern: Dienstag - Mittwoch, 20. Oktober*
- 18. November: Dienstag - Mittwoch)
Die zwei restaurierten Häuser liegen direkt am Vierwaldstättersee. Die Gästezimmer im Hotel Schmid sind etwas komfortabler als die im Alfa - hier befindet sich
das bürgerliche Restaurant.

BUBENDORF
Basel-Landschaft (BL) – ✉ 4416 – 4 393 Ew – Höhe 360 m
– Siehe Regionalatlas **3**-E2
▶ Bern 84 km – Basel 25 km – Aarau 55 km – Liestal 5 km
Michelin Straßenkarte 551-L4

 Bad Bubendorf

Kantonsstr. 3 – 𝒞 061 935 55 55 – www.badbubendorf.ch
53 Zim ⌑ – ♦160/175 CHF ♦♦220/270 CHF
Rest *Osteria Tre* ☸ **Rest** *Wintergarten* – siehe Restaurantauswahl
Rest *Zum Bott* Tagesteller 19 CHF – Karte 40/80 CHF
"Charming" und "Design" nennen sich die Zimmerkategorien in dem komfortablen
Hotel der Familie Tischhauser-Buser. Ganz gleich, ob im traditionellen Stammhaus
von 1742 oder im neueren Anbau, alle Zimmer sind richtig schön modern: klare
Linien, wohltuende Farben. "Zum Bott": urige Wirtschaft mit Kreuzgewölbe.

᙭᙭ **Osteria Tre** – Hotel Bad Bubendorf

Kantonsstr. 3 – 𝒞 061 935 55 55 – www.badbubendorf.ch – geschl. 1. - 5. Januar,
22. Februar - 2. März, 19. Juli - 10. August und Sonntag - Montag
Menü 108/160 CHF – *(nur Abendessen) (Tischbestellung ratsam)*
Chef Flavio Fermi hat sich hier einen Namen gemacht. Mit seinem kreativen Stil
und italienischer Küche als Basis präsentiert er ganz moderne Gerichte, aus
denen Sie bis zu 12 "Esperienze" zu Ihrem "Giro d'Italia" machen. Werfen Sie
auch einen Blick auf die Weinkarte!
→ Vitello tonnato, roter Thunfisch, Gurke, Ossietra di Venezia Kaviar. Agnolotti al
plin, Salbeibutter, Toma Piemontese, junger Blattspinat. Manzo brasato, Aubergine, frische Eierschwämmli, Hummus.

᙭᙭ **Landgasthof Talhaus - PURO** (Gianluca Garigliano)

Obere Hauensteinstr. 21 – 𝒞 061 931 17 20 – www.landgasthof-talhaus.ch
– geschl. 15. - 23. Februar, 26. Juli - 11. August und Sonntag - Montag
Menü 82/105 CHF – Karte 79/101 CHF – *(nur Abendessen)*
Gianluca Garigliano, früher Küchenchef in der besternten "Osteria Tre", kocht nun
in dem Landgasthof am Ortsrand feine italienische Gerichte. Schön der lichte
Wintergarten, charmant die Chefin im Service.
→ Saltimbocca vom Seeteufel auf Acquerello Risotto all' Amatriciana mit Rucola-
pesto. Gebratenes Stubenküken auf Kartoffel-Olivencrème und Tomatenbrot.
Gebratenes Rinderfilet in Kalbs-Limonenjus mit Mini-Artischocken, Chorizo, Kartof-
feln und Parmesan-Gel.
Stube IDA – siehe Restaurantauswahl

XX **Le Murenberg** ⌂ ⌾ ⌂ **P**
Krummackerstr. 4 – 𝒞 061 931 14 54 – www.lemurenberg.ch – geschl. Februar
2 Wochen, August 2 Wochen und Montag - Dienstag
Tagesteller 28 CHF – Menü 45 CHF (mittags unter der Woche)/108 CHF (abends)
– Karte 67/110 CHF
Melanie und Denis Schmitt haben sich hier gut etabliert, die frische Küche des
Patrons ist bekannt. Die Karte präsentiert sich als Tafel und dort finden sich z. B.
"St. Pierre mit weissem Spargel in Safranvinaigrette" oder "Königstaube mit Arti-
schocken und Wildspargel". Schön hell und modern das Restaurant, toll die Ter-
rasse, charmant der Service durch die Chefin.

XX **Wintergarten** – Hotel Bad Bubendorf ⌂ ⌂ **P**
Kantonsstr. 3 – 𝒞 061 935 55 55 – www.badbubendorf.ch
Tagesteller 35 CHF – Menü 50 CHF (mittags)/100 CHF – Karte 64/105 CHF
Wirklich chic ist dieser lichtdurchflutete Raum in silbrigen Grautönen! Serviert
wird ambitionierte Küche mit Klassikern wie "Zweierlei vom Lamm in Lavendel-
jus". Im Sommer lässt sich die Glasfront öffnen - direkt davor die tolle Terrasse!

X **Stube IDA** ⓝ – Restaurant Landgasthof Talhaus ⌂ **P**
🐌 *Obere Hauensteinstr. 21 – 𝒞 061 931 17 20 – www.landgasthof-talhaus.ch – geschl.*
15. - 23. Februar, 16. Juli - 11. August und Samstagmittag, Sonntag - Montag
Tagesteller 19 CHF – Menü 34 CHF (mittags) – Karte 53/73 CHF
Die nette moderne Stube trägt den Namen der "Nonna" (Grossmutter) des Chefs.
Gekocht wird eine einfache italienische Küche mit Bezug zur Saison. Praktisch: Die
Bahn hält vor dem Haus.

BUBIKON
Zürich (ZH) – ✉ 8608 – 6 854 Ew – Höhe 509 m – Siehe Regionalatlas **4**-G3
▶ Bern 159 km – Zürich 31 km – Rapperswil 7 km – Uster 17 km
Michelin Straßenkarte 551-R5

XX **Löwen - Apriori** mit Zim ⌂ ⌾ 📶 ⌂ ♨
Wolfhauserstr. 2 – 𝒞 055 243 17 16 – www.loewenbubikon.ch – geschl. Februar
2 Wochen, Juli - August 3 Wochen und Samstagmittag, Sonntag - Montag
11 Zim ⌂ – †135/145 CHF ††235/275 CHF
Tagesteller 45 CHF – Menü 62 CHF (mittags unter der Woche)/158 CHF –
(Tischbestellung ratsam)
Der gestandene Gasthof von 1530 ist sicher eines der nettesten Häuser im Kanton,
dafür sorgen Rita und Domenico Miggiano-Köferli mit viel Engagement und Herzblut:
Er kocht mit besten Produkten und eigener Note, sie trumpft mit ihrem Charme. Blei-
ben Sie am besten gleich über Nacht - die Zimmer sind richtig schön und individuell!
Gaststube – siehe Restaurantauswahl

X **Gaststube** – Restaurant Löwen ⌂ ⌂
Wolfhauserstr. 2 – 𝒞 055 243 17 16 – www.loewenbubikon.ch – geschl. Februar 2
Wochen, Juli - August 3 Wochen und Sonntag - Montag
Tagesteller 23 CHF – Karte 67/113 CHF
Eine Gaststube im besten Sinne, denn hier wird man freundlich bewirtet und die
Atmosphäre stimmt auch: Holztäferung, Designerlampen, moderne Bilder... Nicht
zu vergessen schmackhafte Gerichte wie "in Barolo geschmorte Kalbskopf-Bäggli".

BUCHILLON
Vaud (VD) – ✉ 1164 – 632 h. – alt. 410 m – Carte régionale **6**-B5
▶ Bern 120 km – Lausanne 26 km – Genève 45 km – Thonon-les-Bains 81 km
Carte routière Michelin 552-D10

X **Au Vieux Navire** ⌂ ⌂ 🎰 **P**
Rue du Village 6c – 𝒞 021 807 39 63 – www.auvieuxnavire.ch – fermé fin
décembre - mi-janvier 3 semaines et mardi ; septembre - avril : lundi et mardi
Menu 64/84 CHF – Carte 43/166 CHF
C'est un vieux navire sur lequel on n'hésite pas à monter ! Passé la passerelle, par-
don la porte, on s'installe dans un décor bistrot. Quant à la terrasse, surplombant
le Léman, elle donne vraiment l'impression d'être sur le pont d'un bateau. Idéal
pour déguster la pêche du jour ou des plats plus traditionnels.

BUCHS

Sankt Gallen (SG) – ⊠ 9470 – 11 536 Ew – Höhe 447 m – Siehe Regionalatlas **5-I3**
▶ Bern 237 km – Sankt Gallen 63 km – Bregenz 50 km – Chur 46 km
Michelin Straßenkarte 551-V6

Buchserhof
Grünaustr. 2 – ℰ 081 755 70 70 – www.buchserhof.ch
55 Zim ⊇ – ⫯104/142 CHF ⫯⫯168/184 CHF – ½ P
Rest Tagesteller 19 CHF – Menü 26 CHF (mittags unter der Woche)/46 CHF
– Karte 35/57 CHF
Freundlich, zeitgemäss und tipptopp in Schuss... Die Zimmer in dem Stadthotel in
Bahnhofsnähe sind wirklich gut zu empfehlen. Wer gerne etwas mehr Platz hat,
bucht die Komfort-Kategorie. Restaurant mit traditioneller Küche.

Traube
*St. Gallerstr. 7 – ℰ 081 756 12 06 – www.traube-buchs.ch – geschl. Ende Juli
- Anfang August 2 Wochen und Sonntag - Montag*
Tagesteller 20 CHF – Menü 72 CHF – Karte 51/96 CHF
Das ist schon ein echtes Schmuckstück, und die Chefin lässt in Braustube und his-
torischem Saal ihr Faible für Dekorationen erkennen! Der Chef ist Franzose und
das sieht man auch auf der Karte - Tipp: die Gänseleberterrine.

BÜLACH

Zürich (ZH) – ⊠ 8180 – 17 975 Ew – Höhe 428 m – Siehe Regionalatlas **4-G2**
▶ Bern 139 km – Zürich 21 km – Baden 39 km – Schaffhausen 28 km
Michelin Straßenkarte 551-P4

Zum Goldenen Kopf
Marktgasse 9 – ℰ 044 872 46 46 – www.zum-goldenen-kopf.ch
34 Zim – ⫯133/188 CHF ⫯⫯186/236 CHF, ⊇ 15 CHF
Rest *Zum Goldenen Kopf*☺ – siehe Restaurantauswahl
Bereits zu Goethes Zeit existierte das hübsche historische Riegelhaus in der Altstadt als Gasthaus. Praktisch sind die funktionellen Gästezimmer und die Nähe
zum Flughafen.

Zum Goldenen Kopf – Hotel Zum Goldenen Kopf
*Marktgasse 9 – ℰ 044 872 46 46 – www.zum-goldenen-kopf.ch – geschl. über
Weihnachten*
Tagesteller 21 CHF – Menü 60 CHF (mittags) – Karte 55/115 CHF
Die Küche von Patron Leo Urschinger ist traditionell und international, frisch und
schmackhaft - unverkennbar seine österreichische Herkunft: Schmankerl-Vorspei-
senplatte, Wiener Tafelspitz, Kalbsrahmgulasch... Wie wär's vorab mit einem Ape-
ritif im gemütlichen Weinkeller?

BÜRCHEN

Wallis (VS) – ⊠ 3935 – 724 Ew – Höhe 1 340 m – Siehe Regionalatlas **8-E6**
▶ Bern 95 km – Brig 18 km – Sierre 30 km – Sion 46 km
Michelin Straßenkarte 552-L11

Bürchnerhof
*in Zenhäusern, Ronalpstr. 86 – ℰ 027 934 24 34 – www.buerchnerhof.ch
– geschl. 6. April - 23. Mai, 18. Oktober - 19. Dezember*
18 Zim ⊇ – ⫯117/147 CHF ⫯⫯182/244 CHF – 1 Suite – ½ P
Rest Tagesteller 25 CHF – Menü 58/108 CHF (abends) – Karte 54/86 CHF –
(geschl. Montag - Dienstagmittag)
Das Haus liegt ruhig oberhalb des Ortes und bietet einen schönen Ausblick auf
das Tal. Die Zimmer sind mit rustikalem hellem Naturholz oder mit dunkler Eiche
möbliert. Das Restaurant ist gemütlich und mit viel Liebe zum Detail eingerichtet.

BÜREN an der AARE

Bern (BE) – ⊠ 3294 – 3 356 Ew – Höhe 443 m – Siehe Regionalatlas **2-D3**
▶ Bern 31 km – Biel 14 km – Burgdorf 44 km – Neuchâtel 46 km
Michelin Straßenkarte 551-I6

X **Il Grano**
*Ländte 38 – ℰ 032 351 03 03 – www.ilgrano.ch – geschl. 5. - 20. April,
20. September - 10. Oktober und Montag, Oktober - März: Sonntag - Montag*
Tagesteller 21 CHF – Menü 49/86 CHF – Karte 52/84 CHF – *(Tischbestellung
ratsam)*
Trendiges Restaurant im historischen Kornhaus an der Aare - toll die Terrasse! Die
italienische Küche gibt es abends als Buffet (Di und Mi) oder mündlich empfohlen
(Do bis Sa). Schöne Weine aus Italien, alle werden auch offen ausgeschenkt.

BÜSINGEN

Baden-Württemberg – 1 340 Ew – Höhe 421 m – Siehe Regionalatlas **4-G1**
◪ Berlin 802 km – Stuttgart 169 km – Freiburg im Breisgau 96 km – Zürich 58 km
Michelin Straßenkarte 551-Q3
Deutsche Exklave im Schweizer Hoheitsgebiet

Alte Rheinmühle
Junkerstr. 93 – ℰ 052 625 25 50 – www.alte-rheinmuehle.ch
16 Zim ⌾ – ♦144/216 CHF ♦♦204/300 CHF
Rest *Alte Rheinmühle* – siehe Restaurantauswahl
Malerisch schmiegt sich die a. d. J. 1674 stammende Mühle an das Ufer des Hoch-
rheins. Sie beherbergt individuelle, wohnliche Zimmer, teilweise mit Antiquitäten
und freigelegtem altem Fachwerk.

XX **Alte Rheinmühle** – Hotel Alte Rheinmühle
*Junkerstr. 93 – ℰ 052 625 25 50 – www.alte-rheinmuehle.ch – geschl. Mitte
Januar - Mitte Februar*
Menü 32 CHF (mittags)/96 CHF – Karte 55/94 CHF
Das Besondere hier: Man sitzt wirklich fast auf Rheinhöhe, von der Terrasse aus
führen ein paar Stufen sogar direkt ins Wasser - an heissen Tagen sehr ver-
lockend! Auf den Tisch kommen viele Produkte aus dem Schaffhauser Blaubur-
gunderland.

BULLE

Fribourg (FR) – ✉ 1630 – 20 177 h. – alt. 771 m – Carte régionale **7-C5**
◪ Bern 60 km – Fribourg 30 km – Gstaad 42 km – Montreux 35 km
Carte routière Michelin 552-G9

Le Rallye 🄾
Route de Riaz 16 – ℰ 026 919 80 40 – www.hotelrallye.ch
50 ch – ♦120/200 CHF ♦♦135/250 CHF, ⌾ 18 CHF – ½ P
Rest *Paris Bangkok* Plat du jour 18 CHF – Menu 26 CHF (déjeuner en semaine)/
78 CHF – Carte 52/98 CHF
Au centre de Bulle, un hôtel d'affaires confortable et bien tenu, récemment
agrandi d'une trentaine de chambres, modernes et spacieuses. Un restaurant et
un piano-bar agrémentant le tout.

Ibis La Gruyère sans rest
Chemin des Mosseires 81 – ℰ 026 913 03 03 – www.ibishotel.com
80 ch – ♦109 CHF ♦♦109 CHF, ⌾ 16 CHF
Ouvert en 2011, cet Ibis a tout d'un Lego (bâtiment cubique, petites fenêtres,
etc.). C'est peu dire qu'il est fonctionnel ! Au cœur de La Gruyère et tout proche
de l'A 12 menant à Fribourg et Berne, il est idéalement situé. En outre, ses chambres donnent sur la montagne ou la campagne. Petite restauration.

XX **L'Ecu** 🄾
*Rue Saint-Denis 5 – ℰ 026 912 93 18 – www.restaurant-de-lecu.ch – fermé Noël
- Nouvel An, Pâques une semaine, fin-juillet - mi-août 3 semaines, lundi et mardi*
Plat du jour 21 CHF – Menu 52 CHF (déjeuner)/89 CHF – Carte 58/93 CHF
Ne vous fiez pas à la façade traditionnelle et à ses volets verts : elle cache une
salle résolument contemporaine, élégante et feutrée. En sérieux professionnel, le
chef cultive le goût de la fraîcheur et de la belle tradition, avec entre autres spé-
cialités la bouillabaisse et les cochonnailles. La valeur sûre de la ville.

à La Tour-de-Trême Sud-Est : 2 km – alt. 746 m – ⊠ 1635

XX **De la Tour ❶**

Rue de l'Ancien Comté 57 – ☏ 026 912 74 70 – www.restaurantdelatour.ch
– fermé 23 février - 11 mars, 22 juin - 15 juillet, dimanche soir, lundi et mardi
Plat du jour 19 CHF – Menu 28 CHF (déjeuner en semaine)/85 CHF – Carte 37/91 CHF
Une jolie maison ancienne sur la rue principale du village, au pied de la tour
médiévale qui lui a donné son nom. L'atmosphère, chaleureuse et charmante,
ajoute au plaisir d'une carte sûre de ses classiques, à l'image de cette croustade
de morilles aux asperges ou de ce carré d'agneau rôti au romarin.

BUOCHS

Nidwalden (NW) – ⊠ 6374 – 5 370 Ew – Höhe 435 m – Siehe Regionalatlas **4**-F4
▶ Bern 130 km – Stans 5 km – Sarnen 21 km – Aarau 68 km
Michelin Straßenkarte 551-O7-J6

 Krone ❶

Dorfplatz 2a – ☏ 041 624 66 77 – www.krone-buochs.ch – geschl. 22. Dezember
- 5. Januar
16 Zim ⌂ – ♦120/135 CHF ♦♦160/190 CHF – ½ P
Rest Menü 21 CHF (mittags unter der Woche) – Karte 37/83 CHF – *(geschl. Montag)*
Ein geschmackvoll sanierter Gasthof a. d. 19. Jh. Die Zimmer im Anbau verspre-
chen Funktionalität und zeitgemässe Technik. Gastronomisch bietet man Stube,
Lounge-Bar und elegantes Restaurant samt schöner, ruhig gelegener Terrasse.
Gekocht wir überwiegend traditionell.

BUONAS

Zug (ZG) – ⊠ 6343 – 619 Ew – Höhe 417 m – Siehe Regionalatlas **4**-F3
▶ Bern 127 km – Luzern 22 km – Zug 12 km – Zürich 46 km
Michelin Straßenkarte 551-P6

XX **Wildenmann**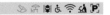

St. Germanstr. 1 – ☏ 041 790 30 60 – www.wildenmann-buonas.ch – geschl.
26. Januar - 16. Februar, 14. - 22. September und Sonntag - Montag
Tagesteller 38 CHF – Karte 49/127 CHF
Familie Bürli-Knüsel hat dem schönen Zuger Haus von 1708 neues Leben einge-
haucht. Der Patron sorgt für schmackhafte klassische Küche (spezialisiert ist man
auf Fisch aus dem Zuger See!), seine Frau leitet in den drei sehr gemütlichen Stuben und auf der Terrasse charmant den Service.

BURGDORF

Bern (BE) – ⊠ 3400 – 15 659 Ew – Höhe 533 m – Siehe Regionalatlas **2**-D4
▶ Bern 29 km – Aarau 69 km – Basel 85 km – Biel 49 km
Michelin Straßenkarte 551-K7

 Stadthaus

Kirchbühl 2 – ☏ 034 428 80 00 – www.stadthaus.ch
18 Zim ⌂ – ♦225/320 CHF ♦♦285/355 CHF – ½ P
Rest *La Pendule*⊕ – siehe Restaurantauswahl
Rest *Stadtcafé* Tagesteller 21 CHF – Karte 43/87 CHF – *(geschl. Sonntag)*
Das schmucke traditionsreiche Haus in der Altstadt stammt a. d. J. 1746. Es beher-
bergt Zimmer in klassischem Stil mit sehr schönen Bädern. Hübscher Lichthof als
Lounge, dazu das gemütliche Stadtcafé als Treff zum Kaffee oder zum Essen.

 Orchidee ❶

Schmiedengasse 20 – ☏ 034 420 77 77 – www.hotel-orchidee.ch – geschl. 1. - 11. Januar
15 Zim ⌂ – ♦155 CHF ♦♦195 CHF
Rest Tagesteller 17 CHF – Menü 45 CHF (abends) – Karte 31/71 CHF – *(geschl.*
Ende Juli - Anfang August und Sonntag - Montag)
Erst Villa, dann Kaufhaus und jetzt ein geschmackvolles kleines Boutique- und
Design-Hotel - und zudem Integrationsbetrieb. Mitten in der beschaulichen Alt-
stadt wohnt man in modernen Zimmern (schön der Parkettboden und die Farb-
gebung), im bistroartigen Restaurant kocht man frisch und regional. Dachterrasse!

XXX **Emmenhof** (Werner Schürch)

Kirchbergstr. 70 – ℰ 034 422 22 75 – www.emmenhofburgdorf.ch – geschl.
24. Dezember - 10. Januar, 15. Juli - 15. August und Sonntagabend - Dienstag
Menü 75 CHF (mittags unter der Woche)/175 CHF
Seit 1910 als Familienbetrieb geführt, leiten nun Margit und Werner Schürch in 4.
Generation diesen Gasthof. Der Patron kocht ganz auf das erstklassige Produkt
bezogen, klassisch, geschmackvoll und finessenreich. Im eleganten Restaurant
führt seine Frau ein charmantes Regiment, einschliesslich der Weinempfehlung,
vor allem Rhône- und Burgunderweine.
→ Kutteln à l'ancienne. Rinderrücken mit Gemüse und getrüffeltem Kartoffel-
stock. Birne mit bretonischem Karamell.
Gaststube – siehe Restaurantauswahl

XXX **La Pendule** – Hotel Stadthaus

Kirchbühl 2 – ℰ 034 428 80 00 – www.stadthaus.ch – geschl. Sonntag
Tagesteller 18 CHF – Menü 65/95 CHF – Karte 49/94 CHF
In dem stilvoll-klassischen Restaurant empfiehlt Ihnen Küchenchef Christian Bol-
liger mittags wie abends mündlich ein Menü - auch Alternativen hat er immer
parat. Die Karte reicht von "Mistkratzerli mit Sauerrahmsauce" bis zum "sautierten
Zanderfilet auf Thai-Mango".

X **Zur Gedult**

Metzgergasse 12 – ℰ 034 422 14 14 – www.gedult.ch – geschl. Februar
2 Wochen, Juli - August 3 Wochen und Sonntag - Montag
Tagesteller 24 CHF – Menü 72/120 CHF
In einem der ältesten Gasthäuser Burgdorfs (1716) wird alles andere als altmo-
disch gekocht! Patron Pablo Alonso bietet Internationales mit traditionellen Einflüssen, und das in ungezwungener Bistro-Atmosphäre. Probieren Sie neben dem
Tagesmenü auch Gerichte von der Tafel wie Cordon bleu oder Entrecôte.

X **Gaststube** – Restaurant Emmenhof

Kirchbergstr. 70 – ℰ 034 422 22 75 – www.emmenhofburgdorf.ch – geschl.
24. Dezember - 10. Januar, 15. Juli - 15. August und Sonntagabend - Dienstag
Tagesteller 20 CHF – Menü 50 CHF – Karte 49/105 CHF
Die einfache Stube ist die bürgerliche Alternative zum Restaurant Emmenhof. Für
alle, die nicht zu gehoben, aber dennoch gut essen möchten, kocht Werner
Schürch traditionelle Gerichte.

in Heimiswil Ost: 3 km – Höhe 618 m – ✉ 3412

XX **Löwen**

Dorfstr. 2 – ℰ 034 422 32 06 – www.loewen-heimiswil.ch – geschl.
9. - 17. Februar, 20. Juli - 11. August und Montag - Dienstag
Tagesteller 18 CHF – Karte 50/88 CHF
Seit 1669 hat der "Löie" das Tavernenrecht und Familie Lüdi wirtet hier nun in 4.
Generation mit Bezug zur kulinarischen Tradition des Emmentals. Auf der Kar-
te: "Berner Platte", "Cordon bleu", "Suure Mocke"... Heimelige Stuben, lauschiger
Kräutergarten, schöner Sandsteinkeller im "Löwenstock" gegenüber.

BURSINEL
Vaud (VD) – ✉ 1195 – 453 h. – alt. 434 m – Carte régionale **6-A6**
▸ Bern 127 km – Lausanne 33 km – Champagnole 76 km – Genève 35 km
Carte routière Michelin 552-C10

La Clef d'Or

Rue du Village 26 – ℰ 021 824 11 06 – www.laclefdor.ch – fermé 14 décembre
- 20 janvier et 30 mars - 6 avril
8 ch ⌷ – †120/155 CHF ††180/230 CHF
Rest *La Clef d'Or* – voir la sélection des restaurants
Charmante auberge que cette bâtisse rose aux volets blancs, donnant sur le
Léman ! Dans les chambres mansardées, au décor contemporain, la vue est
imprenable. On y passe de calmes nuits... bercées par le clapotis de l'eau. Accueil
charmant.

XX **La Clef d'Or** – Hôtel La Clef d'Or

Rue du Village 26 – ℰ 021 824 11 06 – www.laclefdor.ch – fermé 14 décembre - 20 janvier et 30 mars - 6 avril ; mi-septembre - avril : dimanche et lundi
Plat du jour 20 CHF – Menu 28 CHF (déjeuner en semaine)/59 CHF – Carte 53/91 CHF
La Clef d'Or ouvre l'appétit des gourmands de la plus étonnante des façons ! Imaginez une vue sur le Léman tout en dégustant des spécialités du Sud-Ouest de la France… ou comment deux régions viticoles se rencontrent. Poissons d'eau douce et produits du terroir sont aussi à la carte. Une belle adresse.

BURSINS

Vaud (VD) – ✉ 1183 – 748 h. – alt. 473 m – Carte régionale **6-A6**
▶ Bern 126 km – Lausanne 31 km – Genève 34 km – Thonon-les-Bains 92 km
Carte routière Michelin 552-C10

XXX **Auberge du Soleil**

Place du Soleil 1 – ℰ 021 824 13 44 – www.aubergedusoleil.ch – fermé 21 décembre - 7 janvier, 26 juillet - 18 août, dimanche et lundi
Plat du jour 52 CHF – Menu 89/110 CHF – Carte 60/122 CHF
Dans un village vigneron, une table élégante tenue depuis 1987 par Jean-Michel Colin, disciple du grand cuisinier suisse Frédy Girardet. Ici, la gastronomie française, produits et saisons en vedette, est à l'honneur. Autre atout : le restaurant et la terrasse donnent sur le lac et le mont Blanc.
Le Café – voir la sélection des restaurants

X **Le Café** – Restaurant Auberge du Soleil

Place du Soleil 1 – ℰ 021 824 13 44 – www.aubergedusoleil.ch – fermé 21 décembre - 7 janvier, 26 juillet - 18 août, dimanche et lundi
Plat du jour 25 CHF – Menu 58 CHF – Carte 38/83 CHF
Le "Café" de l'Auberge du Soleil a les pieds bien sur terre, avec son cadre typiquement vaudois où l'on déguste aussi bien des spécialités régionales qu'une cuisine teintée d'épices.

BUSSIGNY-PRÈS-LAUSANNE

Vaud (VD) – ✉ 1030 – 8 122 h. – alt. 407 m – Carte régionale **6-B5**
▶ Bern 102 km – Lausanne 11 km – Pontarlier 63 km – Yverdon-les-Bains 31 km
Carte routière Michelin 552-D9

Novotel

Route de Condémine 35 – ℰ 021 703 59 59 – www.novotel.com
141 ch – †125/320 CHF ††125/320 CHF, ☲ 25 CHF
Rest Plat du jour 24 CHF – Menu 42 CHF – Carte 48/79 CHF
Près de l'autoroute A 1 aux portes de Lausanne, un Novotel confortable et bien équipé : salles de réunion, fitness, sauna, etc. Avis aux courageux : l'étang voisin est aménagé pour la baignade !

CADEMARIO

Ticino (TI) – ✉ 6936 – 718 ab. – alt. 770 m – Carta regionale **10-H6**
▶ Bern 247 km – Lugano 13 km – Bellinzona 34 km – Locarno 46 km
Carta stradale Michelin 553-R13

Kurhaus Cademario Hotel & Spa ❻

via Kurhaus 12 – ℰ 091 610 51 11 – www.kurhauscademario.com
82 cam ☲ – †170/400 CHF ††250/520 CHF – 2 suites – ½ P
Rist Piatto del giorno 36 CHF – Menu 65 CHF (cena) – Carta 57/83 CHF
Inaugurato dal dott. Keller nel 1914, il suo sogno di creare un luogo di benessere per il corpo continua oggi, in ambienti moderni ed essenziali, con terrazze e metà delle camere affacciate sul lago da più di 800 m d'altezza.

Cacciatori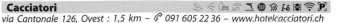

 via Cantonale 126, Ovest : 1,5 km – ℰ 091 605 22 36 – www.hotelcacciatori.ch – chiuso 25 ottobre - 1° aprile
32 cam ⌸ – ♦120/200 CHF ♦♦240/340 CHF
Rist Piatto del giorno 20 CHF – Carta 50/100 CHF
Moderna struttura con diverse tipologie di camere (solo alcune con balcone), ma un unico comune denominatore: l'ottimo confort. Tutt'intorno, il lussureggiante giardino con piscine e per coloro che badano alla forma fisica, una piccola Spa.

CADRO

Ticino (TI) – ⊠ 6965 – 2 037 ab. – alt. 456 m – Carta regionale **10-H6**
▶ Bern 246 km – Lugano 7 km – Bellinzona 35 km – Como 39 km
Carta stradale Michelin 553-S13

 La Torre del Mangia

via Margherita 2 – ℰ 091 943 38 35 – chiuso 2 settimane fine febbraio - inizio marzo, 2 settimane luglio - inizio agosto e martedì; giugno - agosto : domenica e martedì
Piatto del giorno 22 CHF – Menu 48 CHF – Carta 44/72 CHF – *(coperti limitati, prenotare)*
Immerso nella natura, questo originale ristorante dalla forma ottagonale propone una cucina di poche proposte, basate sulla spesa quotidiana. Il marito ai fornelli, la moglie in sala, d'inverno il crepitante camino aggiunge un ulteriore tocco di fascino all'ambiente.

CAMPO VALLEMAGGIA

Ticino (TI) – ⊠ 6684 – 55 ab. – Carta regionale **9-G6**
▶ Bern 317 km – Bellinzona 65 km – Altdorf 168 km – Sarnen 209 km
Carta stradale Michelin 553-P11

 Locanda Fior di Campo ❶

 Nucleo – ℰ 091 754 15 11 – www.fiordicampo.ch – chiuso metà novembre - metà dicembre, 6 gennaio - 15 febbraio
9 cam – ♦180/320 CHF ♦♦180/320 CHF – 1 suite
Rist Piatto del giorno 17 CHF Carta 37/61 CHF
Un vero gioiellino questo albergo situato nella Val Rovana, dove i tanti ticinesi trascorrono i loro week-end all'insegna di rilassanti passeggiate. Il vecchio edificio è ora affiancato da una nuova costruzione con camere particolarmente luminose: televisori e telefoni sono volutamente banditi da tute le stanze, che dispongono però di collegamento Wlan. Specialità regionali fanno capolino in menu.

CARONA

Ticino (TI) – ⊠ 6914 – 827 ab. – alt. 602 m – Carta regionale **10-H7**
▶ Bern 251 km – Lugano 9 km – Bellinzona 39 km – Locarno 51 km
Carta stradale Michelin 553-R14

Villa Carona

via Principale 53, (piazza Noseed) – ℰ 091 649 70 55 – www.ristorantelasosta.ch – chiuso novembre - febbraio
18 cam ⌸ – ♦85/175 CHF ♦♦140/280 CHF
Rist *La Sosta* – vedere selezione ristoranti
Nel bellissimo villaggio di Carona, calorosa gestione familiare in una villa patrizia del XIX secolo abbracciata da un curato giardino: ampie camere, alcune eleganti ed affrescate, altre più rustiche.

Posta

via Principale – ℰ 091 649 72 66 – www.ristorante-posta.ch – chiuso 13 gennaio - 10 febbraio, 22 - 30 giugno, lunedì e martedì a mezzogiorno
Carta 38/79 CHF
Informale e simpatica accoglienza familiare, si mangia in due semplici sale all'interno, ma l'appuntamento imperdibile arriva con la bella stagione, all'aperto, sotto un glicine.

✗ **La Sosta** – Hotel Villa Carona
via Principale 53, (piazza Noseed) – ℰ 091 649 70 55 – www.ristorantelasosta.ch
– chiuso novembre - febbraio
Menu 20/84 CHF – Carta 53/90 CHF – *(consigliata la prenotazione la sera)*
Una calda atmosfera rustica con camino per i pochi tavoli all'interno e un romantico glicine per le giornate estive: è il contorno di una cucina creativa, curata ed elegantemente presentata.

CAROUGE – Genève ➜ Voir à Genève

CASLANO
Ticino (TI) – ✉ 6987 – 4 259 ab. – alt. 289 m – Carta regionale **10-H7**
▶ Bern 247 km – Lugano 11 km – Bellinzona 33 km – Locarno 45 km
Carta stradale Michelin 553-R13

 Gardenia senza rist
via Valle 20 – ℰ 091 611 82 11 – www.albergo-gardenia.ch – chiuso fine ottobre
- inizio aprile
23 cam ☑ – †150/250 CHF ††250/350 CHF
Edificio del 1800, squisita fusione di antico e moderno, immerso in un bel giardino con piscina in pietra viva. Camere moderne e confortevoli.

CAVIGLIANO
Ticino (TI) – ✉ 6654 – 697 ab. – Carta regionale **9-G6**
▶ Bern 282 km – Bellinzona 30 km – Altdorf 137 km – Chur 148 km
Carta stradale Michelin 553-Q12

✗ **Tentazioni** con cam
🕸 *via Cantonale, (Bivio per Valle Onsernone) – ℰ 091 780 70 71*
– www.ristorante-tentazioni.ch – chiuso 5 gennaio - 12 febbraio
5 cam – †140/200 CHF ††160/290 CHF, ☑ 15 CHF
Piatto del giorno 25 CHF – Menu 45 CHF (pranzo)/148 CHF (cena)
– Carta 87/128 CHF – (chiuso novembre - marzo : lunedì e martedì; aprile
- giugno e settembre - ottobre : lunedì) (consigliata la prenotazione)
I due proprietari, Andreas Schwab ai fornelli e Dario Pancaldi responsabile di sala, "congiurano" per farvi cedere alle tante tentazioni di gola presenti in menu: cucina creativa ed ottimi vini. Il servizio non è certo da meno!
➜ "Vitello Tonnato" Tentazioni. Polipo, chorizo, finocchio e rucola. Spalla d'agnello brasato 18 ore, carciofi, aglio nero e knödel di pane Vallemaggia.

CELERINA (SCHLARIGNA)
Graubünden (GR) – ✉ 7505 – 1 509 Ew – Höhe 1 730 m (Wintersport : 1 720/3 057 m) – Siehe Regionalatlas **11-J5**
▶ Bern 332 km – Sankt Moritz 4 km – Chur 90 km – Davos 65 km
Michelin Straßenkarte 553-X10

 Cresta Palace
Via Maistra 75 – ℰ 081 836 56 56 – www.crestapalace.ch – geschl. 13. April
- 19. Juni, 18. Oktober - 3. Dezember
96 Zim ☑ – †170/450 CHF ††310/760 CHF – 4 Suiten – ½ P
Rest *Giacomo's* – siehe Restaurantauswahl
Engagiert leitet Familie Herren das 1906 eröffnete klassische Ferienhotel in einem parkähnlichen Garten. Schön relaxen lässt es sich im grosszügigen Spa. Wer Wellness-Vergnügen zu zweit vorzieht, gönnt sich die Spa-Suite! Praktisch ist die Lage direkt an der Gondelbahn.

Chesa Rosatsch

Via San Gian 7 – ℰ 081 837 01 01 – www.rosatsch.ch – geschl. April - Mai
35 Zim ⌷ – ♦220/780 CHF ♦♦280/780 CHF – 2 Suiten
Rest *Stüvas* – siehe Restaurantauswahl
Rest *Uondas da l'En* Menü 39/78 CHF – Karte 33/83 CHF
Romantisch liegt das hübsche Engadiner Haus am Inn. Alle Zimmer sind nach Bergen der Region benannt, passend dazu die charmant-rustikale Einrichtung. Besonders liebenswert: "Suite a l'En" mit wunderschöner authentischer Arvenholzstube als Wohnraum! Im modernen Uondas kommen Grillgerichte aus der offenen Küche, aber auch Flammkuchen und Pasta.

Petit Chalet garni

Via Pradé 22 – ℰ 081 833 26 26 – www.petit-chalet.ch
5 Zim ⌷ – ♦185/240 CHF ♦♦230/310 CHF – 3 Suiten
Sie mögen es eher privat? Gastgeberin Elke Testa betreibt das kleine Hotel angenehm persönlich und hat wirklich ausgesprochen hübsche Zimmer für Sie: geradlinig-moderner Stil harmoniert wunderbar mit der wohltuenden Wärme von heimischem Holz. Und da man sich hier gerne etwas länger aufhält, bekommt man das Frühstück auch aufs Zimmer gebracht!

Misani

Via Maistra 70 – ℰ 081 839 89 89 – www.hotelmisani.ch – geschl. 6. April 18. Juni, 12. Oktober - 3. Dezember
38 Zim ⌷ – ♦115/155 CHF ♦♦170/210 CHF – 1 Suite – ½ P
Rest *Voyage* Tagesteller 24 CHF – Menü 58 CHF – Karte 64/100 CHF – *(geschl. Montag - Mittwoch) (nur Abendessen)*
Rest *Ustaria* Tagesteller 24 CHF – Menü 58 CHF – Karte 64/100 CHF
Rest *Bodega* Menü 24/76 CHF – Karte 47/83 CHF – *(geschl. 9. März - 22. Dezember und Montag) (nur Abendessen)*
In dem Haus von 1872, einer ehemaligen Weinkellerei, wohnt man in ganz individuellen Zimmern (Basic, Style, Super Style) mit Namen wie Savannah, Waikiki oder Kioto. Vielfältig auch der Restaurantbereich: modernes Voyage mit frischer Marktküche, urige Ustaria und spanische Bodega im altem Gewölbekeller. Kleine Aperitif-Lounge.

Saluver

Via Maistra 128 – ℰ 081 833 13 14 – www.saluver.ch
22 Zim ⌷ – ♦125/135 CHF ♦♦250/270 CHF – 2 Suiten – ½ P
Rest Tagesteller 20 CHF – Menü 75 CHF – Karte 49/98 CHF
Am Ortsrand steht das Haus im Engadiner Stil mit seinen praktischen, in Arve gehaltenen Zimmern - viele liegen nach Süden und haben einen Balkon. Im gemütlich-rustikalen Restaurant mit Kachelofen kocht der Chef selbst, und zwar Schweizer Gerichte.

𝕏𝕏 Stüvas – Hotel Chesa Rosatsch

Via San Gian 7 – ℰ 081 837 01 01 – www.stuevas.ch – geschl. April - Mai und November
Menü 98 CHF – Karte 57/115 CHF – *(nur Abendessen)*
So reizend das rund 400 Jahre alte Haus von aussen ist, so gemütlich sind die alten Stüblis mit ihrer geschmackvollen Deko, behaglichem Holz, Herzlstühlen. Die Küche: regional und saisonal - 95% der verwendeten Zutaten stammen von Bauern und Kleinstproduzenten aus dem Engadin, dem Veltlin, dem Bergell...

𝕏𝕏 Giacomo's – Hotel Cresta Palace

Via Maistra 75 – ℰ 081 836 56 56 – www.crestapalace.ch – geschl. 13. April - 19. Juni, 18. Oktober - 3. Dezember und Donnerstagabend
Menü 85/125 CHF – Karte 57/102 CHF
Hier trifft man sich zu Pasta & Risotto... aber auch die Grillgerichte haben ihre Freunde. Und damit auch das Ambiente stimmt: weiche Farbtöne, warmes Holz und klare Formen. In dieses schöne modern-alpenländische Bild passen natürlich auch die Kuhglocken an der Decke, ein nettes kleines Detail!

CÉLIGNY

Genève (GE) – ✉ 1298 – 623 h. – alt. 391 m – Carte régionale **6-A6**

▶ Bern 143 km – Genève 21 km – Saint-Claude 56 km – Thonon-les-Bains 53 km

Carte routière Michelin 552-B10

🏠 **La Coudre** sans rest ⬥ 🚗 ✂ 📶 🧖

Route des Coudres 200 – 𝒞 022 960 83 60 – www.bnb-lacoudre.ch – fermé 1ᵉʳ - 27 août

7 ch ⬦ – ♦200/240 CHF ♦♦240/280 CHF – 1 suite

Dans la campagne genevoise, cette propriété datant de 1837 a des faux airs de maison d'hôtes : façade couverte de vigne vierge, objets anciens, joli jardin... Calme et simplicité, avec un accès rapide à Genève.

✗ **Buffet de la Gare** 🚗 🏠 **P**

🍴 *Route de Founex 25 – 𝒞 022 776 27 70 – www.buffet-gare-celigny.ch – fermé décembre 2 semaines, février 3 semaines, début septembre 2 semaines, dimanche et lundi*

Menu 25 CHF (déjeuner en semaine)/40 CHF – Carte 57/104 CHF

Un "buffet" comme on n'en fait plus : boiseries Art déco, plaques en émail, vitres colorées... et un joli atout, une terrasse ouverte sur la verdure ! La carte aussi a le bon goût de la tradition, avec pour spécialité la perche du Léman.

CENTOVALLI

Ticino (TI) – 1 192 ab. – alt. regionale **9-G6**

▶ Bern 285 km – Bellinzona 33 km – Altdorf 140 km – Sion 151 km

Carta stradale Michelin 553-Q12

a Golino alt. 270 m – ✉ 6656

🏠 **Al Ponte Antico** senza rist ⬥ ⬦ 🚗 📶 **P**

– 𝒞 091 785 61 61 – www.ponteantico.ch – chiuso 31 ottobre - 1° aprile

11 cam ⬦ – ♦130/160 CHF ♦♦190/220 CHF

In riva alla Melezza sorge questo albergo dagli interni eleganti, in stile provenzale, e grazioso giardino con pergola. Camere personalizzate con mobili di buona fattura.

🏠 **Cà Vegia** senza rist ⬥ 🚗 ✂ 📶 **P**

– 𝒞 091 796 12 67 – www.hotel-cavegia.ch – chiuso novembre - metà marzo

10 cam ⬦ – ♦95/148 CHF ♦♦142/176 CHF – 2 suites

Con la facciata ornata da un bell'affresco, questa tipica casa ticinese del '400 - situata in una romantica piazzetta - apre i battenti per accogliere con grande senso dell'ospitalità i propri ospiti. Camere funzionali e grazioso giardino; d'inverno la colazione è servita attorno al crepitante camino.

ad Intragna alt. 342 m – ✉ 6655

✗✗ **Stazione Da "Agnese & Adriana"** con cam ⬦ 🚗 🏠 🍴 **P**

piazzale Fart – 𝒞 091 796 12 12 – www.daagnese.ch – chiuso 15 novembre - 10 marzo

14 cam – ♦150/250 CHF ♦♦170/220 CHF, ⬦ 11 CHF – 1 suite

Piatto del giorno 40 CHF – Menu 70/100 CHF – Carta 61/106 CHF – *(consigliata la prenotazione la sera)*

Un'istituzione ticinese sostenuta dall'intera famiglia Broggini... Ristorante luminoso ed accogliente, dove gustare, in un contesto armonioso di tradizione e modernità, squisiti piatti regionali. Dalla lounge nel giardino, una splendida vista. Camere in stile mediterraneo.

a Verdasio alt. 702 m – ✉ 6655

✗ **Al Pentolino**

🍴 *CP 12 – 𝒞 091 780 81 00 – www.alpentolino.ch – chiuso inizio novembre - Pasqua, da lunedì a mercoledì*

Piatto del giorno 19 CHF – Menu 69 CHF – Carta 35/87 CHF – *(coperti limitati, prenotare)*

I proprietari di questo delizioso ristorante, vicino alla chiesa, vi vizieranno come ospiti di un'abitazione privata: cucina ambiziosa, e a pranzo una carta più ridotta. Difficile non rimanere soddisfatti! Comodo parcheggio.

CERTOUX – Genève → Voir à Genève

CHALET-à-GOBET – Vaud → Voir à Lausanne

CHAM
Zug (ZG) – ⊠ 6330 – 15 020 Ew – Höhe 418 m – Siehe Regionalatlas **4-F3**
▶ Bern 129 km – Zug 6 km – Zürich 31 km – Aarau 68 km
Michelin Straßenkarte 553-P6

⚬
🌀
the blinker ❶   ⊞ 🕮 & ♻ ℙ
Alte Steinhauserstr. 15, (auf dem AMAG Areal, 1. OG) – ℰ 041 784 40 90
– www.the-blinker.biz – geschl. Mitte Juli - Mitte August und Samstagmittag,
Sonntag sowie an Feiertagen
Tagesteller 30 CHF – **Menü 38/49** CHF (mittags) – **Karte 63/101** CHF –
(Tischbestellung ratsam)
Hubert Erni, Gastgeber mit langer Gastronomie-Erfahrung, hat hier ein modern-
legeres Restaurant, in dem international gekocht wird. Ob Black Angus Rindsfilet
vom Grill, Sushi oder Wok-Gerichte, die Küche ist schmackhaft und ambitioniert.
Tipp: Viele Speisen gibt es auch als kleinere Portion.

CHAMBÉSY – Genève → Voir à Genève

CHAMPÉRY
Valais (VS) – ⊠ 1874 – 1 252 h. – alt. 1 053 m (Sports d'hiver : 900/2 466 m)
– Carte régionale **7-C6**
▶ Bern 124 km – Martigny 39 km – Aigle 26 km – Évian-les-Bains 50 km
Carte routière Michelin 552-F12

🏨
Beau-Séjour sans rest   ⩽ 🛗 �{?} 🚗 ℙ
Rue du Village 114 – ℰ 024 479 58 58 – www.beausejour.ch – fermé mai et
novembre
18 ch ⌸ – ♦**99/155** CHF ♦♦**129/295** CHF – **2 suites**
Charmant accueil dans ce joli chalet, au cœur de l'un des plus beaux villages du
Valais. Les chambres sont habillées de bois blond et, le matin, on prend le petit-
déjeuner face aux Dents du Midi. Douceurs "maison" à l'heure du thé...

🏨
Suisse sans rest   ⩽ 🛗 �{?} 🚿 ℙ
Rue du Village 55 – ℰ 024 479 07 07 – www.hotel-champery.ch – fermé 1er
octobre - 15 décembre
40 ch ⌸ – ♦**99/185** CHF ♦♦**144/290** CHF
Un grand chalet dans le centre de la station, aux chambres rustiques et cosy, certaines donnant sur la montagne. La vue est tout aussi jolie du jardin d'hiver et de
sa terrasse, et l'on aime s'y attarder pour prendre une boisson chaude.

⚬⚬
🍜
L'Atelier Gourmand   🕮
Rue du Village 106, (1er étage) – ℰ 024 479 11 26 – www.atelier-gourmand.ch
– fermé 15 avril - 1er juin, 25 octobre - 1er décembre, décembre - mi-avril :
dimanche et lundi, juin - octobre : dimanche - mercredi
Menu 107/175 CHF – **Carte 83/106** CHF – *(dîner seulement)*
Le Nord Plat du jour 16 CHF – Menu 20 CHF (déjeuner en semaine)
– Carte 36/73 CHF – *(fermé mercredi hors saison)*
L'un des bistrots "historiques" de Champéry, né en 1886 ! En bas, au Nord, c'est
rösti maison et spécialités valaisannes, avec un beau choix de fromages ; à
l'étage, L'Atelier Gourmand propose une cuisine plus sophistiquée, où se révèlent
les produits de saison. Quelques chambres pour une nuit d'étape.

CHAMPEX
Valais (VS) – ⊠ 1938 – 270 h. – alt. 1 472 m – Carte régionale **7-C7**
▶ Bern 151 km – Martigny 20 km – Aosta 62 km – Chamonix-Mont-Blanc 54 km
Carte routière Michelin 552-H13

Alpina
🍷 ← 🏠 🍴 ✿ rest. 🛜 🅿

Route du Signal 32 – ℰ 027 783 18 92 – www.alpinachampex.ch – fermé 15 - 30 avril et novembre
6 ch ⊠ – ♦130 CHF ♦♦150/180 CHF – ½ P
Rest Menu 60 CHF – *(fermé dimanche) (dîner seulement)*
Une petite maison de montagne en bois à l'écart du centre, que l'on peut quand même rejoindre à pied. On est accueilli chaleureusement et, dans certaines chambres – toutes simples et attachantes –, on profite d'une jolie vue sur le Grand Combin...

CHAMPFÈR – Graubünden ➜ Siehe Sankt Moritz

CHANCY
Genève (GE) – ⊠ 1284 – 1 129 h. – – ⊠ Chancy – Carte régionale **6-A6**
🚗 Bern 173 km – Genève 21 km – Lausanne 78 km – Nyon 42 km
Carte routière Michelin 552-A11

De la Place
🍴 ✿ 🅿 🚫

Route de Bellegarde 55 – ℰ 022 757 02 00 – fermé Noël - Nouvel An, avril 2 semaines, septembre 2 semaines, dimanche soir, lundi et mardi
Plat du jour 20 CHF – Carte 58/104 CHF
Un sympathique café-restaurant tenu par un chef généreux : tout est fait maison et la tradition y retrouve tout son goût ! Attention, pas de paiement par carte bancaire...

CHARDONNE – Vaud ➜ Voir à Vevey

CHARMEY
Fribourg (FR) – ⊠ 1637 – 2 295 h. – alt. 891 m (Sports d'hiver : 900/1 630 m) – Carte régionale **7-C5**
🚗 Bern 72 km – Fribourg 40 km – Bulle 12 km – Gstaad 48 km
Carte routière Michelin 552-H9

Cailler
← 🏠 🍴 🎬 ♿ 🛜 🧖 🅿

Gros Plan 28 – ℰ 026 927 62 62 – www.hotel-cailler.ch
54 ch ⊠ – ♦220/240 CHF ♦♦340/360 CHF – 9 suites – ½ P
Rest *4 Saisons* – voir la sélection des restaurants
Rest *Le Bistrot* Plat du jour 35 CHF – Menu 49/78 CHF – Carte 46/83 CHF
De longues enfilades de balcons en bois... Ce complexe hôtelier s'intègre parfaitement à son environnement naturel. Avec ses chambres d'esprit montagnard, ses belles suites contemporaines et, à deux pas, son centre thermal ultradesign, l'endroit est tout indiqué pour se ressourcer dans les Préalpes !

La Table - Hôtel Le Sapin avec ch
🎬 ♿ rest. 🛜 rest. 🛜 🧖

Rue du Centre 25 – ℰ 026 927 23 23 – www.hotel-le-sapin.ch – fermé juin - juillet 4 semaines, dimanche, lundi et mardi
15 ch ⊠ – ♦140 CHF ♦♦200/215 CHF – ½ P
Menu 69/135 CHF – Carte 94/124 CHF
Une Table au décor élégant et chaleureux (boiseries couleur miel, mobilier contemporain, etc.), pour des assiettes très savoureuses, fines et créatives. Quand le savoir-faire d'un chef rencontre de beaux produits frais, le plaisir est au rendez-vous ! Chambres d'esprit montagne pour l'étape.
➜ Le ris de veau en vol au vent aux morilles, parfums d'ail des ours. Le turbot en tronçon snacké, petits pois et crémeuse de fèves, écumes de lait de brebis bio. La mangue en opaline, parfumée au gingembre, crémeux de vanille, sorbet mangue-passion.

4 Saisons – Hôtel Cailler
← 🏠 ♿ 🍴 🅿

Gros Plan 28 – ℰ 026 927 62 62 – www.hotel-cailler.ch – fermé dimanche soir et lundi
Menu 89/150 CHF
De belles verrières, l'élégance du bois clair... et dans l'assiette, les quatre saisons mises en musique avec doigté, à l'instar de ce gravlax d'omble-chevalier, de cette côte de veau, sucrine et salsifis, ou encore de ce tube au chocolat fumé.

CHATEL-sur-MONTSALVENS

Fribourg (FR) – ⊠ 1653 – 248 h. – alt. 881 m – Carte régionale **7-C5**

▶ Bern 69 km – Fribourg 38 km – Lausanne 62 km – Neuchâtel 81 km

Carte routière Michelin 552-H9

☒ **De la Tour** 🛜 **P**
🍇 *Route de la Jogne 41 – 𝒞 026 921 08 85 – www.restodelatour.ch – fermé Noël - Nouvel An, début avril une semaine, fin juillet - mi-août 3 semaines, mardi et mercredi*

Plat du jour 17 CHF – Menu 23 CHF (déjeuner en semaine) – Carte 57/83 CHF

Non loin du joli lac de Montsalvens, ce restaurant propose une cuisine du terroir gourmande et bien travaillée. Ici, tout est fait maison. De bons petits plats à déguster dans un décor rustique et chaleureux.

La CHAUX-de-FONDS

Neuchâtel (NE) – ⊠ 2300 – 38 267 h. – alt. 994 m – Carte régionale **2-C4**

▶ Bern 71 km – Neuchâtel 20 km – Biel 52 km – Martigny 157 km

Carte routière Michelin 552-F6

🏙 **Grand Hôtel Les Endroits** 🛀 ⇐ 🍴 🏠 🎦 🖼 � 🛜 🏋 **P**
Boulevard des Endroits 94 – 𝒞 032 925 02 50 – www.hotel-les-endroits.ch

54 ch ⌂ – †195/280 CHF ††260/360 CHF – 3 suites – ½ P

Rest *Rose des Vents* – voir la sélection des restaurants

Cet imposant bâtiment moderne affiche un standing certain. Rien d'impersonnel cependant : on travaille ici en famille (fils en cuisine, fille à la comptabilité, gendre en salle...). Les chambres, spacieuses et contemporaines, jouissent pour certaines d'un spa privatif, d'un home cinema ou d'une terrasse !

🏨 **Athmos** sans rest 🏠 🖼 ⅕ 🛜 🏋 **P**
Avenue Léopold-Robert 45, (Rue du Midi) – 𝒞 032 910 22 22
– www.athmoshotel.ch – fermé 21 décembre - 4 janvier

42 ch ⌂ – †156/208 CHF ††244/265 CHF

En plein centre-ville, cette imposante bâtisse respire le charme rétro des années 1950 ! Les chambres, bien confortables, disposent toutes d'une salle de bains en marbre. Le plus : le parking à proximité.

☒☒ **Rose des Vents** – Grand Hôtel Les Endroits 🥂 ⇐ 🍴 ⅕ 🔄 **P**
Boulevard des Endroits 94 – 𝒞 032 925 02 50 – www.hotel-les-endroits.ch

Plat du jour 27 CHF – Menu 54 CHF (déjeuner en semaine)/68 CHF
– Carte 43/136 CHF

Au sein du Grand Hôtel Les Endroits, une table classique et soignée, où l'on apprécie des recettes de saison et des spécialités comme le homard, le bœuf flambé au cognac ou la fondue chinoise. Le tout accompagné d'une intéressante carte des vins.

☒ **La Parenthèse** 🛜 **P**
🍇 *Rue de l'Hôtel-de-Ville 114 – 𝒞 032 968 03 89 – www.la-parenthese.ch – fermé Noël - Nouvel An 2 semaines, juillet - août 3 semaines , dimanche, lundi et jours fériés*

Plat du jour 18 CHF – Menu 65/110 CHF (dîner) – Carte 62/96 CHF – *(nombre de couverts limité, réserver)*

L'occasion d'une parenthèse gourmande dans un coquet petit restaurant, simple et chaleureux, situé à la sortie de la ville. La cuisine suit la valse des saisons et fait la part belle aux produits régionaux. Le must : pour choisir son fromage affiné, il faut descendre à la cave !

CHAVANNES-de-BOGIS

Vaud (VD) – ⊠ 1279 – 1 097 h. – alt. 483 m – Carte régionale **6-A6**

▶ Bern 142 km – Genève 19 km – Saint-Claude 54 km – Thonon-les-Bains 53 km

Carte routière Michelin 552-B11

Chavannes-de-Bogis
Les Champs-Blancs – ℰ *022 960 81 81 – www.hotel-chavannes.ch*
173 ch – ♦230/290 CHF ♦♦250/310 CHF, ☲ 22 CHF – 10 suites
Rest Plat du jour 39 CHF – Menu 52 CHF – Carte 50/82 CHF
Entre le parc naturel régional du Haut-Jura et le Léman... Cet hôtel s'adapte aussi bien à la clientèle d'affaires (salles de séminaires) que touristique (cours de tennis, piscine, etc.). La nuit venue, on apprécie les chambres climatisées. Le must : de la terrasse du restaurant, on admire lac et montagnes.

CHEMIN – Valais ➜ Voir à Martigny

CHESEAUX-NOREAZ – Vaud ➜ Voir à Yverdon-les-Bains

CHÉSEREX
Vaud (VD) – ✉ 1275 – 1 211 h. – alt. 529 m – Carte régionale **6-A6**
◗ Bern 138 km – Genève 28 km – Divonne-les-Bains 13 km – Lausanne 43 km
Carte routière Michelin 552-B10

XX **Auberge Les Platanes**
Rue du Vieux Collège 2 – ℰ *022 369 17 22 – www.lesplatanes.ch – fermé Noël - 10 janvier, 25 juillet - 13 août, dimanche et lundi*
Plat du jour 26 CHF – Menu 32 CHF (déjeuner en semaine)/135 CHF – Carte 69/127 CHF
Une élégante maison patricienne du 17e s. avec ses salons bourgeois meublés en style Régence. La cuisine est à l'image du lieu, soignée et classique, changeant au fil des saisons pour mieux mettre en valeur la fraîcheur des produits. Enfin, l'accueil du couple Rodrigues est toujours aussi chaleureux !
Bistrot – voir la sélection des restaurants

X **Bistrot** – Restaurant Auberge Les Platanes
Rue du Vieux Collège 2 – ℰ *022 369 17 22 – www.lesplatanes.ch – fermé Noël - 10 janvier, 25 juillet - 13 août, dimanche et lundi*
Plat du jour 26 CHF – Menu 32 CHF (déjeuner en semaine)/64 CHF – Carte 59/111 CHF
L'Auberge des Platanes... côté Bistrot ! Dans cette salle règne une ambiance détendue et rétro, qui va bien à la cuisine un peu plus simple mais toujours gourmande. L'accueil est très prévenant.

CHEXBRES
Vaud (VD) – ✉ 1071 – 2 081 h. – alt. 580 m – Carte régionale **7-C5**
◗ Bern 90 km – Lausanne 13 km – Montreux 16 km – Fribourg 60 km
Carte routière Michelin 552-F10

 Le Baron Tavernier 🅝
Route de la Corniche – ℰ *021 926 60 00 – www.barontavernier.com*
22 ch – ♦120 CHF ♦♦175/300 CHF, ☲ 25 CHF – 2 suites
Rest *Le Baron* Carte 53/82 CHF
Rest *Bistro* Carte 42/68 CHF
L'explorateur Jean-Baptiste Tavernier aurait sûrement apprécié la vue sur le lac ! Tout en élégance classique, les chambres et les suites se révèlent chaleureuses et confortables, certaines avec une terrasse donnant sur l'eau. Et le spa est charmant pour se détendre...

 Préalpina sans rest
Route du Préalpina 3 – ℰ *021 946 09 09 – www.prealpina.ch – fermé 22 décembre - 4 janvier*
49 ch – ♦120/220 CHF ♦♦130/280 CHF, ☲ 18 CHF
Immanquable, cette imposante bâtisse Belle Époque domine les hauteurs du lac. De là, le panorama sur les ondes et les vignobles est superbe ! Les chambres sont assez modernes et fonctionnelles, et les équipements se révèlent parfaits pour les réunions de famille ou d'affaires.

CHIASSO

Ticino (TI) – ⊠ 6830 – 7 933 ab. – alt. 238 m – Carta regionale **10**-H7

▶ Bern 267 km – Lugano 26 km – Bellinzona 54 km – Como 6 km

Carta stradale Michelin 553-S14

Mövenpick Hotel Touring   🛳 ⅓ 🏨 & rist. 🏧 🛜 ♨ 🚗

piazza Indipendenza 1 – 𝒞 091 682 53 31 – www.moevenpick.com
78 cam ⊑ – ♦125/160 CHF ♦♦160/210 CHF
Rist Piatto del giorno 25 CHF – Menu 40 CHF (pranzo)/75 CHF (cena)
– Carta 39/95 CHF
Albergo con ampie arcate all'esterno, situato nei pressi della stazione, in posizione
centrale. Dispone di camere spaziose e funzionali. Al ristorante una grande sala
da pranzo con soffitto intarsiato e servizio estivo in piazza.

a Chiasso-Seseglio Sud-Ovest : 4 km – ⊠ 6832

✕✕ Vecchia Osteria Seseglio   🛳 & ♨ ♻ 🅿

*via Campora 11 – 𝒞 091 682 72 72 – www.vecchiaosteria.ch – chiuso 2
settimane fine dicembre - inizio gennaio e domenica sera - lunedì*
Piatto del giorno 28 CHF – Carta 70/111 CHF
Il tanto impegno in cucina fa sì che sulla tavola arrivino poi gustosi piatti mediterranei, rispettosi della tradizione locale. Immerso nel verde, ambiente rustico e
bella terrazza.

CHOËX – Valais → Voir à Monthey

CHUR (COIRE)

(GR) – ⊠ 7000 – 34 087 Ew – Höhe 585 m – Siehe Regionalatlas **5**-I4

▶ Bern 242 km – Feldkirch 55 km – Davos 59 km – Bludenz 77 km

Michelin Straßenkarte 553-V8

City West   🛳 ⅓ 🏨 & 🏧 🛜 ♨ 🚗

*Comercialstr. 32, West: 2 km Richtung San Bernardino A2 – 𝒞 081 256 55 00
– www.citywestchur.ch*
49 Zim ⊑ – ♦139/189 CHF ♦♦219/269 CHF
Rest Tagesteller 22 CHF – Menü 32 CHF (mittags) – Karte 33/66 CHF – *(geschl.
Sonntag)*
Was die kleinen "Twin Towers" von Chur attraktiv macht? Minibar, Espresso-
maschine, W-Lan, Parken... ansprechend sind die kostenfreien Annehmlichkeiten,
aber auch der geradlinig-moderne Stil, schön die Sicht von den oberen Etagen
(auch vom kleinen Fitnessbereich im 10. Stock), im Restaurant gibt es Lunch und
eine kleine Abendkarte.

Stern   🏨 & ♨ 🛜 ♨ 🅿

Reichsgasse 11 – 𝒞 081 258 57 57 – www.stern-chur.ch   Stadtplan : B1**d**
67 Zim ⊑ – ♦120/162 CHF ♦♦220/320 CHF – 2 Suiten – ½ P
Rest *Veltliner Weinstuben zum Stern* – siehe Restaurantauswahl
Hier pflegt man über 300 Jahre Tradition. Es stehen sehr individuell geschnittene
Zimmer von regional bis modern bereit. Auf Voranmeldung holt man Sie sogar
mit dem Buick von 1933 vom Bahnhof ab!

ABC garni   ♨ ⅓ 🏨 🏧 🛜 ♨ 🚗 🅿

Ottostr. 8, (Bahnhofplatz) – 𝒞 081 254 13 13   Stadtplan : A1**c**
– www.hotelabc.ch
44 Zim ⊑ – ♦139/170 CHF ♦♦226/246 CHF
Hier wohnt man auch auf der Businessreise praktisch und schön: die Zimmer hell,
modern, mit Holzfussboden und technisch aktuell, das Frühstück gut, Fitnessraum
und Sauna angenehm zeitgemäss, die Lage günstig am Bahnhof... Für Langzeitgäste ab 1 Monat hat man auch Studios.

Freieck garni   🏨 ♨ 🛜

Reichsgasse 44 – 𝒞 081 255 15 15 – www.freieck.ch   Stadtplan : B2**a**
41 Zim ⊑ – ♦100/150 CHF ♦♦140/240 CHF – 2 Suiten
Sie wohnen mitten in der Altstadt in einem Haus von 1575. Am Morgen ein grosses Buffet im modernen Frühstücksraum, dazu ein Wintergarten-Café. Geräumige
Superior-Zimmer.

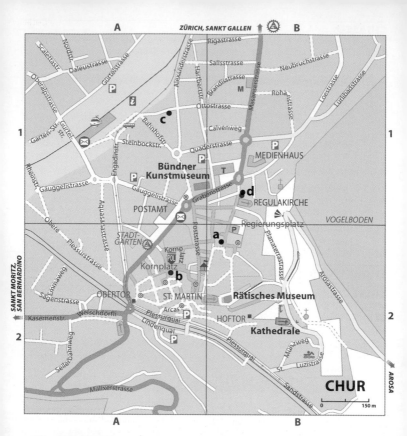

ZÜRICH, SANKT GALLEN

CHUR

0   150 m

SANKT MORITZ, SAN BERNARDINO

AROSA

XX **Basilic**   ≤ 🖼 **P**

Susenbühlstr. 43, über Malixerstrasse A2, Richtung Lenzerheide : 1 km – 𝒞 081 253 00 22 – www.basilic.ch – geschl. Ostern 1 Woche, Juli 2 Wochen und Sonntag - Montag
Tagesteller 33 CHF – Menü 48 CHF (mittags unter der Woche)/85 CHF
– Karte 64/98 CHF – (abends Tischbestellung ratsam)
Die schöne Hanglage über den Dächern von Chur war einst bei Kälbern als Weideplatz beliebt, heute steht hier ein modern eingerichteter kleiner Pavillon aus Holz und Glas, in dem Thomas Portmann für Sie saisonal, regional und zeitgemäss kocht. Partnerin Romana Hendry kümmert sich indes charmant um die Gäste.

XX **Veltliner Weinstuben zum Stern** – Hotel Stern   🖼 ✿ **P**
Reichsgasse 11 – 𝒞 081 258 57 57 – www.stern-chur.ch   Stadtplan : B1**d**
Tagesteller 27 CHF – Menü 43/118 CHF (mittags unter der Woche) – Karte 58/93 CHF
Die Stuben sind gemütlich ganz in Holz gehalten, die Küche bietet Regionales mit zeitgemässen Elementen - Spargel vom hauseigenen Feld. Schöne Auswahl an Bündner Weinen und Edelbränden.

X **Zum Kornplatz**   🖼 ✍
Kornplatz 1 – 𝒞 081 252 27 59 – www.restaurant-kornplatz.ch   Stadtplan : A2**b**
– geschl. Februar 1 Woche, Anfang August 3 Wochen und Sonntag - Montag
Tagesteller 25 CHF – Menü 79/125 CHF – Karte 63/97 CHF
Capuns, Topfenknödel, Blut- oder Leberwürste... Bei Familie Blümel bekommen Sie Schweizer und österreichische Gerichte aufgetischt - hier wie auch bei der Weinauswahl zeigt sich die Herkunft des Chefs: Österreich. Man hat auf der Karte einige schöne Rotweine von dort.

170

in Malix Süd: 4,5 km über Malixerstrasse A2,Richtung Lenzerheide – Höhe 1 130 m – ✉ 7074

XX **Belvédère** ← 🏛 🎏 ⇔ **P**

Hauptstr. 4, Nord: 1,5 km Richtung Chur – ☎ *081 252 33 78 – geschl. Juli und Montag - Dienstag*

Menü 38/89 CHF – Karte 62/95 CHF – *(nur Abendessen, sonntags auch Mittagessen)*

Das Restaurant mit herrlicher Panoramasicht über Chur ist bekannt für Gerichte vom Holzgrill (Wagyu-Rind als Spezialität). Hier legt der Chef selbst Hand an und kümmert sich daneben noch herzlich um die Gäste - und das bereits seit 1965!

COINSINS

Vaud (VD) – ✉ 1267 – 397 h. – alt. 475 m – Carte régionale **6-A6**

▶ Bern 131 km – Genève 31 km – Lausanne 35 km – Neuchâtel 98 km

Carte routière Michelin 552-B10

🏠 **Auberge de la Réunion** 🏛 |🛎| 👌 rest, 🎏 ch, 🛜 **P**

🍴 *Route de la Tourbière 3* – ☎ *022 364 23 01 – www.auberge-coinsins.ch*
15 ch ⬩ – ♦115/140 CHF ♦♦140/180 CHF – ½ P
Rest Plat du jour 20 CHF – Menu 30 CHF (déjeuner en semaine)/34 CHF
– Carte 35/82 CHF – *(fermé dimanche soir)*

Ne vous attendez pas à ce qu'on vous parle créole ou à voir le piton de la Four-
naise apparaître au loin ! Cette ancienne ferme vaudoise (1804) dispose de chambres simples et spacieuses, idéales pour un séjour dans la région. Restaurant traditionnel (produits régionaux et gibier en saison).

COINTRIN – Genève ➜ Voir à Genève

COIRE ➜ Voir à Chur

Les COLLONS – Valais ➜ Voir à Thyon - Les Collons

COLOGNY – Genève ➜ Voir à Genève

COMANO

Ticino (TI) – ✉ 6949 – 2 017 ab. – alt. 511 m – Carta regionale **10-H6**

▶ Bern 243 km – Lugano 7 km – Bellinzona 30 km – Como 36 km

Carta stradale Michelin 553-R13

🏠 **La Comanella** 🍃 🛏 🏛 ⤳ 🛜 ⚓ **P**

via al Ballo 9/10 – ☎ *091 941 65 71 – www.hotel-la-comanella.ch*
17 cam ⬩ – ♦98/146 CHF ♦♦198/246 CHF **Rist** Carta 41/66 CHF

In posizione collinare, sorge questo accogliente albergo con giardino e piscina.
Camere ampie e ben arredate, così come gli spazi comuni. Il ristorante, immerso
nel verde delle palme, vanta una bella terrazza. Vi è, inoltre, un meraviglioso
ulivo secolare.

CONTRA

Ticino (TI) – ✉ 6646 – alt. 452 m – Carta regionale **9-H6**

▶ Bern 236 km – Locarno 6 km – Bellinzona 21 km – Domodossola 54 km

Carta stradale Michelin 553-R12

X **senza punti ⓝ** 🏛 ⇔ **P**

via Contra 440 – ☎ *091 600 15 15 – www.senza-punti.ch – chiuso gennaio,
domenica e lunedì*

Menu 98 CHF – *(solo a cena) (consigliata la prenotazione)*

In un piccolo villaggio appena sopra Tenero, atmosfera informale in un grazioso ristorante con vista superba dalla terrazza. La cucina si basa sui prodotti
locali, reinterpretandoli secondo un gusto moderno: un solo menu proposto dal
padrone.

CORSIER – Vaud ➜ Voir à Vevey

CORTAILLOD

Neuchâtel (NE) – ⊠ 2016 – 4 615 h. – alt. 482 m – Carte régionale **2**-C4
▶ Bern 62 km – Neuchâtel 11 km – Biel 44 km – La Chaux-de-Fonds 29 km
Carte routière Michelin 552-F7

⌂ Le Chalet   ᗌ ⌸ ⌘ ch.⌄ ☌ P

Chemin Chanélaz 15 – ℰ 032 843 42 42 – www.lechalet.ch – fermé fin décembre
- mi-janvier 3 semaines, fin juillet - début août 2 semaines
17 ch ⌱ – ♦135/145 CHF ♦♦190/210 CHF – ½ P
Rest Plat du jour 19 CHF – Menu 49/89 CHF – Carte 39/94 CHF – *(fermé lundi midi et dimanche)*
Avant de devenir hôtel, ce grand chalet de 1860 a d'abord abrité un centre thermal réputé ! À l'orée d'une forêt, l'endroit est en effet idéal pour se reposer, en toute simplicité. Restauration traditionnelle.

✗ Le Buffet d'un Tram   ⌸ P

Avenue François-Borel 3 – ℰ 032 842 29 92 – www.buffetduntram.ch
Plat du jour 20 CHF – Carte 45/78 CHF – *(réservation conseillée)*
Le tram ne passe plus ici depuis longtemps... mais l'essentiel demeure : le buffet. Ici, suggestions de saison et produits du terroir ont la part belle, et l'on se régale des frites maison comme des lasagnes fraîches "della Mamma"... L'été, surprenez vos convives en réservant la table dans l'arbre du jardin !

COSSONAY

Vaud (VD) – ⊠ 1304 – 3 437 h. – alt. 565 m – Carte régionale **6**-B5
▶ Bern 100 km – Lausanne 20 km – Fribourg 88 km – Genève 69 km
Carte routière Michelin 552-D9

⌂ Le Funi sans rest   ⇐ ⌸ ⏚ ⌘ ☌ P

Avenue du Funiculaire 11 – ℰ 021 863 63 40 – www.lefuni.ch
– fermé 19 décembre - 11 janvier et 27 juillet - 7 août
16 ch ⌱ – ♦120/180 CHF ♦♦140/180 CHF
Dans une belle demeure ancienne, des chambres lumineuses et fonctionnelles, parfaitement tenues, d'où l'on peut apercevoir les montagnes et le lac Léman par beau temps. L'adresse convient aussi à une clientèle d'affaires.

✗✗✗ Le Cerf (Carlo Crisci)   ⌘

Rue du Temple 10 – ℰ 021 861 26 08 – www.lecerf-carlocrisci.ch – fermé Noël
- Nouvel An 2 semaines, juillet 3 semaines, dimanche, lundi et mardi midi
Menu 88 CHF (déjeuner)/338 CHF – Carte 145/238 CHF
Dans une maison du 17ᵉ s., une salle élégante scandée d'arches et de piliers de pierre... C'est, depuis une trentaine d'années, le terrain d'expression de Carlo Crisci. Produits nobles, herbes ou fleurs fraîches, recettes classiques et techniques nouvelles : tout est source d'inspiration pour le chef ! Service attentionné.
➜ Lasagne de pétoncle en duo de flouve et morilles. Moelle et caviar en velours de salsifis et mélilot. Pigeon cuit sous azote aux senteurs d'impératoire.
La Fleur de Sel ⌘ – voir la sélection des restaurants

✗ La Fleur de Sel – Restaurant Le Cerf   ⌶⌷

Rue du Temple 10 – ℰ 021 861 26 08 – www.lecerf-carlocrisci.ch – fermé Noël
- Nouvel An 2 semaines, juillet 3 semaines, dimanche, lundi et mardi midi
Plat du jour 21 CHF – Menu 55/95 CHF – Carte 60/97 CHF
Ambiance conviviale et recettes régionales, l'inventivité en plus, dans ce bistrot qui dépend du restaurant Le Cerf : les assiettes sont goûteuses et soignées, à base de produits choisis.

COURGENAY

Jura (JU) – ⊠ 2950 – 2 180 h. – alt. 488 m – Carte régionale **2**-C3
▶ Bern 92 km – Delémont 24 km – Basel 51 km – Biel 51 km
Carte routière Michelin 551-H4

De la Gare 🛏 ⌂ ⌂ 👌 rest. 🛜 P.
Rue de la Petite-Gilberte 2 – ☎ 032 471 22 22 – www.lapetitegilberte.ch
– fermé début janvier 2 semaines
6 ch 🛏 – ♦90 CHF ♦♦160 CHF
Rest *La Petite Gilberte* Plat du jour 15 CHF – Menu 46/52 CHF – Carte 45/67 CHF
– (fermé dimanche et lundi ; avril - mi-octobre : dimanche soir et lundi)
Face à la gare, un établissement tout simple et sympathique – bâtisse du début
du 20e s. –, qui permet de faire étape à prix doux. Pour l'anecdote, réservez la
chambre de Gilberte, cette ancienne chanteuse du pays qui prête aussi son nom
à la brasserie.

Boeuf avec ch ⌂ 🛜 ⌂ P.
Rue de l'Eglise 7 – ☎ 032 471 11 21 – www.boeuf-courgenay.ch – fermé 2
- 17 février, 5 - 13 octobre, lundi et mardi
10 ch 🛏 – ♦50/65 CHF
Menu 18 CHF (déjeuner en semaine)/88 CHF – Carte 51/83 CHF
La façade rose de ce restaurant fait d'emblée un "effet bœuf" ! Outre la viande de
ce même animal, on y apprécie une cuisine soignée, fraîche et de saison, qui
mêle les influences internationales. Au bistrot, on propose une carte de rösti,
cette galette de pommes de terre si prisée dans le pays.

CRANS-MONTANA
Valais (VS) – ✉ 3963 – 2 368 h. – alt. 1 500 m (Sports d'hiver : 1 500/3 000 m)
– Carte régionale **7-D6**
🢒 Bern 182 km – Sion 25 km – Brig 58 km – Martigny 54 km
Carte routière Michelin 552-J11

Guarda Golf ⌂ ⌂ 🖻 ⊛ 🄌 ⌂ 🖻 👌 ⌂ 🛜 ⌂ ⌂
Route de Zirès 14 – ☎ 027 486 20 00 Plan : B2**g**
– www.hotelguardagolf.com – fermé mi-avril - mi-juin et mi-septembre
- mi-décembre
23 ch 🛏 – ♦650/1000 CHF ♦♦650/1000 CHF – 2 suites – ½ P
Rest *Giardino* – voir la sélection des restaurants
Ce superbe établissement exerce une certaine fascination sur ses hôtes : on s'y
sent tout de suite chez soi, bercé par un luxe discret et raffiné, un accueil et un
service des plus prévenants. Les œuvres et mobilier d'art, le spa et le spectacle
des Alpes complètent ce tableau, et promettent un séjour... enchanteur.

Grand Hôtel du Golf ⌂ ⌂ ⌂ ⌂ 🖻 ⊛ 🄌 ⌂ 🖻 ⌂ ⌂ rest. 🛜 ⌂ P.
Allée Elysée Bonvin 7 – ☎ 027 485 42 42 – www.ghgp.ch Plan : AB2**a**
– fermé 1er avril - 1er juin et 30 septembre - 30 novembre
72 ch 🛏 – ♦300/800 CHF ♦♦400/1250 CHF – 8 suites – ½ P
Rest Plat du jour 45 CHF – Menu 80 CHF – Carte 74/110 CHF
L'un des plus anciens fleurons de l'hôtellerie locale, né en 1914 et reconstruit
au milieu du siècle. Les espaces communs sont cossus et richement décorés,
le style néobaroque domine dans les chambres, et les prestations sont nombreuses : health center, piscine, restaurant (cartes italienne, asiatique ou libanaise), etc.

Crans Ambassador ⌂ ⌂ ⌂ ⌂ 🖻 ⊛ 🄌 ⌂ 🖻 🛜 ⌂ ⌂ P.
Route du Petit Signal 3 – ☎ 027 485 48 48 Plan : B1**a**
– www.cransambassador.ch – fermé 26 avril - 13 juin et 21 septembre
- 14 décembre
60 ch 🛏 – ♦260/540 CHF ♦♦410/1110 CHF – 6 suites – ½ P
Rest Plat du jour 55 CHF – Menu 85 CHF (dîner) – Carte 74/120 CHF
Inauguré en 2013, c'est "the place to be" avec son architecture montagnarde high-tech, son panorama unique sur la chaîne des Alpes, ses chambres très design, son bar – Le 180° – très en vue, son restaurant élégant
(carte méditerranéenne)... Un cadre d'exception pour un séjour tout-confort
et dernier cri !

173

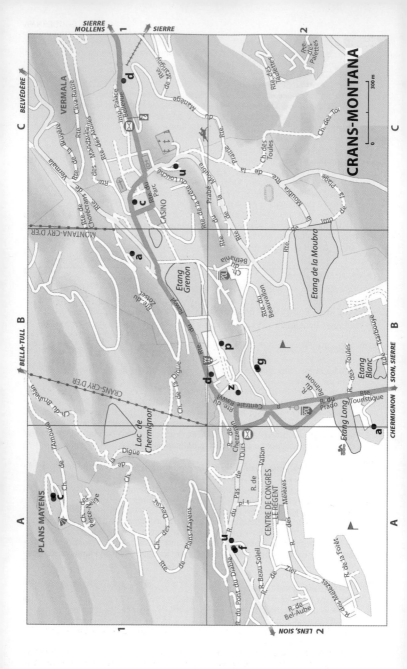

CRANS-MONTANA

174

Royal ⟋ < 🛏 🍴 📺 🎿 ♨ 🛗 ❄ rest, 🛜 🚪

Rue de l'Ehanoun 10 – 𝒞 027 485 95 95 – www.hotel-royal.ch Plan : B2**z**
– fermé mi-avril - mi-juin, mi-septembre - début décembre
48 ch 🖙 – ♦250/460 CHF ♦♦360/900 CHF – 4 suites – ½ P
Rest Plat du jour 30 CHF – Menu 75/120 CHF – Carte 83/135 CHF
Le grand hôtel cossu par excellence, avec ses chambres spacieuses et confortables, souvent avec balcon – la vue des derniers étages est superbe ! À l'intérieur, lumière, bois et photographies dédiées à la montagne ajoutent à l'élégance des lieux...

 Hostellerie du Pas de l'Ours < 📶 🎿 🛗 👟 🛜 🚪

Route du Pas de l'Ours 41 – 𝒞 027 485 93 33 Plan : A2**f**
– www.pasdelours.ch – fermé 21 avril - 5 juin et 11 octobre - 28 novembre
9 ch – ♦350/720 CHF ♦♦350/720 CHF – 6 suites
Rest *Hostellerie du Pas de l'Ours* ⊕ **Rest** *Le Bistrot des Ours* – voir la
sélection des restaurants
Du bois, du bois partout ! Ce chalet est bourré de charme et d'élégance, jusqu'au salon où l'on se réchauffe devant une cheminée très originale ; et les plus belles suites se parent de touches design. Spa complet partagé avec l'hôtel voisin.

 De L'Etrier < 🛏 🍴 🏊 📺 📶 🎿 🛗 👟 ℀ rest, 🛜 🚪

Route du Pas de l'Ours 31 – 𝒞 027 485 44 00 Plan : A2**u**
– www.hoteletrier.ch – fermé mai
58 ch 🖙 – ♦140/470 CHF ♦♦270/520 CHF – ½ P
Rest Plat du jour 35 CHF – Menu 40 CHF (déjeuner)/50 CHF – Carte 64/80 CHF – *(septembre - avril dîner seulement)*
Derrière une belle façade typiquement montagnarde, un hôtel accueillant et confortable, avec de grandes baies vitrées donnant sur les Alpes. Les chambres, sobres et très spacieuses, sont une invitation au repos.

 Helvetia Intergolf < 🍴 📺 🎿 🛗 🛜 🚪

Route de la Moubra 8 – 𝒞 027 485 88 88 Plan : C1**u**
www.helvetia-intergolf.ch – fermé 6 avril - 18 juin et 4 octobre - 17 décembre
53 ch 🖙 – ♦100/320 CHF ♦♦160/490 CHF – 36 suites – ½ P
Rest Carte 49/79 CHF – *(fermé dimanche hors saison) (dîner seulement)*
Ceux qui préfèrent un style plus moderne apprécieront cet hôtel bien exposé, non loin du centre de Montana. Il propose deux types d'hébergement, des chambres spacieuses ou des appartements équipés d'une cuisinette.

 Le Mont-Paisible ⟋ < 🛏 🍴 📺 ℀ 🛗 ℀ 🛜 🚪

Chemin du Mont-Paisible 12, Est : 2 km par C1 et route d'Aminona
– 𝒞 027 480 21 61 – www.montpaisible.ch – fermé 19 avril - 5 juin et 24 octobre - 20 décembre
40 ch 🖙 – ♦105/145 CHF ♦♦170/236 CHF – ½ P
Rest Menu 23/51 CHF – Carte 46/71 CHF – *(fermé dimanche soir, lundi et mardi hors saison)*
Paisible, c'est le mot ! À quelques kilomètres du centre, le silence est d'or. Depuis les chambres, au décor montagnard, on admire à loisir la magnifique vallée environnante, avant de rejoindre les pistes de ski toutes proches...

 Art de Vivre ⟋ < 🛏 🍴 📺 📶 🎿 🛗 🅰 rest, 🛜 🚪

Route de Fleurs des Champs 17 – 𝒞 027 481 33 12 Plan : B2**p**
– www.art-vivre.ch – fermé novembre
24 ch 🖙 – ♦168/240 CHF ♦♦240/320 CHF – ½ P
Rest *Tout un art* Plat du jour 25 CHF – Menu 36 CHF (déjeuner en semaine)/115 CHF – Carte 53/86 CHF – *(fermé mai)*
Cet hôtel du secteur résidentiel a été entièrement rénové en 2012 : il règne un agréable esprit contemporain dans les chambres, qui revisitent le style montagnard avec originalité... et qui offrent un panorama à tomber ! Autres arts de vivre : salon avec cheminée, piscine, fitness, spa, sauna et soins à la carte.

Central sans rest ⬛ 📶

Place du Marché 5 – ☏ 027 481 36 65 – www.lhotelcentral.ch   Plan : C1**c**
– fermé début mai 2 semaines et novembre 3 semaines
28 ch ☟ – 🛏105/120 CHF 🛏🛏180/210 CHF – 1 suite
Cet hôtel familial moderne est vraiment... central, et ce depuis 1961 ! Les chambres sont confortables et contemporaines, et il est possible de réserver un appartement pour six personnes.

Hostellerie du Pas de l'Ours (Franck Reynaud) – Hôtel Hostellerie du Pas de l'Ours

Route du Pas de l'Ours 41 – ☏ 027 485 93 33   🕸 ⇐ 🏠 P
– www.pasdelours.ch – fermé 21 avril - 5 juin, 11 octobre   Plan : A2**f**
- 28 novembre, dimanche soir, lundi et mardi midi
Menu 65 CHF (déjeuner en semaine)/185 CHF – Carte 124/160 CHF – *(réservation conseillée)*
Le chef de cet établissement de caractère, Franck Reynaud, n'a pas oublié ses racines provençales ! Dans un décor rustique, tout de pierre et de bois, il aime travailler les produits de saison, terriens, gorgés de soleil... Pour accompagner ses belles créations, on pioche dans une séduisante sélection de vins du Valais.
➜ Rivière de montagne – truite de rivière marinée aux épices anisées, rogues et végétaux aromatisés. Dos de bar sauvage de ligne au pesto rouge, pissalat de fenouil et arancini aux herbes. Pigeon de Bresse rôti "atmosphère 1500 mètres".

Giardino – Hôtel Guarda Golf   🕸 ⇐ 🏠 ♿

Route de Zirès 14 – ☏ 027 486 20 00   Plan : B2**g**
– www.hotelguardagolf.com – fermé mi-avril - mi-juin
et mi-septembre - mi-décembre
Plat du jour 28 CHF – Menu 48 CHF (déjeuner)/160 CHF – Carte 84/130 CHF
Giardino ? "Jardin" en italien, tout simplement. Celui-ci est cultivé avec passion par le jeune chef, qui signe une cuisine originale inspirée par des produits de qualité. Aux murs, les tableaux contemporains de Tylek et Tylecek, un couple d'artistes tchèques, incitent à la rêverie... comme la terrasse face aux Alpes !

Le Bistrot des Ours – Hôtel Hostellerie du Pas de l'Ours   🕸 P

Route du Pas de l'Ours 41 – ☏ 027 485 93 33   Plan : A2**f**
– www.pasdelours.ch – fermé 21 avril - 5 juin, 11 octobre - 28 novembre, mardi soir, mercredi et jeudi midi
Menu 35 CHF (déjeuner en semaine) – Carte 64/107 CHF
Qu'est-ce qui pourrait pousser une bande d'ours affamés à choisir ce bistrot entre tous ? Facile ! Son atmosphère rustique et montagnarde, associée à une cuisine savoureuse et taillée pour les grands carnivores : onglet de bœuf du pays à l'échalote, pâté de cerf et foie gras à la gelée de vin cuit... À rugir de plaisir !

La Diligence avec ch   ⇐ 🏠 🍴 ch, 📶 🚗 P

Route de la Combaz 56 – ☏ 027 485 99 85   Plan : C1**d**
– www.ladiligence.ch
8 ch ☟ – 🛏85/125 CHF 🛏🛏140/180 CHF – ½ P
Plat du jour 22 CHF – Menu 30/78 CHF – Carte 43/81 CHF
Manger libanais dans un décor typiquement montagnard, voilà ce que propose ce chalet tenu par la famille Lamaa : chawarma, couscous royal, chich taouk... à accompagner de vins du Valais ou du Liban ! Avec de petites chambres toutes simples pour passer la nuit.

Le Thaï   🏠 🍴

Route du Rawyl 12 – ☏ 027 481 82 82 – www.le-thai.ch   Plan : B2**d**
– fermé 1er - 25 mai, novembre, lundi et mardi hors saison
Plat du jour 18 CHF – Carte 34/82 CHF – *(réservation conseillée le soir)*
Ce petit restaurant thaï est l'œuvre de toute une famille passionnée, qui, pendant les périodes de fermeture, part en Thaïlande pour se perfectionner ! L'authenticité des parfums, l'originalité des recettes (toutes accompagnées de légumes, desserts compris) et les jolies présentations mettent l'eau à la bouche...

à Plans Mayens Nord : 4 km – ✉ 3963 Crans-Montana

Le Crans

Chemin du Mont-Blanc 1 – ☏ 027 486 60 60   Plan : A1**c**
– www.lecrans.com – fermé mai et novembre
7 ch ☑ – 🛏430/680 CHF 🛏🛏550/1600 CHF – 8 suites
Rest Le Mont Blanc – voir la sélection des restaurants
Cet hôtel haut de gamme – et haut perché – promet un séjour exclusif : une vue
extraordinaire sur la vallée et les sommets, des chambres qui sont de vrais bijoux
(l'esprit montagnard est interprété avec un raffinement exquis), des suites et un
wellness voluptueux... Un sommet de romantisme, à l'écart de tout.

ⅩⅩⅩ Le Mont Blanc – Hôtel Le Crans

Chemin du Mont-Blanc 1 – ☏ 027 486 60 60   Plan : A1**c**
– www.lecrans.com – fermé mai et novembre
Menu 55 CHF (déjeuner en semaine)/149 CHF – Carte 96/131 CHF
Ses grandes baies vitrées en demi-cercle donnent presque l'impression de naviguer sur le magnifique paysage environnant... À la barre, le chef, Pierre Crepaud,
signe des mets créatifs portés par des produits nobles : filet de féra en croûte de
pain, râble de lapin à la tapenade alpestre, etc. Belle traversée !

à Bluche Est : 3 km par C1, direction Sierre – alt. 1 263 m – ✉ 3975 Randogne

Ⅹ Edo

Route Sierre-Montana 43 – ☏ 027 481 70 00 – www.edo-tokyo.ch – fermé 8 juin
- 16 juillet, mi-octobre 2 semaines, lundi midi et mardi midi ; hors saison : lundi
- mercredi midi, jeudi midi et vendredi midi
Plat du jour 25 CHF – Menu 50/130 CHF – Carte 46/78 CHF
On peut être à la montagne et déguster une authentique cuisine japonaise ! Au
menu, on retrouve les spécialités emblématiques de l'archipel, préparées avec
soin et des ingrédients de qualité. De la terrasse, la vue sur les sommets donne
d'autant plus de relief aux sushis, sashimis et autres grillades...

CRAP MASEGN – Graubünden → Siehe Laax

CRISSIER
Vaud (VD) – ✉ 1023 – 7 402 h. – alt. 470 m – Carte régionale **6-B5**
▶ Bern 102 km – Lausanne 7 km – Montreux 38 km – Nyon 45 km
Carte routière Michelin 552-E9

ⅩⅩⅩⅩ Restaurant de l'Hôtel de Ville (Benoît Violier)

🏵🏵🏵 Rue d'Yverdon 1 – ☏ 021 634 05 05 – www.restaurantcrissier.com – fermé
24 décembre - 6 janvier, 26 juillet - 17 août, dimanche et lundi
Menu 185 CHF (déjeuner en semaine)/370 CHF – Carte 173/285 CHF –
(réservation indispensable)
Un véritable temple de la gastronomie ! Après Frédy Girardet et Philippe Rochat,
Benoît Violier mène cette noble maison avec un rare talent. Ses assiettes, magis-
trales, subtiles et puissantes, sont dignes de classiques ; le service – d'exception – cultive la grande tradition. Goût d'immuable, goût d'inédit : l'excellence,
tout simplement…
→ Homard bleu de l'île de Skye rafraîchi, sucrines et fanes du moment marinées
et pimentées. Rouget barbet de Boulogne à la plancha, tomates San Marzano cuites et crues. Carré d'agneau du Verdon rôti au romarin, "Celtianes" et artichauts
violets.

La CROIX-de-ROZON
Genève (GE) – ✉ 1257 – 1 290 h. – alt. 483 m – Carte régionale **6-A6**
▶ Bern 174 km – Genève 7 km – Gex 31 km – Saint-Julien-en-Genevois 6 km
Carte routière Michelin 552-B12

à Landecy Ouest : 3 km – alt. 490 m – ✉ 1257 La Croix-De-Rozon

Auberge de Landecy

Route du Prieur 37 – ☎ 022 771 41 41 – www.auberge-de-landecy.ch – fermé Noël et Nouvel An, Pâques une semaine, début août une semaine, dimanche et lundi

Plat du jour 19 CHF – Menu 39 CHF (déjeuner en semaine)/82 CHF – Carte 57/81 CHF

Non loin de la frontière, une jolie auberge dans la campagne... On tombe sous le charme de ses murs du 18e s., de sa terrasse fleurie et plus encore de sa cuisine, pleine des saveurs de saison. Excellent rapport qualité-prix !

Les CROSETS

Valais (VS) – ✉ 1873 – Carte régionale **7-C6**

Bern 129 km – Sion 69 km – Lausanne 70 km – Genève 134 km

Carte routière Michelin 552-F12

Mountain Lodge

Hameau des Crosets – ☎ 024 479 25 80 – www.lemountainlodge.ch – fermé 18 avril - 13 décembre

23 ch – †280/490 CHF ††280/490 CHF – ½ P

Rest Plat du jour 25 CHF – Carte 50/80 CHF

L'établissement idéal pour les amateurs de montagne et de glisse. À deux pas des pistes (1 670 m d'altitude) : location de skis, cheminée, sauna et jacuzzi... avec une vue sur les Dents du Midi ! Pour la télé, il faut demander, mais est-ce bien utile ?

L'Étable

Hameau des Crosets – ☎ 024 565 65 55 – www.hotel-etable.ch – fermé fin avril - mi-juin et fin octobre - mi-décembre

17 ch – †80/225 CHF ††120/300 CHF, 15 CHF – ½ P

Rest *La cuisine de l'Étable* Plat du jour 19 CHF – Menu 25 CHF (déjeuner) – Carte 54/107 CHF – *(fermé avril - novembre)*

Ce chalet rend hommage avec humour au charme des alpages, avec ses chambres habillées de bois et... de peaux de vache. Le restaurant se révèle tout aussi chaleureux (joli mélange d'ancien et de contemporain, cuisine créative). Du cachet à deux pas des pistes !

CROY

Vaud (VD) – ✉ 1322 – 315 h. – alt. 642 m – Carte régionale **6-B5**

Bern 95 km – Lausanne 31 km – Pontarlier 41 km – Yverdon-les-Bains 20 km

Carte routière Michelin 552-D8

Rôtisserie au Gaulois

Route du Dîme 3 – ☎ 024 453 14 89 – www.au-gaulois.com – fermé janvier 2 semaines, fin juin - mi-juillet 3 semaines, lundi et mardi

Plat du jour 21 CHF – Menu 52 CHF (déjeuner en semaine)/120 CHF – Carte 38/106 CHF

Sentez-vous cette bonne odeur ? Regardez plutôt vers la cheminée : pavés, faux-filets et autres côtes de bœuf grillent et rôtissent sous vos yeux ! Et parce que, dans cette sympathique auberge, on aime satisfaire tout le monde, les amateurs de poissons et crustacés seront conquis par la fraîcheur de leurs mets favoris.

CULLY

Vaud (VD) – ✉ 1096 – 4 995 h. – alt. 391 m – Carte régionale **6-B5**

Bern 96 km – Lausanne 9 km – Montreux 15 km – Pontarlier 77 km

Carte routière Michelin 552-E10

Auberge du Raisin N

Place de l'Hôtel-de-Ville 1 – ☎ 021 799 21 31 – www.aubergeduraisin.ch

10 ch – †150 CHF ††180 CHF

Rest *La Rôtisserie* – voir la sélection des restaurants

Près du lac, cette maison historique a su garder, malgré une refonte complète, quelque chose de son charme rustique d'antan. Les chambres ont du style – voûtes, poutres apparentes – et offrent tout le confort nécessaire. Une belle étape.

🏨 Lavaux

Route Cantonale – ☎ 021 799 93 93 – www.hotellavaux.ch
58 ch – ♦120/250 CHF ♦♦150/350 CHF, � 18 CHF – 6 suites – ½ P
Rest Plat du jour 20 CHF – Menu 60/80 CHF – Carte 51/85 CHF – *(fermé dimanche soir)*
Niché sur les coteaux viticoles du Léman, ce bâtiment d'un beau modernisme (1964), avec un toit-terrasse dominant superbement le lac, a été entièrement rénové en 2012. Design et épure font tout le caractère apaisant des chambres, à l'unisson de la vue sur les flots ou les vignes...

🍴🍴 La Rôtisserie – Hôtel Auberge du Raisin

Place de l'Hôtel-de-Ville 1 – ☎ 021 799 21 31 – www.aubergeduraisin.ch – fermé dimanche soir
Plat du jour 21 CHF – Menu 43/130 CHF – Carte 61/108 CHF
Près du lac, voilà une maison de caractère avec son élégante rôtisserie, où les viandes à la broche côtoient notamment les poissons nobles du Léman... Les amoureux des beaux produits se régalent à petits prix ! L'été, profitez de l'agréable terrasse ou prolongez l'étape du côté de l'hôtel, de belle tenue.

🍴 La Gare

Place de la Gare 2 – ☎ 021 799 21 24 – www.lagarecully.ch
– fermé 21 décembre - 14 janvier, 7 - 29 août, samedi midi, dimanche et lundi
Plat du jour 20 CHF – Menu 49/139 CHF – Carte 66/102 CHF
Face à la gare, ce sympathique établissement traditionnel a le goût des classiques : le chef affectionne les bons produits (perche du lac, pigeon de Racan, etc.), son dada étant le foie gras, chaud ou froid. Belle sélection de vins locaux. À midi, la carte simple est parfaite pour un petit repas d'affaires.

CURAGLIA

Graubünden (GR) – ✉ 7184 – 422 Ew – Höhe 1 332 m – Siehe Regionalatlas **9-H5**
▶ Bern 184 km – Andermatt 38 km – Altdorf 71 km – Bellinzona 78 km
Michelin Straßenkarte 553-R9

🏨 Vallatscha

Via Lucmagn – ☎ 081 936 14 90 – www.vallatscha.com – geschl. Juni, November
10 Zim ⊒ – ♦115/135 CHF ♦♦150/170 CHF – ½ P
Rest Tagesteller 28 CHF – Menü 34/54 CHF – Karte 32/73 CHF – *(geschl. Montag)*
Ein bisschen spürt man in dem gepflegten Haus von 1910 noch den historischen Charme und gleichzeitig geniesst man das frische Ambiente heller und schön zeitgemässer Zimmer. Ebenso freundlich das Restaurant "Aurina", und auch die "Stiva" (das gastronomische Herzstück) lässt trotz gemütlicher alter Täferung moderne Elemente erkennen. Hier wie dort bekommen Sie traditionelle Regionalküche mit italienischem Einfluss. Übrigens: Im gesamten Haus gibt es gutes Medelser Bergquellwasser!

in Mutschnengia West: 2 km – ✉ 7184 Curaglia

🏨 Cuntera

Mutschnengia – ☎ 081 947 63 43 – www.hotel-cuntera.ch – geschl. November
13 Zim ⊒ – ♦85/90 CHF ♦♦130/150 CHF – ½ P
Rest Tagesteller 19 CHF – Menü 25/39 CHF – Karte 32/46 CHF – *(geschl. Dienstagabend; ausser Saison: Dienstagabend - Mittwoch)*
Die Idylle rings um das ruhige kleine Bergdorf wird Sie begeistern... und sie macht Lust auf eine Schneewanderung - Die Schneetourschuhe dafür können Sie hier leihen! Auch wenn Sie nicht in dem netten Familienbetrieb wohnen, sollten Sie dennoch mal das Panoramarestaurant samt toller Terrasse und grandioser Sicht ins Medelsertal besuchen!

DALLENWIL

Nidwalden (NW) – ✉ 6383 – 1 782 Ew – Höhe 486 m – Siehe Regionalatlas **4-F4**
▶ Bern 128 km – Luzern 18 km – Chur 160 km – Zürich 79 km
Michelin Straßenkarte 551-O7

XX **Gasthaus zum Kreuz**

Stettlistr. 3 – ℰ 041 628 20 20 – www.kreuz-dallenwil.ch – geschl. Juli - August 3 Wochen und Montag - Dienstag

Menü 22 CHF (mittags unter der Woche)/129 CHF – Karte 63/110 CHF

Das älteste Gasthaus des Engelbergtals (16. Jh.) ist schon eine besonders liebenswerte Adresse: gemütliche Täferung, wunderschöner Parkettboden, charmanter Service durch die Chefin und ihr Team. Der Chef verwöhnt Sie mit ganz klassischen französischen Gerichten wie Rindsfilet "Rossini" oder Lammcarré.

DAVESCO-SORAGNO – Ticino → Vedere Lugano

CASA DEL VINO.
SPANISCHE
SPITZENWEINE.

CASA DEL VINO
Sihlfeldstrasse 139, 8040 Zürich | +41 44 295 90 60 | www.casadelvino.ch

DAVOS

Graubünden (GR) – ✉ 7270 – 11 156 Ew – Höhe 1 560 m (Wintersport : 1 560/
2 844 m) – Siehe Regionalatlas **11-J4**
▶ Bern 271 km – Chur 59 km – Sankt Moritz 68 km – Vaduz 78 km
Michelin Straßenkarte 553-X8

© H. Rier / Suedtirolfoto /Look / Photononstop

DAVOS DORF Höhe 1 560 m – ✉ 7260
▶ Bern 270 km – Chur 58 km – Bludenz 105 km – Mels 58 km

InterContinental 🔟
Baslerstr. 9, über Flüelastrasse B1 – 𝒞 081 414 04 00
– www.intercontinental.com/davos
205 Zim – ♦250/980 CHF ♦♦250/980 CHF, ☲ 50 CHF – 11 Suiten – ½ P
Rest *Studio Grigio* **Rest** *Capricorn* **Rest** *Matsu* – siehe Restaurantauswahl
Der neueste Hotspot der Davoser Hotellerie! Traumhaft die Lage hier oben mit
Blick ins Tal, einzigartig die futuristische Architektur (ein golden schimmerndes
Oval), und auch innen glänzt das Haus mit exklusiven Materialien und selten
grosszügigem Rahmen. Überaus moderne und wohnliche Zimmer, Spa auf 1600
qm, exzellent der Tagungsbereich.

Seehof
Promenade 159 – 𝒞 081 417 94 44 Stadtplan : B1**a**
– www.seehofdavos.ch – geschl. 19. April - 23. Mai
94 Zim ☲ – ♦115/445 CHF ♦♦230/940 CHF – 5 Suiten – ½ P
Rest *Amrein's Seehofstübli* ✿ – siehe Restaurantauswahl
Rest *Chesa Seehof* Tagesteller 19 CHF – Karte 47/110 CHF
Rest *Bieri's Spezialitäten Stübli* Karte 82/136 CHF – (geschl. Mitte Oktober
- Mitte Mai und Montag - Dienstag) (nur Abendessen, sonntags auch
Mittagessen)
Ein Logenplatz an der Promenade! Von der repräsentativen Lobby gelangt man in
individuelle Zimmer von zeitgemäss-elegant bis zum etwas einfacheren Classic
Zimmer, teils mit Balkon und Bergblick. Schöne Alternativen zum Gourmetrestau-
rant: gemütlich-rustikales "Chesa" mit Kreuzgewölbe (hier kocht man regional und
international) sowie "Bieri's" mit Grill-Spezialitäten.

Turmhotel Victoria
Alte Flüelastr. 2 – 𝒞 081 417 53 00 Stadtplan : B1**d**
– www.victoria-davos.ch
98 Zim ☲ – ♦115/320 CHF ♦♦210/510 CHF – 11 Suiten – ½ P
Rest *La Terrasse* – siehe Restaurantauswahl
Von aussen fällt sofort der hübsche Turmanbau ins Auge, drinnen warten unterschiedlich geschnittene Zimmer - wie wär's z. B. mit einem Superior mit Balkon
zur Südseite? Oder vielleicht eine der tollen geräumigen "Bel Etage"-Suiten? Entspannung findet man bei Kosmetik und Massage, und auch beim Speisen, z. B.
Fondue und Grillgerichte im Kirchner Stübli.

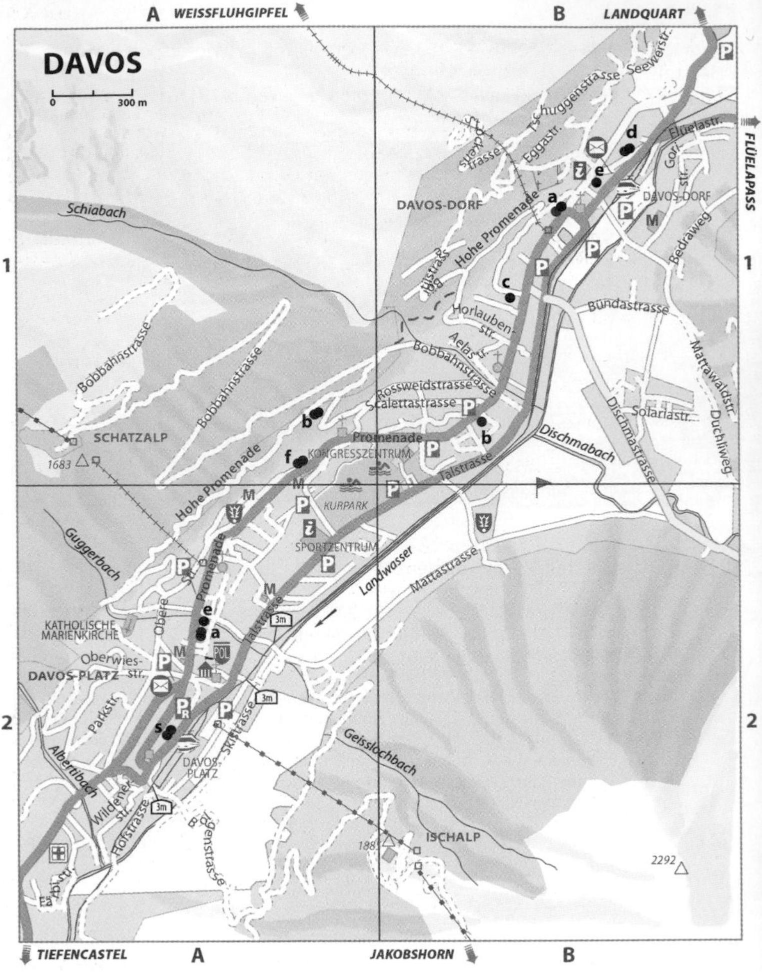

DAVOS

A WEISSFLUHGIPFEL   B   LANDQUART

Scale: 0 — 300 m

FLÜELAPASS →

A TIEFENCASTEL   JAKOBSHORN   B

🏨 Meierhof

🛏🔥📺🏋🛎📶🚗🅿

Promenade 135 – ☎ 081 417 14 14 – www.meierhof.ch   Stadtplan : B1**c**

67 Zim 🛏 – ♦98/233 CHF ♦♦178/546 CHF – 8 Suiten

Rest *Jarno* Tagesteller 19 CHF – Menü 36 CHF – Karte 40/130 CHF – *(geschl. Ende April - Mitte Mai, Mitte Oktober - Ende November)*

Das Hotel liegt zentral an der Promande, wird engagiert geführt und ist freundlich mit alpenländischer Note eingerichtet. Recht moderner Saunabereich und Hallenbad mit Blick in den Garten. Im Restaurant (benannt nach dem Formel-1-Rennfahrer Jarno Trulli) bietet man bei gemütlicher Atmosphäre regional-saisonale Küche auf klassischer Basis.

Gute und preiswerte Häuser kennzeichnet der „Bib": der rote „Bib Gourmand" 🍴 für die Küche, der blaue „Bib Hotel" 🛏 bei den Zimmern.

XXX   **Amrein's Seehofstübli** – Hotel Seehof   🕊 🏡 **P.**

🕄   *Promenade 159 –* ☎ *081 417 94 44*   Stadtplan : B1**a**
– www.seehofdavos.ch – geschl. 19. April - 5. Dezember und Montag - Dienstag
Menü 65 CHF (mittags)/175 CHF – Karte 92/138 CHF – *(Tischbestellung ratsam)*
Nach dem Walserhof in Klosters ist nun hier die Wirkungsstätte von Armin
Amrein. Kreativ und mit gewohntem Engagement kocht er für die Gäste das
Degustations- oder das Bündnermenü, aber auch à la carte und natürlich seine
Klassiker. Und am Mittag gibt es in der gemütlich-eleganten Arvenholzstube zu
fairem Preis das ebenfalls niveauvolle Lunchmenü!
→ Saibling aus dem Lerchenrauch mit Ziegenfrischkäse, Randen und Wasabi. In
Malanser Rotwein geschmortes Kalbsbäggli mit Wintertrüffel, Sellerie und Kartof-
felpüree. Savarin, Rum, Banane, Mango.

XXX   **Studio Grigio** 🆕 – Hotel InterContinental   ⇦ 🏡 ♿ 🆔 **P.**
Baslerstr. 9, über Flüelastrasse B1 – ☎ *081 414 04 00*
*– www.intercontinental.com/davos – geschl. Juni, 12. Oktober - 15. November
und Sonntag - Montag*
Menü 95/118 CHF – *(nur Abendessen)*
Das etwas andere Fine-Dining-Restaurant in dem spektakulären Hotelbau liegt im
10. Stock. Durch die schicke Bar gelangt man in ein stylisches loungeartiges Restaurant mit einem Traum von Terrasse - ausgesprochen leger und dennoch edel
und stilvoll. Gekocht wird fein, sehr kontrastreich und mit Top-Produkten.

XX   **Capricorn** 🆕 – Hotel InterContinental   ⇦ 🏡 ♿ 🆔 🍽
Baslerstr. 9, über Flüelastrasse B1 – ☎ *081 414 04 00*
– www.intercontinental.com/davos
Karte 86/117 CHF
Ein moderner Speisesaal mit offener Showküche und - dank grosser Fensterfront
- mit fantastischer Aussicht auf Davos und die Berge - wer möchte da nicht auf
der Terrasse speisen? Serviert wird Internationales.

XX   **La Terrasse** – Turmhotel Victoria   ⇦ 🍴 ♿ 🔄 **P.**

😊   *Alte Flüelastr. 2, (1. Etage) –* ☎ *081 417 53 00*   Stadtplan : B1**d**
– www.victoria-davos.ch
Tagesteller 18 CHF – Menü 35/98 CHF – Karte 31/111 CHF
Das um einen grosszügigen Wintergarten verbreiterte Restaurant wirkt durch den
Lichteinfall hell und freundlich. Nahe an der Talstation der Parsennbahn gelegen,
ein idealer Ort zur Stärkung nach dem Skifahren oder Bergwandern.

XX   **Matsu** 🆕 – Hotel InterContinental   🆔 🍽 **P.**
Baslerstr. 9, über Flüelastrasse B1 – ☎ *081 414 04 00*
*– www.intercontinental.com/davos – geschl. 6. April - 31. Mai, 1. Oktober
- 20. November und Dienstag - Mittwoch*
Karte 70/162 CHF – *(nur Abendessen)*
Authentische japanische Küche mit Niveau gibt es nun auch in Davos! Das
Ambiente elegant-minimalistisch, auf der Speisekarte Interessantes wie "Königskrabbe, Garnele und Tintenfisch mit Alge und Gurke" und natürlich auch Sushi
und Sashimi.

DAVOS PLATZ Höhe 1 540 m – ✉ 7270
▶ Bern 273 km – Chur 61 km – Bludenz 108 km – Mels 61 km

🏨   **Steigenberger Belvédère**   ⇦ 🏡 🔲 🛁 🏋 🎐 🍽 Rest, 🛜 🏊 **P.**
Promenade 89 – ☎ *081 415 60 00*   Stadtplan : A1**f**
*– www.steigenberger.com/davos – geschl. 12. April - 4. Juni, 4. Oktober
- 26. November*
126 Zim 🛏 – 🛏162/430 CHF 🛏🛏267/970 CHF – 8 Suiten – ½ P
Rest *Romeo und Julia / Trattoria* – siehe Restaurantauswahl
Rest *Belvédère* Menü 110 CHF – *(nur Abendessen)*
Rest *Bistro Voilà* Karte 45/111 CHF
Das Grandhotel in Davos schlechthin! Hier trifft Tradition (das Haus wurde 1875
erbaut) auf den Komfort von heute. Zur Wahl stehen klassische oder modern-
alpine Zimmer. Schöne Aussicht. Im eleganten Restaurant Belvédère erwartet Sie
allabendlich ein Geniesser-Menü. Regionale und traditionelle Küche im Voilà.

🏨 **Waldhotel Davos**   🦮 ⟨🛏 🗙 🕸 🛗 🍴 Rest, 🛜 ♨ **P**
Buolstr. 3 – 🕾 *081 415 15 15*   Stadtplan : A1**b**
– www.waldhotel-davos.ch – geschl. 6. April - 5. Juni, 11. Oktober
- 27. November
46 Zim ☖ – 🍴120/245 CHF 🍴🍴195/495 CHF – 15 Suiten – ½ P
Rest *Mann und Co* – siehe Restaurantauswahl
Rest Karte 77/102 CHF
Dieses Haus hoch über Davos (traumhaft das Bergpanorama!) war schon immer
prädestiniert für Erholung: einst als Sanatorium, heute als schönes zeitgemässes
und engagiert geführtes Hotel. Buchen Sie ein Panorama-Zimmer oder gönnen
Sie sich eines mit eigener Sauna! Oder das Highlight: die Thomas-Mann-Suite.
Und lassen Sie sich auch das historische Gästezimmer zeigen! Im Hotelrestaurant
kocht man traditionell-regional-saisonal.

🏨 **Grischa**   🛗 ♿ Rest, 🛜 ♨ 🥐 **P**
😊 *Talstr. 3 –* 🕾 *081 414 97 97 – www.hotelgrischa.ch*   Stadtplan : A2**s**
81 Zim ☖ – 🍴110/460 CHF 🍴🍴210/560 CHF – 12 Suiten – ½ P
Rest *Golden Dragon*   Rest *Leonto* – siehe Restaurantauswahl
Rest *Pulsa* Tagesteller 19 CHF – Menü 29 CHF – Karte 58/116 CHF
Rest *Monta* Menü 89 CHF – Karte 52/117 CHF – *(nur Abendessen)*
Das Hotel setzt auf Bergatmosphäre als Designkonzept: heimisches Altholz, Stein,
loungige Ledersessel im schicken Shabby-Look... und an der Decke eine beachtliche Lichtskulptur aus Muranoglas-Elementen in Eiszapfenoptik - was in der
Lobby so geschmackvoll beginnt, findet in den Zimmern mit ihrem edlen Interieur aus klaren Formen, gedeckten Farben und Seidenschimmer seine stilvoll-
moderne Fortsetzung. Zum visuellen Genuss kommt der kulinarische, z. B. bei
Grillgerichten im "Monta" oder im "Pulsa" bei Fondue und Raclette oder beim
günstigen Lunch.

🏨 **Morosani Posthotel ❶**   🗙 🕸 🛗 🛜 ♨ **P**
Promenade 42 – 🕾 *081 415 45 00*   Stadtplan : A2**a**
– www.posthotel.morosani.ch – geschl. Mitte April - Mitte Mai, Mitte Oktober
- Mitte November
90 Zim ☖ – 🍴140/550 CHF 🍴🍴280/750 CHF – ½ P
Rest *Pöstli Restaurant* – siehe Restaurantauswahl
In dem Traditionshaus von 1870 im Herzen von Davos wohnt man modern-
alpin oder in Landhauszimmern mit warmem Arvenholz, teils mit Cheminée.
Eine schöne Alternative: das "fiftyone" mit schickem zeitgemässem Design
und "room only"-Konzept. Gastronomisch gibt es neben dem Pöstli Restaurant noch das Bistro "Pöstli Corner" sowie im Winter Sushi-Bar und Fondue-
Restaurant.

🏨 **Morosani Schweizerhof ❶**   🛜 🕸 🛗 🛗 ⚹ 🍴 Rest, 🛜 ♨ 🥐 **P**
Promenade 50 – 🕾 *081 415 55 00 – www.morosani.ch*   Stadtplan : A2**e**
– geschl. Mitte April - Mitte Mai, Mitte Oktober - Mitte November
100 Zim ☖ – 🍴140/550 CHF 🍴🍴280/750 CHF – 14 Suiten – ½ P
Rest Menü 45/145 CHF – Karte 53/109 CHF
Dieses Hotel ist auf Ferien- und Tagungsgäste gleichermassen eingestellt. Sie
wohnen in modern-alpinen Zimmern oder in stylischen Neubau-Zimmern. Im
Restaurant speist man gehoben italienisch, in der Bar lauscht man abends Pia-
no-Musik.

🏨 **Casanna**   ⟨🛏 🛗 🍴 Rest, 🛜 **P**
Alteinstr. 6 – 🕾 *081 417 04 04 – www.casanna.ch*   Stadtplan : B1**b**
– geschl. Ende April - Anfang Juni, Mitte Oktober - Ende November
26 Zim ☖ – 🍴120/170 CHF 🍴🍴190/290 CHF – ½ P
Rest Menü 30 CHF – *(nur Abendessen)*
Charmant! Die Zimmer in dem kleinen Hotel sind hell und wohnlich, der Service
ist freundlich und familiär. Kurpark und Bushaltestellen befinden sich ganz in der
Nähe, Businessgäste haben es nicht weit zum Kongresszentrum.

XXX **Mann und Co** – Waldhotel Davos   ⅏ ≤ 🅿

Buolstr. 3 – ℰ 081 415 15 15 – geschl. 30. März - 3. Juli,   Stadtplan : A1**b**
28. September - 4. Dezember und Montag - Dienstag
Menü 120/190 CHF – (nur Abendessen) (Tischbestellung ratsam)
Nachdem sich Thomas Mann hier schon zu seinem "Zauberberg" inspirieren liess,
geht die Inspiration heute auf die Gäste über, wenn sie sich auf die Menüs von
Thorsten Bode einlassen. Seine modernen und kreativen Gerichte basieren auf
erstklassigen Produkten und das Ganze wird in stimmigem modern-elegantem
Ambiente bestens vom hervorragenden Serviceteam ergänzt.

XXX **Pöstli Restaurant ⓝ** – Morosani Posthotel   ⅏ 🅿

Promenade 42 – ℰ 081 415 45 00   Stadtplan : A2**a**
– www.posthotel.morosani.ch – geschl. Mitte April - Mitte Mai, Mitte Oktober
- Mitte November
Tagesteller 19 CHF – Menü 45 CHF (mittags)/145 CHF – Karte 53/109 CHF
Eleganter Bündner Stil bestimmt hier das Ambiente. Seit Jahren kocht
Küchenchef Peter Müller schmackhafte klassische Gerichte wie "Ganze
Dover-Seezunge vom Grill mit Sauce Hollandaise und Winterspinat". Nicht
ganz alltäglich die Weinkarte.

XX **Leonto** – Hotel Grischa   ♿ 🅿

Talstr. 3 – ℰ 081 414 97 97 – www.hotelgrischa.ch   Stadtplan : A2**s**
– geschl. April - 18. Dezember und Sonntag - Montag
Menü 91/141 CHF – Karte 81/137 CHF – (nur Abendessen)
Die Gourmetvariante der Grischa-Gastronomie präsentiert sich modern-ele-
gant in klaren Linien und strahlendem Weiss (aparter Kontrast ist der rote
Teppichboden). Bevor Sie hier die kreative, zeitgemässe und saisonale
Küche geniessen, nehmen Sie im angeschlossenen Bar-Lounge-Bereich
Ihren Apéro ein.

XX **Romeo und Julia / Trattoria** – Hotel Steigenberger Belvédère   ◇ 🅿

Promenade 89 – ℰ 081 415 60 00   Stadtplan : A1**f**
– www.steigenberger.com/davos – geschl. 12. April - 4. Juni, 4. Oktober
- 26. November
und November - April: Sonntag - Montag
Karte 61/132 CHF – (nur Abendessen)
Sicher hat schon manch grosser Politiker beim alljährlichen Weltwirtschaftsforum
auf einem der Stühle in diesem netten rustikalen Lokal gesessen. Die Küche orien-
tiert sich an italienischen Rezepten.

X **Golden Dragon** – Hotel Grischa   🀱 ♿ 🅿

Talstr. 3 – ℰ 081 414 97 97 – www.hotelgrischa.ch   Stadtplan : A2**s**
– geschl. Sonntag - Montag
Menü 29/62 CHF – Karte 47/78 CHF
Dass man in Davos nicht nur regional essen kann, beweist dieses chinesische Restaurant. Probieren Sie z. B. das Menü "Jasmin" (ab 3 Personen)! Und wie könnte
es im "Grischa" anders sein: Alles ist hochwertig und stimmig designt: Holz, Stein,
Leder... elegant die dunklen, warmen Töne.

in Davos-Wiesen Süd-West: 17 km überA2, Richtung Tiefencastel – – 362 Ew

🏨 **Bellevue ⓝ**   🀱 🛜 🅿
🍴
😊 *Hauptstr. 9 ⊠ 7494 – ℰ 081 404 11 50 – www.bellevuewiesen.com*
    – geschl. 12. April - 12. Mai, 25. Oktober - 13. Dezember
🛏 **21 Zim** 🖵 – †79/239 CHF ††99/259 CHF – ½ P
    Rest Tagesteller 19 CHF – Menü 20/60 CHF – Karte 36/80 CHF – (geschl.
    Donnerstag) (nur Abendessen)
    Mit Liebe zum Detail haben die sympathischen Gastgeber das Traditionshaus
    von 1873 wirklich hübsch eingerichtet: Lobby, Leseraum, Zimmer... alles ist
    hochwertig, angenehm modern und dennoch warm, und alpiner Charme
    darf natürlich auch nicht fehlen. Schön entspannt es sich z. B. auf der Terrasse
    mit Bergblick!

in Davos-Monstein Süd-West: 11 km überA2, Richtung Tiefencastel – ⊠ 7270

🏠 **Ducan**   ⚫ 🛋 👳 🏄 Zim, 📶 🐾 **P**

*Hauptstr. 15 – 𝒞 081 401 11 13 – www.hotelducan.ch – geschl. 7. April - 22. Mai,
20. Oktober - 14. November*
12 Zim 🛏 – 👤110/220 CHF 👤👤160/280 CHF – ½ P
Rest Tagesteller 25 CHF – Karte 38/80 CHF – *(geschl. Mittwoch)*
Ein uriger Gasthof ganz in Holz in einem einsamen kleinen Dorf. Liebenswerte
Zimmer mit modernen Bädern (Flat-TV auf Wunsch), reizendes "Saunahüüschi"
mit Brunnen im Freien. Mit "Älpli Grill" und "Bramata Polenta"-Gerichten (freitags)
passt auch die Küche zum regionalen Charakter.

in Wolfgang Nord-Ost: 4 km überA2, Richtung Landquart – Höhe 1 629 m –
⊠ 7265 Davos-Wolfgang

🏠 **Kessler's Kulm**   🛋 👳 👔 📶 **P**

Prättigauerstr. 32 – 𝒞 081 417 07 07 – www.kessler-kulm.ch
40 Zim 🛏 – 👤81/181 CHF 👤👤130/400 CHF – ½ P
Rest Tagesteller 23 CHF – Karte 49/83 CHF
Das Hotel liegt an der Durchgangsstrasse, am Ende der Parsenn Skiregion - die
Loipe führt am Haus vorbei, die Alpin-Piste endet direkt oberhalb. Einige Zimmer
sind neuzeitlich-frisch, andere etwas älter (auch die im Gästehaus gegenüber).
Fragen Sie nach denen mit besonders schöner Talsicht! Ausblick auch beim
Essen (bürgerliche Küche) und von der Panorama-Sauna.

in Sertig Dörfli Süd: 9 km überA2, Richtung Tiefencastel – ⊠ 7272 Davos Clavadel

🏠 **Walserhuus**   ⚫ ≺ 👳 🛋 Rest, 🔄 **P**

Sertigstr. 34, Süd: 1 km ⊠ 7272 – 𝒞 081 410 60 30 – www.walserhuus.ch
11 Zim 🛏 – 👤105/145 CHF 👤👤130/220 CHF – ½ P
Rest Tagesteller 20 CHF – Menü 30 CHF (mittags) – Karte 40/76 CHF
Einmalig schön, ja geradezu paradiesisch liegt das Haus der Familie Biäsch am
Ende eines Hochtales. Umgeben von liebenswertem rustikalem Charme schlafen
Sie bequem auf Gänsedaunen und Arvenholzspänen und lassen sich im Schwin-
ger-, Arven- oder Panoramastübli - oder natürlich draussen auf der Terrasse bei
grandioser Aussicht - z. B. Heidelbeerrisotto und Parmesan schmecken. Besuchen
Sie unbedingt den Wasserfall Sertig!

DEGERSHEIM

Sankt Gallen (SG) – ⊠ 9113 – 3 962 Ew – Höhe 799 m – Siehe Regionalatlas **5**-H2
▶ Bern 197 km – Sankt Gallen 18 km – Konstanz 50 km – Winterthur 62 km
Michelin Straßenkarte 551-T5

🏠 **Wolfensberg**   ⚫ ≺ 👜 👳 🛋 🏄 Zim, 📶 🔄 **P**

Wolfensberg – 𝒞 071 370 02 02 – www.wolfensberg.ch
27 Zim 🛏 – 👤125 CHF 👤👤178/188 CHF – 1 Suite – ½ P
Rest Tagesteller 18 CHF – Menü 33/46 CHF – Karte 44/89 CHF – *(geschl.
Sonntagabend)*
Das Haus gibt es inzwischen seit rund 80 Jahren. Es wird engagiert-familiär
geführt, liegt schön ruhig (toll die Aussicht!) und bietet top gepflegte sonnige
Zimmer sowie einen grossen Garten. Sie speisen im hellen, freundlichen Restau-
rant oder in der rustikalen Stube.

DELÉMONT

Jura (JU) – ⊠ 2800 – 11 809 h. – alt. 413 m – Carte régionale **2**-D3
▶ Bern 90 km – Basel 42 km – Montbéliard 62 km – Solothurn 36 km
Carte routière Michelin 551-I5

🏠 **La Bonne Auberge** sans rest   🏄 📶

*Rue du 23 Juin 32, (accès piétonnier) – 𝒞 032 422 17 58
– www.labonneauberge.ch – fermé début janvier une semaine*
7 ch 🛏 – 👤110/120 CHF 👤👤160/180 CHF
Au cœur de cette cité historique, cette maison séculaire – un ancien relais de
poste de 1850 – se dresse fièrement au bord d'une rue piétonne. L'établissement
se révèle chaleureux et confortable ; l'on s'y sent bien. Oui, voilà bien une Bonne
Auberge !

🏠 **Ibis** sans rest   ⟨♿ AC 🛜 🚗⟩

Avenue de la Gare 37 – ☎ *032 421 10 00 – www.ibis.com*
78 ch – 🛏99/159 CHF 🛏🛏99/159 CHF, ⊐ 15 CHF
Situation avantageuse pour cet Ibis créé en 2011, à 2mn à pied de la gare (et
avec un parking en sous-sol). Les chambres, modernes et fonctionnelles, se prê-
tent aussi bien à la clientèle d'affaires que touristique.

🍴🍴 **du Midi** avec ch   AC rest, 🛜

Place de la Gare 10 – ☎ *032 422 17 77 – www.hoteldumidi.ch – fermé 6
- 23 avril, 5 - 22 octobre, mardi soir et mercredi*
7 ch – 🛏80 CHF 🛏🛏130 CHF, ⊐ 16 CHF – ½ P
Plat du jour 22 CHF – Carte 59/113 CHF
En descendant du train, si la faim se fait sentir, poussez la porte de ce restaurant
qui fait face à la gare ! Le chef fait profession de tradition, faisant évoluer sa carte
au plus près des saisons, avec professionnalisme. Autres atouts : la brasserie et les
chambres, utiles si vous devez faire étape à Delémont.

Les DIABLERETS

Vaud (VD) – ✉ 1865 – 1 432 h. – alt. 1 155 m (Sports d'hiver : 1 151/2 120 m)
– Carte régionale **7-C6**
▶ Bern 126 km – Montreux 38 km – Aigle 22 km – Gstaad 21 km
Carte routière Michelin 552-H11

🏨 **Eurotel Victoria**   ⟨🏊 ⟨ 🏡 ▤ 🐾 🍴 🛜 🧖 🚗 P⟩

Chemin du Vernex 3 – ☎ *024 492 37 21 – www.eurotel-victoria.ch
– fermé 11 octobre - 20 décembre*
101 ch ⊐ – 🛏115/212 CHF 🛏🛏250/404 CHF – ½ P
Rest Menu 55/85 CHF – Carte 40/75 CHF – *(dîner seulement)*
Ce grand bâtiment moderne semble naviguer sur les cimes... Pour un séjour en
altitude, pour les loisirs comme les affaires, l'établissement offre de nombreux
agréments : chambres avec balcon face aux pistes, nombreuses salles de sémi-
naire, restaurant, etc.

🏠 **du Pillon**   ⟨🏊 ⟨ 🏡 🛜 🧖 P⟩

Chemin des Bovets 16 – ☎ *024 492 22 09 – www.hoteldupillon.ch*
13 ch ⊐ – 🛏120/150 CHF 🛏🛏160/200 CHF – ½ P
Rest Menu 30/60 CHF – Carte 46/80 CHF
Suisse éternelle ! Sur les hauteurs du village, parmi les sapins, ce beau chalet de
1875 pavoise devant les sommets, en particulier le glacier des Diablerets. Une vue
superbe, dont on ne peut se lasser dans le décor des salons et chambres, qui ont
la charmante simplicité d'une demeure de famille...

DIELSDORF

Zürich (ZH) – ✉ 8157 – 5 790 Ew – Höhe 429 m – Siehe Regionalatlas **4-F2**
▶ Bern 127 km – Zürich 22 km – Baden 16 km – Schaffhausen 36 km
Michelin Straßenkarte 551-P4

🏨 **Löwen**   ⟨🏡 🍴 ♿ ♻ Zim, 🛜 🧖 P⟩

Hinterdorfstr. 21 – ☎ *044 855 61 61 – www.loewen-dielsdorf.ch*
37 Zim ⊐ – 🛏168 CHF 🛏🛏200/236 CHF
Rest Tagesteller 18 CHF – Karte 42/91 CHF – *(geschl. Samstagmittag, Sonntag)*
Die Zimmer dieses a. d. 13. Jh. stammenden Gasthofs in der Ortsmitte sind topmodern oder wohnlich im Landhausstil eingerichtet. W-Lan gibt es kostenfrei. Zum Restaurant gehören die rustikale Beiz, die helle Taverne und die
beliebte Terrasse.

🍴🍴 **Bienengarten** mit Zim ⊐   ⟨🏡 🍴 ♻ 🛜 ⇄ P⟩

Regensbergstr. 9 – ☎ *044 853 12 17 – www.bienengarten-dielsdorf.ch – geschl.
28. März - 10. April und Samstagmittag*
8 Zim – 🛏110/180 CHF 🛏🛏140/210 CHF, ⊐ 18 CHF
Tagesteller 22 CHF – Menü 78/110 CHF – Karte 47/141 CHF – *(Tischbestellung
ratsam)*
Klassisches Restaurant oder lieber gemütliche Stuben? Auf der Karte liest man z.
B. "Kalbskopfbäggli geschmort in Merlot, Tagliatelle und Ofengemüse" oder "Dry-
Aged Beef". Im Sommer speist man natürlich am liebsten im schönen Garten.

DIESSBACH bei BÜREN
Bern (BE) – ⊠ 3264 – 915 Ew – Höhe 457 m – Siehe Regionalatlas **2-D3**
▶ Bern 30 km – Biel 14 km – Burgdorf 34 km – Neuchâtel 43 km
Michelin Straßenkarte 551-I6

XX **Storchen**   🛋 **P**
ⓒ Schmiedgasse 1 – ℰ 032 351 13 15 – www.storchen-diessbach.ch – geschl.
2. - 9. Januar, 27. Juli - 6. August und Dienstag - Mittwoch
Tagesteller 19 CHF – Menü 36 CHF (mittags)/95 CHF – Karte 51/89 CHF
Seit über 20 Jahren leitet Familie Holenweger das historische Gasthaus mit
gemütlichen Stuben und netter Terrasse. Spezialität: Sauce Woronov nach
Geheimrezept des Chefs.

DIESSENHOFEN
Thurgau (TG) – ⊠ 8253 – 3 575 Ew – Höhe 413 m – Siehe Regionalatlas **4-G2**
▶ Bern 172 km – Zürich 52 km – Baden 72 km – Frauenfeld 22 km
Michelin Straßenkarte 551-R3

XX **Gasthaus Schupfen**   ≤ 🛋 🎢 **P**
ⓒ Steinerstr. 501, Ost: 3 km Richtung Stein am Rhein – ℰ 052 657 10 42
(🕸) – www.schupfen.ch – geschl. 4. Januar - 4. Februar und Montag - Dienstag
Tagesteller 20 CHF – Menü 41/104 CHF – Karte 48/82 CHF
Seine bis ins Jahr 1455 zurückreichende Historie macht das schöne Riegelhaus zu
einer Besonderheit. Auch wenn man in den drei liebenswerten Stuben noch so
gemütlich sitzt, sollten Sie im Sommer vielleicht doch der idyllischen Terrasse direkt am Rhein den Vorzug geben. André Döberts gute bodenständige A-
la-carte-Gerichte (z. B. "gebratener Zander auf Graupenrisotto") oder das aufwändige Gourmetmenü gibt es hier wie dort!

XX **Krone** mit Zim   ≤ 🛜 **P**
Rheinstr. 2 – ℰ 052 657 30 70 – www.krone-diessenhofen.ch – geschl. Februar
2 Wochen, Juli 2 Wochen, Anfang August 1 Woche und Montag - Dienstag
6 Zim 🖙 – ♦90/130 CHF ♦♦150/180 CHF – ½ P
Tagesteller 32 CHF – Menü 38 CHF (mittags unter der Woche)/99 CHF
– Karte 40/84 CHF
Das alte Stadthaus liegt direkt an der überdachten Holzbrücke von 1816, einem
Grenzübergang nach Deutschland. Heimelig ist die gediegene Gaststube mit Aus-
sicht. Übernachtungsgästen bietet man freundliche und praktische Zimmer.

DIETIKON
Zürich (ZH) – ⊠ 8953 – 24 843 Ew – Höhe 388 m – Siehe Regionalatlas **4-F2**
▶ Bern 113 km – Zürich 18 km – Aarau 37 km – Baden 14 km
Michelin Straßenkarte 551-O5

🏨 **Conti**   🛋 🖻 ⅙ Rest, 🎢 Zim, 🛜 🦾 **P**
Heimstr. 41, (Industriegebiet Nord), Richtung N1 – ℰ 044 745 86 86
– www.conti.ch
68 Zim 🖙 – ♦160/200 CHF ♦♦205/255 CHF – 3 Suiten – ½ P
Rest Tagesteller 26 CHF – Menü 50 CHF (mittags unter der Woche)/80 CHF
– Karte 50/74 CHF
Eine gute Businessadresse dank gepflegter, funktioneller und technisch aktueller
Ausstattung - ein Teil der Zimmer ist besonders modern in klarem Design gehal-
ten. W-Lan, Pay-TV und Parkplätze sind kostenfrei. Freundlich und geradlinig das
Ambiente im Restaurant.

XX **Taverne zur Krone**   🛋 ⅙ ↻
Kronenplatz 1 – ℰ 044 744 25 35 – www.taverne-zur-krone.ch – geschl. Anfang
August 2 Wochen, Ende Dezember 1 Woche und Sonntag
Tagesteller 24 CHF – Menü 56 CHF (mittags unter der Woche)/109 CHF
– Karte 45/111 CHF
Lust auf "Rindsfiletwürfel an Rotweinsauce"? Was in der eleganten holzgetäferten
Stube des schönen Barockhauses auf den Tisch kommt, sieht nicht nur gut aus, es
schmeckt auch so. Modern: Brasserie und Bistro mit zusätzlichem Tapas-Angebot.

DIETINGEN

Thurgau (TG) – ⊠ 8524 – Höhe 435 m – Siehe Regionalatlas **4**-G2

▶ Bern 170 km – Zürich 50 km – Frauenfeld 8 km – Konstanz 35 km

Michelin Straßenkarte 551-R4

XX **Traube**   < ⬠ ⇄ **P**

Schaffhauserstr. 30, Süd-West: 1 km – 𝒞 *052 746 11 50*
*– www.traube-dietingen.ch – geschl. Ende Januar - Mitte Februar, Mitte Juli
2 Wochen und Mittwoch - Donnerstag*
Tagesteller 28 CHF – Menü 120 CHF – Karte 57/106 CHF
Mitten in den Weinbergen liegt das Fachwerkhaus a. d. 19. Jh. mit stimmigem
rustikal-elegantem Interieur und schöner Terrasse. Vielfältige Auswahl an internationalen Weinen. Übernachten kann man in zwei einfachen Zimmern.

DOMBRESSON

Neuchâtel (NE) – ⊠ 2056 – 1 607 h. – alt. 743 m – Carte régionale **2**-C4

▶ Bern 64 km – Neuchâtel 14 km – Biel 46 km – La Chaux-de-Fonds 16 km

Carte routière Michelin 552-G6

X **Hôtel de Commune**   ⬠ ⇄ **P**

Grand'Rue 24 – 𝒞 *032 853 24 01* – *www.hoteldombresson.ch*
– fermé janvier, mardi et mercredi
Plat du jour 30 CHF – Menu 55 CHF (déjeuner en semaine)/125 CHF
– Carte 67/105 CHF
Certains établissements sont à un village ce que l'horlogerie et Roger Federer
sont à la Suisse : des incontournables ! Tel est le cas de cette imposante maison
de pays, dans la même famille depuis trois générations. On y sert une cuisine du
marché goûteuse et soignée.

DÜDINGEN

Freiburg (FR) – ⊠ 3186 – 7 504 Ew – Höhe 596 m – Siehe Regionalatlas **2**-C4

▶ Bern 28 km – Neuchâtel 39 km – Fribourg 10 km

Michelin Straßenkarte 552-H8

X **Gasthof zum Ochsen**   ⬠ & 🄰🄲 ⚒ ⇄

⊜   *Hauptstr. 2* – 𝒞 *026 505 10 59* – *www.zumochsen.ch* – *geschl. Anfang Januar
1 Woche, 28. Juli - 16. August und Montag - Dienstag*
🔃   Tagesteller 20 CHF – Menü 49 CHF (mittags)/105 CHF – Karte 46/87 CHF
Der "Ochsen" hat es in sich! In dem stattlichen regionstypischen Haus schwingen
zwei Brüder die Kochlöffel. Dieses Schlemmer-Duo steht für eine bunte, aromen-
reiche und schmackhafte Saisonküche wie z. B. "Gebratenes Lammkarree an Ros-
marin" - und die gibt es zu einem fairen Preis!
Brasserie – siehe Restaurantauswahl

X **Brasserie** – Restaurant Gasthof zum Ochsen   ⬠ & ⚒ ⇄

Hauptstr. 2 – 𝒞 *026 505 10 59* – *www.zumochsen.ch* – *geschl. Anfang Januar
1 Woche, 28. Juli - 16. August und Montag - Dienstag*
Tagesteller 20 CHF – Menü 49 CHF – Karte 37/70 CHF
In der etwas schlichteren Brasserie der Gebrüder Ducret isst man auch nicht
schlecht und dazu günstiger: Gekocht wird etwas einfacher, alles sehr traditionell,
von der "Potage du jour" bis zum "Blanc de poulet".

DÜRRENROTH

Bern (BE) – ⊠ 3465 – 1 071 Ew – Höhe 669 m – Siehe Regionalatlas **3**-E3

▶ Bern 45 km – Olten 48 km – Luzern 53 km – Thun 49 km

Michelin Straßenkarte 551-L6

🏨 **Bären**   ⬤ 🛁 🕮 🛜 🏋 ⬠ **P**

🝔   *Dorfstr. 17* – 𝒞 *062 959 00 88* – *www.baeren-duerrenroth.ch*
27 Zim 🖵 – †85/130 CHF ††120/200 CHF – 3 Suiten – ½ P
Rest *Bären* – siehe Restaurantauswahl
Der heutige "Bären" ist ein Ensemble aus drei stattlichen spätbarocken Häusern,
gewohnt wird im Gästehaus Kreuz: historischer Charme mit moderner Note.
Tipp: In den Wellness-Suiten haben Sie Dampfbad, Sauna und Whirlpool direkt
neben dem Bett! Schöner Rosengarten.

✗✗ **Bären** – Hotel Bären   🍴 **P**
Dorfstr. 17 – ☎ *062 959 00 88 – www.baeren-duerrenroth.ch*
Menü 65/110 CHF – Karte 53/108 CHF
Das gemütliche Restaurant ist ebenso ganz in Holz gehalten wie die einfachere
Gaststube. Serviert werden regionale Gerichte mit kreativen Ideen - ein schönes
Beispiel dafür: "Saibling, Graupen & Schaum von Berner Schübli".

EBERSECKEN

Luzern (LU) – ✉ 6245 – 415 Ew – Höhe 548 m – Siehe Regionalatlas **3-E3**
▶ Bern 86 km – Aarau 39 km – Luzern 46 km – Solothurn 58 km
Michelin Straßenkarte 551-M6

✗✗ **Sonne**   🍴 ✿ **P**
Dorf 2 – ☎ *062 756 25 14 – www.sonne-ebersecken.ch – geschl. Anfang März*
🍽 *2 Wochen, Ende Juli - Mitte August 3 Wochen und Sonntagabend - Montag*
😊 Tagesteller 19 CHF – Menü 65/85 CHF – Karte 33/80 CHF
Geissfrischkäse vom Hasensprung, Felchen aus dem Sempersee... Bei der sympathischen Familie Häfliger werden regionale Produkte zu schmackhaften saisonalen Gerichten zubereitet und im schönen zeitgemässen A-la-carte-Stübli, in der
rustikalen Gaststube oder aber auf der charmanten Gartenterrasse serviert.

ECHANDENS

Vaud (VD) – ✉ 1026 – 2 210 h. – alt. 434 m – Carte régionale **6-B5**
▶ Bern 104 km – Lausanne 9 km – Pontarlier 65 km – Yverdon-les-Bains 34 km
Carte routière Michelin 552-D9

✗ **Auberge Communale**   🍴 ✿
Place du Saugey 8 – ☎ *021 702 30 70 – www.auberge-echandens.ch*
🍽 *– fermé février 2 semaines, juillet - août 2 semaines, mardi et mercredi*
Plat du jour 20 CHF – Menu 58/140 CHF – Carte 76/94 CHF
Café Menu 69/89 CHF
Voilà bien une auberge communale typique ! Deux formules, deux atmosphères :
d'un côté, le restaurant, sa gastronomie d'inspiration française et son cadre revu
dans un esprit contemporain ; de l'autre, le café, ses petits plats et son ambiance
conviviale.

EFFRETIKON

Zürich (ZH) – ✉ 8307 – 16 117 Ew – Höhe 511 m – Siehe Regionalatlas **4-G2**
▶ Bern 140 km – Zürich 20 km – Rapperswil 39 km – Wil 32 km
Michelin Straßenkarte 551-Q5

✗ **QN-Restaurant**   🕸 🍴 **P**
Rikonerstr. 52, Richtung Autobahn Winterthur, Ost: 1 km – ☎ *052 355 38 38*
🍽 *– www.qn-world.ch – geschl. Samstagmittag, Sonntag*
Tagesteller 25 CHF – Menü 42 CHF (mittags unter der Woche)/80 CHF
– Karte 54/85 CHF
Italienisch beeinflusste Küche in moderner Atmosphäre, dazu über 400 Weine mit
Schwerpunkt Italien und Spanien sowie über 240 verschiedene Zigarren im histori-
schen Mühlenkeller.

EGERKINGEN

Solothurn (SO) – ✉ 4622 – 3 294 Ew – Höhe 435 m – Siehe Regionalatlas **3-E3**
▶ Bern 58 km – Basel 44 km – Aarau 30 km – Luzern 57 km
Michelin Straßenkarte 551-L5

🏨 **Mövenpick**   ≤ 🍴 🍴 🖍 🛉 ふ 📷 % 🛜 🏊 **P**
Höhenstr. 12 – ☎ *062 389 19 19 – www.moevenpick-hotels.com/egerkingen*
131 Zim – ♦179/369 CHF ♦♦179/369 CHF, ☐ 26 CHF – 6 Suiten – ½ P
Rest Tagesteller 22 CHF – Karte 41/72 CHF
Das Hotel liegt auf einer Anhöhe über dem Ort und bietet eine schöne Aussicht.
Für die Gäste stehen freundlich und modern eingerichtete Zimmer bereit. Die ver-
schiedenen Restaurantbereiche schliessen sich offen an die grosszügige Lobby an.

XX **Kreuz - Cheminée** mit Zim   🏡 🛗 🕅 🤶 🛋 🔥
Oltnerstr. 11 – ℰ 062 398 03 33 – www.kreuz.ch – geschl. 20. Dezember
- 4. Januar, 29. März - 8. April, 4. - 12. Oktober und Sonntag - Montag
12 Zim 🖵 – 🛏132/167 CHF 🛏🛏184/219 CHF – 1 Suite
Tagesteller 30 CHF – Menü 95/125 CHF – Karte 61/108 CHF
Luce Tagesteller 25 CHF – Karte 41/108 CHF
Das Cheminée im Biedermeierstil befindet sich im Parterre des restaurierten Gast-
hofs a. d. 18. Jh. Zeitgemässe Küche und freundlicher Service unter der Leitung
der Patronne. Luce: rustikale Gaststube mit Wintergarten. Hübsche Terrasse mit
Blick zum Fusse des Jura.

EGLISAU
Zürich (ZH) – ✉ 8193 – 4 709 Ew – Höhe 392 m – Siehe Regionalatlas **4**-G2
▶ Bern 145 km – Zürich 28 km – Schaffhausen 23 km – Aarau 67 km
Michelin Straßenkarte 551-P4

🏠 **Gasthof Hirschen**   🏡 🤶 🛋
Untergass 28 – ℰ 043 411 11 22 – www.hirschen-eglisau.ch – geschl.
23. Dezember - 9. Februar
5 Zim 🖵 – 🛏160/190 CHF 🛏🛏199/280 CHF – 2 Suiten
Rest *La Passion* 🕸 – siehe Restaurantauswahl
Rest *Bistro* Tagesteller 25 CHF – Karte 45/105 CHF – *(geschl. Montag, April*
- September: Sonntagabend - Montag)
Historischer Gasthof im alten Ortskern am Rhein. In den individuellen Zimmern
schaffen schöne Details wie Holzböden, Stuck und antike Möbel Atmosphäre.

XX **La Passion** – Hotel Gasthof Hirschen
🕸 *Untergass 28 – ℰ 043 411 11 22 – www.hirschen-eglisau.ch – geschl.*
23. Dezember - 9. Februar und Sonntag - Montag
Menü 135/195 CHF – *(nur Abendessen) (Tischbestellung erforderlich)*
Ein attraktives Bild ergibt die schöne zeitgemässe Einrichtung in Kombination mit
dem historischen Rahmen. Nicht minder ansprechend ist die klassisch-moderne
Küche, mit der Christian Kuchler grosses Talent und echte Leidenschaft beweist.
➜ Jakobsmuschel, Haselnuss, Ananas. Königstaube, Erbsen, Eierschwämmli. Grand
Cru Schokolade, Maracuja, Gewürze.

EGNACH
Thurgau (TG) – ✉ 9322 – 4 330 Ew – Höhe 401 m – Siehe Regionalatlas **5**-I2
▶ Bern 223 km – Sankt Gallen 20 km – Bregenz 41 km – Frauenfeld 45 km
Michelin Straßenkarte 551-U4

🏠 **Seelust**   🏡 🛗 🕅 Rest, 🤶 🛋 🅿
🐾 *Wiedehorn, Süd-Ost: 1,5 km Richtung Arbon ✉ 9322 – ℰ 071 474 75 75*
– www.seelust.ch
25 Zim 🖵 – 🛏112 CHF 🛏🛏170/190 CHF – ½ P
Rest Menü 42 CHF (mittags unter der Woche)/68 CHF – Karte 37/75 CHF
Der Familienbetrieb mit guter Autobahnanbindung liegt ganz in der Nähe des
Bodensees und bietet zeitgemässe Zimmer, einige mit Blick auf See und Obstbäu-
me. Zum Restaurant gehört eine lauschige Terrasse - ein Teil davon ist wetter-
geschützt!

EICH
Luzern (LU) – ✉ 6205 – 1 690 Ew – Höhe 516 m – Siehe Regionalatlas **4**-F3
▶ Bern 100 km – Luzern 19 km – Olten 44 km – Sursee 14 km
Michelin Straßenkarte 551-N⑩

🏠 **Sonne Seehotel ⑩**   ⪉ 🚪 🛗 🔥 🤶 🛋 🅿
Seestr. 23 – ℰ 041 202 01 01 – www.sonneseehotel.ch
26 Zim 🖵 – 🛏150/230 CHF 🛏🛏220/340 CHF
Rest *Sonne* – siehe Restaurantauswahl
Schön wohnlich ist es hier dank moderner Einrichtung in hellen Naturtönen - fragen Sie nach den seeseitigen Zimmern! Toll im Sommer: Sonnenlounge und
öffentliches Seebad nebenan samt Liegewiese und Bootsanleger (für Hausgäste
kostenfrei).

191

✗ **Sonne ❶** – Sonne Seehotel ⇐ ⬦ 🏠 ⅙ ⌂ **P**
Seestr. 23 – ℰ 041 202 01 01 – www.sonneseehotel.ch
Tagesteller 38 CHF – Menü 69/92 CHF – Karte 48/95 CHF
Was möchten Sie essen? Saisonales, Klassiker oder lieber ein Menü? Laktose-
frei, glutenfrei oder vegetarisch? Spezialität ist das Balchenfilet. Modern-leger
das Ambiente, toll die Sonnenterrasse. Kinder lieben den angrenzenden Spielplatz!

im Ortsteil Vogelsang Nord: 2,5 km

🏠 **Vogelsang** ⇐ 🏠 ⅙ 🛜 🏋 **P**
Vogelsang 2 – ℰ 041 462 66 66 – www.vogelsang.ch – geschl. 16. Februar
- 4. März
27 Zim ⌷ – ▮130/160 CHF ▮▮190/230 CHF
Rest Vogelsang – siehe Restaurantauswahl
Ein Traum ist die erhöhte Lage - buchen Sie ein Zimmer zum See! Wie wär's z. B.
mit einer der beiden Romantik-Juniorsuiten mit Dachterrasse? Alle Zimmer sind
wertig eingerichtet, schön modern und mit Parkettböden.

✗✗ **Vogelsang** – Hotel Vogelsang ⇐ 🏠 ⅙ ⌂ **P**
👓 *Vogelsang 2 – ℰ 041 462 66 66 – www.vogelsang.ch*
– geschl. 16. Februar - 4. März
Tagesteller 18 CHF – Menü 32 CHF (mittags unter der Woche)/75 CHF
– Karte 51/105 CHF
Wenngleich man in Wintergarten, Schmittenstube und Gaststube schön sitzen
kann, so ist doch die Terrasse mit traumhaftem Blick der Lieblingsort der Gäste!
Lust auf ein Menü? Es gibt "Sternzeichenmenüs" und ein "Gourmet-Menü".
Gefragt sind auch die Grilladen.

EINSIEDELN
Schwyz (SZ) – ✉ 8840 – 14 632 Ew – Höhe 881 m – Siehe Regionalatlas **4-G3**
▶ Bern 165 km – Schwyz 24 km – Zürich 40 km – Sarnen 83 km
Michelin Straßenkarte 551-Q6

🏠 **Boutique Hotel St. Georg** garni
Hauptstr. 72 – ℰ 055 418 24 24 – www.hotel-stgeorg.ch
40 Zim ⌷ – ▮105/130 CHF ▮▮150/230 CHF
Das Hotel ist modern funktional eingerichtet und liegt ideal im charmanten
Zentrum - das sehenswerte Benediktinerkloster in unmittelbarer Nähe ist ein
schöner Freizeittipp! Parken können Sie übrigens problemlos im 300 m entfernten Parkhaus Brühl. Hungrige haben es auch nicht weit: gleichnamiges Restaurant nebenan.

✗ **Linde** mit Zim 🏠 🏋 ✗ 🛜 ⌂ **P**
Schmiedenstr. 28 ✉ 8840 – ℰ 055 418 48 48 – www.linde-einsiedeln.ch – geschl.
5. - 31. Januar, 30. Juni - 6. Juli und Mittwoch
17 Zim ⌷ – ▮105/180 CHF ▮▮170/190 CHF – ½ P
Tagesteller 30 CHF – Menü 44 CHF (mittags)/88 CHF – Karte 54/97 CHF
Mitten in Einsiedeln sitzt man hier in netten, mit viel Holz schön wohnlich
ausgestatteten Stuben. Zur gepflegten Atmosphäre bietet Patron Daniel
Mariotto seine klassisch und traditionell geprägte Küche. Auch zum Über-
nachten ist das Haus mit seinen verschiedenen Zimmerkategorien eine gute
Adresse.

ELLIKON am RHEIN
Zürich (ZH) – ✉ 8464 – Siehe Regionalatlas **4-G2**
▶ Bern 159 km – Zürich 44 km – Frauenfeld 34 km – Aarau 82 km
Michelin Straßenkarte 551

XX **Zum Schiff** 🅝 mit Zim   🕭 🕌 🛜 ⇄ 🅿
Dorfstr. 20 – 𝒞 052 301 40 00 – www.schiffellikon.ch – geschl. 5. - 27. Januar und Dienstag; im Winter: Montag - Dienstag
4 Zim ⊡ – ♦100/120 CHF ♦♦125/150 CHF
Tagesteller 32 CHF – Menü 48 CHF (mittags)/95 CHF – Karte 61/106 CHF – *(Tischbestellung ratsam)*
Richtig gemütlich hat man es bei Irmy und Jürg Laichinger in dem jahrhundertealten Gasthaus. Die Stuben holzgetäfert und hübsch dekoriert, der Service aufmerksam, die Küche saisonal und ambitioniert. Beliebt: die begrünte Terrasse am Rhein. Die Gästezimmer sind eher einfach, aber nett gestaltet.

ELM
Glarus (GL) – ✉ 8767 – 698 Ew – Höhe 962 m (Wintersport : 1 000/2 105 m)
– Siehe Regionalatlas **5-H4**
▶ Bern 213 km – Chur 91 km – Altdorf 74 km – Andermatt 106 km
Michelin Straßenkarte 551-T8

🏠 **Elmer**   🕌 🛜 🛆 🅿
Dorf 51 – 𝒞 055 642 60 80 – www.hotelelmer.ch – geschl. April - Mai, November - Ende Dezember
22 Zim ⊡ – ♦80/150 CHF ♦♦140/250 CHF – ½ P
Rest Karte 33/68 CHF – *(geschl. Sonntagabend - Montag) (nur Abendessen)*
Das gepflegte und gut geführte Haus befindet sich direkt im Dorfkern und verfügt über zeitgemäss und funktionell ausgestattete Gästezimmer.

EMMEN
Luzern (LU) – ✉ 6032 – 28 701 Ew – Siehe Regionalatlas **3-F3**
▶ Bern 108 km – Luzern 5 km – Stans 18 km – Zug 31 km
Michelin Straßenkarte 551-O6

XX **Kreuz**   🕌 ♿ ⇄ 🅿
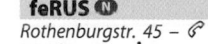
Seetalstr. 90 – 𝒞 041 260 84 84 – www.kreuz-emmen.ch – geschl. Ende Juli - Anfang August 2 Wochen und Sonntag sowie an Feiertagen
Tagesteller 20 CHF – Menü 69/129 CHF (abends) – Karte 58/92 CHF – *(Tischbestellung ratsam)*
Klassiker wie Mistkratzerli und Cordon bleu oder lieber Saisonales wie "Kotelett und Ossobuco vom Holzen-Wollesäuli mit Scharfgarbenpesto"? Die ambitionierte Küche von Hans-Peter Suter serviert man in "Gast-" oder "Reussstube", in der "Speisekammer" abends nur kreative Gerichte und das grosse Gourmetmenü.

in Emmen-Emmenbrücke Nord-West: 4,5 km, Nahe der A 2 Ausfahrt Emmen Nord, Richtung Rothenburg

🏠 **feRUS** 🅝   🕌 🕌 🍴 🛜 🅿
Rothenburgstr. 45 – 𝒞 041 211 13 31 – www.ferus.ch
20 Zim ⊡ – ♦95/110 CHF ♦♦165 CHF – ½ P
Rest Tagesteller 25 CHF – Karte 47/75 CHF
Was der Name bedeutet? "fe" steht für "Eisen" (lat. "ferrum"), "RUS" ist die Endung von "Christopherus", dem ursprünglichen Hotelnamen. Überall im Haus findet sich das Thema Eisen (Farben, Bilder, Deko...) und verbindet so modern-funktionales Design mit der industriellen Vergangenheit der Region. Spezialität im Restaurant: Grillgerichte.

ENGELBERG
Obwalden (OW) – ✉ 6390 – 3 989 Ew – Höhe 1 000 m (Wintersport : 1 050/3 028 m)
– Siehe Regionalatlas **8-F4**
▶ Bern 145 km – Andermatt 77 km – Luzern 35 km – Altdorf 47 km
Michelin Straßenkarte 551-O8

Ramada Hotel Regina Titlis ← 🍴 🖥 🐾 🛋 ♿ 🏋 🏊 🎾 🛰 🏛

Dorfstr. 33 – ☎ 041 639 58 58 – www.h-hotels.com – geschl. 9. - 30. November
96 Zim 🛏 – ♦170/310 CHF ♦♦190/390 CHF – 32 Suiten – ½ P
Rest *La Strega* Tagesteller 24 CHF – Menü 69/89 CHF – Karte 67/87 CHF – *(nur Abendessen)*

Die Fassade ist zwar nicht die schönste, doch innen ist dieses Hotel im Zentrum sehr gepflegt und bietet wohnliche und moderne Zimmer, einen guten Freizeitbereich sowie italienische Küche im "La Strega" (nett die offene Feuerstelle!). Nur im Winter: Fondue-Restaurant Titlis.

Schweizerhof 🐾 🖥 🎾 Rest, 🛰 🏛 🅿

Dorfstr. 42 – ☎ 041 637 11 05 – www.schweizerhof-engelberg.ch – geschl. November
38 Zim 🛏 – ♦99/175 CHF ♦♦169/310 CHF – ½ P
Rest *Fonduestube* Karte 29/79 CHF – *(geschl. April - November) (nur Abendessen)*

In dem gut geführten Hotel in Bahnhofsnähe trifft über 100-jährige Tradition auf Moderne - die Zimmer meist in frischen Farben gehalten und ganz zeitgemäss in Stil und Technik. Neben der ganzjährigen HP hat im Winter auch die rustikale Fonduestube geöffnet.

Spannort 🍴 🐾 🖥 🛰 🅿

Dorfstr. 28 – ☎ 041 639 60 20 – www.spannort.ch
18 Zim 🛏 – ♦120/220 CHF ♦♦220/300 CHF – 2 Suiten
Rest Tagesteller 25 CHF – Menü 63 CHF – Karte 52/96 CHF – *(geschl. Montag) (nur Abendessen)*

In dem netten kleinen Hotel kommen Chalet-Atmosphäre und schwedische Gastfreundschaft zusammen, denn Familie Brunqvist stammt aus Stockholm und leitet das gemütliche Haus mit viel Engagement. Wertige Zimmer samt guter Technik und Nespresso-Maschine, einladend auch die Lounge. Klassische Küche im Restaurant.

Engelberg 🍴 🖥 🛰 🏛

Dorfstr. 14 – ☎ 041 639 79 79 – www.hotel-engelberg.ch – geschl. 13. - 30. April, 2. - 27. November
20 Zim 🛏 – ♦85/175 CHF ♦♦170/280 CHF – ½ P
Rest Tagesteller 25 CHF – Karte 40/84 CHF – *(geschl. Mai - Juni: Mittwoch - Donnerstag, Juli - Ende Oktober: Mittwoch)*

In der autofreien Zone im Zentrum liegt der aus vier alten Häusern bestehende Familienbetrieb, den die Infangers bereits in 3. Generation leiten. Man wohnt in gepflegten, gemütlichen Zimmern, im Restaurant speist man traditionell-regional.

XX **Hess by Braunerts** 🍴 🅿
😊
Dorfstr. 50 – ☎ 041 637 09 09 – www.hess-restaurant.ch – geschl. nach Ostern 3 Wochen, November und Montag - Dienstag
Tagesteller 24 CHF – Menü 65/100 CHF – Karte 58/84 CHF

In dem modernen Restaurant von Ulf und Isolde Braunert sitzt man nicht nur gemütlich, man isst auch gut. Getreu dem Motto "weniger ist mehr" kocht der Patron z. B. "24 h geschmorte Ochsenbrust" oder "Rotbarbe mit Gemüse Pot au feu" - unkompliziert und schmackhaft! Für eine gute Zigarre gibt es die Lounge.

XX **Schweizerhaus** 🍴 ♿ 🔄 🅿
🍝
Schweizerhausstr. 41 – ☎ 041 637 12 80 – www.schweizerhaus.ch – geschl. Mai - November: Montag
Tagesteller 19 CHF – Menü 29 CHF (mittags)/89 CHF – Karte 46/99 CHF

Elfi Odermatt leitet hier einen gemütlichen historischen Gasthof nebst neuzeitlichem Anbau. Schön sitzt man hier wie dort bei Internationalem sowie Klassikern und "Swiss Gourmet Grand Cru"-Steaks. Im Beizli auch Gerichte vom heissen Stein.

ENNETBADEN – Aargau ➔ Siehe Baden

ENNETBÜRGEN
Nidwalden (NW) – ✉ 6373 – 4 484 Ew – Höhe 435 m – Siehe Regionalatlas **3**-F4
◪ Bern 130 km – Stans 6 km – Sarnen 22 km – Luzern 19 km
Michelin Straßenkarte 551-O7

🏠 **Villa Honegg**   ⚜ ⟨ 📶 ⚙ 🔲 ⊕ ⚙ ♨ 🛗 📶 ⚙ 🚗 **P**
Honegg – 𝒞 041 618 32 00 – www.villa-honegg.ch
18 Zim ⌑ – 🛏480/1340 CHF 🛏🛏530/1390 CHF – 5 Suiten – ½ P
Rest *Villa Honegg* – siehe Restaurantauswahl
Klein, wertig, exquisit! Ist dieses architektonische Juwel auf dem Bürgenstock nicht geradezu prädestiniert dazu, ein Luxushotel erster Güte zu sein? Eleganter Stil, umsichtiger Service, edler Spa und sogar ein eigenes Kino, und dann noch die umwerfende Aussicht... Privatsphäre und Exklusivität sind Ihnen gewiss! Kleine Dependance mit ganz modernen Zimmern.

XXX **Villa Honegg** – Hotel Villa Honegg   ⟨ 📶 ⚙ ⚙ **P**
Honegg – 𝒞 041 618 32 00 – www.villa-honegg.ch
Tagesteller 40 CHF – Menü 89 CHF – Karte 59/113 CHF
Ist es nicht herrlich, in 914 m Höhe von der Terrasse den wahrhaft grandiosen Blick zu geniessen? Aber auch drinnen sitzt man schön bei modern interpretierter klassisch-regionaler Küche vom "Honegg-Hackbraten" bist zum 6-Gänge-Menü.

ERLEN
Thurgau (TG) – ⊠ 8586 – 3 267 Ew – Höhe 449 m – Siehe Regionalatlas **5-H2**
🚊 Bern 193 km – Sankt Gallen 29 km – Bregenz 51 km – Frauenfeld 29 km
Michelin Straßenkarte 551-T4

XX **Aachbrüggli** mit Zim   ⚙ 📶 ⚙ **P**
Poststr. 8 – 𝒞 071 648 26 26 – www.aachbrueggli.ch – geschl. Ende Juli - Anfang August und Sonntagabend - Montag
8 Zim ⌑ – 🛏100/140 CHF 🛏🛏175/205 CHF
Menü 20 CHF (mittags)/95 CHF – Karte 54/106 CHF
Das familiär geleitete Haus bietet ein modernes Restaurant mit gepflegter Tischkultur, einen farbenfroh gestalteten Bistrobereich und eine eher traditionelle Stube. Die Küche ist klassisch. Zum Übernachten stehen solide, funktionelle Zimmer bereit.

ERLENBACH
Zürich (ZH) – ⊠ 8703 – 5 325 Ew – Höhe 419 m – Siehe Regionalatlas **4-G3**
🚊 Bern 136 km – Zürich 9 km – Rapperswil 21 km – Winterthur 50 km
Michelin Straßenkarte 551-Q5

XX **Zum Pflugstein**   ⟨ 📶 ⚙ ⚙ **P**
🌿 *Pflugsteinstr. 71 – 𝒞 044 915 36 49 – www.pflugstein.ch – geschl. 25. Dezember - 19. Januar, Mitte - Ende Oktober und Montag - Dienstagmittag, Samstagmittag*
Tagesteller 31 CHF – Menü 80/92 CHF – Karte 60/93 CHF
Man spürt das Engagement, mit dem Jeannine Meili in dem ehrwürdigen Rebbauernhaus ein Idyll für Geniesser geschaffen hat. Drinnen hübsche getäferte Stuben und ein modern-elegantes Restaurant, draussen ein Traum von Terrasse! Die ambitionierte Küche von Maria Appel ist ein Mix aus traditionell und international, von Wiener Schnitzel bis "Loup de Mer in der Salzkruste".

XX **Sinfonia**   ⚙ 📶 ⚙ ⚙
Bahnhofstr. 29 – 𝒞 044 910 04 02 – www.restaurantsinfonia.ch – geschl. 3. - 13. April, 26. Juli - 16. August, 20. Dezember - 4. Januar und Sonntag - Montag
Tagesteller 24 CHF – Menü 78/98 CHF – Karte 65/97 CHF
Ein neuzeitliches Restaurant mit klassisch-italienischer Küche und lebendigem Service. Dielenboden, stimmige helle Töne und moderne Bilder schaffen ein freundliches Ambiente.

ERLINSBACH
Aargau (AG) – 3 762 Ew – Höhe 390 m – Siehe Regionalatlas **3-E2**
🚊 Bern 81 km – Aarau 6 km – Liestal 31 km – Basel 54 km
Michelin Straßenkarte 551-M4

🎫 Hirschen 💺 📶 ⚗ 🅿

Hauptstr. 125 – ☏ 062 857 33 33 – www.hirschen-erlinsbach.ch – geschl.
21. Dezember - 5. Januar
22 Zim ☑ – ♦150/180 CHF ♦♦220/250 CHF
Rest Hirschen☺ – siehe Restaurantauswahl
Nach einem leckeren Essen im gleichnamigen hauseigenen Restaurant können
Sie hier auch noch bequem in hellen, funktionellen Zimmern übernachten. Und
auch für Business- und Tagungsgäste bietet Familie von Felten alles Notwendige.

🍴🍴🍴 Hirschen – Hotel Hirschen 🐾 🏠 ⇔ 🅿
😊
Hauptstr. 125 – ☏ 062 857 33 33 – www.hirschen-erlinsbach.ch – geschl.
21. Dezember - 5. Januar
Tagesteller 29 CHF – Menü 56 CHF (mittags unter der Woche)/115 CHF
– Karte 49/98 CHF
Wer schmackhafte, unkomplizierte Küche sucht, ist im "Hirschen" genau richtig:
Serviert werden "Speuzerli" (Tapas), aber auch Gerichte wie "Tatar vom Bio-Zebu-
Rind" oder "Coq au Vin". Und lassen Sie sich nicht den "Schoggichueche" entgehen!

ERMATINGEN

Thurgau (TG) – ✉ 8272 – 3 033 Ew – Höhe 402 m – Siehe Regionalatlas **5**-H2
▶ Bern 89 km – Sankt Gallen 46 km – Frauenfeld 27 km – Konstanz 9 km
Michelin Straßenkarte 551-T3

🍴🍴 Adler mit Zim 🛏 🏠 🕸 💺 📶 ⇔ 🅿
Fruthwilerstr. 2 – ☏ 071 664 11 33 – www.adler-ermatingen.ch – geschl.
10. Februar - 12. März und Montag - Dienstag
6 Zim ☑ – ♦115/145 CHF ♦♦170/190 CHF
Menü 30 CHF (mittags unter der Woche)/120 CHF – Karte 47/96 CHF
Ein jahrhundertealter Gasthof mit schönen holzgetäferten Stuben. Es wird interna-
tionale Küche mit regionalen Einflüssen geboten, Schwerpunkt ist Fisch aus dem
Bodensee.

ERNEN

Wallis (VS) – ✉ 3995 – 537 Ew – Höhe 1 200 m – Siehe Regionalatlas **8**-F5
▶ Bern 152 km – Sion 73 km – Bellinzona 139 km – Sarnen 98 km
Michelin Straßenkarte 552-N11

🍴 St. Georg 🏠 ⇔
Dorfplatz – ☏ 027 971 11 28 – www.stgeorg-ernen.ch – geschl. 15. Mai - 15. Juni,
3. November - 20. Dezember und Montag - Dienstag
Tagesteller 30 CHF – Menü 56/110 CHF – Karte 48/84 CHF
Dass man hier in wirklich charmanter Chalet-Atmosphäre isst, lässt das schöne
jahrhundertealte Haus schon von aussen vermuten. Angenehm sitzt es sich auch
auf der Terrasse mitten in dem ruhigen kleinen Dorf (bekannt ist Ernen übrigens
für musikalische Veranstaltungen). Gekocht wird regional-traditionell, auf leicht
modernisierte Art.

ESCHLIKON

Thurgau (TG) – ✉ 8360 – 4 067 Ew – Höhe 567 m – Siehe Regionalatlas **4**-H2
▶ Bern 176 km – Sankt Gallen 38 km – Frauenfeld 18 km – Zürich 57 km
Michelin Straßenkarte 551-S4

🍴🍴 Löwen 🏠 🎉 ⇔ 🅿
Bahnhofstr. 71 – ☏ 071 971 17 83 – www.loewen-eschlikon.ch – geschl.
22. Februar - 15. März, 19. Juli - 9. August und Sonntagabend - Montag
Tagesteller 34 CHF – Menü 40 CHF (mittags unter der Woche)/98 CHF
– Karte 64/101 CHF
In dem historischen Gasthof mit rosa Fassade erwarten Sie gemütliche holzgetä-
ferte Stuben mit netter Kaminlounge. Die Küche ist klassisch und saisonal.

ESCHOLZMATT

Luzern (LU) – ✉ 6182 – 4 346 Ew – Höhe 853 m – Siehe Regionalatlas **3**-E4
▶ Bern 47 km – Interlaken 73 km – Langnau im Emmental 13 km – Luzern 46 km
Michelin Straßenkarte 551-M7

XX **Rössli - Jägerstübli** (Stefan Wiesner)   🅿

🏵 *Hauptstr. 111 – 𝒞 041 486 12 41 – www.gasthofroessli.ch – geschl. Ende Dezember - Mitte Januar 3 Wochen, Juni 3 Wochen und Sonntagabend - Dienstag*
Menü 178 CHF – *(nur Abendessen, sonntags auch Mittagessen) (Tischbestellung erforderlich)*
Das Konzept hier nennt sich "Avantgardistische Naturküche" - klingt speziell, ist es auch! Mit ganzheitlichem Denken als Basis misst der Patron bewussten Naturerfahrungen und Einflüssen unterschiedlichster Wissenschaften eine grosse Bedeutung bei!
→ Saiblingsfilet gebeizt mit Milchzucker und Salz. Rehfleisch gewolft mit Steinpilzcrème, Haselnussöl. Geräuchertes Buchenholz-Glace mit karamellisierten Buchecker-Nüsschen und kleinen Zwetschgen.
Chrüter Gänterli🏵 – siehe Restaurantauswahl

X **Chrüter Gänterli** – Restaurant Rössli   🏠 🅿

🍴 *Hauptstr. 111 – 𝒞 041 486 12 41 – www.gasthofroessli.ch – geschl. Ende Dezember - Mitte Januar 3 Wochen, Juni 3 Wochen und Sonntagabend 🅐 - Dienstag*
Tagesteller 20 CHF – Menü 30 CHF (mittags unter der Woche)/89 CHF – Karte 48/79 CHF – *(Tischbestellung ratsam)*
Stefan Wiesner bietet im zweiten Restaurant des Gasthofs Rössli eine schmackhafte, frische Regionalküche mit saisonalem Bezug. Ebenso wie die Küche ist auch das heimelige Ambiente etwas bodenständiger. Spezialität sind hausgemachte Würste.

ESTAVAYER-le-LAC
Fribourg (FR) – ⊠ 1470 – 6 011 h. – alt. 463 m – Carte régionale **2** C4
▶ Bern 59 km – Neuchâtel 54 km – Fribourg 32 km – Pontarlier 67 km
Carte routière Michelin 552-F8

à Lully Sud : 3 km par route de Payerne et direction Frasses – alt. 494 m – ⊠ 1470

🏨 **Park Inn by Radisson** sans rest   🎯 🛅 ᴦ 📺 🛜 🛗 🅿
Aire de la Rose de la Broye, (A1, sortie 26) – 𝒞 026 664 86 86 – www.parkinn.com/hotel-lully
80 ch – †145/500 CHF ††165/500 CHF, ☑ 15 CHF
En bord d'autoroute, sur une aire de services, un hôtel contemporain et coloré, qui bénéficie heureusement d'une isolation phonique optimale. Fonctionnelles et bien tenues, les chambres sont parfaites pour une étape, à mi-route entre Lausanne et Bern.

EUTHAL
Schwyz (SZ) – ⊠ 8844 – 591 Ew – Höhe 893 m – Siehe Regionalatlas **4**-G3
▶ Bern 170 km – Luzern 72 km – Einsiedeln 9 km – Rapperswil 26 km
Michelin Straßenkarte 551-R7

XX **Bürgi's Burehof**   🏠 ⇄ 🅿
Euthalerstr. 29 – 𝒞 055 412 24 17 – www.buergis-burehof.ch – geschl. Montag - Dienstag
Tagesteller 40 CHF – Menü 62/145 CHF – Karte 74/117 CHF – *(Tischbestellung ratsam)*
Hier ist es so, wie man es von einem ehemaligen Bauernhaus (1860) erwartet: gemütlich! Alte Holzbalken an der Decke, hübsche Vorhangstoffe an Sprossenfenstern... Spezialität sind Gerichte vom Holzkohlegrill für zwei Personen. Zwei Übernachtungszimmer.

FEUSISBERG
Schwyz (SZ) – ⊠ 8835 – 4 945 Ew – Höhe 685 m – Siehe Regionalatlas **4**-G3
▶ Bern 157 km – Luzern 58 km – Zürich 35 km – Einsiedeln 12 km
Michelin Straßenkarte 551-R6

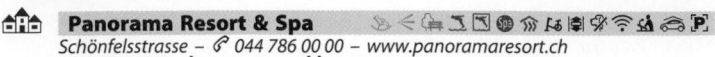

Panorama Resort & Spa

Schönfelsstrasse – 𝒞 044 786 00 00 – www.panoramaresort.ch
107 Zim ☐ – **♦**210/330 CHF **♦♦**410/530 CHF – 2 Suiten – ½ P
Rest *Collina* – siehe Restaurantauswahl
Rest *Zafferano* 𝒞 044 786 00 88 – Menü 80 CHF (abends)/115 CHF
– Karte 55/106 CHF – *(geschl. Juli - Mitte August und Sonntag - Donnerstag) (nur Abendessen)*
"Wellbeing" in toller Panoramalage - nicht nur vom Aussenpool geniesst man die Aussicht auf den Zürichsee! Der Spa erstreckt sich über 2 Etagen mit über 2000 qm. Viele Zimmer sind grosse Juniorsuiten. Im Zafferano weht ein Hauch von Morgenland: Die Einrichtung stammt von dort und auch die Küche ist geprägt vom mediterran-orientalischen Einfluss.

Collina – Hotel Panorama Resort & Spa

Schönfelsstrasse – 𝒞 044 786 00 88 – www.panoramaresort.ch
Menü 80/115 CHF – Karte 65/142 CHF
Ein wenig erinnert die Einrichtung an ein Revival der 60er Jahre, denn diese spezielle schlichte Eleganz bestimmt das harmonische Bild. Beeindruckender Blick auf den Zürichsee. Schweizer Küche.

FEX-CRASTA – Graubünden ➜ Siehe Sils Maria

FIDAZ – Graubünden ➜ Siehe Flims Dorf

FIESCH

Wallis (VS) – ✉ 3984 – 945 Ew – Höhe 1 062 m (Wintersport : 1 060/2 869 m)
– Siehe Regionalatlas **8-F5**
▶ Bern 153 km – Brig 17 km – Domodossola 83 km – Interlaken 98 km
Michelin Straßenkarte 552-N11

Christania

Hejistr. 13 – 𝒞 027 970 10 10 – www.christania.ch – geschl. 10. April - 30. Mai, 20. Oktober - 20. Dezember
22 Zim ☐ – **♦**110/140 CHF **♦♦**160/190 CHF – ½ P
Rest Menü 35/85 CHF – Karte 42/95 CHF – *(geschl. 1. April - 30. Mai, 20. Oktober - 20. Dezember) (nur Abendessen)*
Das Hotel befindet sich in ruhiger Lage am Rande des Dorfes und verfügt über helle, zeitgemäss eingerichtete Zimmer, alle mit Balkon und schönem Ausblick.

im Fieschertal Nord-Ost: 2 km – Höhe 1 043 m – ✉ 3984

Alpenblick

Zer Flie 2 – 𝒞 027 970 16 60 – www.hotelalpenblick.ch – geschl. 2. November - 19. Dezember, 11. April - 15. Mai
53 Zim ☐ – **♦**75/105 CHF **♦♦**110/280 CHF – 1 Suite – ½ P
Rest Tagesteller 20 CHF – Menü 30/54 CHF – Karte 24/66 CHF
Das Hotel in ruhiger Lage am Ende des Tales bietet im Stammhaus wie auch im Montanara hell und funktionell gestaltete Zimmer, darunter einige "Superior" mit Kitchenette. Im Restaurant serviert man traditionelle Küche.

in Niederernen Süd-Ost: 3 km Richtung Ernen – ✉ 3995 Ernen

Gommerstuba

– 𝒞 027 971 29 71 – www.gommerstuba.com – geschl. Mai 2 Wochen, Mitte November - Mitte Dezember und Montag - Dienstag, Juli - August: Montag
Menü 65/110 CHF – Karte 53/96 CHF
Wenn Sie auf dem Weg zum Furkapass sind, legen Sie doch hier einen Stopp ein und probieren Sie Gomser Klassiker und dazu ausgewählte Walliser Weine - auch auf der Terrasse ein Genuss!

auf der Fiescheralp/Kühboden mit 🚡 erreichbar – Höhe 2 214 m –
✉ 3984 Fiesch

🏠 **Eggishorn** ◗ ← 🛋 🖥
Fiescheralp 3 – 𝒞 027 971 14 44 – www.hotel-eggishorn.ch – geschl. Mitte April
- Mitte Juni, Mitte Oktober - Anfang Dezember
24 Zim 🛏 – 🛏78/103 CHF 🛏🛏155/195 CHF – ½ P
Rest Tagesteller 19 CHF – Menü 23 CHF (mittags)/35 CHF – Karte 27/42 CHF
Die Stammgäste kommen immer wieder: perfekt die ruhige Lage im Ski- und
Wandergebiet direkt an der Bergstation Eggishorn - fantastisch der Bergblick! Die
Maisonetten sind ideal für Familien. Restaurant und Terrasse mit Panoramasicht.

FILZBACH
Glarus (GL) – ✉ 8757 – 510 Ew – Höhe 707 m – Siehe Regionalatlas **5-H3**
▶ Bern 195 km – Sankt Gallen 110 km – Altdorf 89 km – Glarus 16 km
Michelin Straßenkarte 553-T6

🏨 **Römerturm** ◗ ← 🛋 🐎 🖥 🛜 ♨ P̂
Kerenzerbergstrasse 104 – 𝒞 055 614 62 62 – www.roemerturm.ch
31 Zim 🛏 – 🛏140/160 CHF 🛏🛏230/260 CHF – 7 Suiten – ½ P
Rest Menü 25 CHF (mittags)/90 CHF – Karte 56/129 CHF
Wo heute das Hotel im Chaletstil liegt, stand früher der namengebende Römerturm. Man bietet komfortable Zimmer (Bad mit Whirlwanne), schön ist die Lage
oberhalb des Walensees. Den grandiosen Seeblick geniesst man am besten von
der Restaurantterrasse.

FINDELN – Wallis ➔ Siehe Zermatt

FISLISBACH
Aargau (AG) – ✉ 5442 – 5 411 Ew – Höhe 429 m – Siehe Regionalatlas **4-F2**
▶ Bern 105 km – Aarau 26 km – Baden 6 km – Luzern 71 km
Michelin Straßenkarte 551-O4

🏨 **Linde** 🛗 🍸 🛜 P̂
Niederrohrdorferstr. 1 – 𝒞 056 493 12 80 – www.linde-fislisbach.ch – geschl.
1. - 15. Februar, 12. Juli - 2. August
35 Zim 🛏 – 🛏120/160 CHF 🛏🛏190/260 CHF – ½ P
Rest Linde 🕸 – siehe Restaurantauswahl
Das ehemalige Zehntenhaus des Klosters bietet rustikale und neuzeitlichere Zimmer, verteilt auf Haupthaus und Anbau. Schön ist die Juniorsuite im DG mit grossem Balkon, chic die überaus moderne Bar.

🍴 **Linde** – Hotel Linde 🛗 🛋 ⇄ P̂
Niederrohrdorferstr. 1 – 𝒞 056 493 12 80 – www.linde-fislisbach.ch – geschl.
1. - 15. Februar, 12. Juli - 2. August und Mittwoch
Tagesteller 22 CHF – Menü 76 CHF – Karte 55/78 CHF
Frische, gute Produkte und faire Preise, das kommt an bei den Gästen. Verantwortlich für die schmackhaften Gerichte ist Felix Schibli, der ganz traditionell und
bürgerlich kocht. Ein schönes Beispiel: "Weidelamm-Entrecôte auf Gemüselinsen".

FLAACH
Zürich (ZH) – ✉ 8416 – 1 331 Ew – Höhe 362 m – Siehe Regionalatlas **4-G2**
▶ Bern 155 km – Zürich 40 km – Baden 55 km – Schaffhausen 22 km
Michelin Straßenkarte 551-Q4

🍴🍴 **Sternen** 🛋 🎋 ⇄ P̂
Hauptstr. 29 – 𝒞 052 318 13 13 – www.sternen-flaach.ch – geschl. 19. Januar
- 19. Februar, 13. - 28. Juli und Montag - Dienstag, Mitte April - Mitte Juni:
Montag
Tagesteller 28 CHF – Menü 49 CHF (mittags unter der Woche)/63 CHF
– Karte 49/87 CHF
Flaach ist eine Spargelhochburg, da dreht sich bei Thomas Rüegg in der Saison
natürlich alles um das feine Gemüse. Reservieren Sie also lieber, wenn Sie zur Spar-
gelzeit in den gemütlichen Stuben oder auf der netten Terrasse essen möchten!

FLÄSCH

Graubünden (GR) – ⊠ 7306 – 595 Ew – Höhe 516 m – Siehe Regionalatlas **5**-I3
▶ Bern 223 km – Chur 24 km – Sankt Gallen 84 km – Bad Ragaz 15 km
Michelin Straßenkarte 553-V7

✗✗ Mühle   🦌 🏠 ⇔ **P**

Mühle 99, Richtung Maienfeld: 1 km – 𝒞 081 330 77 70 – www.muehle-flaesch.ch
– geschl. Weihnachten - Neujahr, Juli 2 Wochen und Sonntag - Montag
Menü 48/115 CHF – Karte 54/102 CHF
Gute zeitgemässe Küche mit regionalem Einfluss, dazu überwiegend Weine aus
der Bündner Herrschaft. Mühle-Stube mit eleganter Note, urchige Wy-Stube und
Terrasse mit Blick in die Weinberge.

✗✗ Adler   🏠 🌿

Kreuzgasse 2, (1. Etage) – 𝒞 081 302 61 64 – www.adlerflaesch.ch – geschl. März
2 Wochen, August 3 Wochen und Mittwoch - Donnerstag
Tagesteller 38 CHF – Menü 59/89 CHF – Karte 60/109 CHF – *(Tischbestellung ratsam)*
Im 1. Stock befinden sich die beiden heimeligen Stuben, die ganz in Holz gehalten sind. Serviert wird eine klassische Küche auf regionaler Basis, die unkompliziert und schmackhaft ist.

✗ Landhaus   🏠 **P**

Ausserdorf 28, (1. Etage) – 𝒞 081 302 14 36 – www.landhaus-flaesch.com – geschl.
Februar 1 Woche, Juni 2 Wochen, November 1 Woche und Montag - Dienstag
Tagesteller 28 CHF – Karte 48/96 CHF
Die hübschen Stuben sprühen nur so vor ländlichem Charme, dafür sorgt die
schöne Holztäferung. Draussen ist es nicht weniger reizend: Auf der lauschigen
Terrasse könnte man glatt vergessen, dass das Haus mitten im Dorf steht, denn
hier sitzt man direkt am Weinberg! Und was bei Theresa und Ignaz Baumann
(wirklich herzliche Gastgeber!) auf den Tisch kommt, kann sich ebenfalls sehen
lassen: eine ehrliche regionale Küche - nicht wegzudenken sind z. B. das Prättig-
gauer Kalbskotelett oder der Kalbshackbraten!

FLIMS

Graubünden (GR) – 2 643 Ew (Wintersport : 1 100/3 018 m)
– Siehe Regionalatlas **5**-I4
▶ Bern 261 km – Chur 22 km – Andermatt 74 km – Bellinzona 118 km
Michelin Straßenkarte 553-T-U8

FLIMS-DORF Höhe 1 070 m – ⊠ 7017
▶ Bern 261 km – Chur 21 km – Davos 78 km – Buchs 63 km

✗✗ Cavigilli   🏠 **P**

Via Arviul 1 – 𝒞 081 911 01 25 – www.cavigilli.ch – geschl. 22. November
- 11. Dezember, 26. April - 25. Juni und im Sommer: Montag - Dienstag, im
Winter: Montag
Tagesteller 30 CHF – Menü 80/150 CHF – *(im Winter : Dienstag - Freitag nur*
Abendessen) (Tischbestellung ratsam)
Historisch, rustikal, modern... die Mischung macht's! So herrscht in dem liebevoll
sanierten Bündner Haus von 1453 eine ausgesprochen angenehme und gemütliche Atmosphäre, ob Sie nun in der Gotischen Stube oder in der Carigiet-Stube
sitzen. Auf den Tisch kommen gute, frische Produkte, die auf klassischer Basis,
aber doch auch mit zeitgemäss-kreativer Note zubereitet werden.

✗ Conn   ⇐ 🏠 🌿

Conn, (über Wanderweg 60 min. oder mit Pferdekutschenfahrt ab Waldhaus Post
erreichbar 40 min.) – 𝒞 081 911 12 31 – www.conn.ch – geschl. 7. - 14. Mai,
24. Oktober - 19. Dezember
Tagesteller 30 CHF – Karte 48/88 CHF – *(nur Mittagessen)*
Wer es romantisch mag, fährt mit der Kutsche in dieses wirklich idyllische Maiensäss
oberhalb der Rheinschlucht. Probieren Sie unbedingt die hausgemachten Ravioli: herz-
haft als "Conner Kartoffelravioli" oder etwas süsser als "Trinser Birnenravioli"! Dazu gibt
es u. a. schöne italienische Rotweine. Wer die tolle Lage länger geniessen möchte, bleibt über Nacht: Man kann das schön sanierte "Holzerheim" mieten. Tipp: Nur 5
Minuten entfernt befindet sich ein sehenswerter Aussichtspunkt!

in Fidaz Nord: 1 km – Höhe 1 151 m – ⊠ 7019

🏠 **Fidazerhof** ≤ 🕉 🎧 **P**
Via da Fidaz 34 – 𝒞 081 920 90 10 – www.fidazerhof.ch – geschl. 19. April
- 1. Mai, 1. - 13. November
12 Zim ⌂ – ♦130/200 CHF ♦♦160/300 CHF – ½ P
Rest *Fidazerhof* – siehe Restaurantauswahl
Das Haus bietet nicht nur zum Essen einen ansprechenden Rahmen. Als Hotelgast
wohnen Sie in wirklich netten modernen Zimmern und auch an Ihre Entspannung ist gedacht: Die Chefin ist Spezialistin für Ayurveda-Anwendungen!

🍴 **Fidazerhof** – Hotel Fidazerhof ≤ 🎧 **P**
Via da Fidaz 34 – 𝒞 081 920 90 10 – www.fidazerhof.ch – geschl. 19. April
- 1. Mai, 1. - 13. November und im Sommer: Montag
Menü 38 CHF (mittags)/85 CHF – Karte 48/109 CHF
Hier ist es drinnen wie draussen gleichermassen schön: Mit ihrem regionalen Stil
verbreiten die Gaststuben Gemütlichkeit, die Terrasse lockt mit der tollen Sicht
auf Berge und Flimsertal! Gekocht wird international.

FLIMS-WALDHAUS Höhe 1 103 m – ⊠ 7018
▶ Bern 262 km – Chur 22 km – Davos 79 km – Buchs 64 km

🏨 **Waldhaus Flims** ⌀ ≤ 🏊 🍴 🖥 ⊕ 🕉 🛋 🎾 🖥 ♿ ☂ 🕙 🏋 🛀 🎧 **P**
Via dil Parc 3 – 𝒞 081 928 48 48 – www.waldhaus-flims.ch – geschl.
Mitte April - Mitte Mai
150 Zim ⌂ – ♦150/700 CHF ♦♦250/800 CHF – 15 Suiten – ½ P
Rest *Epoca* **Rest** *Grand Restaurant Rotonde* – siehe Restaurantauswahl
Von den verschiedenen Gebäuden auf dem 40 ha grossen Areal ist das stilvolle
Grandhotel von 1877 das schönste und komfortabelste! Zum edel designten Spa
auf 3000 qm Spa gehören auch zwei bemerkenswerte Private Spas für Ihr ganz
persönliches Wellness Vergnügen. Aber auch das eigene Hotelmuseum ist einen
Besuch wert! Und zur Stärkung bietet das Lounge-Bistro kleine Speisen und Klas-
siker.

🏨 **Adula** ⌀ 🍴 🎧 🖥 ⊕ 🕉 🛋 ♿ Zim, 🕙 🛀 🎧 **P**
🐾 *Via Sorts Sut 3 – 𝒞 081 928 28 28 – www.adula.ch – geschl. 12. April - 22. Mai*
92 Zim ⌂ – ♦115/340 CHF ♦♦200/620 CHF – ½ P
Rest *Barga* – siehe Restaurantauswahl
Rest *La Clav* Tagesteller 19 CHF – Menü 65/89 CHF – Karte 47/75 CHF
Dass es sich hier schön wohnen lässt, liegt an der ansprechenden grossen Halle,
an den mit regionalen Materialien eingerichteten Zimmern (modern oder auch
rustikaler), am Spa La Mira auf 1200 qm (relaxen Sie u. a. im kleinen 35°C warmen
Sole-Aussenbecken!) und auch an der Gastronomie im Haus, z. B. dem La Clav mit
seinen Schweizer Spezialitäten. Sie kommen mit der Familie? Kinderprogramm
gibt es auch zeitweise.

🏨 **Schweizerhof** ⌀ ≤ 🍴 🎧 🖥 🕉 🖥 ♿ Rest, 🎾 Zim, 🕙 🛀 🎧 **P**
Rudi Dadens 1 – 𝒞 081 928 10 10 – www.schweizerhof-flims.ch – geschl. April
- Anfang Juni, Mitte Oktober - Anfang Dezember
48 Zim ⌂ – ♦115/275 CHF ♦♦230/450 CHF – ½ P
Rest Menü 50 CHF (mittags) – Karte 49/75 CHF – *(abends Tischbestellung ratsam)*
Das Haus hat ein ganzes Stück Geschichte bewahrt, das zeigt schon die schmucke
Fassade im viktorianischen Stil. Und auch drinnen in dem 1903 erbauten Hotel
erlebt man die Belle Epoque: Lobby, Bibliothek, Speisesaal... und in den
komfortablen Zimmern hier und da Jugendstil-Dekor. Während vier Generationen Familientradition haben auch die Schmidts Spuren hinterlassen, und zwar
künstlerische, wie die von Onkel Daniel, Opernregisseur und Filmemacher.

🏨 **Cresta** ⌀ ≤ 🍴 🎧 🖥 🕉 🛋 🖥 🎾 Rest, 🕙 🛀 🎧 **P**
Via Passadi 5 – 𝒞 081 911 35 35 – www.cresta.ch – geschl. 12. April - 12. Juni,
18. Oktober - 11. Dezember
47 Zim ⌂ – ♦83/163 CHF ♦♦163/296 CHF – 3 Suiten – ½ P
Rest Menü 45 CHF – *(nur Abendessen für Hausgäste)*
Vier Häuser in einem schönen grossen Garten mit individuell geschnittenen Zimmern (geräumiger sind die Superiorzimmer) und vielfältigem Wellnessbereich mit
ganzjährig nutzbarem Aussenpool.

XXX **Epoca** – Hotel Waldhaus Flims   ⪡ 🛏 🛋 🚪 **P**
Via dil Parc 3 – ℰ 081 928 48 48 – www.waldhaus-flims.ch – geschl. Mitte April
- Mitte Mai und Montag - Dienstag
Menü 80/130 CHF – Karte 75/105 CHF – *(Mittwoch - Freitag nur Abendessen)*
(Tischbestellung ratsam)
Unter der Leitung von Pascal Schmutz geht es in der Küche modern-kreativ zu,
und zwar in Form des "Epoca-Style"-Menüs. Oder essen Sie lieber auf Bündner
Art? Die "Epoca-Bergküche" gibt es à la carte. Und auch der schönen Umgebung
hat man Rechnung getragen: In dem modernen lichten hohen Glasbau fühlt man
sich fast wie im Freien! Rustikaler wird's im Sommer: Da wird donnerstagabends
auf der Alm gegrillt!

XX **Grand Restaurant Rotonde** – Hotel Waldhaus Flims   ⪡ 🛏 🛋 ♿ 🚪 **P**
Via dil Parc 3 – ℰ 081 928 48 48 – www.waldhaus-flims.ch – geschl.
Mitte April - Mitte Mai
Menü 60 CHF – Karte 78/95 CHF – *(nur Abendessen)*
Exponierter könnte die Lage nicht sein: Von hier aus haben Sie einen grandiosen
Blick auf die voralpine Bergwelt von Flims/Laax! Die riesigen Panoramafenster
holen praktisch die Natur in das moderne Restaurant.

XX **Barga** – Hotel Adula   ⍟ **P**
Via Sorts Sut 3 – ℰ 081 928 28 28 – www.adula.ch – geschl. 12. April - 22. Mai,
April - Anfang Dezember: Montag - Dienstag
Menü 95/220 CHF – Karte 69/103 CHF – *(nur Abendessen)*
In dem Restaurant herrscht eine gediegen-rustikale Atmosphäre, der offene
Kamin sorgt zusätzlich für Behaglichkeit. Die Küche ist zeitgemäss und saisonal.

FLÜELI RANFT
Obwalden (OW) – ✉ 6073 – Höhe 748 m – Siehe Regionalatlas **4-F4**
▶ Bern 104 km – Luzern 25 km – Altdorf 50 km – Brienz 33 km
Michelin Straßenkarte 551-O8

🏠 **Jugendstilhotel Paxmontana**   🌿 ⪡ 🛏 🛋 📶 ⍟ 🏔 **P**
Dossen 1 – ℰ 041 666 24 00 – www.paxmontana.ch
74 Zim 🛏 – †130/190 CHF ††200/300 CHF – 9 Suiten – ½ P
Rest Tagesteller 25 CHF – Menü 60/90 CHF – Karte 47/95 CHF
Wie ein Schlösschen thront das ehemalige Kurhaus über dem Ort. Innen hübsche
Details wie Antiquitäten, Stuckdecken, restaurierter Kachelofen... Die Zimmer (be-
wusst ohne TV und Wifi) reichen von historisch angehaucht bis modern, alle mit
unterschiedlicher, aber immer schöner Sicht! Im Restaurant Veranda traditionelle
Küche und Blick auf Pilatus und Sarner See!

FLÜH
Solothurn (SO) – ✉ 4112 – Höhe 381 m – Siehe Regionalatlas **2-D2**
▶ Bern 110 km – Basel 15 km – Biel 75 km – Delémont 32 km
Michelin Straßenkarte 551-J4

XXX **Martin** (Manfred Möller)   🦞 🛋 ♿ **P**
😋 *Hauptstr. 94 – ℰ 061 731 10 02 – www.restaurant-martin.ch – geschl. über*
Fasnacht 2 Wochen, Juli - August 2 Wochen, Oktober -November 2 Wochen und
Sonntag - Montag
Tagesteller 30 CHF – Menü 69/139 CHF – Karte 70/146 CHF – *(Tischbestellung*
ratsam)
Nach vielen Jahren unter der erfolgreichen Leitung von Familie Martin weht nun
ein frischer Wind in dem stattlichen Gasthaus. Niederbayer Manfred Möller kocht
geschmackvolle und feine klassische Speisen aus exzellenten Produkten, seine
Frau Claudia ist die gute Seele des Hauses, charmant und stets präsent. Im Som-
mer sitzt man draussen unter Kastanien besonders nett.
→ Hummer in der Schale gebraten mit Steinpilzen. Tranche vom Rehrücken in
Dörrpflaumenjus. Gebackene Gewürzfeige auf Senfcréme.

FORCH

Zürich (ZH) – ✉ 8127 – Höhe 689 m – Siehe Regionalatlas **4-G3**
▶ Bern 139 km – Zürich 14 km – Rapperswil 24 km – Winterthur 38 km
Michelin Straßenkarte 551-Q5

⌂ **Wassberg** ◈ ≤ 🏢 🛜 🏄 **P**

Wassbergstr. 62 – ℰ 043 366 20 40 – www.hotel-wassberg.ch – geschl.
27. Dezember - 13. Januar
18 Zim ⊆ – †150/190 CHF ††210/260 CHF
Rest *Wassberg* – siehe Restaurantauswahl
Hier überzeugen die traumhafte Lage auf einem Hochplateau mit grandiosem
Blick auf den Greifensee sowie schicke wohnliche Designerzimmer mit moderner
Technik und ansprechenden Farbakzenten.

ХХ **Wassberg** – Hotel Wassberg ≤ 🏠 ᴕ **P**

Wassbergstr. 62 – ℰ 043 366 20 40 – www.hotel-wassberg.ch – geschl.
27. Dezember - 13. Januar und Montag
Tagesteller 28 CHF – Menü 35 CHF (mittags unter der Woche)/82 CHF
– Karte 57/105 CHF
Sie sitzen in einer gemütlichen Stube, geniessen die wirklich tolle Sicht und las-
sen sich traditionelle und mediterrane Küche servieren. Sehr beliebt sind die "Kal-
bereien" - da gibt es über die Woche verteilt alles vom Kalb, von Innereien über
Schmorgerichte wie "Blanquette de Veau" bis zum Sonntagsbraten.

Х **Neue Forch** ≤ 🏠 **P**

Alte Forchstr. 65, im Ortsteil Neue Forch – ℰ 043 288 07 88 – www.neueforch.ch
– geschl. 24. Dezember - 2. Januar und Samstagmittag, Sonntagmittag
Tagesteller 35 CHF – Karte 56/114 CHF – *(Tischbestellung ratsam)*
Warum dieses Ristorante so beliebt ist? Man sitzt gemütlich, wird von Patron
Renato Zambelli nebst Team aufmerksam und charmant umsorgt und isst auch
noch gut, und zwar frische authentisch italienische Küche von Antipasti über
Pasta bis zu Gerichten vom Holzkohlegrill. Schöne Terrasse mit Aussicht.

FRAUENFELD

Thurgau (TG) – ✉ 8500 – 24 119 Ew – Höhe 405 m – Siehe Regionalatlas **4-G2**
▶ Bern 167 km – Zürich 46 km – Konstanz 30 km – Sankt Gallen 47 km
Michelin Straßenkarte 551-R4

⌂⌂ **Domicil** 🏠 🏢 ❋ Rest, 🛜 🏄 **P**

Oststr. 51, (an der Autobahnausfahrt Frauenfeld-Ost) – ℰ 052 723 53 53
– www.domicil.ch – geschl. Weihnachten - Anfang Januar
46 Zim ⊆ – †122/135 CHF ††195/205 CHF
Rest Tagesteller 31 CHF – Menü 43 CHF (mittags unter der Woche)/69 CHF
– Karte 40/80 CHF
In dem Hotel stehen helle, modern-funktionelle Zimmer mit gutem Platzangebot
bereit; diese sind ebenso wie die direkte Verkehrsanbindung interessant für Businessgäste. Neuzeitlich sind Gaststube und Restaurant, beide mit Zugang zur Terrasse.

⌂ **Hirt** 🏠 🏢 ᴕ Zim, 🛜 ⇔

⊜ *Rheinstr. 11 – ℰ 052 728 93 00 – www.hirt-im-rhyhof.ch*
15 Zim ⊆ – †135/140 CHF ††210/250 CHF
Rest Tagesteller 20 CHF – Menü 35 CHF – Karte 28/59 CHF – *(nur Mittagessen)*
Die gepflegten zeitgemässen Gästezimmer dieses kleinen Hotels in Bahnhofsnähe
sind nach Orten der Umgebung benannt und alle mit einem regionalen Gemälde
dekoriert. Im Café-Restaurant bietet man u. a. Produkte aus der angeschlossenen
hauseigenen Confiserie.

ХХ **Zum Goldenen Kreuz** mit Zim 🏠 🏢 🛜 ⇔ 🏄

Zürcherstr. 134 – ℰ 052 725 01 10 – www.goldeneskreuz.ch
9 Zim ⊆ – †125/139 CHF ††190/205 CHF
Tagesteller 26 CHF – Menü 90 CHF (mittags) – Karte 58/99 CHF
In diesem Haus war schon Goethe zu Gast. Eine erhaltene bemalte Täferung aus
dem 17. Jh. verleiht dem hübschen Goethe-Stübli seinen unverwechselbaren rustikalen Charme. Zum Übernachten hat man geräumige Zimmer mit neuzeitlicher
und funktioneller Einrichtung.

FREIDORF

Thurgau (TG) – ⊠ 9306 – Siehe Regionalatlas **5-I2**
▶ Bern 220 km – Frauenfeld 62 km – Appenzell 26 km – Herisau 26 km
Michelin Straßenkarte 551-U4

XXX **Mammertsberg** mit Zim   ⩽ 🏡 📶 ₺ Rest, ⅋ 🛜 ⇄ 🛁 🅿
Bahnhofstr. 28 – *𝒞 071 455 28 28* – *www.mammertsberg.ch* – *geschl. Januar 3*
Wochen, Juli - August 2 Wochen und Montag - Dienstag
6 Zim ⌂ – †270 CHF ††360 CHF
Tagesteller 45 CHF – Menü 66/150 CHF (mittags unter der Woche)
– Karte 85/134 CHF – *(Tischbestellung ratsam)*
Ein architektonisches Schmuckstück haben August und Luisa Minikus hier, drin-
nen moderner Stil und alte Holztäferung, mittig eine schicke Wendeltreppe. Char-
mant umsorgt und klassisch bekocht (z. B. mit "Saibling - Dill - Apfel - Gurke
- Meerrettich"), geniesst man die tolle Aussicht. Chic und edel: die Zimmer.

FRIBOURG (FREIBURG)

Fribourg (FR) – ⊠ 1700 – 36 633 h. – alt. 640 m – Carte régionale **7-C4**
▶ Bern 34 km – Neuchâtel 55 km – Biel 50 km – Lausanne 71 km
Carte routière Michelin 552-H8

Plans de la ville pages suivantes

🏨 **Au Parc**   🏡 💈 📶 🛜 🛁 🚗 🅿
Route de Villars 37, par A2, direction Romont – *𝒞 026 429 56 56*
– www.auparc-hotel.ch
71 ch ⌂ – †145/210 CHF ††185/270 CHF – 2 suites – ½ P
Rest *La Coupole* – voir la sélection des restaurants
Rest *La Terrasse* Plat du jour 24 CHF – Menu 42/68 CHF – Carte 44/77 CHF –
(fermé dimanche)
À l'entrée de Fribourg, cet ensemble hôtelier des années 1980, tenu avec soin,
convient particulièrement aux voyages d'affaires et aux séminaires. Il comprend
un centre commercial et deux restaurants, utiles car l'établissement est excentré.

🏨 **Au Sauvage**   🏡 💈 🛜
Planche-Supérieure 12 – *𝒞 026 347 30 60*   Plan : B2**r**
– www.hotel-sauvage.ch
16 ch ⌂ – †180/200 CHF ††230/280 CHF – ½ P
Rest *Le Sauvage* Plat du jour 18 CHF – Menu 65/160 CHF – Carte 85/123 CHF –
(fermé 20 juillet - 13 août, carnaval une semaine, dimanche et lundi)
Vous serez bien reçu chez ce Sauvage-là ! Au cœur de la ville basse, cet hôtel se
révèle confortable, très cosy et particulièrement bien tenu. L'adresse de charme
de la cité, où l'on revient toujours avec plaisir...

🏨 **Aux Remparts** ⓝ sans rest   💈 ₺ 🛜 🛁 🅿
Chemin Montrevers 1, (Porte de Morat) – *𝒞 026 347 56 56*   Plan : A1**r**
– www.hotel-remparts.ch
63 ch – †160/220 CHF ††180/260 CHF, ⌂ 20 CHF
Créé en 2013 – en lieu et place d'une ancienne fabrique de chaussures ! –, l'établissement jouit d'une situation idéale pour visiter la ville. Autres sujets de satisfaction : la qualité des équipements, en particulier de la literie, et le décor des
chambres, d'un classicisme bon teint.

🏨 **De la Rose** sans rest   💈 🛜 🛁
Rue de Morat 1 – *𝒞 026 351 01 01* – *www.hoteldelarose.ch*   Plan : A1**k**
39 ch – †100/180 CHF ††130/200 CHF, ⌂ 16 CHF – 1 suite
À deux pas de la cathédrale St-Nicolas, cette bâtisse du 17ᵉ s. est idéalement
située. Dans le hall, on est accueilli sous un superbe plafond d'époque en bois
peint. Les chambres sont plus modernes et fonctionnelles, et le point de chute
est agréable.

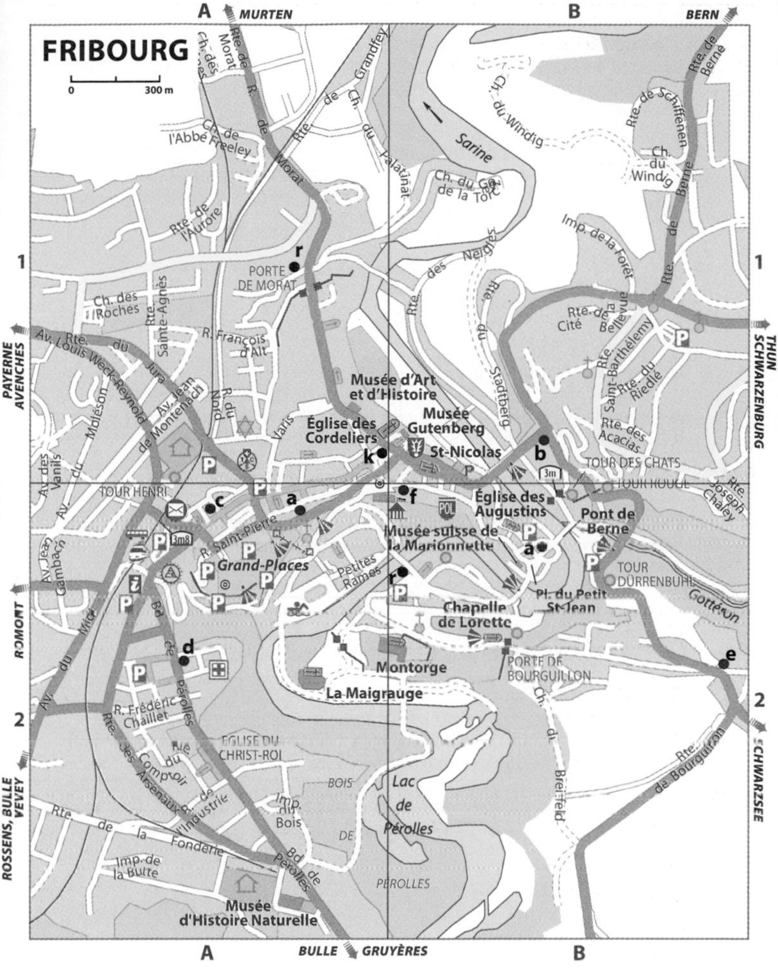

FRIBOURG

0 — 300 m

MURTEN · BERN · PAYERNE AVENCHES · ROMONT · ROSSENS, BULLE VEVEY · BULLE GRUYÈRES · THUN SCHWARZENBURG · SCHWARZSEE

(map of Fribourg with labelled streets and landmarks: Porte de Morat, Musée d'Art et d'Histoire, Musée Gutenberg, Église des Cordeliers, St-Nicolas, Église des Augustins, Musée suisse de la Marionnette, Pont de Berne, Tour des Chats, Tour Rouge, Tour Dürrenbühl, Chapelle de Lorette, Pl. du Petit St-Jean, Porte de Bourguillon, Montorge, La Maigrauge, Église du Christ-Roi, Lac de Pérolles, Musée d'Histoire Naturelle, Tour Henri, Grand-Places, Sarine, etc.)

𝄪𝄪𝄪   Le Pérolles / P.- A. Ayer   🍴 ♿ AC ⇄

𝄐 *Boulevard de Pérolles 18a – 𝄐 026 347 40 30*   Plan : **A2d**
– www.leperolles.ch – fermé Noël - Nouvel An 2 semaines, fin juillet - mi-août 3 semaines, dimanche, lundi et mardi

Plat du jour 52 CHF – Menu 78 CHF (déjeuner)/180 CHF – Carte 139/213 CHF

Le Pérolles, c'est une belle cuisine, généreuse, saisonnière, savoureuse et raffinée... C'est peu dire que Pierre-André Ayer sait sélectionner de superbes produits ! Ajoutez à cela le caractère contemporain des lieux et la qualité du service, et vous obtiendrez la recette d'un repas des plus agréables.

→ Tartare de lapereau de nos fermes à l'œuf de caille poché, bouquet d'asperges sauvages. Cannelloni de petits pois en duo d'artichaut breton aux cuisses de grenouilles désossées. Le "Bounty" revisité et son sorbet citron.

205

XX Grand Pont La Tour Rouge
Route de Bourguillon 2 – 𝒞 026 481 32 48   Plan : B1**b**
– www.legrandpont.ch – fermé Pâques 2 semaines, août - septembre 3 semaines, mardi et mercredi
Plat du jour 22 CHF – Menu 75 CHF (déjeuner)/140 CHF – Carte 41/118 CHF
À l'extrémité nord du pont de Zaehringen, la terrasse jouit d'une très belle vue sur la vieille ville, surtout à la tombée du jour... La cuisine, classique, fait la part belle aux produits de saison et se révèle à travers un joli choix de vins. Une valeur sûre.
La Galerie – voir la sélection des restaurants

XX L'Aigle-Noir
Rue des Alpes 10 – 𝒞 026 322 49 77 – www.aiglenoir.ch   Plan : A2**a**
– fermé 26 décembre - 9 janvier, 30 mars - 5 avril, 2 - 16 août, dimanche et lundi
Plat du jour 50 CHF – Menu 60 CHF (déjeuner en semaine)/140 CHF
– Carte 76/120 CHF
La brasserie Plat du jour 25 CHF – Carte 31/64 CHF
La demeure date du 17ᵉ s. et conserve son cachet historique, mais le repas est pleinement ancré dans le 21ᵉ s. : la table gastronomique prend place dans une belle extension de verre et d'aluminium, qui va tout à fait à la cuisine du jeune chef, inspirée et créative. La brasserie, au contraire, cultive la tradition.

XX La Cène ℕ
Rue du Criblet 6 – 𝒞 026 321 46 46 – www.lacene.ch – fermé   Plan : A2**c**
début janvier une semaine, août 3 semaines, dimanche et lundi
Plat du jour 26 CHF – Menu 90/120 CHF – Carte 56/129 CHF
Cène ou scène ? Dans ce restaurant à la mode, parfait pour voir et être vu, l'assiette attire aussi les regards : le chef signe une cuisine française de qualité, ni dénuée de finesse ni d'inspiration, à l'image de ce cabillaud rôti, beurre blanc fumé et pomme de terre écrasée au pamplemousse.

XX La Coupole – Hôtel Au Parc
Route de Villars 37, par A2, direction Romont – 𝒞 026 429 56 56
– www.auparc-hotel.ch – fermé mi-juillet - mi-août, lundi et mardi
Plat du jour 24 CHF – Menu 45/75 CHF – Carte 37/65 CHF
Surprenant de trouver un restaurant thaïlandais au sein d'un complexe hôtelier comme celui du Parc. Les clients apprécient et viennent tout exprès y déguster une cuisine raffinée, à laquelle le décor apporte aussi une touche d'exotisme.

X Hôtel de Ville
Grand-Rue 6 – 𝒞 026 321 23 67   Plan : B2**f**
– www.restaurant-hotel-de-ville.ch – fermé 20 décembre - 6 janvier, 5
- 13 avril, 12 juillet - 17 août, mardi midi, dimanche et lundi
Plat du jour 21 CHF – Menu 29 CHF (déjeuner)/78 CHF – Carte 60/120 CHF –
(réservation conseillée)
Ambiance arty pour ce restaurant voisin de l'hôtel de ville : le chef – très jovial – est un ancien historien d'art ! Des œuvres contemporaines s'exposent, et la cuisine s'impose, goûteuse et généreuse, telles ces Saint-Jacques sur une pulpe de persil... La formule déjeuner est très intéressante. Belle vue sur la cité de la loggia.

X Auberge de La Cigogne
Rue d'Or 24 – 𝒞 026 321 18 30 – www.aubergedelacigogne.ch   Plan : B2**a**
– fermé Noël et Nouvel An, carnaval une semaine, 26 juillet - 10 août, dimanche et lundi
Plat du jour 21 CHF – Menu 25 CHF (déjeuner en semaine)/105 CHF
– Carte 62/84 CHF
Un vent d'Alsace souffle sur Fribourg ! Le chef, originaire de Mulhouse, signe une jolie cuisine de saison et ces bons petits plats vont bien à cette maison de la vieille ville (1771), sur une place face au pont couvert. Un cadre pittoresque à souhait.

※ **La Galerie** – Restaurant Grand Pont La Tour Rouge ⚅ ⩻ 🏠 ⬛ **P**
Route de Bourguillon 2 – 𝒞 *026 481 32 48* Plan : B1**b**
– www.legrandpont.ch – fermé Pâques 2 semaines, août - septembre 3 semaines,
dimanche soir, mardi soir et mercredi
Menu 22 CHF (déjeuner)/94 CHF – Carte 42/118 CHF
Il ne faudrait pas oublier que le restaurant du Grand Pont La Tour Rouge abrite
aussi une brasserie ! La vue sur Fribourg et sur la Sarine en contrebas est ravis-
sante, parfaite pour déguster salades ou entrecôtes...

à Bourguillon Sud-Est : 2 km – alt. 669 m – ⊠ 1722

※※※ **Des Trois Tours** (Alain Bächler) 🏠 ⬦ **P**
✿ *Route de Bourguillon 15 –* 𝒞 *026 322 30 69* Plan : B2**e**
– www.troistours.ch – fermé 21 décembre - 12 janvier, 26 juillet - 17 août,
dimanche et lundi
Menu 75 CHF (déjeuner en semaine)/175 CHF – Carte 120/148 CHF
Cette vaste maison patricienne, érigée en 1839, est d'une incontestable élégance.
Le chef y revisite avec audace les saisons, magnifiant volailles, crustacés, pois-
sons... dans leur prime fraîcheur. Au final : c'est une explosion de saveurs !
➜ Taboulé de langoustine et coquilles Saint-Jacques aux wasabi. Pot au feu de filets
de poissons aux pistils de safran. Canard de Challans au chutney de rhubarbe.

FRICK

Aargau (AG) – ⊠ 5070 – 5 050 Ew – Höhe 360 m – Siehe Regionalatlas **3**-E2
◨ Bern 113 km – Aarau 16 km – Baden 28 km – Basel 41 km
Michelin Straßenkarte 551-M4

🏨 **Platanenhof** 🛗 ⬧ 🏠 🛁 🚗 **P**
Bahnhofstr. 18 – 𝒞 *062 865 71 71 www.platanenhof.ch geschl. 20. Dezember*
- 11. Januar, 18. Juli - 3. August
25 Zim ⚏ – ⭧160/210 CHF ⭧⭧240/300 CHF
Rest *La Volière* Tagesteller 39 CHF – Menü 56 CHF (mittags unter der Woche)
– Karte 73/115 CHF – *(geschl. Sonntag)*
Rest *Spatzenstube* Tagesteller 20 CHF – Karte 42/81 CHF – *(geschl. Sonntag)*
Das Businesshotel liegt günstig zur Autobahn und nicht weit vom Bahnhof. Alles
ist tipptopp gepflegt, die Zimmer sind hell und zeitgemäss. Während man im eleganten La Volière klassisch speist, wird in der Spatzenstube eher traditionelle bürgerliche Küche serviert.

FRUTIGEN

Bern (BE) – ⊠ 3714 – 6 692 Ew – Höhe 803 m (Wintersport : 1 300/2 300 m)
– Siehe Regionalatlas **8**-E5
◨ Bern 54 km – Interlaken 33 km – Adelboden 16 km – Gstaad 65 km
Michelin Straßenkarte 551-K9

🏠 **National** 🏠 **P**
Obere Bahnhofstr. 10 – 𝒞 *033 671 16 16 – www.national-frutigen.ch – geschl. 7.*
- 15. April, 31. Oktober - 25. November
16 Zim ⚏ – ⭧95/120 CHF ⭧⭧150/170 CHF ½ P
Rest *Philipp Blaser* 🕸 – siehe Restaurantauswahl
Schon in der 4. Generation wird das kleine Landhotel etwas abseits der Touristen-
ströme von Familie Blaser geführt. Sympathisch die Atmosphäre, ländlich-schlicht,
aber immer gepflegt die Zimmer, zum Frühstück Frisches aus der eigenen Back-
stube, und im "Tea Room" gibt's allerlei süsse Leckereien, denn der Patron ist
nicht nur ein guter Koch, sondern auch Konditor !

※※ **Tropenhaus Frutigen - Restaurant Oona** 🆕 🏠 ⬧ 🎛 ⬦ **P**
Tropenhausweg 1 – 𝒞 *033 672 11 44 – www.tropenhaus-frutigen.ch – geschl. 12.*
- 23. Januar und Montag - Dienstag
Menü 71/111 CHF – Karte 78/128 CHF – *(nur Abendessen, sonntags auch Mittagessen)*
Terrasserie Tagesteller 25 CHF – Menü 45 CHF – Karte 48/90 CHF – *(geschl. Montag)*
Interessante Location mit Gewächshausflair: ein geschmackvoll-modernes Restaurant mitten im Tropenhaus mit seiner beeindruckenden Pflanzenwelt. Spezialität
aus eigener Zucht: Stör und Kaviar. Auch die direkt hier wachsenden Früchte
und Kräuter werden verwendet. Etwas einfacher das Terrasserie-Angebot.

XX **Philipp Blaser** – Hotel National ≤ 🛋 ⇔ **P**
😋 *Obere Bahnhofstr. 10 – 𝒞 033 671 16 16 – www.national-frutigen.ch – geschl. 7.*
- 15. April, 31. Oktober - 25. November und Mittwoch, Sonntagabend
(🍽) Tagesteller 19 CHF – Menü 65/82 CHF – Karte 47/81 CHF
Hier ist nicht nur das moderne Interieur interessant, vor allem spricht einen die
schmackhafte Küche von Patron Philipp Blaser an, die Regionales, Mediterranes
und Asiatisches verbindet: Wiener Schnitzel, hausgemachte Pasta, scharfes grünes
Thaicurry mit Rind...

FTAN

Graubünden (GR) – ✉ 7551 – 532 Ew – Höhe 1 648 m (Wintersport : 1 684/2 783 m)
– Siehe Regionalatlas **11-K4**
▶ Bern 313 km – Scuol 7 km – Chur 101 km – Davos 45 km
Michelin Straßenkarte 553-Z9

🏠 **Paradies** ≥ ≤ 🚗 🐆 🏋 🎴 🎷 🚗 **P**
Hauptstrasse, Süd-West: 1 km Richtung Ardez – 𝒞 081 861 08 08 – www.paradieshotel.ch
– geschl. Mitte April - Mitte Mai, Ende Oktober - Mitte Dezember
15 Zim ⌑ – †290/330 CHF ††390/550 CHF – 8 Suiten – ½ P
Rest *La Cucagna*(🍽) **Rest** *Charn Alpina* – siehe Restaurantauswahl
Es ist schon ein paradiesisches Fleckchen Erde, wo dieses Engadin-Hideaway zu
finden ist! Warmes Arvenholz, wohnliche Accessoires überall, zuvorkommendes
Personal... das ist nur durch den fantastischen Blick auf die Lischana-Bergkette zu
steigern, und den sollten Sie unbedingt mal von einer der holzbefeuerten Badewannen auf der Sonnenterrasse geniessen!

🏠 **Munt Fallun** garni ≥ ≤ 🚗 🎷 🎷 **P**
🍽 *Munt Fallun 1 – 𝒞 081 860 39 01 – www.hotel-muntfallun.ch – geschl. 6. April*
- 11. Juli, 1. November - 13. Dezember
5 Zim ⌑ – †100/120 CHF ††150/190 CHF
Das 300 Jahre alte Engadiner Bauernhaus mit Blick auf Schloss Tarasp bietet einen
historischen Rahmen für das mit hellem Holz in zeitgemässem Stil eingerichtete kleine Hotel. Sehenswert sind Zimmer Nr. 7 und die gemütliche Frühstücks-
stube. "Dresscode": Hausschuhe.

🏠 **Engiadina** 🛋 🎷 Zim, 🎷 **P**
😋 *Mugliner – 𝒞 081 864 04 34 – www.engiadina-ftan.ch – geschl. November - Mitte*
Dezember, Mitte April - Ende Mai
13 Zim ⌑ – †110/155 CHF ††150/220 CHF – 1 Suite – ½ P
Rest Menü 45/59 CHF (abends) – Karte 45/74 CHF
Kleines Hotel nahe der Sesselbahn-Talstation, in dem man sich dank echter Gast-
freundschaft sofort wohlfühlt. Von den Zimmern (teils mit Balkon oder Terrasse)
blickt man auf den Ort und die Berge. Es gibt auch ein grosses Familienzimmer.
Regionale Saisonküche im Restaurant mit hübscher rustikaler Terrasse.

XX **Charn Alpina** 🆕 – Hotel Paradies 🐾 ≤ 🎷 **P**
Hauptstrasse, Süd-West: 1 km Richtung Ardez – 𝒞 081 861 08 08
– www.paradieshotel.ch – geschl. Mitte April - Mitte Mai, Ende Oktober - Mitte
Dezember
Karte 75/112 CHF – (nur Abendessen) (Tischbestellung ratsam)
Hier dreht sich alles ums Fleisch! Der neue Küchenchef Gustav Jantscher führt das
bewährte "Chadafö unica"-Konzept weiter. Ausgesuchte Spezialitäten von Metzger Ludwig Hatecke in Scuol finden sich auf der Karte dieser Fleischmanufaktur
z. B. als geräuchertes Kalbsmark, gepökelte Hirschzunge, Ribeye von Alpweide-
rind... Und das Ambiente? Gemütlich-rustikal oder modern.

X **La Cucagna** 🆕 – Hotel Paradies ≤ 🛋 🎷 **P**
(🍽) *Hauptstrasse, Süd-West: 1 km Richtung Ardez – 𝒞 081 861 08 08 – www.paradieshotel.ch*
– geschl. Mitte April - Mitte Mai, Ende Oktober - Mitte Dezember
Tagesteller 34 CHF – Karte 60/95 CHF
Ob mit oder ohne Fleisch, hier setzt man auf Regionalität und Marktfrische. "Con-
fierte Brust vom Appenzellerhuhn mit Bergkräutern", "Cassoulet von See- und
Meeresfischen", "offene Gemüselasagne mit Schnittlauchschaum und Blumen-
kohl"... Das ist Engadiner Küche, modern interpretiert.

FÜRSTENAU

Graubünden (GR) – ⊠ 7414 – 367 Ew – Höhe 665 m – Siehe Regionalatlas **10-I4**
▶ Bern 263 km – Chur 24 km – Andermatt 99 km – Davos 48 km
Michelin Straßenkarte 553-U9

XXX **Schauenstein** (Andreas Caminada) mit Zim   ⊛ ⊗ ≤ 📠 𝕤 𝕊 Rest, 🛜 **P**

⊛ ⊛ ⊛ *Schlossgasse 71 – 𝒞 081 632 10 80 – www.schauenstein.ch – geschl. 12. Januar*
- 11. Februar, 20. April - 6. Mai, 26. Oktober - 18. November, 21. - 25. Dezember
und Montag - Mittwochmittag
6 Zim – 🛏370/680 CHF 🛏🛏370/680 CHF, 🍴 42 CHF
Menü 198/249 CHF – Karte 154/271 CHF – *(Tischbestellung erforderlich)*
Auch über 10 Jahre nach Eröffnung des edlen Restaurants kochen Andreas Caminada und seine top besetzte Brigade mit unverminderter Leidenschaft, ungebrochen ihr Bestreben, sich weiterzuentwickeln. Hier wird mit höchster Präzision gearbeitet, absolute Spitzenprodukte in perfekter Harmonie. Der Service einschliesslich top Weinberatung durch Sommelier Oliver Friedrich läuft wie ein Schweizer Uhrwerk! Übrigens: Stilvoller als in dem wunderschönem Herrenhaus kann man kaum übernachten!
➔ Broteis, Schinken, Senf, Blumenkohl. Reh, Steinpilze, Speck, Hagebutte. Grapefruit, Joghurt, Malz.

FULDERA

Graubünden (GR) – ⊠ 7533 – 121 Ew – Höhe 1 641 m – Siehe Regionalatlas **11-K4**
▶ Bern 332 km – Scuol 60 km – Chur 119 km – Davos 65 km
Michelin Straßenkarte 553-AA10

🏠 **Staila**   ≤ 📠 𝕤 𝕊 𝕊 7im, 🛜 **P**

😊 *Via Maistra 20 – 𝒞 081 858 51 60 – www.hotel-staila.ch – geschl. 13. April*
9. Mai, 2. November - 19. Dezember
18 Zim 🍴 – 🛏95/110 CHF 🛏🛏168/194 CHF – ½ P
Rest Menü 20/54 CHF – Karte 39/84 CHF
Ein wirklich netter und familiärer Gasthof mit ländlichem Charakter, dessen Zimmer recht schlicht, aber behaglich mit Arvenholz eingerichtet sind. Auch geführte Wanderungen werden angeboten. Regionstypisch-rustikales Restaurant.

FURI – Wallis ➔ Siehe Zermatt

GAIS

Appenzell Ausserrhoden (AR) – ⊠ 9056 – 3 018 Ew – Höhe 919 m
– Siehe Regionalatlas **5-I2**
▶ Bern 221 km – Herisau 20 km – Konstanz 100 km – Sankt Gallen 16 km
Michelin Straßenkarte 551-V5

🏠 **Bären** ❶ garni   ⊗ 🛜 **P**

Zwislenstr. 42 – 𝒞 071 793 11 77 – www.baerengais.ch
9 Zim 🍴 – 🛏100/180 CHF 🛏🛏165/245 CHF
Nicht weit von Appenzell und St. Gallen hat Familie Willi ein wirklich schönes Hotel in ruhiger Lage. "Stobete", "Bilche", "Backnasli"... so heissen die geschmackvoll, individuell und authentisch im Stil der Region eingerichteten Zimmer.

XX **Truube** (Silvia Manser)   ⊛ 🛋 **P**

⊛ *Rotenwies 9 – 𝒞 071 793 11 80 – www.truube.ch – geschl. 26. Januar*
- 6. Februar, 13. Juli - 13. August und Dienstag - Mittwoch
Tagesteller 39 CHF – Menü 94 CHF (vegetarisch)/150 CHF – Karte 88/124 CHF
So manch kulinarische Überraschung wartet in dem schönen jahrhundertealten Appenzeller Haus mit seinem gepflegten schlichten Interieur auf Sie, denn Silvia Manser kocht hier fein, naturbezogen und aromatisch. Versiert und charmant der Service durch Patron Thomas Manser.
➔ Gebeizter Saibling mit Kohlräbli, Senfpüree und Radiesliessenz. Appenzeller Lammhaxe mit Ratatouille und Olivencake. Kalbsrücken mit Kräutersaitlingen, zweifarbigen Kartoffeln und Pak Choi mit Ingwer.

GALS

Bern (BE) – ✉ 2076 – 722 Ew – Höhe 449 m – Siehe Regionalatlas **2**-C4
▶ Bern 42 km – Neuchâtel 14 km – Biel 26 km – La Chaux-de-Fonds 31 km
Michelin Straßenkarte 552-H7

🍴🍴 **Zum Kreuz**   🛜 **P**

Dorfstr. 8 – 𝒞 032 338 24 14 – www.kreuzgals.ch – geschl. 22. Dezember
- 4. Januar, 20. Juli - 9. August und Montag - Dienstag
Tagesteller 20 CHF – Menü 49/90 CHF – Karte 57/92 CHF – *(Tischbestellung ratsam)*
Bei Familien Simitsch sitzt man nett in drei unterschiedlichen Stuben oder auf der schönen Gartenterrasse und bekommt frische Speisen wie "Lammnüsschen mit Maggia-Pfeffer". In der einfacheren Gaststube wird gerne der Tagesteller bestellt.

GATTIKON

Zürich (ZH) – ✉ 8136 – Höhe 510 m – Siehe Regionalatlas **4**-G3
▶ Bern 136 km – Zürich 13 km – Luzern 47 km – Zug 20 km
Michelin Straßenkarte 551-P5

🍴🍴 **Sihlhalde** (Gregor Smolinsky)   🛜 🦚 ⟲ **P**

Sihlhaldenstr. 70 – 𝒞 044 720 09 27 – www.smoly.ch – geschl. 21. Dezember
- 5. Januar, 13. Juli - 4. August und Sonntag - Montag; Dezember: Sonntag
Tagesteller 46 CHF – Menü 98/128 CHF – Karte 91/115 CHF – *(Tischbestellung ratsam)*
Seit Gregor Smolinsky den wunderschönen Landgasthof von seinen Eltern übernommen hat, ist er Patron mit Leidenschaft - in der Küche und am Gast! Tipp: Geniessen Sie die äusserst schmackhaften und produktbezogenen klassischen Speisen am besten auf der tollen Terrasse. Und zum Digestif in die Smokers Lounge?
➔ Brasato Ravioli mit Perigord Trüffel. Bresse Poularde mit Frühlingskartoffeln (2 Pers.). Quarksoufflé mit frischen Beeren und Vanilleeis.

GEMPENACH

Freiburg (FR) – ✉ 3215 – 291 Ew – Höhe 508 m – Siehe Regionalatlas **2**-C4
▶ Bern 24 km – Neuchâtel 30 km – Biel 34 km – Fribourg 24 km
Michelin Straßenkarte 552-H7

🍴🍴🍴 **Gasthaus zum Kantonsschild**   🛜 ⟲ **P**

Hauptstr. 24 – 𝒞 031 751 11 11 – www.kantonsschild.ch – geschl. 2.
- 24. Februar, 20. Juli - 11. August und Montag - Dienstag
Menü 18/55 CHF – Karte 47/116 CHF
Das Gasthaus ist schon in 4. Generation ein Familienbetrieb. Der Patron ist sehr naturverbunden - er ist Jäger, züchtet Forellen, verarbeitet in der Saison gerne Trüffel und Pilze... Und so kocht er marktfrisch auf klassischer Basis.

GENÈVE

Genève (GE) – ⊠ 1200 – 189 033 h. – alt. 375 m – Carte régionale **6-A6**
▶ Bern 164 km – Annecy 45 km – Grenoble 148 km – Lausanne 60 km
Carte routière Michelin 552-B11
Plans de la ville pages suivantes

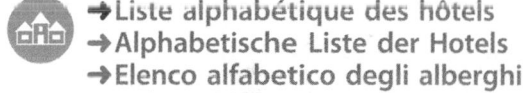

© .caimacanul / age fotostock

→Liste alphabétique des hôtels
→Alphabetische Liste der Hotels
→Elenco alfabetico degli alberghi
→Index of hotels

→**Liste alphabétique des restaurants**
→**Alphabetische Liste der Restaurants**
→**Elenco alfabetico degli ristoranti**
→**Index of restaurants**

→ **Restaurants ouverts le dimanche**
→ **Restaurants sonntags geöffnet**
→ **Ristoranti aperti domenica**
→ **Restaurants open on Sunday**

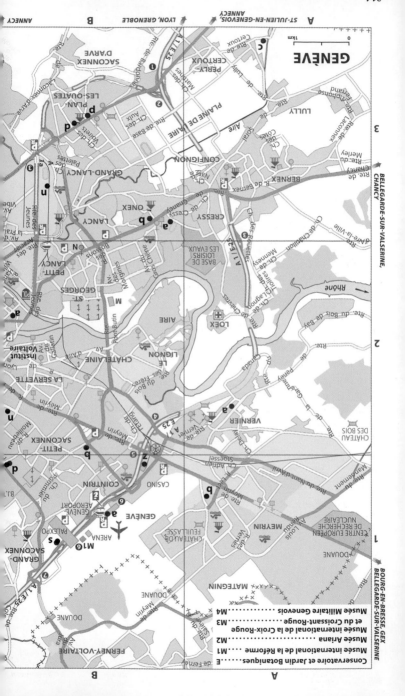

GENÈVE

Musée international de la Réforme M1
Musée Ariana M2
Musée international de la Croix-Rouge
et du Croissant-Rouge M3
Musée Militaire Genevois M4
Conservatoire et Jardin Botaniques ... E

0 _____ 1km

A **ST-JULIEN-EN-GENEVOIS, ANNECY**
   LYON, GRENOBLE
B **ANNECY**

BELLEGARDE-SUR-VALSERINE, CHANCY

BOURG-EN-BRESSE, GEX, BELLEGARDE-SUR-VALSERINE

214

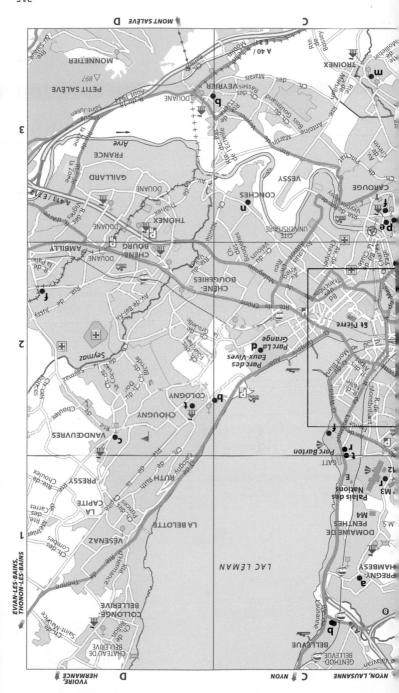

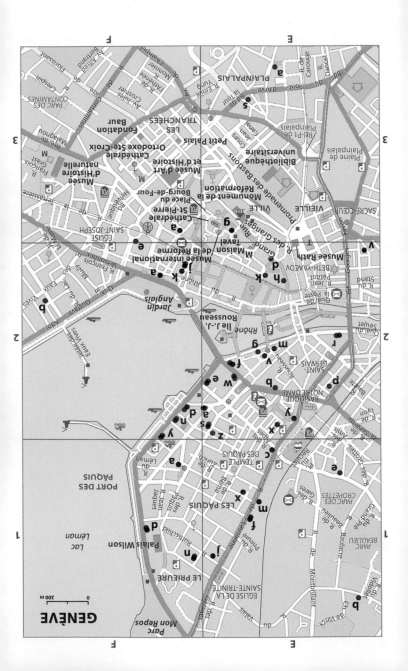

GENÈVE

Rive droite (Gare Cornavin - Les Quais)

Mandarin Oriental

Quai Turrettini 1 ✉ *1201 –* ☎ *022 909 00 00*
Plan : E2**r**
– www.mandarinoriental.fr/geneva
182 ch – ♦490/1200 CHF ♦♦490/1200 CHF, ⊑ 51 CHF – 15 suites
Rest *Rasoi by Vineet* ✿ **Rest** *Café Calla* – voir la sélection des restaurants
Tissus moirés, bois précieux, panneaux de marbre… l'esprit du style Art déco transcende ce luxueux établissement des bords du Rhône. Au 7e étage, les suites avec terrasse dominent toute la ville ; partout, le confort est parfait… Extrêmement chic et infiniment feutré !

Four Seasons Hôtel des Bergues

Quai des Bergues 33 ✉ *1201 –* ☎ *022 908 70 00*
– www.fourseasons.com/geneva
Plan : E2**f**
95 ch – ♦750/1200 CHF ♦♦750/1200 CHF, ⊑ 55 CHF – 20 suites
Rest *Il Lago* ✿ – voir la sélection des restaurants
Rest *Izumi* ☎ *022 908 75 22* – Plat du jour 45 CHF – Menu 65 CHF (déjeuner)/130 CHF – Carte 88/106 CHF
À ses pieds, le Rhône jaillit des eaux claires du lac Léman : joli symbole pour celui qui fut le premier des palaces genevois (1834) et qui semble avoir filtré la quintessence de la grande hôtellerie. Excellence du service, faste des décors (meubles de style, marbres, tissus précieux, etc.) : une superbe institution.

Président Wilson

Quai Wilson 47 ✉ *1211 –* ☎ *022 906 66 66*
Plan : F1**d**
– www.hotelpresidentwilson.com
217 ch ♦850 CHF ♦♦850 CHF, ⊑ 47 CHF – 11 suites
Rest *Bayview* ✿
Rest *L'Arabesque* – voir la sélection des restaurants
Rest *Umami* ☎ *022 906 64 52* – Menu 65 CHF (déjeuner)/95 CHF
– Carte 51/88 CHF – *(fermé mai une semaine et octobre une semaine)*
Un grand édifice moderne sur les quais, aménagé avec un extrême souci du confort : espaces pleins de styles, beaux matériaux, piscine panoramique, plusieurs restaurants… Des étages supérieurs côté Léman, Genève s'efface et l'on ne voit plus que l'étendue d'eau environnée de verdure ou de neige : la nature à la ville !

Grand Hôtel Kempinski

Quai du Mont-Blanc 19 ✉ *1201 –* ☎ *022 908 90 81*
Plan : F2**y**
– www.kempinski.com/geneva
379 ch – ♦850/1500 CHF ♦♦850/1500 CHF, ⊑ 50 CHF – 33 suites
Rest *Le Grill* – voir la sélection des restaurants
Rest *Il Vero* ☎ *022 908 92 24* – Plat du jour 32 CHF – Menu 48 CHF (déjeuner)
– Carte 70/112 CHF
De belles prestations dans cet hôtel contemporain dressé face au célèbre jet d'eau – qui ajoute encore à la vue dégagée sur le lac… Atmosphère moderne et feutrée, bars et restaurants (grill, italien), nombreuses salles de réunion et banquet, commerces, etc. : on devance vos moindres désirs !

Beau-Rivage

Quai du Mont-Blanc 13 ✉ *1201 –* ☎ *022 716 66 66*
Plan : F2**d**
– www.beau-rivage.ch
85 ch – ♦890 CHF ♦♦890 CHF, ⊑ 47 CHF – 5 suites
Rest *Le Chat Botté* ✿ **Rest** *Patara* – voir la sélection des restaurants
Hôtel historique s'il en est, le Beau-Rivage fut fondé au milieu du 19e s. et brille toujours au firmament. Définitivement mythique, il vit s'éteindre Sissi l'Impératrice en 1898. Le passé y est partout présent, sans être pesant : beautés intemporelles des colonnes et pilastres, marbres et stucs, objets d'art… Un refuge plein de délicatesse.

Question de standing : n'attendez pas le même service dans un Ⅹ ou un 🏠 que dans un ⅩⅩⅩⅩ ou un 🏨.

🏨🏨🏨🏨 Le Richemond
🍴 🛋 📶 ♿ 🅰🅲 🛜 🧖 🚗

Rue Adhémar-Fabri 8 ✉ *1201 –* ✆ *022 715 70 00* Plan : E2**a**
– www.dorchestercollection.com
99 ch – 🛏405/870 CHF 🛏🛏405/870 CHF, 🍽 55 CHF – 10 suites
Rest *Le Jardin* – voir la sélection des restaurants
La belle alliance du style européen fin 19e s. – le Richemond a été inauguré
en 1875 – et du goût international d'aujourd'hui : une rotonde classique en
forme de lobby, des balcons en fer forgé ouverts sur la ville, mais aussi des
espaces repensés dans un esprit de grand confort, où raffiné rime avec
discret...

🏨🏨🏨 D'Angleterre
≤ 🍴 🛋 📶 🅰🅲 🛜 🧖

Quai du Mont-Blanc 17 ✉ *1201 –* ✆ *022 906 55 55* Plan : F2**n**
– www.hoteldangleterre.com
45 ch – 🛏400/700 CHF 🛏🛏400/700 CHF, 🍽 37 CHF
Rest *Windows* – voir la sélection des restaurants
Est-ce sa façade en pierre qui possède un je-ne-sais-quoi du Paris d'Haussmann,
l'esprit british et feutré de ses salons, le décor soigné de chacune de ses chambres (classique, vénitienne, design, etc.) ? Rien ne peut réellement résumer le
caractère de cet hôtel né en 1872, sinon un mot : l'élégance.

🏨🏨🏨 De la Paix
≤ 🛋 📶 🅰🅲 🛜 🧖

Quai du Mont-Blanc 11 ✉ *1211 –* ✆ *022 909 60 00* Plan : E2**e**
– www.hoteldelapaix.ch
82 ch – 🛏450/950 CHF 🛏🛏500/1000 CHF, 🍽 43 CHF – 2 suites
Rest *Vertig'O* ✿ – voir la sélection des restaurants
Gouttes d'eau ou bien pétales de rose ? Côté lac ou côté jardin, les deux thémati-
ques se déclinent dans chaque chambre, expression d'un design soucieux d'une
forme de symbiose avec son environnement. Apaisant pour sûr, et avec tout le
sens du service d'un établissement né en 1865.

🏨🏨🏨 Bristol
🍴 🛋 📶 🅰🅲 🛜 🧖

Rue du Mont-Blanc 10 ✉ *1201 –* ✆ *022 716 57 00* Plan : E2**w**
– www.bristol.ch
100 ch – 🛏290/600 CHF 🛏🛏290/600 CHF, 🍽 38 CHF – 1 suite – ½ P
Rest *Côté Square* – voir la sélection des restaurants
Un hôtel éminemment bourgeois, aux chambres très confortables, dans une
veine classique sans fioritures. Et après une journée de travail harassant, direction
le sous-sol pour profiter des espaces fitness, sauna, hammam et jacuzzi...

🏨🏨🏨 N'vY
🛋 📶 🅰🅲 ch, 🛜 🧖 🚗

Rue de Richemont 18 ✉ *1202 –* ✆ *022 544 66 66* Plan : F1**n**
– www.hotelnvygeneva.com
153 ch – 🛏280/650 CHF 🛏🛏280/650 CHF, 🍽 30 CHF – 1 suite – ½ P
Rest *Trilby* – voir la sélection des restaurants
Rest *Tag's Café* Plat du jour 21 CHF – Carte 36/56 CHF
Quand le besoin fait place à l'N'vY... L'hôtel sort d'une véritable cure de jouvence,
et le résultat est explosif : design arty, hyper branché, équipements high-tech
omniprésents, chambres lumineuses qui doivent autant à l'écrivain Jack Kerouac
qu'à l'art de rue... À couper le souffle !

🏨🏨🏨 Royal
🍴 🍴 🛋 📶 ♿ 🛜 🧖 🚗

Rue de Lausanne 41 ✉ *1201 –* ✆ *022 906 14 14* Plan : E1**f**
– www.hotelroyalgeneva.com
202 ch – 🛏260/620 CHF 🛏🛏260/620 CHF, 🍽 30 CHF – 6 suites – ½ P
Rest *Le Duo - Côté Resto* – voir la sélection des restaurants
Rest *Le Duo - Côté Bistro* Plat du jour 21 CHF – Carte 52/94 CHF
Une certaine distinction émane de cet établissement, dont le décor s'inspire du
goût néoclassique et évoque, dans les salons et les chambres les plus cossues,
une demeure particulière. Joli Duo pour se restaurer : gastro ou bistro (cuisine
internationale).

Eastwest 🏨 ⓕ 🛗 AC 🛜 🛁

Rue des Pâquis 6 ✉ *1201 –* ☎ *022 708 17 17*　　　Plan : E2**s**
– www.eastwesthotel.ch
39 ch – 🛏330/440 CHF 🛏🛏365/560 CHF, ☕ 32 CHF – 2 suites
Rest *Eastwest* – voir la sélection des restaurants
Mobilier contemporain, tons sombres et notes colorées, salles de bains ouvertes sur les chambres, etc. : un hôtel pile dans la tendance, qui se révèle impeccable et agréable à vivre. Situation très centrale, non loin des quais.

Warwick 🛗 AC 🍽 🛜 🛁

😊

Rue de Lausanne 14 ✉ *1201 –* ☎ *022 716 80 00*　　　Plan : E1**c**
– warwickhotels.com/geneva
165 ch – 🛏160/750 CHF 🛏🛏160/750 CHF, ☕ 29 CHF – 2 suites
Rest *Teseo* ☎ *022 716 82 84* – Plat du jour 21 CHF – Menu 55 CHF
– Carte 52/89 CHF
Un accès on ne peut plus aisé pour qui arrive à Genève en train : la gare est juste en face ! Ce n'est pas le moindre atout de cet hôtel qui remplit parfaitement son office avec ses chambres contemporaines, confortables et apaisantes (tons gris perle, brun, mordoré...).

Tiffany 🏡 🏨 ⓕ 🛗 AC ch, 🛜 🛁

Rue de l'Arquebuse 20 ✉ *1204 –* ☎ *022 708 16 16*　　　Plan : E2**v**
– www.tiffanyhotel.ch
65 ch – 🛏305/365 CHF 🛏🛏335/420 CHF, ☕ 29 CHF
Rest Plat du jour 22 CHF – Menu 38 CHF (déjeuner en semaine)
– Carte 51/104 CHF
Envie d'un "Breakfast At Tiffany's" ? Dans ce petit immeuble Belle Époque, le décor oscille, selon les chambres, entre Art nouveau et contemporain le plus chic. L'atmosphère est chaleureuse, notamment dans ce grand salon-bibliothèque pour le moins cossu...

Auteuil sans rest ⓕ 🛗 AC 🛜 🛋

Rue de Lausanne 33 ✉ *1201 –* ☎ *022 544 22 22*　　　Plan : E1**m**
– www.hotelauteuilgeneva.com
104 ch – 🛏240/570 CHF 🛏🛏240/570 CHF, ☕ 28 CHF
Entretien sans faille dans cet hôtel bien dans son époque : l'élégance s'y décline avec sobriété, sur la base d'accords de couleurs bien pensés, et les chambres, exposées au nord ou au sud, sont bien insonorisées. En un mot : séduisant !

Kipling sans rest 🛗 AC 🛜 🛁 🛋 P

Rue de la Navigation 27 ✉ *1201 –* ☎ *022 544 40 40*　　　Plan : E1**x**
– www.hotelkiplinggeneva.com
62 ch – 🛏220/440 CHF 🛏🛏220/440 CHF, ☕ 18 CHF
Du nom du célèbre romancier voyageur, cet hôtel joue la carte de l'ailleurs : le style colonial domine partout, évoquant ici les comptoirs d'Orient, là le charme surrané du Sud lointain... Original et réussi.

Jade sans rest 🛗 AC 🛜

Rue Rothschild 55 ✉ *1202 –* ☎ *022 544 38 38*　　　Plan : E1**j**
– www.hoteljadegeneva.com
47 ch – 🛏220/440 CHF 🛏🛏220/440 CHF, ☕ 18 CHF
Un hôtel feng shui ! La célèbre philosophie chinoise a inspiré son agencement : face visible des arcanes secrètes des circulations d'énergie, les objets ethniques et l'ambiance zen appellent à la sérénité. Pour le repos du corps et... de l'esprit.

The Ambassador 🏡 🛗 AC 🍽 rest, 🛜 🛁

Quai des Bergues 21 ✉ *1201 –* ☎ *022 908 05 30*　　　Plan : E2**m**
– www.the-ambassador.ch
64 ch – 🛏200/460 CHF 🛏🛏300/560 CHF, ☕ 24 CHF – 2 suites
Rest Plat du jour 30 CHF – Menu 44 CHF (déjeuner en semaine)/64 CHF
– Carte 40/90 CHF – (fermé dimanche midi et samedi)
Modernité et fonctionnalité face au Rhône – une situation privilégiée à la rencontre des deux principaux quartiers du centre-ville. L'entretien des chambres est irréprochable et met en valeur les différents styles, du zen au baroque !

The New Midi

🛖 🛗 ♿ AC ⚡ rest, 📶 🕭

Place Chevelu 4 ✉ 1201 – 𝒞 022 544 15 00   Plan : E2**v**
– www.the-new-midi.ch

78 ch – ♦200/460 CHF ♦♦300/560 CHF, ⌒ 24 CHF – 2 suites
Rest Plat du jour 30 CHF – Menu 44/69 CHF – Carte 40/90 CHF – *(fermé samedi midi et dimanche)*

Couleurs et motifs : une signature pour toutes les chambres de cet hôtel, dont le décor revendique une vraie modernité... sans renier un certain classicisme. Bonne situation sur une petite place bordée par le Rhône.

Edelweiss

🛗 AC 📶

Place de la Navigation 2 ✉ 1201 – 𝒞 022 544 51 51   Plan : F1**a**
– www.hoteledelweissgeneva.com

42 ch – ♦220/440 CHF ♦♦220/440 CHF, ⌒ 18 CHF – ½ P
Rest Menu 48/50 CHF – Carte 45/80 CHF – *(fermé 2 - 18 janvier et dimanche)* *(dîner seulement)*

L'edelweiss, "l'immortelle des neiges" au joli duvet blanc... Un nom de fleur et une carte d'identité pour cet hôtel, digne d'un chaleureux chalet suisse. Le bois blond abonde dans les chambres et, au restaurant, on se croirait dans une station de ski, entre musiciens (chaque soir) et spécialités fromagères !

Eden

🛗 AC 📶

Rue de Lausanne 135 ✉ 1202 – 𝒞 022 716 37 00   Plan : C1_2**t**
– www.eden.ch

54 ch ⌒ – ♦190/245 CHF ♦♦290/345 CHF
Rest Plat du jour 21 CHF – Menu 34 CHF – Carte 46/67 CHF – *(fermé 21 décembre - 10 janvier, 27 juillet - 16 août, samedi et dimanche)*

Cet immeuble années 1930 est né en même temps que le palais des Nations, tout proche. Nombre de fonctionnaires de l'ONU – mais pas seulement – apprécient ses chambres, fonctionnelles et confortables, particulièrement bien tenues.

Mon-Repos sans rest

🛗 📶 ♿

Rue de Lausanne 131 ✉ 1202 – 𝒞 022 909 39 09   Plan : C2**r**
– www.hotelmonrepos.ch

84 ch – ♦170/340 CHF ♦♦220/360 CHF, ⌒ 20 CHF

Près des institutions internationales et juste en face du parc Mon-Repos, une logique invitation au sommeil : cet hôtel a récemment été rénové dans un style contemporain assez épuré et... reposant. En cas de fringale, on peut "snacker" au bar (fermé vendredi et samedi).

Les Nations sans rest

🛗 ⚡ 📶 🚗

Rue du Grand-Pré 62 ✉ 1202 – 𝒞 022 748 08 08   Plan : B2**n**
– www.fassbindhotels.com

71 ch – ♦210 CHF ♦♦250 CHF, ⌒ 15 CHF

Sur l'avant, une façade moderne sans attrait ; sur l'arrière, toute une fresque représentant un alpage et des vaches... cubistes ! Une vraie curiosité pour cet hôtel somme toute assez classique, qui se distingue par la qualité de son accueil et ses expositions de peintres suisses.

Suisse sans rest

🛗 AC 📶

Place de Cornavin 10 ✉ 1201 – 𝒞 022 732 66 30   Plan : E2**y**
– www.hotel-suisse.ch

62 ch ⌒ – ♦160/255 CHF ♦♦190/300 CHF

Un hôtel fonctionnel et bien tenu, qui donne sur le parvis de la gare centrale de Genève. Chaque étage possède sa propre identité, avec des chambres "provinciales", contemporaines ou classiques (petits balcons au 6e).

Cristal sans rest

♿ AC 📶

Rue Pradier 4 ✉ 1201 – 𝒞 022 716 12 21   Plan : E2**x**
– www.fassbindhotels.com

78 ch – ♦215/350 CHF ♦♦255/370 CHF, ⌒ 19 CHF

À deux pas de la gare, ce Cristal étonne : par sa démarche environnementale, d'abord, avec panneaux solaires et chauffage par circulation d'air et d'eau ; par son aménagement, ensuite, lumineux et design, où dominent l'argenté et le verre.

ХХХ **Le Chat Botté** – Hôtel Beau Rivage   🕸 ≤ 🖫 🖾
£3 *Quai du Mont-Blanc 13 ⊠ 1201 – 𝒞 022 716 69 20*   Plan : F2**d**
    – www.beau-rivage.ch – fermé 3 - 12 avril, samedi midi et dimanche
    • FRANÇAISE CLASSIQUE • Menu 70 CHF (déjeuner)/220 CHF
    – Carte 123/185 CHF – *(réservation conseillée)*
    Foie gras des Landes, canette des Dombes, sole de l'île d'Yeu... Au menu : les
    meilleurs produits des terroirs français, des vins superbes et surtout l'habileté
    d'un chef qui illustre parfaitement la morale du Chat Botté : "L'industrie et le
    savoir-faire valent mieux que des biens acquis". Service irréprochable et magni-
    fique terrasse face au Léman.
    → Scampi du Cap, en kadaïf, vinaigrette aux agrumes, chiffonnade de basilic. Gre-
    nouille de Vallorbe en gigotin et tempura, mousseline de pousses d'épinards,
    crème d'ail. Foie gras troussé et poêlé en tranche épaisse, olives noires confites.

ХХХХ **Il Lago** – Four Seasons Hôtel des Bergues   🕸 🛱 ᴦ 🖾 🌾
£3 *Quai des Bergues 33 ⊠ 1201 – 𝒞 022 908 71 10*   Plan : E2**f**
    – www.fourseasons.com/geneva
    • ITALIENNE • Menu 78 CHF (déjeuner)/130 CHF – Carte 100/165 CHF –
    (réservation indispensable)
    Il Lago ou le lac Léman à l'italienne, la dolce vita dans ce qu'elle a de plus chic
    (superbe décor de pilastres et de scènes peintes) et la gastronomie transalpine...
    de plus raffiné. Parfums, subtilité, légèreté... À découvrir !
    → Carpaccio de bœuf à la truffe noire. Risotto au homard. Cabri laqué au Banyuls,
    haricots verts, pressée de céleri rave et pomme verte.

ХХХ **Windows** – Hôtel D'Angleterre   🕸 ≤ 🖾
    Quai du Mont-Blanc 17 ⊠ 1201 – 𝒞 022 906 55 14   Plan : F2**n**
    – www.hoteldangleterre.ch
    • CRÉATIVE • Plat du jour 29 CHF – Menu 59 CHF (déjeuner en semaine)/138 CHF
    – Carte 78/153 CHF
    Dans l'hôtel d'Angleterre, une superbe "fenêtre" sur le lac Léman, le jet d'eau et
    les sommets, et une fine gastronomie ouverte à tous les terroirs. Pour sûr, les
    Alpes ne font pas écran aux belles saveurs et jolies senteurs, même lointaines !

ХХХ **Le Jardin** – Hôtel Le Richemond   🛱 ᴦ 🖾
    Rue Adhémar-Fabri 8 ⊠ 1201 – 𝒞 022 715 71 00   Plan : E2**a**
    – www.dorchestercollection.com
    • CLASSIQUE • Plat du jour 38 CHF – Menu 68 CHF (déjeuner en semaine)/
    110 CHF – Carte 93/161 CHF
    Au cœur de l'hôtel Richemond, face au lac – la terrasse est incontournable aux
    beaux jours –, une cuisine d'une élégance classique, particulièrement dédiée aux
    saveurs transalpines.

ХХХ **Bayview** – Hôtel Président Wilson   🕸 ≤ ᴦ 🖾 🌾
£3 *Quai Wilson 47 ⊠ 1211 – 𝒞 022 906 65 52*   Plan : F1**d**
    – www.hotelpresidentwilson.com – fermé 1ᵉʳ - 14 janvier, 19 juillet - 17 août,
    dimanche et lundi
    • CRÉATIVE • Plat du jour 45 CHF – Menu 65 CHF (déjeuner)/170 CHF
    – Carte 138/210 CHF
    De grandes baies face au lac ; un décor au design étudié, sobre et chic... L'écrin
    est idéal pour découvrir le talent d'un chef fameux, Michel Roth, qui s'est fait
    connaître, à Paris, chez Lasserre et au Ritz. Sa cuisine, d'une grande finesse, revisite
    le répertoire français avec créativité et subtilité. Belle partition !
    → Ormeaux de Plougastel snackés, longeole traditionnelle. Bar aux coquillages,
    coulis coriandre, agnolottis à la brousse, tartare d'huître et caviar. Mille-feuille cra-
    quant à la crème diplomate sauces chocolat, pralinée, caramel à la fleur de sel.

ХХХ **La Perle du Lac**   ≤ 🌐 🛱 🖾 ⇔ 🅿
    Rue de Lausanne 126 ⊠ 1202 – 𝒞 022 909 10 20   Plan : C2**f**
    – www.laperledulac.ch – fermé 23 décembre - 2 janvier et lundi
    • TRADITIONNELLE • Plat du jour 23 CHF – Menu 76/110 CHF – Carte 80/107 CHF
    Dans le parc Mon-Repos, un pavillon centenaire dont la large terrasse ouvre sur le
    lac. Dans ce décor intemporel, on déguste une cuisine empreinte de classicisme :
    goujonnettes de sole aux mousserons, parmentier de canard au jus d'olives...
    Tout reflète l'attention du chef. Une institution qui mérite sa réputation !

XXX **Rasoi by Vineet** – Hôtel Mandarin Oriental

£3 *Quai Turrettini 1 ⊠ 1201 – 𝒞 022 909 00 06*   Plan : E2**r**
– *www.mandarinoriental.com/geneva – fermé dimanche et lundi*
• INDIENNE • Menu 70 CHF (déjeuner)/160 CHF – Carte 99/161 CHF – *(réservation conseillée)*
Toutes les fragrances et les couleurs de la cuisine indienne, interprétées avec un grand raffinement : beau moment de gastronomie dans ce restaurant chic et feutré, où l'on peut se rêver en maharaja du 21ᵉ s. !
→ Assiette Rasoi : Noix de Saint-Jacques au "gunpowder", volaille aux trois moutards-punjabi, agneau "achari pasada", chutney de crabe. Homard Cacao : Homard grillé aux épices, risotto khichdi au brocoli-gingembre, poudre de cacao. Gulab jamun Cheesecake Kulfi : Cheesecake au safran-Gulab jamun, kulfi aux mûres.

XX **Café Calla** – Hôtel Mandarin Oriental

Quai Turrettini 1 ⊠ 1201 – 𝒞 022 909 00 00   Plan : E2**r**
– *www.mandarinoriental.fr/geneva*
• INTERNATIONALE • Plat du jour 45 CHF – Menu 55 CHF (déjeuner)/85 CHF
– Carte 54/129 CHF
Sur les quais, le "café" chic du Mandarin Oriental, à la fois mondain et décontracté. Les gastronomies suisse et française sont à l'honneur, ainsi que les produits régionaux et les ingrédients bio. Aux beaux jours, on profite à loisir de la terrasse face au Rhône...

XX **L'Arabesque** – Hôtel Président Wilson

☺ *Quai Wilson 47 ⊠ 1211 – 𝒞 022 906 67 63*   Plan : F1**d**
– *www.hotelpresidentwilson.com*
• LIBANAISE • Menu 45 CHF (déjeuner en semaine)/105 CHF – Carte 58/95 CHF
Beau geste décoratif que cette Arabesque en mosaïque d'or, cuir blanc et laque noire, qui évoque la magie de l'Orient... Et particulièrement du Liban : du bastorma (bœuf séché aux épices) au houmous (purée de poix chiches), l'authenticité des parfums nous transportent au pays du Cèdre !

XX **Le Duo - Côté Resto** – Hôtel Royal

Rue de Lausanne 41 ⊠ 1201 – 𝒞 022 906 14 14   Plan : E1**f**
– *www.hotelroyalgeneva.com – fermé Noël - Nouvel An 2 semaines, août 3 semaines, samedi et dimanche*
• FRANÇAISE • Menu 59 CHF (déjeuner en semaine)/75 CHF
Des produits de belle origine, des plats inventifs composés avec soin – ainsi ces deux filets de sole et leur petite sauce acidulée au liquemat, un plat fin et délicat – et un cadre intime propice aux... duos. À noter : l'intéressant choix de vins au verre.

XX **Patara** – Hôtel Beau-Rivage

Quai du Mont-Blanc 13 ⊠ 1201 – 𝒞 022 731 55 66   Plan : F2**d**
– *www.patara-geneva.ch*
• THAÏLANDAISE • Plat du jour 42 CHF – Menu 49 CHF (déjeuner)/125 CHF
– Carte 67/102 CHF
Le goût de la Thaïlande au sein de l'un des plus beaux palaces de la ville. Aux murs, des motifs d'or stylisés évoquent les raffinements du royaume siam ; dans les assiettes, le cortège des spécialités invite littéralement au voyage...

XX **Côté Square** – Hôtel Bristol

Rue du Mont-Blanc 10 ⊠ 1201 – 𝒞 022 716 57 58   Plan : E2**w**
– *www.bristol.ch – fermé samedi et dimanche*
• INTERNATIONALE • Plat du jour 26 CHF – Menu 55 CHF (déjeuner en semaine)
– Carte 78/96 CHF
Au sein de l'hôtel Bristol, avantageusement située face au square du Mont-Blanc, une table d'un élégant classicisme, propice à un agréable repas dans une atmosphère feutrée. Au menu : une partition gastronomique valorisant les produits de saison et le terroir, avec un joli choix de spécialités italiennes.

XX **Trilby** – Hôtel N'vY   ⚅ AC
Rue de Richemont 18 ✉ 1202 – ℰ 022 544 66 66   Plan : F1**n**
– www.hotelnvygeneva.com – fermé dimanche soir
• INTERNATIONALE • Menu 80 CHF – Carte 83/125 CHF – *(dîner seulement)*
Vous ôterez votre trilby (ce chapeau à bords courts au chic indémodable depuis le 19e s.) en entrant dans ce restaurant élégant et chaleureux. La spécialité de l'endroit : le bœuf d'exception, qu'il soit écossais (Black Angus), japonais (Wagyu de Kobé) ou helvétique (Simmental), accompagné de sauces originales.

X **Vertig'O** – Hôtel de la Paix   ≼ AC
🏵 *Quai du Mont-Blanc 11 ✉ 1211 – ℰ 022 909 60 73*   Plan : E2**e**
– www.concorde-hotels.com/vertigo – fermé Noël - Nouvel An, Pâques une semaine, juillet - août 4 semaines, samedi midi, dimanche et lundi
• FRANÇAISE MODERNE • Plat du jour 49 CHF – Menu 69 CHF (déjeuner en semaine)/185 CHF – Carte 133/170 CHF – *(réservation conseillée le soir)*
Point de sueurs froides à la Hitchcock dans ce Vertig'O où l'on se pâme surtout pour la cuisine : des mets ciselés et centrés sur l'essentiel, où l'habileté crée l'illusion de la simplicité, pour le bonheur du produit ! Décor très tendance.
→ Rencontre entre l'écrevisse et le tourteau autour des saisons. Poulet de Bresse aux morilles parfumé au vin jaune et galette de riz Carnaroli. Pomme de ris de veau du pays à l'écrasé de pommes de terre aux morilles, émulsion de petits pois.

X **Le Grill** – Grand Hôtel Kempinski   ≼ ⚅ AC 🏵 ⇔
Quai du Mont-Blanc 19 ✉ 1201 – ℰ 022 908 92 20   Plan : F2**y**
– www.kempinski.com/geneva
• VIANDES ET GRILLADES • Plat du jour 32 CHF – Menu 48 CHF (déjeuner)/99 CHF – Carte 81/179 CHF
Chic et... original : la vue porte à la fois sur le lac Léman et les cuisines, la rôtisserie et la chambre froide où trônent de belles pièces de viande ! Du bar grillé au steack bien fondant, en passant par la coquille Saint-Jacques et l'agneau ibérique, les cuissons sont précises et la formule convainc.

X **Chez Jacky**   🏠 AC ⇔
Rue Necker 9 ✉ 1201 – ℰ 022 732 86 80 – www.chezjacky.ch   Plan : E2**p**
– fermé 1er - 6 janvier, juillet - août 4 semaines, samedi et dimanche
• TRADITIONNELLE • Plat du jour 25 CHF – Menu 30 CHF (déjeuner en semaine)/99 CHF – Carte 82/94 CHF
Un restaurant ravissant, où tout est fait pour mettre à l'aise. Dans la salle, plantes vertes, aquarium et couleurs douces ; sur la terrasse, du bois et de la pierre, dans une rue calme. Côté cuisine, on revisite la tradition (râble de lièvre, suprême de pintade, etc.) sous les ordres de... Jacky himself !

X **Le Lexique**   AC
Rue de la Faucille 14 ✉ 1201 – ℰ 022 733 31 31   Plan : E1**e**
www.lelexique.ch – fermé 23 décembre - 5 janvier, 25 juillet - 18 août, samedi midi, dimanche et lundi
• FRANÇAISE • Plat du jour 22 CHF – Menu 68 CHF – Carte 70/87 CHF – *(réservation conseillée)*
De F comme foie gras à P comme pastilla, révisez l'alphabet des saveurs dans ce sympathique restaurant proche de la gare. Goûts de saison, produits frais : on se fait plaisir et le rapport qualité-prix est excellent !

X **Miyako**   ⇔
Rue Chantepoulet 11 ✉ 1201 – ℰ 022 738 01 20   Plan : E2**b**
– www.miyako.ch – fermé dimanche
• JAPONAISE • Plat du jour 30 CHF – Menu 33 CHF (déjeuner)/104 CHF – Carte 68/95 CHF
Miyako ou "cœur" en japonais... plongez donc dans l'intimité de l'archipel. On s'installe sur un tatami ou face à un teppanyaki, le poisson respire la fraîcheur, le service est très attentionné. Arigato !

Bistrot du Boeuf Rouge

Rue Dr. Alfred-Vincent 17 ✉ 1201 – ✆ 022 732 75 37 Plan : E2**z**
– www.boeufrouge.ch – fermé Noël - 4 janvier, 18 juillet - 16 août, samedi, dimanche et jours fériés
• TRADITIONNELLE • Plat du jour 19 CHF – Menu 38 CHF (déjeuner en semaine)/ 59 CHF – Carte 62/100 CHF – *(réservation conseillée)*
Terrine de caneton, filet de féra du Léman à l'estragon, tarte à la framboise, etc. Une cuisine simple et rustique, mais fraîche et goûteuse : tout le savoir-faire de la famille Farina depuis plus de 20 ans – dans un joli décor de bistrot parisien !

Le Rouge et le Blanc

Quai des Bergues 27 ✉ 1201 – ✆ 022 731 15 50 Plan : E2**g**
– www.lerougeblanc.ch – fermé 23 décembre - 4 janvier, samedi midi et dimanche
• TRADITIONNELLE • Plat du jour 28 CHF – Carte 56/156 CHF – *(réservation conseillée)*
Des petits plats mijotés comme autrefois, une cave bien fournie, la côte de bœuf en spécialité chaque soir (pour deux ou trois personnes) et une ambiance très décontractée et conviviale : l'adresse pour passer un bon moment.

Lemon Café (N)

Rue du Vidollet 4 ✉ 1202 – ✆ 022 733 60 24 Plan : E1**b**
– www.lemon-cafe.ch – fermé fin décembre - début janvier 2 semaines, fin juillet - début août 2 semaines, samedi, dimanche et jours fériés
• FRANÇAISE MODERNE • Plat du jour 22 CHF – Carte 51/86 CHF
Gaspacho andalou et sa quenelle de ricotta ; double filets de bar croustillant, coulis de légumes d'été, panisses et basilic frit... Fraîcheur et douceur se sont donnés rendez-vous dans cet agréable restaurant genevois. À l'intérieur ou sur la terrasse, très courue aux beaux jours, on se régale en toute simplicité.

Eastwest – Hôtel Eastwest

Rue des Pâquis 6 ✉ 1201 – ✆ 022 708 17 07 Plan : E2**s**
– www.eastwesthotel.ch
• INTERNATIONALE • Plat du jour 30 CHF – Carte 54/93 CHF – *(réservation conseillée)*
Un joli cadre japonisant et un patio invitant au zen : on apprécie la sobre élégance de cet Eastwest qui abolit les longitudes et où les légumes de Provence et le tartare de bœuf dialoguent avec la sauce teriyaki et le basilic thaï...

Rive gauche (Centre des affaires)

Swissôtel Métropole

Quai Général-Guisan 34 ✉ 1204 – ✆ 022 318 32 00 Plan : F2**a**
– www.swissotel.com/geneva
118 ch – 🚹370/910 CHF 🚹🚹390/910 CHF, ☕ 42 CHF – 9 suites
Rest *Le Grand Quai* ✆ 022 318 34 63 – Plat du jour 27 CHF – Menu 29 CHF (déjeuner en semaine)/79 CHF – Carte 63/103 CHF
Au creux du lac Léman, face au Jardin Anglais, ce long bâtiment néoclassique (1854) évoque les fastes de la capitale diplomatique historique. Un véritable hôtel de standing, aux rouages huilés par les ans... Classiques ou contemporaines, les chambres sont très confortables.

Les Armures

Rue du Puits-Saint-Pierre 1 ✉ 1204 – ✆ 022 310 91 72 Plan : E3**g**
– www.hotel-les-armures.ch
32 ch – 🚹445/535 CHF 🚹🚹685/710 CHF, ☕ 35 CHF
Rest Plat du jour 20 CHF – Menu 32 CHF (déjeuner)/97 CHF – Carte 51/76 CHF
Au cœur de la vieille ville, cette demeure du 17e s. distille un charme certain : vieilles pierres, poutres (avec quelques superbes plafonds peints), mais aussi aménagement résolument contemporain, chaleureux et bien équipé. Côté restaurant, ambiance suisse traditionnelle avec fondue et raclette !

De la Cigogne 🕭 AC 📶 🕭

Place Longemalle 17 ✉ *1204 –* ☎ *022 818 40 40* Plan : F2**j**
– www.relaischateaux.com/cigogne
46 ch ☞ – ♦375/540 CHF ♦♦485/650 CHF – 6 suites
Rest *De la Cigogne* – voir la sélection des restaurants
Pour les oiseaux migrateurs... et tous les amoureux de nids douillets ! Jolis imprimés, mobilier ancien, tableaux, tapis, etc. : un classicisme chic et délicat se dégage de cet hôtel... dont on ne voudra peut-être pas repartir.

La Cour des Augustins sans rest 🕋 ♨ 🕭 🕭 AC 📶

Rue Jean-Violette 15 ✉ *1205 –* ☎ *022 322 21 00* Plan : E3**a**
– www.lacourdesaugustins.com
32 ch – ♦200/600 CHF ♦♦200/950 CHF, ☞ 24 CHF – 8 suites
On peut dater de 1850 et être à la pointe de la mode ! Jeune, ultracontemporain, design et... made in Switzerland : cet hôtel est idéal pour un séjour urbain à Genève. Quelques chambres avec kitchenettes.

Longemalle sans rest 🕭 AC 📶 🕭

Place Longemalle 13 ✉ *1204 –* ☎ *022 818 62 62* Plan : F2**k**
– www.longemalle.ch
55 ch ☞ – ♦225/280 CHF ♦♦285/365 CHF – 3 suites
Un haut toit de tuiles, des lucarnes en chien-assis, des parements de pierre d'inspiration médiévale : sa grande façade Belle Époque se remarque ! Même esprit d'éclectisme dans les chambres, où meubles anciens et tonalités vives forment des décors tous originaux, un peu comme dans une maison de famille.

Bel'Espérance sans rest 🕭 ☆ 📶

Rue de la Vallée 1 ✉ *1204 –* ☎ *022 818 37 37* Plan : F3**a**
– www.hotel-bel-esperance.ch
39 ch ☞ – ♦110/130 CHF ♦♦170/210 CHF
L'Armée du Salut est propriétaire de cet hôtel, qui fut autrefois un refuge. Sa philosophie ? Le sens du service et de l'utilité, avec des chambres simples, fonctionnelles, bien tenues et aux tarifs mesurés. Cuisine à disposition.

Roberto 🕭 AC ⇔

Rue Pierre-Fatio 10 ✉ *1204 –* ☎ *022 311 80 33* Plan : F2_3**e**
– www.restaurantroberto.ch – fermé samedi soir, dimanche et jours fériés
• ITALIENNE • Menu 96 CHF – Carte 89/118 CHF *– (réservation conseillée)*
Une institution de la cuisine italienne à Genève. On y vient et revient pour les pâtes fraîches – faites maison, évidemment –, les produits pleins de soleil et l'ambiance indémodable, sous l'égide de toute une véritable *famiglia italiana* !

Brasserie du Parc des Eaux-Vives ⇐ 🕭 ☆ ⇔ 🅿

Quai Gustave-Ador 82 ✉ *1211 –* ☎ *022 849 75 75* Plan : C2**d**
– www.parcdeseauxvives.ch
• MODERNE • Plat du jour 26 CHF – Menu 69/109 CHF – Carte 60/105 CHF
Dans le parc des Eaux-Vives, une belle architecture classique et un long tapis vert qui descend vers le lac : le lieu dégage une certaine magie... À la carte dominent les produits suisses et bio : truite du Jura, bœuf des alpages vaudois, féra du Léman, etc. Les soirs d'été (du mardi au samedi), grill en terrasse.

De la Cigogne – Hôtel De la Cigogne 🕭 🕭 AC ☆ ⇔

Place Longemalle 17 ✉ *1204 –* ☎ *022 818 40 40* Plan : F2**j**
– www.relaischateaux.com/cigogne – fermé Noël - Nouvel An, samedi midi et dimanche
• MODERNE • Plat du jour 40 CHF – Menu 65/115 CHF – Carte 92/122 CHF
Saint-Pierre poêlé aux artichauts, câpres et citron ; carré d'agneau rôti au vadouvan, dattes et chou pak-choï ; etc. Sous l'égide d'un jeune chef formé au sein de tables renommées, un esprit nouveau souffle sur les cuisines de ce restaurant au décor très classique. Promesse de plaisirs renouvelés...

225

La Finestra

Rue de la Cité 11 ✉ 1204 – ℰ 022 312 23 22   Plan : E2**h**
*– www.lafinestra.ch – fermé 24 décembre - 3 janvier, samedi midi
et dimanche*
• ITALIENNE • Plat du jour 25 CHF – Menu 39/98 CHF – Carte 88/118 CHF –
(réservation conseillée)
Frère et sœur, ils veillent avec chaleur sur leur "fenêtre" nichée dans le centre historique. Depuis 2008, leur chef est sud-américain, ce qui ne l'empêche pas de
signer une savoureuse cuisine italienne, dont on aurait tort de se priver. La petite
terrasse vit au rythme de la rue piétonne...

Le 3 Rive Gauche

Grand Rue 3 ✉ 1204 – ℰ 022 810 29 29 – www.le3rg.com   Plan : E2**d**
*– fermé fin décembre - début janvier 2 semaines, fin juillet - début août une
semaine, samedi et dimanche*
• MODERNE • Plat du jour 24 CHF – Carte 58/90 CHF
Tatin d'aubergine et tomate confite ; poire de veau en croûte de parmesan ; can-
nellonis de crêpes façon suzette... Dans la vieille ville, ce restaurant a de jolis airs
de bistrot contemporain, et l'on y fait le plein de saveurs !

La Cantine des Commerçants

Boulevard Carl Vogt 29 ✉ 1205 – ℰ 022 328 16 70   Plan : B2**a**
*– www.lacantine.ch – fermé Noël - début janvier, fin juillet - début août 2
semaines, dimanche et lundi*
• FRANÇAISE • Plat du jour 19 CHF – Carte 60/75 CHF
Poitrine de poulet fermier rôti, chutney de melon, riz noir, bar corse à la plancha, petits légumes d'été, etc. Une cuisine aux couleurs de l'époque, dans un
cadre à l'unisson : ton vert pomme dominant, objets d'esprit vintage, grand
comptoir central… Une "cantine" toute trouvée, dans le quartier des anciens
abattoirs !

Le Socrate

Rue Micheli-du-Crest 6 ✉ 1205 – ℰ 022 320 16 77   Plan : E3**s**
– www.lesocrate.ch – fermé samedi midi et dimanche
• TRADITIONNELLE • Plat du jour 18 CHF – Carte 44/70 CHF
Un bistrot où l'on ne tergiverse pas : dans une salle délicieusement rétro, avec
des affiches anciennes aux murs, on se régale de plats canailles, gourmands,
simples et efficaces, dans une ambiance au coude-à-coude. Un lieu de bonne chère
et de dialogue, que n'aurait pas renié un certain philosophe grec...

Le Portugais

Boulevard du Pont d'Arve 59 ✉ 1205 – ℰ 022 329 40 98   Plan : C2**p**
*– www.leportugais.ch – fermé début janvier une semaine, mi-juillet - mi-août,
dimanche et lundi*
• PORTUGAISE • Plat du jour 20 CHF – Menu 38 CHF (déjeuner)/59 CHF
– Carte 46/94 CHF
Le Portugais, d'accord ! Mais lequel ? Ils sont nombreux, de Vasco de Gama à
Magellan, à avoir marqué l'histoire. Mais l'exploration de ce Portugais-là sera
culinaire ou ne sera pas. De beaux poissons, un choix de bons vins du pays et
un chef passionné, le tout dans une ambiance rustique et conviviale... Obri-
gado !

Brasserie Lipp

Rue de la Confédération 8 ✉ 1204 – ℰ 022 318 80 30   Plan : E2**k**
– www.brasserielipp.ch
• TRADITIONNELLE • Menu 69/89 CHF – Carte 46/118 CHF
Au dernier étage de l'espace shopping Confédération Centre, dès le seuil
franchi, plus de doute : il s'agit bien d'une brasserie, avec vieux comptoir,
banquettes et lustres de rigueur. Au coude-à-coude, en salle ou sur la grande
terrasse, on se régale d'huîtres, de tête de veau et de choucroute, bref... de
plats ravigotants !

au Nord

Palais des Nations

InterContinental ≤ 🖼 🟰 🟰 🟰 🟰 🟰 🟰 🟰 ch, 🍴 rest, 🛜 🟰 🟰 **P**
Chemin du Petit-Saconnex 7 ✉ *1209 –* ☎ *022 919 39 39*   Plan : B1**d**
– www.intercontinental-geneva.ch
277 ch – ♦350/1150 CHF ♦♦350/1150 CHF, ☲ 46 CHF – 56 suites
Rest *Woods* – voir la sélection des restaurants
Rest *Poolside* ☎ 022 919 33 63 – Plat du jour 39 CHF – Carte 55/116 CHF –
(fermé mi-septembre - mi-mai) (déjeuner seulement)
Derrière les Nations Unies et non loin du vieux Genève, le type même du grand hôtel international, idéal pour les voyages d'affaires. Des prestations de qualité, avec deux restaurants, dont l'un au bord de la piscine.

🟰🟰 **Woods** – Hôtel InterContinental   ≤ 🖼 🟰 🟰 🍴 **P**
Chemin du Petit-Saconnex 7 ✉ *1209 –* ☎ *022 919 33 33*   Plan : B1**d**
– www.intercontinental-geneva.ch
• MODERNE • Plat du jour 39 CHF – Menu 59 CHF (déjeuner)/100 CHF
– Carte 68/118 CHF
Woods, ou "bois" en anglais : le matériau prête sa noblesse à l'ensemble du décor, et son essence à la cuisine, naturelle et pleine de sève, car fondée sur de beaux produits. Une partition contemporaine tout à fait dans le ton d'un séjour à l'InterContinental...

🟰🟰 **Vieux-Bois**   🖼 🟰 **P**
Avenue de la Paix 12, (École Hôtelière) ✉ *1202*
– ☎ *022 919 24 46 – www.vieux-bois.ch –* fermé 22 décembre - 4 janvier, 30 mars
- 6 avril, 11 juillet - 9 août, 10 - 13 septembre, samedi et dimanche   Plan : C1**r**
• FRANÇAISE • Plat du jour 38 CHF – Menu 56/89 CHF – *(déjeuner seulement)*
(réservation conseillée)
Juste derrière les Nations Unies, ce bâtiment du 18e s. abrite l'école hôtelière de Genève et... son restaurant d'application, où la tradition est reine ! Sous l'œil expert de leurs professeurs, les étudiants assurent cuisine et service. Bon rapport qualité-prix.

à Chambésy 5 km – alt. 389 m – ✉ 1292

🟰🟰 **Le Relais de Chambésy**   🖼 **P**
Place de Chambésy 8 – ☎ *022 758 11 05*   Plan : C1**a**
– www.relaisdechambesy.ch – fermé Noël, Nouvel An et dimanche ; juillet
- août : samedi et dimanche
• FRANÇAISE CLASSIQUE • Plat du jour 32 CHF – Menu 62/82 CHF
– Carte 56/101 CHF
Dans un village assez calme, cet ancien relais de poste perpétue une longue tradition d'accueil aux portes de Genève. On y déguste une bonne cuisine française classique en profitant de l'agréable terrasse verdoyante.

à Bellevue par route de Lausanne : 6 km – alt. 380 m – ✉ 1293

La Réserve 🟰 ≤ 🟰 🖼 🟰 🟰 🟰 🟰 🟰 🍴 🟰 🟰 ch, 🟰 🟰 ch, 🍴 rest, 🛜
Route de Lausanne 301 – ☎ *022 959 59 59*   🟰 🟰 **P**
– www.lareserve.ch   Plan : C1**b**
85 ch – ♦420/995 CHF ♦♦480/995 CHF, ☲ 45 CHF – 17 suites
Rest *Le Loti* **Rest** *Tsé-Fung* – voir la sélection des restaurants
Rest *Le Lodge* ☎ 022 959 59 24 – Carte 82/154 CHF – *(fermé octobre - avril)*
Une réserve naturelle de beauté ! Dans un style évoquant les lodges africains, le décorateur Jacques Garcia a imaginé des chambres dépaysantes, aux couleurs profondes, comme une invitation au voyage. Superbe spa, accès au lac, patinoire couverte l'hiver ; tout semble possible ! Trois restaurants à disposition, pour les palais voyageurs...

XXX **Le Loti** – Hôtel La Réserve

Route de Lausanne 301 – ☎ 022 959 59 79 – www.lareserve.ch   Plan : C1**b**
• MÉDITERRANÉENNE • Menu 70 CHF (déjeuner en semaine)/120 CHF
– Carte 96/140 CHF
Pierre Loti était un écrivain voyageur ; ce restaurant – teintes chaudes, allusions
exotiques – évoque cette envie d'ailleurs. Sauf qu'ici, l'on rêve de risotto aux truf-
fes, côte de veau fermière, baba au rhum, île flottante aux agrumes...

XXX **Tsé-Fung** – Hôtel La Réserve

Route de Lausanne 301 – ☎ 022 959 58 88 – www.lareserve.ch   Plan : C1**b**
• CHINOISE • Menu 90/160 CHF – Carte 74/157 CHF
Une adresse que l'on se recommande à voix basse, sur les rives du lac Léman...
Au sein du palace La Réserve, dans un décor élégant et original, le Tsé-Fung
rend un hommage vibrant à la grande tradition chinoise. Au menu : crevettes
aux épices du Sichuan, dim sum, médaillons de bœuf à la mongole... Savoureux !

À L'EST PAR ROUTE D'EVIAN

à Cologny 3,5 km – alt. 432 m – ✉ 1223

XXXX **Auberge du Lion d'Or** (Thomas Byrne et Gilles Dupont)

Place Pierre-Gautier 5 – ☎ 022 736 44 32 – www.dupont-byrne.ch
– fermé 20 décembre - 12 janvier, samedi et dimanche   Plan : CD2**b**
• MODERNE • Menu 78 CHF (déjeuner)/210 CHF – Carte 128/185 CHF
Quatre mains et deux têtes : six fois plus de raisons de bien faire ? Pour sûr, les
deux chefs de cette auberge conjuguent les talents : choix des produits, originalité et pertinence des associations, évidence des saveurs... Avec, en prime, une
vue romantique sur le lac. Une belle adresse !
→ Ravioles de crabe royal du Kamchatka et grosse langoustine rôtie, sauce "Asia"
citronnelle et gingembre. Filets de rouget en écailles de pommes de terre, escabèche de légumes de saison à l'anis vert. Selle d'agneau "nez noir du Valais"
laquée de tapenade taggiasca, citron jaune confit et fruits secs.
Le Bistro de Cologny – voir la sélection des restaurants

X **Le Bistro de Cologny** – Restaurant Auberge du Lion d'Or

Place Pierre-Gautier 5 – ☎ 022 736 57 80   Plan : CD2**b**
– www.dupont-byrne.ch – fermé 20 décembre - 8 janvier, samedi et dimanche
• TRADITIONNELLE • Plat du jour 28 CHF – Menu 78/120 CHF – Carte 75/86 CHF
Si le restaurant gastronomique est un Lion, son Bistro est un joli lionceau : cette
annexe ne fait pas figuration, avec des assiettes bien gourmandes qui confirment
que la maison sait cuisiner ! Ambiance informelle, vue superbe en terrasse.

X **La Closerie**

Place du Manoir 14 – ☎ 022 736 13 55 – www.lacloserie.ch   Plan : D2**t**
– fermé mi-juillet - mi-août, mardi midi et lundi
• ITALIENNE • Plat du jour 24 CHF – Menu 39 CHF (déjeuner en semaine)/98 CHF
– Carte 75/95 CHF
Sur la place communale postée sur les hauteurs du lac, une grande terrasse et
une salle assez élégante, tout en tons crème et beige. À la carte, l'Italie est là :
risotto et pâtes maison, loup de mer entier rôti à l'huile d'olive...

à Vandoeuvres 4,5 km – alt. 465 m – ✉ 1253

XX **Cheval Blanc**

Route de Meinier 1 – ☎ 022 750 14 01 – www.chevalblanc.ch   Plan : D2**c**
– fermé Noël - Nouvel An, juillet - août 2 semaines, dimanche et lundi
• ITALIENNE • Menu 50/150 CHF – Carte 78/117 CHF
Au centre du village, une jolie auberge à la façade toute blanche. Ici, on pourrait
s'appeler "Ristorante", car on honore la cuisine transalpine. Pâtes et ravioles sont
faites maison, *naturalmente* !

À L'EST PAR ROUTE D'ANNEMASSE

à Thônex Sud-Est : 5 km – alt. 414 m – ⊠ 1226

XX **Le Cigalon** (Jean-Marc Bessire)   🌿 **P**

🏵 *Route d'Ambilly 39, (à la douane de Pierre-à-Bochet)*   Plan : D2**f**
*– 𝒞 022 349 97 33 – www.le-cigalon.ch – fermé fin décembre - début janvier 2
semaines, à Pâques, fin juillet - mi-août 3 semaines, dimanche et lundi*
• POISSONS ET FRUITS DE MER • **Plat du jour 26 CHF – Menu 54 CHF (déjeuner
en semaine)/150 CHF – Carte 95/120 CHF**
Le Cigalon, proche de la frontière française, est connu pour ses spécialités de
poisson. À en juger par les poissons frais figurant sur la carte, on pourrait croire
que les côtes de Bretagne et de la Méditerranée sont devant sa porte. L'aménagement intérieur est moderne.
➔ Verrines de homard bleu en trois préparations gourmandes. Lieu jaune sauvage grillé, galette de polenta blanche du Tessin. Rouget barbet sur la peau
croustillante, risotto aux 11 céréales.

AU SUD

à Conches Sud-Est : 5 km – alt. 419 m – ⊠ 1231

X **Le Vallon**   🌿 ✿ **P**

😊 *Route de Florissant 182 – 𝒞 022 347 11 04*   Plan : C2**n**
– www.restaurant-vallon.com – fermé Noël - début janvier et dimanche
• FRANÇAISE • **Plat du jour 26 CHF – Menu 45 CHF (déjeuner en semaine)/
125 CHF – Carte 63/106 CHF** – *(réservation conseillée)*
Une façade rose, des volets verts, une glycine qui court autour de l'enseigne, une
terrasse sous les arbres... et à l'intérieur, un décor d'auberge à l'ancienne parfaitement briquée. Ce Vallon joue la partition du classicisme jusque dans l'assiette : la
cuisine est fine, gourmande et toujours sage.

à Veyrier 6 km – alt. 422 m – ⊠ 1255

XX **Café de la Réunion**   🌿

Chemin Sous-Balme 2 – 𝒞 022 784 07 98   Plan : CD3**b**
*– www.restaurant-reunion.ch – fermé 21 décembre - 5 janvier, 5
- 13 avril, 23 août - 7 septembre, samedi midi, dimanche et lundi*
• FRANÇAISE • **Plat du jour 22 CHF – Menu 51 CHF (déjeuner)/105 CHF
– Carte 90/105 CHF**
L'enseigne s'écrit en lettres gothiques peintes sur la façade – une vraie carte postale ancienne –, mais la salle est résolument moderne. Un joli petit restaurant gastronomique, où dominent les saveurs de saison, tout près de la frontière.

à Carouge 3 km – alt. 382 m – ⊠ 1227

🏨 **Ramada Encore**   📶 ♿ 🎦 📶 🏋 🚗

😊 *Route des Jeunes 12 – 𝒞 022 309 50 00*   Plan : B3**n**
– www.ramada-encore-geneve.ch
154 ch – †250/330 CHF ††250/330 CHF, ☲ 24 CHF
Rest Plat du jour 20 CHF – Carte 40/58 CHF – *(fermé juillet - août, samedi
et dimanche)*
Entre le stade de Genève et le centre commercial de la Praille, cet hôtel moderne
convient essentiellement à une clientèle d'affaires. Chambres fonctionnelles, spacieuses et confortables.

XX **L'Olivier de Provence**   🌿

😊 *Rue Jacques-Dalphin 13 ⊠ 1227 – 𝒞 022 342 04 50*   Plan : C3**p**
– www.olivierdeprovence.ch – fermé samedi midi, dimanche et jours fériés
• MÉDITERRANÉENNE • **Menu 50 CHF (déjeuner en semaine)/120 CHF
– Carte 85/113 CHF**
Bistro de L'Olivier Plat du jour 20 CHF – Menu 35 CHF (déjeuner en semaine)/
57 CHF – Carte 65/78 CHF
Gaspacho de tomates cœur-de-bœuf perlé à l'huile d'olive ; saltimbocca de dinde
à la sauge du jardin, wok de salades croquantes et pommes de terre écrasées...
Cet olivier est bien provençal ! Décor traditionnel (murs en pierre, poutres, chemi-
née). Choix plus simple au Bistro, pour un bon rapport qualité-prix.

Le Flacon (Serge Labrosse) 🕭 ⛄ 🎢 ⇄

Rue Vautier 45 – ☎ 022 342 15 20 – www.leflacon.ch – fermé   Plan : C3**f**
samedi midi, dimanche et lundi
• MODERNE • Plat du jour 26 CHF – Menu 39 CHF (déjeuner en semaine)/89 CHF
– Carte 79/96 CHF
N'en déplaise à Alfred de Musset, ce Flacon-là importe, et nous enchante même ! On peut d'abord admirer le travail du chef, Serge Labrosse, qui s'est installé avec son équipe dans une cuisine vitrée... Puis le plaisir continue avec les plats, allé-chants, sans esbroufe, et qui recèlent des saveurs explosives. Enivrant !
→ Loup infusé citron vert, navets croquants, pêches et amandes. Pluma ibérique infusé au miso, purée de sésame et mille-feuille de légumes grillés. Chocolat, pas-sion et rhum safran.

Café des Négociants 🕭 ⛄ ⇄

Rue de la Filature 29 – ☎ 022 300 31 30 – www.negociants.ch   Plan : C3**e**
– fermé 24 décembre - 4 janvier et dimanche
• FRANÇAISE • Plat du jour 19 CHF – Carte 51/78 CHF – *(réservation conseillée)*
Les plaisirs d'une savoureuse cuisine saisonnière et d'une cave rabelaisienne mise en valeur par de savants conseils, dans un cadre bistrotier qui joue la carte de la nostalgie. Une recette qui a fait ses preuves : l'adresse fait souvent salle comble !

à Troinex 5 km par route de Troinex – alt. 425 m – ✉ 1256

La Chaumière 🕭 ⛄ ⇄ 🅿

Chemin de la Fondelle 16 – ☎ 022 784 30 66   Plan : C3**m**
– www.lachaumiere.ch – fermé dimanche et lundi ; mai - juin : dimanche soir et lundi
• FRANÇAISE • Plat du jour 22 CHF – Menu 36 CHF (déjeuner en semaine)/
82 CHF – Carte 65/112 CHF
En sortant de Genève, la nature reprend ses droits et cette authentique auberge ne dépare pas (banquettes rouges, lustres anciens, etc.). Pour une escapade loin de la vie moderne, autour d'une cuisine d'aujourd'hui...

à Plan-les-Ouates 5 km – alt. 403 m – ✉ 1228

Des Horlogers sans rest 🕭 ⛄ 🛜

Route de Saint-Julien 135 – ☎ 022 884 08 33   Plan : B3**d**
– www.horlogers-ge.ch – fermé 18 décembre - 3 janvier
32 ch – †90/170 CHF ††125/195 CHF, ⊑ 17 CHF
Utile pour vivre à l'heure suisse, cet hôtel est implanté dans l'un des principaux bassins d'activités de l'horlogerie nationale. En guise de numéros de chambres, des heures et, pour remonter le temps, de vieux outils d'horloger... Les chambres sont plutôt jolies.

La Place 🕭 🅿

Route de Saint-Julien 143 – ☎ 022 794 96 98   Plan : B3**p**
– www.restaurant-laplace.ch – fermé Noël - Nouvel An 2 semaines, fin juillet - mi-août 3 semaines, samedi et dimanche
• MÉDITERRANÉENNE • Plat du jour 29 CHF – Menu 39 CHF (déjeuner en semaine)/140 CHF – Carte 69/108 CHF
Un plat d'été : pressé de légumes confits estivaux, onctuosité de robiola et son sorbet au poivron rouge... et autant de déclinaisons au plus près des saisons. Toute l'année, les deux chefs de cette Place ne ménagent pas leurs efforts, avec des assiettes aussi agréables à regarder que savoureuses ! Accueil chaleureux.

à Certoux 9 km – alt. 425 m – ✉ 1258 Perly

Café de Certoux 🕭 🕭 🅿

Route de Certoux 133 – ☎ 022 771 10 32   Plan : A3**c**
– www.cafe-certoux.ch – fermé Noël - 8 janvier, 19 juillet - 10 août, dimanche et lundi
• FRANÇAISE • Plat du jour 25 CHF – Menu 53 CHF (déjeuner)/110 CHF
– Carte 59/110 CHF
Une autre bonne raison de quitter le centre de Genève : dans ce village presque campagnard, une maison traditionnelle, flanquée d'une très jolie terrasse. Tout est fait maison, notamment avec les produits du potager. Ambiance familiale.

à Onex 4,5 km – alt. 426 m – ✉ 1213

XX **Auberge d'Onex** 🦽 🏠 **P**
Route de Loëx 18 – ☎ 022 792 32 59 – fermé 15 juillet Plan : B3**a**
- 6 août, dimanche et lundi
• ITALIENNE • Menu 85 CHF – Carte 96/108 CHF – *(réservation conseillée)*
Cette auberge est nichée au cœur de la verdure, dans l'ancien club-house du premier golf de Genève, aujourd'hui transféré ailleurs. Dans l'assiette, c'est toute la générosité de la cuisine italienne – rien de moins – que l'on nous propose, comme ces farfalle "al dente" aux scampis émincés et sautés... Un délice !

XX **Les Fourneaux du Manège** 🦽 🏠 ♻ **P**
🍴 *Route de Chancy 127 – ☎ 022 870 03 90* Plan : B3**b**
– www.fourneauxdumanege.ch – fermé 20 décembre - 6 janvier, samedi midi, dimanche soir et lundi
• TRADITIONNELLE • Plat du jour 21 CHF – Menu 52 CHF (déjeuner)/110 CHF – Carte 61/121 CHF
Dans cette belle bâtisse du 19ᵉ s. située au cœur de la ville, on est accueilli par une équipe de passionnés qui travaillent principalement des produits de la région, et notamment les célèbres poissons du lac Léman : brochet, féra, omble chevalier, perches... Servis avec dynamisme, en salle ou en terrasse !

A L'OUEST

à Aire-la-Ville 10 km – – 1 108 h. – ✉ 1288

X **Café du Levant** 🏠 **P**
🍴 *Rue du Vieux Four 53, Nord Ouest : 3,5 km par A3 – ☎ 022 757 71 50*
– www.cafedulevant.ch – fermé 20 décembre - 4 janvier, 5 - 13 avril, 26 juillet - 10 août, dimanche et lundi
• RÉGIONALE • Plat du jour 20 CHF – Menu 40 CHF (déjeuner en semaine)/ 82 CHF – Carte 61/97 CHF – *(réservation conseillée)*
Une cuisine régionale pleine de fraîcheur et de saveurs, accompagnée d'une petite sélection de vins genevois : dans ce restaurant convivial, on apprécie le bon air du pays ! Cadre rustique, très clair et lumineux.

à Cointrin 4 km – alt. 428 m – ✉ 1216

🏨 **Mövenpick** 🏠 ♨ 📶 🦽 📺 🛜 🛗 🚗
Route de Pré-Bois 20 ✉ 1215 – ☎ 022 717 11 11 Plan : B1**z**
– www.moevenpick-geneva-airport.com
343 ch – ▪210/750 CHF ▪▪210/750 CHF, ⬚ 39 CHF – 7 suites
Rest *Latitude* ☎ 022 717 17 20 – Plat du jour 30 CHF – Carte 55/102 CHF – *(fermé samedi midi)*
Rest *Kamome* ☎ 022 717 17 30 – Menu 49 CHF (déjeuner)/149 CHF – Carte 52/110 CHF – *(fermé 19 décembre - 3 janvier, 19 juillet - 16 août, lundi midi, samedi midi et dimanche)*
Des chambres très confortables et spacieuses, plusieurs bars et restaurants (cuisine internationale, japonaise, etc.), de nombreuses salles de réunion et de conférence... et même un casino ! Près de l'aéroport, cet hôtel Mövenpick est idéal pour la clientèle d'affaires.

🏨 **Crowne Plaza** 🔟 🏠 ♨ 📶 📺 🦽 📺 🍽 rest. 🛜 🛗 🚗
Avenue Louis-Casaï 75 – ☎ 022 710 30 00 – www.cpgva.ch Plan : B1**b**
361 ch – ▪145/395 CHF ▪▪185/435 CHF, ⬚ 35 CHF – 5 suites
Rest *Seventy 5* ☎ 022 710 30 52 – Plat du jour 25 CHF – Menu 33 CHF (déjeuner)/69 CHF – Carte 53/110 CHF – *(fermé samedi midi et dimanche midi)*
Cet établissement voisin des pistes d'envol propose toutes sortes de commodités : kiosque, coiffeur, sauna, salles de fitness et de réunion, etc. La décoration des chambres donne dans l'épure et la simplicité, et elles se révèlent particulièrement confortables.

🏨 Suite Novotel
🏪 🏮 🕭 🔲 📶 🚗 **P**

Avenue Louis-Casaï 28 – ℰ *022 710 46 26* Plan : B2**b**
– www.suitenovotel.com
86 ch – †166/380 CHF ††166/380 CHF, ⬢ 28 CHF
Rest *Swiss Bistro* Plat du jour 19 CHF – Menu 38/100 CHF – Carte 33/69 CHF –
(fermé samedi et dimanche)
Un bon rapport qualité-prix sur la route de l'aéroport. Les chambres sont grandes,
bien équipées et impeccablement tenues – à choisir, si possible, côté cour pour
plus de calme.

🍴 Altitude
🕭 🔲 ⇔

Route de l'Aéroport 13 ⬛ *1215 –* ℰ *022 817 46 09* Plan : B1**a**
– www.altitude-geneva.ch
• INTERNATIONALE • Plat du jour 28 CHF – Menu 49 CHF (déjeuner)/65 CHF
– Carte 82/104 CHF
Ce restaurant est logé au troisième niveau de l'aéroport (suivez l'affichage à partir
de l'enregistrement). Déco contemporaine et saveurs internationales (buffets certains week-ends), avec vue sur les pistes et les Alpes. Pour prendre de la hauteur...
avant de s'envoler !

à Meyrin 5 km – alt. 445 m – ⬛ 1217

🏨 NH Geneva Airport
🛏 🏮 🕭 ch, 🔲 📶 🛁 🚗

Avenue de Mategnin 21 – ℰ *022 989 00 00* Plan : A1**b**
– www.nh-hotels.com
190 ch – †175/250 CHF ††205/280 CHF, ⬢ 31 CHF
Rest *Le Pavillon* Menu 50/75 CHF – Carte 52/77 CHF – *(dîner seulement)*
À un jet de pierre de l'aéroport, le type même de l'hôtel moderne façonné pour
une clientèle internationale. On pourrait être à Genève aussi bien que partout ailleurs sans doute, mais le style et le confort sont réels.

à Vernier 5 km – alt. 448 m – ⬛ 1214

🍴 La Grange
🏪 🌺 ⇔ **P**

Rue du Village 64a – ℰ *022 341 42 20 – www.restolagrange.ch* Plan : A2**a**
– fermé 22 décembre - 6 janvier, 27 juillet - 17 août, samedi, dimanche et lundi
• FRANÇAISE MODERNE • Plat du jour 19 CHF – Menu 52/80 CHF
– Carte 57/95 CHF – *(réservation conseillée)*
Pour batifoler en dehors de Genève, rendez-vous dans cette auberge aménagée
dans la ferme familiale de Serge et Marianne, les propriétaires. On y apprécie
des petits plats simples et néanmoins goûteux : tartare de saumon, crème acidulée et toast à la tapenade ; risotto à l'œuf poché, parmesan et huile de truffe...

Palais des Expositions 5 km – alt. 452 m – ⬛ 1218 Grand-Saconnex

🏨 Starling
🔲 🛏 🏋 🏮 🕭 ch, 🔲 📶 🛁 🚗 **P**

Route François-Peyrot 34 – ℰ *022 747 02 02* Plan : B1**s**
– www.shgeneva.com
496 ch – †230/480 CHF ††230/480 CHF, ⬢ 39 CHF
Rest *L'Olivo* – voir la sélection des restaurants
Rest *Starling Café* ℰ 022 747 02 47 – Plat du jour 28 CHF – Menu 55 CHF
– Carte 53/89 CHF – *(déjeuner seulement)*
Près de l'aéroport et de Palexpo, un hôtel digne de l'A380, avec près de 500
chambres qui drainent une importante clientèle d'affaires et de congrès. Rien
d'impersonnel pour autant : le personnel est attentif, les occasions de se détendre
nombreuses (fitness, espace bien-être, restaurants, etc.).

🍴🍴 L'Olivo – Hôtel Starling
🏪 🕭 🔲 **P**

Route François-Peyrot 34 – ℰ *022 747 04 00* Plan : B1**s**
*– www.olivo-geneva.ch – fermé 20 décembre - 7 janvier, 2 - 6 avril, samedi et
dimanche*
• ITALIENNE • Plat du jour 28 CHF – Menu 55 CHF (déjeuner en semaine)
– Carte 68/117 CHF
Une table plutôt agréable près de l'aéroport : une grande terrasse à l'ombre
d'oliviers et, pour se sentir déjà loin, tous les parfums de l'Italie (pasta, risottos,
gnocchi à la châtaigne, escalopes de veau à la milanaise, etc.).

GENOLIER

Vaud (VD) – ⊠ 1272 – 1 818 h. – alt. 562 m – Carte régionale **6-A6**
▶ Bern 135 km – Genève 29 km – Lausanne 39 km – Neuchâtel 99 km
Carte routière Michelin 552-B10

XX   **Auberge des Trois Tilleuls**   🛖

⊛   *Place du Village 9 – ☏ 022 366 05 31 – www.troistilleuls.ch – fermé Noël - début*
janvier 2 semaines, dimanche et lundi
Plat du jour 18 CHF – Menu 70/90 CHF – Carte 66/93 CHF
Bistrot Plat du jour 18 CHF – Menu 35 CHF (déjeuner)/90 CHF – Carte 52/83 CHF
Si vous passez à Genolier, arrêtez-vous dans cette charmante auberge qui abrite
non pas un, mais deux restaurants ! Les gourmands s'y régalent d'une cuisine traditionnelle ou bistrot. Le chef fait tout maison – à l'exception de la glace. Accueil
aux petits soins et terrasse pour les beaux jours.

GERLAFINGEN

Solothurn (SO) – ⊠ 4563 – 4 888 Ew – Höhe 452 m – Siehe Regionalatlas **2-D3**
▶ Bern 34 km – Solothurn 8 km – Delémont 63 km – Aarau 54 km
Michelin Straßenkarte 551-K6

X   **Frohsinn**   🛖 ✿ **P**

⊛   *Obergerlafingerstr. 5 – ☏ 032 675 44 77 – geschl. Oktober und Sonntag - Montag*
Tagesteller 18 CHF – Karte 43/62 CHF
Seit über 25 Jahren sind Alois und Veronika Nussbaumer nun schon in ihrem
"Frohsinn". In ländlich-gemütlicher Atmosphäre serviert die Chefin die bürgerliche
Küche ihres Mannes, in der die Einflüsse aus der österreichischen Heimat natür-
lich nicht fehlen dürfen! Wie wär's also mal mit "Semmelknödel in Schwammerl-
sauce" oder mit einem Wiener Schnitzel?

GEROLDSWIL

Zürich (ZH) – ⊠ 8954 – 4 755 Ew – Höhe 403 m – Siehe Regionalatlas **4-F2**
▶ Bern 114 km – Zürich 18 km – Aarau 38 km – Baden 14 km
Michelin Straßenkarte 551-P4

🏨   **Geroldswil**   🛖 🍴 ⓖ Rest. 🛜 🐾 🚗

⊛   *Huebwiesenstr. 36, (am Dorfplatz) – ☏ 044 747 87 87 – www.hotelgeroldswil.ch*
– geschl. 20. Dezember - 4. Januar
70 Zim ⌨ – ♦140/220 CHF ♦♦160/280 CHF – ½ P
Rest Tagesteller 20 CHF – Karte 34/85 CHF – *(geschl. Sonntag)*
Rest Brasserie Tagesteller 20 CHF – Karte 36/95 CHF
Das ganze Haus ist geradlinig-neuzeitlich im Stil. Ein Garagenplatz ist im Zimmer-
preis inbegriffen. Der gastronomische Bereich besteht aus der Brasserie, der Pizzeria Geroldswil und einer Bar. Auf der Terrasse spendet eine grosse Markise
Schatten.

GEROLFINGEN

Bern (BE) – ⊠ 2575 – Höhe 502 m – Siehe Regionalatlas **2-C4**
▶ Bern 39 km – Neuchâtel 29 km – Biel 10 km – Solothurn 36 km
Michelin Straßenkarte 552-H6

XX   **Züttel**   🛖 🥢 ✿ **P**

⊛   *Hauptstr. 30 – ☏ 032 396 11 15 – www.restaurantzuettel.ch – geschl. Februar 2*
⊕   *Wochen, September 2 Wochen und Mittwoch - Donnerstag*
Tagesteller 19 CHF – Menü 56/89 CHF – Karte 47/88 CHF
Hier ist bereits die 3. Züttel-Generation im Haus. Patron Roland Züttel kocht frisch
und schmackhaft, traditionell, aber auch mit internationalen Einflüssen - probieren
Sie Zander, Egli und auch Kalbsleber und Mini-Chateaubriand!

GERRA GAMBAROGNO

Ticino (TI) – ⊠ 6576 – 292 ab. – alt. 222 m – Carta regionale **9-H6**
▶ Bern 236 km – Locarno 20 km – Bellinzona 22 km – Lugano 43 km
Carta stradale Michelin 553-Q13

a Ronco Sud : 1 km – alt. 290 m – ⊠ 6576 Gerra Gambarogno

✗ **Roccobello** ⪙ 🏠 **P** ⇄
via Ronco 1 – 𝒞 091 794 16 19 – www.roccobello.ch – chiuso inizio gennaio
- metà marzo, 3 settimane fine novembre - metà dicembre, lunedì (escluso luglio
e agosto), martedì, mercoledì - venerdì a mezzogiorno
Menu 64 CHF – Carta 40/76 CHF
Caratteristico ristorantino dotato di terrazza panoramica con bella vista sul lago e
sulle montagne. Atmosfera familiare e cucina legata al territorio, nonché alle tradizioni, ma anche sensibile ad influenze internazionali.

GERSAU

Schwyz (SZ) – ⊠ 6442 – 2 118 Ew – Höhe 435 m – Siehe Regionalatlas **4-G4**
▶ Bern 159 km – Luzern 55 km – Altdorf 20 km – Einsiedeln 39 km
Michelin Straßenkarte 551-P7

🏠 **Seehof** ⪙ 🏠 🐾 🖨 🛜 **P**
Seestr. 1, Richtung Brunnen ⊠ 6442 – 𝒞 041 829 83 00 – www.seehof-gersau.ch
– geschl. Oktober - Mitte April
5 Zim ⊑ – 🛏108/178 CHF 🛏🛏188/228 CHF
Rest Karte 49/112 CHF – *(geschl. Oktober - Mai) (nur Abendessen)*
Die zwei Gebäude des Hotels liegen an der Seestrasse. Die Zimmer sind funktionell oder komfortabler, alle zum See hin und viele mit Balkon. Bootssteg und
eigenes Strandbad. Restaurant mit grosser moderner Veranda und schöner Terrasse direkt am See.

✗ **Gasthaus Tübli** mit Zim 🏠 🛜 ♻ **P**
😊 *Dorfstr. 12 – 𝒞 041 828 12 34 – www.gasthaus-tuebli-gersau.ch – geschl.*
21. Februar - 3. März, 26. September - 13. Oktober und November - April:
Montag - Dienstag
7 Zim ⊑ – 🛏80/120 CHF 🛏🛏130/190 CHF   Tagesteller 20 CHF – Karte 33/72 CHF
Seit über 200 Jahren existiert das Gasthaus mit Holzfassade und ländlich-gemütlicher Atmosphäre. Man kocht mit saisonalen, regionalen Produkten, Spezialität ist
Fohlenfleisch. Gut übernachten kann man in netten Zimmern - im rustikalen "Heidistyle" oder hell und freundlich-alpenländisch.

GESCHINEN

Wallis (VS) – ⊠ 3985 – 65 Ew – Höhe 1 340 m – Siehe Regionalatlas **8-F5**
▶ Bern 136 km – Andermatt 45 km – Brig 35 km – Interlaken 81 km
Michelin Straßenkarte 552-O10

✗ **Baschi** 🏠 � **P**
Wyler 1, Nord-Ost: 1 km – 𝒞 027 973 20 00 – www.baschi-goms.ch – geschl.
1. April - 3. Juni, 30. Oktober - 19. Dezember und im Sommer: Sonntag
Karte 38/77 CHF
Lust auf Grillspezialitäten vom Holzfeuer? Sie können direkt von der Loipe (gleich
vis-à-vis) einkehren! Der Chef grillt hier nun seit 30 Jahren - wie vor ihm schon
sein Vater. Probieren Sie zum Nachtisch unbedingt das hausgemachte Eis! Im
Winter hat man durchgehend geöffnet.

GIESSBACH – Bern ➜ Siehe Brienz

GILLY

Vaud (VD) – ⊠ 1182 – 996 h. – alt. 486 m – Carte régionale **6-A6**
▶ Bern 126 km – Lausanne 31 km – Genève 34 km – Thonon-les-Bains 93 km
Carte routière Michelin 552-C10

🏠 **Auberge Communale** ⅃ 🍽 🛜 🛋 **P**
🏯 *Sur la Place 16 – 𝒞 021 824 12 08 – www.aubergegilly.ch – fermé 14 juillet*
- 4 août et 21 décembre - 4 janvier
9 ch ⊑ – 🛏120/150 CHF 🛏🛏140/200 CHF
Rest *Auberge Communale* – voir la sélection des restaurants
Sur la route des vignobles suisses, cette auberge propose de confortables chambres d'où l'on aperçoit... les vignes. Et l'on peut profiter de l'étape pour aller flâner
à pied vers les caves voisines, et y dénicher un bon vin du pays !

XX **Auberge Communale** – Hôtel Auberge Communale 🏠 ♿ ⇔ **P**
*Sur la Place 16 – ℰ 021 824 12 08 – www.aubergegilly.ch – fermé 14 juillet
- 4 août, 21 décembre - 4 janvier, dimanche et lundi*
Menu 78 CHF – Carte 57/96 CHF
Une vraie Auberge Communale, chaleureuse et animée, où l'on prend place
parmi les habitués du village – au choix, côté bistrot ou dans une deuxième
salle plus élégante. Spécialités régionales et autres classiques sont à l'honneur.
Une adresse qui fait dire qu'il existe encore des certitudes dans cette vie !

GIRENBAD bei TURBENTHAL
Zürich (ZH) – ⊠ 8488 – Höhe 740 m – – ⊠ Turbenthal – Siehe Regionalatlas **4-G2**
▶ Bern 157 km – Zürich 36 km – Frauenfeld 16 km – Rapperswil 32 km
Michelin Straßenkarte 551-R4

🏠 **Gyrenbad** ⬙ ⪡ 🏠 ♿ Rest, 🏛 **P**
*Girenbadstr. 133 – ℰ 052 385 15 66 – www.gyrenbad.ch – geschl. 16. Februar
- 11. März*
7 Zim ⊑ – †90 CHF ††145/155 CHF – ½ P
Rest Tagesteller 24 CHF – Karte 37/83 CHF – *(geschl. Dienstag)*
Schon vor 500 Jahren wusste man das idyllische Fleckchen zu schätzen:
damals Badebetrieb (die Original-Badeordnung von 1602 existierten noch!), heute
wie gemacht für Wanderungen oder Nordic Walking. Charmante Gaststuben mit
historischem Flair, Feuerkeller für Grillfeste.

GLARUS (GLARIS)
Glarus (GL) – ⊠ 8750 – 12 312 Ew – Höhe 472 m – Siehe Regionalatlas **5-H3**
▶ Bern 195 km – Chur 71 km – Sankt Gallen 90 km – Buchs 66 km
Michelin Straßenkarte 551-S7

XX **Sonnegg** 🏠 ⊘ ⇔ **P**
*Asylstr. 32, (beim Spital) – ℰ 055 640 11 92 – geschl. 15. Juli - 4. August und
Dienstag - Mittwoch*
Tagesteller 22 CHF – Menü 59 CHF (mittags)/89 CHF – Karte 63/89 CHF
Von der Gaststube mit nur drei Tischen gelangt man in das Restaurant mit vor
gelagerter kleiner Terrasse. Das Saisonangebot ist klassisch ausgelegt.

GLATTBRUGG – Zürich ➜ Siehe Zürich

GLATTFELDEN
Zürich (ZH) – ⊠ 8192 – 4 550 Ew – Siehe Regionalatlas **4-F2**
▶ Bern 144 km – Zürich 28 km – Schaffhausen 28 km – Aarau 67 km
Michelin Straßenkarte 551-P4

in Glattfelden-Zweidlen Nord: 2,5 km

🏠 **riverside** 🏠 🛏 🖥 ♿ 🆎 ⊘ Rest, 🛜 🏛 **P**
*Spinnerei-Lettenstr. 1 – ℰ 043 500 92 92 – www.riverside.ch – geschl.
25. Dezember - 4. Januar*
44 Zim ⊑ – †195/265 CHF ††215/285 CHF
Rest *thaigarden* Menü 19 CHF (mittags unter der Woche) – Karte 54/109 CHF –
(geschl. Sonntag - Montag) (nur Abendessen)
Rest *kesselhaus & turbinenstube* Menü 36 CHF (mittags unter der Woche)
– Karte 45/102 CHF
Einst Garnspinnerei, heute Business und Design direkt an der Glatt im Grünen, 15
Min. vom Flughafen. Sehenswert: die Autosammlung des Chefs! Restaurant kes-
selhaus & turbinenstube mit internationaler und Schweizer Küche, thailändische
Spezialitäten und Klassiker im thaigarden. Sonntags Brunch.

GLION – Vaud ➜ Voir à Montreux

GOLDACH
Sankt Gallen (SG) – ⊠ 9403 – 9 151 Ew – Höhe 447 m – Siehe Regionalatlas **5-I2**
▶ Bern 217 km – Sankt Gallen 12 km – Bregenz 34 km – Konstanz 35 km
Michelin Straßenkarte 551-V4

✗✗ Villa am See ⇐ 🀫 ✿ **P**

Seestr. 64 – ☎ 071 845 54 15 – www.villa-am-see.ch – geschl. 26. Januar
- 10. Februar, 13. - 21. April, 20. September - 13. Oktober und Montag - Dienstag
Tagesteller 45 CHF – Menü 65/95 CHF (mittags) – Karte 58/110 CHF
Hier wird mit Geschmack gekocht, dabei setzt man auf regionale Produkte. Gut zu
wissen: Fleisch und Fisch sind hormon- und antibiotikafrei. Kosten Sie unbedingt
auch etwas aus der Patisserie... fein! Herrliche Terrasse am See.

GOLINO – Ticino ➜ Vedere Centovalli

GONDO

Wallis (VS) – ✉ 3907 – Höhe 855 m – Siehe Regionalatlas **8**-F6
▶ Bern 249 km – Sion 96 km – Bellinzona 90 km – Sarnen 160 km
Michelin Straßenkarte 552-N12

🏠 Stockalperturm 🐝 🀫 🛍 🕭 Rest, 🐾 🤶 🥐

Simplonstrasse – ☎ 027 979 25 50 – www.stockalperturm.ch – geschl. Dezember
10 Zim ☲ – ♥95/110 CHF ♥♥158/168 CHF – ½ P
Rest Tagesteller 18 CHF – Menü 30 CHF (mittags)/48 CHF – Karte 36/54 CHF –
(geschl. Oktober - Mai: Mittwoch)
Die aparte Architektur sticht sofort ins Auge! Der 340 Jahre alte Turm direkt am
Grenzposten nach Italien (einst Warenlager und Umschlagplatz - auch für
Schmuggler!) verbindet Historie mit puristischem Stil und moderner Infrastruktur!
Interessant: permanente Kunstausstellungen.

GORDEVIO

Ticino (TI) – ✉ 6672 – 834 ab. – alt. 312 m – Carta regionale **9**-G6
▶ Bern 285 km – Bellinzona 32 km – Varese 89 km – Lugano 54 km
Carta stradale Michelin 553-Q12

🏠 Casa Ambica senza rist 🐝 🛋 🤶 **P** 🚫

(Zona Villa) – ☎ 091 753 10 12 – www.casa-ambica.ch – chiuso 26 ottobre
- 21 marzo
6 cam ☲ – ♥140/170 CHF ♥♥170/200 CHF
Dopo 10 anni di attività, continua ad esercitare il suo fascino questa dimora patrizia che ospita opere d'arte ed esposizione di sculture, camere moderne in stile
mediterraneo, giardinetto e lounge con camino. Servizio personalizzato e squisita
accoglienza da parte della proprietaria.

GORNERGRAT – Wallis ➜ Siehe Zermatt

GOSSAU

Sankt Gallen – ✉ 9200 – 17 941 Ew – Höhe 638 m – Siehe Regionalatlas **5**-H2
▶ Bern 196 km – Sankt Gallen 12 km – Herisau 6 km – Appenzell 20 km
Michelin Straßenkarte 551-T5

✗✗ Henessenmühle ⓝ 🀫 ✿ **P**

Henessenstrasse – ☎ 071 385 15 09 – www.henessenmuehle.ch – geschl. 3.
- 18. Februar, 7. - 22. Juli und Dienstag - Mittwoch
Tagesteller 19 CHF – Karte 45/86 CHF
Die jahrhundertealte Mühle versorgte einst die Klöster in St. Gallen mit Brot,
heute gibt es hier in hübschen, gemütlichen Stuben Schweizer Küche (z. B. Pfer-
de-Entrecôte "Café de Paris"). Für Veranstaltungen hat man eine tolle Scheune.

GOTTLIEBEN – Thurgau ➜ Siehe Kreuzlingen

GRÄCHEN

Wallis (VS) – ✉ 3925 – 1 408 Ew – Höhe 1 617 m (Wintersport : 1 617/2 868 m)
– Siehe Regionalatlas **8**-E6
▶ Bern 108 km – Brig 33 km – Sion 67 km
Michelin Straßenkarte 552-L12

Turm Hotel Grächerhof 🐾 ⪦ 🏡 🏠 🍽 ⬥ 🛁 🛜

– 𝒞 027 956 25 15 – www.graecherhof.ch – geschl. 12. April - 30. Mai,
24. Oktober - 19. Dezember
28 Zim ⌷ – †85/150 CHF ††180/300 CHF – ½ P
Rest Tagesteller 28 CHF – Menü 38/98 CHF – Karte 31/91 CHF – (geschl. 12. April
- Ende Juni und Montag - Dienstag, ausser an Feiertagen) (nur Abendessen)
Das Hotel liegt in unmittelbarer Nähe der Bergbahn-Talstation, nicht weit vom
Zentrum. Besonders schön sind die "Alpe"-Zimmer, ein Mix aus modernem Stil
und rustikalem Holz. Teil des Restaurants ist das Sacré Feu mit Grillgerichten als
Spezialität.

GRANDVAUX
Vaud (VD) – ⊠ 1091 – 1 995 h. – alt. 565 m – Carte régionale **6**-B5
◻ Bern 97 km – Lausanne 8 km – Montreux 22 km – Yverdon-les-Bains 46 km
Carte routière Michelin 552-E10

Auberge de la Gare avec ch ⪦ 🏡 🛜 **P**

Rue de la Gare 1 – 𝒞 021 799 26 86 – www.aubergegrandvaux.ch
– fermé mi-décembre - début janvier, 22 février - 2 mars, août 2 semaines,
octobre une semaine, dimanche et lundi
5 ch ⌷ – †150/180 CHF ††200/240 CHF – ½ P
Plat du jour 35 CHF – Menu 55/65 CHF – Carte 39/88 CHF
L'accueil est d'une grande gentillesse, tout au service des clients ; on en apprécie
d'autant mieux la cuisine, aux accents familiaux. Depuis les chambres individuelles, au décor charmant, on profite d'un superbe panorama sur le Léman, les sommets et le vignoble ! Une étape très recommandable.

GRELLINGEN
Basel-Landschaft (BL) – ⊠ 4203 – 1 777 Ew – Höhe 322 m
– Siehe Regionalatlas **2**-D2
◻ Bern 107 km – Basel 17 km – Delémont 26 km – Liestal 26 km
Michelin Straßenkarte 551-K4

Lüber's zur Brücke **P**

Bahnhofstr. 4 – 𝒞 061 741 12 36 – www.luebers.ch – geschl. 21. - 28. Februar,
Anfang - Mitte August 2 Wochen und Samstagmittag, Sonntag - Montag
Tagesteller 25 CHF – Menü 42 CHF (mittags unter der Woche)/85 CHF
– Karte 46/87 CHF
Schon viele Jahre hat Familie Lüber dieses Haus an der Birs und ihre Gäste schät-
zen die traditionelle Küche, vor allem die zahlreichen Fischgerichte! Serviert wer-
den diese in gemütlich-ländlichen Stuben. Zum Übernachten: zwei Doppelzimmer.

GRENCHEN
Solothurn (SO) – ⊠ 2540 – 16 173 Ew – Höhe 440 m – Siehe Regionalatlas **2**-D3
◻ Bern 55 km – Solothurn 15 km – Delémont 60 km – Aarau 66 km
Michelin Straßenkarte 551-J6

Chappeli ❶ 🏡 ✿ **P**

Allerheiligenstr. 218 – 𝒞 032 653 40 40 – www.chappeli-grenchen.ch – geschl.
Februar 3 Wochen, September 2 Wochen und Dienstag - Mittwoch
Tagesteller 27 CHF – Menü 59 CHF (mittags)/76 CHF – Karte 45/97 CHF
Recht idyllisch liegt die moderne Wirtschaft von Janine Hausmann und Christoph
Köhli hinter der Allerheiligen-Kapelle auf einem landwirtschaftlichen Anwesen
- schön der Garten. Mit Blick in die Küche isst man hier z. B. "Schweinsbratwurst
vom Holzkohlegrill", eine gute Wahl ist auch das Tagesmenü.

GRINDELWALD
Bern (BE) – ⊠ 3818 – 3 761 Ew – Höhe 1 034 m (Wintersport : 1 034/2 500 m)
– Siehe Regionalatlas **8**-F5
◻ Bern 77 km – Interlaken 20 km – Brienz 38 km – Spiez 36 km
Michelin Straßenkarte 551-M9

Schweizerhof

⌇ 🏨 🖼 🌐 🕸 🛋 🖥 🛜 🧖 🚗

Swiss Alp Resort 1 – 𝒞 033 854 58 58 – www.hotel-schweizerhof.com – geschl.
5. April - 8. Mai, 18. Oktober - 19. Dezember
70 Zim 🍽 – ♟225/315 CHF ♟♟550/660 CHF – 37 Suiten – ½ P
Rest *Schmitte* – siehe Restaurantauswahl

Wer ganz besonders schön und luxuriös wohnen möchte, bucht eines der modernen Chalets, die per Lift mit dem Haupthaus (hübsch die dunkle Fassade mit
roten Fensterläden!) verbunden sind - so kommen Sie ganz bequem zum eleganten Spa! Die Aussicht ist fantastisch!

Belvedere

⌇ 🏨 🌳 🖼 🕸 🖥 🅺 Rest, 🍽 Rest, 🛜 🧖 🅿

Dorfstr. 53 – 𝒞 033 888 99 99 – www.belvedere-grindelwald.ch
56 Zim 🍽 – ♟228/578 CHF ♟♟288/788 CHF – 4 Suiten – ½ P
Rest Menü 69 CHF (abends)/99 CHF – Karte 67/109 CHF – *(geschl. nach Ostern*
- Mitte Mai und Mitte Oktober - Mitte Dezember) (Tischbestellung ratsam)

In dem Hotel von 1907 empfängt Sie ein schöner Hallenbereich mit grosser Fensterfront und Blick zum Eiger. Die Zimmer sind individuell, teils modern gestaltet.
Zum Relaxen hat man den Aussen-Sole-Whirlpool. Internationale Küche im eleganten Restaurant.

Kirchbühl

🍸 ⌇ 🏨 🌳 🕸 🖥 ♿ Rest, 🍽 Rest, 🛜 🧖 🚗 🅿

Kirchbühlstr. 23 – 𝒞 033 854 40 80 – www.kirchbuehl.ch – geschl. 19. April
- 14. Mai, 25. Oktober - 11. Dezember
42 Zim 🍽 – ♟130/245 CHF ♟♟195/535 CHF – 1 Suite – ½ P
Rest *La Marmite* Menü 48/95 CHF – Karte 42/88 CHF – *(nur Abendessen)*
Rest *Hilty-Stübli* Tagesteller 21 CHF – Menü 45/62 CHF – Karte 35/72 CHF

Der engagiert geführte Familienbetrieb in ruhiger Hanglage überzeugt mit wohn-
lichen Zimmern in alpenländischem und modernem Stil sowie tollem Bergblick.
Chalets mit Appartements. Das La Marmite bietet klassische und asiatische
Gerichte. Regionales im Hilty-Stübli.

Kreuz und Post

⌇ 🏨 🕸 🖥 🍽 🛜 🧖 🅿

Dorfstr. 85 – 𝒞 033 854 54 92 – www.kreuz-post.ch – geschl. 7. April - 23. Mai
42 Zim 🍽 – ♟110/240 CHF ♟♟190/430 CHF – ½ P
Rest *Kreuz und Post* – siehe Restaurantauswahl

Das Hotel der Familie Konzett liegt nicht weit vom Bahnhof und bietet individuelle Zimmer, hier und da schöne Antiquitäten, die das behagliche Ambiente im
Haus unterstreichen. Tipp: auf der Dachterrasse das Bergpanorama geniessen!

Bodmi

🍸 ⌇ 🌳 🕸 🖥 🛜 🚗 🅿

Terrassenweg 104 – 𝒞 033 853 12 20 – www.bodmi.ch – geschl. 6. April - 13. Mai,
11. Oktober - 17. Dezember
20 Zim 🍽 – ♟198/218 CHF ♟♟268/332 CHF – ½ P
Rest Menü 55 CHF (abends) – Karte 39/86 CHF – *(geschl. in der Nebensaison:*
Mittwoch)

Ein wohnlich eingerichtetes Chalet in traumhafter Panoramalage mit freundlich-
familiärer Atmosphäre. Originell: Vom Saunabereich blickt man in den Ziegenstall.
Skischule nebenan. Ländlich gehaltenes Restaurant.

Parkhotel Schoenegg

⌇ 🏨 🌳 🖼 🕸 🖥 🍽 Rest, 🛜 🚗 🅿

Dorfstr. 161 – 𝒞 033 854 18 18 – www.parkhotelschoenegg.ch – geschl. 6. April
- 11. Juni, 11. Oktober - 20. Dezember
50 Zim 🍽 – ♟170/235 CHF ♟♟310/440 CHF – ½ P
Rest – *(nur Abendessen für Hausgäste)*

Seit 1892 ist dieses Hotel im Familienbesitz. Hübsch ist die Halle mit Kamin und
Bar. Sie wählen zwischen Nord- und Südzimmern. Besonders freundlich und
modern: die Chaletzimmer.

Eiger ⟨🏠⟩ ⟨⟩ 🕭 𝄞 📶 ⟨⟩ ⟨⟩ Rest, 🚗 **P**

Dorfstr. 133 – ✆ 033 854 31 31 – www.eiger-grindelwald.ch
59 Zim ⌷ – ♦150/225 CHF ♦♦260/420 CHF – ½ P
Rest *Barry's* Karte 49/86 CHF – *(geschl. in der Nebensaison: Sonntag - Mittwoch)*
(nur Abendessen)
Hotel im Zentrum mit Blick auf den Eiger. Wohnlich die Zimmer, gut der Fitness-
bereich. Urig-gemütlich ist das Barry's im Almhütten-Stil mit einem Mix aus
Schweizer, internationaler und asiatischer Küche. Im Bistro Memory mit kleiner
Terrasse gibt es bodenständige Käse-, Grill- und Kartoffelgerichte. Smokers
Lounge mit grosser Auswahl an Single-Malt-Whisky und Wein.

Caprice 🐟 ⟨⟩ ⟨⟩ 𝄞 📶 🛜 🚗 **P**

*Kreuzweg 11 – ✆ 033 854 38 18 – www.hotel-caprice.ch – geschl. Mitte April
- Mitte Mai, Ende Oktober - Mitte Dezember*
24 Zim ⌷ – ♦120/190 CHF ♦♦200/372 CHF
Rest – *(nur Abendessen für Hausgäste)*
Dieser beispielhaft gepflegte Familienbetrieb liegt ruhig oberhalb des Ortes. Kleiner Freizeitbereich mit mediterraner Note, netter Garten und individuell geschnittene Zimmer.

Derby ⟨⟩ 🍴 📶 𝄞 🛜 **P**

*Dorfstr. 75, (am Bahnhof) – ✆ 033 854 54 61 – www.derby-grindelwald.ch
– geschl. 31. Oktober - Mitte Dezember*
69 Zim ⌷ – ♦129/149 CHF ♦♦188/278 CHF – ½ P
Rest Tagesteller 20 CHF – Menü 45 CHF (mittags unter der Woche)
– Karte 22/82 CHF
Seit mehr als 100 Jahren befindet sich das im Ortskern gelegene Hotel im Famili-
enbesitz. Vor dem Haus kann man direkt in die Bergbahn steigen. Die meisten
Zimmer mit Balkon. Alpenländische Restaurantstuben, darunter das heimelige
Kellerlokal Cava für Fondue.

Alpenhof 🐟 ⟨⟩ 🍴 📶 𝄞 🛜 **P**

*Kreuzweg 36 – ✆ 033 853 52 70 – www.alpenhof.ch – geschl. Mitte April - Mitte
Mai*
12 Zim ⌷ – ♦112/157 CHF ♦♦204/304 CHF – 5 Suiten – ½ P
Rest Menü 43/46 CHF – Karte 37/91 CHF – *(geschl. ausser Saison: Sonntag) (nur
Abendessen)*
Das hübsche Chalet in ruhiger, leicht erhöhter Aussichtslage ist eine sehr nette
familiäre Adresse, die über behagliche regionstypische Zimmer mit gutem Platzangebot verfügt. Das Menü in der rustikalen Gaststube wird ergänzt durch Fondue und Raclette.

Alte Post ⟨⟩ 🍴 📶 𝄞 🛜 🚗 **P**

*Dorfstr. 173 – ✆ 033 853 42 42 – www.altepost-grindelwald.ch – geschl. 1. April
- 20. Mai, 20. Oktober - 20. Dezember (Hotel)*
19 Zim ⌷ – ♦90/150 CHF ♦♦170/280 CHF – 1 Suite
Rest Tagesteller 20 CHF – Menü 35/60 CHF – Karte 38/67 CHF – *(geschl. Anfang
- Mitte Mai 2 Wochen und Mittwoch)*
Ein familiengeführtes Haus im Chalet-Stil mit wohnlich-alpenländischen Gästezimmern. Gut die Lage in direkter Nähe der First-Gondelbahn. Zum Essen geht's in
die gemütliche Gaststube, wo man Traditionelles, aber auch internationale
Gerichte serviert bekommt.

Gletschergarten ⟨⟩ 📶 𝄞 ✂ Rest, 🛜 **P**

*Obere Gletscherstr. 1 – ✆ 033 853 17 21 – www.hotel-gletschergarten.ch – geschl.
Ende März - Ende Mai, Anfang Oktober - Mitte Dezember*
26 Zim ⌷ – ♦120/180 CHF ♦♦220/300 CHF – ½ P
Rest Menü 42 CHF – *(nur Abendessen für Hausgäste)*
Inzwischen leitet bereits die 4. Generation diesen Familienbetrieb mit traditionel-
lem Charakter. Zimmer in drei Kategorien, darunter geräumige Superior-Zimmer.
Tolle Aussicht.

Hirschen garni ⪤ 📠 🛇 **P**
Dorfstr. 135 – ℰ 033 854 84 84 – www.hirschen-grindelwald.ch – geschl. 12. April - 8. Mai, 18. Oktober - 15. Dezember
32 Zim ⌑ – †90/160 CHF ††160/240 CHF
Bereits in der 4. Generation wird das Haus a. d. J. 1903 von der Familie geführt. Es erwarten Sie wohnlich-rustikal eingerichtete Zimmer - besonders chic sind die modernen "Loverooms". Im Restaurant gibt es Flammkuchen und Käsefondue.

Schmitte – Hotel Schweizerhof ⪤ 🏠 ⅙ **P**
Swiss Alp Resort 1 – ℰ 033 854 58 58 – www.hotel-schweizerhof.com – geschl. 5. April - 8. Mai, 18. Oktober - 19. Dezember
Tagesteller 25 CHF – Menü 39/145 CHF – Karte 54/86 CHF – *(abends Tischbestellung ratsam)*
Täferung und Wandmalerei schaffen im Restaurant eine traditionelle und gleichzeitig elegante Atmosphäre und passen schön zum Charakter des Hauses! Das Speisenangebot ist klassisch - viele Gerichte bekommt man auch als halbe Portion.

Kreuz und Post – Hotel Kreuz und Post ⪤ 🏠 ↻ **P**
Dorfstr. 85 – ℰ 033 854 54 92 – www.kreuz-post.ch – geschl. 7. April - 23. Mai und im Sommer: Montag
Tagesteller 19 CHF – Menü 25 CHF (mittags unter der Woche)/56 CHF – Karte 42/91 CHF – *(abends Tischbestellung ratsam)*
Herzstück des Hauses - und sehr beliebt - ist das gemütliche Restaurant. Gekocht wird traditionell mit Schweizer, aber auch internationalen und saisonalen Elementen. Der Service: freundlich, versiert und flott. Terrasse an der Strasse.

In Kleine Scheidegg – ✉ 3823

Bellevue des Alpes ⌾ ⪤ 🏠 🛇 Zim,
– ℰ 033 855 12 12 – www.scheidegg-hotels.ch – geschl. 12. April - 19. Juni, 20. September - 18. Dezember
62 Zim ⌑ – †230/400 CHF ††320/500 CHF – ½ P
Rest Karte 36/80 CHF – *(nur Mittagessen) (Tischbestellung ratsam)*
Mit wunderschönem klassischem Interieur bewahrt das Hotel seine lange Tradition - ursprünglich stammt es a. d. J. 1840. Traumhaft die Bergkulisse, stilvolle Zimmer mit historischem Charme... Da verzichtet man gerne auf Technik wie TV etc.! Am liebsten speist man auf der Terrasse bei herrlicher Sicht.

GRUB
Appenzell Ausserrhoden (AR) – ✉ 9035 – 1 021 Ew – Höhe 813 m
– Siehe Regionalatlas **5-I2**
▶ Bern 218 km – Sankt Gallen 17 km – Altstätten 16 km – Bregenz 23 km
Michelin Straßenkarte 551-V5

Bären mit Zim 🏠 🛜 ↻ **P**
Halten 112, Süd-West: 1 km Richtung Eggersriet – ℰ 071 891 13 55 – www.baeren-grub.ch – geschl. 26. Januar - 8. Februar, 20. Juli - 2. August und Montag - Dienstag
4 Zim ⌑ – †75/115 CHF ††135/150 CHF – ½ P
Tagesteller 25 CHF – Menü 49 CHF (mittags)/140 CHF – Karte 63/96 CHF – *(Tischbestellung ratsam)*
Neben der einfachen Gaststube, in der auch Tagesgerichte serviert werden, erwartet Sie ein kleines ländlich-rustikales Stübli mit gutem Gedeck und zeitgemässer Küche.

GRÜNINGEN
Zürich (ZH) – ✉ 8627 – 3 229 Ew – Höhe 503 m – Siehe Regionalatlas **4-G3**
▶ Bern 155 km – Zürich 23 km – Zug 51 km – Schwyz 49 km
Michelin Straßenkarte 551-R5

Landgasthof Adler 🛜 **P**
Binzikerstr. 80 – 𝒞 044 935 11 54 – www.adler-grueningen.ch
8 Zim ⌂ – †98/108 CHF ††156/176 CHF – ½ P
Rest *Landgasthof Adler* – siehe Restaurantauswahl
Ganz anders als der traditionelle Gasthof a. d. J. 1830 von aussen vermuten lässt, bietet Familie Baumann hier modern-funktionale Zimmer - schön der geradlinige Stil in Kombination mit warmem Holzfussboden. Die neuzeitliche Technik kommt besonders bei Geschäftsreisenden gut an.

✕ **Landgasthof Adler** – Hotel Landgasthof Adler 🛖 ⇔ **P**
Binzikerstr. 80 – 𝒞 044 935 11 54 – www.adler-grueningen.ch
Tagesteller 25 CHF – Karte 55/92 CHF
In dem historischen Gasthof der Baumanns wird ambitioniert gekocht - traditionell und saisonal. So bestellt man in der gediegenen Gourmetstube z. B. "pochierte Roulade vom Lachs und Zander", in der rustikalen, aber nicht minder gemütlichen Dorfbeiz ist das Angebot bürgerlicher. Schöne Terrasse im Hof.

GRUND bei GSTAAD – Bern → Siehe Gstaad

GRUYÈRES
Fribourg (FR) – ✉ 1663 – 2 027 h. – alt. 830 m – *Carte régionale* **7**-C5
▶ Bern 65 km – Fribourg 35 km – Gstaad 38 km – Lausanne 57 km
Carte routière Michelin 552-G9

🏠 **Hôtel de Ville** 🛖 🎐 ⅌ ch, 🛜 ⇔
⬠ *Rue du Bourg 29 𝒞 026 921 24 24 – www.hoteldeville.ch*
10 ch ⌂ – †130/180 CHF ††160/220 CHF – ½ P
Rest Menu 28/64 CHF – Carte 37/78 CHF
Nichées à deux pas du château des comtes de Gruyère, des chambres à la fois simples et cosy : parquet, tissus coordonnés, meubles en bois, etc. Toutes portent des noms de fleurs mais une seule, Edelweiss, dispose d'un lit à baldaquin. Au menu du restaurant, raclettes et autres fondues !

GSTAAD

Bern (BE) – ⊠ 3780 – 2 000 Ew – Höhe 1 050 m (Wintersport : 1 050/2 151 m)
– Siehe Regionalatlas **7-D5**
▶ Bern 88 km – Interlaken 71 km – Aigle 48 km – Fribourg 73 km
Michelin Straßenkarte 551-I10

© C. Cellai / age fotostock

Hotels

The Alpina Gstaad
Zim, Zim, Rest,

Alpinastr. 23 – ✆ 033 888 98 88 – www.thealpinagstaad.ch
– geschl. 22. März - 5. Juni und 27. September - 4. Dezember
55 Zim – ♦350/1550 CHF ♦♦450/1650 CHF – 1 Suite – ½ P
Rest *Sommet* ✿ **Rest *MEGU*** – siehe Restaurantauswahl
Rest *Swiss Stübli* Tagesteller 38 CHF – Menü 100/125 CHF – Karte 69/118 CHF –
(geschl. Montag) (nur Abendessen, sonntags auch Mittagessen) (Tischbestellung ratsam)
Dezentes Understatement? Purer Luxus? Exzellenter Service? Ein klares "Ja"! Beeindruckend ist bereits die Anfahrt (unterirdisch) zu diesem aussergewöhnlichen Chalet "de luxe". Imponierende Grandezza gepaart mit warmem Altholz und wertigen Antiquitäten... Highlights: riesige Panorama-Suite und einziger "Six Senses Spa" der Schweiz! HP à la carte in allen Restaurants.

Grand Hotel Park
Rest,

Wispilenstr. 29 – ✆ 033 748 98 00 – www.grandhotelpark.ch
– geschl. Mitte März - Ende Juni, Mitte September - Mitte Dezember
84 Zim – ♦470/1450 CHF ♦♦600/1800 CHF – 10 Suiten – ½ P
Rest *Grand Restaurant* ✆ 033 748 98 28 – Menü 75/95 CHF
Rest *Marco Polo* ✆ 033 748 98 28 – Menü 105/125 CHF – Karte 98/126 CHF –
(geschl. Mitte März - Mitte Dezember) (nur Abendessen)
Rest *Greenhouse* ✆ 033 748 98 28 – Karte 104/116 CHF
Elegant-urbaner Luxus in toller Aussichtslage. Wer in der wohl grössten Suite im Alpenraum wohnt ("My-Gstaad Chalet Suite"), findet auf 400 qm vier Schlafzimmer, vier Bäder, Butler-Service! Moderner Spa, vielfältige Gastronomie, darunter im Winter ein Holzhaus im Garten für Fondue und Raclette sowie eine Bar mit Sushi-Angebot (auch ausser Haus). Schicker Rauchersalon.

Gstaad Palace
Rest,

Palacestr. 28 – ✆ 033 748 50 00 – www.palace.ch – geschl. Mitte März - Ende Juni, Mitte September - Mitte Dezember
97 Zim – ♦410/970 CHF ♦♦650/1890 CHF – 7 Suiten
Rest *Gildo's Ristorante* – siehe Restaurantauswahl
Rest *Le Grill - Rôtisserie* Karte 101/180 CHF – *(nur Abendessen)*
Das schlossähnliche weisse Hotel über Gstaad gehört mit seinen vier Spitztürmen fest zum Ortsbild! Zimmer modern und doch klassisch, Spa (1800 qm) ebenfalls zeitgemäss und wertig, hier die Disco mit Tanzfläche über dem Pool! Auch die Gastronomie hat einiges zu bieten: Schweizer Küche, Italienisches, Grillgerichte... im Winter auch "La Fromagerie". HP inklusive.

Le Grand Bellevue　← 🏛 🕁 🔲 🌐 🎿 💪 🖹 🏋 🏌 Rest. 🛜 🧖 🚗 🅿

Hauptstrasse – 𝒞 033 748 00 00 – www.bellevue-gstaad.ch – geschl. 5. April
- 20. Juni, 4. Oktober - 6. Dezember
48 Zim 🖭 – 👤290/690 CHF 👤👤390/790 CHF – 9 Suiten – ½ P
Rest *LEONARD'S* ❀ – siehe Restaurantauswahl
Rest *Le Petit Chalet* Karte 70/110 CHF – *(geschl. Dienstag - Mittwoch) (nur
Abendessen) (Tischbestellung ratsam)*
Luxuriös und gleichzeitig "smart casual", geschmackvoll-zeitgemäss und zugleich
mit historischem Flair. Die Zimmer modern designt, grosszügig und vielfältig der
Spa, dazu ein eigenes Kino und ein angenehmer Club, nicht zu vergessen der
stets präsente Gastgeber! Nachmittags Teatime in der gemütlich-eleganten
Lounge, Käse- und Grillgerichte im "Petit Chalet", Sushi-Bar.

Le Grand Chalet　🛏 ← 🏛 ☰ 🎿 💪 🖹 🛜 🚗 🅿

*Neueretstr. 43 – 𝒞 033 748 76 76 – www.grandchalet.ch – geschl. Ende März
- Ende Mai, Mitte Oktober - Mitte Dezember*
21 Zim 🖭 – 👤170/460 CHF 👤👤250/670 CHF – 2 Suiten – ½ P
Rest *La Bagatelle* – siehe Restaurantauswahl
Schon von aussen vermittelt das Chalet alpenländische Behaglichkeit, die sich im
überaus wohnlichen Interieur fortsetzt. Der Service persönlich und familiär. Auch
die ruhige Panoramalage verspricht Erholung, herrlich der Blick über Gstaad und
das Tal. Interessant: die kleine Amboss-Sammlung.

Arc-en-ciel　🏛 ☰ 🎿 💪 🖹 🛗 🍴 🛜 🧖 🚗 🅿

Egglistr. 24 – 𝒞 033 748 43 43 – www.arc-en-ciel.ch
40 Zim 🖭 – 👤140/280 CHF 👤👤250/560 CHF – 6 Suiten
Rest Tagesteller 25 CHF – Menü 55 CHF – Karte 34/79 CHF
Ganz besonders Familien finden hier eine schöne Urlaubsadresse: funktionelle
Zimmer, nettes Freibad, Kinder- und Jugendspielbereich. Für ungestörtes Relaxen
hat man zudem eine Sauna als Private Spa. Praktisch: Talstation gleich vis-à-vis!
Zum breiten Speiseangebot gehört auch Pizza aus dem Holzofen.

Bernerhof　🍴 🔲 💪 🖹 🍴 🛜 🧖 🚗 🅿

Bahnhofstr. 2, (Bernerhofplatz) – 𝒞 033 748 88 44 – www.bernerhof-gstaad.ch
45 Zim 🖭 – 👤152/410 CHF 👤👤264/540 CHF – ½ P
Rest Menü 25 CHF (mittags)/65 CHF – Karte 57/113 CHF
Rest *Blun-Chi* Tagesteller 25 CHF – Menü 45/88 CHF – Karte 49/84 CHF – *(geschl.
Mitte März - Mitte Juni: Dienstag - Mittwoch) (Tischbestellung ratsam)*
Das familiär geleitete Ferienhotel liegt mitten im Zentrum. Viele Zimmer in gerad-
linig-modernem Design, auch Familienzimmer sind vorhanden. Internationale und
regionale Karte im rustikalen Restaurant. Blun-Chi mit chinesischer Küche, zudem
Restaurant Basta mit Pastagerichten sowie eine urige Schweizer Stube.

Gstaaderhof　← 🏛 💪 🖹 🛜 🧖 🚗

*Lauenenstr. 19 – 𝒞 033 748 63 63 – www.gstaaderhof.ch – geschl. 7. April
- 14. Mai, 25. Oktober - Anfang Dezember*
66 Zim 🖭 – 👤130/249 CHF 👤👤242/468 CHF – ½ P
Rest *Müli* – siehe Restaurantauswahl
Rest *Saagi Stübli* Karte 35/116 CHF – *(geschl. 8. April - Anfang Dezember) (nur
Abendessen)*
Zentraler kann man in Gstaad kaum wohnen, zudem spürt man das grosse Engagement, mit dem die Familie Huber-Schärli ihr Hotel führt, und man hat es in den Zimmern und Maisonetten schön gemütlich. Einladend auch der kleine Saunabereich
und die Restaurants. Im Winter Raclette und Fondue im urigen Saagi-Stübli.

Bellerive　🍴 🎿 💪 🖹 🛗 🍴 🛜 🚗 🅿

*Bellerivestr. 42 – 𝒞 033 748 88 33 – www.gstaad4.com – geschl. 21. April
- 23. Mai, 3. November - 6. Dezember*
13 Zim 🖭 – 👤80/320 CHF 👤👤150/350 CHF – 1 Suite
Rest Karte 43/72 CHF – *(geschl. Mitte März - Ende Juni, Mitte September - Ende
Dezember und Sonntagabend - Montag)*
Etwas abseits des Zentrums finden Sie das nette Chalet unter freundlich-familiärer
Leitung. Zwei der technisch gut ausgestatteten Zimmer sind die Themenzimmer
"Kuh" und "Romantic". Im Restaurant serviert man Bürgerliches.

Posthotel Rössli 🐾 📶 🚗 **P**
Promenade 10, (Gstaadplatz) – 𝒞 033 748 42 42 – www.posthotelroessli.ch
18 Zim 🛏 – ♦95/350 CHF ♦♦179/350 CHF – ½ P
Rest Tagesteller 21 CHF – Menü 49 CHF – Karte 38/91 CHF – *(geschl. Mai, November: Mittwoch)*
Beim Dorfbrand von 1898 blieb das seit 1922 familiengeführte Gasthaus verschont und gilt als das älteste im Ort. Die Zimmer sind im gemütlichen Chaletstil eingerichtet, Stübli und Alti Poscht sind Restaurantstuben mit ländlichem Charme. Haben Sie die vielen Bilder der skisportbegeisterten Gastgeber gesehen?

● Restaurants

%%% **Chesery** (Robert Speth) 🕸 🕌 🍴 **P**
🕸 *Alte Lauenenstr. 6 – 𝒞 033 744 24 51 – www.chesery.ch – geschl. Anfang April - Anfang Juni, Anfang Oktober - Anfang Dezember und Montag*
Menü 78 CHF (mittags)/178 CHF – Karte 110/210 CHF – *(Tischbestellung ratsam)*
Robert Speth kocht hier seit über 30 Jahren auf Top-Niveau, seit jeher misst er dem Produkt grösste Bedeutung bei. Auf der klassischen Karte finden sich u. a. zahlreiche Gerichte für zwei Personen, dazu eine Weinauswahl, die ihresgleichen sucht. Sie mögen Fisch? Der wird im Ganzen am Tisch präsentiert!
→ Meeresfrüchtesalat mit Artischocken, grünem Spargel und Fenchel. Hausgemachte Frischkäseravioli mit Pilzen. Ganzer wilder Wolfsbarsch in der Salzkruste (2 Pers.).

%%% **Sommet** 🕸 ⪡ 🕌 🍴
🕸 *Alpinastr. 23 – 𝒞 033 888 98 88 – www.thealpinagstaad.ch – geschl. 22. März - 5. Juni und 27. September - 4. Dezember*
Menü 140/220 CHF – Karte 88/202 CHF – *(Juni - September: nur Abendessen) (Tischbestellung ratsam)*
Sie mögen's modern? Dann wählen Sie das Menü, denn hier entfaltet sich Marcus G. Lindner voll und ganz! Daneben stehen aber auch Klassiker auf der breit gefächerten Karte, und die kommen ebenso gut an, schliesslich wird alles aus besten Produkten zubereitet. Das Ambiente: warmes Altholz gepaart mit zeitgemässer Eleganz... und auf der Terrasse der Blick auf die Berge.
→ Schweinebauch, Languste, Kürbis, Safran. Jakobsmuschel, Curry, Blumenkohl, Macadamia. Reh, Mango, Sesam, Avocado.

%%% **Gildo's Ristorante** – Hotel Gstaad Palace 🕸 🍴 **P**
Palacestr. 28 – 𝒞 033 748 50 00 – www.palace.ch – geschl. Mitte März - Mitte Dezember
Karte 103/166 CHF – *(nur Abendessen)*
Lust auf italienische Küche? Dann besuchen Sie im Winter dieses alpenländisch-gemütliche Restaurant und lassen Sie sich von venezianischen Köchen authentische Gerichte zubereiten.

%%% **LEONARD'S** – Grand Hotel Bellevue 🕸 🕌 ♿ 🍴 **P**
🕸 *Hauptstrasse – 𝒞 033 748 00 00 – www.bellevue-gstaad.ch – geschl. 5. April - 20. Juni, 4. Oktober - 6. Dezember*
Menü 75/120 CHF – Karte 78/144 CHF
Ungezwungen und dennoch anspruchsvoll. Nach dem Apero an der Bar ist man auch schon gleich am Tisch, wo man die unverändert gute klassische Küche von Urs Gschwend geniesst: international beeinflusst und angenehm reduziert im Stil, top nach wie vor die Qualität der Produkte. Samstags Brunch.
→ Bouillabaisse Marseille (2 Pers.). Geschmorte Simmentaler Kalbsbäckchen mit wildem grünem Spargel. Lauwarmes Bitterschokoladen-Küchlein mit hausgemachtem Vanilleeis.

%% **La Bagatelle** – Hotel Le Grand Chalet 🕸 ⪡ 🕌 **P**
Neueretstr. 43 – 𝒞 033 748 76 76 – www.grandchalet.ch – geschl. Ende März - Ende Mai, Mitte Oktober - Mitte Dezember
Menü 48 CHF (mittags)/148 CHF – Karte 68/147 CHF – *(Tischbestellung ratsam)*
Wenn das Wetter es zulässt, sollten Sie unbedingt auf der Terrasse essen und dabei die Aussicht geniessen! Es erwarten Sie die ambitionierte modern umgesetzte klassische Küche von Steve Willié und eine bemerkenswerte Weinkarte - und auch die überaus freundliche Beratung ist eine Erwähnung wert!

✗✗ **MEGU**

Alpinastr. 23 – ☎ 033 888 98 88 – www.thealpinagstaad.ch – geschl. 22. März
- 5. Juni, 27. September - 4. Dezember und Dienstag, Juni - September: Montag
- Dienstag
Tagesteller 36 CHF – Menü 175 CHF – Karte 85/158 CHF – *(Tischbestellung ratsam)*
Japan - New York - Gstaad... Das Konzept ist weit gereist und bietet nun in der
Dependance des bekannten New Yorker Restaurants niveauvolle japanische
Küche aus exklusiven Zutaten - Sushi wird vor Ihren Augen zubereitet. Das beson-
dere Interieur stammt übrigens von Stardesigner Noé Duchafour-Lawrence.

✗ **Müli** – Hotel Gstaaderhof

Lauenenstr. 19 – ☎ 033 748 63 63 – www.gstaaderhof.ch – geschl. 7. April
- 14. Mai, 25. Oktober - Anfang Dezember
Tagesteller 19 CHF – Menü 29/98 CHF – Karte 42/111 CHF
Klassische Schweizer Küche, schmackhaft und aus guten, frischen Produkten zubereitet - Appetit macht da z. B. "Trilogie vom Alpenlamm mit Polenta und Gemüse".

in Schönried Nord: 7 km Richtung Zweisimmen – Höhe 1 231 m – ⊠ 3778

🏨 **ERMITAGE Wellness & Spa Hotel**

Dorfstr. 46 – ☎ 033 748 04 30 – www.ermitage.ch
90 Zim ☑ – †205/292 CHF ††460/716 CHF – 6 Suiten – ½ P
Rest *Ermitage-Stube* – siehe Restaurantauswahl
Rest *Fondue Spycher* ☎ 033 748 60 60 – Menü 47 CHF (mittags)
– Karte 47/82 CHF – *(nur Abendessen)*
Ein Ferienhotel par excellence. In den wirklich geschmackvollen Zimmern mischt
sich alpenländischer Stil mit Moderne, bei 3500 qm Spa-Vielfalt bleiben kaum
Wünsche offen, und dann ist da noch das Prunkstück: die Swarovski-Bar in der
Lobby, in der eine Million Kristalle funkeln! Kulinarisch gibt es eine hochwertige
HP in wunderschönen Stuben (im Preis inbegriffen).

🏨 **Hostellerie Alpenrose**

Dorfstr. 14 – ☎ 033 748 91 91 – www.hotelalpenrose.ch – geschl. Mitte April
- Mitte Mai, Mitte Oktober - Mitte Dezember
18 Zim ☑ – †205/320 CHF ††270/400 CHF – 2 Suiten – ½ P
Rest *Azalée* – siehe Restaurantauswahl
Rest *Sammy's* Menü 55 CHF – Karte 49/107 CHF – *(geschl. Mittwoch) (nur*
Abendessen)
Schon von aussen versprüht das Chalet ursprünglichen Charme und auch drinnen
sorgt eine schöne Einrichtung mit viel Holz für Behaglichkeit. Dazu kommen noch
die fantastische Aussicht und natürlich die sehr freundliche Gästebetreuung
durch Familie von Siebenthal! Sammy's mit Grill- und Raclettegerichten.

🏠 **Kernen**

Dorfstr. 58 – ☎ 033 748 40 20 – www.hotel-kernen.ch
22 Zim ☑ – †100/200 CHF ††170/450 CHF – ½ P
Rest Menü 25 CHF (mittags)/65 CHF – Karte 31/99 CHF
Im Stammhaus des einstigen Ski-Rennfahrers Bruno Kernen kann man schön
gemütlich-rustikal wohnen und regional essen. Was in der charmanten Gaststube
auf den Tisch kommt, reicht von der Kalbsbratwurst bis zum Simmentaler Entrecôte, nicht zu vergessen die interessanten Weine!

✗✗ **Ermitage-Stube** – ERMITAGE Wellness & Spa Hotel

Dorfstr. 46 – ☎ 033 748 60 60 – www.ermitage.ch
Tagesteller 35 CHF – Menü 48 CHF (mittags)/135 CHF – Karte 64/82 CHF
Appetit auf "Hamachi mit Pastinake und Clementine"? So oder so ähnlich heissen
die modern beeinflussten internationalen Speisen von Uwe Seegert und seinem
Team. Serviert werden sie in einer behaglichen hellen Stube.

✗✗ **Azalée** – Hotel Hostellerie Alpenrose

Dorfstr. 14 – ☎ 033 748 91 91 – www.hotelalpenrose.ch – geschl. Mitte April
- Mitte Mai, Mitte Oktober - Mitte Dezember und Mittwoch
Tagesteller 40 CHF – Menü 55 CHF (mittags)/129 CHF – Karte 57/117 CHF
Die gehobene klassische Küche von Patron Michel von Siebenthal ist ebenso wenig
aus diesem Restaurant wegzudenken wie das elegant-rustikale Ambiente und die
freundliche Chefin im Service. Draussen lockt die Terrasse mit tollem Bergblick!

in Saanenmöser Nord: 9 km Richtung Zweisimmen – Höhe 1 269 m – ⊠ 3777

🏠 **Golfhotel Les Hauts de Gstaad & SPA** ⇐ 📠 🖃 🌐 🛞 ⅃⅌ 🔌

Bahnhofstr. 7 – ☎ *033 748 68 68*   ⅍ Zim, 🤶 🗽 🚗 **P**
– *www.golfhotel.ch*
52 Zim ⊑ – 🛏120/330 CHF 🛏🛏240/730 CHF – ½ P
Rest *Belle Epoque* – siehe Restaurantauswahl
Rest *Bärengraben* Tagesteller 35 CHF – Menü 50 CHF – Karte 53/79 CHF – *(nur Abendessen)*
Grosszügig angelegtes Chalet mit modernem Wellnessbereich auf 1000 qm. Besonders wohnlich: die Zimmer im Haus Golfino, allergikerfreundlich mit Terrakottafliesen ausgestattet. Im rustikalen Bärengraben (schön die Wandmalereien von 1922) bietet man Schweizer Küche samt Raclette und Fondue.

🏠 **Des Alpes by Bruno Kernen** garni 🗽 ⅍ 🤶 **P**

Saanenmöserstr. 168 – ☎ *033 748 04 50* – *www.desalpes.ch* – *geschl. 25. Oktober - 3. Dezember, 7. April - 18. Juni*
11 Zim ⊑ – 🛏120/400 CHF 🛏🛏190/460 CHF
Das hat was: Unbehandeltes rustikales Altholz und trendiges Design ergeben einen richtig schicken modern-alpinen Look - in der Lobby, beim Frühstück (hier eine frische Auswahl vom Buffet) und in den Zimmern, die gleichermassen wohnlich und technisch "up to date" sind.

🏠 **Hornberg** 🗠 ⇐ 📠 🏠 ⅃ 🖃 🛞 🤶 🗽 🚗 **P**

Bahnhofstr. 36 – ☎ *033 748 66 88* – *www.hotel-hornberg.ch* – *geschl. 7. April - 7. Mai, 2. - 20. November*
39 Zim ⊑ – 🛏120/195 CHF 🛏🛏310/400 CHF – ½ P
Rest Tagesteller 25 CHF – Karte 42/80 CHF
Direkt am Ende der Piste gelegen, ist der engagiert geleitete Familienbetrieb im Chalet-Stil eine ideale Winter-Adresse. Schöner moderner Bade- und Saunabereich, im Sommer Bio-Schwimmteich. Das behagliche Restaurant bietet internationale und traditionelle Küche.

🍴🍴 **Belle Epoque** – Golfhotel Les Hauts de Gstaad & SPA ⇐ 📠 **P**

Bahnhofstr. 7 – ☎ *033 748 68 68* – *www.golfhotel.ch*
Tagesteller 40 CHF – Menü 50 CHF (abends)/125 CHF – Karte 57/117 CHF
Louis-Seize-Stühle, rustikal bezogen, dazu heimelige Holztäferung - das ergibt ein attraktives Bild. Am Mittag bietet man eine einfachere Karte, abends kocht man etwas gehobener.

in Lauenen Süd: 6,5 km – Höhe 1 250 m – ⊠ 3782

🏠 **Alpenland** 🗠 ⇐ 🏠 🖃 🤶 🚗 **P**
🐾
Hinterseestr. 5, Süd: 1 km – ☎ *033 765 91 34* – *www.alpenland.ch* – *geschl. 6. April - 2 Mai, 26. Oktober - 20. November*
19 Zim ⊑ – 🛏125/255 CHF 🛏🛏185/330 CHF – 3 Suiten – ½ P
Rest Tagesteller 18 CHF – Menü 27 CHF (mittags unter der Woche) – Karte 54/79 CHF – *(geschl. Mai - Mitte Juni und Mitte September - Mitte Dezember: Mittwoch - Donnerstag)*
Der nette Gasthof liegt bei einem kleinen Schlepplift und auch die Loipe beginnt hier. Alle Zimmer mit Balkon, zwei geräumige Wohnungen unterm Dach für Familien. Hunde sind hier ebenfalls willkommen. Zum Restaurant gehört eine Terrasse mit schöner Aussicht auf die Berge.

in Saanen Nord-West: 3 km – Höhe 1 010 m – ⊠ 3792

🏠 **Spitzhorn** Ⓝ ⇐ 📠 🏠 🖃 🛞 🖃 🗽 Zim, ⅍ Rest, 🤶 🗽 🚗 **P**

Spitzhornweg 30 – ☎ *033 748 41 41* – *www.spitzhorn.ch*
50 Zim ⊑ – 🛏130/270 CHF 🛏🛏180/270 CHF – ½ P
Rest Tagesteller 23 CHF – Menü 45 CHF (abends) – Karte 56/103 CHF
Sie suchen ein grosszügiges Familienhotel? Hier finden Sie zeitgemässe und wohnliche Zimmer (auch Familienzimmer) und einen schönen Freizeitbereich - im Sommer können Sie das Freibad nebenan benutzen. Im Restaurant gibt es alpenländische Küche. Und wie wär's mit Rösti-Gerichten?

Alpine Lodge

Wyssmülleriweg 10 – ℰ 033 748 41 51 – www.alpinelodge.ch – geschl. Mitte Oktober - Mitte Dezember
29 Zim ☲ – ♟125/235 CHF ♟♟170/370 CHF – ½ P
Rest Menü 45 CHF (abends) – Karte 55/85 CHF
Neben modernen, grosszügigen Zimmern - alle mit Computer und freiem Internetzugang - bietet dieses Hotel auch viele Outdoor-Aktivitäten an. Einige Themenzimmer sowie Familienzimmer. Helles neuzeitliches Restaurant.

Sonnenhof

Sonnenhofweg 33, Nord-Ost: 3 km – ℰ 033 744 10 23
– www.restaurantsonnenhof.ch – geschl. 13. April - 4. Juni, 1. November
- 3. Dezember und Montag - Dienstag
Karte 68/117 CHF – *(Tischbestellung ratsam)*
Hier speist man in gemütlicher Chalet-Atmosphäre - oder sitzen Sie lieber auf der Terrasse? Die erhöhte Lage ermöglicht bei schönem Wetter eine grandiose Sicht auf Gstaad und die Berge! Serviert wird typische Schweizer Küche.

16 Art Bar ❶

Mittelgässli 16 – ℰ 033 748 16 16 – www.16eme.ch – geschl. Dienstag - Mittwoch
Karte 52/107 CHF – *(nur Abendessen)*
Eine wirklich nette legere Adresse, die auch bei Einheimischen beliebt ist. In der 300 Jahre alten ehemaligen Glockengiesserei kann man heute richtig gut essen. Die Karte wechselt täglich, die Grillgerichte kommen vom offenen Feuer.

GUARDA

Graubünden (GR) – ✉ 7545 – 161 Ew – Höhe 1 653 m – Siehe Regionalatlas **11-K4**
▶ Bern 304 km – Scuol 19 km – Chur 94 km – Davos 36 km
Michelin Straßenkarte 553-Z9

Meisser

Dorfstr. 42 – ℰ 081 862 21 32 – www.hotel-meisser.ch – geschl. nach Ostern - Anfang Mai, Anfang November - Mitte Dezember
15 Zim ☲ – ♟120/150 CHF ♟♟190/440 CHF – 3 Suiten – ½ P
Rest Menü 58 CHF (abends) – Karte 44/72 CHF – *(geschl. Winter: Dienstag)*
Hotel aus zwei alten Engadiner Bauernhäusern (19. Jh.) mitten im Dorf, inzwischen in 5. Generation familiengeführt. Kein TV in den Zimmern, nur in den Suiten. Bar in der Chasa Pepina. Man speist im schönen historischen Speisesaal im einstigen Heustall oder im Panoramarestaurant La Veranda - sehr gefragt bei der tollen Sicht die Terrasse. Einfachere Karte am Mittag.

Romantica Val Tuoi

Chasa 56 – ℰ 081 862 24 70 – www.romanticavaltuoi.ch geschl. 3. November - 25. Dezember
17 Zim ☲ – ♟150/170 CHF ♟♟156/236 CHF – ½ P
Rest Tagesteller 22 CHF – Menü 44 CHF (abends)/58 CHF – Karte 44/67 CHF – *(geschl. 3. November - 25. Dezember, 7. April - 13. Mai; Januar und Juni: Mittwoch)*
Regionalen Charme versprüht das 1728 erbaute Haus mit der bemalten Fassade - auch drinnen: Die Zimmer sind richtig gemütlich mit ihrem heimelig-rustikalen Holz. Wer ein bisschen was Besonderes sucht, bucht die Juniorsuite unterm Dach samt herrlicher Sicht von der Dachterrasse!

GUDO

Ticino (TI) – ✉ 6515 – 803 ab. – alt. 218 m – Carta regionale **10-H6**
▶ Bern 224 km – Locarno 14 km – Bellinzona 7 km – Lugano 32 km
Carta stradale Michelin 553-R12

a Progero Ovest : 1,5 km

X **Osteria Brack** con cam 🌱 ⪕ 🛏 🛋 🍴 rist, 🛜 **P.**
A Malacarne 26 – ℰ 091 859 12 54 – www.osteriabrack.ch – chiuso dicembre
- febbraio, martedì e mercoledì
7 cam 🚻 – 🛉95/115 CHF 🛉🛉175/195 CHF
Carta 48/67 CHF – *(solo a cena) (consigliata la prenotazione)*
In zona collinare e verdeggiante, la vista vi sarà riconoscente per il bel panorama,
il palato per la buona cucina casalinga che si esprime al meglio nei primi piatti:
ravioli di magro, cicche del nonno, gnocchi pomodoro e basilico. Se poi desiderate
gustarli tutti, ordinate la composizione di pasta. Camere moderne in stile locale.

GÜTTINGEN

Thurgau (TG) – ⊠ 8594 – 1 485 Ew – Höhe 410 m – Siehe Regionalatlas **5-H2**
◪ Bern 200 km – Frauenfeld 38 km – Herisau 39 km – Appenzell 54 km
Michelin Straßenkarte 551-U3

🏨 **Seemöwe** ⪕ 🛏 🛋 🛒 🍴 🛜 🏖 **P.**
🕸 Hauptstr. 54 – ℰ 071 695 10 10 – www.seemoewe.ch
15 Zim 🚻 – 🛉85/120 CHF 🛉🛉145/220 CHF – ½ P
Rest Tagesteller 16 CHF – Menü 55 CHF – Karte 34/80 CHF
Ein kleines Hotel - gepflegt, zeitgemäss und familiär. Von einigen Zimmern kann
man den 1 km entfernten Bodensee sehen, ebenso von der Terrasse! Sie möchten
länger bleiben? Man hat auch 7 Ferienwohnungen.

GUGGISBERG

Bern (BE) – ⊠ 3158 – 1 553 Ew – Höhe 1 118 m – Siehe Regionalatlas **7-D4**
◪ Bern 29 km – Fribourg 23 km – Interlaken 61 km – Thun 35 km
Michelin Straßenkarte 552-I8

🏠 **Sternen** 🌱 ⪕ 🛋 🍽 ⅙ Rest, 🛜 **P.**
🗺 Dorf 71 – ℰ 031 736 10 10 – www.sternen-guggisberg.ch
9 Zim 🚻 – 🛉85/100 CHF 🛉🛉140/160 CHF – ½ P
Rest Menü 22 CHF (mittags)/105 CHF – Karte 39/72 CHF
Der gut geführte Familienbetrieb ist ein traditionsreicher Gasthof mit Hotelanbau
- hier wohnt man in einfachen, aber gepflegten Zimmern mit Aussicht aufs Frei-
burgerland. Am Haus befindet sich auch ein eigener Kinderspielplatz. Traditionell
und saisonal speist man im Restaurant mit Blick ins Grüne.

GUNTEN

Bern (BE) – ⊠ 3654 – Höhe 560 m – Siehe Regionalatlas **8-E5**
◪ Bern 36 km – Interlaken 15 km – Brienz 35 km – Spiez 23 km
Michelin Straßenkarte 551-K9

🏨 **Parkhotel** ⪕ 🛏 🛋 🛗 ⅙ 🍽 ⅙ Zim, 🛜 🏖 🚗 **P.**
Seestr. 90 – ℰ 033 252 88 52 – www.parkhotel-gunten.ch – geschl. 2. Januar
- 7. Februar
48 Zim 🚻 – 🛉107/154 CHF 🛉🛉219/329 CHF – ½ P
Rest Tagesteller 24 CHF – Karte 50/84 CHF – *(geschl. Anfang Februar - Ende Mai:
Dienstag - Mittwoch sowie Mitte Oktober - Anfang Januar: Dienstag - Mittwoch)*
Das 100 Jahre alte Hotel mit Garten liegt sehr schön direkt am See, reizvoll ist der
Blick aufs Berner Oberland. Die Zimmer sind meist neuzeitlich eingerichtet, teil-
weise auch älter. Hübsch die Sauna im einstigen Bootshaus. Modernes Restaurant
mit Terrasse am Haus bzw. am See, die Küche ist traditionell.

GUNZGEN

Solothurn (SO) – ⊠ 4617 – 1 636 Ew – Höhe 429 m – Siehe Regionalatlas **3-E3**
◪ Bern 61 km – Solothurn 31 km – Liestal 27 km – Aarau 32 km
Michelin Straßenkarte 551-L5

♈♈ **Sonne** ⓟ

Ⓐ *Mittelgäustr. 50 – ☏ 062 216 16 10 – www.sonne-gunzgen.ch – geschl. Ende Dezember - Anfang Januar 1 Woche, Juli - August 2 Wochen und Sonntag - Montag sowie an Feiertagen, September - Mai: Samstagmittag, Sonntag - Montag*
Menü 65 CHF (mittags)/130 CHF – Karte 60/106 CHF – *(Tischbestellung erforderlich)*
So engagiert wie Patron Lorenzo Ghilardelli am Herd steht und Schmackhaftes wie "Cheesecake mit Zitrone und Fleur de Sel auf pikantem Apirkosenchutney und Wildkräutern" zubereitet, so herzlich und aufmerksam kümmert sich seine Frau Bea Mettler in dem hübschen ländlich-charmanten Restaurant um die Gäste.

GURTNELLEN

Uri (UR) – ⊠ 6482 – 583 Ew – Höhe 738 m – Siehe Regionalatlas **9-G4**
▶ Bern 174 km – Altdorf 25 km – Sarnen 66 km – Zug 67 km
Michelin Straßenkarte 551-Q9

♈ **Gasthaus im Feld** Ⓝ 🛏 ✿ ✿ ⓟ

Ⓐ *Dorfstr. 56 – ☏ 041 885 19 09 – www.feld.ch – geschl. 17. Januar - 27. Februar und Montag*
Ⓐ Tagesteller 18 CHF – Menü 28 CHF (mittags)/89 CHF – Karte 58/96 CHF
In 5. Generation führt Beat Walker gemeinsam mit Partner Marco Helbling das charmante Haus a. d. 19. Jh. Im EG die gemütliche Gaststube, im 1. Stock die schöne komplett getäferte Urnerstube - traditionell und modern zugleich. Auf der Karte liest man z. B. "Schwynsfilet mit Steiipilzlisossä, Banzogglä".

GUTTANNEN

Bern (BE) – ⊠ 3864 – 317 Ew – Höhe 1 060 m – Siehe Regionalatlas **8-F5**
▶ Bern 100 km – Andermatt 55 km – Brig 72 km – Interlaken 43 km
Michelin Straßenkarte 551-O9

an der Grimselpass Strasse Süd: 6 km

🏠 **Handeck** 🛏 ≼ 📶 🛋 ⚒ 🕸 🔥 ⓟ

Grimselstr. 19 – ☏ 033 982 36 11 – www.grimselwelt.ch – geschl. Oktober - Mai
39 Zim 🛏 – ♦145 CHF ♦♦210 CHF – ½ P
Rest Tagesteller 24 CHF – Menü 34 CHF (mittags)/64 CHF – Karte 36/62 CHF
Ein familienorientiertes Hotel mit wohnlichen Zimmern, die sich auf Haupthaus, Chalet und Steinhaus verteilen. Beeindruckend ist die umgebende Hochgebirgslandschaft. Spielplatz und eigene Käserei.

an der Grimselpass Strasse Süd: 12 km

🏠 **Grimsel Hospiz** 🛏 ≼ 📶 🛋 📺 🔥 🕸 ⓟ

Grimselstrasse – ☏ 033 982 46 11 – www.grimselwelt.ch – geschl. November - Dezember, Mai
28 Zim 🛏 – ♦145 CHF ♦♦230 CHF – ½ P
Rest Tagesteller 24 CHF – Menü 34 CHF (mittags)/64 CHF – Karte 25/62 CHF – *(geschl. Januar - April: Montag - Dienstag)*
Das historische Gasthaus in spektakulärer alpiner Lage in rund 2000 m Höhe ist zu einem geschmackvoll-modernen Hotel gewachsen, das dennoch den ursprünglichen Charakter wahrt. Restaurant mit rustikalem Charme. Im Winter spezielle Anreisezeiten per Seil- und Bergbahn nach Voranmeldung.

HÄGENDORF

Solothurn (SO) – ⊠ 4614 – 4 684 Ew – Höhe 428 m – Siehe Regionalatlas **3-E3**
▶ Bern 62 km – Aarau 33 km – Basel 46 km – Luzern 62 km
Michelin Straßenkarte 551-L5

XXX **Lampart's**   ⚐ 🍴 🍽 ↻ **P**

❀ ❀ *Oltnerstr. 19 – ☎ 062 209 70 60 – www.lamparts.ch – geschl. Weihnachten
- Mitte Januar, Mitte Juli - Anfang August und Sonntag - Montag, ausser an
Adventssonntagen*
Tagesteller 38 CHF – Menü 60 CHF (mittags unter der Woche)/295 CHF
– Karte 131/171 CHF – *(Tischbestellung ratsam)*
Fühlt man sich da nicht wie in Südfrankreich? So jedenfalls mutet die schmucke
alte Remise von Anni und Reto Lampart an. Drinnen mischt sich rustikaler Charme
mit heller, eleganter Einrichtung, draussen die reizende Terrasse. Die Küche des
Patrons ist ein sehr geglückter Mix aus Klassischem und Modernem, angenehm
schnörkellos. Die Zutaten sind mit das Beste, was der Markt zu bieten hat. Im Service erlebt man eine Gastgeberin mit Leib und Seele, Herzlichkeit pur!
→ Schwertfisch aus dem Pays Basque, Nostrano Gurke, Boretschblätter, Yuzu-
crème. Bresse Poularde von Miéral, Périgord Trüffel, Entenleber, Capuns. Apriko-
senknödel, Glace von biologischem Ziegenquark.

HARDERN – Bern ➜ Siehe Lyss

HASLIBERG
Bern (BE) – ✉ 6085 – 1 227 Ew – Siehe Regionalatlas **3-F4**
▶ Bern 88 km – Sarnen 28 km – Luzern 47 km – Zug 77 km
Michelin Straßenkarte 551-N9

in Hasliberg-Hohfluh

🏨 **Wetterhorn ❶**   ↘ ⚔ 🍴 📶 🍽 🛜 ♨ **P**

❀ *Hohfluh – ☎ 033 975 13 13 – www.wetterhorn-hasliberg.ch – geschl.
2. - 26. November*
19 Zim 🖂 – †120/250 CHF ††160/280 CHF
Rest Tagesteller 20 CHF – Menü 35 CHF (mittags)/59 CHF – Karte 34/92 CHF
Nach langem Dornröschenschlaf ist aus dem Wetterhorn von 1907 ein stilvoll-
modernes Hotel entstanden, das den Charme von einst bewahrt hat. Sehr schön
die Zimmer mit ihrem Mix aus warmem rustikalem Holz und geradlinigem Stil.
Dieser attraktive Look setzt sich im Restaurant fort - eine Etage darunter: Kultur-
Events. Wie wär's zuvor mit einem Konzert-Menü?

HAUTE-NENDAZ
Valais (VS) – ✉ 1997 – 5 389 h. – alt. 1 255 m (Sports d'hiver : 1 400/3 300 m)
– Carte régionale **7-D6**
▶ Bern 159 km – Sion 14 km – Martigny 33 km – Montreux 71 km
Carte routière Michelin 552-I12

🏠 **Les Etagnes**   🍴 🏔 🍽 ch, 🛜 🚗 **P**

❀ *Route de la Télécabine 69, (à côté du téléphérique) – ☎ 027 565 90 00
– www.lesetagnes.com – fermé mai et novembre*
8 ch 🖂 – †95/135 CHF ††125/205 CHF – ½ P
Rest Plat du jour 18 CHF – Menu 40 CHF (dîner) – Carte 50/59 CHF – *(fermé mai
- juin, octobre - novembre ; juillet - septembre : mercredi)*
Au pied du téléphérique (parfait pour les amateurs de glisse !), un chalet tenu avec
sérieux par un couple néerlandais. Les chambres sont sobres et fonctionnelles,
dans le style contemporain, et le restaurant propose une cuisine internationale.

XX **Mont-Rouge**   🍴

*Route de la Télécabine 23 – ☎ 027 288 11 66 – www.mont-rouge.ch – fermé juin
- mi-juillet, mardi et mercredi*
Plat du jour 32 CHF – Menu 55 CHF (déjeuner en semaine)/120 CHF
– Carte 81/120 CHF
Les atouts de ce restaurant au cadre montagnard ? Une atmosphère élégante et
plaisante, et un jeune chef qui invite au voyage avec des mets à la fois suisses,
français et internationaux, inspirés par les produits locaux. Autre proposition : la
petite brasserie adjacente et ses plats du jour.

HAUTERIVE – Neuchâtel ➜ Voir à Neuchâtel

HEIDEN

Appenzell Ausserrhoden (AR) – ⊠ 9410 – 4 012 Ew – Höhe 794 m
– Siehe Regionalatlas **5-I2**
▶ Bern 220 km – Sankt Gallen 19 km – Bregenz 21 km – Herisau 25 km
Michelin Straßenkarte 551-V5

🛏️ **Heiden**　　　　　　　　　⟨ 🛬 🛋️ 🖥️ 🌐 🐾 🛗 🛎️ 📶 ⛳ 🅿️

Seeallee 8 – 𝒞 071 898 15 15 – www.hotelheiden.ch
66 Zim 🛗 – 🛏️175/200 CHF 🛏️🛏️310/400 CHF – ½ P
Rest Tagesteller 23 CHF – Menü 36 CHF (mittags)/91 CHF – Karte 42/92 CHF
Die Zimmer in dem Hotel beim Kurpark sind hell und zeitgemäss gestaltet und
liegen teilweise zum See hin. Schön ist der geradlinig-moderne Bade-, Ruhe- und
Anwendungsbereich. Elegantes Restaurant "Bö's" mit hübscher Terrasse und Gar-
tenlounge.

HEIMISWIL – Bern → Siehe Burgdorf

HERBLINGEN – Schaffhausen → Siehe Schaffhausen

HERGISWIL

Nldwalden (NW) – ⊠ 6052 – 5 487 Ew – Höhe 449 m – Siehe Regionalatlas **4-F4**
▶ Bern 120 km – Luzern 9 km – Interlaken 63 km – Stans 6 km
Michelin Straßenkarte 551-O7

🛏️ **Pilatus**　　　　　　　　　⟨ 🛬 🛋️ 🖥️ 🐾 🛗 🛎️ 📶 ⛳ 🅿️

Seestr. 34 – 𝒞 041 632 30 30 – www.pilatushotel.ch
70 Zim 🛗 – 🛏️120/195 CHF 🛏️🛏️200/265 CHF – ½ P
Rest Tagesteller 24 CHF – Menü 54 CHF – Karte 45/94 CHF
Direkt am Vierwaldstättersee liegt das über 100-jährige Hotel der Familie Fuchs.
Schön der grosse Garten mit Bootssteg, die Zimmer haben teilweise einen Balkon
oder Wintergarten und Klimaanlage - fragen Sie nach denen mit Seesicht! Zum
Essen sitzt man am besten auf der traumhaft gelegenen Terrasse!

🍴🍴 **Seerestaurant Belvédère** (Fabian Inderbitzin)　　⟨ 🛋️ 🛗 🔄 🅿️
🕸️ *Seestr. 18a – 𝒞 041 630 30 35 – www.seerestaurant-belvedere.ch – geschl.*
21. Dezember - 3. Januar, 1. - 21. Februar und Montag; September - Juni:
Sonntag - Montag
Menü 98/165 CHF – Karte 94/128 CHF
Keine Frage, im Sommer ist die traumhafte Terrasse dank exklusiver Seelage das
Highlight, dennoch lohnt sich ein Besuch bei Fabian Inderbitzin und Saemi
Honegger das ganze Jahr über, denn hier wird fein und kreativ gekocht. Mittags
wählt man den etwas einfacheren Lunch oder von der grossen Karte.
→ Hamachi Tuna - Gurke, Daikon-Rettich, Apfel. Tatar Belvédère - Black Angus
Rinderfilet, karamellisierter Ziegenfrischkäse aus Stans, Landei. Rindsfiletmedaillon
Rossini - gebratene Entenleber, Trüffeljus, Petersilienrisotto.
***Seebistro Belvédère** – siehe Restaurantauswahl*

🍴 **Seebistro Belvédère**　　　　　　　　⟨ 🛋️ 🅿️
Seestr. 18a – 𝒞 041 630 30 35 – www.seerestaurant-belvedere.ch – geschl.
21. Dezember - 3. Januar, 1. - 21. Februar und Montag, September - Juni:
Sonntag - Montag
Tagesteller 23 CHF – Menü 59 CHF (mittags)/97 CHF (abends) – Karte 41/112 CHF
Gleich vor dem Gourmetrestaurant befindet sich das moderne Bistro mit blanken
Tischen, aber nicht minder gepflegter Tischkultur, und bekocht wird man vom
selben Küchenteam. Probieren Sie z. B. "gebratenes Hechtfilet Luzerner Art".

HERISAU

Appenzell Ausserrhoden (AR) – ⊠ 9100 – 15 222 Ew – Höhe 771 m
– Siehe Regionalatlas **5-H2**
▶ Bern 200 km – Sankt Gallen 12 km – Bregenz 47 km – Konstanz 51 km
Michelin Straßenkarte 551-U5

✗✗ Rüti   🕏 ← 🏠 & 🄿

Rütistr. 1683, Nord-Ost: 2 km Richtung Winkeln – ℰ 071 352 32 80
– www.ruetiherisau.ch – geschl. Anfang Oktober 2 Wochen und Montag
Tagesteller 30 CHF – Menü 50 CHF (mittags)/109 CHF – Karte 41/94 CHF
Von dem wintergartenähnlichen, modern eingerichteten Restaurant auf dem
Hügelkamm bietet sich eine sehr schöne Sicht auf die Umgebung - ebenso von
der Terrasse! Traditionell geprägte Karte.

HERLISBERG

Luzern (LU) – ✉ 6028 – 239 Ew – Höhe 737 m – Siehe Regionalatlas **4-F3**
▶ Bern 102 km – Aarau 30 km – Luzern 23 km – Zürich 63 km
Michelin Straßenkarte 551-N6

✗✗ Wirtshaus zum Herlisberg   🕏 ← 🏠 & ⇔ 🄿

Dorf – ℰ 041 930 12 80 – www.herlisberg.ch – geschl. Ende Oktober
- Mitte November
Tagesteller 30 CHF – Menü 52 CHF (mittags unter der Woche)/88 CHF
– Karte 64/101 CHF
Wunderbar der Blick über die Region, reizend das ehemalige Bauernhaus a. d. 18.
Jh. nebst altem Spycher und Mühle, toll die Terrasse, charmant der Blumengarten
mit mächtiger Linde! Hier lässt man sich gerne Saisonales wie "Freiämter Kanin-
chenfilet in der Haselnusskruste" schmecken. Mittags kleinere Auswahl.

HERMANCE

Genève (GE) – ✉ 1248 – 965 h. – alt. 381 m – Carte régionale **6-A6**
▶ Bern 173 km – Genève 17 km – Lausanne 79 km – Fribourg 153 km
Carte routière Michelin 552-B11

✗✗ L'Auberge d'Hermance avec ch   🐾 🏠 🛜
✊

Rue du Midi 12 – ℰ 022 751 13 68 – www.hotel-hermance.ch – fermé
23 décembre - 10 janvier, mercredi midi et mardi ; octobre - avril : mardi et
mercredi
6 ch ☲ – ♦185/210 CHF ♦♦280/310 CHF – 2 suites
Plat du jour 20 CHF – Menu 42 CHF (déjeuner en semaine)/72 CHF
– Carte 77/152 CHF
Une auberge pleine de chaleur, au cœur de la cité médiévale. Le jeune chef valorise les produits du terroir avec finesse et modernité, et l'on s'installe au coin de
la cheminée ou sur la terrasse, selon la saison... Pour les dormeurs, plusieurs
chambres coquettes et bien équipées sont disponibles à l'étage.

HERRLIBERG

Zürich (ZH) – ✉ 8704 – 6 148 Ew – Höhe 445 m – Siehe Regionalatlas **4-G3**
▶ Bern 137 km – Zürich 12 km – Zug 47 km – Schwyz 71 km
Michelin Straßenkarte 551-Q5

✗ Buech   ← 🏠 🄿

Forchstr. 267 – ℰ 044 915 10 10 – www.restaurantbuech.ch – geschl.
24. Dezember - 4. Januar und Oktober - Februar: Montag - Dienstag
Karte 57/121 CHF – *(Tischbestellung ratsam)*
Diese reizende Adresse hat man sicher nie für sich alleine - nicht bei dem Aus-
blick! Wenn das Wetter es zulässt, sollten Sie unbedingt auf der rebenberankten
Terrasse essen. Ebenso beliebt sind die wenigen Plätze in den netten Weinhütten.

✗ Rebe mit Zim   🏠 🍴 🛜 ⇔ 🚗 🄿

Dorf 20 – ℰ 044 915 27 27 – www.rebeherrliberg.ch – geschl. 26. Dezember
- 3. Januar, 30. März - 6. April, 20. Juli - 3. August und Montag, Samstagmittag,
Sonntagmittag
9 Zim ☲ – ♦100/160 CHF ♦♦140/200 CHF – ½ P
Tagesteller 23 CHF – Menü 34 CHF – Karte 60/86 CHF
Betreiberin Jeannin Meili hat frischen Wind in das über 300 Jahre alte Riegelhaus
gebracht: rustikale Eleganz (nett die recht derben blanken Tische) gepaart mit der
guten traditionellen Küche von Felipe Almeida. Und zum Übernachten: hübsche
Zimmer mit individueller Note.

HERTENSTEIN – Luzern → Siehe Weggis

HESSIGKOFEN
Solothurn (SO) – ✉ 4577 – 261 Ew – Höhe 586 m – Siehe Regionalatlas **2-D3**
▶ Bern 34 km – Solothurn 13 km – Delémont 66 km – Aarau 65 km
Michelin Straßenkarte 551-J6

✕   **Taverna Romana im Sternen**   🏡 🕸 ✿ 🅿
   Hauptstr. 24 – ☎ 032 315 74 75 – www.tavernaromana.ch – geschl. Anfang
- Mitte Februar, Mitte - Ende Juni und Montag - Dienstag
Tagesteller 18 CHF – Menü 85/89 CHF – Karte 58/85 CHF
Mitten in dem kleinen Ort steht der "Sternen", ein sehr schönes Riegelhaus a. d.
19. Jh., in das nun Familie Meola mit ihrer Taverna eingezogen ist. Und hier heisst
es frische italienische Küche, z. B. als "Branzino alle Vongole e Cozze" oder als inte-
ressantes Menu Degustazione "Pesce" oder "Carne". Dazu eine nette Weinauswahl.

HIRZEL – Zürich → Siehe Sihlbrugg

HORGEN
Zürich (ZH) – ✉ 8810 – 19 282 Ew – Höhe 409 m – Siehe Regionalatlas **4-G3**
▶ Bern 146 km – Zürich 21 km – Luzern 47 km – Schwyz 41 km
Michelin Straßenkarte 551-Q5

🏨   **Meierhof** garni   ← 🛁 🛗 🛜 🏊 🚗
Bahnhofstr. 4 – ☎ 044 728 91 91 – www.hotelmeierhof.ch
108 Zim ⌂ – †150/195 CHF ††190/235 CHF
Von vielen Zimmern hat man Seesicht, die EZ sind allerdings recht klein. "Lounge
au lac" in frischem Pink: frühstücken und dabei vom 5. Stock den Blick auf den
Zürichsee geniessen. "Activ Fitness" inklusive.

🏠   **Schwan**   🛜
Zugerstr. 9, (am Schwanenplatz)   ☎ 044 725 47 19 – www.hotel-schwan.ch
22 Zim ⌂ – †160/190 CHF ††220/260 CHF – 2 Suiten
Rest *Schwan* – siehe Restaurantauswahl
Beschaulich, charmant, gemütlich... Ein schmucker alter Gasthof (1466 erstmals
erwähnt) am Schwanenplatz mitten in Horgen. Romantisches Flair auch in den
stilvollen Zimmern. Parkhaus in der Nähe.

✕✕   **Schwan** – Hotel Schwan   🏡
Zugerstr. 9, (am Schwanenplatz) – ☎ 044 725 47 19 – www.hotel-schwan.ch
– geschl. Mitte Juli - Anfang August und Sonntag - Montag
Tagesteller 19 CHF – Menü 45 CHF (mittags)/98 CHF – Karte 48/105 CHF
Mit schönen Stoffen, warmen Tönen und stimmiger Dekoration hat man das Res-
taurant ansprechend gestaltet. Herrlich ist es im Sommer auf dem Platz vor dem
Haus am plätschernden Schwanenbrunnen. Mediterrane Küche.

HORN
Thurgau (TG) – ✉ 9326 – 2 587 Ew – Höhe 403 m – Siehe Regionalatlas **5-I2**
▶ Bern 217 km – Sankt Gallen 12 km – Bregenz 35 km – Frauenfeld 58 km
Michelin Straßenkarte 551-V4

🏨   **Bad Horn**   ← 🍴 🏡 📺 ☎ 🛁 🛜 👌 🅰🅲 Rest, 🛜 🏊 🚗 🅿
Seestr. 36 – ☎ 071 844 51 51 – www.badhorn.ch
65 Zim – †140/225 CHF ††220/470 CHF – 2 Suiten – ½ P
Rest *Captains Grill* – siehe Restaurantauswahl
Rest *Al Porto* Tagesteller 25 CHF – Menü 31 CHF – Karte 50/81 CHF
Für Ihren Urlaub am See ist das hier ein Logenplatz! Von vielen Zimmern geniesst
man den Ausblick, vom modernen Spa auf rund 1500 qm hat man direkten Zugang
zum See und sogar eine Anlegestelle für Schiffe ist vorhanden! Nicht anders
sieht es bei den Restaurants aus: alle mit Seeterrasse.

※※ **Captains Grill** – Hotel Bad Horn ⫷ 🛖 ⚐ 🄰 **P**
Seestr. 36 – 𝒞 071 844 51 51 – www.badhorn.ch
Menü 72/105 CHF – Karte 56/96 CHF
Der Blick auf den Bodensee ist natürlich auch hier von der Terrasse am schönsten!
Die Küche ist international geprägt und kann auch in Form eines Gourmetmenüs
bestellt werden.

HORW – Luzern → Siehe Luzern

HÜNENBERG
Zug (ZG) – ⊠ 6331 – 8 804 Ew – Höhe 451 m – Siehe Regionalatlas **4-F3**
▶ Bern 127 km – Luzern 23 km – Zürich 46 km – Aarau 47 km
Michelin Straßenkarte 551-P6

※※ **Wart** 🛖 ⊕ **P**
Wart 1, Nord: 1 km Richtung Wart - Sankt Wolfgang – 𝒞 041 780 12 43
– www.wart.ch – geschl. Ende Februar - Anfang März 2 Wochen, Ende
Juli - Anfang August 2 Wochen und Sonntagabend - Montag
Tagesteller 29 CHF – Menü 60 CHF (mittags unter der Woche)/116 CHF
– Karte 59/99 CHF – *(Tischbestellung ratsam)*
Etwas ausserhalb finden Sie das alleinstehende historische Haus, schon von aussen
eine Augenweide. In einer schön getäferten Stube bietet man eine international
gehaltene Küche mit Gerichten wie "Schwertfischsteak mit Peperonisalsa".

HÜTTENLEBEN – Schaffhausen → Siehe Thayngen

HURDEN
Schwyz (SZ) – ⊠ 8640 – 272 Ew – Höhe 411 m – Siehe Regionalatlas **4-G3**
▶ Bern 162 km – Zürich 37 km – Rapperswil 3 km – Schwyz 32 km
Michelin Straßenkarte 551-R6

🏨 **Rössli** ⫷ 🛖 🍴 ℀ 🛜 🅰 **P**
Hurdnerstr. 137 – 𝒞 055 416 21 21 – www.hotel-restaurant-roessli.ch
23 Zim ☕ – †130/160 CHF ††208/260 CHF – 5 Suiten
Rest Tagesteller 40 CHF – Menü 64 CHF – Karte 56/100 CHF
Richtig attraktiv ist dieses Hotel auf einer Landzunge mitten im Zürichsee: Sie
wählen zwischen modernen Zimmern, Suiten und Service-Appartements (für
Longstays oder auch nur für eine Nacht) und speisen (überwiegend traditionelle
Küche) am besten auf der traumhaften Terrasse am See! Drinnen sitzt man aber
auch schön: ansprechend das geradlinige Design.

※※ **Adler Hurden** (Markus Gass) 🕸 ⫷ 🛖 🄰 **P**
🕄 *Hurdnerstr. 143 – 𝒞 055 410 45 45 – www.adler-hurden.ch – geschl. Februar 3*
Wochen, Oktober 3 Wochen und Montag - Dienstag
Tagesteller 55 CHF – Menü 85 CHF (mittags unter der Woche)/175 CHF
– Karte 111/155 CHF – *(Tischbestellung ratsam)*
Das Besondere an der Küche von Markus Gass? Sie verbindet kräftiges Aroma und
vollen Geschmack mit angenehmer Reduziertheit und Geradlinigkeit. Diese
moderne Schlichtheit findet sich übrigens auch in der überaus schicken Einrich-
tung des Restaurants wieder. Erwähnt werden sollte auch die Lage: Die Terrasse
zum See ist ein Traum! Tipp: das Mittagsmenü.
→ Schwyzer Saibling mit seinem Kaviar, Avocado und kleinem Mesclun Salat.
Wildfang Steinbutt vom Grill mit Taggiasca Oliven-Jus, feinem Spinat und Kartof-
felschnee an Zitronenöl. Miéral Ente mit Lavendelhonig glasiert, Spitzkohl und
Mousseline von jungem Sellerie.

ILANZ
Graubünden (GR) – ⊠ 7130 – 4 573 Ew – Höhe 698 m – Siehe Regionalatlas **10-H4**
▶ Bern 209 km – Chur 34 km – Bad Ragaz 53 km – Disentis 32 km
Michelin Straßenkarte 553-T9

in Schnaus Nord-West: 3 km – Höhe 713 m – ⊠ 7130

%% **Stiva Veglia** 🍴 ⇔ **P**
- *𝒞 081 925 41 21 – www.stiva.veglia.ch – geschl. 7. April - 7. Mai, 2. November
- 3. Dezember und Montag - Dienstag*
Tagesteller 56 CHF – Menü 89/146 CHF – Karte 77/111 CHF – *(abends
Tischbestellung ratsam)*
Man sieht es dem wunderbaren, liebevoll restaurierten Bündnerhaus von 1761
förmlich an, dass sein Besitzer Architekt ist. Drinnen zwei heimelige Stuben ganz
in Holz (im Winter bringt der Specksteinofen wohlige Wärme), draussen die hübsche weinberankte Terrasse. Tino Zimmermann kocht schmackhaft und zeit-
gemäss-regional. Weinliebhaber aufgepasst: Es gibt eine schöne Auswahl an Mag-
num-Flaschen Rotwein!

ILLNAU
Zürich (ZH) – ⊠ 8308 – Höhe 517 m – Siehe Regionalatlas **4-G2**
▶ Bern 145 km – Zürich 24 km – Rapperswil 29 km – Wil 50 km
Michelin Straßenkarte 551-Q5

%% **Rössli** mit Zim 🍴 & Rest, 🍴 Rest, �{=} ⇔ **P**
*Kempttalstr. 52 – 𝒞 052 235 26 62 – www.roessli-illnau.ch – geschl. 20. Juli
- 2. August*
6 Zim 🖂 – 🛉120 CHF 🛉🛉180 CHF
Tagesteller 37 CHF – Menü 51 CHF (mittags unter der Woche)/98 CHF
– Karte 58/102 CHF
Familie Kaufmann führt das Haus mit Herzblut. Sie setzen auf eine Mischung aus
Moderne und Tradition, auch in der Küche - und die lässt man sich am besten
im Garten servieren! Sie möchten übernachten? Die Zimmer sind geradlinig-zeit-
gemäss.

INTERLAKEN

Bern (BE) – ⊠ 3800 – 5 504 Ew – Höhe 564 m – Siehe Regionalatlas **8**-E5
▶ Bern 57 km – Luzern 68 km – Montreux 149 km – Sion 88 km
Michelin Straßenkarte 551-L9

© Food collection / Photononstop

Hotels

🏨🏨🏨🏨 Victoria-Jungfrau ◁ 🛆 ⚒ 🗗 🍸 🦢 🎣 ✕ 🛎️ 🛗 ᾤ 🛜 🏔 🚗
Höheweg 41 – ☏ *033 828 28 28*   Stadtplan : A1**g**
– www.victoria-jungfrau.ch
215 Zim ☷ – ❖355/605 CHF ❖❖400/800 CHF – 9 Suiten – ½ P
Rest *Quaranta Uno* **Rest** *La Terrasse* **Rest** *Jungfrau Brasserie* – siehe
Restaurantauswahl
Wirklich ein imposantes Haus, ein Grandhotel eben! Top der Service, elegant die
Einrichtung, herrlich die alten Säle, exklusiv der Spa (mit japanischem "Sensai
Select Spa"), toll die Terrasse vor dem Haus... Die "Bel Air Junior Suiten" über
dem Spa sind perfekt für den Wellness-Aufenthalt!

🏛️ Lindner Grand Hotel Beau Rivage ◁ 🛆 🗗 🍸 🦢 🎣 🛎️ 🛗 🛜 ᾤ
Höheweg 211 – ☏ *033 826 70 07* – *www.lindnerhotels.ch*   **P.**
100 Zim ☷ – ❖314/549 CHF ❖❖364/649 CHF – 1 Suite – ½ P   Stadtplan : B1**t**
Rest *L'Ambiance / La Bonne Fourchette* – siehe Restaurantauswahl
Angenehm liegt das traditionsreiche Grandhotel a. d. 19. Jh. in einem Park. Klassi-
sches Ambiente bestimmt das Haus, neuzeitlicher Stil im Spa, schöner Belle-
Epoque-Saal. Tipp: Spaziergang an der Aare, die hinter dem Hotel verläuft.

🏛️ Interlaken ◁ 🍸 🛎️ 🛗 Rest. 🛜 ᾤ **P.**
🍲 *Höheweg 74* – ☏ *033 826 68 68*   Stadtplan : B1**x**
– www.hotelinterlaken.ch
61 Zim ☷ – ❖116/250 CHF ❖❖176/360 CHF – ½ P
Rest Tagesteller 19 CHF – Karte 44/79 CHF
Das 1323 erstmals erwähnte Klostergasthaus beim kleinen japanischen Garten ist
das älteste Hotel Interlakens und zeigt sich heute geschmackvoll-neuzeitlich.
Alpenländisch-moderner Stil und internationale Küche im Restaurant Taverne,
Frühstück gibt es im historischen Rokokosaal. Gemütliche Lounge/Bar.

🏛️ Krebs 🍸 🛎️ 🛗 Zim, ✕ 🛜 🚗
🍲 *Bahnhofstr. 4* – ☏ *033 826 03 30* – *www.krebshotel.ch*   Stadtplan : A1**m**
42 Zim ☷ – ❖165/195 CHF ❖❖230/370 CHF – 2 Suiten – ½ P
Rest Tagesteller 20 CHF – Menü 32/75 CHF – Karte 30/92 CHF
Das Hotel mitten im lebendigen Zentrum, nicht weit vom Bahnhof Interlaken
West, vereint auf ansprechende Weise traditionelle Architektur mit schöner
moderner Einrichtung. Das Restaurant bietet Schweizer Küche, aber auch japa-
nische Gerichte - oder wie wär's mit Käsefondue im Chäs-Stübli?

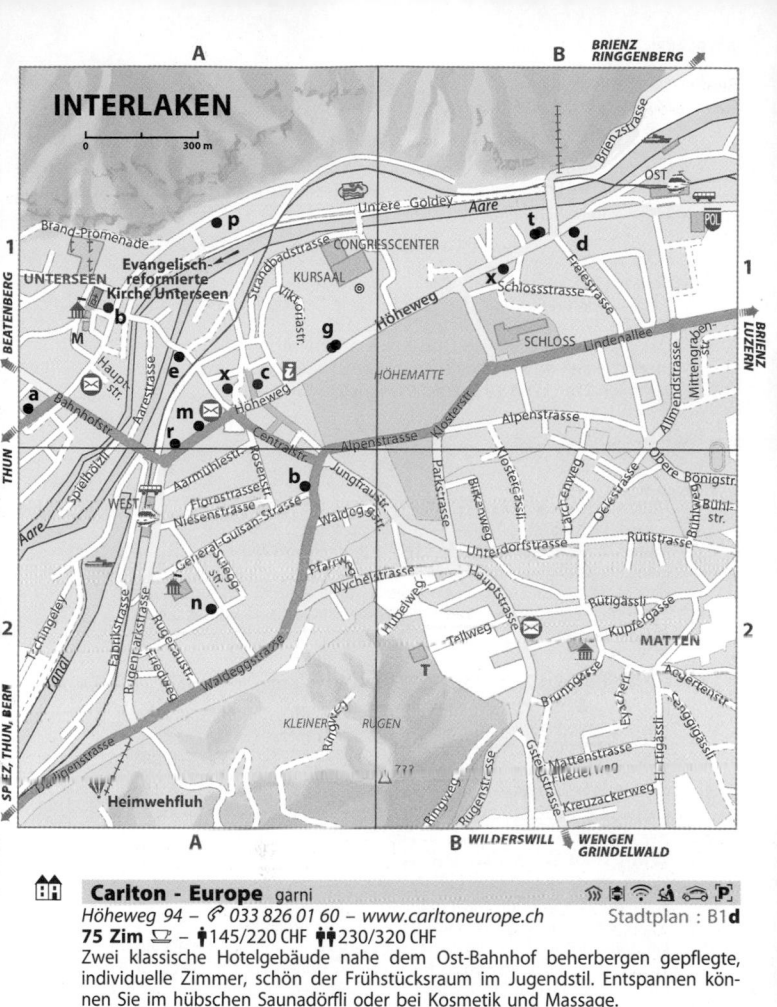

INTERLAKEN

0 —— 300 m

BRIENZ RINGGENBERG

BEATENBERG

THUN

SPIEZ, THUN, BERN

BRIENZ LUZERN

A   B

WILDERSWILL   WENGEN GRINDELWALD

🏨 **Carlton - Europe** garni ⓘ🛏️🛜🧖‍♀️🚗🅿️
Höheweg 94 – ☏ 033 826 01 60 – www.carltoneurope.ch   Stadtplan : B1**d**
75 Zim 🛏️ – ♦145/220 CHF ♦♦230/320 CHF
Zwei klassische Hotelgebäude nahe dem Ost-Bahnhof beherbergen gepflegte, individuelle Zimmer, schön der Frühstücksraum im Jugendstil. Entspannen können Sie im hübschen Saunadörfli oder bei Kosmetik und Massage.

🏨 **Stella** 🛏️🔲🛏️🛜🧖‍♀️🅿️
General Guisan Str. 2 – ☏ 033 822 88 71   Stadtplan : A/**b**
– www.stella-hotel.ch – geschl. 1. - 12. März
29 Zim 🛏️ – ♦135/269 CHF ♦♦235/345 CHF – 1 Suite – ½ P
Rest *Stellambiente* Tagesteller 25 CHF – Menü 50 CHF (abends)/95 CHF
– Karte 45/110 CHF
Der traditionsreiche Familienbetrieb ist ein vor über 150 Jahren erbautes und inzwischen erweitertes Haus. Die freundlichen Gastgeber bieten ganz individuelle Zimmer. Das Restaurant ist neuzeitlich gestaltet und saisonal dekoriert. Internationale Küche.

🏨 **Bernerhof** garni 🛏️🛜🅿️
Bahnhofstr. 16 – ☏ 033 826 76 76   Stadtplan : A1**r**
– www.bestwestern-bernerhof.ch
43 Zim 🛏️ – ♦110/190 CHF ♦♦160/300 CHF
Auch wenn die Fassade schon ein bisschen in die Jahre gekommen ist, so bietet das Hotel doch gepflegte und funktionale Zimmer, meist sogar mit Balkon. Ein Vorteil ist auch die praktische Lage nahe dem Bahnhof West.

🏠 **Bellevue** garni ⇦ 🖼 🕸 📶 Ⓟ
Marktgasse 59 – ℰ 033 822 44 31 Stadtplan : A1**e**
– www.hotel-bellevue-interlaken.ch
37 Zim ☲ – ♦115/210 CHF ♦♦180/315 CHF
Das Jugendstilhaus liegt schön an der Aare im Ortskern und verfügt über gediegene wie auch modernere Zimmer und einen hübschen hellen Frühstücksraum in
historischem Rahmen.

🏠 **De la Paix** garni 🖼 🕸 Ⓟ
Bernastr. 24 – ℰ 033 822 70 44 Stadtplan : A2**n**
– www.hotel-de-la-paix.ch – geschl. Ende Oktober - April
21 Zim ☲ – ♦90/140 CHF ♦♦130/220 CHF
Das hübsche Gebäude von 1910 ist eine familiäre Adresse mit individuellen Zimmern. Überall im Haus finden sich Antiquitäten, eine Besonderheit ist die Uhren-
sammlung mit rund 70 Exemplaren! Kleiner Garten.

🔴 Restaurants

XXXX **La Terrasse** – Hotel Victoria-Jungfrau 🐴 ⅃ 🕸 ⇄
Höheweg 41 – ℰ 033 828 26 02 Stadtplan : A1**g**
– www.victoria-jungfrau.ch – geschl. Sonntag - Montag
Menü 169 CHF – Karte 98/129 CHF – *(nur Abendessen)*
Eine klassische Servicebrigade umsorgt Sie in eleganter Atmosphäre, dazu
dezente Pianomusik. Während Sie zeitgemässe Küche und gute Weinberatung
geniessen, schauen Sie durch die Fensterfront (im Sommer lässt sie sich öffnen!)
auf die Berge.

XXX **L'Ambiance / La Bonne Fourchette** – Lindner Grand Hotel Beau Rivage
Höheweg 211 – ℰ 033 826 70 07 ⇐ ⇦ 🖼 ⅃ 🕸 ⇄ Ⓟ
– www.lindnerhotels.ch Stadtplan : B1**t**
Menü 49/99 CHF – Karte 52/89 CHF
Im Sommer speisen Sie im L'Ambiance (schön die freundlichen Gelbtöne) oder auf
der herrlichen Terrasse mit Blick auf die Aare, im Winter öffnet das La Bonne Fourchette mit gemütlichem Kaminfeuer. Die Küche: klassisch, modern interpretiert.

XX **Jungfrau Brasserie** – Hotel Victoria-Jungfrau 🖼 🕸
Höheweg 41 – ℰ 033 828 26 02 Stadtplan : A1**g**
– www.victoria-jungfrau.ch – geschl. Dienstag - Donnerstag
Menü 85 CHF – Karte 72/106 CHF – *(nur Abendessen)*
Ein besonderes Flair verbreitet der wunderschön erhaltene Jugendstilsaal mit
Täferung und sehenswerten Malereien. Geboten wird moderne Schweizer Küche
mit saisonalen Einflüssen, die Weine kommen ebenfalls aus der Schweiz. Sonn-
tags Brunch.

X **Quaranta Uno** – Hotel Victoria-Jungfrau 🖼 🕸
Höheweg 41 – ℰ 033 828 26 02 Stadtplan : A1**g**
– www.victoria-jungfrau.ch
Karte 62/108 CHF
Ansprechend ist hier nicht nur das geschmackvolle geradlinige Interieur, auch die
italienische Küche samt schönem Pasta-Angebot kann sich sehen lassen. Zudem
hat man eine hübsche Vinothek mit guter Weinauswahl.

X **OX** Ⓝ 🖼 ⅃
Marktgasse 10, (Eingang am Marktplatz) Stadtplan : A1**x**
– ℰ 033 828 12 20 – www.ox-interlaken.ch
Tagesteller 17 CHF – Karte 30/99 CHF
Trendig der modern-alpine Look, attraktiv auch das Speisenangebot: Neben tradi-
tionellen Schweizer Gerichten wie Kalbsbratwurst oder Chäs-Schnitte steht hier
vor allem Fleisch vom Rôtisserie-Grill im Mittelpunkt, und den kann man in der
offenen Küche sogar sehen!

✗ Spice India 🎐 𝔸ℂ ♿

Postgasse 6 – ℰ 033 821 00 91 – www.spice-india.net   Stadtplan : A1**c**
– geschl. Dezember - Mitte März und Montag, Mai - August: Montagmittag
Karte 43/61 CHF
Hier umgibt Sie der Duft indischer Gewürze. Viele der authentischen Gerichte werden in dem aus Indien importierten Tandoori-Ofen zubereitet. Lounge sowie Nebenraum für Gruppen.

in Bönigen Ost: 2 km über Lindenallee B1 – Höhe 568 m – ✉ 3806

🏨 Seiler au Lac ⊗ ≤ 🛏 🎐 🍽 ⅙ 🤙 📶 🅿

Am Quai 3 – ℰ 033 828 90 90 – www.seileraulac.ch – geschl. Ende Oktober
- Ostern
42 Zim � – †115/140 CHF ††220/408 CHF – ½ P
Rest *La Gare* Tagesteller 25 CHF – Menü 45 CHF (mittags unter der Woche)/
62 CHF – Karte 49/106 CHF – *(geschl. Montag - Dienstag)*
Am Ufer des Brienzersees gelegenes Hotel mit klassischem Rahmen und recht geräumigen Zimmern. Besonders beliebt: Zimmer zum See mit Balkon und toller Sicht. Gediegen das Restaurant "La Gare", rustikal die Pizzeria "La Bohème" (Mi. geschl.).

🏡 Seehotel ⊗ ≤ 🎐 🍽 ⅙ Rest, 🍽 Rest, 🏋 🅿

Seestr. 22 – ℰ 033 827 07 70 – www.seehotel-boenigen.ch – geschl. Mitte
Dezember - Januar
40 Zim ⊆ – †90/117 CHF ††190/250 CHF – ½ P
Rest Karte 34/80 CHF – *(geschl. Februar - April: Montag - Dienstag, Oktober*
- November: Montag - Mittwoch)
Das gepflegte familiär geleitete Ferienhotel in schöner ruhiger Lage verfügt über teilweise seeseitig gelegene Zimmer, die besonders gefragt sind. Im Restaurant "Elemänt" bietet man in geradlinig-modernem Ambiente eine junge, frische Schweizer Küche. Terrasse zum See.

In Unterseen Höhe 573 m   ✉ 3800

🏨 Goldey ⊗ ≤ 🛏 🍽 🍽 Rest, 📶 🏋 🅿

Obere Goldey 85 – ℰ 033 826 44 45 – www.goldey.ch   Stadtplan : A1**p**
39 Zim ⊆ – †130/190 CHF ††160/299 CHF – 1 Suite – ½ P
Rest Menü 37 CHF – *(nur Abendessen)*
In ruhiger Lage oberhalb der Aare findet man dieses Hotel in zeitgemässem Stil. Die Südzimmer bieten Balkon und Bergblick. Besonders komfortabel und modern: die "Loverooms". Tipp: Nachmittags gibt's Kaffee und Kuchen gratis!

🏡 Beausite ≤ 🛏 🎐 🍽 🍽 📶 🏋 🅿

Seestr. 16, (Stadtplan Interlaken) – ℰ 033 826 75 75   Stadtplan : A1**a**
– www.beausite.ch – geschl. 26. Oktober - 15. Dezember
50 Zim ⊆ – †114/217 CHF ††152/319 CHF – ½ P
Rest Menü 39 CHF – Karte 42/89 CHF – *(nur Abendessen)*
Zwar nicht direkt am See, aber nur einen Katzensprung von Interlaken entfernt steht dieses Traditionshaus. Die Zimmer sind schön frisch und wohnlich, das Restaurant ist gemütlich und hat eine Terrasse mit Bergblick, hübsch der Garten mit Kräuterbeeten und Kleintiergehege. Nachmittags Kaffee/Tee gratis.

✗ benacus 🍷 🎐 𝔸ℂ

Kirchgasse 15 – ℰ 033 821 20 20 – www.benacus.ch   Stadtplan : A1**b**
– geschl. 5. - 20. April, August 2 Wochen und Samstagmittag, Sonntag - Montag
Tagesteller 19 CHF – Menü 85/125 CHF (abends) – Karte 56/107 CHF
In dem modernen Restaurant wird international-saisonal gekocht - schmackhaft, unkompliziert und mit vielen Produkten aus der Region. Diese finden sich z. B. in Tapas wie "We Love" oder "High End". Mittags ist die Karte reduziert - fragen Sie ruhig, ob der Chef auch etwas ausser der Reihe für Sie kocht.

in Wilderswil Süd-Ost: 4 km über Gsteigstrasse B2 – Höhe 584 m – ✉ 3812

Alpenblick 🔚 ⌖ ⌖ P

Oberdorfstr. 3 – ℰ 033 828 35 50 – www.hotel-alpenblick.ch – geschl. November - Mitte Dezember und April 1 Woche
35 Zim ⌷ – ♦90/168 CHF ♦♦160/340 CHF – ½ P
Rest *Gourmetstübli* ❀ **Rest** *Dorfstube*☺ – siehe Restaurantauswahl
Sehr aufmerksam sind die Gastgeber Yvonne und Richard Stöckli hier bei der Sache. Es ist ein typischer Schweizer Gasthof mit wohnlichen Zimmern, manche mit Balkon. Superior-Zimmer im Chalet. Schöner Garten mit Rosenmeer.

✗✗ Gourmetstübli (Richard Stöckli) – Hotel Alpenblick ⌖ ⌖ ⌖ P
❀

Oberdorfstr. 3 – ℰ 033 828 35 50 – www.hotel-alpenblick.ch – geschl. November - Mitte Dezember, April 1 Woche und Sonntagabend - Dienstag
Menü 105/195 CHF – Karte 124/130 CHF – *(Tischbestellung ratsam)*
Intim, gemütlich-elegant und gehoben. In der Küche verwendet Richard Stöckli vor allem regionale Produkte, neben dem saisonalen Menü gibt es auch Klassiker. Die Auswahl an Schweizer und internationalen Weinen kann sich ebenfalls sehen lassen, trefflich die Beratung durch die Chefin!
→ Simmentaler Kalbskottelet mit Erbsli und Rüebli, Kartoffelschaum. Saibling in der Salzkruste mit Kräutern. Knusprig gebratenes Hereford Rinds-Entrecôte mit drei Saucen und Kartoffel-Duo.

✗ Dorfstube – Hotel Alpenblick ⌖ ⌖ P

Oberdorfstr. 3 – ℰ 033 828 35 50 – www.hotel-alpenblick.ch – geschl. November - Mitte Dezember, April 1 Woche und Montag - Dienstag, Juli - August: Montag - Dienstagmittag
Tagesteller 19 CHF – Menü 32 CHF (mittags unter der Woche)/58 CHF – Karte 51/87 CHF
Sie speisen im Restaurant oder in der urig-rustikalen Stube. Der Patron kocht regional-saisonale Gerichte wie "Unspunnenspiess mit würziger Sauce der tausend Düfte" oder mögen Sie lieber "Burgersalat mit Hobelkäse"?

INTRAGNA – Ticino → Vedere Centovalli

IPSACH
Bern (BE) – ✉ 2563 – 3 940 Ew – Höhe 435 m – Siehe Regionalatlas **2-D3**
▶ Bern 42 km – Delémont 54 km – Solothurn 31 km – Fribourg 76 km
Michelin Straßenkarte 551-I6

Schlössli ⓝ ⌖ 📶 & Zim, ⌖ Zim, 📶 ⌖ ⌖ P

Ipsachstr. 11 – ℰ 032 332 26 26 – www.schloessli-ipsach.ch
47 Zim ⌷ – ♦145 CHF ♦♦190 CHF – 2 Suiten
Rest Karte 42/75 CHF – *(geschl. Sonntag)*
Das hübsche Landhotel ist mit warmen Farben wohnlich gestaltet, die Zimmer bieten zeitgemässe Technik und eine kleine Küche - besonders grosszügig sind die beiden Appartemets. Im Nachbargebäude befindet sich das Restaurant mit italienischer und bürgerlicher Küche vom Schnitzel bis zur Pizza.

ISELTWALD
Bern (BE) – ✉ 3807 – 430 Ew – Höhe 566 m – Siehe Regionalatlas **8-E5**
▶ Bern 67 km – Interlaken 11 km – Brienz 15 km – Luzern 59 km
Michelin Straßenkarte 551-M9

Chalet du Lac ⌖ < 🔚 📶 & Rest, ⌖ 📶 P

Schoren 7 – ℰ 033 845 84 58 – www.dulac-iseltwald.ch – geschl. November - Mitte Dezember
21 Zim ⌷ – ♦65/125 CHF ♦♦110/210 CHF
Rest Tagesteller 18 CHF – Menü 25 CHF (mittags)/85 CHF – Karte 30/84 CHF – *(geschl. Mitte September - Ende Mai: Montag - Dienstag)*
In herrlicher Lage am Brienzersee steht dieses schöne Haus im Chalet-Stil mit seinen wohnlichen Zimmern - die meisten mit Balkon zum See. Im Restaurant erwartet Sie ein traditionelles Angebot, Schwerpunkt ist Süsswasserfisch, Spezialität Fischfondue ab 2 Pers. Nette grosse Terrasse mit Seeblick.

JOUX (Vallée de)

Vaud (VD) (Sports d'hiver : 1 010/1 437 m) – Carte régionale **6-A5**

▶ Bern 120 km – Lausanne 69 km – Genève 71 km – Neuchâtel 86 km

LE BRASSUSalt. 1 022 m – ⊠ 1348

▶ Bern 121 km – Lausanne 49 km – Les Rousses 16 km – Vallorbe 21 km

Carte routière Michelin 552-B9

🏠 **Des Horlogers**   ⟨ 🐾 🗦 🕅 rest, 🛜 🏖 🅿

Route de France 8 – 𝒞 021 845 08 45 – www.hotel-horlogers.ch
– fermé 19 décembre - 5 janvier, 3 - 12 avril et 18 juillet - 10 août
27 ch ⌓ – ♦205/360 CHF ♦♦260/460 CHF – ½ P
Rest *Le Chronographe* Menu 62 CHF (déjeuner en semaine)/122 CHF
– Carte 68/120 CHF

Dans cette grande bâtisse donnant sur la vallée de Joux, il n'est pas rare de croiser des hommes d'affaires (horlogerie oblige !) et des amateurs de sports nature. On vient pour les chambres, cossues, et le restaurant, placé sous la houlette de Philippe Guignard.

LE SENTIERalt. 1 024 m – ⊠ 1347

▶ Bern 118 km – Lausanne 66 km – Les Rousses 21 km – Vallorbe 19 km

Carte routière Michelin 552-B9

🏠 **Bellevue Le Rocheray**   ⟨⟩ ⟨ 🗦 🕅 ch, 🛜 🏖 🅿
🍽
Le Rocheray 23, (au lac) – 𝒞 021 845 57 20 – www.rocheray.ch
– fermé 20 décembre - 11 janvier
19 ch ⌓ – ♦140/170 CHF ♦♦180/230 CHF – 2 suites – ½ P
Rest Plat du jour 19 CHF – Menu 49/71 CHF – Carte 43/59 CHF
– (fermé dimanche soir)

Pour de douces nuits sur les rives du lac de Joux… Dans les chambres, la simplicité est de mise, et elle va bien à la tranquillité du site et au joli panorama. Restaurant et brasserie.

KANDERSTEG

Bern (BE) – ⊠ 3718 – 1 236 Ew – Höhe 1 176 m (Wintersport : 1 200/1 700 m)
– Siehe Regionalatlas **8-E5**

▶ Bern 66 km – Interlaken 45 km – Montreux 156 km – Sion 47 km

Michelin Straßenkarte 551-K10

🏠 **Waldhotel Doldenhorn**   ⟨⟩ ⟨ 🛏 🖼 🕅 🗦 🛜 🏖 🅿

Doldenhornstrasse, (Vielfalle), Süd: 1,5 km – 𝒞 033 675 81 81
– www.doldenhorn-ruedihus.ch
40 Zim ⌓ – ♦150/240 CHF ♦♦260/390 CHF – 3 Suiten – ½ P
Rest *Au Gourmet* **Rest** *Burestube* – siehe Restaurantauswahl

Idyllische Lage am Ortsrand, wohnliches Ambiente, guter Service… Seit vielen Jahren bietet der charmante Gastgeber René F. Maeder beste Voraussetzungen für erholsame Ferien! Schön: der modern-alpine Chic, der in den Zimmern Einzug hält, so z. B. in der Juniorsuite "Jegertosse". Sehr ansprechend auch der Bade-, Sauna-, Ruhe- und Beautybereich.

🏠 **Bernerhof**   ⟨ 🛏 🏤 🕅 🎞 🗦 🛜 🏖 🅿
🍽
Äussere Dorfstr. 37 – 𝒞 033 675 88 75 – www.bernerhof.ch – geschl. 24. März
- 10. Mai, 20. Oktober - 14. Dezember
42 Zim ⌓ – ♦110/165 CHF ♦♦165/240 CHF – 1 Suite – ½ P
Rest Tagesteller 25 CHF – Menü 35 CHF – Karte 33/70 CHF – (geschl.
Donnerstagmittag)

Herzlich und engagiert, so wie man sich Gastgeber wünscht, sind Claudia und Gerhard Lehmann! Halle, Restaurant, Zimmer (schön die Sicht von den Balkonen)… alles in dem familiär geführten Gasthaus ist angenehm wohnlich. Im Kaminzimmer gibt's nachmittags Tee und Kuchen.

🏠 **Adler** ⟨ 🕿 🗔 🐾 📺 ⅙ Rest, 🛜 **P**

Äussere Dorfstr. 19 – ℰ *033 675 80 10 – www.chalethotel.ch*
26 Zim 🛏 – 🛆110/125 CHF 🛆🛆180/240 CHF – 1 Suite – ½ P
Rest Tagesteller 19 CHF – Menü 37/43 CHF – Karte 35/90 CHF
Das charmante Chalet im Ortskern wird seit über 100 Jahren familiär geführt und
hält gemütlich-rustikale Zimmer bereit. "Loverooms" mit einem auf den Balkon
ausfahrbaren Whirlpool! Bürgerlich-traditionelles Angebot im Restaurant mit schöner Terrasse.

🏠 **Ermitage** 🕭 ⟨ 🕿 🐾 🛜 🛁 **P**

Oeschinenschenstr. 49, (bei der Oeschinensee Sesselbahn) – ℰ *033 675 80 20*
– www.ermitage-kandersteg.ch – geschl. April, November
15 Zim 🛏 – 🛆93/100 CHF 🛆🛆160/180 CHF – ½ P
Rest Tagesteller 29 CHF – Menü 40 CHF – Karte 32/66 CHF
Das kleine Hotel an der Talstation der Oeschinenseebahn ist ein engagiert geführ-
ter Familienbetrieb mit recht individuellen und zeitgemäss ausgestatteten Gästezimmern. Im Restaurant serviert man z. B. Forelle aus dem Blausee (Bio-
zucht) oder Rinderbraten, zudem gibt es hausgebackenen Kuchen.

🏠 **Blümlisalp** ⟨ 🍴 🕿 🐾 📺 🛜 **P**

Äussere Dorfstr. 84 – ℰ *033 675 18 44 – www.hotel-bluemlisalp.ch – geschl.*
1. April - 8. Mai, 1. November - 18. Dezember
21 Zim 🛏 – 🛆95/160 CHF 🛆🛆180/250 CHF – ½ P
Rest Tagesteller 22 CHF – Menü 35/78 CHF – Karte 36/102 CHF *– (geschl. Montag)*
Auffallend gepflegt ist dieses familiär geleitete Hotel mit schönem Ausblick. Die
Zimmer im Chalet-Anbau sind neuzeitlich und geräumig, die im Haupthaus
etwas einfacher. Restaurant mit traditioneller Karte.

XX **Au Gourmet** – Waldhotel Doldenhorn ⟨ 🕿 ✿ **P**

Doldenhornstrasse, (Vielfalle), Süd: 1,5 km – ℰ *033 675 81 81*
– www.doldenhorn-ruedihus.ch – geschl. April 2 Wochen, November 2 Wochen
und Dienstag
Menü 74/185 CHF – Karte 69/201 CHF
Ein recht kleines Restaurant in angenehmen Blautönen, das für seine elegante
Atmosphäre und den herzlichen Service ebenso geschätzt wird wie für die klassische Küche. Nicht zu vergessen der herrliche Bergblick von der Terrasse!

XX **Ritter** ⓝ 🕿 **P**

😊 *Äussere Dorfstr. 2, (im Hotel Victoria) –* ℰ *033 675 80 00 – www.hotel-victoria.ch*
– geschl. Mitte März - Mitte Mai, Mitte Oktober - Mitte Dezember und Montag
- Dienstag, ausser Hochsaison
Menü 69/119 CHF – Karte 48/88 CHF
Hier trifft gemütliche Atmosphäre auf kreative Küche. Letztere mischt mit ihren
interessant zusammengestellten Gerichten Traditionelles, Internationales und Saisonales - von Alpen-Tapas bis Kandertaler Bauernbratwurst oder Lötschbergrösti.

X **Ruedihus - Biedermeier Stuben** mit Zim 🕭 ⟨ 🕿 🛜 **P**

Hinder de Büele, (Vielfalle), Süd: 1,5 km – ℰ *033 675 81 82*
– www.doldenhorn-ruedihus.ch
10 Zim 🛏 – 🛆120/140 CHF 🛆🛆240/330 CHF – ½ P
Karte 29/73 CHF *– (geschl. Mittwoch) (Tischbestellung ratsam)*
Chäs- und Wystube Karte 29/63 CHF *– (geschl. Mittwoch)*
Schön heimelig sind die mit viel altem Holz, Ofen und hübschem Dekor ausgestatteten Biedermeierstuben in dem liebenswerten denkmalgeschützten Holzhaus von 1753. Traditionelle Schweizer Küche. Urig-rustikales Flair in der Chäs-
und Wystube. Im Winter Käsefondue im Iglu! Äusserst gemütliche Gästezimmer,
romantisch die "Liebeslaube". Check-in im Waldhotel Doldenhorn.

X **Burestube** – Waldhotel Doldenhorn ⟨ 🕿 ⅙ **P**

Doldenhornstrasse, (Vielfalle), Süd: 1,5 km – ℰ *033 675 81 81*
– www.doldenhorn-ruedihus.ch – geschl. Dienstag, ausser Saison
Tagesteller 25 CHF – Menü 55/185 CHF – Karte 34/201 CHF
Die Stube ist so liebenswert und gemütlich (viel rustikales Holz, nettes Dekor...),
da kann man sich nur wohlfühlen! Dazu könnte wohl nichts besser passen als traditionelle Küche und Klassiker wie Rindstatar oder St. Galler Olma-Bratwurst.

in Blausee-Mitholz Nord: 4 km – Höhe 974 m – ⊠ 3717

🏠 **Blausee** ⌁ ⩽ 🛏 🕸 🎿 **P**
(im Naturpark Blausee, über Spazierweg in 5 Min. erreichbar) – ☏ *033 672 33 33*
– *www.blausee.ch* – *geschl. 5. - 22. Januar*
17 Zim 🗨 – 🛉145 CHF 🛉🛉266/276 CHF
Rest *Blausee* – siehe Restaurantauswahl
Auf TV und Internet verzichtet man hier angesichts der 22 ha Naturpark nur zu
gerne! Die Zimmer charmant und ganz individuell (von modern bis Jugendstil),
toll das Sauna- und Badehaus! Der Clou: zwei alte Badewannen und ein "Hotpot"
im Freien mit Bergblick! Juni/Juli drei Wochen Open-Air-Kino auf dem See.

✗✗ **Blausee** – Hotel Blausee ⩽ 🛏 ᕱ ✿ **P**
(im Naturpark Blausee, über Spazierweg in 5 Min. erreichbar) – ☏ *033 672 33 33*
– *www.blausee.ch* – *geschl. 5. - 22. Januar*
Menü 55 CHF (mittags)/98 CHF – Karte 48/100 CHF
In dem Jugendstil-Restaurant dreht sich alles um Forellen: Man züchtet sie hier,
Sie sehen sie im Blausee gleich vor dem Haus und natürlich geniessen Sie sie als
Gericht - "Blauseereise" am Abend, mittags etwas verkürzt. Die Terrasse ist
schlichtweg ein Traum!

KASTANIENBAUM – Luzern → Siehe Luzern

KEHRSATZ
Bern (BE) – ⊠ 3122 – 4 120 Ew – Siehe Regionalatlas **2-D4**
▶ Bern 6 km – Fribourg 40 km – Solothurn 51 km – Delémont 99 km
Michelin Straßenkarte 551-J7

✗✗ **Tanaka** ᕱ ᕭ ✿ **P**
Bernstr. 70 – ☏ *031 961 66 22* – *www.tanaka-restaurant.ch* – *geschl. Januar 1*
Woche, April 2 Wochen, Oktober 2 Wochen und Sonntag - Montag
Tagesteller 24 CHF – Menü 56/120 CHF – Karte 45/118 CHF
Würden Sie in dem Vorort von Bern solch ein niveauvolles japanisches Restau-
rant vermuten? Shinji Tanaka kocht teils ganz klassisch-traditionell, teils aber
auch mit europäischen Einflüssen und modern abgewandelt. Appetit machen
Teppanyaki-Gerichte, Sushi oder auch das vielfältige "Omakase-Menü".

KEMMERIBODEN-BAD – Bern (BE) → Siehe Schangnau

KESTENHOLZ
Solothurn (SO) – ⊠ 4703 – 1 719 Ew – Höhe 453 m – Siehe Regionalatlas **3-E3**
▶ Bern 55 km – Basel 54 km – Aarau 39 km – Luzern 67 km
Michelin Straßenkarte 551-L5

✗✗ **Eintracht** ᕱ ✿ ✪ **P**
ᴄᴏ *Neue Strasse 6* – ☏ *062 393 24 63* – *www.eintrachtkestenholz.ch* – *geschl.*
Februar 2 Wochen, Juli 2 Wochen und Sonntag - Montag
Tagesteller 19 CHF – Menü 99 CHF – Karte 38/94 CHF
Das seit 1848 existierende Gasthaus ist inzwischen zu einem modernen Restaurant geworden, in dem man international isst. Legerer geht's im Bistrobereich zu
- hier gibt es zusätzlich Tagesteller und Mittagslunch.

KILCHBERG
Zürich (ZH) – ⊠ 8802 – 7 675 Ew – Höhe 424 m – Siehe Regionalatlas **4-G3**
▶ Bern 132 km – Zürich 7 km – Aarau 53 km – Luzern 52 km
Michelin Straßenkarte 551-P5

✗✗ **Chez Fritz** ⩽ ᕱ ᕭ **P**
Seestr. 195b – ☏ *044 715 25 15* – *www.dinning.ch*
– *geschl. Mitte Februar 10 Tage*
Tagesteller 24 CHF – Menü 38 CHF (mittags unter der Woche) – Karte 52/90 CHF
Das Restaurant ist nicht nur wegen seiner tollen Terrasse unmittelbar am Zürichsee gefragt (schön sitzt man übrigens auch drinnen in modernem Ambiente),
auch die frische internationale Küche (z. B. "Steak de veau grillé") lockt Gäste an.

KIRCHBERG

Bern (BE) – ✉ 3422 – 5 671 Ew – Höhe 509 m – Siehe Regionalatlas **2**-D4

▶ Bern 24 km – Delémont 73 km – Luzern 93 km – Aarau 64 km

Michelin Straßenkarte 522-K6

ХХ **Platanenhof ❶**   🖅 🅿

Ersigenstr. 13 ✉ 3422 – ℰ 034 445 45 40 – www.restaurant-platanenhof.ch
– geschl. Anfang Januar 2 Wochen, Juli 3 Wochen und Sonntag - Montag
Menü 49 CHF (mittags)/92 CHF – Karte 67/88 CHF
Gaststube Tagesteller 18 CHF – Menü 49 CHF (mittags) – Karte 37/74 CHF
Nach diversen seriösen Stationen im In- und Ausland haben Adrian Baumgartner
und Sonja Aeschbacher dieses nette Haus übernommen und bieten in der Plata-
nenstube z. B. "Im Vakuum 24 h gegarte Kalbsschulter mit Kartoffelknusper", in
der etwas schlichteren Gaststube Bürgerliches wie "Schweins-Cordon-bleu-Rolle
mit Speck und Fondue-Käse". Die Atmosphäre: freundlich-modern.

KLEINE SCHEIDEGG – Bern → Siehe Grindelwald

KLOSTERS

Graubünden (GR) – ✉ 7250 – 3 909 Ew – Höhe 1 191 m (Wintersport : 1 124/
2 844 m) – Siehe Regionalatlas **11**-J4

▶ Bern 258 km – Chur 47 km – Davos 12 km – Vaduz 57 km

Michelin Straßenkarte 553-X8

🏠 **Alpina**   🔲 🐎 🗗 🛗 🤶 🐎 🚗

Bahnhofstr. 1 – ℰ 081 410 24 24 – www.alpina-klosters.ch – geschl. 12. April
- 19. Juni, 18. Oktober - 5. Dezember
39 Zim ☜ – ♦160/223 CHF ♦♦240/326 CHF – 6 Suiten – ½ P
Rest Bündnerstube Rest Grischunstübli – siehe Restaurantauswahl
Das Hotel steht für persönliche Führung, schöne Zimmer und guten Service mit
vielen kleinen Annehmlichkeiten. Und auch die hochwertige Halbpension gehört
zu den Vorzügen des Hauses. Praktisch: die Lage gegenüber dem Bahnhof.

🏠 **Walserhof**   🛗 🤶 🐎 🚗 🅿

Landstr. 141 – ℰ 081 410 29 29 – www.walserhof.ch – geschl. 7. April - 12. Juni,
17. Oktober - 10. Dezember
2 Zim ☜ – ♦160/1090 CHF ♦♦250/1090 CHF – 4 Suiten – ½ P
Rest Walserstube ✿ – siehe Restaurantauswahl
Das Ehepaar Dietrich bietet nicht nur zum Speisen ein wirklich geschmackvolles
Ambiente. Beim Anblick der hochwertig eingerichteten Zimmer mit ihrem wunderschönen Mix aus warmem Holz, modernem Stil und wohnlichen Stoffen werden Sie hier übernachten wollen!

🏠 **Silvretta Parkhotel**   🛎 🖅 🔲 🐎 🗗 🛗 🕴 🐎 🚗 🅿

Landstr. 190 – ℰ 081 423 34 35 – www.silvretta.ch – geschl. Mitte April - Mitte
Mai, Mitte Oktober - Mitte Dezember
85 Zim ☜ – ♦145/240 CHF ♦♦220/460 CHF – 8 Suiten – ½ P
Rest Tagesteller 19 CHF – Menü 21 CHF (mittags) – Karte 43/96 CHF
Das Ferienhotel im Zentrum zeigt sich aussen im typischen Chaletstil, innen ist es
wohnlich und trotz der Grösse nicht unpersönlich. Die Zimmer reichen von Eco-
nomy bis hin zur Suite, von eher ländlich bis ganz modern. Das Stübli (gemütlich
mit viel Holz) bietet mediterrane Küche, im Winter öffnet das Fondue-Restaurant
"Grischalina".

🏠 **Chesa Grischuna**   🐎 🅿

Bahnhofstr. 12 – ℰ 081 422 22 22 – www.chesagrischuna.ch – geschl. Mitte April
- Ende Juni, Mitte Oktober - Anfang Dezember
12 Zim ☜ – ♦140/295 CHF ♦♦220/490 CHF – ½ P
Rest Chesa Grischuna – siehe Restaurantauswahl
Seit 1938 gibt es dieses Chalet und seither wird es von der Familie geleitet. Der
ganz eigene regionale Charme dieses Bündnerhauses ist allgegenwärtig: wohltuendes warmes Holz von der Fassade bis in die individuell geschnittenen Zimmer. Sie möchten die Aussicht direkt von Ihrem Zimmer aus geniessen? Dann
buchen Sie am besten ein Superior-Zimmer oder eine Juniorsuite!

XXX **Walserstube** (Heribert Dietrich) – Hotel Walserhof 🕸 🕍 ⌘ **P**
🕸
Landstr. 141 ✉ 7250 – 𝒞 081 410 29 29 – www.walserhof.ch – geschl. 7. April
- 12. Juni, 17. Oktober - 10. Dezember und Sonntag - Montag ausser Saison
Tagesteller 42 CHF – Menü 89 CHF (mittags)/169 CHF – Karte 97/142 CHF
Heribert Dietrich kocht grösstenteils mit Produkten aus dem Prättigau und dem
Engadin, hier und da finden sich auch schöne mediterrane Einschläge. Und dazu
einen der zahlreichen Bündner Weine? Der Service ist ebenso angenehm, was
nicht zuletzt an der herzlichen Chefin liegt. Mittags kleine, einfachere Karte.
→ Der Scampun: Kombination aus Bündner Capuns und Südafrikanischem
Scampo mit Krustentierschaum und Erbsencrème. Berg und Me(e)hr: 3 Monate
gereifter Rindshohrücken und bretonischer Hummer, Fregola Sarda, Bergkartof-
feln, Schalottenmarmelade und Hollandaise. Das Unterengadiner Lamm: Rosa
Entrecôte unter der Kräuterkruste mit Buchweizenkuchen und Passe-pierre.

XX **Grischunstübli** – Hotel Alpina 🕸
Bahnhofstr. 1 – 𝒞 081 410 24 24 – www.alpina-klosters.ch – geschl. 12. April
- 19. Juni, 18. Oktober - 5. Dezember und Sonntag - Montag; im Sommer:
Sonntag - Dienstag
Menü 98/180 CHF – Karte 79/134 CHF – *(nur Abendessen) (Tischbestellung*
ratsam)
Nicht nur die gemütlich-elegante Atmosphäre (im Winter mit befeuertem Che-
minée) und der aufmerksame Service locken Gäste hierher, sondern vor allem die
moderne, klare und fein abgestimmte Küche des gebürtigen Wieners Christian
Kaiser.

XX **Bündnerstube** – Hotel Alpina 🕸 🕍
Bahnhofstr. 1 – 𝒞 081 410 24 24 – www.alpina-klosters.ch – geschl. 12. April
- 19. Juni, 18. Oktober - 5. Dezember
Tagesteller 25 CHF – Menü 68/98 CHF – Karte 66/118 CHF
Wo Arvenholz Behaglichkeit und Wärme verbreitet, macht man es sich gerne
beim Essen gemütlich, und das gibt es hier als Schweizer oder internationale
Küche, als "Alpina's Klassiker-Menü" oder als kleinere Mittagskarte. Dazu eine
schöne Weinauswahl.

X **The Rustico Hotel** mit Zim 🕍 🏠 🛜 **P**
Landstr. 194 – 𝒞 081 410 22 88 – www.hotel-rustico.ch – geschl. Juni
- Anfang Juli und im Sommer: Mittwoch
14 Zim ⌑ – ♦50/142 CHF ♦♦130/258 CHF – ½ P
Tagesteller 16 CHF – Menü 62 CHF (mittags)/110 CHF – Karte 36/111 CHF
Eine richtig charmante Adresse! Ob Sie nun zum Essen kommen oder auch übernachten möchten, alles in diesem familiären Haus ist mit reichlich Holz schön
gemütlich gestaltet. Während man im Restaurant euro-asiatisch kocht, gibt es
nebenan im reizenden 226 Jahre alten "Prättiger Hüschi" an Winterabenden Fondue und Raclette.

X **Chesa Grischuna** – Hotel Chesa Grischuna 🕍 ⟳ **P**
Bahnhofstr. 12 – 𝒞 081 422 22 22 – www.chesagrischuna.ch – geschl. Mitte April
- Ende Juni, Mitte Oktober - Anfang Dezember
Tagesteller 25 CHF – Menü 78 CHF (mittags unter der Woche)/108 CHF
– Karte 58/110 CHF
Ein heimeliges liebevoll dekoriertes Restaurant. Wirklich sehenswert ist hier die
alte Handwerkskunst wie Holzschnitzereien, Wand- und Deckenbemalungen
sowie Intarsienarbeiten, die noch im Original erhalten sind. Auf den Tisch kommt
bürgerliche und Schweizer Küche.

Bestecke X und Sterne 🕸 sollten nicht verwechselt werden!
Die Bestecke stehen für eine Komfortkategorie, die Sterne zeichnen
Häuser mit besonders guter Küche aus - in jeder dieser Kategorien.

in Klosters-Dorf Nord: 2 km

🏨 **Sunstar Boutique Hotel** 🏊 ⟨ 🍴 🛋 🖼 🐾 📺 🏊 🛜 🚗 🅿️

Boscaweg 7 – ℰ 081 423 21 00 – www.klosters.sunstar.ch
– geschl. Mitte Oktober - Mitte Dezember, Anfang April - Mitte Juni
59 Zim 🛏 – 🛏75/185 CHF 🛏🛏150/310 CHF – ½ P
Rest Menü 49/65 CHF – Karte 42/87 CHF – *(nur Abendessen)*
Ein behagliches alpenländisches Hotel, das relativ ruhig liegt und auch gerne von Familien besucht wird. Viele Zimmer haben einen Balkon, von dem man die Bergsicht geniessen kann. Die Minibar ist übrigens kostenfrei und im Restaurant lässt man sich traditionelle Speisen schmecken. Zur Entspannung können Sie ausserdem Massageanwendungen buchen.

in Klosters-Monbiel Ost: 3 km

🍴 **Höhwald** ⟨ 🛋

Monbielerstr. 171 – ℰ 081 422 30 45 – www.hoehwald-klosters.ch
– geschl. 13. April - 13. Juni, 19. Oktober - 5. Dezember und im Sommer: Montag - Dienstag
Menü 45 CHF (mittags)/90 CHF – Karte 56/106 CHF
Wo könnte man es bei Schweizer Gerichten wie Kalbsbratwurst mit Rösti gemütlicher haben als in zwei komplett mit Holz ausgekleideten Stuben? Und wenn dann in dem sympathischen Dorfgasthaus in 1300 m Höhe im Winter abends auch noch an der offenen Feuerstelle gegrillt wird... Da kann nur die Terrasse mit ihrer schönen Aussicht mithalten.

KLOTEN – Zürich ➜ Siehe Zürich

KONOLFINGEN

Bern (BE) – ✉ 3510 – 4 911 Ew – Höhe 728 m – Siehe Regionalatlas **8-E4**
▶ Bern 20 km – Fribourg 57 km – Langnau im Emmental 15 km – Thun 19 km
Michelin Straßenkarte 551-K8

in Stalden Süd: 1 km – Höhe 654 m – ✉ 3510 Konolfingen

🏨 **Parkhotel Schloss Hünigen** 🎎 🏊 🍴 🛋 🐾 🖙 🛗 🛜 🧖 🅿️

Freimettigenstr. 9 – ℰ 031 791 26 11 – www.schlosshuenigen.ch
– geschl. 20. Dezember - 4. Januar
49 Zim 🛏 – 🛏140/216 CHF 🛏🛏175/267 CHF – ½ P
Rest Tagesteller 24 CHF – Menü 28/85 CHF – Karte 32/42 CHF
– (geschl. Sonntagabend)
Wirklich gelungen ist das Ergebnis der Grossrenovation: stilvoll-modern sind Lobby, Zimmer, Restaurant und Schlossbar (Fumoir im UG), dazu diverse schöne Bankett- und Seminarräume. Geblieben sind natürlich der attraktive historische Rahmen und der tolle Park mit Rosengarten.

Gute Küche zu moderatem Preis? Folgen Sie dem Bib Gourmand 🍴.

KREUZLINGEN

Thurgau (TG) – ✉ 8280 – 20 520 Ew – Höhe 402 m – Siehe Regionalatlas **5-H2**
▶ Bern 189 km – Sankt Gallen 40 km – Bregenz 62 km – Frauenfeld 27 km
Michelin Straßenkarte 551-T3

🏨 **Kreuzlingen am Hafen** garni ⟨ 🛗 🛗 🧖 🅿️

Seestr. 50 – ℰ 071 677 88 99 – www.hotel-kreuzlingen.ch
42 Zim – 🛏110/150 CHF 🛏🛏145/220 CHF, 🛏 15 CHF
Ein engagiert geführtes und geradlinig-modern designtes Businesshotel am Kreuzlinger Hafen und gegenüber dem Seeburgpark. Ab dem späten Nachmittag: Snacks im "Vanillaroom".

🏠 **Swiss Die Krone** garni   📶 🆎 🎷 📶 🔥 **P**
Hauptstr. 72 – 𝒞 071 677 80 40 – www.hoteldiekrone.ch
18 Zim 🛏 – 🧍120/152 CHF 🧍🧍160/200 CHF
Das Stadthotel mitten im Zentrum ist schon von aussen ansprechend mit seiner weissen Fassade und den roten Fensterläden. Und drinnen warten angenehm wohnliche, zeitgemässe Zimmer mit guter technischer Ausstattung und hochwertigen Marmorbädern. Am Morgen gibt es ein rein veganes Frühstück in einem eleganten Raum, der freitags auch als Restaurant dient - gekocht wird hier dann ebenfalls vegan.

❌❌❌ **Nocturne GOURMET** mit Zim   🍴 🏞 🎷 📶 **P**
🌼 *Girsbergstrasse, (im Schloss Brunnegg), West: 2 km Richtung Tägerwilen*
– 𝒞 071 672 36 36 – www.restaurantnocturne.ch – geschl. Februar 2 Wochen,
Oktober 2 Wochen und Sonntag - Montag
5 Zim 🛏 – 🧍170/190 CHF 🧍🧍260/290 CHF – 4 Suiten – ½ P
Menü 130/165 CHF – Karte 112/140 CHF *– (nur Abendessen)*
Auch mit Alexander Wussow als neuem Mann am Herd ist die Küche des stilvollmodernen Restaurants ein echtes kleines Feuerwerk aus kontrastreichen Aromen, variablen Texturen und geschmacklicher Finesse. Ihnen gefällt der reizende Rahmen von Schloss Brunnegg? Man hat auch chic designte Suiten!
→ Forelle vom Bodensee, Sellerie, Apfel, Dill. Stubenküken, Pilze, Orange, Kresse. Rind vom Schrofenhof, Kartoffel, Zwiebel, Petersilie.
Nocturne STUBE – siehe Restaurantauswahl

❌❌ **Seegarten**   🍴 🏞 🎷 ↔ **P**
Promenadenstr. 40, (am Yachthafen) – 𝒞 071 688 28 77 – www.seegarten.ch
– geschl. 26. Januar - 8. Februar und Montag; September - Mai: Montag
- Dienstag
Tagesteller 39 CHF – Menü 47 CHF (mittags unter der Woche)/250 CHF
– Karte 45/134 CHF
Schon über 25 Jahre gibt es das hübsch mit moderner Note gestaltete Restaurant am Yachthafen. Serviert wird z. B. "Kalbsrücken vom Schrofenhof mit Pilz-Morchelrahmsauce" oder "Knuspriges Eglifilet vom Bodensee mit Sauce Tartare".

❌❌ **Jakobshohe**   🏞 🆎 **P**
Bergstr. 46 – 𝒞 071 670 08 88 – www.jakobshoehe.ch – geschl. Ende Juni
- Anfang Juli 2 Wochen und Montag - Dienstag
Tagesteller 30 CHF – Menü 66/98 CHF – Karte 48/84 CHF
Internationale Küche mit regionalem und saisonalem Einfluss bietet man den Gästen in zwei hellen Restauranträumen mit gediegener Note, im Sommer speist man im schönen Garten.

❌ **Nocturne STUBE** – Restaurant Nocturne   🏞 **P**
Girsbergstrasse, (im Schloss Brunnegg), West: 2 km Richtung Tägerwilen
– 𝒞 071 672 36 36 – www.restaurantnocturne.ch – geschl. Februar 2 Wochen,
Oktober 2 Wochen und Sonntag - Montag, Samstagmittag
Tagesteller 26 CHF – Karte 66/99 CHF
Gut isst man auch im zweiten Restaurant des hübschen Anwesens. Es gibt hier internationale Küche in gemütlicher, etwas ländlicherer Atmosphäre. Gerichte wie "gebratenes Forellenfilet mit mediterranem Grillgemüse" lässt man sich im Sommer auch gerne auf der einladenden Gartenterrasse schmecken!

in Tägerwilen Nord-West: 4 km Richtung Schaffhausen – ✉ 8274

🏠 **Trompeterschlössle**   🎷 🏞 🎷 Zim, 📶 **P**
🏯 *Konstanzerstr. 123, (am Zoll) – 𝒞 071 669 31 31 – www.trompeterschloessle.ch*
– geschl. 24. Dezember - 14. Februar
17 Zim 🛏 – 🧍100/110 CHF 🧍🧍158/200 CHF – ½ P
Rest Menü 35 CHF – Karte 41/58 CHF *– (geschl. Oktober - März: Mittwoch*
- Donnerstag) (nur Abendessen, sonntags auch Mittagessen)
Das kleine Schloss mit Türmchen (hier die "Türmli-Suite") liegt nur 100 m vom Grenzübergang entfernt und auch der Seerhein ist nicht weit! Bei Familie Wild kann man nicht nur gut schlafen, zum Einkehren wählen Sie zwischen der rustikalen Gaststube und dem gediegenen Restaurant.

in Gottlieben Nord-West: 4 km Richtung Schaffhausen – ✉ 8274

🏨 **Drachenburg & Waaghaus**   🐾 ⊲ 🏠 🛋 📶 🧖 P

Am Schlosspark 7 – ☎ 071 666 74 74 – www.drachenburg.ch – geschl. Mitte Dezember - Mitte Januar

45 Zim ☲ – ♦93/118 CHF ♦♦206/321 CHF – 1 Suite – ½ P

Rest Tagesteller 28 CHF – Menü 64 CHF – Karte 53/104 CHF

Die lange Geschichte des Familienbetriebs begann um 1620 und diesen Charme strahlen die schmucken Fachwerkhäuser am Seeufer schon äusserlich aus. Und drinnen passen die individuellen Zimmer mit ihren Stilmöbeln ins schöne Bild. Restaurant in der Drachenburg oder im Waaghaus, dazu eine hübsche Seeterrasse.

KRIEGSTETTEN

Solothurn (SO) – ✉ 4566 – 1 259 Ew – Höhe 455 m – Siehe Regionalatlas **2-D3**

▶ Bern 34 km – Biel 35 km – Solothurn 12 km

Michelin Straßenkarte 551-K6

🏨 **Sternen**   🛏 🏠 🛋 ♿ 📶 🧖 P
🍝

Hauptstr. 61 – ☎ 032 674 41 61 – www.sternen.ch

23 Zim ☲ – ♦130/190 CHF ♦♦190/280 CHF – ½ P

Rest *Gartenzimmer* – siehe Restaurantauswahl

Rest *Sternenstube* Tagesteller 20 CHF – Menü 45/48 CHF – Karte 35/82 CHF – *(geschl. Februar 2 Wochen, Oktober 2 Wochen und November - April: Sonntagabend)*

Über 30 Jahre leitet Familie Bohren mit Engagement das aus einem ehemaligen Bauerngut entstandene Hotel mit wohnlichen, individuellen Zimmern. Schweizer und österreichische Spezialitäten in der Sternenstube.

🍴🍴 **Gartenzimmer** – Hotel Sternen   🐎 🏠 ♿ P

Hauptstr. 61 – ☎ 032 674 41 61 – www.sternen.ch – geschl. Februar 2 Wochen, Oktober 2 Wochen und November - April: Sonntagabend

Tagesteller 40 CHF – Menü 69/98 CHF – Karte 49/93 CHF

Hinter den über 200 Jahre alten Mauern begrüsst man Sie mit einem geschmackvoll eingerichteten Restaurant: schöne alte Gemälde, dunkle Holztäferung und stilvolle Tischkultur gepaart mit einer klassisch-französischen Küche.

KÜSNACHT

Zürich (ZH) – ✉ 8700 – 13 518 Ew – Höhe 415 m – Siehe Regionalatlas **4-G3**

▶ Bern 133 km – Zürich 8 km – Aarau 54 km – Einsiedeln 43 km

Michelin Straßenkarte 551-Q5

🏨 **Seehotel Sonne**   ⊲ 🛏 🛋 🏠 🌿 📶 🧖 P

Seestr. 120 – ☎ 044 914 18 18 – www.sonne.ch

40 Zim ☲ – ♦195/275 CHF ♦♦225/365 CHF

Rest *Seehotel Sonne* **Rest** *Gaststuben* – siehe Restaurantauswahl

Das Haus an sich spricht einen schon an: Historie gepaart mit Moderne. Top die Seelage - Strandbad und Wiese, dazu der Biergarten unter Platanen direkt am Wasser (hier im Winter die Eisbahn)! Nach Zürich sind es mit der Fähre 20 Minuten.

🍴🍴🍴 **Rico's Kunststuben** (Rico Zandonella)   🏠 AK ⇄ P
🌸🌸

Seestr. 160 – ☎ 044 910 07 15 – www.kunststuben.com – geschl. Weihnachten - Anfang Januar, August - September 2 Wochen und Sonntag - Montag

Menü 58 CHF (mittags unter der Woche)/190 CHF – Karte 122/192 CHF – *(Tischbestellung ratsam)*

Kräftiges Rot, schimmerndes Gold und angenehme Beleuchtung schaffen einen fast schon glamourösen Touch, dazu interessante Kunst… Eine persönliche Note zeigt nicht nur das Ambiente, auch die Küche von Rico Zandonella hat ihren ganz eigenen Stil: klassisch, mit modernen Akzenten, reich an Aromen und Farben.

➜ Rico's Carbonara mit Onsen-Ei, schwarzem Trüffel und gebratener Gänseleber. Sandwich von Kalbsfilet, Kalbsbries und Kalbskopfbäckchen. Schokoladen-Crémeux mit Walderdbeeren.

XX **Steinburg**

Seestr. 110 – 𝒞 044 910 06 38 – www.steinburg.ch – geschl. Mitte Oktober 1
Woche und Mittwochabend, Samstagmittag, Sonntag
Tagesteller 28 CHF – Menü 43 CHF (unter der Woche)/119 CHF – Karte 73/122 CHF
Absolute Lieblinge unter den saisonal-mediterran beeinflussten Speisen in dem
historischen Gasthaus sind "Steinburg Tatar" oder "Dani's Kalbskotelett". Legerer
das Bistro (im Winter alpenländisch, im Sommer maritim): hier gibt es Flammkuchen, Burger, Cordon bleu...

XX **Seehotel Sonne** – Seehotel Sonne   ⟨ 帘 ᴋ 🅿

Seestr. 120 – 𝒞 044 914 18 18 – www.sonne.ch
Tagesteller 36 CHF – Menü 84 CHF (abends) – Karte 65/115 CHF
Passend zum Namen des Restaurants fallen sofort die sonnengelben Lederstühle
ins Auge. Sie harmonieren gut mit dem modernen Raum, der durch eine Bilderga-
lerie viel Charme ausstrahlt. Saisonal beeinflusste Küche und herrliche Seeterrasse!

X **Zum Trauben**   帘 🅿

Untere Wiltisgasse 20 – 𝒞 044 910 48 55 – geschl. Sonntag - Montag
Tagesteller 40 CHF – Karte 45/85 CHF – *(Tischbestellung erforderlich)*
Im Zentrum findet man das schlichte gepflegte Restaurant, in dem der Chef den
sympathisch-familiären Service leitet und die Chefin ländlich-italienische Gerichte
zubereitet.

X **Chez Crettol - Cave Valaisanne**   ⟡

Florastr. 22 – 𝒞 044 910 03 15 – geschl. Juni - August und Montag
Karte 46/91 CHF – *(nur Abendessen) (Tischbestellung ratsam)*
Typische Schweizer Käsegerichte sind hier Spezialität, überall Kunst und Deko. Am
offenen Kamin wird das Raclette frisch zubereitet (richtig heimelig!), daneben gibt
es allerlei Käsefondues.

X **Gaststuben** – Seehotel Sonne   ⟨ ᴋ 🅿
🍸
Seestr. 120 – 𝒞 044 914 18 18 – www.sonne.ch
Tagesteller 20 CHF – Menü 34 CHF (mittags unter der Woche)/74 CHF
– Karte 48/98 CHF
Als Wirtschaft "Zur Sonne" tauchte das Haus am rechten Zürichseeufer 1641 erst-
mals urkundlich auf. Alte Holztäferung, ein wunderschöner antiker Kachelofen
und Gemälde zeugen von der langen Geschichte. Schweizer Küche: Zürcher
Geschnetzeltes, Flammkuchen, Kalbsbratwurst...

KÜSSNACHT am RIGI

Schwyz (SZ) – ✉ 6403 – 12 401 Ew – Höhe 435 m – Siehe Regionalatlas **4-F3**
▶ Bern 133 km – Luzern 16 km – Schwyz 25 km – Zürich 52 km
Michelin Straßenkarte 551-P7

🏨 **Frohsinn**   帘 🖩 ᴋ 🛜 👪 🅿

Zugerstr. 3 – 𝒞 041 850 14 14 – www.rest-frohsinn.ch – geschl. Weihnachten
- 11. Januar
30 Zim 🖵 – †115/140 CHF ††180/210 CHF – ½ P
Rest Tagesteller 19 CHF – Menü 28 CHF – Karte 34/82 CHF
Praktisch, besonders für Businessgäste: die Lage an der Durchgangsstrasse am
Ortsrand und die gute Autobahnanbindung sowie die modern-funktionale Ausstattung. Restaurant im Stammhaus mit bürgerlicher Karte und Saisonangebot.

LAAX

Graubünden (GR) – ✉ 7031 – 1 411 Ew – Höhe 1 023 m (Wintersport : 1 100/
3 018 m) – Siehe Regionalatlas **10-I4**
▶ Bern 266 km – Chur 27 km – Andermatt 69 km
Michelin Straßenkarte 553-T8

🏠 **Bellaval**   ⇐ 🛏 🦆 🏠 ⏳ **P**
Via Falera 112 – ℰ 081 921 47 00 – www.hotelbellaval.ch
– geschl. 8. April - 20. Juni, 15. September - 15. Dezember
27 Zim ⛉ – 🛉90/110 CHF 🛉🛉150/240 CHF – ½ P
Rest Menü 45/75 CHF – Karte 45/95 CHF – *(geschl. Montag) (nur Abendessen)*
(Tischbestellung ratsam)
Wer wünscht sich nicht, auch auf der Reise angenehm persönlich umsorgt
zu werden? Beim engagierten Gastgeber Denny Wolf ist das eine Selbstver-
ständlichkeit: wohnlich-charmante Atmosphäre, freundliche und zuvorkom-
mende Mitarbeiter, ein leckeres Frühstück, Obst und kleine Extras auf dem
Zimmer... Zudem liegt das Haus auch noch schön am Laaxer See, der zum
Baden einlädt.

XX **Ziegler's Riva am See**   ⇐ 🏠 **P**
🕮 *Via Principala 95 – ℰ 081 921 64 64 – www.zieglers-riva.ch*
– geschl. nach Ostern 3 Wochen und Dienstag; ausser Saison
Tagesteller 18 CHF – Menü 85 CHF (mittags) – Karte 42/115 CHF
Sie schwören auf den berühmten Hackbraten? Oder dürfen es auch mal "Ravioli mit gebratener Entenstopfleber und Dörrpflaumen" sein? Klaus Ziegler
bietet eine schöne Mischung schmackhafter international-schweizerischer
Gerichte, die man natürlich am besten auf der tollen Terrasse zum See
geniesst. Mittags ist auch der zusätzliche Lunch im einfacheren Tagesrestaurant gefragt.

XX **Posta Veglia** mit Zim   🏠 ⏳ ⇔ **P**
🕮 *Via Principala 54 – ℰ 081 921 44 66 – www.postaveglia.ch*
– geschl. 12. April - 12. Juni; im Sommer: Montag
7 Zim ⛉ – 🛉110/290 CHF 🛉🛉150/290 CHF – ½ P
Tagesteller 20 CHF – Menü 72 CHF (abends) – Karte 54/80 CHF
Die Stuben auf den zwei Etagen des historischen Gasthauses von 1880 sind allesamt überaus gemütlich - da passt die Schweizer Küche gut ins Bild. Originell: die
vielen Spiegel im Beizli. Und wie wär's am Abend mit Grillgerichten vom heissen
Stein in der Remise an der schönen Sonnenterrasse? Oder im Winter Fondue?
Wer sich schon im Restaurant wohlfühlt, sollte über Nacht bleiben: Die Zimmer
sind ebenso heimelig und liebenswert-rustikal!

in Murschetg Nord: 2 km – Höhe 1 080 m – ✉ 7031 Laax

XX **Mulania**   ⇔
Via Mulania – ℰ 081 927 91 91 – www.mulania.ch
– geschl. Mai - November
Menü 95/150 CHF – Karte 72/125 CHF – *(nur Abendessen)*
Klarer moderner Stil in Kombination mit rustikalen Deckenbalken... so bietet
das alte Bündnerhaus einen schönen Rahmen für die zeitgemäss-saisonale
Küche von Michael Bauer (mittags betreut er übrigens zeitweise auch
seine Gäste im "Elephant" auf dem Berg). Dazu gibt es alle Weine auch glasweise.

in Salums Ost: 2 km – Höhe 1 020 m – ✉ 7031 Laax

X **Straussennest**   ⇐ 🏠 **P**
Via Salums 516 – ℰ 081 921 59 71 – www.straussennest.ch
*– geschl. 13. April - 13. Mai, 2. November - 10. Dezember und Montag; in der
Zwischensaison: Montag - Dienstag ausser an Feiertagen*
Tagesteller 28 CHF – Menü 32 CHF (mittags)/59 CHF – Karte 47/75 CHF
Diese Terrasse werden Sie nicht für sich alleine haben - einfach fantastisch die
Sicht auf die Signinakette! Aber auch drinnen sitzt man schön, denn all das
warme Holz um Sie herum macht's richtig gemütlich. Während der Chef traditionelle Gerichte zubereitet, ist die Chefin freundlich am Gast. Früher verkauf-
ten der Maler Strauss und seine Frau hier Kaffee und Kuchen, daher der Name
des Hauses.

auf dem Crap Masegn mit 🚡 erreichbar – Höhe 2 477 m – ☒ 7032 Laax

Ⅹ **Das Elephant**   ⩽ ☂

☺   – ☎ 081 927 73 90 – geschl. Mai - November
Tagesteller 35 CHF – Karte 56/113 CHF – (nur Mittagessen) (Tischbestellung ratsam)
Mit der Gondelbahn geht es hinauf auf knapp 2500 m... Können Sie bereits erahnen, welch einmaliges Bergpanorama Sie hier erwartet? Keine Frage, da sitzt man am besten auf der Terrasse, während man sich z. B. "Rucola-Wasabicremesuppe mit Garnelen" oder "Rinderschmorbraten mit Polenta" schmecken lässt! Und zum Nachtisch eine leckere Crème brûlée mit Rahmeis?

LACHEN
Schwyz (SZ) – ☒ 8853 – 8 004 Ew – Höhe 417 m – Siehe Regionalatlas **4-G3**
▶ Bern 164 km – Zürich 42 km – Sankt Gallen 81 km – Schwyz 38 km
Michelin Straßenkarte 551-R6

🏨 **Marina Lachen**   ⩽ ☂ 🍴 ♿ 🅰 🛜 🏋 🅿

Hafenstr. 4 – ☎ 055 451 73 73 – www.marinalachen.ch
20 Zim 🖵 – ♦240 CHF ♦♦260 CHF – 1 Suite
Rest *The Steakhouse* Tagesteller 32 CHF – Karte 47/128 CHF – (geschl. 25. Dezember - 7. Januar, 9. - 22. Februar und Dezember - April: Dienstag)
Rest *OX Asian Cuisine* Tagesteller 21 CHF – Menü 55 CHF – Karte 52/70 CHF – (geschl. 21. Dezember - 12. Januar und Samstagmittag, Sonntag - Montag)
Rest *Osteria Vista* Tagesteller 22 CHF – Menü 38 CHF – Karte 47/89 CHF (geschl. 23. Februar - 8. März, 28. September - 11. Oktober)
Ein bestechendes Argument: die Lage direkt am Hafen! Überall klares Design; In den Sunset-Juniorsuiten Whirlwanne mit Blick zum See. Drei Restaurants, da fällt die Wahl schwer: Steakhouse, Osteria mit Pizza und Pasta oder lieber Asiatisches im Ox? Herrliche Terrassen!

ⅩⅩ **Oliveiras**   ☂ 💬 🎻

Sagenriet 1 – ☎ 055 442 69 49 – www.oliveiras.ch – geschl. Ende Juli - Anfang August 2 Wochen und Samstagmittag, Sonntag - Montag
Tagesteller 25 CHF – Menü 79 CHF (abends)/119 CHF – Karte 70/110 CHF
Die Küche in diesem Haus lässt die portugiesische Herkunft der herzlichen Gastgeber erkennen, zeigt aber auch schweizerische Einflüsse. Mittags- und Abendmenü auf einer Tafel.

LAI – Graubünden ➔ Siehe Lenzerheide

LANDECY – Genève ➔ Voir à La Croix-de-Rozon

LANGENTHAL
Bern (BE) – ☒ 4900 – 15 184 Ew – Höhe 472 m – Siehe Regionalatlas **3-E3**
▶ Bern 46 km – Aarau 36 km – Burgdorf 24 km – Luzern 56 km
Michelin Straßenkarte 551-L6

🏨 **Bären**   ☂ 🍴 ♿ 💱 Zim, 🛜 🏋 🅿

St. Urbanstr. 1 – ☎ 062 919 17 17 – www.baeren-langenthal.ch
37 Zim 🖵 – ♦147/165 CHF ♦♦220/240 CHF – ½ P
Rest Tagesteller 23 CHF – Karte 54/81 CHF
Auf eine rund 400-jährige Geschichte blickt das schmucke Haus zurück, seit 200 Jahren wird es als Hotel geführt. Sie wählen zwischen traditionelleren Standardzimmern und Designzimmern, im Restaurant und im Bärenstübli gibt es regionale Küche: Hackbraten, Suure Mocke, Cordon bleu... Sehenswerter Barocksaal.

⌂ **L'Auberge** 🏠 🛏 📶 🧖 **P**
Murgenthalstr. 5 – ☎ 062 926 60 10 – www.auberge-langenthal.ch – geschl. Ende
Dezember 1 Woche, Ende Juli - Anfang August 2 Wochen
15 Zim 🍵 – 👤130/170 CHF 👥190/235 CHF – 1 Suite
Rest *L'Auberge* – siehe Restaurantauswahl
Die schmucke Villa von 1870 samt Nebengebäude und gepflegter Aussenanlage
ist schon ein geschmackvolles kleines Domizil mit seinen hübschen Zimmern:
Hier und da mischen sich historische Details wie alte Öfen in die moderne Ein-
richtung. Netter kleiner Saunabereich, guter Tagungsraum.

XX **L'Auberge** – Hotel L'Auberge 🌿 ⇔ **P**
Murgenthalstr. 5 – ☎ 062 926 60 10 – www.auberge-langenthal.ch – geschl. Ende
Dezember 1 Woche, Ende Juli - Anfang August 2 Wochen und Samstagmittag,
Sonntag - Montag
Tagesteller 28 CHF – Menü 76/109 CHF – Karte 53/90 CHF
Gelungen hat man den stilvollen Rahmen der Villa mit modernen Elementen
kombiniert. Auf der kleinen Karte liest man Leckeres wie "gebratene Kalbshuft
und glasierte Kalbsbrust". Im Sommer ist der Garten mit altem Baumbestand
sehr schön!

LAUENEN – Bern → Siehe Gstaad

LAUERZ
Schwyz (SZ) – ✉ 6424 – 1 056 Ew – Höhe 460 m – Siehe Regionalatlas **4-G3**
▶ Bern 145 km – Luzern 39 km – Altdorf 22 km – Schwyz 8 km
Michelin Straßenkarte 551-P7

XXX **Rigiblick** 🦢 < 🌿 **P**
Seestr. 9 – ☎ 041 811 54 66 – www.rigiblick-lauerz.ch – geschl. 26. Januar
- 6. März und Montag - Dienstag
Tagesteller 42 CHF – Menü 48 CHF (mittags unter der Woche)/155 CHF
– Karte 60/136 CHF
Der Lauerzersee ist zweifelsohne ein toller Ort für ein Restaurant - vor allem,
wenn es eine so wunderbare Terrasse bietet! Die Küche ist klassisch, mit zahlrei-
chen Fischgerichten; gute französische Weinauswahl.

LAUSANNE

Vaud (VD) – ⊠ 1000 – 130 421 h. – alt. 455 m – Carte régionale **6-B5**
◧ Bern 101 km – Fribourg 71 km – Genève 60 km – Montreux 25 km
Carte routière Michelin 552-E10
Plans de la ville pages suivantes

© Food collection / hemis.fr

🔴 Hotels

🏨🏨🏨 **Lausanne Palace**
⇐ 🏠 🖼 🌐 🕍 𝑙ₐ 🖥 ⬩ 🔠 ch, 🛜 🏋 🚗

Rue Grand-Chêne 7 ⊠ *1002 – ℰ 021 331 31 31* Plan : A2**b**
– www.lausanne-palace.com
139 ch – †440/650 CHF ††540/750 CHF, ⊡ 40 CHF – 8 suites
Rest *La Table d'Edgard* ✿ **Rest** *Sushi-Zen* – voir la sélection des restaurants
Rest *Côté Jardin* ℰ 021 331 32 08 – Plat du jour 38 CHF – Carte 64/94 CHF
Rest *Grand-Chêne* ℰ 021 331 32 24 – Plat du jour 29 CHF – Carte 53/123 CHF
Ce palace construit en 1915 a tous les atouts pour un séjour d'exception : d'opulents décors, des volumes impressionnants, de belles suites avec vue sur le lac, une superbe piscine... Il abrite également plusieurs bars et restaurants. L'un des meilleurs établissements de la région.

🏨🏨🏨 **Alpha-Palmiers**
🕍 𝑙ₐ 🖥 🔠 🛜 🏋 🚗

Rue Petit-Chêne 34 ⊠ *1003 – ℰ 021 555 59 99* Plan : A2**g**
– www.fassbindhotels.com
215 ch – †150/500 CHF ††150/500 CHF, ⊡ 15 CHF
Rest *Le Jardin Thaï* Plat du jour 20 CHF – Carte 53/83 CHF – *(fermé mi-juillet - mi-août et dimanche)*
Rest *L'Esprit Bistrot* Plat du jour 19 CHF – Carte 48/85 CHF
La façade ancienne cache un grand bâtiment ultramoderne, entièrement vitré sur l'arrière et ouvert sur un jardin exotique. Les chambres, elles, se révèlent spacieuses, tout en lignes contemporaines. Autres agréments : sauna, fitness, salles de réunion, restaurant thaï, bistrot, etc.

🏨🏨🏨 **Victoria** sans rest
🕍 𝑙ₐ 🖥 🔠 🛜

Avenue de la Gare 46 ⊠ *1001 – ℰ 021 342 02 02* Plan : A2**m**
– www.hotelvictoria.ch – fermé 20 décembre - 4 janvier
60 ch ⊡ – †185/265 CHF ††265/380 CHF
Kilims turcs, masques africains, vases chinois, etc. : le propriétaire a glané des antiquités à travers le monde et, çà et là, celles-ci rehaussent le décor des chambres, avant tout classiques. Un établissement très confortable et fort bien tenu.

Se régaler sans se ruiner ? Repérez les Bib Gourmand 🅐. Ils vous aideront à dénicher les bonnes tables sachant marier cuisine de qualité et prix ajustés !

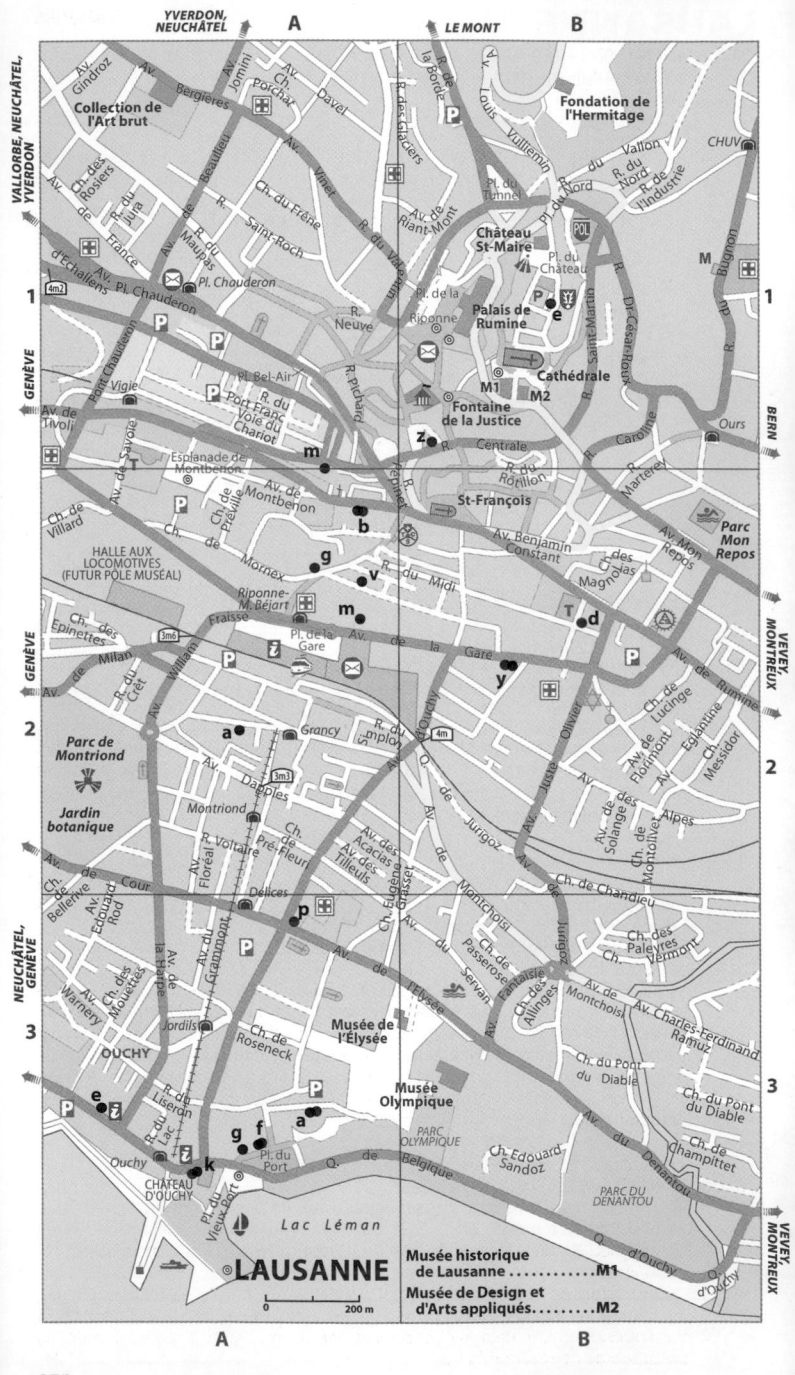

🏨 Mirabeau
🖫 🗛 🛜 🕍

Avenue de la Gare 31 ✉ 1003 – ☏ 021 341 42 43 — Plan : B2**y**
– www.mirabeau.ch
73 ch ☲ – ♦200/250 CHF ♦♦264/330 CHF – 2 suites
Rest *Mirabeau* – voir la sélection des restaurants
Près de la gare, sous des dehors d'élégant immeuble Belle Époque, un hôtel traditionnel et cossu, particulièrement dévoué à la satisfaction de ses hôtes. À noter :
une vingtaine de chambres (du 3e au 6e étage) offrent une belle vue sur le lac.
Brasserie traditionnelle.

🏠 LHotel sans rest
🖫 🗛 🧺 🛜

Place de l'Europe 6 ✉ 1003 – ☏ 021 331 39 39 — Plan : A1_2**m**
– www.lhotel.ch – fermé 20 décembre - 5 janvier
26 ch – ♦80/100 CHF ♦♦100/140 CHF, ☲ 14 CHF
Au cœur de la ville, cet hôtel inauguré en 2011 joue la carte de la modernité avec
réussite : blancheur et minimalisme dans les chambres – sans télévision ni téléphone –, ambiance feutrée et, sur le toit, un bar et une terrasse pour admirer la
ville. Séduisant !

🏠 Agora Swiss Night Ⓝ sans rest
🛜 🛗 🗛 🛜 🖘

Avenue du Rond-Point 9 ✉ 1006 – ☏ 021 555 59 55 — Plan : A2**a**
– www.fassbindhotels.com
147 ch – ♦100/320 CHF ♦♦110/330 CHF, ☲ 22 CHF
"Swissness" : voilà la devise de cette maison installée juste à côté de la gare
ferroviaire, qui porte fièrement les couleurs de la confédération. Depuis le dernier étage, on profite d'une vue panoramique sur le lac Léman et les Alpes...
Saisissant !

🏠 Élite sans rest
🏊 🛎 🖫 🧺 🛜 🅿

Avenue Sainte-Luce 1 ✉ 1003 – ☏ 021 320 23 61 — Plan : A2**v**
– www.elite-lausanne.ch – fermé Noël - Nouvel An
33 ch ☲ – ♦155/280 CHF ♦♦195/295 CHF
Près de la gare, dans un quartier piéton, de petites chambres toutes simples, bien
agréables quand elles jouissent d'un balcon sur le jardin – un îlot de calme en
ville ! Une bonne option pour séjourner à Lausanne.

🔴 Restaurants

XXXX La Table d'Edgard – Hôtel Lausanne Palace
🕸 ≤ 🍴 🗛
🍃

Rue Grand-Chêne 7 ✉ 1002 – ☏ 021 331 32 15 — Plan : A2**b**
– www.lausanne-palace.com – fermé juillet - août 6 semaines, samedi midi,
dimanche et lundi
Menu 75 CHF (déjeuner en semaine)/180 CHF – Carte 113/148 CHF
Au sein du Lausanne Palace, une valeur sûre pour une gastronomie tout en délicatesse. La passion du chef, Edgard Bovier, c'est la cuisine méditerranéenne, en
particulier niçoise, dont il cherche à exprimer la quintessence : soleil, suavité et
saveurs... Superbe vue sur la ville et le lac, en terrasse comme en salle.
➙ Calamars et courgette niçoise à la plancha, vinaigrette au citron confit. Agneau
de Sisteron à la braise, petit ravioli de tomates confites, salade d'herbes. Conver-
sation à l'abricot et romarin, glace au lait d'amandes.

XX Le Cinq
🍴

Rue Centrale 9 ✉ 1003 – ☏ 021 312 40 11 – www.lecinq.ch — Plan : B1**z**
– fermé début janvier une semaine, juillet - août 3 semaines, samedi et
dimanche
Plat du jour 25 CHF – Menu 95/125 CHF – Carte 59/105 CHF – *(réservation*
conseillée)
Au cinquième et dernier étage de l'immeuble, la salle et la terrasse dominent joliment Lausanne. Prendre de la hauteur : tel était sans doute le pari des deux chefs
ici associés. À quatre mains, ils concoctent une cuisine de belle tenue, sûre de ses
fondamentaux et tout en fraîcheur.

XX **Mirabeau** – Hôtel Mirabeau   🍴 AC
Avenue de la Gare 31 ✉ *1003* – ☎ *021 341 42 43*   Plan : B2**y**
– *www.mirabeau.ch*
Menu 41/59 CHF – Carte 43/82 CHF
On vient volontiers s'attabler sous les hauts plafonds du restaurant de l'hôtel Mirabeau, dans cet intérieur au classicisme discret. On s'y régale d'une bonne cuisine traditionnelle, et des incontournables de la maison : bouillabaisse, château-
briand à la sauce béarnaise, filets de perches du Léman... Délicieux !

X **Au Chat Noir**   AC ✩
Rue Beau-Séjour 27 ✉ *1003* – ☎ *021 312 95 85* – *fermé Noël*   Plan : B2**d**
- *Nouvel An, mi-juillet - mi-août, samedi, dimanche et jours fériés*
Plat du jour 19 CHF – Menu 45 CHF (déjeuner) – Carte 69/96 CHF
Des petit plats à se pourlécher les babines comme un chat, une ardoise concoc-
tée selon le marché, des saveurs classiques et plutôt fines, une atmosphère
vivante et chaleureuse : tout près du théâtre, un bistrot comme on aimerait en
croiser plus souvent ! Attention : mieux vaut réserver.

X **A la Pomme de Pin**   🍴 ✗
Rue Cité-Derrière 11 ✉ *1005* – ☎ *021 323 46 56*   Plan : B1**e**
– *www.lapommedepin.ch* – *fermé février une semaine, fin juillet - mi-août 3*
semaines, mercredi soir, samedi midi et dimanche ; juin - août : samedi et
dimanche
Plat du jour 30 CHF – Menu 60 CHF (déjeuner)/90 CHF – Carte 66/102 CHF
Café Plat du jour 19 CHF – Menu 25 CHF (déjeuner)/56 CHF – Carte 42/81 CHF
Dans une ruelle ancienne non loin de la cathédrale, un restaurant des plus traditionnels (foie gras, rognons de veau, coquelet, etc.), comprenant également un
café proposant de petits plats du terroir.

X **Ristorante St Paul** 🆕   🍴
Avenue d'Echallens 72, par Av. d'Echallens A1 ✉ *1004* – ☎ *021 544 73 91*
– *fermé fin décembre - début janvier 2 semaines, début avril 2 semaines, juillet*
- août 3 semaines, samedi midi, dimanche et lundi
Plat du jour 20 CHF – Menu 37/69 CHF – Carte 59/77 CHF – *(réservation*
conseillée)
Situé légèrement à l'extérieur du centre-ville, ce petit restaurant vous propose
une cuisine en provenance directe du sud de l'Italie. Pâtes fraîches, risotto aux
courgettes, desserts faits maison... Les préparations regorgent de saveurs : on se
régale d'un bout à l'autre du repas ! Attention : il faut réserver.

X **Sushi-Zen** – Hôtel Lausanne Palace   ♿
Rue Grand-Chêne 7 – ☎ *021 331 39 88*   Plan : A2**b**
– *www.lausanne-palace.com* – *fermé dimanche et lundi*
Menu 35/52 CHF (déjeuner) – Carte 42/117 CHF
Sashimis, sushis, soupe miso... Toutes les délicatesses de la cuisine nippone – pré-
sentées avec une grande recherche esthétique – sont réunies dans ce restaurant
du Lausanne Palace, dédié à la gastronomie japonaise.

à Ouchy

🏨 **Beau-Rivage Palace**   ⊲ 🍴 ☒ 🖨 🕙 🏊 ⚡ 🍴 ▨ ♿ rest, AC 🛜 🧖
Place du Port 17 ✉ *1001* – ☎ *021 613 33 33* – *www.brp.ch*   🚗 P
161 ch – †450/900 CHF ††450/900 CHF, ⊑ 49 CHF – 7 suites   Plan : A3**a**
Rest *Anne-Sophie Pic* ❀❀   Rest *Miyako* – voir la sélection des restaurants
Rest *Café Beau-Rivage* ☎ *021 613 30 30* – Menu 52 CHF (déjeuner)/92 CHF
– Carte 74/116 CHF
Au sommet de l'hôtellerie suisse depuis le 19ᵉ s., un mythe vivant et nullement
figé ! La vue à couper le souffle sur le lac Léman et les montagnes, le parc arboré,
les salons somptueux, les suites d'un grand raffinement, le spa, les restau-
rants... Tout est exquis.

Château d'Ouchy ⬩ ⬩ ⬩ ⬩ ⬩ ⬩ ⬩ ⬩ ⬩ ⬩
Place du Port 2 ⊠ 1006 – ℰ 021 331 32 32 Plan : A3**k**
– www.chateaudouchy.ch
50 ch – ♦290/385 CHF ♦♦330/435 CHF, ☒ 30 CHF – 1 suite
Rest *Château d'Ouchy* – voir la sélection des restaurants
Le décor romantique d'un immense château néogothique, élevé au 19e s. sur les ruines d'une forteresse médiévale… Les chambres réconcilient vieilles pierres, nobles boiseries et décoration design ! Quelques balcons ouvragés ouvrent sur le lac pour prolonger la rêverie.

Angleterre et Résidence ⬩ ⬩ ⬩ ⬩ ⬩ ⬩ ⬩ ⬩ ⬩ ⬩
Place du Port 11 ⊠ 1006 – ℰ 021 613 34 34 Plan : A3**f**
– www.angleterre-residence.ch – fermé 20 décembre - 4 janvier
75 ch – ♦235/500 CHF ♦♦275/540 CHF, ☒ 34 CHF
Rest *L'Accadémia* – voir la sélection des restaurants
En bord de lac, un établissement au charme sûr, évoquant avec son jardin impeccablement tenu les villégiatures d'autrefois… Au chapitre de ses principaux agréments : un grand confort et une équipe à l'écoute des clients.

Mövenpick ⬩ ⬩ ⬩ ⬩ ⬩ ⬩ ⬩ ⬩ ⬩
Avenue de Rhodanie 4 ⊠ 1007 – ℰ 021 612 76 12 Plan : A3**e**
– www.moevenpick-lausanne.com
336 ch – ♦210/460 CHF ♦♦210/460 CHF, ☒ 35 CHF – 1 suite
Rest Plat du jour 25 CHF – Menu 37 CHF (déjeuner)/49 CHF – Carte 42/91 CHF –
(fermé début janvier une semaine et samedi midi)
Un véritable paquebot amarré sur le port de plaisance ! Tout est très moderne dans cet immense établissement qui allie confort et fonctionnalité, au bénéfice notamment de la clientèle d'affaires. Une partie des chambres ouvrent sur le lac.

Du Port ⬩ ⬩ ⬩ ⬩ ⬩ ⬩ ⬩ ⬩
Place du Port 5 ⊠ 1006 – ℰ 021 612 04 44 Plan : A3**g**
– www.hotel-du-port.ch – fermé 15 décembre - 25 janvier
22 ch ☒ – ♦145/160 CHF ♦♦175/215 CHF
Rest Plat du jour 20 CHF – Menu 45/70 CHF – Carte 49/86 CHF
Cet établissement ne manque pas d'atouts : ses chambres se révèlent spacieuses et impeccablement tenues. Sa situation séduit face au lac, à la promenade des quais, et près des transports pour rejoindre le centre-ville en un clin d'œil. Une bonne escale !

Anne-Sophie Pic – Hôtel Beau-Rivage Palace ⬩ ⬩ ⬩ ⬩ ⬩ ⬩ ⬩
Place du Port 17 ⊠ 1001 – ℰ 021 613 33 39 Plan : A3**a**
– www.pic-beaurivagepalace.ch – fermé 4 janvier - 4 février, 11 - 28 octobre, dimanche et lundi
Menu 95 CHF (déjeuner en semaine)/350 CHF – Carte 177/375 CHF
La célèbre chef française préside aux destinées de cette table luxueuse, au sein du Beau-Rivage Palace : moment de poésie face aux eaux imperturbables du lac Léman… On retrouve avec plaisir les grands classiques de la maison valentinoise, et le souci de l'invention exigeante qui a lié l'histoire de la famille Pic à celle de la gastronomie française.
➜ Les cuisses de grenouilles de Vallorbe meunières tombée de jeunes pousses d'épinards et ail nouveau, bouillon dashi infusé à la menthe fraîche. La canette de Challans rôtie au poêlon, betterave confite aux bourgeons de sapin, chutney de framboise et épine-vinette jus corsé perlé. Le berlingot, cœur coulant d'une fondue d'été, consommé lèger à la tomate Green Zebra et à l'aspérule odorante, verveine fraîche.

Château d'Ouchy – Hôtel Château d'Ouchy ⬩ ⬩ ⬩ ⬩ ⬩ ⬩
Place du Port 2 ⊠ 1006 – ℰ 021 331 51 81 Plan : A3**k**
– www.chateaudouchy.ch
Plat du jour 35 CHF – Menu 72 CHF – Carte 56/116 CHF
Huile d'olive, légumes, poissons, etc. : le chef de cet élégant restaurant a la passion de la Méditerranée, de toute la Méditerranée ! L'été, on apprécie d'autant mieux ces saveurs ensoleillées en terrasse, face à la promenade de bord du lac…

✗ La Croix d'Ouchy 🛋 🗳

Avenue d'Ouchy 43 ✉ 1006 – ☎ 021 616 22 33 – fermé Noël,   Plan : A3**p**
Nouvel An et samedi midi ; juillet - août : dimanche
Plat du jour 22 CHF – Menu 62 CHF (déjeuner)/87 CHF – Carte 71/86 CHF
Cette table compte à Lausanne une nombreuse clientèle de fidèles habitués.
La faute à sa cuisine, pleine des bonnes saveurs de la botte italienne (entre
autres inspirations). Le cadre, classique, ne manque pas non plus de carac-
tère.

✗ Miyako – Hôtel Beau-Rivage Palace 🛏 🛋 ⅙ 🄰🄲

Place du Port 17 ✉ 1001 – ☎ 021 613 33 91 – www.brp.ch   Plan : A3**a**
– fermé 1ᵉʳ février - 2 mars et dimanche
Menu 42 CHF (déjeuner)/68 CHF – Carte 62/88 CHF
Le Beau-Rivage Palace à l'heure japonaise ! Ce très tendance Miyako propose
sushis et sashimis minute, dans un décor qui respecte tous les codes du minimalisme nippon…

✗ L'Accadémia – Hôtel Angleterre et Résidence ⟵ 🛏 🛋 ⅙

Place du Port 11 ✉ 1006 – ☎ 021 613 34 34   Plan : A3**f**
– www.angleterre-residence.ch – fermé 20 décembre - 4 janvier
Plat du jour 24 CHF – Menu 54 CHF (déjeuner en semaine)/74 CHF
– Carte 69/107 CHF
Cette Accadémia nous donne une belle leçon de goût ! Voilà l'endroit idéal pour
découvrir une cuisine italienne de haute volée, fraîche et savoureuse, à déguster
dans une ambiance naturelle et conviviale. En été, il est vivement recommandé
de s'installer en terrasse pour profiter de la vue sur le lac...

au Mont-sur-Lausanne Nord : 5 km par A1, direction Yverdon – alt. 702 m –
✉ 1052

✗✗ Auberge Communale 🛋 ⅙ 🄰🄲 ⇔ 🄿
😊
Place du Petit-Mont – ☎ 021 653 23 23 – www.aubergedumont.ch
– fermé juillet - août 3 semaines, dimanche et lundi
Plat du jour 19 CHF – Menu 38/114 CHF – Carte 37/83 CHF – *(réservation
conseillée)*
Un chef passionné – il collectionne plusieurs centaines de livres de cuisine – œuvre
dans cette auberge communale, sise dans une belle maison du 18ᵉ s., face à la mai-
rie de cette localité des hauteurs de Lausanne. Créativité et savoir-faire à la carte !
Brasserie – voir la sélection des restaurants

✗ Brasserie – Restaurant Auberge Communale
😊
*Place du Petit-Mont – ☎ 021 653 23 23 – fermé juillet - août 3 semaines,
dimanche et lundi*
Plat du jour 19 CHF – Carte 37/75 CHF
La version brasserie de l'Auberge Communale de Jeannine et Éric Gauvin. Ici, l'atmosphère est à la simplicité et à la convivialité ; nombreux sont les habitués qui
viennent profiter des propositions quotidiennes du chef.

au Chalet-à-Gobet Nord-Est : 6 km par B2, direction Bern – alt. 863 m – ✉ 1000

✗✗✗ Le Berceau des Sens ⟵ ⅙ 🄰🄲 🗳 ⇔ 🄿
😊
Route de Cojonnex 18, (Ecole Hôtelière de Lausanne)
*– ☎ 021 785 12 21 – www.berceau-des-sens.ch – fermé 19 décembre
- 5 janvier, 13 - 23 février, 2 - 13 avril, 17 juillet - 22 septembre, samedi,
dimanche et jours fériés*
Menu 60 CHF (déjeuner)/105 CHF – Carte 65/90 CHF – *(réservation
indispensable)*
Le "Berceau", car cette table gastronomique, toisant les Alpes, dépend de la célèbre École hôtelière de Lausanne, où s'exercent tous ses élèves – sous le regard de
leurs professeurs. La prestation n'a rien d'un exercice, car les assiettes sont d'une
grande finesse et le service prometteur. Une bonne note !

à Vers-chez-les-Blanc Nord-Est : 6 km par B2, direction Bern – alt. 840 m –
✉ 1000

🏨 **Hostellerie Les Chevreuils** 🦢 ⬩ 🦢 ≋ 🅿

*Route du Jorat 80 – 𝒞 021 785 01 01 – www.chevreuils.ch – fermé 20 décembre
- 6 janvier*
30 ch ⊆ – ♦157/176 CHF ♦♦194/229 CHF – ½ P
Rest *Les Chevreuils* – voir la sélection des restaurants
En pleine campagne, à seulement quelques kilomètres de Lausanne,
cette demeure de caractère dégage un charme tranquille avec ses volets bleus,
son joli jardin et ses chambres au cachet suranné... Une bonne adresse, au calme.

🍴🍴 **Les Chevreuils** – Hôtel Hostellerie Les Chevreuils ⬩ 🦢 ≋ ⇔ 🅿

*Route du Jorat 80 – 𝒞 021 785 01 01 – www.chevreuils.ch – fermé 20 décembre
- 6 janvier, dimanche et lundi*
Plat du jour 27 CHF – Menu 37 CHF (déjeuner en semaine)/129 CHF
– Carte 52/110 CHF
Au milieu de la verdure... La véranda et la terrasse invitent même à un véritable
bain de nature et de lumière ! Un cadre agréable pour apprécier une savoureuse
cuisine, signée par un véritable artisan sûr de ses classiques.

LAUTERBRUNNEN
Bern (BE) – ✉ 3822 – 2 470 Ew – Höhe 797 m – Siehe Regionalatlas **8**-E5
◩ Bern 69 km – Interlaken 12 km – Brienz 30 km – Kandersteg 55 km
Michelin Straßenkarte 551-L9

🏠 **Silberhorn** 🦢 ⬩ ≋ ≋ 🅿

🍽 – 𝒞 033 856 22 10 – www.silberhorn.com – geschl. 18. Oktober - 19. Dezember
32 Zim ⊆ – ♦89/119 CHF ♦♦169/249 CHF – 3 Suiten – ½ P
Rest Tagesteller 23 CHF – Karte 27/71 CHF
In ruhiger Lage ganz in der Nähe der Bergbahn wohnen Sie in ländlich oder neu-
zeitlich-freundlich gestalteten Zimmern, teils mit Balkon - toll die zwei Zimmer
mit freistehender Wanne im kleinen Chalet. Rustikales Restaurant mit Wintergarten. Mit Standseil- oder Zahnradbahn kann man die gesamte Region erkunden!

LAVEY-VILLAGE
Vaud (VD) – ✉ 1892 – 849 h. – alt. 450 m – Carte régionale **7**-C6
◩ Bern 125 km – Martigny 25 km – Aigle 19 km – Lausanne 64 km
Carte routière Michelin 552-G12

🏨 **Grand Hôtel des Bains** 🦢 🦢 ≋ 🏊 🔲 🐾 🎮 ᕯ rest, ❦ rest, ≋ 🕸 🅿

*Route des Bains 48, Sud : 2 km – 𝒞 024 486 15 15 – www.lavey-les-bains.ch
– fermé mi-juin 2 semaines*
66 ch ⊆ – ♦165/185 CHF ♦♦290/350 CHF – 2 suites – ½ P
Rest Plat du jour 22 CHF – Menu 28/52 CHF
Séjour revigorant en perspective dans ce vaste établissement qui conjugue nature,
espace bien-être et accès direct aux bains thermaux de Lavey. Les chambres sont
agréables (modernes et colorées) et, au restaurant, on a le choix entre buffets traditionnels et suggestions "minceur".

LAVORGO
Ticino (TI) – ✉ 6746 – alt. 615 m – Carta regionale **9**-H5
◩ Bern 180 km – Andermatt 49 km – Bellinzona 43 km – Brig 96 km
Carta stradale Michelin 553-R11

🍴 **Alla Stazione** 🆎 ⇔ 🅿

🚲 *via Cantonale – 𝒞 091 865 14 08 – chiuso 1 settimana inizio gennaio, fine
giugno - metà luglio, domenica sera e lunedì*
Piatto del giorno 18 CHF – Menu 35 CHF (pranzo in settimana)/82 CHF
– Carte 50/89 CHF
Simpatico indirizzo la cui cucina leggera è di stampo regionale con accenti medi-
terranei. Le piccole dimensioni della sala da pranzo impongono di riservare!

LENK im SIMMENTAL

Bern (BE) – ⊠ 3775 – 2 463 Ew – Höhe 1 068 m (Wintersport : 1 068/2 200 m)
– Siehe Regionalatlas **7**-D5

▶ Bern 84 km – Interlaken 66 km – Montreux 88 km – Spiez 51 km

Michelin Straßenkarte 551-I10

Lenkerhof

Badstr. 20 – 𝒞 033 736 36 36 – www.lenkerhof.ch – geschl. 5. April - 5. Juni
70 Zim ⌑ – ♥280/590 CHF ♥♥470/700 CHF – 10 Suiten – ½ P
Rest *Spettacolo* **Rest** *Oh de Vie* – siehe Restaurantauswahl
Berühmt geworden ist das einstige Badehaus durch seine eigene Schwefelquelle.
Das ist heute längst nicht mehr alles: Man kommt wegen des freundlichen Ser-
vice, der stilvoll-modernen Einrichtung, des zeitgemässen Spas auf 2000 qm
- alle Saunen mit Talblick. Die Skipiste verläuft übrigens durch den Park! Zum
Haus gehört auch der Berggasthof Bühlberg (bürgerliche Küche).

Simmenhof

*Lenkstr. 43, Nord: 2 km – 𝒞 033 736 34 34 – www.simmenhof.ch – geschl.
6. April - 1. Mai, 25. Oktober - 27. November*
40 Zim ⌑ – ♥130/195 CHF ♥♥240/350 CHF – 5 Suiten – ½ P
Rest Tagesteller 26 CHF – Menü 39/90 CHF – Karte 38/68 CHF
Die Zimmer dieses etwas ausserhalb des Ortes gelegenen Hotels sind mit hellem
massivem Holzmobiliar modern-rustikal gestaltet. Recht geräumig die Juniorsuiten. Toll das Hallenbad mit Grotte und das Freibad mit Talblick! In nach Schweizer
Regionen benannten Restaurantstuben gibt es traditionelle Küche.

🍴🍴 Spettacolo – Hotel Lenkerhof

Badstr. 20 – 𝒞 033 736 36 36 – www.lenkerhof.ch – geschl. 5. April - 5. Juni
Menü 88/228 CHF – *(nur Abendessen)*
Geradliniger Stil und schicke Silbertöne bestimmen hier den Rahmen. Man hat
einen neuen Küchenchef, das Konzept ist aber geblieben: Es gibt ein 15-Gänge-
Menü, aus dem Sie die modernen Gerichte frei wählen können. Mit Wintergar-
ten und begehbarem Weinkeller.

🍴🍴 Oh de Vie – Hotel Lenkerhof

*Badstr. 20 – 𝒞 033 736 36 36 – www.lenkerhof.ch – geschl. 5. April - 5. Juni und
Montag - Dienstag*
Tagesteller 44 CHF – Menü 49 CHF (mittags) – Karte 54/105 CHF
Das Restaurant ist schon recht stylish: mit lindgrünem Samt bezogene Stühle und
Bänke, vergoldete Stuckapplikationen, Spiegelverkleidungen und glitzernde Hän-
geleuchter... Bistrogerichte aus der Showküche von mediterran bis regional.

LENZBURG

Aargau (AG) – ⊠ 5600 – 8 626 Ew – Höhe 406 m – Siehe Regionalatlas **4**-F3
▶ Bern 93 km – Aarau 12 km – Baden 16 km – Luzern 58 km
Michelin Straßenkarte 551-N5

Krone

*Kronenplatz 20 – 𝒞 062 886 65 65 – www.krone-lenzburg.ch – geschl. 21.
- 27. Dezember*
69 Zim ⌑ – ♥155/165 CHF ♥♥180/190 CHF – 1 Suite – ½ P
Rest *Charly* Tagesteller 30 CHF – Menü 99 CHF – Karte 50/89 CHF
Am Rande der Altstadt liegt das gewachsene Hotel mit Stammhaus a. d. J. 1765.
Es stehen helle, gut ausgestattete Zimmer bereit. Das Haus wird gerne für Tagungen genutzt. Im Restaurant Charly erwarten Sie gemütlich-traditionelles Ambiente
und bürgerliche Küche.

Bestecke 🍴 und Sterne ✿ sollten nicht verwechselt werden!
Die Bestecke stehen für eine Komfortkategorie, die Sterne zeichnen
Häuser mit besonders guter Küche aus - in jeder dieser Kategorien.

Ochsen ⌂⌂   🛋 🍽 Zim, 📶 ⌀ 🚗 **P**

Burghaldenstr. 33 – 𝒞 062 886 40 80 – www.ochsen-lenzburg.ch
– geschl. Weihnachten - Anfang Januar
35 Zim ⌷ – 🛏130/165 CHF 🛏🛏200/225 CHF
Rest Tagesteller 22 CHF – Menü 39/89 CHF – Karte 36/71 CHF – *(geschl. Sonntag - Montag)*
Das Haus der Familie Schatzmann ist ausgesprochen gut geführt und ebenso gepflegt. Immer wieder wird investiert, so hat man z. B. schöne geradlinig-moderne Zimmer in der "Ochsen Lodge" (Minibar, Wifi- und iPhone-Anschluss etc. gratis). Im Restaurant samt hübschem Ochsengarten bietet man überwiegend traditionelle Küche, alternativ mexikanische Spezialitäten.

🍴🍴 hirschen MUND art ❶   🛋 🍽 ⌀ ↩

Rathausgasse 41 – 𝒞 062 891 20 19 – www.hirschen-lenzburg.ch – geschl.
Februar 2 Wochen, Juni 2 Wochen, September 2 Wochen und Sonntag - Montag
Tagesteller 21 CHF – Menü 69/89 CHF – Karte 64/94 CHF
Im Herzen der netten kleinen Stadt finden Sie in einem Haus a. d. 18. Jh. die gemütlich-charmante "Gute Stube". Der Chef kocht klassisch - probieren Sie z. B. "Munifilet uf Kardi met Trüffeljus & Pastinakenstock". Und lassen Sie sich nicht seine Gourmet-Metzgete entgehen! Mittags einfacheres Angebot.

🍴 Rosmarin   🛋

Rathausgasse 13 – 𝒞 062 892 46 00 – www.restaurant-rosmarin.ch – geschl.
21. Dezember - 5. Januar, 9. - 31. August und Samstagmittag, Sonntag - Montag
Tagesteller 22 CHF – Menü 34 CHF (mittags unter der Woche)/99 CHF
– Karte 68/120 CHF – *(Mittwoch - Donnerstag nur Abendessen)*
Das nette lebendige kleine Restaurant von Philipp Audolensky erinnert schon in seiner farblichen Gestaltung an das namengebende Kraut. Aus der einsehbaren offenen Küche kommt Leckeres wie "Waldorf-Salat mit temperiertem Saibling" oder feine Desserts wie "Birne, Kondensmilch & Honig".

LENZERHEIDE (LAI)

Graubünden (GR) – ✉ 7078 – 2 617 Ew – Höhe 1 476 m (Wintersport : 1 475/
2 865 m) – Siehe Regionalatlas **10-I4**
▶ Bern 263 km – Chur 21 km – Andermatt 113 km – Davos 41 km
Michelin Straßenkarte 553-V9

🏨🏨 Schweizerhof   🛗 🛋 📺 📶 🐾 🍽 🏋 🏊 📶 ⌀ 🚗 **P**

Voa Principala 39 – 𝒞 081 385 25 25 – www.schweizerhof-lenzerheide.ch
– geschl. 12. April - 13. Mai
81 Zim ⌷ – 🛏230/350 CHF 🛏🛏360/500 CHF – ½ P
Rest Tagesteller 25 CHF – Karte 49/92 CHF
Alpenländisch-moderner Stil in den Zimmern "Alpenchic", "Nostalchic" (hier eine Spur eleganter) oder "Budget" (kleiner und günstiger). Attraktiver Spa - allein der Hamam misst 450 qm! Dazu "Open Air"-Solebad. Allegra ist das A-la-carte-Restaurant des Hotels.

⌂⌂ Lenzerhorn   🛋 📺 📶 🐾 🍽 📶 ⌀ 🚗 **P**

Voa Principala 11 – 𝒞 081 385 86 87 – www.hotel-lenzerhorn.ch
– geschl. Anfang April - Anfang Mai, Mitte Oktober - Anfang Dezember
38 Zim ⌷ – 🛏100/195 CHF 🛏🛏200/595 CHF – ½ P
Rest Tagesteller 25 CHF – Menü 104 CHF – Karte 49/87 CHF
So hat man es gerne... nämlich zeitgemäss und wohnlich, und ganz besonders chic in den Alpenstyle-Zimmern. Auch komfortable Juniorsuiten mit Balkon sind zu haben. Relaxen kann man bei Massagen (auch als Abo) oder im Solebad unter freiem Himmel. Restaurant "Giardino" mit Wintergarten, "Kuchikästli" mit rustikaler Note, Sonnenterrasse.

🍴🍴 La Riva   🐾 🛋 ↩ **P**

Voa Davos Lai 27 – 𝒞 081 384 26 00 – www.lariva.ch – geschl. Anfang April
- Mitte Juni, Mitte Oktober - Anfang Dezember und Montag
Tagesteller 25 CHF – Menü 55/150 CHF – Karte 59/94 CHF
Hell und zeitgemäss-alpenländisch ist es hier - schönes Holz schafft Wärme, die grosse Fensterfront sorgt für Ausblicke auf den nahen Heidsee und die Berge. Gekocht wird international, mittags ist das Angebot etwas einfacher.

Ⅹ **Scalottas - La Scala** 🅿

Voa Principala 39 – ☏ 081 384 21 48 – www.schweizerhof-lenzerheide.ch
– geschl. Anfang April - Mitte Juli, Mitte Oktober - Mitte Dezember und Montag;
im Sommer: Montag - Mittwoch
Karte 51/94 CHF – *(nur Abendessen)*
Bündnerstube Karte 51/94 CHF – *(nur Abendessen)*
Sie wählen typische mediterrane Speisen wie Pasta und Risotto, aber auch Fleisch und Fisch. Die Einrichtung ist geradlinig und in warmen Tönen gehalten. Zu den regionalen Spezialitäten der rustikalen Bündnerstube gehören vor allem Fondues und Raclette.

in Sporz Süd-West: 2,5 km – ✉ 7078

🏠 **Maiensäss Hotel Guarda Val** 🅿

Voa Sporz 85 – ☏ 081 385 85 85 – www.guardaval.ch
50 Zim ☷ – †293/470 CHF ††390/670 CHF
Rest Guarda Val – siehe Restaurantauswahl
Rest Crap Naros Menü 65 CHF – Karte 40/71 CHF – *(geschl. Mitte April - Ende Mai, Mitte Oktober - Mitte Dezember und Montag - Dienstag)*
Das hätten sich die elf jahrhundertealten Scheunen und Ställe nicht träumen lassen, dass aus Ihnen mal ein derartig schönes Hotel wird! Seinen heimelig-regionalen Bergdorf-Charme hat man dem liebenswerte Ensemble bewahrt und ihn mit ausgesprochen wertigem modernem Design gemischt! Und dann noch die romantische Lage... ein echtes Bündner Alpen-Bijou!

ⅩⅩ **Guarda Val** – Maiensäss Hotel Guarda Val 🅿

Voa Sporz 85 – ☏ 081 385 85 85 – www.guardaval.ch
Tagesteller 38 CHF – Menü 125/175 CHF (abends) – Karte 77/122 CHF
Was könnte einen in diesem historischen Bauernhaus Schöneres erwarten als die Gemütlichkeit von rustikalem altem Holz gepaart mit einer modernen Note? Wer gerne den Überblick hat, nimmt auf der Empore Platz. Noch weiter geht der Blick auf der wunderbaren Terrasse... auch im Winter! Abends serviert man ambitionierte Menüs.

in Tgantieni Süd-West: 3,5 km – Höhe 1 755 m – ✉ 7078 Lenzerheide

🏠 **Berghotel Tgantieni** 🅿

Voa Tgantieni 17 – ☏ 081 384 12 86 – www.tgantieni.ch – geschl. 7. April - 13. Juni, 19. Oktober - 4. Dezember
16 Zim ☷ – †90/165 CHF ††160/260 CHF – ½ P
Rest Tagesteller 18 CHF – Menü 35/72 CHF (abends) – Karte 33/89 CHF
Familientradition in 1796 m Höhe. Zimmer meist mit fantastischer Aussicht. Die Bar in der Marola Hütte gleich neben der Piste ist tagsüber ein Treff für Skifahrer. Besonders gemütlich speist man in der Arvenstube. Die Karte ist bürgerlich-regional.

in Valbella Nord: 3 km – Höhe 1 546 m – ✉ 7077

🏠🏠 **Valbella Inn** Zim, 🅿

Voa selva 3 – ☏ 081 385 08 08 – www.valbellainn.ch – geschl. Mitte April - Anfang Juni
117 Zim ☷ – †165/450 CHF ††265/550 CHF – 17 Suiten
Rest Fastatsch Karte 59/110 CHF
Rest Capricorn Tagesteller 24 CHF – Menü 65 CHF (abends) – Karte 49/91 CHF
Ideal für Familienurlaub: Kinderland, Familienbad, Kinder-Skilift direkt hinter dem Hotel. Im "Tgiasa Fastatsch", im "Tgiasa da Lenn" und im Wellness-Turm "Tor da Lenn" (ab 16 Jahre): alpines Design in Naturmaterialien und Naturfarben. Im Restaurant "Fastatsch" Spezialitäten vom Holzgrill, im "Capricorn" regionale und internationale Küche. Aussichtsterrasse.

LEUKERBAD (LOÈCHE-LES-BAINS)

Valais (VS) – ✉ 3954 – 1 586 Ew – Höhe 1 404 m (Wintersport : 1 411/2 700 m)
– Siehe Regionalatlas **8-E6**
▶ Bern 101 km – Brig 47 km – Interlaken 81 km – Sierre 27 km
Michelin Straßenkarte 552-K11

Les Sources des Alpes 🌊 ≤ 🍴 ♨ 🔺 📺 🌐 🐾 🛋 🖨 📶 🚗

Tuftstr. 17 – ☎ *027 472 20 00 – www.sourcesdesalpes.ch*
26 Zim 🛏 – ♦350/690 CHF ♦♦450/1200 CHF – 4 Suiten – ½ P
Rest *La Malvoisie* – siehe Restaurantauswahl
Klassisch und stilvoll wie eh und je! Ein engagiertes Team, das Gäste verschiedenster Nationen kompetent und aufmerksam umsorgt, sowie geräumige, elegante Zimmer in zarten, hellen Tönen (das kleinste misst 34 qm!). Auch das umfassende Wellnessangebot wird Sie überzeugen!

Mercure Hotel Bristol 🌊 ≤ 🍴 🏡 ♨ 🔺 🌐 🐾 🛋 🖨 ✂ Rest. 📶 🏋

Rathausstr. 51 – ☎ *027 472 75 00 – www.mercure.com/6927* 🚗 🅿
73 Zim 🛏 – ♦175/230 CHF ♦♦260/350 CHF – 1 Suite – ½ P
Rest Menü 45/58 CHF – Karte 53/86 CHF – *(nur Abendessen) (Tischbestellung ratsam)*
Die zwei Gebäude mit schönem grossem Garten-Poolbereich liegen ruhig am Dorfrand. Die Zimmer des Haupthauses sind moderner eingerichtet, die im Annexe einfacher. Auffallend: das markante Rot im Bar- und Restaurantbereich.

Lindner Hotels & Alpentherme 🍴 🏡 ♨ 🔺 🐾 🛋 ✂ 🖨 📶 🏋

Dorfplatz – ☎ *027 472 10 00 – www.lindnerhotels.ch* 🚗
134 Zim 🛏 – ♦140/229 CHF ♦♦167/289 CHF – 1 Suite – ½ P
Rest *Sacré Bon* ☎ 027 472 17 47 – Tagesteller 20 CHF – Menü 45/70 CHF (abends) – Karte 34/77 CHF
Drei miteinander verbundene Häuser mit den wohlklingenden Namen "Hotel de France" (1845), "Maison Blanche" (1625) und "Grand Bain". Bequem: von der Lobby durch den Bademantelgang in die Alpentherme! Eine Alternative zum Restaurant "Sacré Bon" ist das kleine "Fin Bec".

Waldhaus 🐟 🌊 ≤ 🏡 🛋 📶 🅿

Promenade 17 – ☎ *027 470 32 32 – www.hotel-waldhaus.ch – geschl. April 2 Wochen*
16 Zim 🛏 – ♦144/262 CHF ♦♦232/392 CHF – ½ P
Rest Tagesteller 19 CHF – Menü 39 CHF – Karte 41/96 CHF – *(geschl. Dienstag - Mittwochmittag, ausser Saison)*
Von Ihrem Südbalkon (in einigen der schön renovierten Zimmer) schauen Sie auf die Berge, der Wald direkt am Haus! Das Thermalbad können Sie gratis nutzen. Sie speisen im rustikalen Restaurant oder in der modernen Lodge. Werfen Sie einen Blick auf die bemerkenswerte Bordeaux-Weinkarte - ein Faible des Chefs!

Viktoria garni ≤ 🛋 📶 🚗 🅿

Pfolongstutz 2 – ☎ *027 470 16 12 – www.viktoria-leukerbad.ch – geschl. 12. April - 14. Mai, 15. November - 25. Dezember*
20 Zim 🛏 – ♦98/133 CHF ♦♦180/250 CHF
Ein tipptopp gepflegtes Haus mit gut ausgestatteten Zimmer in frischen, wohnlichen Farben, alle mit Balkon. Gleich nebenan die Burgerbad Therme, zu der die Hausgäste kostenfreien Zugang haben. Ebenfalls gratis: Gemmibahn einschliesslich Pendelbahn zum Daubensee, Green Fee für 18-Loch-Golfplatz in Leuk/Susten, Sportarena Leukerbad...

🍴🍴🍴 La Malvoisie – Hotel Les Sources des Alpes 🐟 ≤ 🏡 ✂

Tuftstr. 17 – ☎ *027 472 20 00 – www.sourcesdesalpes.ch*
Tagesteller 35 CHF – Menü 75/160 CHF – Karte 79/103 CHF
Zuerst ein Aperitif bei Pianomusik in der Bar, dann bei klassischem Ambiente und stets präsentem Service ambitionierte Küche und erlesene Weine geniessen! Von den Fensterplätzen hat man zudem noch eine schöne Sicht.

LICHTENSTEIG
Sankt Gallen – 1 924 Ew – Siehe Regionalatlas **5-H3**
▶ Bern 195 km – Sankt Gallen 45 km – Herisau 23 km – Frauenfeld 36 km
Michelin Straßenkarte 551-S5

X **Bodega Noi ⓝ**   🎐 ⚒ ⇔ 🅟
Loretostr. 19 ✉ 9620 – ☎ 071 988 88 28 – www.bodeganoi.ch – geschl. 22.
- 29. Dezember, 13. - 19. April, 20. Juli - 2. August, 12. - 19. Oktober und Sonntag
- Montag
Tagesteller 24 CHF – Menü 69 CHF – Karte 51/86 CHF – *(Tischbestellung ratsam)*
Ein wirklich attrakives Restaurant: schön modern, offen gehalten und dank gros-
ser Fensterfront angenehm hell. Hier bieten zwei Brüder - gebürtige Griechen
- eine frische, schmackhafte Küche mit mediterranem und regionalem Einfluss.

LIEBEFELD – Bern ➜ Siehe Bern

LIECHTENSTEIN – (FÜRSTENTUM) ➜ Siehe Seite 484

LIESTAL
Basel-Landschaft (BL) – ✉ 4410 – 13 708 Ew – Höhe 327 m
– Siehe Regionalatlas **3**-E2
▶ Bern 82 km – Basel 20 km – Aarau 52 km – Baden 59 km
Michelin Straßenkarte 551-L4

🏠 **Engel**   🎐 🖪 🖪 ♿ 🛜 🛁 🚗
😎 **49 Zim** 🛏 – ♦127/250 CHF ♦♦147/320 CHF – ½ P
Kasernenstr. 10 – ☎ 061 927 80 80 – www.engel-liestal.ch
Rest Tagesteller 18 CHF – Karte 37/76 CHF
Ein Hotel in zentraler Lage, das über neuzeitlich und funktionell ausgestattete
Gästezimmer verfügt, darunter auch zwei besonders komfortable Maisonetten.
Zur Wahl stehen die drei Restaurants Raphael's, Taverne und Le Papillon.

in Bad Schauenburg Nord-West: 4 km – Höhe 486 m – ✉ 4410 Liestal

🏠 **Bad Schauenburg**   🌿 ≤ 🖪 🛜 🛁 🅟
Schauenburgerstr. 76 ✉ 4410 – ☎ 061 906 27 27 – www.badschauenburg.ch
– geschl. 20. Dezember - 12. Januar
34 Zim 🛏 – ♦150/200 CHF ♦♦210/260 CHF – ½ P
Rest *Basler Stübli* – siehe Restaurantauswahl
Vorbei an Feld, Wald und Wiese, dann durch den wunderbaren Garten mit Biotop
und Koiteich: Das 300 Jahre alte einstige Heilbad ist auch heute noch ein wahres
Idyll! Verständlich, dass hier auch gerne geheiratet wird. Für das Brautpaar (natürlich nicht nur): die "Biedermeier-Suite".

XX **Basler Stübli** – Hotel Bad Schauenburg   ≤ 🎐 ⚒ 🅟
Schauenburgerstr. 76 ✉ 4410 – ☎ 061 906 27 27 – www.badschauenburg.ch
– geschl. 20. Dezember - 12. Januar und Sonntagabend
Menü 60 CHF (mittags unter der Woche)/145 CHF – Karte 73/120 CHF
Elegantes Herzstück des Restaurants ist das Basler Stübli (schön aber auch die
Terrasse mit toller Sicht!). Was hier auf den Tisch kommt, ist klassisches Handwerk
- probieren Sie z.B. Tatar von St. Jakobsmuscheln oder die legendären Kalbfleisch-
ravioli mit Trüffelschaum!

LINDAU
Zürich (ZH) – ✉ 8315 – 5 212 Ew – Höhe 530 m – Siehe Regionalatlas **4**-G2
▶ Bern 141 km – Zürich 22 km – Schaffhausen 37 km – Zug 64 km
Michelin Straßenkarte 551-Q4

XXX **Rössli**   🎐 ♿ 🎴 ⚒ ⇔ 🅟
Neuhofstr. 3 – ☎ 052 345 11 51 – www.roessli-lindau.com – geschl. 23.
- 26. Dezember, 1. - 5. Januar und Sonntag - Montag
Tagesteller 38 CHF – Menü 50 CHF (mittags)/149 CHF – Karte 76/115 CHF
Das "Rössli" (abgerissen und exakt nach dem Vorbild des Originals wieder auf-
gebaut) ist ein elegantes Restaurant, das von Rolf und Christine Grob mit Herzblut
geführt wird. Die Küche: mediterran-klassisch, so z. B. "Tösstaler Kalbsfilet im
Safran-Fenchel". Im Dorf-Bistro gibt es auch Kleinigkeiten.

LIPPERSWIL

Thurgau (TG) – ⊠ 8564 – Siehe Regionalatlas **5-H2**

▶ Bern 179 km – Frauenfeld 17 km – Herisau 71 km – Zürich 59 km

Michelin Straßenkarte 551-S3

命命命 **Golf Panorama**   🚲 ⪻ 🖶 🔲 🕸 🕉 ♨ 🛗 🛗 🎧 🚗 **P**

Golfpanorama 6 – ✆ *052 208 08 08* – *www.golfpanorama.ch*

54 Zim ⊑ – 🛉210/250 CHF 🛉🛉360/440 CHF – ½ P

Rest *Lion d'Or* – siehe Restaurantauswahl

Der Golfplatz Lipperswil auf der einen Seite, Wiesen und Felder auf der anderen
- eine Umgebung zum Abschalten! Auch drinnen ist Wohlfühlen angesagt: moderne, klare Linien in warmen, ruhigen Farben und als Beauty-Highlight die hauseigene Apfelblütenkosmetik!

🕅🕅🕅 **Lion d'Or** – Hotel Golf Panorama   🛗 **P**

Golfpanorama 6 – ✆ *052 208 08 08* – *www.golfpanorama.ch*

Tagesteller 32 CHF – Menü 77/107 CHF – Karte 66/103 CHF

Luftig wirkt das geradlinig gehaltene Restaurant in seiner recht offenen Gestaltung, einsehbar auch die Küche - hier entstehen internationale Speisen mit Bezug
zu Region und Saison. Vor der grossen Glasfront: die Terrasse zum Golfsplatz.

LOCARNO

Ticino (TI) – ⊠ 6600 – 15 483 ab. – alt. 205 m (Sport invernali : a Cardada : 1 340/
1 670 m) – Carta regionale **9-H6**
▶ Bern 239 km – Lugano 46 km – Andermatt 107 km – Bellinzona 24 km
Carta stradale Michelin 553-Q12

© G. Gräfenhain / Sime / Photononstop

● Alberghi

🏨 **Belvedere** ⟪symbols⟫

via ai Monti della Trinità 44 – ℰ 091 751 03 63   Pianta : A1**z**
– www.belvedere-locarno.com
83 cam � – ♦155/340 CHF ♦♦260/520 CHF – 6 suites – ½ P
Rist Piatto del giorno 39 CHF – Menu 55 CHF (cena) – Carta 55/89 CHF
Dimora storica dell'alto lago da cui è possibile scorgere la città dal giardino fiorito.
Camere ampie e moderne, tutte con vista lago, e diversi ristoranti dai nomi evo-
cativi: Fontana, Affresco, Veranda e Grotto. Il menu d'impronta tradizionale, tuttavia, non cambia.

🏨 **Boutique Hotel La Rinascente** ⟪symbols⟫

Via al Tazzino 3 – ℰ 091 751 13 31 – www.larinascente.ch   Pianta : A2**e**
– chiuso metà dicembre - metà marzo, fine ottobre - metà novembre
15 cam ⊶ – ♦140/240 CHF ♦♦200/320 CHF – 1 suite
Rist *La Rinascente Gourmet* – vedere selezione ristoranti
Un edificio del 1550 - completamente rinnovato - ospita questo boutique hotel
dalle camere piacevolmente moderne. La sua ubicazione? Nel quartiere vecchio
di Locarno!

🏨 **Millennium** senza rist ⟪symbols⟫

via Dogana Nuova 2 – ℰ 091 759 67 67   Pianta : B2**e**
– www.millennium-hotel.ch – chiuso novembre - marzo : domenica - lunedì
10 cam ⊶ – ♦89/290 CHF ♦♦139/290 CHF
Di fronte all'imbarcadero, lasciatevi viziare in questa graziosa bomboniera - familiare e personalizzata - nella quale vivere richiami al jazz. Camere di diversa tipologia: alcune un po' piccole, ma comunque confortevoli.

🏨 **Du Lac** senza rist ⟪symbols⟫

via Ramogna 3 – ℰ 091 751 29 21 – chiuso novembre   Pianta : AB2**d**
30 cam ⊶ – ♦105/125 CHF ♦♦170/240 CHF
Proprio nel centro cittadino, hotel con camere diverse per dimensioni, dagli
arredi moderni. Al primo piano, sala per la colazione da cui si accede ad una
bella terrazza.

Un esercizio evidenziato in rosso enfatizza il fascino della struttura 🏨 XXX.

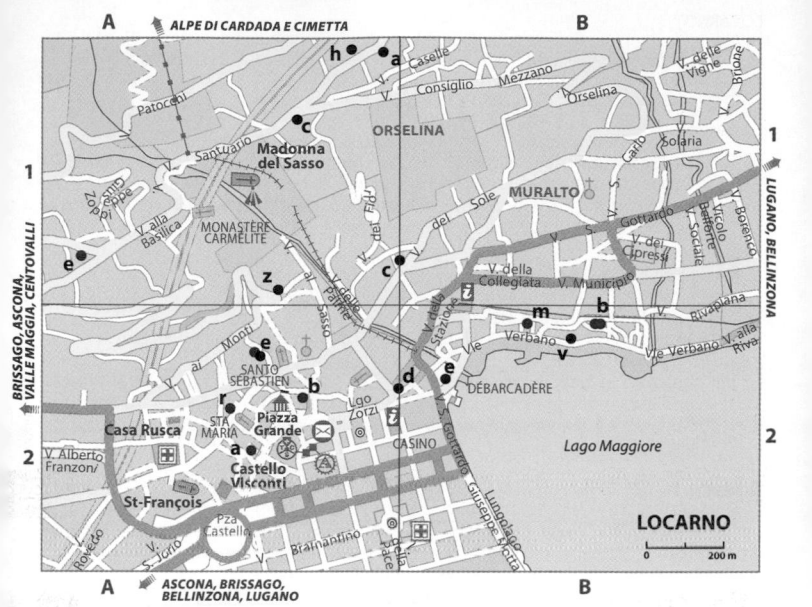

Ristoranti

XX lachiesa

via del Tiglio 1 ✉ *6605 Locarno-Monti Trinità*   Pianta : A1**e**
*– ℰ 091 752 03 03 – www.lachiesa.ch – chiuso 26 ottobre - 15 novembre, lunedì
e martedì; giugno - agosto: lunedì*
Menu 104 CHF – Carta 79/113 CHF – *(consigliata la prenotazione la sera)*
Proprio dietro ad una chiesa, sulle colline dominanti Locarno, la vista spazia sulla
città e uno scorcio di lago, la cucina invece su piatti mediterranei, dall'Italia alla
Spagna, dal pesce alla carne. Non stupitevi, quindi, se il menu propone ravioli
ripieni alle verdurine con maggiorana, burro e petti di quaglia o chorizo piccante
e risotto al prezzemolo.

XX Da Valentino

via Torretta 7 – ℰ 091 752 01 10   Pianta : A2**b**
*– www.ristorantedavalentino.ch – chiuso 1 settimana a Carnevale, 2 settimane
fine giugno - inizio luglio, 1 settimana inizio novembre, domenica e lunedì*
Piatto del giorno 26 CHF – Menu 40 CHF (pranzo in settimana)/78 CHF
– Carta 72/87 CHF
La bella terrazza affascina d'amblé, ma anche la cordiale accoglienza ed il servizio attento
non mancano di conquistare l'ospite: *Valentino* ai fornelli, *Sabine* in sala, e sulla tavola
gustose specialità mediterranee. D'inverno, il camino riscalderà l'ambiente e i cuori.

XX La Rinascente Gourmet ⓝ

Via al Tazzino 3 – ℰ 091 751 13 31 – www.larinascente.ch   Pianta : A2**e**
*– chiuso metà dicembre - metà marzo, fine ottobre - metà novembre, sabato a
mezzogiorno, domenica e lunedì*
Piatto del giorno 19 CHF – Menu 37 CHF (pranzo)/98 CHF (cena) – Carta 67/92 CHF
Cucina mediterranea che spazia dai tagliolini al sughetto di triglia e ceci alle
melanzane alla parmigiana, passando per la lombata di vitello cotta con "ras"
(mix di spezie) ed emulsione di zucchine. In quanto al dessert, lasciatevi tentare
da una crêpe Suzette preparata espressamente davanti ai vostri occhi.

XX **La Cittadella** con cam ⌂ 🅰️🅲️ rist, 📶

🔗 *via Cittadella 18, (1° piano) –* 📞 *091 751 58 85* Pianta : A2**r**
– www.cittadella.ch – chiuso lunedì
9 cam ⬚ – ♦65/100 CHF ♦♦120/170 CHF
Menu 45 CHF (pranzo in settimana)/82 CHF – Carta 78/104 CHF
La Trattoria Piatto del giorno 18 CHF – Menu 22 CHF (pranzo) – Carta 51/73 CHF
Cucina classica e mediterranea con proposte di pesce, in un ambiente rustico-elegante con travi a vista anche nelle camere. Tipicità a prezzi più contenuti a *La Trattoria*: tante ricette italiane e l'immancabile pizza!

XX **Locanda Locarnese** ⌂

via Bossi 1 – 📞 *091 756 87 56 – www.locandalocarnese.ch* Pianta : A2**a**
– chiuso 1 settimana inizio gennaio, giugno e domenica
Piatto del giorno 22 CHF – Menu 36 CHF (pranzo in settimana)/84 CHF
– Carta 68/89 CHF
Nascosto in una viuzza, questo piacevole ristorante dai tratti moderni propone una cucina mediterranea che segue l'alternarsi delle stagioni. A caratterizzare l'ambiente il grande camino; a far sentire il cliente come ospite di una casa privata, l'amabile servizio.

a Muralto alt. 208 m – ✉ 6600

🏨 **Ramada Hotel La Palma au Lac** ← ⌂ 🏤 ♨️🛗🅰️🅲️ ♻️ cam, 📶🦯 🅿️

viale Verbano 29 – 📞 *091 735 36 36 – www.ramada-treff.ch* Pianta : B2**v**
67 cam ⬚ – ♦100/315 CHF ♦♦270/475 CHF – 1 suite
Rist Piatto del giorno 22 CHF – Menu 32 CHF (pranzo)/92 CHF
– Carta 48/96 CHF
Situato di fronte al lago, albergo con camere di diverso stile, alcune arredate con mobili in cuoio, funzionali altre con mobili più classici, di legno intarsiato. Dall'ampia hall si accede al ristorante in stile classico-elegante, che propone una squisita cucina d'impronta mediterranea; per chi ama la pizza, una sosta al Palm'Osta è d'obbligo!

🏠 **Muralto** senza rist 🛗🅰️🅲️ 📶🚗 🅿️

via Sempione 10 – 📞 *091 735 30 60* Pianta : AB1**c**
– www.hotelmuralto.ch – chiuso 23 dicembre - 7 gennaio
34 cam ⬚ – ♦99/129 CHF ♦♦149/215 CHF
Ristrutturato in anni recenti, l'albergo si ripropone in una squisita veste moderna, soprattutto nella luminosa hall con bar. Camere accoglienti e confortevoli - alcune ampie, altre meno - quelle rivolte a sud dispongono di balcone.

XX **Osteria del Centenario** ⌂

viale Verbano 17 – 📞 *091 743 82 22* Pianta : B2**m**
– www.osteriacentenario.ch – chiuso fine giugno 1 settimana e lunedì; novembre - marzo : domenica e lunedì, aprile - giugno e settembre - ottobre : domenica sera e lunedì
Piatto del giorno 25 CHF – Menu 71 CHF (pranzo in settimana)/87 CHF
– Carta 74/101 CHF
Accogliente ristorante, dove la simpatia del servizio e l'ambiente rustico-informale si associano ad una saporita cucina mediterranea, che segue le stagioni. Dalla piacevole terrazzina, l'incanto del lago.

X **Antica Osteria Il Malatesta** ⌂

via dei pescatori 8 – 📞 *091 730 15 24 – www.ilmalatesta.ch* Pianta : B2**b**
– chiuso febbraio e martedì - mercoledì a pranzo
Menu 76 CHF – Carta 79/86 CHF
Tre salette arredate con mobili antichi, dipinti ed un camino: l'atmosfera è semplice e un po' retrò, la cucina squisitamente italiana. Un esempio? Gnocchi fatti in casa, pesto di salvia e filetti di pomodoro - risotto ai peperoni rossi, acciughe e salsa al prezzemolo - filetto di branzino al cartoccio con patate, coste rosse, zeste di limone e olive taggiasche. I dessert sono proposti al tavolo.

X **Osteria Chiara**

Vicolo dei Chiara 1 – 𝒞 091 743 32 96   Pianta : B2**b**
– www.osteriachiara.ch – chiuso 2 settimane giugno, 3 settimane novembre,
domenica e lunedi
Piatto del giorno 29 CHF – Menu 29 CHF (pranzo)/72 CHF (cena)
– Carta 59/84 CHF
Un po' defilato in una stradina del centro storico, tradizionale grotto con un bel
camino ed una piacevole terrazza pergolata, dove gustare una verace cucina
mediterranea che trova la propria massima espressione nelle paste fatte in casa
e nei risotti. Ottimo, quello ai fegatini!

ad Orselina Nord : 2 km – alt. 406 m – ✉ 6644

⌂⌂⌂ **Villa Orselina**   ⛱ ⬅ ⎧ 🍴 ⎫ ⌆ 🖥 ⊛ ⽥ ♨ ⚡ 🍴 ▣ ▥ cam, 🍴 rist, 🛜 🚗

via Santuario 10 – 𝒞 091 735 73 73 – www.villaorselina.ch   Pianta : A1**c**
– chiuso inizi gennaio - inizio marzo
12 cam ⌸ – 🛏210/490 CHF 🛏🛏360/690 CHF – 19 suites
Rist *il Ristorante* Carta 80/96 CHF
Molto ben situato in una zona tranquilla, all'inizio della montagna con splendida
vista sul lago, il suo ampio giardino assicura agli ospiti un soggiorno all'insegna
della massima privacy: camere molto raffinate, da tutte si gode di uno splendido
panorama, e centro benessere. Al Ristorante, lo chef italiano ammalia con sapori
mediterranei. Vicino alla piscina, solo a pranzo, piatti più semplici e pesce alla
griglia.

⌂⌂ **Stella**   ⬅ ⎧ 🍴 ⌆ 🔲 ▣ 🍴 rist, 🛜 **P.**
⚯⚯
via al Parco 14 – 𝒞 091 743 66 81 – www.hotelstella.ch   Pianta : A1**a**
– chiuso novembre - inizio marzo
38 cam ⌸ – 🛏88/142 CHF 🛏🛏164/316 CHF – 1 suite – ½ P
Rist Piatto del giorno 18 CHF – Menu 20 CHF (pranzo)/34 CHF – Carta 36/64 CHF
Situato nella parte alta di Locarno, l'hotel dispone di un bel giardino con piscina e
di 12 camere design; arredi moderni nelle restanti stanze, la maggior parte rinnovate, e con balcone vista lago. Andate fino alla panoramica terrazza e cenate cer-
cando la vostra "Stella": la squisita cucina tradizionale non vi deluderà!

⌂ **Mirafiori**   ⬅ ⎧ 🍴 ⌆ ▣ 🍴 rist, 🛜 **P.**

via al Parco 25 – 𝒞 091 743 18 77 – www.mirafiori.ch   Pianta : A1**h**
– chiuso metà ottobre - metà marzo
25 cam ⌸ – 🛏120/180 CHF 🛏🛏200/280 CHF – ½ P
Rist Menu 36 CHF (cena) – Carta 31/80 CHF
Incantevole giardino e bella terrazza in una struttura familiare, dalla calda ospitalità. Rilassati attorno alla piscina, lasciatevi trasportare verso mete lontane dal profumo intenso dei fiori esotici i cui colori ravvivano anche le camere, di varia tipologia: quelle superiori con aria condizionata.

a Minusio Est : 2 km per via San Gottardo B1 – alt. 246 m – ✉ 6648

⌂⌂⌂ **Esplanade**   ⛱ ⬅ ⎧ 🍴 ⌆ ⊛ ♨ ⚡ 🍴 🖥 ♿ ▣ cam, 🍴 rist, 🛜 ⛨ **P.**

via delle Vigne 149 – 𝒞 091 735 85 85 – www.esplanade.ch – chiuso 7 gennaio
- 1° marzo
63 cam ⌸ – 🛏170/270 CHF 🛏🛏280/520 CHF – 4 suites
Rist Piatto del giorno 35 CHF – Menu 65 CHF (cena) – Carta 57/84 CHF
Incantevole vista per questo hotel in stile Liberty, abbracciato da un lussureggiante parco, che oltre a moderne infrastrutture offre un grande centro wellness
e tutto per la vostra salute. Cucina mediterranea nella sala da pranzo classica e
sulla terrazza.

⌂⌂ **Giardino Lago**   ⬅ ▣ 🛜 **P.**

via alla Riva 83a – 𝒞 091 786 95 95 – www.giardino-lago.ch – chiuso inizio
gennaio - inizio febbraio
16 cam ⌸ – 🛏150/260 CHF 🛏🛏250/400 CHF
Rist *Giardino Lago* – vedere selezione ristoranti
Incantevole posizione in riva al lago e in zona pedonale, il vecchio edificio tardo
ottocentesco è stato rinnovato con le più recenti dotazioni ed offre camere dagli
arredi moderni, nonché un roof lounge per snack veloci.

🏠 **Remorino** senza rist 💉 ⇐ 🚗 ⅀ 🏢 AC 🛜 🅿

via Verbano 29 – 𝒞 091 743 10 33 – www.remorino.ch – chiuso novembre - marzo

24 cam ⅀ – ♦100/180 CHF ♦♦220/430 CHF

Hall signorile aperta direttamente verso la terrazza e il rigoglioso giardino con piscina. Camere di diversa tipologia dal rustico allo stile tradizionale, passando per il moderno: tutte recentemente rinnovate, alcune di esse con vista lago. Noleggio gratuito di e-bike.

🏠 **Alba** senza rist ⇐ 🚗 ⅀ 🏢 ㊿ AC 🛜 🚙

via Rinaldo Simen 58 – 𝒞 091 735 88 88 – www.albahotel.ch – chiuso novembre - marzo

35 cam ⅀ – ♦100/140 CHF ♦♦160/250 CHF

L'eleganza si veste di classicità in questa piacevole struttura rallegrata da un curato giardino e con belle camere spaziose: preferite quelle a sud, dotate di balcone.

🍴 **Giardino Lago** – Hotel Giardino Lago ⇐ 🏠 ㊿ AC 🅿

via alla Riva 83a – 𝒞 091 786 95 95 – www.giardino-lago.ch – chiuso inizio gennaio - inizio febbraio; novembre - aprile : lunedì e martedì; maggio e ottobre : lunedì

Carta 60/127 CHF

In riva al lago, il nome è una promessa! Il ristorante è conosciuto per la bella posizione, nonché per la sua cucina mediterranea ed internazionale: gazpacho di mango con pepe di Sichuan, petto di pollastrello con melanzane e patate al forno, curry asiatico... ma tante altre specialità vivacizzano il menu.

Le LOCLE

Neuchâtel (NE) – ✉ 2400 – 10 208 h. – alt. 925 m – Carte régionale **1-B4**

▶ Bern 78 km – Neuchâtel 28 km – Besançon 76 km – La Chaux-de-Fonds 9 km

Carte routière Michelin 552-F6

🍴🍴 **Auberge du Prévoux** avec ch 🛜 ♻ 🅿

Le Prévoux 10, (2,5 km par Le Col) – 𝒞 032 931 23 13 – www.aubergeduprevoux.ch – fermé Noël - Nouvel An, 23 février - 1ᵉʳ mars, 20 juillet - 2 août, dimanche et lundi

4 ch ⅀ – ♦90 CHF ♦♦140 CHF – ½ P

Plat du jour 19 CHF – Menu 70/92 CHF – Carte 75/113 CHF

Brasserie Carte 46/78 CHF

Au cœur des montagnes neuchâteloises, cette maison en lisière de forêt est bien connue des gourmands ! On y apprécie une cuisine française mettant l'accent sur les produits de saison. L'ambiance est conviviale et si vous décidez de prolonger l'étape, des chambres vous attendent à l'étage.

🍴🍴 **De la Gare - Chez Sandro** 🍸 🏠

Rue de la Gare 4 – 𝒞 032 931 40 87 – www.chez-sandro.ch – fermé 23 décembre - 9 janvier, mi-juillet - mi-août, dimanche, lundi et jours fériés

Plat du jour 17 CHF – Menu 69/120 CHF – Carte 42/95 CHF

Depuis les années 1970, ce restaurant italien fait figure d'institution locale. Au père a succédé le fils qui met tout son dynamisme au service de l'affaire familiale. Quelques bons crus devraient intéresser les amateurs... Pensez à réserver !

LODANO

Ticino (TI) – ✉ 6678 – 191 ab. – alt. 341 m – Carta regionale **9-G6**

▶ Bern 255 km – Locarno 17 km – Andermatt 123 km – Bellinzona 39 km

Carta stradale Michelin 553-Q12

🏠 **Ca'Serafina** senza rist 💉 🚗 🛜

Nucleo 13 – 𝒞 091 756 50 60 – www.caserafina.com – chiuso 1° gennaio - 21 marzo

5 cam ⅀ – ♦140/170 CHF ♦♦180/220 CHF

Nel cuore di un pittoresco villaggio, tipica casa ticinese in sasso con un grazioso giardinetto, dove in stagione viene servita la prima colazione, e sole cinque camere: belle e spaziose. Su richiesta, la cena è servita per un minimo di sei persone.

LOÈCHE-les-BAINS – Valais → Voir à Leukerbad

LÖMMENSCHWIL
Sankt Gallen (SG) – ⊠ 9308 – Höhe 543 m – Siehe Regionalatlas **5-I2**
▶ Bern 208 km – Sankt Gallen 11 km – Bregenz 41 km – Konstanz 27 km
Michelin Straßenkarte 551-U4

XX **Neue Blumenau** 🍴 ⇔ **P**
Romanshornerstr. 2 – 𝒞 *071 298 35 70 – www.neueblumenau.ch – geschl.*
Januar - Februar 2 Wochen und Samstagmittag, Sonntag - Montag
Tagesteller 48 CHF – Menü 58 CHF (mittags unter der Woche)/138 CHF
– Karte 86/108 CHF – *(April - September: jeden 2. Sonntagmittag geöffnet)*
Ein schönes modernes Restaurant, eine tolle Terrasse, ein sehr gepflegter Garten
und nicht zuletzt ein zuvorkommender Service. Ein wunderbarer Rahmen für sai-
sonale Küche aus top Produkten: Fisch aus dem Bodensee, Fleisch und Gemüse
aus der Region - Bernadette Lisibach bereitet all das schmackhaft zu!

X **Ruggisberg** ← 🍴 ✿ ⇔ **P**
🐸 *Ruggisberg 416, Süd-Ost: 2 km, im Weiler Ruggisberg –* 𝒞 *071 298 54 64*
– www.ruggisberg.ch – geschl. Oktober 3 Wochen und Sonntagabend - Dienstag
Tagesteller 30 CHF – Menü 47 CHF (mittags)/98 CHF (abends)
Drinnen ist es wunderbar heimelig, draussen im Garten schaut man über Wiesen
bis zum Bodensee! Der Chef kocht richtig gut, und zwar mit regionalen Zutaten.
Dabei entstehen dann z. B. "Linsenkuechli mit Gemüsebouquet und geschmorte
Radieschen" oder "Roulade vom Hochlandrind mit Safrannudeln".

LOSONE – Ticino → Vedere Ascona

LOSTALLO
Grigioni (GR) – ⊠ 6558 – 725 ab. – alt. 426 m – Carta regionale **10-I6**
▶ Bern 490 km – Sankt Moritz 130 km – Bellinzona 24 km – Chur 95 km
Carta stradale Michelin 553-T11

X **Groven** con cam 🍴 ✿ cam, 🛜 ⇔ **P**
Via Cantonale 3 – 𝒞 *091 830 16 42 – www.groven.ch – chiuso 1 settimana inizio*
gennaio, 1 settimana metà febbraio, 2 settimane fine agosto, sabato a
mezzogiorno, domenica sera e lunedì
7 cam ⌇ – ✝110 CHF ✝✝130 CHF
Piatto del giorno 35 CHF – Menu 65/95 CHF – Carta 64/90 CHF
Piccola locanda dove tutto punta sulla semplicità locale. Fermatevi per una
pausa pranzo in terrazza, ogni giorno troverete un menu diverso, ispirato ai prodotti di stagione.

LUCENS
Vaud (VD) – ⊠ 1522 – 3 017 h. – alt. 493 m – Carte régionale **7-C5**
▶ Bern 68 km – Fribourg 33 km – Lausanne 32 km – Montreux 45 km
Carte routière Michelin 552-F8

XX **De la Gare** avec ch 🐷 🍴 🎦 rest, 🛜 ⇔ 🦽 **P**
🍴 *Avenue de la Gare 13 –* 𝒞 *021 906 12 50 – www.hoteldelagarelucens.ch – fermé*
Noël - Nouvel An, juillet - août 3 semaines, dimanche et lundi
5 ch ⌇ – ✝130/140 CHF ✝✝170/180 CHF
Plat du jour 20 CHF – Menu 45 CHF (déjeuner en semaine)/147 CHF
– Carte 71/113 CHF – *(réservation conseillée)*
Impossible de manquer cette haute maison ocre devant la gare de Lucens :
un établissement de tradition plein de vie, du côté du café comme de la table
gastronomique. Le rapport qualité-prix est bon, ainsi que le choix de vins. Pour
l'étape, des chambres simples et bien tenues.

LÜSCHERZ

Bern (BE) – ✉ 2576 – 532 Ew – Höhe 446 m – Siehe Regionalatlas **2**-C4
▶ Bern 38 km – Neuchâtel 22 km – Biel 16 km – La Chaux-de-Fonds 42 km
Michelin Straßenkarte 551-H6

✕✕ 3 Fische 　　　　　　　　　　　　　　　　　　　　　　 ⌂ ✗ **P**

*Hauptstr. 29 – ✆ 032 338 12 21 – www.3fische.ch – geschl. Januar und Mittwoch
- Donnerstag*
Tagesteller 18 CHF – Menü 69/99 CHF – Karte 47/103 CHF
Zwei Generationen leiten den gemütlichen Gasthof a. d. 16. Jh. Man kommt nicht
nur wegen der Fischküche (bekannt ist man für das Fischbuffet im Sommer), es
gibt auch Fleischgerichte sowie Kutteln im Winter. Weinkeller mit Trouvaillen.

✕✕ Zum Goldenen Sternen 　　　　　　　　　　　　　　　　 ⌂ **P**

*Hauptstr. 33 – ✆ 032 338 12 23 – www.zumgoldenensternen.ch – geschl. 1.
- 25. Februar, 23. August - 16. September und Montag - Dienstag*
Tagesteller 20 CHF – Menü 86 CHF – Karte 54/101 CHF
Gerne kommt man zu Werner Bruggisser in das Gasthaus a. d. 18. Jh., denn
hier sitzt man nett (in der rustikalen Gaststube, im wohnlichen Restaurant oder
auf der Terrasse) und isst gut: traditionelle Fischgerichte und zur Saison viel Wild.

LUGANO

Ticino (TI) – ⊠ 6900 – 56 038 ab. – alt. 273 m – Carta regionale **10-H7**
▶ Bern 271 km – Bellinzona 28 km – Como 30 km – Locarno 40 km
Carta stradale Michelin 553-R13
Pianta pagina seguente

© gourmet–vision / imageBROKER / age fotostock

● Alberghi

Grand Hotel Villa Castagnola ⟨ ⟨🛬 🖫 🗠 🕼 🎇 🖾 🎧 🎧 🛆 🖪
viale Castagnola 31 ⊠ 6906 Lugano-Cassarate – ℰ 091 973 25 55
– www.villacastagnola.com   Pianta : B2**n**
78 cam ⬭ – ♥340/440 CHF ♥♥410/540 CHF – 7 suites – ½ P
Rist *Arté* ⊛ **Rist** *Le Relais* – vedere selezione ristoranti
Ambiente vellutato per questo hotel sito in un giardino dalla flora subtropicale:
arredi in stile garantiscono un'amenità totale nelle camere, mentre massaggi e
trattamenti estetici vi attendono nell'area wellness.

Villa Principe Leopoldo 🛁 ⟨ 🛬 🗓 🗠 🎇 🖾 🖾 🎧 🎧 🛆 🖪
via Montalbano 5 – ℰ 091 985 88 55   Pianta : A2**m**
– www.leopoldohotel.com
33 cam ⬭ – ♥315/700 CHF ♥♥360/800 CHF – 4 suites
Rist *Principe Leopoldo* – vedere selezione ristoranti
In una villa del XIX secolo appartenuta al principe Leopold v. Hohenzollern, le
ampie e lussuose suite offrono una meravigliosa vista del lago e della regione,
mentre le raffinate camere sfoggiano un fascino classico intramontabile. Trattamenti cosmetici e massaggi nel *wellness center.*

Splendide Royal ⟨ 🖾 🖾 🎧 🎧 🛆 🖪
riva Antonio Caccia 7 – ℰ 091 985 77 11   Pianta : A2**c**
– www.splendide.ch
85 cam ⬭ – ♥276/540 CHF ♥♥381/700 CHF – 8 suites
Rist *La Veranda* – vedere selezione ristoranti
Antica villa adibita ad hotel da oltre un secolo: recentemente vi si è aggiunta
un'ala nuova, ma la parte vecchia resta sempre la più elegante e raffinata.
Sublime vista sul lago.

Grand Hotel Eden ⟨ 🛬 🖫 🗠 🕼 🖾 🖾 🎧 🎧 🛆 🖪
riva Paradiso 1 ⊠ 6900 Lugano-Paradiso – ℰ 091 985 92 00   Pianta : A2**t**
– www.edenlugano.ch – chiuso gennaio - febbraio
107 cam ⬭ – ♥180/335 CHF ♥♥280/650 CHF – 8 suites
Rist *Oasis* – vedere selezione ristoranti
Costruito nel 1870, il complesso si articola oggi in due edifici: piccola spa e spazi
comuni, nonché alcune camere, arredati in uno stile etnico-coloniale.

293

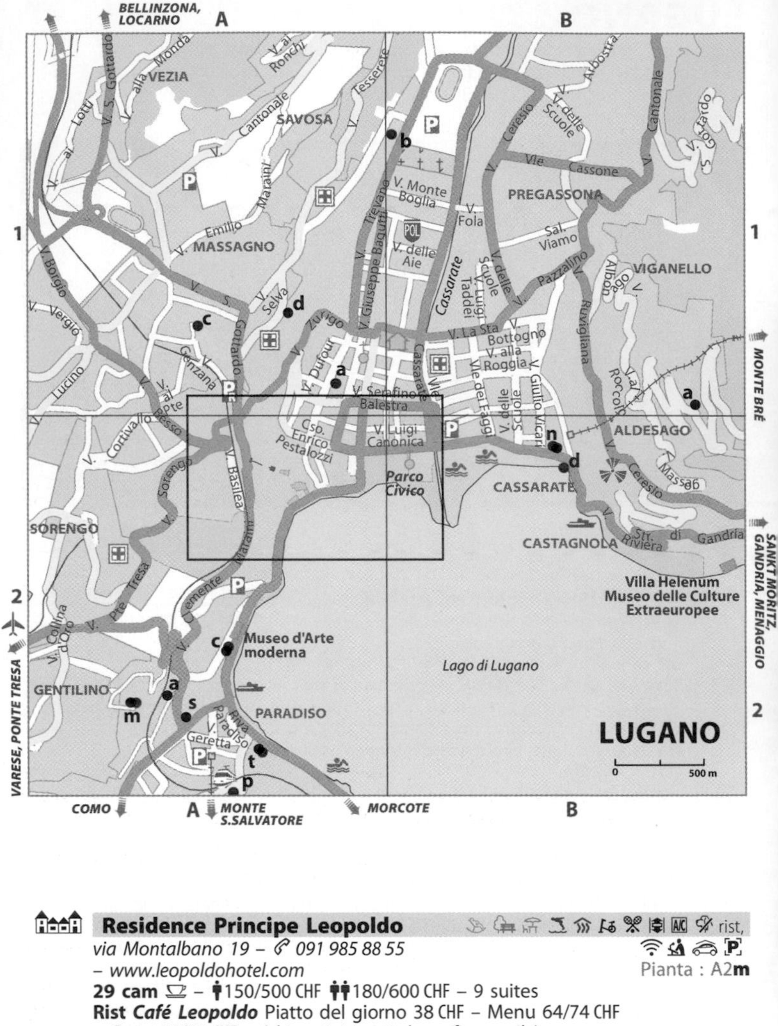

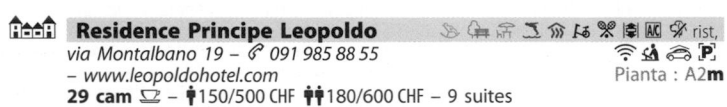

COMO | A | MONTE S.SALVATORE | MORCOTE | B

Residence Principe Leopoldo 🌿 👜 🛜 🛋 𝕟 Ⅰ₅ ✕ 🗎 ᴀᴄ ✕ rist,

via Montalbano 19 – ℘ *091 985 88 55* 🛜 ♨ 🚗 🅿

– www.leopoldohotel.com Pianta : A2**m**

29 cam ☲ – ♦150/500 CHF ♦♦180/600 CHF – 9 suites

Rist *Café Leopoldo* Piatto del giorno 38 CHF – Menu 64/74 CHF

– Carta 68/95 CHF – (chiuso inizio ottobre - fine aprile)

Camere spaziose, arredate con gusto moderno, in una struttura che si bea della sua fortunata posizione: immersa nel verde e non lontano da *Villa Principe Leopoldo*. La cucina internazionale e contemporanea del *Café* rappresenta, invece, una simpatica alternativa al ristorante gastronomico.

De la Paix 👜 🛜 🛋 🗎 & ᴀᴄ ✕ cam, 🛜 ♨ 🚗 🅿

via Giuseppe Cattori 18 – ℘ *091 960 60 60* Pianta : A2**s**

– www.delapaix.ch

131 cam ☲ – ♦225/260 CHF ♦♦330/360 CHF – 15 suites

Rist Piatto del giorno 19 CHF – Carta 62/82 CHF – *(chiuso sabato a mezzogiorno, domenica a mezzogiorno e giorni festivi)*

Sull'arteria che conduce all'autostrada, l'hotel si presta come valido punto d'appoggio per l'attività congressuale. Recentemente rinnovate, le camere si caratterizzano per lo stile moderno e up-to-date (alcune con balcone). I classici italiani nel ristorante-pizzeria.

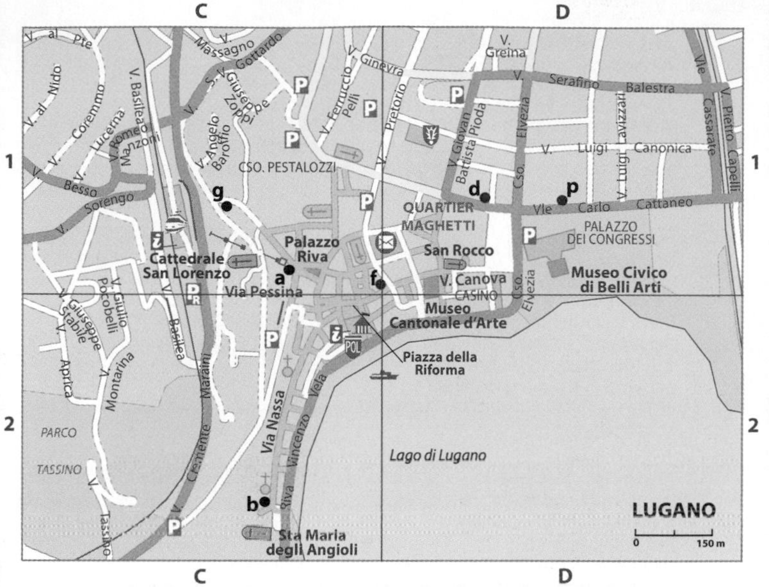

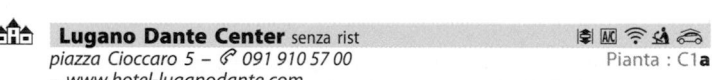

LUGANO

0   150 m

🏨🏨   **Lugano Dante Center** senza rist   📧 🆎 📶 🧖 🅿️
piazza Cioccaro 5 – ℰ 091 910 57 00   Pianta : C1**a**
– www.hotel-luganodante.com
87 cam 🛏 – 🛏215/345 CHF 🛏🛏310/580 CHF
Nel centro storico pedonalizzato, cura e attenzioni per l'ospite si moltiplicano in
questo albergo: le camere agli ultimi piani offrono una deliziosa vista sui tetti, la
colazione è di rara qualità e quantità, il mini-bar gratuito.

🏨🏨   **Parco Paradiso** ⓝ   🌳 🍴 📺 🛖 🧺 📧 📶 🧖 🧖 🅿️
via Carona 27 ✉ 6900 Lugano-Paradiso – ℰ 091 993 11 11   Pianta : A2**p**
– www.parco-paradiso.com
16 cam 🛏 – 🛏224/266 CHF 🛏🛏234/334 CHF – 49 suites – ½ P
Rist Piatto del giorno 38 CHF – Menu 65 CHF (cena)/420 CHF – Carta 80/120 CHF
– (chiuso sabato e domenica a mezzogiorno)
Nella parte alta della città, struttura moderna con grandi camere e confortevoli
suite, quasi tutte rivolte verso il lago. Per gli amanti dei sigari, c'è anche un caratteristico bar cubano. Suggestioni del Sol Levante al Tsukimi Tei, dove le specialità
nipponiche vestono la tavola; mentre per i nostalgici dei sapori mediterranei,
s'impone una sosta a La Favola.

🏨   **Delfino**   🍴 🍴 🏊 📧 ♿ rist, 🆎 📶 🧖 🧖
   via Cassarinetta 6 ✉ 6902 Lugano-Paradiso   Pianta : A2**a**
🪙   *– ℰ 091 985 99 99 – www.delfinolugano.ch*
50 cam 🛏 – 🛏120/220 CHF 🛏🛏140/300 CHF
Rist Piatto del giorno 25 CHF – Menu 38/65 CHF – Carta 48/86 CHF
Un po' decentrato, l'albergo dispone di camere moderne, piacevolmente arredate:
particolarmente spaziose le superior con balcone fronte lago. Le splendide zone
comuni si aprono sulla terrazza solarium con piscina. Cucina prevalentemente
moderna al ristorante, che propone anche un servizio estivo all'aperto.

Un esercizio evidenziato in rosso enfatizza il fascino della struttura 🏨🏨 XxX.

🏨 **International au Lac**   🛋 ⚏ ☒ 🏢 🅰🅲 🕏 rist, 🛜 🛁 🚬

via Nassa 68 – ℰ 091 922 75 41   Pianta : C2**b**
– www.hotel-international.ch – chiuso novembre - marzo
76 cam ⬭ – 🛏130/185 CHF 🛏🛏195/330 CHF – 1 suite
Rist Piatto del giorno 24 CHF – Menu 35/77 CHF – Carta 50/69 CHF
Una vecchia gloria di Lugano, se cercate atmosfere retrò e non sempre aggiornate questo è il vostro albergo, all'inizio della via dello shopping, con alcune camere vista lago.

🏨 **Federale**   🏢 ⚏ ♿ cam, 🅰🅲 rist, 🕏 rist, 🛜 🛁 🚬
🍝

via Paolo Regazzoni 8 – ℰ 091 910 08 08   Pianta : C1**g**
– www.hotelfederale.ch – chiuso 15 dicembre - 15 febbraio
48 cam ⬭ – 🛏160/190 CHF 🛏🛏210/320 CHF
Rist Piatto del giorno 20 CHF – Menu 39 CHF (cena) – Carta 42/96 CHF
Nei pressi della stazione ferroviaria, questa struttura classica e rassicurante - gestita dal 1923 dalla stessa famiglia - offre camere di moderna eleganza: il balcone è per alcune, ma non per tutte.

⬤ Ristoranti

𝕏𝕏𝕏𝕏 **Principe Leopoldo** – Hotel Villa Principe Leopoldo   🕸 ⪕ 🏠 🅰🅲 🕏 🅿

via Montalbano 5 – ℰ 091 985 88 55   Pianta : A2**m**
– www.leopoldohotel.com
Piatto del giorno 48 CHF – Menu 94 CHF (pranzo)/140 CHF (cena)
– Carta 100/160 CHF
Ambienti classici all'interno, ma d'estate è una corsa per mangiare su una delle più belle terrazze-giardino di Lugano. Cucina internazionale, dai mari del nord al Mediterraneo, pasta, risotti e carne compresi.

𝕏𝕏𝕏 **Il Salumaio di Montenapoleone** 🅝   🏠 ♿ 🅰🅲 🅿

viale Stefano Franscini 8 – ℰ 091 923 53 14   Pianta : A1**a**
– www.salumaiomontenapoleone.com – chiuso agosto 3 settimane, dicembre 1 settimana, sabato a mezzogiorno e domenica
Piatto del giorno 40 CHF – Menu 68/90 CHF – Carta 67/107 CHF
Il nuovo chef propone deliziosi piatti di cucina mediterranea, arricchiti da qualche specialità francese e svizzera, realizzati con ottimi prodotti e presentati con grande senso estetico. Terra e mare sono – a pari merito – protagonisti del menu.

𝕏𝕏𝕏 **La Veranda** – Hotel Splendide Royal   ⪕ 🏠 🅰🅲 🕏 🅿

riva Antonio Caccia 7 – ℰ 091 985 77 11   Pianta : A2**c**
– www.splendide.ch
Piatto del giorno 35 CHF – Menu 48 CHF (pranzo in settimana)/160 CHF
– Carta 94/138 CHF
Il ristorante riprende il lussuoso stile dell'albergo che lo ospita: dalla veranda l'incanto del lago Ceresio, mentre dalla cucina piatti d'impostazione classica.

𝕏𝕏𝕏 **Oasis** – Grand Hotel Eden   ⪕ 🏠 ♿ 🅰🅲 🕏 🅿

riva Paradiso 1 ✉ 6902 Lugano-Paradiso – ℰ 091 985 92 00   Pianta : A2**t**
– www.edenlugano.ch – chiuso gennaio - febbraio
Piatto del giorno 33 CHF – Menu 68 CHF (pranzo)/130 CHF – Carta 92/108 CHF
Una cucina moderna e innovativa, in una luminosa sala ristorante con una vista sul lago come poche altre: insomma, un'oasi per il palato e un paradiso per la vista!

𝕏𝕏𝕏 **Le Relais** – Grand Hotel Villa Castagnola   ⪕ 🏠 🅰🅲 🕏 🅿

viale Castagnola 31 ✉ 6906 Lugano-Cassarate   Pianta : B2**n**
– ℰ 091 973 25 55 – www.villacastagnola.com
Piatto del giorno 32 CHF – Menu 56 CHF (pranzo)/110 CHF (cena)
– Carta 84/108 CHF
Nella signorile sala da pranzo o sulla romantica terrazza, è qui che si gioca una partita equilibrata fra tradizione mediterranea e creatività: il tutto nel segno del rispetto e della fantasia.

XXX **Arté** – Grand Hotel Villa Castagnola ⫷ AK ∯ ⇔

⁂ *Piazza Emilio Bossi 7 ⊠ 6906 Lugano-Cassarate* Pianta : B2**d**
– ☏ 091 973 48 00 – www.villacastagnola.com – chiuso 1° - 27 gennaio,
domenica e lunedì
Piatto del giorno 35 CHF – Menu 56 CHF (pranzo)/115 CHF (cena)
– Carta 92/115 CHF
Piatti mediterranei con influenze e prodotti francesi per un locale che anche nel
nome non tradisce le aspettative: appuntamento con l'arte contemporanea in
sale luminose affacciate sul lago.
→ Scaloppine di fegato d'oca Tandoori su finissima di pesche noci, meringa
al lime e sale "Maldon" vanigliato. "Black cod" cotto a bassa temperatura
con calamaretti, gallinacci e purea di carote allo zenzero. Semifreddo all'
albiocca impanato alle briciole di pasta sfoglia al rosmarino e salsa ai frutti
di bosco.

X **Cyrano** ⫸ & ⇔

Corso Pestalozzi 27 – ☏ 091 922 21 82 Pianta : D1**d**
– www.bistrocyrano.ch – chiuso fine giugno 1 settimana, sabato a mezzogiorno
e domenica
Piatto del giorno 26 CHF – Menu 42/72 CHF – Carta 52/90 CHF
Ristorante moderno e luminoso, dove la cucina regionale e mediterranea si
basa sui prodotti stagionali. Un pizzico di creatività accompagna tutti i
piatti!

X **Grotto Grillo** ⫸ AK P

via Ronchetto 6 – ☏ 091 970 18 18 – www.grottogrillo.ch Pianta : B1**b**
– chiuso Natale - inizio gennaio, sabato a mezzogiorno e domenica
Carta 51/80 CHF – *(coperti limitati, prenotare)*
Nella zona dello Stadio, un grotto di lunga tradizione risalente a fine '800, dove
gustare una buona cucina regionale in un ambiente di ovattata eleganza. Per gli
irriducibili del tabacco, sala fumatori al primo piano.

X **Bottegone del Vino** ఉ ⫸ AK

via Magatti 3 – ☏ 091 922 76 89 – chiuso domenica e Pianta : CD1**f**
giorni festivi
Piatto del giorno 32 CHF – Menu 50 CHF (pranzo)/74 CHF – Carta 60/90 CHF –
(consigliata la prenotazione la sera)
Trascinante atmosfera conviviale per questo tipico wine-bar che propone piatti
regionali, formaggi, salumi ed oltre 200 etichette di vini (di cui circa 150 serviti
anche al bicchiere).

X **Parq** ⫸

via Lucchini 1 – ☏ 091 922 84 22 – www.parq.ch – chiuso Pianta : D1**p**
domenica
Menu 30 CHF – Carta 45/75 CHF
Il Giappone incontra l'Europa: sushi, sashimi e maki gareggiano con paste italiane, rivisitazioni francesi e classici mediterranei in un locale moderno e di
tendenza.

ad Aldesago Est : 6 km verso Brè – alt. 570 m – ⊠ 6974

▣ **Colibrì** ⫷ 凸 ⫸ ⏋ ▮ ⫺ ⫸ P

via Bassone 7, (strada d'accesso : via Aldesago 91) Pianta : B1**a**
– ☏ 091 971 42 42 – www.hotelcolibri.ch – chiuso 3 gennaio
- 28 febbraio
30 cam ⌐ – ♦100/190 CHF ♦♦180/260 CHF – ½ P
Rist Piatto del giorno 30 CHF – Menu 45 CHF – Carta 42/79 CHF
Città e lago in un solo colpo d'occhio dalla piscina, dalle terrazze panoramiche e
dalle camere ampie e luminose di questo albergo sul monte Brè. Ottima anche
la vista che si gode dalla sala da pranzo e dalla terrazza del ristorante. Carta tradizionale.

a Davesco-Soragno Nord-Est : 4,5 km sulla via Pazzalino B1 – alt. 393 m – ✉ 6964

✕ **Osteria Gallo d'Oro**   🛝 AC P

via Cantonale 3a, (a Soragno) – 𝒞 091 941 19 43 – www.osteriagallodoro.ch
– chiuso 2 settimane fine dicembre - inizio gennaio, 2 settimane
fine giugno, domenica e lunedì
Piatto del giorno 32 CHF – Carta 49/90 CHF – *(consigliata la prenotazione la sera)*
Sulle colline che circondano Lugano, è questa la vista che offre la terrazza, ma il
richiamo maggiore rimane la cucina, in prevalenza italiana, con diversi piatti
toscani, regione d'origine del titolare.

a Massagno Nord-Ovest : 2 km – alt. 349 m – ✉ 6900

🏛 **Villa Sassa**   🔁 🛝 🛏 ⛶ 🖥 🌐 🏠 🛝 🔁 🛝 rist, 🛝 AC 🍽 rist, 📶 🛝 🛝 P

via Tesserete 10 ✉ 6900 Lugano – 𝒞 091 911 41 11   Pianta : A1**d**
– www.villasassa.ch
49 cam ⌂ – ♥250/670 CHF ♥♥350/800 CHF
Rist *Ai Giardini di Sassa* 𝒞 091 911 47 42 – Piatto del giorno 35 CHF
– Menu 50 CHF (pranzo in settimana)/105 CHF – Carta 69/94 CHF
La terrazza con giardino fiorito e vista lago è solo una delle attrattive di questa
bella struttura dotata di moderne camere, nonché di una valida zona wellness.
Cucina mediterranea al ristorante e menu speciale - a pranzo - presso il bar.

✕ **Grotto della Salute**   🛝 P
㊑
via dei Sindacatori 4, (Strada d'accesso: via Madonna della   Pianta : A1**c**
Salute) – 𝒞 091 966 04 76 – www.grottodellasalute.ch – chiuso
24 dicembre - 7 gennaio, 9 - 24 agosto e domenica
Piatto del giorno 24 CHF – Carta 52/83 CHF – *(consigliata la prenotazione)*
Caratteristico grotto, ombreggiato da platani quasi centenari: cornice ideale
per assaggiare una gustosa cucina casalinga, permeata da influenze mediterranee.
Prezzi contenuti.

LUGNORRE

Fribourg (FR) – ✉ 1789 – 1 055 h. – alt. 515 m – Carte régionale **2-C4**
◩ Bern 37 km – Neuchâtel 20 km – Biel 35 km – Fribourg 28 km
Carte routière Michelin 552-G-H7

✕✕ **Auberge des Clefs**   🐾 🛝 P

Route de Chenaux 4, (1ᵉʳ étage) – 𝒞 026 673 31 06 – www.aubergedesclefs.ch
– fermé Noël une semaine, octobre 3 semaines, mercredi et jeudi
Menu 75/145 CHF – *(nombre de couverts limité, réserver)*
Bistro Plat du jour 22 CHF – Carte 60/102 CHF
Imaginez un village au-dessus des vignes et une jolie maison au décor intime et
élégant. Voilà pour la mise en bouche. Dans l'assiette, les recettes d'aujourd'hui
sont à l'honneur, non dénuées de soin et par exemple relevées de fleurs. Autre
option : le bistro, avec ses plats du jour et sa courte carte de saison.

au Mont-Vully Est : 1 km – alt. 653 m – ✉ 1789

🏠 **Mont-Vully**   🛝 🍃 🛝 📶 P
㊒
Route du Mont 50 – 𝒞 026 673 21 21 – www.hotel-mont-vully.ch – fermé janvier
- mi-février
9 ch ⌂ – ♥125/135 CHF ♥♥188/198 CHF
Rest Plat du jour 20 CHF – Menu 85 CHF (dîner) – Carte 38/84 CHF – *(fermé lundi*
et mardi)
Cette ancienne ferme isolée sur le mont Vully (653 m) offre une vue splendide sur
le lac de Morat et les montagnes. Les chambres sont simples et modernes, toutes
avec balcon. Si vous souhaitez profiter du restaurant, un conseil : l'été, attablez-
vous en terrasse pour profiter du panorama !

LULLY – Fribourg ➜ Voir à Estavayer-le-Lac

LUTERBACH – Solothurn ➜ Siehe Solothurn

LUTHERN

Luzern (LU) – ⊠ 6156 – 1 327 Ew – Siehe Regionalatlas **3**-E4

▶ Bern 63 km – Luzern 48 km – Sarnen 67 km – Solothurn 50 km

Michelin Straßenkarte 552-M7

🍴   **Gasthaus zur Sonne** mit Zim   🛖 🕏 Zim, ⟳ 🅿

☺   *Dorf – 𝒞 041 978 14 20 – www.sonne-luthern.ch – geschl. Februar 1 Woche, Juli*
- August 2 Wochen und Sonntagabend - Dienstag
4 Zim ⌑ – ♦75 CHF ♦♦130 CHF – ½ P
Tagesteller 22 CHF – Menü 65/83 CHF – Karte 51/77 CHF
Etwas "ab vom Schuss", aber ein echter Tipp! In dem Haus mit den grünen Fensterläden geht es richtig gastfreundlich zu, dafür sorgt Familie Achermann. Die
bürgerlich-saisonalen Speisen wie z. B. Bachforelle aus Luthern oder Wild aus
dem Napfgebiet (schönes Ausflugsziel!) schmecken und sind preislich fair!

LUTRY

Vaud (VD) – ⊠ 1095 – 9 465 h. – alt. 402 m – Carte régionale **6**-B5

▶ Bern 100 km – Lausanne 5 km – Montreux 25 km – Genève 68 km

Carte routière Michelin 552-E10

🏨   **Le Rivage**   ≼ 🛖 📱 ᕘ 𝍇 🛜 🛁

Rue du Rivage – 𝒞 021 796 72 72 www.hotelrivagelutry.ch – fermé 2 - 9 janvier
32 ch – ♦140/220 CHF ♦♦160/280 CHF, ⌑ 20 CHF
Rest Plat du jour 21 CHF – Carte 50/90 CHF – *(fermé 1ᵉʳ octobre - 1ᵉʳ avril :*
dimanche soir)
Une belle et haute bâtisse ancienne sur le rivage du lac Léman : inutile de préci-
ser que la plupart des chambres offrent une vue superbe sur les flots... Leur décor
séduit également, très contemporain et chaleureux ; on s'y sent bien ! Restaurant
et bar à tapas à la belle saison.

🏨   **Le Bourg 7** sans rest   📱 𝍇 🛜

Rue du Bourg 7 – 𝒞 021 796 37 77 – www.lebourg7.com
8 ch – ♦160/220 CHF ♦♦160/220 CHF, ⌑ 22 CHF – 1 suite
Une demeure du 16ᵉ s. au cœur du village... Surprise : les lieux sont dignes d'une
maison d'hôtes, jouant la carte d'un art de vivre très contemporain, entre vieilles
pierres et esprit loft. Belles ambiances !

🍴🍴   **Auberge de Lavaux**   🛖 🅿

☺   *Route du Landar 97, (à La Conversion) ⊠ 1093 – 𝒞 021 791 29 09 – fermé fin*
décembre - début janvier 2 semaines, mi-mai une semaine, octobre 3 semaines,
dimanche et lundi
Menu 59 CHF (déjeuner)/175 CHF – Carte 82/136 CHF
Le Bistrot Plat du jour 19 CHF – Menu 59 CHF (déjeuner) – Carte 68/97 CHF
La tradition est reine dans cette belle auberge : entièrement vitrée, la salle semble
sertie dans la verdure – et la terrasse est très agréable aux beaux jours. De son
côté, le bistrot constitue une alternative sympathique pour un repas plus simple.

LUZERN

Luzern (LU) – ✉ 6000 – 79 478 Ew – Höhe 439 m – Siehe Regionalatlas **4-F4**
Bern 111 km – Aarau 47 km – Altdorf 40 km – Interlaken 68 km
Michelin Straßenkarte 551-O7
Stadtpläne siehe nächste Seiten

© H. Higuchi / age fotostock

Hotels

Palace

Haldenstr. 10 ✉ 6002 – ✆ 041 416 16 16 Stadtplan : D1**v**
– *www.palace-luzern.ch*
129 Zim – 299/529 CHF 399/699 CHF, 40 CHF – 5 Suiten – ½ P
Rest *Jasper* ✆ 041 416 10 37 – Tagesteller 23 CHF – Menü 85/135 CHF – Karte 63/184 CHF
Was das prächtige Grandhotel von 1906 zum Flaggschiff der Luzerner Hotellerie macht? Toller Komfort von den Zimmern (klassisch oder modern) über den Service bis zum Spa samt spezieller Riesenklangschalen-Zeremonie! Gerne nutzen die Gäste das Seebad vis-à-vis zum Schwimmen. Ansprechend zeitgemäss das Ambiente im Jasper, herrlich die Seeterrasse.

Schweizerhof

Schweizerhofquai 3 ✉ 6002 – ✆ 041 410 04 10 Stadtplan : B2**s**
– *www.schweizerhof-luzern.ch*
101 Zim – 258/550 CHF 298/600 CHF, 35 CHF – 10 Suiten – ½ P
Rest Tagesteller 29 CHF – Menü 47 CHF (mittags)/150 CHF – Karte 37/102 CHF
Sie mögen historisches Flair? Dann bestaunen Sie die Halle und schauen Sie sich den imposanten Zeugheersaal an: Parkett von 1860, Stuck und Kassettendecke! Angenehm der klassische Hotelservice, stilvoll-modern die Zimmer (jedes ist einem prominenten Gast gewidmet), Kosmetik- und Massageangebot. Restaurant Galerie mit Gastkoch-Konzept, Schweizer Küche im Pavillon.

Grand Hotel National

Haldenstr. 4 ✉ 6006 – ✆ 041 419 09 09 Stadtplan : C1**a**
– *www.grandhotel-national.com*
41 Zim – 320/635 CHF 370/685 CHF, 35 CHF – ½ P
Rest *Restaurant National* – siehe Restaurantauswahl
Ein Traditionshotel, 1870 von César Ritz und Auguste Escoffier gegründet. Einige der klassisch-eleganten, technisch modernen Zimmer liegen zum See, der sich direkt vor dem Haus befindet. Man bietet auch Kosemtik und Massage. Kasino nebenan.

Erwarten Sie in einem X oder nicht den gleichen Service wie in einem XXXXX oder .

Montana 🏛️🏛️🏛️   🛎 ≤ 🖢 👌 🗢 🕍 🏖 🅿️

Adligenswilerstr. 22 ✉ *6006 –* ☏ *041 419 00 00*   Stadtplan : D1**d**
– www.hotel-montana.ch – geschl. 2. Januar - 2. Februar
66 Zim – 🛏190/295 CHF 🛏🛏255/560 CHF, 🍽 25 CHF – ½ P
Rest *Scala* – siehe Restaurantauswahl
Sie parken im Palace-Parkhaus und fahren mit der Standseilbahn hinauf ins Hotel!
Haben Sie eine exklusive "Penthouse Spa Suite" im 6. Stock gebucht? Grandios der
Panoramablick vom Whirlpool auf Ihrer Terrasse! Toll der Montana Beach Club!

The Hotel 🏛️🏛️🏛️   🖢 🆎 🕸 🗢

Sempacherstr. 14 ✉ *6002 –* ☏ *041 226 86 86*   Stadtplan : B3**e**
– www.the-hotel.ch
30 Zim – 🛏285/425 CHF 🛏🛏315/455 CHF, 🍽 30 CHF – ½ P
Rest *Bam Bou* – siehe Restaurantauswahl
Das moderne Design in diesem Hotel trägt die Handschrift von Jean Nouvel. Wer
hoch hinaus will, wählt eine der neuen Penthouse-Juniorsuiten im obersten Stock:
Hier haben Sie Ihre eigene Terrasse und blicken über die Dächer der Stadt!

Radisson BLU 🏛️🏛️🏛️   🏠 🐾 🎴 🖢 👌 Rest, 🆎 🗢 🕍 🏖

Inseliquai 12, (Lakefront Center) ✉ *6005*
– ☏ *041 369 90 00 – www.radissonblu.com/hotel-lucerne*   Stadtplan : C3**b**
189 Zim 🍽 **–** 🛏180/250 CHF 🛏🛏200/350 CHF – 5 Suiten
Rest Tagesteller 23 CHF – Menü 59/79 CHF – Karte 50/85 CHF
Ideale Lage für Business: integriert in das Lakefront Center, Uni Luzern und City
Bay Komplex um die Ecke, Bahnhof sowie Kultur- und Kongresszentrum ganz in
der Nähe! Klares Design in den Zimmern ("Urban", "Resort", "Lifestyle") und im
Restaurant (mediterrane Küche). Fitness und Relaxen bei Panoramasicht.

Des Balances 🏛️🏛️🏛️   ≤ 🖢 🗢 🕍

Weinmarkt, (Zufahrt über Mühlenplatz) ✉ *6001*   Stadtplan : B2**a**
– ☏ *041 418 28 28 – www.balances.ch*
52 Zim – 🛏210/330 CHF 🛏🛏310/430 CHF, 🍽 27 CHF – 4 Suiten
Rest *Des Balances* – siehe Restaurantauswahl
Fassadenmalerei im Stil Hans Holbeins ziert das zentral gelegene Hotel a. d. 19.
Jh. Die schönen eleganten Zimmer in warmen Tönen verbinden Klassisches und
Modernes. Parkservice.

Château Gütsch ⓝ 🏛️🏛️🏛️   ≤ 🖢 🗢 🕍 🅿️

Kanonenstrasse, über Baselstrasse A2 ✉ *6003 –* ☏ *041 289 14 14*
– www.chateau-guetsch.ch – geschl. 12. - 17. Februar
26 Zim 🍽 **–** 🛏315/465 CHF 🛏🛏370/520 CHF – 1 Suite
Rest *Château Gütsch* – siehe Restaurantauswahl
Das Schlösschen liegt traumhaft schön auf einem Hügel über der Stadt. Mit ihrer
wertigen klassischen Einrichtung werden die überaus attraktiven und wohnlichen
Zimmer ganz dem stilvollen Rahmen des Hauses gerecht.

Astoria 🏛️🏛️🏛️   🎴 🖢 👌 🆎 🗢 🕍

Pilatusstr. 29 ✉ *6002 –* ☏ *041 226 88 88*   Stadtplan : B3**q**
www.astoria-luzern.ch
252 Zim 🍽 **–** 🛏170/280 CHF 🛏🛏220/330 CHF
Rest *Mekong* Rest *La Cucina* Rest *Thai Garden* – siehe Restaurantauswahl
Die Architekten-Zwillinge Herzog & de Meuron haben hier mit einem der Hotelgebäude einen grossen Wurf gelandet: puristische Moderne ganz in Weiss - zu
bestaunen in der Halle und in den Design-Zimmern (ca. 1/3 der Zimmer)! Einen
Besuch wert: Penthouse-Bar über Luzern.

Renaissance 🏛️🏛️   🏠 🎴 🖢 👌 🆎 🕸 Rest, 🗢

Pilatusstr. 15 ✉ *6002 –* ☏ *041 226 87 87*   Stadtplan : B3**f**
– www.renaissance-lucerne.com
86 Zim – 🛏255/305 CHF 🛏🛏295/345 CHF, 🍽 30 CHF
Rest *Pacifico* Tagesteller 21 CHF – Karte 42/90 CHF – *(geschl. Sonntagmittag)*
Aussen spricht einen die tolle historische Fassade an, innen die klassisch-eleganten und gleichzeitig modernen Zimmer in ruhigen Naturfarben. Im Pacifico passt
die Atmosphäre (kräftiges warmes Rot, Deckenventilatoren, Bilder...) gut zur
lateinamerikanischen Küche. Dazu hat man noch die Blue-Bar.

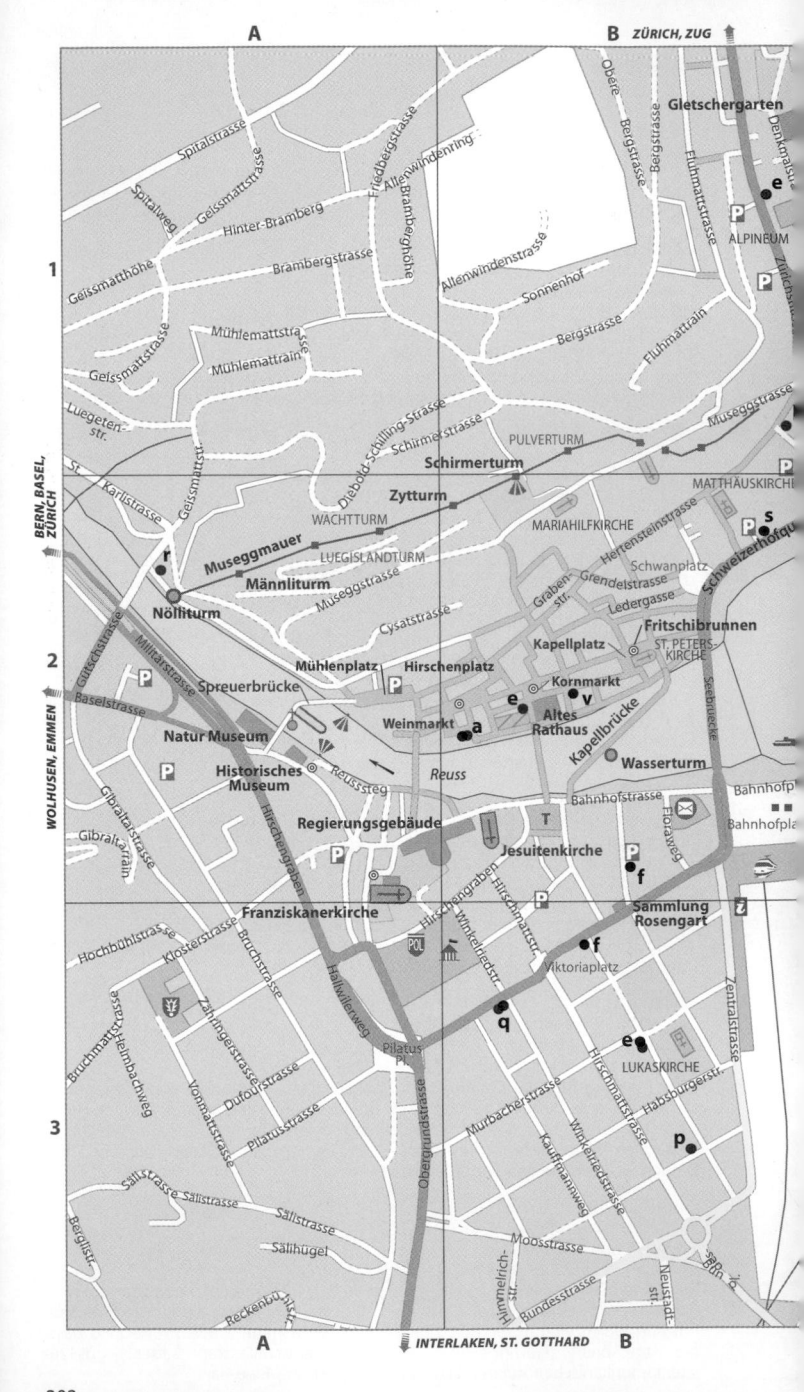

Gletschergarten

Denkmalstr.

e

ALPINEUM

Spitalstrasse

Spitalweg

Geissmattstrasse

Hinter-Bramberg

Friedbergstrasse

Allenwindenring

Brambergstrasse

Allenwindenstrasse

Obere Bergstrasse

Fluhmattstrasse

Sonnenhof

Bergstrasse

Fluhmattrain

Zürichstr.

P

P

1

Geissmatthöhe

Mühlemattstra

Mühlemattraine

Geissmattstrasse

Luegetenstr.

Diebold-Schilling-Strasse

Schirmer strasse

PULVERTURM

Museggstrasse

P

MATTHÄUSKIRCHE

Schirmerturm

St. Karlistr.

Geissmattstr.

WACHTTURM

Zytturm

MARIAHILFKIRCHE

Hertensteinstrasse

P s

Schwanplatz

Schweizerhofqu.

r

Museggmauer

LUEGISLANDTURM

Museggstrasse

Männliturm

Grendelstrasse

Ledergasse

Nölliturm

Cysatstrasse

Graben str.

Kapellplatz

ST. PETERS-KIRCHE

Fritschibrunnen

Gütschstrasse

Militärstrasse

Baselstrasse

P

Spreuerbrücke

Mühlenplatz

Hirschenplatz

Kornmarkt

e

v

2

Natur Museum

P

Weinmarkt

a

Altes Rathaus

Kapellbrücke

Gibraltarstrasse

Gibraltrain

Historisches Museum

Reussteg

Reuss

Wasserturm

Bahnhofstrasse

Bahnhof

Regierungsgebäude

Hirschengraben

T

P

Jesuitenkirche

Floraweg

Bahnhofpla

P

f

Hirschengraben

Winkelriedstr.

Hirschmattstr.

P

Sammlung Rosengart

i

Franziskanerkirche

Hochbühlstrasse

Klosterstrasse

Bruchstrasse

Hallwilweg

Pilatusstr.

POL

f

Viktoriaplatz

Zentralstrasse

q

e

LUKASKIRCHE

p

3

Bruchmattstrasse

Heimbachweg

Zähringerstrasse

Dufourstrasse

Vonmattstrasse

Pilatusstrasse

Sälistrasse

Sälistrasse

Sälistrasse

Sälihügel

Bergstr.

Reckenbühl str.

Obergrundstrasse

Murbacherstrasse

Hirschmattstrasse

Winkelriedstrasse

Kauffmannweg

Habsburgerstr.

Moosstrasse

Bundesstrasse

Hinwinrich-str.

Neustadt str.

Sälistr.

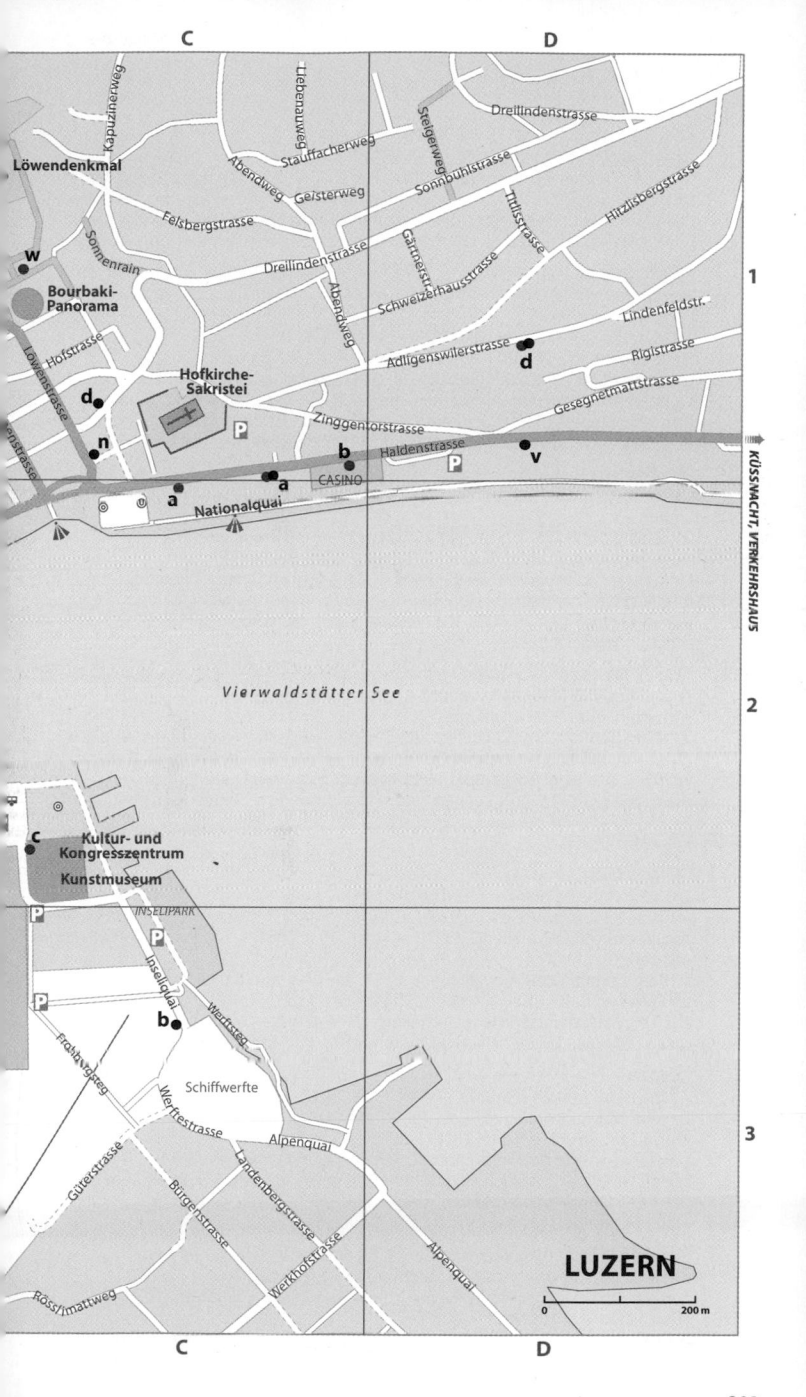

🏠🏠 Ameron Hotel Flora   🤵 🛋 & Rest, 🅰🅲 🛜 🏋
Seidenhofstr. 5 ⊠ 6002 – 𝒞 041 227 66 66   Stadtplan : B2**f**
– www.flora-hotel.ch
161 Zim � – 👤140/675 CHF 👥180/910 CHF
Rest Tagesteller 32 CHF – Karte 58/75 CHF
Chic die Zimmer im modernen Schweizer Stil. Buchen Sie Ihren speziellen Komfort und Service. Für ein ungezwungenes Essen die Brasserie, für Bankette das alpine "LeChâlet". Tipp: die bedeutende Privatsammlung (Picasso, Klee...) im Rosengart-Museum gleich vis-à-vis! Zentrale Lage nahe Bahnhof und Altstadt.

🏠🏠 Hofgarten   🤵 🛋 🛜 🚗
Stadthofstr. 14 ⊠ 6006 – 𝒞 041 410 88 88   Stadtplan : C1**d**
– www.hofgarten.ch
19 Zim ⊠ – 👤175/225 CHF 👥250/310 CHF – ½ P
Rest Tagesteller 25 CHF – Menü 30 CHF – Karte 57/83 CHF
Drei umgebaute Fachwerkgebäude a. d. 17. Jh. beherbergen das kleine Hotel mit wohnlichen modernen Zimmern. Sehenswert die Kunst im ganzen Haus. Das helle Bistro-Restaurant bietet mediterrane und vegetarische Gerichte, im Sommer wird donnerstagabends gegrillt. Schöner grosser Hofgarten.

🏠 Rebstock   🤵 🛋 🛜 🏋 🚗
Sankt Leodegarstr. 3 ⊠ 6006 – 𝒞 041 417 18 19   Stadtplan : C1**n**
– www.rebstock-luzern.ch
29 Zim ⊠ – 👤175/225 CHF 👥250/310 CHF – 1 Suite – ½ P
Rest Tagesteller 20 CHF – Menü 69 CHF – Karte 58/76 CHF
Eine nette individuelle Adresse ist das sorgsam restaurierte historische Haus mit unterschiedlich eingerichteten Zimmern von modern bis alpenländisch. Regionale Küche serviert man in den Restaurants Beizli, Hofstube und Hofegge sowie im schönen Hofgarten.

🏠 Zum Weissen Kreuz   🤵 🛋 🛜
Furrengasse 19 ⊠ 6004 – 𝒞 041 418 82 20   Stadtplan : B2**v**
– www.altstadthotelluzern.ch
21 Zim ⊠ – 👤120/155 CHF 👥220/260 CHF – 1 Suite **Rest** Karte 32/83 CHF
Charmant die Lage mitten in der Altstadt von Luzern, direkt beim Rathaus. Hier wohnen Sie in technisch gut ausgestatteten Zimmern, die in schickem geradlinig-modernem Design gehalten sind. Pizza- und Pasta-Angebot im Restaurant.

Restaurants

XXX Old Swiss House   🎱 🤵 ♿
Löwenplatz 4 ⊠ 6004 – 𝒞 041 410 61 71   Stadtplan : C1**w**
– www.oldswisshouse.ch – geschl. Februar - März 2 Wochen und Montag
Tagesteller 42 CHF – Menü 75 CHF – Karte 75/132 CHF – *(abends Tischbestellung ratsam)*
In dem gemütlichen Riegelhaus a. d. 19. Jh. wird traditionell gekocht - seit 1990 ist Günther Renz Chef am Herd (25-jähriges Jubiläum 2015!). Besonderheit: das am Tisch zubereitete Wiener Schnitzel. Im Weinkeller 30 000 Flaschen - ab Jahrgang 1911 lückenlose Château-Mouton-Rothschild-Sammlung!

XXX Scala – Hotel Montana   ⩽ 🤵 & 🅰🅲 🎸 ♿ 🅿
Adligenswilerstr. 22 ⊠ 6002 – 𝒞 041 417 35 40   Stadtplan : D1**d**
– www.hotel-montana.ch – geschl. 2. Januar - 2. Februar
Menü 86/126 CHF – Karte 70/111 CHF
Das sehenswerte Ambiente mit fast 100-jährigen Figurenreliefs (von der Denkmalpflege restauriert), verleihen den hohen Räumen etwas Besonderes. Hier oder auf der herrlichen Terrasse serviert man Ihnen mediterrane Spezialitäten.

XXX Château Gütsch ⓝ – Hotel Château Gütsch   ⩽ 🤵 & 🎸 ♿ 🅿
Kanonenstrasse, über Baselstrasse A2 ⊠ 6003 – 𝒞 041 289 14 14
– www.chateau-guetsch.ch – geschl. 12. - 17. Februar
Tagesteller 28 CHF – Menü 42 CHF (mittags)/121 CHF – Karte 70/102 CHF –
(Tischbestellung ratsam)
Ausgesprochen elegant ist das Restaurant mit seinem edlen Parkettboden, schweren Kristallleuchtern an hohen Decken, schönem Kamin und feiner Tischkultur. Einmalig die Aussicht von der Terrasse. Serviert wird Internationales.

XX **Red**   < & ℀
Europaplatz 1, (im Kultur- und Kongresszentrum)   Stadtplan : C2**c**
✉ *6005 – ℰ 041 226 71 10 – www.kkl-luzern.ch – geschl. Februar 2 Wochen, Juli
3 Wochen, Samstagmittag, Sonntagmittag, Montagabend und Dienstagabend*
*Menü 45 CHF (mittags unter der Woche)/120 CHF – Karte 85/108 CHF –
(Tischbestellung ratsam)*
Ist das was für Sie? Toller Seeblick, geradlinig-elegantes Ambiente und ambitio-
nierte zeitgemässe Küche? Mittags lässt man sich den günstigen Lunch schme-
cken, abends A-la-carte-Angebot oder Menü - beliebt auch vor oder nach dem
Konzert!

XX **Olivo**   < 斎 & 🅰🅲 ⇔
Haldenstr. 6, (im Grand Casino) ✉ *6006*   Stadtplan : C1**b**
*– ℰ 041 418 56 56 – www.grandcasinoluzern.ch – geschl. Samstagmittag,
Sonntag und an Feiertagen mittags*
Menü 36 CHF (mittags unter der Woche)/105 CHF – Karte 47/108 CHF
In dem stilvollen Saal im 1. Stock verbreiten Parkett, hohe Stuckdecke und Kron-
leuchter historisches Flair. Von der Balkonterrasse blickt man zum See. Die Küche
ist mediterran. Im Sommer hat man zusätzlich das Seecafé - hier gibt es Salate,
Sandwiches, Pasta...

XX **Villa Hausermatte**   < 斎 ⇔ 🅿
Haldenstr. 30, über Haldenstrasse D1 – ℰ 041 370 11 66
*– www.schweizerhof-luzern.ch – geschl. 9. - 23. Februar, 28. September
- 5. Oktober und Sonntagabend - Montag*
*Tagesteller 45 CHF – Menü 80/120 CHF – Karte 66/105 CHF – (Tischbestellung
ratsam)*
Auf dem herrlichen Privatgelände Hausermatte (Familie Hauser residierte früher
hier am Vierwaldstättersee) geniessen Sie international beeinflusste Schweizer
Küche auf klassischer Basis. Im eleganten Ambiente der Villa und auf der wunderbaren Terrasse (fantastisch der Blick auf See und Berge!) umsorgen Sie Monica
Strassel und Georg Putz samt Team. Kleinere Lunchkarte.

XX **Wiederkehr**   斎 ℀ ⇔
Zürichstr. 16 ✉ *6004   ℰ 041 410 41 44*   Stadtplan : B1**e**
*– www.restaurant-wiederkehr.ch – geschl. 8. - 22. Februar, 19. Juli - 9. August
und Samstagmittag, Sonntag - Montag sowie an Feiertagen*
Tagesteller 25 CHF – Menü 57/120 CHF (abends) – Karte 62/97 CHF
Gastgeber Markus Wiederkehr, ursprünglich Banker, empfängt Sie in dem in
einer Passage gelegenen Restaurant mittags zum Business-Lunch, abends zu
den Menüs OLITOR (vegetarisch), PICATOR (Fisch) und LANIUS (Fleisch). Einen
Steinwurf entfernt: das berühmte Löwendenkmal. Ruhige Terrasse und nette
Apero-Lounge.

XX **Padrino**   斎
Haldenstr. 4, (im Grand Hotel National) 🏨 *6006*   Stadtplan : C2**a**
– ℰ 041 410 41 50 – www.padrino.ch – geschl. Oktober - März: Sonntag
Tagesteller 34 CHF – Menü 52 CHF (mittags) – Karte 67/97 CHF
Wie in einer klassischen Brasserie fühlt man sich in dem luftig-hohen Raum mit
schwarz-weissem Schachbrettboden und Rundbogenfenstern. Bei der italie-
nischen Küche können Sie getrost den Empfehlungen des Chefs folgen! Ter-
rasse zum See!

XX **Des Balances** – Hotel Des Balances   < 斎 ⇔
Weinmarkt, (Zufahrt über Mühlenplatz) ✉ *6004*   Stadtplan : B2**a**
– ℰ 041 418 28 15 – www.balances.ch
Tagesteller 37 CHF – Menü 95/125 CHF – Karte 67/105 CHF
Im Untergeschoss (separater Eingang) lockt eine Mischung aus Restaurant, Bar
und Lounge. Dieser schicke Ort bietet neben einer tollen Terrasse zum Fluss
moderne, mediterran beeinflusste Gerichte wie "geschmorte Kalbshaxe an Gre-
molata-Jus".

XX **Thai Garden** – Hotel Astoria   AC ⅍ ⟷
Pilatusstr. 29 ✉ *6002 –* ℰ *041 226 88 88*   Stadtplan : B3**q**
– www.astoria-luzern.ch – geschl. Samstagmittag, Sonntagmittag und
an Feiertagen mittags
Tagesteller 22 CHF – Menü 95/118 CHF – Karte 70/99 CHF
Das elegante Restaurant im Hotel Astoria entführt Sie in eine andere Welt.
Typisch thailändisch ist hier das Speiseangebot, ebenso das Ambiente.

XX **Restaurant National** – Grand Hotel National   ⟸ 🕼 ᕀ ⟷
Haldenstr. 4 ✉ *6006 –* ℰ *041 419 09 09*   Stadtplan : C1**a**
– www.grandhotel-national.com – geschl. November - März: Sonntagabend
- Montag
Tagesteller 25 CHF – Menü 33 CHF (mittags unter der Woche)/135 CHF
– Karte 56/116 CHF
Lüster, Tapeten, Bilder... Der Raum bewahrt sich seinen klassischen Belle-Epoque-
Stil. Die Küche ist international ausgerichtet, Degustationsmenü am Abend, redu-
zierte Bistrokarte zum Lunch. Schöne Salons.

X **Reussbad "las torres"**   🕼 ⅍ ⟷
Brüggligasse 19 ✉ *6004 –* ℰ *041 240 54 23*   Stadtplan : A2**r**
– www.reussbad.ch – geschl. Ende Juni 1 Woche und Montag
Tagesteller 25 CHF – Menü 39/86 CHF – Karte 64/98 CHF
Sie finden das Gasthaus an einem der Wehrtürme der alten Stadtmauer. Wäh-
rend Sie in netten Stuben oder auf der Terrasse unter Kastanien sitzen, kocht
Peter Schmidt für Sie schmackhafte klassische Schweizer Küche oder internatio-
nale Speisen.

X **La Perla** Ⓝ   🕼
Waldstätterstr. 25 ✉ *6008 –* ℰ *041 210 67 47*   Stadtplan : B3**p**
– www.ristorantelaperla.ch – geschl. Sonntag
Karte 57/88 CHF
In dem sympathischen modernen Ristorante wird italienisch-mediterran gekocht
- unter der Woche gibt es mittags auch Pizza. Wenn im Sommer die grosse Fensterfront zum Gehsteig hin geöffnet ist, fühlt man sich fast wie auf der Terrasse.

X **Bam Bou** – The Hotel   AC ⅍
Sempacherstr. 14 ✉ *6002 –* ℰ *041 226 86 86*   Stadtplan : B3**e**
– www.the-hotel.ch
Tagesteller 26 CHF – Menü 55 CHF (mittags unter der Woche)/99 CHF
– Karte 64/127 CHF
Rot lackierte Wände treffen auf dunklen Schieferboden und harmonieren perfekt
mit dem Interior aus Leder und Holz. In diese durchdesignte Location lockt das
Haus Freunde der euro-asiatischen Küche. Parkservice fürs Auto!

X **La Cucina** – Hotel Astoria   AC ⅍ ⟷
Pilatusstr. 29 ✉ *6002 –* ℰ *041 226 88 88*   Stadtplan : B3**q**
– www.astoria-luzern.ch – geschl. Samstagmittag, Sonntagmittag sowie
an Feiertagen mittags
Tagesteller 24 CHF – Menü 68 CHF – Karte 44/92 CHF
La dolce vita mit cucina italiana: durchdachte Einrichtung mit Kronleuchter,
Bistro-Stühlen, schöner Holzdecke und -säulen. Aus der Showküche kommen
Antipasti, Pasta, Fisch und Fleisch. Holzofen für knusprige Pizzen!

X **Barbatti** Ⓝ   🕼
Töpferstr. 10 ✉ *6004 –* ℰ *041 410 13 41*   Stadtplan : B1**b**
– www.ristorante-barbatti.ch
Tagesteller 32 CHF – Karte 57/84 CHF – *(abends Tischbestellung ratsam)*
Stilvolle Leuchter an der hohen Decke, zahlreiche Bilder und Skulpturen des
Luzerner Künstlers Rolf Brem, nicht zu vergessen die rote Berkel-Aufschnitt-
maschine gleich am Eingang... Ein wirklich schön dekorierter Raum, der klassi-
schen Brasserie-Charme versprüht. Die Küche: italienisch.

Mekong – Hotel Astoria

Pilatusstr. 29 ✉ 6002 – ✆ 041 226 88 88 Stadtplan : B3**q**
– www.astoria-luzern.ch – geschl. Samstagmittag, Sonntag sowie an Feiertagen
Tagesteller 18 CHF – Karte 49/94 CHF
Der Name ist eine Hommage an den Fluss Mekong und bietet den Gästen neben klassischer asiatischer Küche auch typische vietnamesische Gerichte, wie sie dort seit Generationen auf der Strasse gekocht werden. Ambiente: fernöstlicher Style!

Brasserie Bodu

Kornmarkt 5 ✉ 6004 – ✆ 041 410 01 77 Stadtplan : B2**e**
– www.brasseriebodu.ch
Tagesteller 22 CHF – Karte 45/100 CHF – *(Tischbestellung erforderlich)*
Die französische Küche (durchgehend) und der Brasserie-Charme sind richtig beliebt, wie die zahlreichen Gäste hier im "Haus zum Raben" beweisen! Auch die fair kalkulierte Bordeaux-Auswahl kommt gut an. Terrasse zur Reuss bzw. am Kornmarkt.

Ost 4 km über Haldenstrasse D1, Richtung Küsnacht

Hermitage Zim,

Seeburgstr. 72 ✉ 6006 – ✆ 041 375 81 81 – www.hermitage-luzern.ch – geschl. Januar - Mitte März
68 Zim – †220/395 CHF ††280/495 CHF, ☕ 25 CHF – 1 Suite
Rest Tagesteller 29 CHF – Menü 45/89 CHF – Karte 54/90 CHF
Ideal für Business, Urlaub, Feierlichkeiten. Man wohnt modern und geniesst den Blick auf den See (hier Strandbad und Bootssteg). Die Gastronomie bietet US-Grillgerichte sowie Schweizer Küche und Internationales. Dank Komplettverglasung kann man auch im Winter schön auf der Seeterrasse sitzen!

in Kastanienbaum Süd-Ost: 4 km über Langensandstrasse B3 – Höhe 435 m – ✉ 6047

Seehotel Kastanienbaum

St. Niklausenstr. 105 ✉ 6047 – ✆ 041 340 03 40 – www.kastanienbaum.ch – geschl. Mitte Dezember - Mitte Februar
42 Zim ☕ †170/260 CHF ††230/390 CHF – ½ P
Rest Tagesteller 28 CHF – Menü 59/72 CHF (abends) – Karte 50/92 CHF
Direkt vor dem Haus die Horwer Bucht mit eigener Badestelle und Bootssteg! Die meisten der zeitgemässen Zimmer bieten Seeblick, ebenso die tolle Terrasse, auf der man (wie auch im Restaurant Hechtstube samt Wintergarten) moderne Küche serviert. Kostenpflichtiger Saunabereich mit Kosmetik und Massage.

in Horw Süd: 3 km über Obergrundstrasse A3 – Höhe 442 m – ✉ 6048

Seehotel Sternen Rest,

Winkelstr. 46, (in Winkel) – ✆ 041 348 24 82 – www.seehotel-sternen.ch – geschl. Februar
25 Zim ☕ – †180/245 CHF ††255/350 CHF
Rest Tagesteller 23 CHF – Menü 35 CHF (mittags unter der Woche)/94 CHF – Karte 58/84 CHF – *(geschl. Oktober - April: Montag)*
Die Lage am Seeufer, eine tolle Aussicht sowie funktionelle Zimmer mit Balkon sprechen für dieses Hotel. Auch eine eigene Badeliegewiese steht zur Verfügung. Im Sommer sollten Sie zum Speisen auf der grossen Seeterrasse Platz nehmen!

in Obernau Süd-West: 6 km über Obergrundstrasse A3 – Höhe 530 m – ✉ 6012

Obernau - Nagelschmitte

Obernauerstr. 89 – ✆ 041 320 43 93 – geschl. Sonntagabend
Tagesteller 30 CHF – Menü 57/98 CHF – Karte 35/105 CHF
Möchten Sie im Gourmet "Nagelschmitte" speisen? Oder lieber im etwas legereren Restaurant? Letzteres bietet zusätzlich zur klassischen Schweizer Küche bürgerlich-traditionelle Gerichte. Werfen Sie auch einen Blick auf die Fischkarte!

LYSS

Bern (BE) – ✉ 3250 – 14 080 Ew – Höhe 444 m – Siehe Regionalatlas **2-D4**
Bern 31 km – Biel 13 km – Burgdorf 36 km – Neuchâtel 42 km
Michelin Straßenkarte 551-I6

⌂ **Weisses Kreuz**   🏮 📶 ᕦ ᔕᔕ Zim, 🛜 🏔 🚗 **P**

Marktplatz 15 – 𝒞 032 387 07 40 – www.kreuz-lyss.ch
32 Zim ⌷ – ▮78/145 CHF ▮▮115/197 CHF – ½ P
Rest Tagesteller 19 CHF – Menü 45 CHF – Karte 36/93 CHF
Um 1500 erstmals erwähnt, ist der schöne historische Gasthof der älteste in Lyss. Die Zimmer im Anbau sind zeitgemäss und funktionell, im Haupthaus einfacher. Viel Holz und ein hübscher Kachelofen machen die Kreuzstube gemütlich, im Schweizer Stübli gibt es auch Gerichte vom Speckstein und Fondue.

in Hardern Nord-Ost: 1,5 km Richtung Büren a.d. Aare – Höhe 496 m – ✉ 3250 Lyss

✗ **Freudiger's Hardern Pintli**   🐎 🍴 ⇆ **P**

Hardern 23 – 𝒞 032 386 73 23 – www.hardernpintli.ch – geschl. 10. Februar - 4. März, 8. - 30. September und Dienstag - Mittwoch
Tagesteller 18 CHF – Menü 40/70 CHF – Karte 44/78 CHF – *(Tischbestellung ratsam)*
Das hübsche Gasthaus mit roten Fensterläden hat neben dem gemütlich-rustikalen Restaurant auch einen angenehm hellen verglasten Pavillon (ideal für Gesellschaften). Chef André Freudiger kocht schmackhafte Schweizer Gerichte, traditionell und saisonal. Im Weinkeller Trouvaillen wie Château Angélus sowie kalifornische Weine. Lounge im Garten.

in Suberg Süd-Ost: 3 km Richtung Bern – Höhe 470 m – ✉ 3262

✗✗ **Pfister's Goldener Krug**   🍴 ᔕᔕ ⇆ **P**

Bernstr. 61 – 𝒞 032 389 13 30 – www.goldener-krug.ch – geschl. über Weihnachten, Anfang Januar 2 Wochen, Ende Juli - Anfang August 2 Wochen und Sonntag - Montag
Tagesteller 20 CHF – Menü 49/98 CHF
In dem heimatgeschützten alten Riegelhaus kocht Thomas Pfister Schmackhaftes vom Wildsaupfeffer bis zum Gourmetmenü, und servieren lassen kann man sich alles sowohl im gemütlich-eleganten Restaurant als auch in der schlichteren Gaststube.

MADISWIL

Bern (BE) – ✉ 4934 – 3 120 Ew – Höhe 534 m – Siehe Regionalatlas **3**-E3
▶ Bern 49 km – Luzern 55 km – Olten 28 km – Solothurn 31 km
Michelin Straßenkarte 551-L6

✗✗ **Bären** mit Zim   🏮 🍴 ᔕᔕ Rest, 🛜 ⇆ **P**

Kirchgässli 1 – 𝒞 062 957 70 10 – www.baeren-madiswil.ch – geschl. 22. Dezember - 5. Januar und Sonntagabend - Montag
11 Zim ⌷ – ▮120 CHF ▮▮180 CHF – ½ P
Tagesteller 20 CHF – Menü 54/106 CHF – Karte 54/98 CHF
Das Riegelhaus a. d. 17. Jh. ist schon eine herzige Adresse, was nicht zuletzt an der charmanten Eliane Ingold liegt, die sich in Deko und Service verwirklicht. Gekocht wird recht klassisch: "Rindsfilet vom Grill", "Variété de poissons"... Sehr schön der Garten! Zum Übernachten: helle, funktionale Zimmer.

MADULAIN

Graubünden (GR) – ✉ 7523 – 234 Ew – Höhe 1 697 m – Siehe Regionalatlas **11**-J5
▶ Bern 321 km – Chur 79 km – Triesen 114 km – Triesenberg 118 km
Michelin Straßenkarte 553-X10

⌂⌂ **Chesa Colani ⓝ**   🈁 🛁 📶 🛜 🚗 **P**

Via Principela 20 A – 𝒞 081 854 18 88 – www.hotelchesacolani.com – geschl. 7. April - 20. Juni, 10. September - 1. Dezember
7 Zim – ▮296/1575 CHF ▮▮296/1575 CHF – 6 Suiten
Rest *Stüva Colani* – siehe Restaurantauswahl
Wohfühlen vom ersten Moment an heisst es in dem exklusiven kleinen Hotel mitten im malerischen Madulain: geschmackvoll schon der Eingangsbereich, persönlich der Empfang, wertige Einrichtung voller Chalet-Charme... Morgens ein Frühstück, das seinesgleichen sucht, am Nachmittag "Teatime" mit über 40 Sorten Tee.

XX **Stüva Colani** ① – Hotel Chesa Colani   🖼 🍴 **P**
Via Principela 20 A – ☎ 081 854 18 88 – *www.hotelchesacolani.com* – *geschl.*
7. April - 20. Juni, 10. September - 1. Dezember
Tagesteller 28 CHF – Menü 140 CHF – Karte 83/128 CHF
Äusserst gelungen der Mix aus moderner Eleganz und warmem heimischen Holz,
auf der Karte mediterrane Gerichte - Spezialitäten sind das Degustationsmenü
und frischer Fisch - am liebsten für zwei oder mehrere Personen.

MÄGENWIL
Aargau – ✉ 5506 – 2 041 Ew – Höhe 416 m – Siehe Regionalatlas **3-F2**
▶ Bern 96 km – Aarau 19 km – Liestal 66 km – Zürich 34 km
Michelin Straßenkarte 551-O5

XX **Bären**   🏡 🖼 🍴 ⇔ **P**
😊 *Hauptstr. 24* – ☎ 062 896 11 65 – *www.baeren-maegenwil.ch* – *geschl.*
22. Dezember - 7. Januar, Mitte Juli - Anfang August 3 Wochen und Montag
- Dienstag
Tagesteller 28 CHF – Menü 54 CHF (mittags)/145 CHF – Karte 52/105 CHF
In dem ehemaligen Bauernhaus werden Sie von der charmanten Barbara Bühl-
mann samt aufmerksamem Team umsorgt, ihr Mann Bernhard kocht klassisch-traditionell, schmackhaft und preislich fair. Spezialitäten: verschiedene Güggeli-Varia-
tionen (finden sich auch in Form von Kunst an den Wänden) und Wild aus
eigener Jagd, von der Wildschweinwurst bis zum Rehrücken.

MAGGIA
Ticino (TI) – ✉ 6673 – 2 539 ab. – Carta regionale **9-G6**
▶ Bern 288 km – Bellinzona 36 km – Altdorf 139 km – Sarnen 180 km
Carta stradale Michelin 553-Q12

🏠 **Casa Martinelli** ① senza rist   ⇔ 🛜 **P**
Via Cantonale Vecchia 60 – ☎ 091 760 90 51 – *www.casa-martinelli.ch* – *chiuso*
gennaio
10 cam ☑ – ♦90/130 CHF ♦♦180/260 CHF
E' la grande passione della proprietaria, l'anima di questa simpatica casa con
camere doppie nell'edificio moderno; prima colazione con prodotti locali e cantina dove ci si può servire l'aperitivo. La Cascata del Salto è giusto a due passi.

MALANS
Graubünden (GR) – ✉ 7208 – 2 308 Ew – Höhe 536 m – Siehe Regionalatlas **5-I3**
▶ Bern 232 km – Chur 18 km – Triesen 25 km – Triesenberg 33 km
Michelin Straßenkarte 553-V7

XX **Weiss Kreuz** mit Zim   🖼 📶 ⅙ Rest. 🍴 🛜 ⇔
Dorfplatz 1, (1. Etage) – ☎ 081 735 25 00 – *www.weisskreuzmalans.ch* – *geschl.*
19. Januar - 8. Februar
1 Zim ☑ – ♦175/220 CHF ♦♦250/300 CHF
Menü 28 CHF (mittags unter der Woche)/89 CHF – Karte 74/102 CHF
Mit Engagement betreiben Iris Petermann und Claudia Vogl-Baki das hübsche alte
Gasthaus mitten im Ortskern. Ganz in warmem Holz gehalten, strotzen die Stuben
nur so vor Gemütlichkeit! Auf der Terrasse beeindruckt die Aussicht. Von Stefan
Jäckel kommen klassische Speisen wie "Rehfilet mit Eierschwämmli-Cannelloni".
Einladend auch die sehr geschmackvollen Gästezimmer.

MALIX – Graubünden ➜ Siehe Chur

MALOJA
Graubünden (GR) – ✉ 7516 – Höhe 1 815 m (Wintersport : 1 800/2 159 m)
– Siehe Regionalatlas **11-J5**
▶ Bern 332 km – Sankt Moritz 17 km – Chur 92 km – Davos 83 km
Michelin Straßenkarte 553-W11

🏠 Schweizerhaus   ← 🛋 🐾 ⅃⅃ 🛁 ℣ Zim, 🛜 🚗 **P**

Hauptstr. 25 – ✆ 081 838 28 28 – www.schweizerhaus.info – geschl. 13. April - 12. Juni, 19. Oktober - 12. Dezember

29 Zim 🍽 – ♦145/240 CHF ♦♦210/400 CHF – 1 Suite
Rest Tagesteller 27 CHF – Menü 69 CHF (abends) – Karte 51/101 CHF

Das Engadiner Holzhaus von 1852 ist nicht nur von aussen hübsch anzuschauen, auch die gepflegten Zimmer können sich sehen lassen - ob nun schön zeitgemäss oder rustikaler. Ein bisschen einfacher übernachtet man im Gästehaus Pöstli, hier auch Sauna und Fitnessraum. Wer's beim Essen (bürgerliche und vegetarische Gerichte) ganz besonders gemütlich mag, sitzt im historischen Engadiner Stübli. Übrigens: Auf der Terrasse grillt man auch im Winter!

✗ Bellavista   🛋 🔄 **P**

Capolago – ✆ 081 824 31 95 – www.bella-vista-restaurant.ch – geschl. 20. April - Mitte Juni, 19. Oktober - 23. Dezember und Montag - Dienstag

Karte 53/86 CHF – *(Tischbestellung ratsam)*

Hier dreht sich alles um die Wurst... und die wird vom Chef (seines Zeichens Metzger) persönlich hergestellt, ebenso Trockenfleisch und Salsiz. Dass die Atmosphäre hier so angenehm ist, liegt zum einen an der heimeligen kleinen Bündnerstube selbst, zum anderen sind Marianne und Heribert Klaus-Brunner einfach ausgesprochen herzliche Gastgeber! Terrasse mit See- und Bergblick.

MAMMERN

Thurgau (TG) – ✉ 8265 – 616 Ew – Höhe 412 m – Siehe Regionalatlas **4-G2**
▶ Bern 175 km – Zürich 55 km – Frauenfeld 14 km – Konstanz 22 km
Michelin Straßenkarte 551-S3

✗✗ Zum Schiff mit Zim   🛋 🛜 🔄 **P**

Seestr. 3 – ✆ 052 741 24 44 – www.schiff-mammern.ch – geschl. Ende Dezember - Anfang Februar, Oktober 2 Wochen und Montag

7 Zim 🍽 – ♦130 CHF ♦♦190 CHF   Karte 34/105 CHF

Hier wird solide gekocht: eigene Zuchtgüggeli, frisch gefangener Bodenseefisch, Wiener Schnitzel... Tipp: Setzen Sie sich in die getäferte historische Stube mit Kachelofen! Schöne geräumige Zimmer mit Balkon/Terrasse im Gästehaus vis-à-vis. Zudem hat man ein Strandbad.

MANNENBACH

Thurgau (TG) – ✉ 8268 – Höhe 400 m – Siehe Regionalatlas **5-H1**
▶ Bern 186 km – Sankt Gallen 49 km – Frauenfeld 24 km – Konstanz 11 km
Michelin Straßenkarte 551-S3

🏨 Seehotel Schiff   🐾 🔄 ← 🛏 🛋 🎽 ♿ Rest, 🛜 🏊 **P**

Seestr. 4 – ✆ 071 663 41 41 – www.seehotel.ch

18 Zim 🍽 – ♦125/135 CHF ♦♦195/230 CHF – ½ P
Rest Tagesteller 19 CHF – Menü 29 CHF (mittags unter der Woche)/53 CHF – Karte 53/91 CHF

Das ruhig abseits der Strasse am Seeufer gelegene Haus bietet neben zeitgemässen Zimmern einen schönen Blick über den Bodensee und ein eigenes Strandbad. Zum modernen Restaurant gehört eine reizvolle Terrasse direkt am See.

MANNO

Ticino (TI) – ✉ 6928 – 1 244 ab. – alt. 344 m – Carta regionale **10-H6**
▶ Bern 240 km – Lugano 7 km – Bellinzona 26 km – Locarno 40 km
Carta stradale Michelin 553-R13

✗ Grotto dell'Ortiga   🛋 ℣

Strada Regina 35 – ✆ 091 605 16 13 – www.ortiga.ch – chiuso 21 dicembre - 1° febbraio, domenica e lunedì

Piatto del giorno 19 CHF – Menu 38/44 CHF – Carta 39/59 CHF

Circondato da prati e castagneti, un vero grotto - per un ambiente rilassante ed informale - dove apprezzare la buona cucina regionale preparata con prodotti biologici locali.

MARTIGNY

Valais (VS) – ⊠ 1920 – 16 897 h. – alt. 467 m – Carte régionale **7-C6**
▶ Bern 131 km – Aosta 76 km – Chamonix-Mont-Blanc 42 km – Montreux 43 km
Carte routière Michelin 552-G12

🔡 Vatel

🛱 📵 ⅙ 🍽 rest, 🛜 🏊 **P**

𝓖𝓑 *Rue Marconi 19, (par avenue des Prés Beudin 20) – ℰ 027 720 13 13
– www.hotelvatel.ch*
111 ch – ♥99/199 CHF ♥♥129/199 CHF, � 20 CHF
Rest Plat du jour 19 CHF – Menu 35/39 CHF – Carte 19/34 CHF – *(fermé dimanche midi)*
Situé dans la zone industrielle de Martigny, dans un immeuble très moderne, cet hôtel s'est spécialisé dans les congrès, séminaires et banquets. Les chambres sont sobres et spacieuses, et, au restaurant, on peut profiter d'une formule buffet.

✗ Les Touristes

🛱

*Rue de l'Hôpital 2 – ℰ 027 722 95 98 – www.restaurant-valais.com – fermé
22 décembre - 6 janvier, fin juin - mi- juillet, dimanche et lundi*
Plat du jour 23 CHF – Menu 69/89 CHF – Carte 48/112 CHF
François et Christophe Chomel, tous deux frères, tiennent ce restaurant simple et contemporain depuis 2006. Pâtes italiennes, ravioles, légumes de saison : la cuisine est ensoleillée... comme la terrasse, où l'on aime s'attarder en sirotant un verre.

✗ Les Trois Couronnes

🛱 🍽

𝓖𝓑 *Place du Bourg 8 – ℰ 027 723 21 14 – www.les3couronnes.ch – fermé 9
- 22 février, 3 - 16 août, dimanche et lundi*
Plat du jour 19 CHF – Menu 22 CHF (déjeuner en semaine)/72 CHF
– Carte 54/73 CHF
Cette belle demeure historique trône sur une place près d'une fontaine ; c'est la plus ancienne auberge de la ville et son café est très fréquenté ! Côté restaurant – lequel a le charme de la simplicité –, habitués du coin et touristes apprécient spécialités du Valais, ragoût d'escargots, rognons à l'ail, etc.

✗ La vache qui vole

🛱

Place Centrale 2b, (1ᵉʳ étage) – ℰ 027 722 38 33 – www.lavachequivole.ch
Plat du jour 25 CHF – Carte 47/82 CHF
Effectivement, elle vole... au plafond ! Mais ne soyons pas vaches, car le lieu est original avec son bar à vins au rez-de-chaussée (pour déguster des tapas) et la brasserie du dessus pour les pâtes, risottos, côte de veau, homard frais...

à Chemin Sud-Est : 5 km par route du col des Planches – alt. 774 m – ⊠ 1927

✗✗ Le Belvédère

◁ ⇔ **P**

*Route de Chemin 1 – ℰ 027 723 14 00 – www.lebelvedere.ch – fermé fin
décembre - début janvier 2 semaines, fin juin 2 semaines, mi-août une semaine,
dimanche soir, lundi et mardi*
Plat du jour 26 CHF – Menu 55 CHF (déjeuner en semaine)/98 CHF
– Carte 69/96 CHF
Au-dessus de Martigny, avec sa lumineuse véranda en bois clair, ce Belvédère offre une vue imprenable sur la vallée du Rhône ! Dans l'assiette, les saveurs ne font pas illusion : noisette de filet d'agneau aux olives, tomates séchées et oignons rouges, ou encore salade de gambas géantes poêlées à l'ail des ours...

MASSAGNO – Ticino ➜ Vedere Lugano

MEGGEN

Luzern (LU) – ⊠ 6045 – 6 752 Ew – Höhe 472 m – Siehe Regionalatlas **4-F3**
▶ Bern 118 km – Luzern 8 km – Olten 60 km – Schwyz 30 km
Michelin Straßenkarte 551-O7

🏠 **Balm**　　　　　　　　　≤ 🛏 ⭐ & Rest. 🛜 🛗 🚗 **P**

Balmstr. 3 – 𝒫 041 377 11 35 – www.balm.ch
18 Zim 🛏 – 🛎115/180 CHF 🛎🛎155/240 CHF – ½ P
Rest *La Pistache* – siehe Restaurantauswahl
Rest *Bistro* Menü 23/65 CHF – Karte 39/82 CHF – *(geschl. 22. Dezember - 7.*
Januar, 9. - 25. Februar und Montag - Dienstag)
Das kleine Hotel mit den roten Fensterläden liegt nahe dem See und nach Luzern
ist es auch nicht weit (Bushaltestelle vor dem Haus). Die Zimmer tipptopp
gepflegt, freundlich und zeitgemäss, entspannen kann man im hübschen Garten
und auf der kleinen Dachterrasse. Legeres Bistro mit traditioneller Küche.

🍴🍴 **La Pistache** – Hotel Balm　　　　　　　🚲 ≤ ⭐ & ✿ **P**

Balmstr. 3 – 𝒫 041 377 11 35 – www.balm.ch – geschl. 22. Dezember - 7. Januar,
9. - 25. Februar und Montag - Dienstag
Tagesteller 41 CHF – Menü 65/105 CHF – Karte 74/118 CHF
Ein hübsches modernes Restaurant (farblich gibt natürlich die namengebende
Pistazie den Ton an) mit Vinothek und schöner überdachbarer Terrasse samt reiz-
voller Aussicht auf die Region. Die Karte ist international-saisonal geprägt.

MEILEN

Zürich (ZH) – ✉ 8706 – 12 816 Ew – Höhe 420 m – Siehe Regionalatlas **4-G3**
▶ Bern 141 km – Zürich 16 km – Luzern 48 km – Sankt Gallen 90 km
Michelin Straßenkarte 551-Q5

🍴 **Thai Orchid**　　　　　　　　　　　　　　　　　🛏

Rosengartenstr. 2 – 𝒫 044 793 29 29 – www.thai-orchid.ch – geschl.
Samstagmittag, Sonntagmittag und Montag
Tagesteller 25 CHF – Menü 70/80 CHF (abends) – Karte 47/76 CHF –
(Tischbestellung ratsam)
Hübsch ist das helle kleine Lokal mit angenehm dezentem asiatischem Dekor.
Serviert werden exotische Spezialitäten aus Thailand. Dazu ein täglich wechseln-
des Lunchmenü vom Buffet.

in Meilen-Obermeilen Ost: 1 km, Richtung Rapperswil – Höhe 413 m –
✉ 8706 Meilen

🏠 **Hirschen am See**　　　　　　　　　　　　　≤ ⭐ 🛜 **P**

Seestr. 856 – 𝒫 044 925 05 00 – www.hirschen-meilen.ch
16 Zim 🛏 – 🛎125/215 CHF 🛎🛎225/285 CHF – ½ P
Rest *Hirschen am See* – siehe Restaurantauswahl
Rest *Taverne* Karte 50/101 CHF – *(geschl. Januar - Feburar und Donnerstag)*
Unmittelbar am Zürichsee, direkt hinter einem kleinen Hafen, liegt das historische
Gasthaus mit wohnlich-gemütlichen Zimmern, die teils Seeblick bieten. Leger-
gemütlich die Taverne mit schöner Terrasse am See und traditioneller Küche.

🍴🍴 **Hirschen am See** – Hotel Hirschen am See　　　　　≤ ⭐ **P**

Seestr. 856 – 𝒫 044 925 05 00 – www.hirschen-meilen.ch – geschl. September
- Mai: Sonntagabend - Montag
Tagesteller 41 CHF – Menü 69 CHF – Karte 68/98 CHF
Familie Kaiser hat hier ein elegantes Restaurant, in dem Sie sich bei traumhafter
Sicht auf den See (toll die teilweise rebenberankte Terrasse) international-saison-
ale Gerichte wie "Kalbssteak mit Sauce Hollandaise, neuen Kartoffeln und grünem
Spargel" schmecken lassen.

MEIRINGEN

Bern (BE) – ✉ 3860 – 4 642 Ew – Höhe 595 m (Wintersport : 602/2 433 m)
– Siehe Regionalatlas **8-F4**
▶ Bern 86 km – Andermatt 64 km – Brienz 15 km – Interlaken 29 km
Michelin Straßenkarte 551-N9

🏠 Victoria ▮ 🛜 🧖 P

Bahnhofplatz 9 – 𝒞 033 972 10 40 – www.victoria-meiringen.ch
– geschl. 31. März - 19. April
18 Zim ☲ – ♦135/155 CHF ♦♦175/260 CHF – ½ P
Rest *Victoria*☺ – siehe Restaurantauswahl
Eine sympathisch-familiäre Adresse am Bahnhof, unweit der Seilbahnstation. Es empfängt Sie ein moderner Eingangsbereich und die Zimmer bieten mit ihrer hellen, sachlichen Einrichtung alles, was man braucht! Lassen Sie sich nachmittags auf der netten Terrasse vor dem Haus leckeren Kuchen schmecken!

🏠 Alpbach 🛁 🎴 ▮ 🛜 P

Kirchgasse 17 – 𝒞 033 971 18 31 – www.alpbach.ch – geschl. 1. November
- 15. Dezember
33 Zim ☲ – ♦95/140 CHF ♦♦190/240 CHF – ½ P
Rest Tagesteller 21 CHF – Menü 82 CHF – Karte 48/76 CHF
Jean-Claude und Theres Gerber haben in ihrem Hotel im Ortskern gepflegte Zimmer, die funktionell oder alpenländisch-wohnlich eingerichtet sind - auch Familienzimmer. Dazu ein freundlicher Saunabereich mit Massageangebot und das mit viel hellem Naturholz gemütlich-rustikal gestaltete Restaurant.

❌❌ Victoria – Hotel Victoria 🛁 ♿ P

Bahnhofplatz 9 – 𝒞 033 972 10 40 – www.victoria-meiringen.ch
– geschl. 31 März - 19. April
Tagesteller 22 CHF – Menü 95 CHF – Karte 46/98 CHF
Modern-elegant das Restaurant mit viel schickem Schwarz. Die Küche ist mediterran, hier und da asiatische Einflüsse: "Victoria Taste of Asia-Frühlingsrolle" oder lieber "geschmortes Gitzi mit Zitronen-Gremolata und Spargelpolenta"? Wer's etwas schlichter mag, isst im Bistro z. B. Spare Ribs oder Schnitzel.

MEISTERSCHWANDEN

Aargau (AG) – ✉ 5616 – 2 695 Ew – Höhe 505 m – Siehe Regionalatlas **4**-F3
🚩 Bern 106 km   Aarau 20 km   Luzern 32 km – Wohlen 10 km
Michelin Straßenkarte 551-O5

🏨 Seerose Resort und Spa ⬅ 🔲 🌐 🎴 🛋 ▮ ♿ 🛜 🧖 🚗 P

Seerosenstr. 1, Süd: 1,5 km Richtung Aesch – 𝒞 056 676 68 68 – www.seerose.ch
91 Zim ☲ – ♦158/278 CHF ♦♦248/368 CHF – ½ P
Rest *Seerose* **Rest** *Samui-Thai* **Rest** *Cocon* – siehe Restaurantauswahl
Direkt am schönen (und im Sommer angenehm warmen) Hallwilersee liegt dieses vielfältige Resort, das ständig in Bewegung ist. Patron Felix Suhner hat hier drei Häuser geschaffen ("Cocon", "Classic" und "Elements"), jedes mit eigenem Stil. Die Zimmer sehr individuell, wertig und geschmackvoll-modern, nicht minder attraktiv der "Cocon-Thai-Spa"!

❌❌ Cocon – Hotel Seerose Resort und Spa 🍴 ⬅ 🛁 ♿ P

Seerosenstr. 1, Süd: 1,5 km Richtung Aesch – 𝒞 056 676 68 68 – www.seerose.ch
– geschl. Sonntag - Montag
Menü 85/155 CHF – Karte 80/118 CHF – *(nur Abendessen)*
Das "Cocon" hat schon seinen eigenen Stil: minimalistisches Dekor, warmes Holz, originelle Sessel im Kokon-Look - und dazu Siegfried Rossals geschmackvoll-unkomplizierte Küche, z. B. "in Syrah geschmorte Kalbsbagge mit weisser Polenta".

❌❌ Seerose – Hotel Seerose Resort und Spa 🐟 ⬅ 🛁 ♿ 🆎 P

Seerosenstr. 1, Süd: 1,5 km Richtung Aesch – 𝒞 056 676 68 68
– www.seerose.ch
Tagesteller 30 CHF – Menü 40 CHF (mittags)/108 CHF – Karte 56/109 CHF
Frische, gute Küche in chic-modernem Ambiente (schön die Deko aus Naturmaterialien). Der Mix aus traditionell-regionalen und internationalen Gerichten reicht von "Egli im Bierteig" bis "Kalbsrücken in der Macadamianuss-Kruste".

☆☆ **Samui-Thai** – Hotel Seerose Resort und Spa 🕾 **P**
*Seerosenstr. 1, Süd: 1,5 km Richtung Aesch – ✆ 056 676 68 68 – www.seerose.ch
– geschl. Sonntag*
Menü 82/90 CHF – Karte 55/95 CHF – *(nur Abendessen)*
Schön authentisch sind die thailändische Küche, der freundliche Service in
Tracht und auch das Ambiente. An tiefen Tischen oder vor dem grossen Was-
serbild serviert man z. B. "Pla Priaw Wan" (gebackene Seezungenstreifen) oder
"Schuschi Pla Mück Yad Sai Muu" (kleiner Tintenfisch mit gehacktem Schwei-
nefleisch).

MELCHSEE-FRUTT
Obwalden (OW) – ✉ 6064 – Siehe Regionalatlas **3-F4**
▶ Bern 122 km – Sarnen 22 km – Stans 32 km – Luzern 42 km
Michelin Straßenkarte 551-O8
Zufahrt bis Stöckalp, dann mit der Gondelbahn (15 Min.) - Höhe 1 920 m

🏠 **frutt LODGE & SPA** ⌇ ← 🕾 🔲 ⊕ 🙈 📶 ᗭ ✄ Zim, 🤶 🏔 ᗏ
*Frutt 9 – ✆ 041 669 79 79 – www.fruttlodge.ch – geschl. Mitte April - Mitte Juni,
Mitte Oktober - Mitte Dezember*
58 Zim ⚏ – †238/480 CHF ††298/540 CHF – 3 Suiten
Rest *frutt Stübli* – siehe Restaurantauswahl
Rest *frutt Titschli* Menü 70 CHF (abends) – Karte 50/84 CHF
Wirklich gigantisch (und autofrei) die Lage auf dem Hochplateau - perfekt für Skifahrer und Wanderer! Und dazu modern-alpine Zimmer, schöner Spa auf 900 qm,
internationale und traditionelle Küche im Titschli... und das Nonplusultra: Terrasse
mit Stausee- und Bergblick! Von der eigenen Tiefgarage an der Talstation Stöckalp geht's mit der Gondelbahn hier hinauf.

☆☆ **frutt Stübli** ₿₿ ← ᗭ ✄
*Frutt 9 – ✆ 041 669 79 79 – www.fruttlodge.ch – geschl. Mitte April - Mitte Juni,
Mitte Oktober - Mitte Dezember und Montag – Dienstag; im Sommer: Sonntag
- Mittwoch, ausser Hochsaison*
Menü 78/115 CHF – Karte 64/113 CHF – *(nur Abendessen) (Tischbestellung
ratsam)*
Im geschmackvollen Stübli hat Andreas Appenzeller das Zepter übernommen
und kocht sein Menü "Alpine Natur" oder interessante A-la-carte-Gerichte wie
"Lachsforelle in Senfbutter mit Federkohl". Darf's dazu vielleicht ein Schweizer
Wein sein?

MELIDE
Ticino (TI) – ✉ 6815 – 1 669 ab. – alt. 274 m – Carta regionale **10-H7**
▶ Bern 251 km – Lugano 7 km – Bellinzona 38 km – Como 24 km
Carta stradale Michelin 553-R14

🏠 **Dellago** ← ᗭ 🖃 ✄ 🤶 **P**
Lungolago Motta 9 – ✆ 091 649 70 41 – www.hotel-dellago.ch
21 cam ⚏ – †120/320 CHF ††130/320 CHF
Rist Piatto del giorno 33 CHF – Menu 45 CHF (pranzo)/89 CHF – Carta 63/89 CHF
Lungo la passeggiata, godete del panorama sul Ceresio da questa piacevole
struttura con camere a tema – alcune climatizzate, altre con balcone affacciato sul lago – e due belle suite di un bianco immacolato. Ristorante in stile
Art Déco che offre una cucina "fusion", proposta anche sulla panoramica terrazza.

MELS
Sankt Gallen (SG) – ✉ 8887 – 8 537 Ew – Höhe 487 m – Siehe Regionalatlas **5-I3**
▶ Bern 216 km – Chur 29 km – Sankt Gallen 83 km – Davos 58 km
Michelin Straßenkarte 551-U7

XXX **Schlüssel - Nidbergstube** (Seppi Kalberer)   &8 🍴 **P**

£3 *Oberdorfstr. 5, (1. Etage) – ℰ 081 723 12 38 – www.schluesselmels.ch – geschl.*
8. Februar - 5. März, 19. Juli - 10. August und Sonntag - Montag
Menü 75 CHF (mittags)/185 CHF – Karte 79/138 CHF – *(Tischbestellung ratsam)*
Seppi Kalberer hat Verstärkung am Herd bekommen: Sein Sohn ist nun mit im
Haus und bringt moderne Einflüsse in die klassische Küche des Vaters - sehr
schön ergänzen sich kreative Gerichte und Altbewährtes. Unverändert der herz-
liche Service durch Marianne Blum sowie der Charme der eleganten Biedermei-
erstube.
→ Gebratene Entenleber mit eingelegten Fellenberger Essigzwetschgen. Forelle
aus dem Weisstannental unter der Brickteighaube auf Curry-Gemüse. Ofenfrisches
Schokoladenküchlein mit Sauerrahmeis.
Schlüsselstube🕮 – siehe Restaurantauswahl

X **Waldheim**   ← 🍴 ⇔ **P**

(🐾) *Weisstannenstr. 89, West: 4 km – ℰ 081 723 12 56 – www.waldheim-mels.ch*
– geschl. 14. Januar - 3. Februar, 8. - 28. Juli und Montag - Dienstag
Tagesteller 18 CHF – Menü 85 CHF – Karte 52/90 CHF
Lust auf gute bürgerlich-regionale Küche? Bei den langjährigen Gastgebern Luzia
und Peter Kalberer geniessen Sie in herrlicher Lage über Mels (toll der Blick von
der Terrasse!) z. B. "Rindssauerbraten mit Kräuterstock" oder "Melser Weinsuppe
mit Forellenspiess".

X **Schlüsselstube** – Restaurant Schlüssel   &8 🍴 **P**

(🐾) *Oberdorfstr. 5, (1. Etage) – ℰ 081 723 12 38 – www.schluesselmels.ch – geschl.*
8. Februar - 5. März, 19. Juli - 10. August und Sonntag - Montag
Tagesteller 21 CHF – Menü 69/85 CHF – Karte 52/91 CHF
Hier ist es etwas einfacher als in der Nidbergstube (was der Gemütlichkeit keinerlei Abbruch tut!), die Küche ist schmackhaft und traditionell. Bestellen Sie "Geschmorte Kalbsbacke mit Rotweinsauce und Kartoffel-Rosmarinpüree" und einen
Dessert-Klassiker wie "Caramelköpfli"!

MENDRISIO
Ticino (TI)   ⊠ 6850 – 11 833 ab. – alt. 355 m – Carta regionale **10-**H7
◻ Bern 260 km – Lugano 20 km – Bellagio 40 km – Bellinzona 46 km
Carta stradale Michelin 553-R14

a Salorino Nord : 13 km sulla strada per il Monte Generoso – alt. 473 m – ⊠ 6872

X **Grotto la Balduana**   ← 🍴 🕭 ⇔ 🍽

Bellavista Monte Generoso, alt. 1 100 m – ℰ 091 646 25 28 – www.baldovana.ch
– chiuso metà dicembre - metà marzo e martedì
Piatto del giorno 22 CHF – Menu 48/52 CHF – Carta 55/68 CHF
Da oltre due decenni la famiglia Moncilovic gestisce con calore e simpatia questo
rustico grotto, dove gustare specialità regionali, nonché piatti freddi (quest'ultimi
sempre a disposizione). Servizio estivo in terrazza-giardino con vista panoramica
sulla vallata.

MENZBERG
Luzern (LU) – ⊠ 6125 – 600 Ew – Höhe 1 016 m – Siehe Regionalatlas **3-**E4
◻ Bern 103 km – Luzern 36 km – Brienz 87 km – Olten 46 km
Michelin Straßenkarte 551-M7

🏠 **Menzberg**   🕭 ← 🍴 |誰| & Rest. 🛜 🎿 **P**

Dorf – ℰ 041 493 18 16 – www.hotel-menzberg.ch – geschl. 9. - 27. Februar,
6. - 24. Juli
26 Zim ⌷ – ♦120/135 CHF ♦♦180/195 CHF
Rest Tagesteller 23 CHF – Menü 40 CHF (mittags unter der Woche)/70 CHF
– Karte 44/83 CHF – *(geschl. Sonntagabend - Montag)*
Sie suchen ruhige ländliche Umgebung? Der Familienbetrieb fügt sich mit seiner
regionstypischen Fassade schön in die Gegend ein und bietet dank Hanglage
einen grandiosen Blick! Herrlich natürlich die Panoramaterrasse als Alternative zu
Restaurant und Gaststube. Die Zimmer sind eher schlicht, aber gepflegt.

MERIDE

Ticino (TI) – ⊠ 6866 – 314 ab. – alt. 582 m – Carta regionale **10**-H7

▶ Bern 266 km – Lugano 27 km – Bellinzona 53 km – Varese 18 km

Carta stradale Michelin 553-R14

X **Antico Grotto Fossati**   🐾 🏠 🛱 ℙ

via alle cantine 1 – 𝒞 091 646 56 06 – chiuso 22 dicembre - 15 gennaio, marzo 1 settimana, 31 ottobre - 11 novembre, domenica sera - lunedì; ottobre - fine marzo: domenica sera - martedì

Piatto del giorno 25 CHF – Menu 33/47 CHF – Carta 37/56 CHF

Un'ampia selezione enologica – soprattutto di etichette italiane e locali – accompagna una cucina casalinga nella verde cornice di un caseggiato rustico, dove non manca uno scoppiettante camino. Servizio estivo sulla terrazza alberata.

MERLACH – Freiburg ➜ Siehe Murten

MERLIGEN

Bern (BE) – ⊠ 3658 – 770 Ew – Höhe 568 m – Siehe Regionalatlas **8**-E5

▶ Bern 40 km – Interlaken 11 km – Brienz 34 km – Spiez 24 km

Michelin Straßenkarte 551-K9

🏠 **BEATUS**   ← 🐾 🛱 🛋 🖻 ⊛ 🕸 🖙 🛎 ♿ 🛜 🏋 ℙ

Seestr. 300 – 𝒞 033 252 81 81 – www.beatus.ch

69 Zim 🛏 – ∮193/353 CHF ∮∮366/696 CHF – 6 Suiten – ½ P

Rest *Bel Air* – siehe Restaurantauswahl

Rest *Orangerie* Tagesteller 30 CHF – Karte 53/93 CHF

Was das Haus so attraktiv macht? Es liegt traumhaft schön direkt am See, die Zimmer sind individuell, der Service ist freundlich. Auf 2000 qm bietet man einen vielfältigen Spabereich samt Solbad im Freien. Hinzu kommt eine eigene kleine Marina. Orangerie mit Piano-Bar.

XXX **Bel Air** – Hotel BEATUS   ← 🛱 ♿ ℙ

Seestr. 300 – 𝒞 033 252 81 81 – www.beatus.ch

Menü 73/105 CHF – Karte 86/123 CHF

Das wird Ihnen gefallen: prächtige Empire-Lüster, wertige Stoffe, gepflegte Tischkultur, aufmerksamer Service und eine fantastische Terrasse mit Palmen und Seeblick. Klassische Küche mit saisonalem Einfluss.

MERLISCHACHEN

Schwyz (SZ) – ⊠ 6402 – 1 205 Ew – Höhe 436 m – Siehe Regionalatlas **4**-F3

▶ Bern 136 km – Luzern 10 km – Aarau 61 km – Schwyz 26 km

Michelin Straßenkarte 551-O7

🏠 **Schloss-Hotel Swiss-Chalet**   🐾 ← 🐾 🛱 🖻 🕸 🛎 🅰🅲 Rest, 🛜 🏋 ℙ

Luzernerstr. 204 – 𝒞 041 854 54 54 – www.schloss-hotel.ch

60 Zim 🛏 – ∮119/222 CHF ∮∮139/312 CHF – ½ P

Rest Tagesteller 27 CHF – Menü 60/89 CHF – Karte 50/119 CHF

Superior- und Deluxe-Zimmer sowie Art-Suiten, dazu Erlebniszimmer, einfache und günstige Chalet-Zimmer sowie Ferienwohnungen! Das schöne Ensemble aus verschiedenen Schlösschen und Chalets (eines a. d. 17. Jh. beherbergt das Restaurant) bietet für jeden das Passende. Privatstrand am See.

MEYRIN – Genève ➜ Voir à Genève

MÉZIÈRES

Vaud (VD) – ⊠ 1083 – 1 148 h. – alt. 740 m – Carte régionale **6**-B5

▶ Bern 82 km – Lausanne 17 km – Fribourg 52 km – Montreux 28 km

Carte routière Michelin 552-G9

XX **Du Jorat** 🛖 ❄ ⟲

Grand Rue 16 – ☎ 021 903 11 28 – www.restaurantdujorat.ch – fermé
21 décembre - 6 janvier, Pâques une semaine, juillet 3 semaines, dimanche et
lundi
Menu 58/149 CHF – Carte 70/102 CHF
Sur la route principale de Mézières, cette bâtisse traditionnelle, assez coquette,
donne envie de s'arrêter. Elle abrite une bonne table gastronomique, plutôt classique, parfois intrigante comme "le choc culturel vaudois", entrée phare de la
maison.
Brasserie ⊕ – voir la sélection des restaurants

X **Brasserie** – Restaurant Du Jorat 🛖 ❄
⊕ *Grand Rue 16 – ☎ 021 903 11 28 – www.restaurantdujorat.ch – fermé*
21 décembre - 6 janvier, Pâques une semaine, juillet 3 semaines, dimanche et
lundi
Plat du jour 21 CHF – Carte 47/73 CHF
Au Jorat, il y a le restaurant mais aussi la Brasserie : elle a l'air toute simple avec
son cadre sans chichis, mais on peut s'y régaler de bons petits plats du terroir
(avec quelques saveurs du monde) dont on aurait tort de se priver !

MIÈGE

Valais – ✉ 3972 – 1 326 h. – Carte régionale **8**-D6
▶ Bern 176 km – Sion 23 km – Fribourg 145 km – Aosta 124 km
Carte routière Michelin 552-11J

X **Le Relais Miégeois** 🛖 ⭑ ❄

Route de Sierre 31 – ☎ 027 455 90 90 – www.relaismiegeois.ch – fermé début
janvier 2 semaines, fin juillet - mi-août 3 semaines, dimanche soir, lundi soir et
mardi
Menu 47 CHF (déjeuner en semaine)/117 CHF – Carte 72/97 CHF – *(réservation*
indispensable)
Au centre du village, le restaurant est abrité dans une grande bâtisse qui rappel-
lerait presque la fameuse "Maison jaune" de Van Gogh. Le jeune chef, Lionel
Chabroux, propose une cuisine créative et trouve un bel équilibre entre tradition
française et ingrédients exotiques. Le tout dans une ambiance animée !

MINUSIO – Ticino → Vedere Locarno

MÖRIGEN

Bern (BE) – ✉ 2572 – 882 Ew – Höhe 481 m – Siehe Regionalatlas **2**-C4
▶ Bern 46 km – Neuchâtel 31 km – Biel 9 km – Solothurn 34 km
Michelin Straßenkarte 551-I6

🏠 **Seeblick** ← 📱 ❄ 🛜 🅿

Hauptstr. 2 – ☎ 032 397 07 07 – www.seeblick.net – geschl. 21. September
- 5. Oktober, 22. - 31. Dezember
15 Zim ⌖ – †135 CHF ††180 CHF
Rest Seeblick – siehe Restaurantauswahl
Man spürt das Engagement der Familie Engel: Alles ist tipptopp gepflegt, die Zimmer sind freundlich, haben eine individuelle Note und bieten teils Seesicht, das
Frühstück ist frisch und lecker, und zum See sind es nur 10 Minuten zu Fuss.

XX **Seeblick** – Hotel Seeblick ← 🛖 ❄ 🅿

⊖ *Hauptstr. 2 – ☎ 032 397 07 07 – www.seeblick.net – geschl. 21. September*
- 5. Oktober, 22. - 31. Dezember
Tagesteller 17 CHF – Menü 58 CHF – Karte 49/81 CHF – *(geschl. Montag)*
Schön der Blick auf den Bielersee - klar, dass da auch die Terrasse sehr gefragt ist!
Freuen darf man sich aber auch auf eine ausgesprochen charmante Patronne und
auf die Küche von Urs Engel, zu der natürlich u. a. Fisch aus dem See gehört.

MONRUZ – Neuchâtel → Voir à Neuchâtel

MONTANA – Valais → Voir à Crans-Montana

MONTHEY

Valais (VS) – ⊠ 1870 – 16 880 h. – alt. 420 m – Carte régionale **7-C6**

▶ Bern 112 km – Martigny 24 km – Évian-les-Bains 38 km – Gstaad 59 km

Carte routière Michelin 552-F11

※ Café du Théâtre   🏵 🛖 ♿

Rue du Théâtre 6, (par avenue de Crochetan) – ✆ 024 471 79 70
– www.cuisinart.ch – fermé 2 - 12 janvier, 14 - 17 février, 12 juillet - 11 août,
23 - 28 décembre, dimanche et lundi
Menu 35 CHF (déjeuner en semaine)/95 CHF – Carte 68/94 CHF
Avant ou après le spectacle au théâtre du Crochetan, vous viendrez peut-être
vous asseoir dans la grande salle épurée de ce bistrot, où l'on ne joue pas la
comédie ! Le chef propose une cuisine créative qui n'oublie pas de rendre hommage à l'Italie, son pays natal.

à Choëx Sud-Est : 4 km – alt. 615 m – ⊠ 1871

※ Café Berra   ← 🛖 🅿

Place de l'École 1 – ✆ 024 471 05 30 – www.cafeberra.ch – fermé janvier 3
semaines, fin août 4 semaines, lundi et mardi
Menu 65 CHF (déjeuner en semaine) – Carte 62/104 CHF – *(réservation*
conseillée)
Un restaurant bien sympathique, aménagé dans un chalet en bois de la fin du
19e s. L'ambiance y est très simple, décontractée, sans doute parce que l'endroit
est géré en famille... Et la simplicité se retrouve dans la cuisine proposée, généreuse et gorgée de saveurs !

Le MONT-PÈLERIN

Vaud (VD) – ⊠ 1801 – alt. 806 m – Carte régionale **7-C5**

▶ Bern 85 km – Montreux 14 km – Fribourg 54 km – Lausanne 21 km

Carte routière Michelin 552-F10

🏨🏨🏨 Le Mirador Kempinski   🦢 ← 🏦 🛖 🛋 🔲 🎧 🐾 ♨ ※ 🕴 & 🎦 ch 🛜

Chemin de l'Hôtel du Mirador 5 – ✆ 021 925 11 11   🏔 🛏 🅿
– www.kempinski.com/mirador
54 ch – †450/650 CHF ††450/650 CHF, � 45 CHF – 8 suites – ½ P
Rest *Le Patio* ✆ 021 925 18 01 – Menu 55/65 CHF (déjeuner) – Carte 62/92 CHF
– (fermé janvier - mars)
Un fabuleux Mirador ! L'étendue majestueuse du lac Léman à ses pieds, les montagnes au loin... l'impression d'être roi des Alpes. Avec ses prestations très chic
(piscine, spa, restauration, etc.), ce grand hôtel est l'un des joyaux de l'hôtellerie
vaudoise. Le must : les suites ultracontemporaines avec une terrasse privée...

※※ Hostellerie chez Chibrac avec ch   🦢 🛖 🕴 🛜 🅿
⊖

Chemin de la Gay 1 – ✆ 021 922 61 61 – www.chezchibrac.ch
– fermé janvier, dimanche soir, lundi et mardi
9 ch � – †110/130 CHF ††130/170 CHF – ½ P
Plat du jour 18 CHF – Menu 72/105 CHF – Carte 42/163 CHF
Trois générations de conserve : voilà bien une affaire familiale ! À l'entrée du
bourg, cette ancienne ferme joue la carte de la tradition : au menu, une bonne
cuisine tout artisanale – déclinée à travers une formule plus simple côté pinte.
Quelques chambres très simples à l'étage, face au Léman ou à la forêt.

※ Au Chalet   🏵 ← 🛖
⊖

Chemin de l'Hôtel du Mirador 5 – ✆ 021 925 17 00
– www.restaurant-auchalet.ch – fermé 19 octobre - 4 novembre
Plat du jour 19 CHF – Carte 49/105 CHF
Oui, voilà bien un authentique Chalet, auquel on peut accéder par funiculaire !
Sur les hauteurs, donc, avec un vrai décor montagnard et une cuisine qui res-
pecte tous les classiques suisses, fondue en tête. Parfait dans le genre.

MONTREUX

Vaud (VD) – ⊠ 1820 – 25 456 h. – alt. 406 m – Carte régionale **7-C6**
▶ Bern 90 km – Genève 95 km – Lausanne 29 km – Martigny 43 km
Carte routière Michelin 552-F10

© A. Cavalli / age fotostock

● Hotels

🏨 Fairmont Le Montreux Palace
Avenue Claude Nobs 2 – ☏ 021 962 12 12
– www.montreux-palace.ch
Plan : A1**k**
217 ch ☲ – ♦599/1399 CHF ♦♦599/1399 CHF – 19 suites – ½ P
Rest *Montreux Jazz Café* ☏ 021 962 13 00 – Plat du jour 30 CHF
– Menu 75 CHF – Carte 69/112 CHF
Face au lac Léman, un superbe monument Belle Époque (1906), plein d'âme et
d'élégance, et tout au service de ses hôtes... Si Montreux est la "perle de la Riviera
vaudoise", ce palace est sans doute l'un des fleurons de l'hôtellerie suisse, à l'unisson de la douceur légendaire du climat local !

🏨 Royal Plaza
Avenue Claude Nobs 7 – ☏ 021 962 50 50
– www.royalplaza.ch
Plan : A1**h**
154 ch – ♦175/450 CHF ♦♦195/500 CHF, ☲ 30 CHF – 7 suites – ½ P
Rest *Café Bellaglo* – voir la sélection des restaurants
Le type même du grand hôtel international, dans un environnement privilégié :
quasiment à la verticale des rives du Léman, ce grand immeuble moderne semble
tutoyer le lac. Toutes les chambres de façade jouissent d'un balcon : on ne se
lasse pas du panorama... De belles prestations.

🏨 Grand Hôtel Suisse Majestic
Avenue des Alpes 45 – ☏ 021 966 33 33
– www.suisse-majestic.ch
Plan : A1**r**
153 ch – ♦170/440 CHF ♦♦220/540 CHF, ☲ 26 CHF – 2 suites – ½ P
Rest *Le 45* – voir la sélection des restaurants
Des façades richement sculptées (côté ville et côté lac), un superbe hall Art déco,
une atmosphère feutrée et élégante : voilà bien un grand hôtel né au 19e s. ! Pour
autant, l'établissement est à la page, mêlant classicisme et esprit contemporain
avec beaucoup de goût.

🏨 Eden Palace au Lac
Rue du Théâtre 11 – ☏ 021 966 08 00 – www.edenpalace.ch
Plan : A2**t**
105 ch – ♦179/279 CHF ♦♦199/349 CHF, ☲ 23 CHF – ½ P
Rest *Chez Gaston* Plat du jour 22 CHF – Menu 30 CHF (déjeuner)/65 CHF
– Carte 65/84 CHF
Sa façade de style victorien se reflète dans le lac… Ce bel établissement, aujourd'-
hui centenaire, abrite des chambres confortables, aux notes surannées. Contiguë,
la Villa Eden, toute rose, est propice aux escapades amoureuses. Belle ambiance
également Chez Gaston, autour du piano-bar et en terrasse face au Léman...

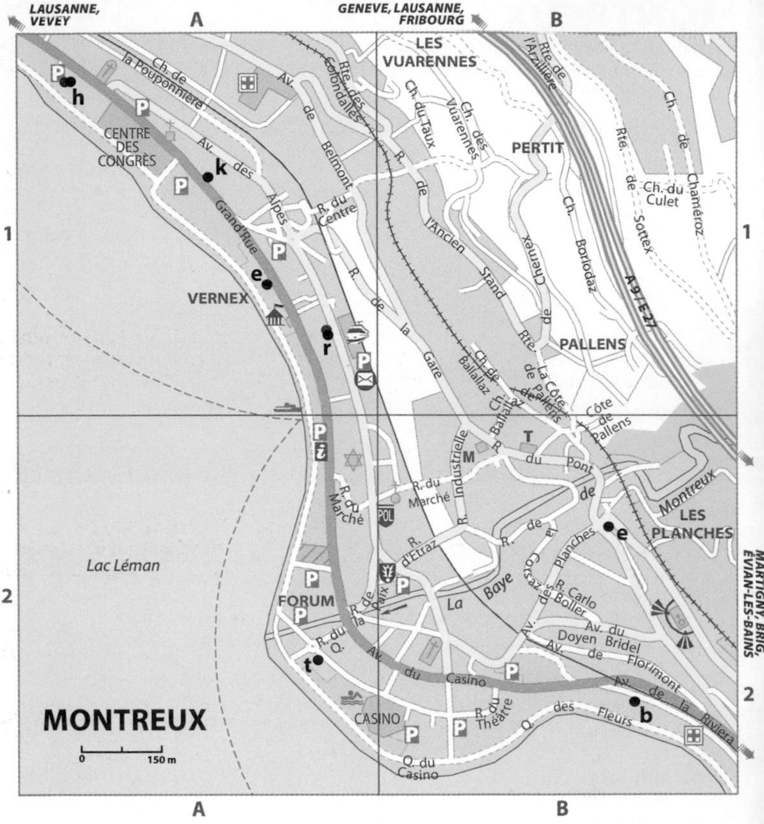

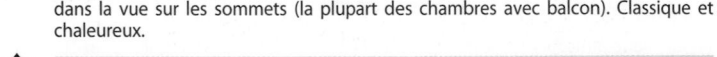

MONTREUX

LES VUARENNES

PERTIT

VERNEX

PALLENS

Lac Léman

FORUM

LES PLANCHES

CASINO

MARTIGNY, BRIG, ÉVIAN-LES-BAINS

0 — 150 m

🏠🏠🏠 Golf - Hôtel René Capt ← 🛋 🍴 📶 🛁 🍽 rest, 🛜 🛗

Rue de Bon Port 35 – ℰ 021 966 25 25   Plan : B2**b**
– www.golf-hotel-montreux.ch – fermé 21 décembre - 8 février
75 ch ⌸ – †145/160 CHF ††195/230 CHF – ½ P
Rest Plat du jour 30 CHF – Menu 45 CHF (déjeuner)/89 CHF – Carte 64/94 CHF
Il est né en 1887 sur les rives du lac. Ses façades et son jardin planté de palmiers évoquent une villégiature Belle Époque, et il y a quelque chose d'intemporel dans la vue sur les sommets (la plupart des chambres avec balcon). Classique et chaleureux.

🏠🏠🏠 Eurotel Montreux ← 🍴 🛋 🍴 📶 🍽 ch, 🛜 🛗 🚗

Grand-Rue 81 – ℰ 021 966 22 22 – www.eurotel-montreux.ch   Plan : A1**e**
156 ch – †99/393 CHF ††180/490 CHF, ⌸ 24 CHF – 2 suites
Rest *Safran* Plat du jour 21 CHF – Menu 54 CHF – Carte 49/94 CHF
Cette tour moderne domine le centre-ville et ménage, depuis les étages supérieurs, un panorama exceptionnel sur le Léman et son écrin de montagnes. C'est le seul hôtel de Montreux dont toutes les chambres offrent une vue sur le lac ! Et l'ensemble dégage un bel esprit de décontraction...

Un symbole passé en rouge désigne une maison particulièrement charmante : 🏠🏠 %%%.

320

Bristol ⟨ 🛉 🖭 🕥 ℐ∂ 🛌 ⅃ 🤶 🗐 📶 🛺

Avenue de Chillon 63, (à Territet), par Avenue de la Riviera B2 – ☏ 021 962 60 60
– www.bristol-montreux.ch
18 ch ⚏ – 🛉150/300 CHF 🛉🛉190/340 CHF – 3 suites – ½ P
Rest *Le Pavois* ☏ 021 962 60 90 – Plat du jour 19 CHF – Menu 59 CHF
– Carte 46/98 CHF
Faut-il rappeler que Montreux est réputé pour la qualité de son climat ? Cet éta-blissement cumule les fonctions d'hôtel et de maison de santé, pour une convales-cence ou de simples vacances (assistance médicale, espace bien-être). Les cham-bres sont spacieuses et fonctionnelles, le lac tout proche, et les tarifs compétitifs.

Tralala sans rest 🗐 🤶 📶

Rue du Temple 2 – ☏ 021 963 49 73 – www.tralalahotel.ch Plan : B2**e**
34 ch – 🛉110/280 CHF 🛉🛉140/420 CHF, ⚏ 15 CHF – 3 suites
Au cœur de Montreux, une demeure ancienne transformée en hôtel branché... sans tralala ! Le leitmotiv des lieux, c'est la musique : chaque chambre est dédiée à un artiste, et l'on des donne des soirées DJ certains soirs. Original et funky.

Restaurants

𝕏𝕏 **Café Bellagio** – Hôtel Royal Plaza ⟨ 🛉 ⅃ 🕮

Avenue Claude Nobs 7 – ☏ 021 962 50 61 Plan : A1**h**
– www.royalplaza.ch
Plat du jour 25 CHF – Menu 30 CHF (déjeuner)/61 CHF – Carte 65/95 CHF
Des produits de qualité, des recettes originales, des présentations soignées : moment de gastronomie au bord du lac, au pied du building moderniste de l'hô-tel Royal Plaza.

𝕏 **Le 45** – Grand Hôtel Suisse Majestic 🏵 ⟨ 🛉

Avenue des Alpes 45 – ☏ 021 966 33 33 Plan : A1**r**
– www.suisse-majestic.com – fermé 21 décembre - 12 janvier
Plat du jour 25 CHF – Carte 60/107 CHF
Un bel endroit que cette brasserie contemporaine, entièrement vitrée face au lac, et prolongée par une grande terrasse. Au menu, un joli panaché propre à satis-faire tous les goûts : grillades, tartare, salades, saveurs méditerranéennes, etc.

aux Avants Nord : 8 km – alt. 970 m – ✉ 1833

𝕏 **Auberge de la Cergniaulaz** 🛉 🅿

Route de la Cergniaule 18, par Col de Sonloup et route d'Orgevaux : 3,5 km
– ☏ 021 964 42 76 – www.lacergniaulaz.ch – fermé janvier - mars, lundi et mardi
Carte 61/99 CHF
On a l'impression de rejoindre le sommet du monde... Monter à l'Auberge de la Cergniaulaz, c'est presque une aventure (ayez une bonne voiture !), mais l'on est récompensé : tout l'esprit de la montagne est dans ce chalet chaleureux et cro-quignolet, au milieu des arbres, et dans la cuisine, tout simplement bonne.

à Glion Nord-Est : 5 km   alt. 688 m – ✉ 1823

Victoria 🕥 ⟨ 🛏 ⅃ 🕥 𝕏 🗐 🤶 📶 🛺 🅿

Route de Caux 16 – ☏ 021 962 82 82 – www.victoria-glion.ch
50 ch ⚏ – 🛉180/330 CHF 🛉🛉290/430 CHF – 5 suites – ½ P
Rest *Victoria* – voir la sélection des restaurants
Un grand hôtel délicieusement rétro, avec ses antiquités – un vrai petit musée –, son ambiance feutrée et ses chambres très confortables. Le parc qui domine le lac Léman, très romantique, ajoute encore au charme indémodable des lieux...

𝕏𝕏𝕏 **Victoria** – Hôtel Victoria ⟨ 🛏 🛉 ⇕ 🅿

Route de Caux 16 – ☏ 021 962 82 82 – www.victoria-glion.ch
Plat du jour 45 CHF – Menu 70 CHF (déjeuner en semaine)/98 CHF
– Carte 72/139 CHF
Un décor bourgeois, un jardin d'hiver, une grande terrasse offrant une vue superbe sur le Léman et les Alpes... La carte fait profession de classicisme : quoi de plus naturel dans un cadre si immuable ?

à Brent Nord-Ouest : 7 km – alt. 569 m – ⊠ 1817

XXX **Le Pont de Brent** (Stéphane Décotterd)   🕸 ⌂ 🆔 🅿

✿✿ *Route de Blonay 4 – 𝒞 021 964 52 30 – www.lepontdebrent.ch*
– fermé 23 décembre - 7 janvier, fin juillet - mi-août 3 semaines, dimanche et lundi
Menu 88 CHF (déjeuner en semaine)/295 CHF – Carte 179/227 CHF
Faut-il encore présenter cette vénérable institution, perchée sur les hauteurs pit-toresques du lac Léman ? Menée de main de maître par Stéphane et Stéphanie Décotterd, cette charmante demeure cultive un classicisme rare, impeccable et... nullement figé. L'art de faire vivre la grande tradition avec un talent sans cesse renouvelé !
→ La féra du lac Léman cuite au sel, pickles et beignets à la crème de moutarde. La noix de ris de veau du Pays, gremolata au citron vert, chips de pomme de terre. La poire à "Botzi" rôtie entière, biscuit au nion de noix, caramel et sorbet poire.

à Veytaux Sud-Est: 3 km par Avenue de la Riviera B2 – alt. 380 m – ⊠ 1820

🏠 **Masson**   🚪 🕉 ⅋ rest. 🛜 🅿

Rue Bonivard 5 – 𝒞 021 966 00 44 – www.hotelmasson.ch – fermé 20 octobre - 1ᵉʳ avril
31 ch ☟ – ♦110/190 CHF ♦♦185/270 CHF – ½ P
Rest Menu 25 CHF – Carte 41/54 CHF – *(dîner seulement)*
Tissus fleuris, meubles anciens, parquet en chêne... Un charme suranné ? Un véri-table morceau de passé, encore habité par le souvenir de Victor Hugo et des pre-miers "touristes", car cet hôtel fut pionnier sur la "riviera vaudoise" (1829). Rien ne semble avoir changé dans le beau jardin qui regarde le lac...

MONTRICHER

Vaud (VD) – ⊠ 1147 – 852 h. – Carte régionale **6**-B5
▶ Bern 114 km – Lausanne 32 km – Genève 66 km – Neuchâtel 79 km
Carte routière Michelin 552-C9

XX **Auberge aux 2 Sapins** avec ch   ⌂ 🏢 ⅋ 🛜 ♻ 🔋 🅿

🐮 *Rue du Bourg 14 – 𝒞 021 864 00 80 – www.2sapins.ch – fermé Noël et Nouvel An, 6 - 22 avril, 27 juillet - 12 août, lundi et mardi*
🐵 **10 ch** ☟ – ♦125/135 CHF ♦♦180/190 CHF – ½ P
Plat du jour 18 CHF – Menu 69/115 CHF – Carte 57/95 CHF
🍽 On fait bonne chère dans cette auberge née en 1904 au cœur du village ! Au res-taurant comme au bistrot, le rapport qualité-prix est séduisant, et les bons produits régionaux sont à l'honneur. On peut prolonger l'étape en profitant des chambres, modernes et fonctionnelles. Par beau temps, la vue porte jusqu'au lac Léman...

MONT-SUR-LAUSANNE – Vaud → Voir à Lausanne

MONT-VULLY – Fribourg → Voir à Lugnorre

MORAT – Freiburg → Voir à Murten

MORCOTE

Ticino (TI) – ⊠ 6922 – 729 ab. – alt. 280 m – Carta regionale **10**-H7
▶ Bern 255 km – Lugano 11 km – Bellinzona 42 km – Como 28 km
Carta stradale Michelin 553-R14

🏨 **Swiss Diamond Hotel**   ≤ 🚪 ⌓ 🔲 🌐 🕉 🛁 🏢 🔋 🆔 ⅋ rist. 🛜 🔋 🅿

Riva Lago Olivella, Nord-Est : 1 km ⊠ 6921 Vico-Morcote – 𝒞 091 735 00 00
– www.swissdiamondhotel.com
75 cam ☟ – ♦200/500 CHF ♦♦300/650 CHF – 6 suites – ½ P
Rist *Lago* Menu 60/130 CHF – Carta 85/120 CHF
Imponente e moderna struttura maestosamente distesa sul lungolago, gli interni si ispirano alla più classica ed elegante tradizione alberghiera europea, oltre ad offrire una delle migliori spa del Ticino. Diverse proposte per i pasti, dai più informali buf-fet alla musica dal vivo, ma sarà il ristorante Lago a soddisfare i palati gourmet.

a Vico Nord-Est : 4 km – alt. 432 m – ⊠ 6921 Vico Morcote

XX **La Sorgente ⓝ**   ⩻ 🏠 🏡 🔄

portic da süra 18 – ☏ 091 996 23 01 – www.lasorgente.ch – chiuso lunedì - martedì; luglio - agosto : sabato a mezzogiorno, lunedì - martedì a mezzogiorno
Menu 60/85 CHF – Carta 47/84 CHF
Lasciata la vettura nell'autosilo all'ingresso del paese, il ristorante vi delizierà con una cucina creativa e qualche proposta mediterranea, il cuoco è d'origini pugliesi. Incantevole servizio estivo sotto un pergolato.

X **Vicania**   🏠

Alpe Vicania, (alt. 700 m), sulla strada per Carona : 3 km e strada privata – ☏ 091 980 24 14 – www.ristorantevicania.ch – chiuso 24 dicembre - metà marzo, lunedì e martedì; luglio - settembre : solo lundì
Piatto del giorno 35 CHF – Menu 59/81 CHF – Carta 65/77 CHF
In posizione isolata sui monti, con il bel tempo si mangia su tavoli disseminati nel prato: la cucina è italiana con qualche piatto tipico di montagna.

MORGES

Vaud (VD) – ⊠ 1110 – 14 994 h. – alt. 380 m – Carte régionale **6**-B5
▶ Bern 108 km – Lausanne 14 km – Genève 52 km – Pontarlier 68 km
Carte routière Michelin 552-D10

🏠 **Le Petit Manoir**   🛗 🕸 🛁 🏵 🔠 🏵 🛜 🏋 P

Avenue Ignace Paderewski 8 – ☏ 021 804 12 00 – www.lepetitmanoir.ch – fermé 24 février - 8 mars et 21 juillet - 10 août
25 ch – ♦160/200 CHF ♦♦230/350 CHF, ⊑ 25 CHF
Rest *Le Petit Manoir* ⓟ – voir la sélection des restaurants
Cette charmante demeure classée (1764) recèle des chambres luxueuses et confortables, et se double d'une annexe ultracontemporaine créée au cœur de son beau jardin, entre parterres à la française et arbres centenaires. De "petit", ce manoir n'a que l'adjectif…

🏠 **Mont-Blanc au Lac**   ⩻ 🏠 🏵 🔠 ch, 🛜 🏋

Quai du Mont-Blanc – ☏ 021 804 87 87 – www.hotel-mont-blanc.ch
45 ch ⊑ – ♦175/300 CHF ♦♦267/330 CHF – ½ P
Rest *Le Pavois* Plat du jour 20 CHF – Menu 32 CHF (déjeuner en semaine)/ 98 CHF – Carte 49/90 CHF
Une maison de caractère (19ᵉ s.), au bord du lac Léman, avec des chambres spacieuses pour la plupart orientées vers les flots, et un jardin les pieds dans l'eau d'où l'on peut admirer… le mont Blanc ! Une bonne adresse.

🏠 **La Maison d'Igor ⓝ**   🛗 🏠 🛜 🏋 P

Rue St-Domingue 2 – ☏ 021 803 06 06 – www.maison-igor.ch
8 ch ⊑ – ♦160/230 CHF ♦♦180/250 CHF
Rest *La Table d'Igor* Plat du jour 21 CHF – Carte 41/76 CHF *(fermé samedi midi et dimanche)*
Mieux qu'une maison, c'est dans une superbe villa tout près du lac qu'Igor est installé ! L'élégance est de mise à l'intérieur – mobilier de style, chambres joliment décorées – et à l'extérieur, où l'on profite d'une agréable terrasse donnant sur le jardin et son petit potager.

🏠 **La Fleur du Lac**   ⩻ 🛗 🏠 🔠 🛜 🏋 P

Rue de Lausanne 70 – ☏ 021 811 58 11 – www.fleur-du-lac.ch – fermé Noël et Nouvel An
29 ch ⊑ – ♦230/340 CHF ♦♦275/385 CHF – 1 suite – ½ P
Rest Plat du jour 32 CHF – Menu 58/88 CHF – Carte 72/120 CHF
Rest *Le Café des Amis* Plat du jour 24 CHF – Menu 58 CHF – Carte 55/98 CHF
Regarder le soleil se coucher sur le Léman avec les Alpes en arrière-plan, c'est possible dans cet hôtel, dont toutes les chambres disposent d'une terrasse ou d'un balcon ! Cuisine antillaise au restaurant et plats régionaux au Café, où il fait bon se retrouver… entre amis.

🏠 **La Nouvelle Couronne** sans rest ⬤ 🛜 ♨

Passage de la Couronne 2 – 𝒞 021 804 81 81 – www.couronne-morges.ch
– fermé 18 décembre - 4 janvier
43 ch – †165/200 CHF ††190/230 CHF, ☷ 18 CHF – 1 suite
Dans le quartier piétonnier de la vieille ville, ce bâtiment classé (18ᵉ s.) a le château de Morges pour voisin. Préférez les chambres rénovées dans un style contemporain, elles sont plus spacieuses ! Un établissement bien tenu à deux pas de tout. Idéal pour un week-end découverte.

XX **Le Petit Manoir** 🍴 🛜 ♨
🕄

Avenue Ignace Paderewski 8 – 𝒞 021 804 12 00 – www.lepetitmanoir.ch – fermé 21 décembre - 4 janvier, 24 février - 8 mars, 21 juillet - 10 août, dimanche et lundi
Menu 55 CHF (déjeuner en semaine)/139 CHF – Carte 89/113 CHF
Aux commandes de cette table d'apparence classique (parquet en chêne, lustres à pendeloques, etc.), un jeune chef plein d'allant signe une savoureuse cuisine, pétillante et technique à la fois ! Original, mais sans jamais dérouter… Accueil très agréable.
➜ Filets de rougets de roche grillés, ratatouille au safran. Carré d'agneau du Limousin, timbale de carottes sanguines et jus brun au cumin. Mille-feuille de pêches jaunes à la mélisse.

MORSCHACH

Schwyz (SZ) – ✉ 6443 – 1 093 Ew – Höhe 645 m – Siehe Regionalatlas **4-G4**
▶ Bern 155 km – Luzern 51 km – Altdorf 15 km – Brunnen 4 km
Michelin Straßenkarte 551-Q7

🏨 **Swiss Holiday Park** 📶 ⬍ 🍴 🛜 🏊 ◨ ⬤ 🐾 ⛷ ♨ ⬤ ✦ ♨ 🚗
🕄

Dorfstr. 10 – 𝒞 041 825 50 50 – www.swissholidaypark.ch
120 Zim ☷ – †150/200 CHF ††200/300 CHF – 5 Suiten
Rest *Il Gusto* 𝒞 041 825 50 30 – Karte 28/55 CHF
Rest *Panorama* 𝒞 041 825 50 30 – Tagesteller 19 CHF – Menü 28/59 CHF
– Karte 28/75 CHF
Rest *Schwiizer Stube* 𝒞 041 825 50 30 – Menü 43/61 CHF – Karte 29/76 CHF –
(geschl. Sonntag - Montag) (nur Abendessen)
Eine weitläufige Hotelanlage oberhalb des Vierwaldstättersees. Zum beachtlichen Freizeitangebot zählen u. a. Kletterwand, Bowling und Tom's Kids Club. Auch kulinarisch ist man vielfältig: Pizza und Pasta im Il Gusto, Mediterranes im Panorama und Schwiizer Stube mit Schweizer Spezialitäten.

MOUTIER

Berne (BE) – ✉ 2740 – 7 553 h. – alt. 529 m – Carte régionale **2-D3**
▶ Bern 76 km – Delémont 14 km – Biel 33 km – Solothurn 25 km
Carte routière Michelin 551-I5

à Perrefitte Ouest : 2,5 km – alt. 578 m – ✉ 2742

XX **De l'Étoile** avec ch 🛜 ♨ ch, 🛜 **P**
🕄

Gros Clos 4 – 𝒞 032 493 10 17 – www.restaurant-etoile.ch – fermé lundi midi et dimanche
6 ch ☷ – †127/157 CHF ††174/194 CHF
Plat du jour 19 CHF – Menu 42/82 CHF (dîner) – Carte 42/80 CHF
Une sympathique adresse familiale et deux ambiances : une brasserie rustique pour se restaurer simplement ; un restaurant dans un pavillon lumineux (de style orangerie) proposant une cuisine de saison. Chambres modernes dont un studio avec kitchenette et cheminée.

MÜHLEDORF

Solothurn (SO) – ✉ 4583 – 2 507 Ew – Höhe 570 m – Siehe Regionalatlas **2-D3**
▶ Bern 34 km – Biel 23 km – Burgdorf 21 km – Olten 53 km
Michelin Straßenkarte 551-J6

XX **Kreuz** mit Zim   ⌂ ⅃ 令 ✿ ⚙ **P**

⊕

Hauptstr. 5 – ☎ 032 661 10 23 – www.kreuz-muehledorf.ch
– geschl. 2. - 16. Februar, 28. September - 12. Oktober

▣ **6 Zim** ☲ – †115/145 CHF ††165/195 CHF   Tagesteller 18 CHF – Karte 35/87 CHF
Der Landgasthof ist genauso gemütlich und traditionell, wie er schon von aussen
wirkt! Serviert wird auch auf der hübschen Terrasse im Grünen. Als Übernach-
tungsgast darf man sich über das gute Preis-Leistungs-Verhältnis freuen. Übrigens: Das Freibad hinter dem Haus können Sie gratis nutzen!

MÜLLHEIM-WIGOLTINGEN

Thurgau (TG) – ✉ 8554 – 2 692 Ew – Höhe 412 m – Siehe Regionalatlas **4-H2**
▶ Bern 174 km – Sankt Gallen 69 km – Frauenfeld 12 km – Konstanz 20 km
Michelin Straßenkarte 551-S3

XX **Wartegg** mit Zim   ⌂ ⅌ Rest. 令 ✿ **P**

Müllheimerstr. 3, (beim Bahnhof) – ☎ 052 770 08 08
– www.landgasthof-wartegg.ch – geschl. Ende Dezember - Anfang Januar 2
Wochen, Ende Juli 2 Wochen und Dienstagabend - Mittwoch
4 Zim ☲ – †110/170 CHF ††180/240 CHF – ½ P
Tagesteller 22 CHF – Menü 48 CHF (mittags unter der Woche)/89 CHF
– Karte 55/103 CHF
Ein historischer Gasthof mit schlicht-rustikaler Stube und elegantem A-la-carte-
Restaurant. Geboten wird eine saisonal beeinflusste klassische Küche aus regiona-
len Produkten.

MÜNCHENBUCHSEE

Bern (BE) – ✉ 3053 – 9 749 Ew – Höhe 557 m – Siehe Regionalatlas **2-D4**
▶ Bern 11 km – Biel 29 km – Burgdorf 22 km – Neuchâtel 58 km
Michelin Straßenkarte 551-J7

XX **Moospinte** (Sascha Berther)   ⌂ & ⅌ ✿ **P**

❀

Lyssstr. 39, Richtung Wiggiswil: 1 km – ☎ 031 869 01 13 – www.moospinte.ch
– geschl. Februar, Ende September - Anfang Oktober 2 Wochen, Ende Dezember
1 Woche und Montag - Dienstag
Menü 59 CHF (mittags unter der Woche)/160 CHF
Sascha Berther und Stefanie Weber haben das Gasthaus zu einem der besten der
Region gemacht. In der gemütlichen holzgetäferten Stube setzt der Patron mit
seinen sehr modernen, finessenreichen Speisen einen kulinarischen Kontrast
zum Interieur. Charmant der Service samt trefflicher Weinberatung. Die Terrasse...
ein Traum!
→ Gänseleberterrine mit Mais, Chili und Mango. Adlerfisch mit Mangold, Kartoffel
und Curry. Kalbsrücken mit Fagoletti, Tomate und Bohnen.
Gaststube – siehe Restaurantauswahl

X **Gaststube** – Restaurant Moospinte   ⌂ ⅌ **P**

Lyssstr. 39, Richtung Wiggiswil: 1 km – ☎ 031 869 01 13 – www.moospinte.ch
– geschl. Februar, Ende September - Anfang Oktober 2 Wochen, Ende Dezember
1 Woche und Montag - Dienstag
Menü 26/59 CHF (mittags) – Karte 58/94 CHF – *(Tischbestellung ratsam)*
Dies ist nicht die "Gourmet-Light-Version" der "Moospinte", hier kocht der Schaffhauser Sascha Berther frisch, traditionell und ohne Chichi! Es gibt "Kalbsbäggli mit
Kartoffelstock", "Rindsfilet mit Brasato-Ravioli"...

X **Häberli's Schützenhaus - La Brasserie**   ⅏ ⌂ & ✿ **P**

Oberdorfstr. 10 – ☎ 031 868 89 88 – www.haeberlis.com
Tagesteller 19 CHF – Menü 24 CHF (mittags unter der Woche)/115 CHF
– Karte 41/95 CHF
Seit mehr als 170 Jahren steht Familie Häberli für frankophile Lebensart. Bei
Gerichten wie "Émincé de Rognons de Veau" oder "Coq au Vin" könnte man auch
in einer Brasserie in Lyon oder Paris sitzen. Weinkeller mit einigen Trouvaillen.

MÜNCHWILEN

Thurgau (TG) – ✉ 9542 – 5 031 Ew – Höhe 518 m – Siehe Regionalatlas **4**-H2
▶ Bern 174 km – Frauenfeld 15 km – Herisau 32 km – Zürich 55 km
Michelin Straßenkarte 551-S4

| 🖿 | **Münchwilen** garni | 🏚 🖿 🕭 🛜 🕮 🚗 |

Schmiedstr. 5 – ☎ *071 969 31 31* – *www.hotel-muenchwilen.ch*
55 Zim 🖙 – 🛉129/170 CHF 🛉🛉175/220 CHF
Die Nähe zu Autobahn und Strassenbahn macht das Hotel für Geschäftsreisende interessant. Diese schätzen auch die funktionale Ausstattung sowie die Bar mit Snacks für den kleinen Hunger.

MÜRREN

Bern (BE) – ✉ 3825 – 427 Ew – Höhe 1 639 m (Wintersport : 1 650/2 970 m)
– Siehe Regionalatlas **8**-E5
▶ Bern 74 km – Interlaken 17 km – Grindelwald 21 km – Spiez 33 km
Michelin Straßenkarte 551-L10

mit Standseilbahn ab Lauterbrunnen erreichbar

| 🖿 | **Eiger** | 🌂 ᚲ 🖾 🖳 🏚 🖿 🛜 🕮 |

Bahnhofplatz – ☎ *033 856 54 54* – *www.hoteleiger.com* – *geschl. 8. April - 4. Juni, 28. September - 15. Dezember*
40 Zim 🖙 – 🛉185/295 CHF 🛉🛉275/515 CHF – 10 Suiten – ½ P
Rest Tagesteller 30 CHF – Menü 55/91 CHF (abends) – Karte 51/109 CHF
Gegenüber dem Bahnhof gelegenes Hotel von 1886 mit grandioser Sicht auf Eiger, Mönch und Jungfrau. Sehr behagliche Zimmer, teils mit Balkon. Suiten in der Residence nebenan. Neben dem Speisesaal gibt's das Eiger Stübli, alpin mit modernen Elementen.

| 🖱 | **Bellevue** | 🌂 ᚲ 🖾 🖾 🏚 🛜 |

Lus 1050A – ☎ *033 855 14 01* – *www.muerren.ch/bellevue* – *geschl. 6. April - 30. Mai, 18. Oktober - 19. Dezember*
17 Zim 🖙 – 🛉125/225 CHF 🛉🛉170/300 CHF – 2 Suiten – ½ P
Rest Menü 35 CHF – Karte 31/74 CHF
In dem familiär geführten Hotel mit tollem Bergblick wohnt man in ländlichen oder etwas moderneren Zimmern. Ganz in der Nähe die Seilbahn ins Skigebiet, lohnenswert ein Ausflug aufs Schilthorn! Restaurant mit nettem Jägerstübli, traumhaft die Panoramaterrasse. Traditionelle Küche mit Wildspezialitäten.

MURALTO – Ticino ➡ Vedere Locarno

La MURAZ – Valais ➡ Voir à Sion

MURG

Sankt Gallen (SG) – ✉ 8877 – 707 Ew – Höhe 439 m – Siehe Regionalatlas **5**-H3
▶ Bern 194 km – Sankt Gallen 106 km – Chur 57 km – Feldkirch 58 km
Michelin Straßenkarte 551-T6

| 🖿 | **Lofthotel** | ᚲ 🖾 🏚 🍴 🖿 🕳 Rest. 🛜 🕮 🚗 🅿 |
| 🕭 | | |

Alte Spinnerei, (über Alte Staatsstrasse) – ☎ *081 720 35 75* – *www.lofthotel.ch*
19 Zim 🖙 – 🛉120/180 CHF 🛉🛉160/280 CHF – 2 Suiten – ½ P
Rest *Sagibeiz* Tagesteller 19 CHF – Karte 42/82 CHF
Toll ist schon allein die Lage! Nicht weniger attraktiv das minimalistische Industrie-Design der einstigen Spinnerei. Wenn Sie hoch hinaus möchten: Turm-Loft auf 5 Etagen und Loft-Suite im DG! Motorradfahrer werden es lieben: In die beiden Biker-Lofts im EG fahren Sie direkt mit Ihrer Maschine! Die 50 m entfernte Sagibeiz bietet bürgerliche Küche.

MURI

Aargau (AG) – ✉ 5630 – 7 246 Ew – Höhe 458 m – Siehe Regionalatlas **4**-F3
▶ Bern 109 km – Aarau 33 km – Luzern 34 km – Zürich 37 km
Michelin Straßenkarte 551-O5

Ochsen 🖨 🛏 💱 📶 ♨ P

Seetalstr. 16 – ☎ 056 664 11 83 – www.ochsen-muri.ch
15 Zim 🛏 – ♦95/105 CHF ♦♦140/170 CHF – ½ P
Rest Tagesteller 20 CHF – Menü 50 CHF – Karte 42/72 CHF – *(geschl. Juli 2 Wochen und Sonntagabend - Montag)*
Ein gepflegtes Gasthaus, um 900 erstmals erwähnt und seit 1878 von derselben Familie geführt. Die Zimmer sind schlicht, teils mit Dachschräge, im Restaurant und in der einfacheren Gaststube bietet man traditionelle und klassische Küche. Auch auf Gesellschaften ist man eingestellt.

MURI bei BERN – Bern ➜ Siehe Bern

MURSCHETG – Graubünden ➜ Siehe Laax

MURTEN (MORAT)
Freiburg (FR) – ✉ 3280 – 6 279 Ew – Höhe 448 m – Siehe Regionalatlas **2**-C4
▶ Bern 31 km – Neuchâtel 28 km – Biel 42 km – Fribourg 18 km
Michelin Straßenkarte 552-H7

✕✕ Da Pino Ristorante Frohheim 🍴 🍴 ♿

Freiburgstr. 14 – ☎ 026 670 26 75 – www.dapino-frohheim.ch – geschl. 21. Dezember - 5. Januar, 5. - 20. April, 17. Oktober - 2. November und Sonntag - Montag
Tagesteller 20 CHF – Menü 59 CHF (mittags unter der Woche)/110 CHF – Karte 58/112 CHF – *(Tischbestellung ratsam)*
An dem gemütlichen Restaurant (schön auch die Terrasse unter Kastanien oder Pergola) werden Weinkenner ihre wahre Freude haben: Zur italienischen Küche bietet man nämlich eine bemerkenswerte Weinkarte mit Trouvaillen aus Italien!

✕✕ Käserei 🍴 ♿ 💱

Rathausgasse 34 – ☎ 026 670 11 11 – www.kaeserei-murten.ch – geschl. Ende Mai - Anfang Juni 2 Wochen, Ende Oktober - Anfang November 2 Wochen und Sonntag - Montag
Tagesteller 20 CHF – Menü 59 CHF (mittags unter der Woche)/115 CHF – Karte 49/93 CHF
Appetit auf "geschmortes Lamm-Curry mit Basmati-Reis und Asia-Gemüse"? Oder darf es ein Klassiker sein wie "Cordon bleu, gefüllt mit Mont-Vully-Käse, serviert mit lauwarmem Kartoffelsalat"? Schmackhafte Gerichte wie diese gibt es in der denkmalgeschützten ehemaligen Käserei in hellem geradlinigem Ambiente.

in Merlach Süd-West: 1 km – Höhe 445 m – ✉ 3280

✕ La Pinte du Vieux Manoir ⓝ ← 🍴 P

Rue de Lausanne 16 – ☎ 026 678 61 80 – www.vieuxmanoir.ch – geschl. Mitte Dezember - Mitte Februar und Montag - Dienstag
Tagesteller 22 CHF – Karte 62/107 CHF
Nett sitzt man in dem modernen Restaurant am See bei traditioneller Küche aus überwiegend regionalen Produkten. Natürlich gibt es Fisch aus dem See, z. B. Murtensee-Felche "Fjord 40 Open" mit Seeland-Gemüse. Sonntags Brunch, sonntagabends Sushi und Tapas.

MUTSCHNENGIA – Graubünden ➜ Siehe Curaglia

MUTTENZ – Basel-Landschaft ➜ Siehe Basel

NÄNIKON
Zürich (ZH) – ✉ 8606 – Höhe 457 m – Siehe Regionalatlas **4**-G2
▶ Bern 141 km – Zürich 20 km – Rapperswil 28 km – Sankt Gallen 83 km
Michelin Straßenkarte 551-Q5

XX **Zum Löwen** ⌂ P
Zürichstr. 47 – ℰ 044 942 33 55 – www.loewen-naenikon.ch
– geschl. Ende Dezember - Anfang Januar, Ende April - Anfang Mai, Ende
Juli - Anfang August, Ende Oktober 1 Woche und Samstagmittag, Sonntag
- Montag
Tagesteller 45 CHF – Menü 68 CHF (mittags)/170 CHF – Karte 80/100 CHF –
(Tischbestellung ratsam)
Hübsch anzusehen ist das mit Weinreben berankte Riegelhaus. Schon am
Koi-Bassin im lauschigen Garten - schön sitzt man hier unter Platanen
- erkennt man die Asien-Leidenschaft von Patron Stephan Stalder, die sich
auch in der ambitionierten, gewürzbetonten Küche widerspiegelt. Mittags
kleineres Angebot.

NEBIKON
Luzern (LU) – ✉ 6244 – 2 452 Ew – Höhe 487 m – Siehe Regionalatlas **3-E3**
▶ Bern 81 km – Aarau 34 km – Baden 53 km – Luzern 37 km
Michelin Straßenkarte 551-M6

XX **Adler** (Raphael Tuor) ⊛ ⌂ ⇔ P
😋 *Vorstatt 4 – ℰ 062 756 21 22 – www.adler-nebikon.ch – geschl. über Fastnacht*
2 Wochen und Montag - Dienstag
Menü 55 CHF (mittags unter der Woche)/140 CHF – Karte 85/107 CHF –
(Tischbestellung ratsam)
Für Raphael Tuor sind die meist regionalen Produkte von zentraler Bedeutung, in
ihrer Zubereitung setzt er auf eine klassische Basis. Die schöne Weinkarte dazu ist
reich an Riesling und Bordeaux. Gerne wird das gemütlich-historische Gasthaus
mit charmantem Hinterhofgärtli auch zum günstigen Lunch besucht. Neuüber-
nahme im Mai 2015 geplant ?
→ Wildfang Steinbutt gebraten mit Knackerbsen und Safran. Steak vom Emmen-
taler Kalb mit Fenchel-Kartoffelpüree und Schalotten-Rucola-Kompott. Filet vom
Ennetbürger Angus-Rind gebraten mit Capuns sursilvans, Bohnen und frischen
Steinpilzen.
Beizli😊 – siehe Restaurantauswahl

X **Beizli** – Restaurant Adler ⊛ ⌂ ⇔ P
😋 *Vorstatt 4 – ℰ 062 756 21 22 – www.adler-nebikon.ch – geschl. über Fastnacht*
2 Wochen und Montag - Dienstag
😊 Tagesteller 20 CHF – Menü 48/69 CHF – Karte 50/84 CHF – *(Tischbestellung*
ratsam)
Das Beizli ist etwas einfacher als das Restaurant Adler, ist aber mit seiner behag-
lich-rustikalen Atmosphäre und schmackhafter regional-mediterraner Küche eine
schöne Alternative. Appetit auf "weisses Kalbsragout mit Spargel und Kräuterkar-
toffelstock"? Oder lieber ein interessantes Menü?

NEUCHÂTEL (NEUENBURG)
Neuchâtel (NE) – ✉ 2000 – 33 474 h. – alt. 440 m – Carte régionale **2-C4**
▶ Bern 52 km – Biel 33 km – Köniz 50 km – La Chaux-de-Fonds 21 km
Carte routière Michelin 552-G7

🏨 **Beau-Rivage** ⩽ ⁂ 🛗 & 🎦 🛜 ♨ 🚗 P
Esplanade du Mont-Blanc 1 – ℰ 032 723 15 15 Plan : B2**b**
– www.beau-rivage-hotel.ch
63 ch – ♦340/410 CHF ♦♦450/520 CHF, � 34 CHF – 3 suites – ½ P
Rest *O'Terroirs* – voir la sélection des restaurants
Le charme sûr d'un hôtel de standing, dans un bel édifice du 19ᵉ s. dressé au
bord du lac. Les lieux conjuguent élégance, espace et grand confort. Le must :
jouir d'un balcon pour profiter du panorama... Espace bien-être avec hammam,
fitness et soins. Parfaite quiétude !

329

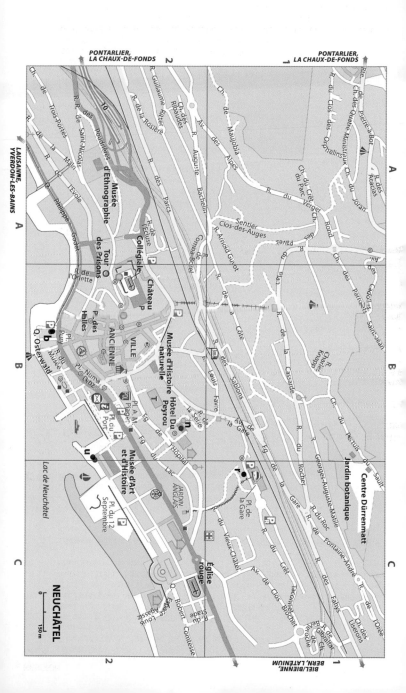

NEUCHÂTEL

0 — 150 m

PONTARLIER,
LA CHAUX-DE-FONDS

PONTARLIER,
LA CHAUX-DE-FONDS

LAUSANNE,
YVERDON-LES-BAINS

BIEL/BIENNE,
BERN, LATENIUM

Lac de Neuchâtel

Musée d'Ethnographie

Tour des Prisons

Collégiale

Château

P. des Halles

ANCIENNE VILLE

Musée d'Histoire naturelle

Hôtel Du Peyrou

Musée d'Art et d'Histoire

Pl. du Port

Pl. A.-M. Piaget

JARDIN ANGLAIS

Pl. du 12 Septembre

Église rouge

Pl. de la Gare

Jardin botanique

Centre Dürrenmatt

Sentier Clos-des-Auges

R. Guillaume-Ritter

Av. des Alpes

Ch. des Ribaudes

Ch. de Maujobia

Ch. du Crêt du Parc Verger

Ch. du Joran

Av. du Rond

Ch. des Pavés

Ch. du Pertuis-du-Sault

R. de la Côte

R. Louis-Favre

R. de la Serre

Fg. de l'Hôpital

Fg. du Lac

R. du Rocher

R. Georges-Auguste-Matile

Av. de la Gare

R. des Sablons

R. Arnold Guyot

R. de l'Évole

Ch. de Trois-Portes

R. de Saint-Nicolas

R. des Poudrières

R. de la Main

R. de l'Évole

R. Philippe-Godet

Q. Osterwald

R. du Musée

R. du Pury

Pl. Numa-Droz

R. du Seyon

R. de l'Oriette

R. de la Rosière

Av. Auguste Bachelin

R. des Parcs

Comba-Borel

R. du Crêt-Taconnet

Av. du Vieux-Châtel

Av. de Clos-Brochet

R. de Fontaine-André

R. des Fahys

R. du Roc

R. du Crêt

Ch. de la Cassarde

Ch. du Pertuis-du-Sault

R. de Charles-Knapp

R. des Parcs

Ch. des Quatre-Ministraux

Ch. du Clos-des-Orphelins

R. des Acacias

R. de Pierre-à-Bot

R. de l'Orée

R. des Liserons

Ch. du Cheval-Blanc

Esplanade Léopold-Robert

R. Louis-Agassiz

Av. du Stade

Pl. de la Gare

R. de Gibraltar

R. du Bel-Air

Ch. de la Boine

R. des Berdroches

Pl. du 12 Septembre

10

b

n

u

A

A

B

B

C

C

1

1

2

2

Beaulac   ⪡ 🏨 ♿ Ⓐ🅒 📶 ♨ 🚗

Esplanade Léopold-Robert 2 – 𝒞 032 723 11 11   Plan : BC2**u**
– www.beaulac.ch
94 ch – †205/315 CHF ††205/360 CHF, ☲ 25 CHF – 2 suites – ½ P
Rest *Lake Side* – voir la sélection des restaurants
Cet hôtel porte bien son nom : il domine le lac de Neuchâtel, un superbe hori-
zon... Il est aussi proche du port, du centre-ville et de l'université : autant
d'atouts. Et les chambres, aux lignes graphiques et épurées, sont d'une élégance
toute contemporaine !

Alpes et Lac   ⪡ 🏠 🏨 📶 ♨ 🅿

Place de la Gare 2 – 𝒞 032 723 19 19 – www.alpesetlac.ch   Plan : C1**r**
30 ch ☲ – †128/175 CHF ††168/220 CHF – ½ P
Rest Plat du jour 22 CHF – Menu 42 CHF (déjeuner en semaine)/54 CHF
– Carte 49/69 CHF – *(fermé 21 décembre - 5 janvier et dimanche)*
Une façade en pierres de taille distingue cet hôtel (1872) proche de la gare.
Préférez les chambres côté lac : outre la vue, elles sont plus calmes et avec bal-
con... mais tout le monde peut jouir du beau toit-terrasse qui domine la ville et
les flots !

Hôtel DuPeyrou   🐌 🏠 ♥ ⇔ 🅿

Avenue DuPeyrou 1 – 𝒞 032 725 11 83 – www.dupeyrou.ch   Plan : B2**n**
– fermé 22 février - 2 mars, 19 juillet - 3 août, dimanche et lundi
Plat du jour 28 CHF – Menu 50 CHF (déjeuner)/140 CHF – Carte 77/109 CHF
Ancienne résidence de Du Peyrou, ami de Rousseau, ce splendide petit palais
du 18ᵉ s. a toutes les qualités : à la fois chic et original, classique et... imperti-
nent ! On y découvre la cuisine du chef australien Craig Penlington, qui travaille de bons produits, comme ces délicieuses viandes "rassis sur os"...
Miam !

O'Terroirs – Hôtel Beau-Rivage   🐌 ⪡ 🏠 ♿ Ⓐ🅒 🅿

Esplanade du Mont-Blanc 1 – 𝒞 032 723 15 23   Plan : B2**b**
– www.beau-rivage-hotel.ch
Plat du jour 42 CHF – Menu 54 CHF (déjeuner en semaine)/135 CHF
– Carte 81/132 CHF
Au sein de l'hôtel Beau-Rivage, de grandes baies vitrées pour une atmosphère lumineuse et contemporaine. Ce décor se prête à un agréable repas
gastronomique : le chef breton fait preuve d'un certain raffinement dans la
confection de plats goûteux et variés. Atout charme : l'agréable terrasse face
au lac.

La Maison du Prussien avec ch   🐌 🏠 Ⓐ🅒 rest, ♥ 📶 ⇔ ♨ 🅿

Rue des Tunnels 11, (Au Gor du Vauseyon par A2, direction Pontarlier)
– 𝒞 032 730 54 54 – www.hotel-prussien.ch – fermé 20 décembre - 5 janvier,
20 juillet - 13 août, samedi midi et dimanche
10 ch ☲ – †160/250 CHF ††185/270 CHF – ½ P
Plat du jour 49 CHF – Menu 98/180 CHF – Carte 116/154 CHF
Sur les hauteurs de la ville, cette ancienne brasserie – datant du 18ᵉ s. – abrite
une grande véranda aux airs de jardin d'hiver ! C'est là que niche le restaurant,
qui jouit aussi d'une belle terrasse dans la verdure, au bord de l'eau... Au menu :
une cuisine inventive aux produits soigneusement choisis.

Lake Side – Hôtel Beaulac   ⪡ 🏠 ♿ Ⓐ🅒

Esplanade Léopold-Robert 2 – 𝒞 032 723 11 64   Plan : BC2**u**
– www.beaulac.ch
Plat du jour 26 CHF – Carte 64/99 CHF
La vue sur le lac y est si agréable que l'on pourrait se croire sur le pont d'un
bateau... Autre voyage, la carte qui propose aussi bien soupe miso, risotto,
thon grillé aux épices, foie gras ou gambas en tempura. Quant au sushi
bar, il permet de se régaler de maki et autres sashimi, préparés sous vos
yeux...

à Monruz Est : 2 km par C1, direction Bern – ✉ 2008

🏨 **Palafitte**   ♿ 🗚 📶 🏋 🅿

Route des Gouttes-d'Or 2 – ☏ 032 723 02 02 – www.palafitte.ch – fermé 20 décembre - 4 janvier

40 ch – ♦350/750 CHF ♦♦350/750 CHF, ⌸ 38 CHF

Rest *La Table de Palafitte* – voir la sélection des restaurants

Un ensemble hôtelier unique au bord du lac, dans un site exceptionnel. À la fois luxueux et original, il est constitué de pavillons sur pilotis abritant quarante belles chambres avec terrasse privée. Un must !

🍴🍴🍴 **La Table de Palafitte** – Hôtel Palafitte   🍽 ♿ 🗚 🅿

Route des Gouttes-d'Or 2 – ☏ 032 723 02 02 – www.palafitte.ch – fermé 20 décembre - 4 janvier

Plat du jour 26 CHF – Menu 52 CHF (déjeuner en semaine)/130 CHF – Carte 72/110 CHF

Première bonne surprise : le restaurant du Palafitte est aussi design que l'hôtel lui-même. En salle ou sur la terrasse, on déguste les pieds dans l'eau une cuisine française actuelle qui multiplie les clins d'œil au terroir. Agréable !

à Hauterive Nord-Est : 5 km par C1, direction Bern – alt. 490 m – ✉ 2068

🏠 **Les Vieux Toits** sans rest   🍸 📶 🅿

Rue Croix-d'Or 20 – ☏ 032 753 42 42 – www.vieux-toits.ch

9 ch ⌸ – ♦120/165 CHF ♦♦148/187 CHF

Dans cette ancienne maison de vignerons (18ᵉ s.), l'effervescence des vendanges a laissé place au va-et-vient des voyageurs ! Décor rustique et chaleureux pour les chambres, assez confortables, dont certaines sont mansardées... sous Les Vieux Toits.

🍴🍴 **Auberge d'Hauterive**   🍽 ⇔ 🅿

Rue Croix-d'Or 9 – ☏ 032 753 17 98 – www.auberge-hauterive.ch – fermé 28 décembre - 19 janvier, 31 mars - 6 avril, 19 juillet - 3 août, dimanche et lundi

Plat du jour 26 CHF – Menu 48 CHF (déjeuner en semaine)/115 CHF – Carte 91/108 CHF

C'est l'hiver, il fait terriblement froid... Installez-vous donc au coin du feu ! Dans la salle de cette sympathique auberge – maison du 17ᵉ s. – trône une cheminée monumentale. Un cadre chaleureux où il fait bon déguster les petits plats de saison mitonnés par le chef.

à Saint-Blaise Est : 5 km par C1, direction Bern – alt. 464 m – ✉ 2072

🍴🍴🍴 **Le Bocca** (Claude Frôté)   🏵 🍽 🗚 🅿

❀ *Avenue Bachelin 11 – ☏ 032 753 36 80 – www.le-bocca.com – fermé 24 décembre - 5 janvier, 29 mars - 13 avril, 27 septembre - 8 octobre, dimanche et lundi*

Menu 98/190 CHF – Carte 68/125 CHF

Riche décoration baroque, belle terrasse végétalisée... Qui se plaindrait d'un tel cadre ? Mais chez Claude Frôté, l'essentiel réside dans l'assiette, qui honore la belle gastronomie – à l'unisson de la cave, faisant la part belle aux vins suisses. Au Bocca ("bouche" en italien), le bon goût est partout !

→ Effiloché de dorade crue sur un toast à la mousse de foie de canard aux airelles. Filet de veau du Pays grillé et son jus, mousseline citronnée et petits légumes. Cannellone au fromage de chèvre frais servi sur un extrait de bœuf aux truffes noires.

NEUHAUSEN am RHEINFALL – Schaffhausen → Siehe Schaffhausen

NEUHEIM

Zug (ZG) – ✉ 6345 – 2 006 Ew – Höhe 666 m – Siehe Regionalatlas **4-G3**

▶ Bern 141 km – Zürich 30 km – Aarau 64 km – Luzern 39 km

Michelin Straßenkarte 551-P6

XX **Falken** ❀ 🏠 ⇔ ℙ
*Hinterburgstr. 1 – ℰ 041 756 05 40 – www.dine-falken.ch – geschl. Juli - August 1
Woche, August - September 1 Woche und Montag - Dienstag*
Tagesteller 37 CHF – Menü 54 CHF (mittags)/175 CHF (abends)
Modern, aufwändig und ambitioniert, so präsentieren sich z. B. "weisser Spargel mit dreierlei Schweinereien" oder "Brasato-Ravioli mit Eierschwämmli".
Herzlich der Service, schön das geradlinige Ambiente - wer mitten im Geschehen speisen möchte, bucht den Chef's Table! Gute Auswahl an Magnum-Weinflaschen.

X **Hinterburgmühle** 🏠 ❀ ⇔ ℙ
*Edlibachstr. 61 – ℰ 041 755 21 20 – www.hinterburgmuehle.ch
– geschl. 25. Januar - 10. Februar, 27. Juli - 15. August und Mittwoch
- Donnerstag*
Tagesteller 24 CHF – Menü 32 CHF (mittags unter der Woche)/112 CHF
– Karte 50/102 CHF
Spezialität sind hier Zubereitungen rund um die Bio-Forellen aus eigener Zucht!
Diese lässt Ihnen Patron Hanspeter Sidler im alten Gasthaus in klarem zeitgemässem Ambiente servieren, dazu der passende Tropfen aus dem begehbaren Weinschrank!

NEUNKIRCH
Schaffhausen (SH) – ✉ 8213 – 1 997 Ew – Höhe 431 m – Siehe Regionalatlas **4-F2**
▶ Bern 143 km – Zürich 49 km – Baden 41 km – Schaffhausen 13 km
Michelin Straßenkarte 551-P3

XX **Gemeindehaus** ⇔
*Vordergasse 26, (1. Etage) – ℰ 052 681 59 59
– www.restaurant-gemeindehaus.ch – geschl. Mitte Juli - Mitte August und
Samstagmittag, Sonntag - Montag*
Tagesteller 25 CHF – Menü 20 CHF (mittags)/96 CHF – Karte 50/92 CHF
Das jahrhundertealte Gemeindehaus hat seinen ursprünglichen Charakter bewahrt. Serviert wird internationale Küche mit regionalen Einflüssen. Zudem hat man eine Raucherlounge.

La NEUVEVILLE
Berne (BE) – ✉ 2520 – 3 666 h. – alt. 434 m – Carte régionale **2-C4**
▶ Bern 51 km – Neuchâtel 17 km – Biel 16 km – La Chaux-de-Fonds 37 km
Carte routière Michelin 551-H6

🏨 **J.-J. Rousseau** ⋖ 🏠 🏠 🛏 ఉ 🛜 🜨 ℙ
Promenade J.-J. Rousseau 1 – ℰ 032 752 36 52 – www.jjrousseau.ch
24 ch ⌱ – †140/190 CHF ††210/260 CHF – ½ P
Rest Plat du jour 23 CHF – Menu 34 CHF (déjeuner en semaine)/74 CHF
– Carte 62/85 CHF – *(fermé octobre - mars : dimanche soir)*
Un hôtel au cœur des vignes, sur la rive du lac de Bienne, face à une île qui inspira Rousseau dans les Rêveries. Les chambres, lumineuses et modernes, donnent souvent sur l'eau. La salle à manger, la véranda et les terrasses ont également vue sur le lac ; cuisine du moment tendance "fusion".

NIEDERERNEN – Wallis ➡ Siehe Fiesch

NIEDERGÖSGEN
Solothurn (SO) – ✉ 5013 – 3 742 Ew – Höhe 382 m – Siehe Regionalatlas **3-E3**
▶ Bern 77 km – Solothurn 48 km – Aarau 6 km – Luzern 52 km
Michelin Straßenkarte 551-M5

Ⅹ **Brücke** 🏡 🍴 ⇔ **P**

*Hauptstr. 2 – ☎ 062 849 11 25 – www.restaurant-bruecke.com – geschl. Februar
2 Wochen, Oktober 2 Wochen und Samstagmittag, Sonntagabend - Montag*
Tagesteller 23 CHF – Menü 40 CHF (mittags unter der Woche)/118 CHF
– Karte 50/96 CHF
Markus Gfeller hat hier ein Haus der Kontraste: Entsprechend dem Stilmix von
rustikalem Gasthaus und topmodernem Restaurant kombiniert die Küche von
Thomas Messerli Klassik und Innovation. Abends reicht das Angebot von Rinds-
hackbraten bis "Bachsaibling mit Kartoffel-Vanille-Espuma und Chorizo", mittags
nur einfache Tagesmenüs. Draussen speist man an der Aare unter einer über
100-jährigen Linde!

NIEDERMUHLERN

Bern (BE) – ⊠ 3087 – 461 Ew – Höhe 845 m – Siehe Regionalatlas **2-D4**
▶ Bern 15 km – Fribourg 36 km – Langnau im Emmental 43 km – Thun 26 km
Michelin Straßenkarte 551-J8

ⅩⅩ **Bachmühle** 🏡 🍴 ⇔ **P**

*Bachmühle 1, Nord-West: 1 km Richtung Oberscherli – ☎ 031 819 17 02
– www.bachmuehle.ch – geschl. Januar - Februar 2 Wochen und Montag
- Dienstag*
Menü 69/95 CHF – Karte 42/95 CHF – *(Mittwoch - Freitag nur Abendessen)*
In einem kleinen Weiler steht die ehemalige Mühle. Das elegante Restaurant wird
freundlich geführt und bietet gute zeitgemässe Küche. Einfachere Karte in der
Burestube. Nette Terrasse.

NIEDERRÜTI   Zürich → Siehe Winkel

Le NOIRMONT

Jura (JU) – ⊠ 2340 – 1 755 h. – alt. 969 m – Carte régionale **2-C3**
▶ Bern 80 km – Delémont 38 km – Biel 37 km – La Chaux-de-Fonds 20 km
Carte routière Michelin 551-G5

ⅩⅩⅩ **Georges Wenger** avec ch   🏃 🛏 🏡 🅰🅺 rest. 🛜 **P**
🕸🕸 *Rue de la Gare 2 – ☎ 032 957 66 33 – www.georges-wenger.ch
– fermé 21 décembre - 22 janvier, lundi et mardi*
5 ch 🖵 – †150/340 CHF ††330/360 CHF – ½ P
Plat du jour 42 CHF – Menu 94 CHF (déjeuner en semaine)/240 CHF
– Carte 152/187 CHF
Authenticité, raffinement et saveurs... Depuis plus de trente ans, Georges Wenger
vit en intimité avec sa région et sait en faire partager la substance, au plus près
des saisons. Le caillé de vache, la bondelle du lac de Neuchâtel ou le miel du
Jura sont préparés comme des produits nobles ! L'hôtel est superbe et l'accueil
charmant.
→ Morilles fraîches farcies à l'épinard et aux asperges. Saint-Pierre piqué à l'an-
chois, bouillon de tomate à l'olive et fenouil. Framboises tièdes meringuées, com-
potée de groseilles rouges et framboises, sorbet verveine.

NOVAZZANO

Ticino (TI) – ⊠ 6883 – 2 409 ab. – alt. 346 m – Carta regionale **10-H7**
▶ Bern 264 km – Lugano 24 km – Bellinzona 51 km – Como 11 km
Carta stradale Michelin 553-R14

Ⅹ **Locanda degli Eventi** 🏃 🏡 ⇔ **P**
🕸 *via Mulini 31 – ☎ 091 683 00 13 – www.locandadeglieventi.ch – chiuso
24 dicembre - 4 gennaio, 28 luglio - 19 agosto; sabato a mezzogiorno, domenica
sera e lunedì*
Piatto del giorno 18 CHF – Menu 29 CHF (pranzo in settimana)/50 CHF
– Carta 59/93 CHF
In una grande villa circondata dal verde con ampio dehors estivo, ambienti caldi
e luminosi ospitano una cucina incentrata su ricette regionali, elaborate partendo
da prodotti locali.

NOVILLE

Vaud (VD) – ✉ 1845 – 785 h. – alt. 374 m – Carte régionale **7-C6**
▶ Bern 99 km – Montreux 9 km – Aigle 12 km – Lausanne 37 km
Carte routière Michelin 552-F11

XX **L'Etoile**   🖼 **P**

⊕ *Chemin du Battoir 1 – ☎ 021 960 10 58 – www.etoilenoville.ch*
– fermé février - mars 4 semaines, juin - juillet 2 semaines, mercredi soir,
lundi et mardi ; fin octobre - fin mars : dimanche soir, mercredi soir,
lundi et mardi
Plat du jour 19 CHF – Menu 55 CHF (déjeuner en semaine)/98 CHF
– Carte 52/110 CHF
Une salle élégante, un joli jardin ombragé, un classicisme maîtrisé à la carte, qui
met à l'honneur les poissons du lac et les produits locaux... avec des touches
méditerranéennes ! Une valeur sûre que cette auberge, tenue par la même
famille depuis trois générations. Choix plus simple au café.

NYON

Vaud (VD) – ✉ 1260 – 19 170 h. – alt. 406 m – Carte régionale **6-A6**
▶ Bern 138 km – Genève 28 km – Lausanne 44 km – Lons-le-Saunier 91 km
Carte routière Michelin 552-B10

🏨 **Beau-Rivage** sans rest   ≤ 🖼 🗚 🛜 🛁 🚗 **P**
Rue de Rive 49 – ☎ 022 365 41 41 – www.beaurivagehotel.ch   Plan : B2**x**
47 ch ☲ – ♦300/620 CHF ♦♦350/620 CHF – 5 suites
Goethe aurait séjourné dans cet hôtel, érigé en 1481, au bord du Léman... Les
chambres avec balcon – vue sur les flots – ont un charme indéniable ; une
centaine de peintures contemporaines tapissent cet intérieur pour le moins
original.

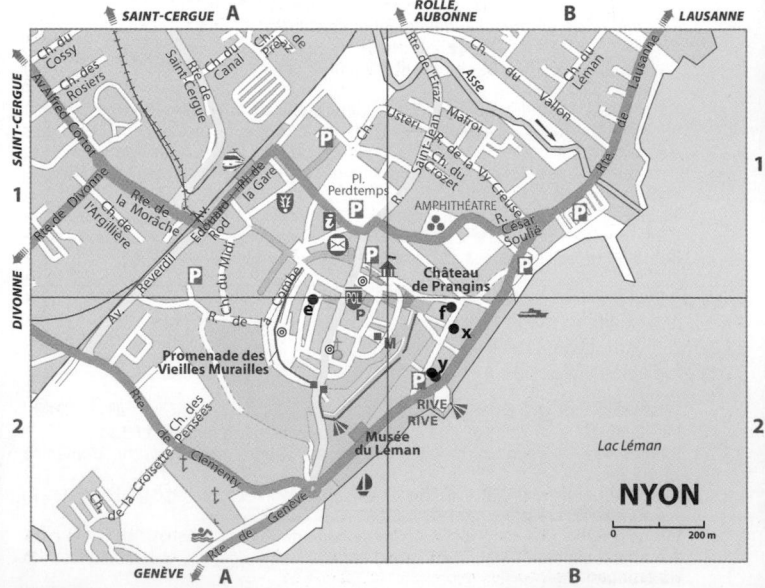

334

Real ⟨ 🏢 ⟨ | 📶

Place de Savoie 1 – 𝒞 022 365 85 85 – www.hotelrealnyon.ch   Plan : B2**y**
– fermé mi-décembre - mi-janvier
28 ch ⌸ – ✦250/290 CHF ✦✦270/340 CHF – 2 suites – ½ P
Rest *Grand Café* – voir la sélection des restaurants
Le nom de cet hôtel est un hommage au club de football madrilène qui s'en-traîne chaque année à Nyon ! Les chambres, spacieuses et fonctionnelles, laissent l'embarras du choix : vue sur le lac, le château ou le mont Blanc. Accès aisé depuis l'aéroport ou la gare.

Grand Café – Hôtel Real ⟨ 📶 ⟨

Place de Savoie 1 – 𝒞 022 365 85 95 – www.hotelrealnyon.ch   Plan : B2**y**
– fermé 24 décembre - 6 janvier
Plat du jour 18 CHF – Carte 68/95 CHF
Au menu de ce Grand Café, une cuisine qui honore les terroirs de la Botte italienne, accompagnée d'une bonne sélection de vins de la péninsule. Le tout dans un cadre élégant et chaleureux : un joli moment en perspective.

Café du Marché 📶

Rue du Marché 3 – 𝒞 022 362 49 79   Plan : A1_2**e**
– www.lecafedumarche.ch – fermé fin décembre - début janvier 2 semaines, juillet - août 3 semaines et dimanche
Plat du jour 22 CHF – Menu 45 CHF (déjeuner en semaine)
– Carte 48/98 CHF – (réservation conseillée)
La gourmandise parle toutes les langues... À l'image de ce restaurant qui propose des spécialités italiennes, françaises ou encore anglaises. Tom Watson, le chef, propose toute l'année un classique de sa région d'origine : le fish and chips ! Une carte sans frontières, à découvrir dans un cadre façon bistrot d'antan.

Le Maître Jaques 📶

Ruelle des Moulins 2 – 𝒞 022 361 28 34   Plan : B2**f**
– www.maitrejaques.com – fermé 12 - 20 octobre, dimanche et lundi
Plat du jour 20 CHF – Menu 60/80 CHF (dîner) – Carte 54/91 CHF
Est-ce la jolie rue piétonne, l'avenante maison blanche aux volets bleus ou les chaleureuses salles ? Quoi qu'il en soit, ce restaurant donne envie de s'attabler ! Dans l'assiette, les plats sont soignés, les produits très frais. Preuve que la recette est la bonne : les gourmands viennent en nombre.

à Prangins par route de Lausanne B1: 2 km – alt. 417 m – ✉ 1197

La Barcarolle 📶

Route de Promenthoux 8 – 𝒞 022 365 78 78 – www.labarcarolle.ch
36 ch ⌸ – ✦270/350 CHF ✦✦330/450 CHF – 3 suites – ½ P
Rest Plat du jour 20 CHF – Menu 45 CHF – Carte 61/78 CHF
Entre Genève et Lausanne, cet établissement domine le lac du haut de son jardin tranquille qui descend jusqu'à la rive. Classique et confortable, il offre aussi l'agrément d'un salon avec cheminée, d'un bar avec terrasse (vue sur le lac), d'un restaurant... sans oublier le ponton d'amarrage pour votre yacht !

Relais de L'Aérodrome 📶

Route de l'Aérodrome – 𝒞 022 365 75 45 – www.relais-aerodrome.ch
– fermé 24 décembre - 4 janvier
14 ch ⌸ – ✦120/150 CHF ✦✦140/170 CHF
Rest Plat du jour 19 CHF – Menu 29 CHF (déjeuner en semaine)
– Carte 63/97 CHF – (fermé samedi midi et dimanche soir)
Dans cet hôtel, près de la piste de l'aérodrome, vous vous envolez pour le pays des rêves ! Les chambres y sont contemporaines, lumineuses et confortables. Une adresse parfaite pour les pilotes... et les passagers.

OBERÄGERI
Zug (ZG) – ⊠ 6315 – 5 653 Ew – Höhe 737 m – Siehe Regionalatlas **4-G3**
▶ Bern 151 km – Luzern 46 km – Rapperswil 27 km – Schwyz 17 km
Michelin Straßenkarte 551-Q6

XX   **Hirschen** mit Zim   🏤 🅿️ Zim, 🛜 ♻️ 🅿️
Morgartenstr. 1 – ℰ 041 750 16 19 – www.hirschen-oberaegeri.ch – geschl.
12. Juli - 3. August und Sonntag - Montag
2 Zim 🖵 – ♟130 CHF ♟♟170 CHF
Tagesteller 28 CHF – Menü 32 CHF (mittags unter der Woche)/120 CHF
– Karte 51/100 CHF
Bereits in der 4. Generation ist der Gasthof bei der Kirche in Familienhand. Das
Restaurant ist schön freundlich, gekocht wird traditionell (Geschnetzeltes Zürcher
Art, Kutteln...) und auch ambitioniert-saisonal. Terrasse im 1. Stock mit Seesicht.
Zum Übernachten hat man zwei funktionale Zimmer.

OBERBIPP
Bern (BE) – ⊠ 4538 – 1 653 Ew – Höhe 490 m – Siehe Regionalatlas **3-E3**
▶ Bern 44 km – Basel 56 km – Langenthal 13 km – Solothurn 15 km
Michelin Straßenkarte 551-K5

🏠   **Eintracht**   🏤 🅿️ Zim, 🛜 🅿️
Oltenstr. 1 – ℰ 032 636 12 76 – www.hoteleintracht.ch – geschl. 18. Juli
- 4. August, 19. Dezember - 5. Januar
9 Zim 🖵 – ♟110 CHF ♟♟155 CHF – ½ P
Rest Karte 32/93 CHF – *(geschl. Samstag - Sonntag)*
Zeitgemäss und funktional wohnt man in diesem gepflegten kleinen Hotel, einem
langjährigen Familienbetrieb an der Kantonsstrasse. Im Restaurant bietet man traditionelle Küche. "La Différence" für besondere Anlässe.

OBERENTFELDEN
Aargau (AG) – ⊠ 5036 – 7 663 Ew – Höhe 415 m – Siehe Regionalatlas **3-E3**
▶ Bern 79 km – Aarau 6 km – Baden 31 km – Basel 64 km
Michelin Straßenkarte 551-M5

🏨   **Aarau West**   🛋 📶 🅿️ 🛜 🧖 🚗 🅿️
Muhenstr. 58, (beim Golfplatz) – ℰ 062 737 01 01 – www.aarau-west.ch
70 Zim 🖵 – ♟125/165 CHF ♟♟190/220 CHF
Rest Tagesteller 22 CHF – Karte 48/77 CHF – *(geschl. November - März und*
Samstagmittag - Sonntag)
Sie suchen ein funktionelles, günstig gelegenes Hotel mit Freizeitfaktor? Dieses
hier hat nicht nur helle, moderne und technisch gut ausgestattete Zimmer zu bieten, sondern liegt auch noch in der Nähe der Autobahn und des Golfplatzes, und
im Golfclub direkt nebenan kann man zudem indisch speisen.

OBERGESTELN
Wallis (VS) – ⊠ 3988 – 680 Ew – Höhe 1 353 m – Siehe Regionalatlas **8-F5**
▶ Bern 132 km – Andermatt 41 km – Brig 38 km – Interlaken 77 km
Michelin Straßenkarte 552-O10

🏨   **Hubertus "Wein & Sein"**   🛵 ⬅ 🏤 📺 🕯 🍴 📶 🅿️ 🛜 🧖 🚗 🅿️
Schlüsselacker 35 – ℰ 027 973 28 28 – www.hotel-hubertus.ch – geschl. 22. März
- 31. Mai, 18. Oktober - 26. November
23 Zim 🖵 – ♟115/180 CHF ♟♟210/300 CHF – 5 Suiten – ½ P
Rest Tagesteller 21 CHF – Menü 65/95 CHF – Karte 65/77 CHF
Das Hotel liegt schön ruhig ausserhalb des Dorfes, hat Anschluss an insgesamt
120 km Langlaufloipe und - darauf ist man besonders stolz - verfügt als einziges
Haus in der Region Goms über ein Hallenbad! Im Restaurant u. a. einige Trouvaillen aus dem Bordelais.

OBERHOFEN – Bern ➡ Siehe Thun

OBERNAU – Luzern ➡ Siehe Luzern

OBERRIET

Sankt Gallen (SG) – ⊠ 9463 – 8 439 Ew – Höhe 421 m – Siehe Regionalatlas **5-I2**
▶ Bern 248 km – Sankt Gallen 46 km – Bregenz 33 km – Feldkirch 12 km
Michelin Straßenkarte 551-V5

XX **Haus zur Eintracht** mit Zim   ⅋ 🍴 ⅍ Rest. ⅌ Zim, 🛜 ⇄ ♨ **P**
Buckstr. 11 – 𝒞 071 763 66 66 – www.hauszureintracht.ch – geschl. 22. Februar
- 1. März, 28. September - 18. Oktober und Mittwoch
2 Zim ⊑ – ♦120 CHF ♦♦175 CHF
Menü 19 CHF (mittags unter der Woche)/45 CHF – Karte 58/107 CHF
Wirklich schön, wie man in dem Haus von 1614 (es steht unter Heimatschutz!)
den liebenswerten traditionellen Charakter erhalten hat. Ganz reizend ist z. B.
das historische Buckstübli mit seinem alten Holz und dem tollen Kachelofen. Im
Bistro serviert man Bürgerliches. Schön mischt sich in den beiden Gästezimmern
Altes mit Neuem! Im Garten die hübsche Terrasse.

OBERSAXEN-MEIERHOF

Graubünden (GR) – ⊠ 7134 – 825 Ew – Höhe 1 302 m (Wintersport : 1 201/2 310 m)
– Siehe Regionalatlas **10-H4**
▶ Bern 241 km – Chur 54 km – Andermatt 58 km
Michelin Straßenkarte 553-S9

🏠 **Central und Haus Meierhof**   ⩶ 🛏 ⅌ 🛜 ♨ **P**
Meierhof 10 – 𝒞 081 933 13 23 – www.central-obersaxen.ch – geschl. 13. April
- 22. Mai, 2. November - 11. Dezember
33 Zim ⊑ – ♦88/109 CHF ♦♦158/198 CHF – 2 Suiten – ½ P
Rest *Central* – siehe Restaurantauswahl
Die beiden Häuser stehen neben der Dorfkirche. Behaglich sind die Zimmer alle,
ob Sie nun im Meierhof in einem einfacheren Zimmer mit gemütlicher Arvenholztäferung wohnen oder sich eine der beiden besonders hübschen Juniorsuiten
in alpenländisch-modernem Stil gönnen.

X **Central** – Hotel Central und Haus Meierhof   ⩶ 🛏 **P**
⌘ *Meierhof 10 – 𝒞 081 933 13 23 – www.central-obersaxen.ch – geschl. 13. April*
- 22. Mai, 2. November - 11. Dezember
Tagesteller 19 CHF – Menü 32/81 CHF   Karte 42/97 CHF
Pizokel, Cordon bleu oder vielleicht "Carpaccio vom Thunfisch mit Kalbstatar"?
Wer gerne traditionell isst, kommt hier ebenso auf seine Kosten wie Liebhaber
der mediterranen Küche. Beim Ambiente kann man ebenfalls wählen: hell und
freundlich der Wintergarten (die Fensterfont lässt sich komplett öffnen), bürgerlich-rustikal die Bündnerstube, modern die Vinothek - Letztere hat sich vor allem
auf Italien und Spanien spezialisiert.

OBERSCHAN

Sankt Gallen (SG) – ⊠ 9479 – Höhe 676 m – Siehe Regionalatlas **5-I3**
▶ Bern 225 km – Sankt Gallen 75 km – Bad Ragaz 17 km – Buchs 14 km
Michelin Straßenkarte 551-V7

XX **Mühle**   🛜 **P**
Grossbünt 2 – 𝒞 081 783 19 04 – www.restaurantmuehle.ch – geschl. Mitte
- Ende Juli und Dienstag - Mittwoch
Menü 60 CHF – Karte 48/78 CHF
Hätten Sie diese schöne Adresse so abgeschieden in dem kleinen Dorf erwartet?
Hier sitzt man im liebenswert dekorierten Mühlenstübli, im modernen Wintergar-
ten oder in der urchigen Gaststube (beliebt bei Wanderern und Radlern) - die
Karte ist überall gleich: Capuns, Rinderfilet, Fisch... Ihren Wein wählen Sie am bes-
ten aus der begehbaren Weinkarte!

OBERSTAMMHEIM

Zürich (ZH) – ⊠ 8477 – 1 130 Ew – Höhe 448 m – Siehe Regionalatlas **4-G2**
▶ Bern 168 km – Zürich 48 km – Frauenfeld 14 km – Konstanz 40 km
Michelin Straßenkarte 551-R3

XX **Zum Hirschen** 🗫 ✿ 🅿️

Steigstr. 4 – ⚡ 052 745 11 24 – www.hirschenstammheim.ch – geschl.
16. Februar - 10. März, 28. Juli - 12. August, 22. - 30. Dezember und Montag
- Dienstag, ausser an Feiertagen
Tagesteller 20 CHF – Menü 47 CHF (mittags unter der Woche)/109 CHF
– Karte 48/92 CHF
Aussen eine einladende Fachwerkfassade, drinnen stilvolle alte Täferungen, Türen
und Böden sowie prächtige Kachelöfen! Wie schmackhaft die frischen Speisen
sind, beweist z. B. das "Kalbssteak an Morchel-Rahmsauce mit Bärlauch-Schlutz-
krapfen". Mittags kleine Karte. Übernachtungszimmer so schlicht wie charmant.

OBERWALD
Wallis (VS) – ✉ 3999 – 273 Ew – Höhe 1 370 m (Wintersport : 1 380/2 080 m)
– Siehe Regionalatlas **8-F5**
▶ Bern 129 km – Andermatt 38 km – Brig 42 km – Interlaken 74 km
Michelin Straßenkarte 552-P10

🏠 **Ahorni** 🗫 🛗 📶 🅿️

Hinterdorfstr. 3 – ⚡ 027 973 20 10 – www.ahorni.ch – geschl. 31. März - 15. Mai
17 Zim 🛏 – †80/115 CHF ††160/200 CHF – ½ P
Rest Tagesteller 26 CHF – Menü 47 CHF – Karte 44/63 CHF – *(geschl. Mitte Mai*
- Mitte Juni und im November: Montag - Dienstag)
Ruhig und etwas versteckt liegt das Haus am Waldrand - ideal für Langläufer. Auch
ins Restaurant kehren die Gäste immer wieder gerne ein. Man serviert italienische,
aber auch internationale Speisen und verfügt über eine schöne Enoteca. Oberwald
ist gut erreichbar: von Luzern aus 1 Stunde mit dem Furka-Autoverladezug.

OBERWIL
Basel-Landschaft (BL) – ✉ 4104 – 10 721 Ew – Höhe 297 m
– Siehe Regionalatlas **2-D2**
▶ Bern 102 km – Liestal 21 km – Solothurn 73 km – Delémont 38 km
Michelin Straßenkarte 551-K4

XX **Schlüssel** 🍃 (Felix Suter) 🗫 ♿ 🆎 🅿️

Hauptstr. 41 – ⚡ 061 401 15 00 – www.schluessel-oberwil.ch – geschl. nach
Ostern 1 Woche, Ende Juli - Anfang August und Montag - Dienstag,
Samstagmittag
Menü 75 CHF (mittags)/125 CHF
Viele Stammgäste ihres "Wirtshauses Zur Säge" (nur zwei Orte weiter) sind Felix
Suter und Sandra Marugg Suter in dieses chic-moderne Restaurant gefolgt, wo
der Patron mediterran inspiriert kocht und die Chefin Sie überaus herzlich
umsorgt. Auch das kleine schnelle Lunchmenü kann sich wirklich sehen lassen!
➜ Hausgemachte Gnocchi mit Waldpilzen und Petersilie. Gebratener Steinbutt mit
einer Variation von Erbse, Minze und Limette. Rindsfilet mit Grillkartoffeln und
Sauce Béarnaise.

OBERZEIHEN – Aargau ➜ Siehe Zeihen

OERLIKON – Zürich ➜ Siehe Zürich

OLLON
Vaud (VD) – ✉ 1867 – 7 135 h. – alt. 468 m – Carte régionale **7-C6**
▶ Bern 108 km – Montreux 21 km – Évian-les-Bains 42 km – Gstaad 52 km
Carte routière Michelin 552-G11

X **Hôtel de Ville** avec ch 🗫 🛗 ⚙ ch, 📶 🛁

Place de l'Hôtel-de-Ville – ⚡ 024 499 19 22 – www.resthotelollon.ch – fermé
15 - 31 décembre, 1er - 15 juillet, mardi et mercredi
7 ch 🛏 – †80 CHF ††130 CHF
Plat du jour 18 CHF – Menu 49/65 CHF – Carte 47/83 CHF
Au centre du bourg, près du clocher, cette maison de pays cultive la tradition en
toute simplicité, sous l'égide de sa patronne qui œuvre elle-même aux fourneaux.
À noter : le jardin abrite une agréable terrasse. Quelques chambres pour l'étape.

OLTEN

Solothurn (SO) – ⊠ 4600 – 17 133 Ew – Höhe 396 m – Siehe Regionalatlas **3-E3**
▶ Bern 69 km – Aarau 15 km – Basel 54 km – Luzern 55 km
Michelin Straßenkarte 551-M5

🏨 Arte   🛋 📶 ⅍ ⅍ Rest, 📶 ⅍ ➡ 🅿
Riggenbachstr. 10 – 𝒞 062 286 68 00 – www.pure-olten.ch
79 Zim – ♥125/230 CHF, ♥♥160/320 CHF, ⬭ 18 CHF
Rest Tagesteller 20 CHF – Karte 42/83 CHF
Dieses moderne Hotel liegt wirklich ideal, nämlich nahe dem Bahnhof und mitten im Zentrum. Neben zeitgemässen Zimmern mit guter Technik hat man 12 Tagungsräume und das topmoderne Restaurant "pure" mit mediterraner Küche. Asiatisches im "pavillon". Die Kunst im Haus kann man übrigens auch käuflich erwerben!

🏨 Amaris garni   🛋 📶 ⅍ 🅿
Tannwaldstr. 34, (Zufahrt über Martin-Disteli-Strasse) – 𝒞 062 287 56 56
– www.hotelamaris.ch
67 Zim ⬭ – ♥95/170 CHF, ♥♥120/250 CHF – 10 Suiten
Das Stadthotel beim Bahnhof ist tipptopp gepflegt, die Zimmer sind unterschiedlich geschnitten, wohnlich-zeitgemäss und technisch sehr gut ausgestattet - wenn's mal besonders chic sein darf, fragen Sie nach der Spa-Suite! Im modernen Frühstücksrestaurant gibt es später unkomplizierte Snackgerichte.

🍴🍴 Schlosserei - Genussfabrik   🌿
Schützenmattweg 14 – 𝒞 062 212 74 74 – www.schlosserei-genussfabrik.ch
– geschl. Sonntag - Montag
Karte 52/112 CHF
Die einstige Schlosserei nennt sich heute auch "Genussfabrik". Sehr passend, denn hier trifft zeitgemässer Industrie Chic auf anspruchsvolle Gastronomie. Die Karte ist auf Spanisch und Deutsch geschrieben, die Küche von Pascal Schwarz mediterran - kein Wunder, denn Patron Nicolás Castillo stammt aus Malaga. Lust auf "gebratenen Zander mit Chorizo, Erbsen und Sherry"? Oder lieber Sushi im Barbereich? Terrasse zur Aare.

🍴🍴 Salmen   🌿 🆎
Ringstr. 39 – 𝒞 062 212 22 11 – www.salmen-olten.ch – geschl. Februar 1 Woche, Juli - August 3 Wochen und Sonntag - Montag
Tagesteller 30 CHF – Menü 60 CHF (abends)/99 CHF – Karte 58/88 CHF –
(Tischbestellung ratsam)
Das ist ein wirklich nettes Haus mit Charme und Atmosphäre, das Isabelle und Daniel Bitterli mit Engagement betreiben. Vorne hübscher Bistrobereich, hinten klassisches Stukk-Säli. Der Chef bietet frische Küche von "Belgischen Moules" bis zum "Entrecôte vom Biohof mit Sauce Béarnaise".

in Trimbach Nord: 1 km – Höhe 435 m – ⊠ 4632

🍴🍴🍴 Traube (Arno Sgier)   ✿✿ 🌿 🆎 ⅍ 🅿
Baslerstr. 211 – 𝒞 062 293 30 50 – www.traubetrimbach.ch – geschl. Ende Januar - Anfang Februar 1 Woche, Ende Juli - Anfang August 2 Wochen, Anfang Oktober 10 Tage und Sonntag - Montag
Menü 90/170 CHF – Karte 83/131 CHF
Arno Sgier steht hier nun schon seit über 20 Jahren für leichte, geschmackvolle und sehr produktbezogene Küche. In seinem modernen, recht puristischen Restaurant (ansprechend auch die angenehm dezente Kunst an den Wänden) umsorgt Sie der aufmerksame Service nicht zuletzt mit einer exquisiten Auswahl von rund 1000 Weinen. Hübsch die kleine Terrasse.
→ Geschmortes Pata Negra Kopfbäggli auf Kohlräblispaghetti und schwarzem Trüffel. Warme Entenleber mit Feigenravioli und Kumquatsauce. Kanadisches Bisonfilet mit Szechuan Pfeffer und Kartoffeln im Speckmantel.

OPFIKON – Zürich → Siehe Zürich

ORSELINA – Ticino → Vedere Locarno

ORSIÈRES

Valais (VS) – ⊠ 1937 – 3 078 h. – alt. 902 m – Carte régionale **7-D7**

▶ Bern 151 km – Martigny 20 km – Aosta 57 km – Montreux 63 km

Carte routière Michelin 552-H13

🍽   **Les Alpes** (Samuel Destaing)   🛏

✿   *Place Centrale 1 – 🎧 027 783 11 01 – www.lesalpes.ch – fermé mi-décembre*
- début janvier, fin juin - mi-juillet, mardi et mercredi
Plat du jour 22 CHF – Menu 75/150 CHF – Carte 77/112 CHF
Belle surprise que la cuisine de Samuel Destaing, moderne, ciselée avec soin et
appuyée sur d'excellents produits suisses – avec un zeste de France, son pays
natal... Pour se livrer à la dégustation, on a le choix entre deux espaces : une
salle d'esprit brasserie, sympathique, ou une seconde plus raffinée, plus intime...
→ Filet de rouget, coulant de risotto au fenouil braisé à l'orange en fine nage de
roche. Joue de cochon noir Iberico confite toute une nuit, écrasé de pomme ratte
à l'huile de noisette. Consonance de framboises et verveine en parfait glacée et
fines dentelles, sorbet fleurs de cactus et gingembre.

ORVIN

Berne (BE) – ⊠ 2534 – 1 195 h. – alt. 668 m – Carte régionale **2-C3**

▶ Bern 51 km – Delémont 49 km – Biel 8 km – La Chaux-de-Fonds 45 km

Carte routière Michelin 551-I6

aux Prés-d'Orvin Nord-Ouest : 4 km – alt. 1 033 m – ⊠ 2534

🍽   **Le Grillon**   ☺ 🛏 **P** ⌀

☺   *– 🎧 032 322 00 62 – fermé juillet - août, dimanche soir, lundi et mardi*
Plat du jour 28 CHF – Menu 48/98 CHF – Carte 51/97 CHF
En face des pistes de ski, ce chalet de montagne séduit avec sa déco moderne et
sa terrasse pour les beaux jours. La cuisine est authentique et savoureuse (lapin
aux girolles, canard grillé au vin rouge), accompagnée d'une belle carte des
vins. Menu plus simple au déjeuner. Bon rapport qualité-prix.

OSTERFINGEN

Schaffhausen (SH) – ⊠ 8218 – 359 Ew – Höhe 440 m – Siehe Regionalatlas **4-F2**

▶ Bern 164 km – Zürich 47 km – Baden 41 km – Schaffhausen 20 km

Michelin Straßenkarte 551-P3

🍽   **Bad Osterfingen**   🛏 ✂ ↻ **P** ⌀

Zollstr. 75, Süd: 1 km – 🎧 052 681 21 21 – www.badosterfingen.ch – geschl.
18. Januar - 17. Februar, 12. - 30. Juli und Montag - Dienstag
Karte 39/83 CHF
Hier passt einfach alles zusammen: ein historisches Weingut von 1472, das Familie Meyer nun schon seit dem 19. Jh. betreibt, liebenswerte, heimelige Stuben
und draussen ein lauschiges Plätzchen unter alten Kastanien! Die gute traditionelle
Küche (Spezialität ist Wild) macht das stimmige Bild komplett.

OUCHY – Vaud → Voir à Lausanne

PAYERNE

Vaud (VD) – ⊠ 1530 – 9 146 h. – alt. 452 m – Carte régionale **7-C4**

▶ Bern 53 km – Neuchâtel 50 km – Biel 62 km – Fribourg 23 km

Carte routière Michelin 552-G8

à Vers-chez-Perrin Sud : 2,5 km par route Fribourg/Romont – alt. 530 m – ⊠ 1551

🍽🍽   **Auberge de Vers-chez-Perrin** avec ch   🛏 🛜 ↻ **P**

Au Village 6 – 🎧 026 660 58 46 – www.auberge-verschezperrin.ch – fermé Noël
- Nouvel An 2 semaines, fin juillet - mi-août 3 semaines, samedi midi, dimanche
soir et lundi
8 ch 🛏 – 🚹125 CHF 🚹🚹175 CHF – ½ P
Plat du jour 20 CHF – Menu 63/120 CHF – Carte 51/100 CHF
Avec sa façade colorée et son haut toit, cette auberge a l'air bonhomme ! Il y
règne une atmosphère chaleureuse, autour de bonnes assiettes qui respirent la
tradition. Les chambres sont utiles pour l'étape, à mi-route entre Lausanne et
Bern via l'A 1.

PENEY Dessus et Dessous – Genève ➜ Voir à Satigny

PERREFITTE – Berne ➜ Voir à Moutier

PFÄFFIKON
Schwyz (SZ) – ⊠ 8808 – 7 200 Ew – Höhe 412 m – Siehe Regionalatlas **4**-G3
🚄 Bern 159 km – Zürich 36 km – Rapperswil 6 km – Schwyz 30 km
Michelin Straßenkarte 551-R6

🏨🏨   **Seedamm Plaza**   🍴 🕅 🖫 🗐 👌 🎬 ⚡ 🛜 ♨ 🚗 🅿
🔗   *Seedammstr. 3 – ℰ 055 417 17 17 – www.seedamm-plaza.ch*
140 Zim – ♟168/248 CHF ♟♟246/286 CHF, ⚏ 27 CHF – 2 Suiten
Rest *Pur*
Rest *Nippon Sun* – siehe Restaurantauswahl
Rest *Punto* Tagesteller 20 CHF – Menü 25 CHF (mittags) – Karte 33/80 CHF
Am Zürichsee gelegenes Businesshotel mit Kasino, grossem Tagungsbereich und
modern-funktionellen Gästezimmern (zum Innenhof hin ruhiger). Neben Pur und
Nippon Sun bietet man das Punto mit italienischem Angebot.

✕✕   **Pur** – Hotel Seedamm Plaza   🏮 ⪕ 👌 🎬 ⚡ 🅿
*Seedammstr. 3 – ℰ 055 417 17 17 – www.seedamm-plaza.ch – geschl. 30. Juni
- 22. Juli und Dienstag - Mittwoch, Samstagmittag*
Tagesteller 34 CHF – Menü 49 CHF (mittags)/127 CHF – Karte 59/133 CHF
Das Lokal lebt von dem Kontrast, der sich aus schönen Materialien, ausgesuchten
Dekorationen und modernem, aber nicht kühlem Design ergibt. Ausserdem:
sehenswerte Showküche, grosser Weinschrank und toller Seeblick.

✕   **Nippon Sun** – Hotel Seedamm Plaza   👌 🎬 ⚡ 🅿
*Seedammstr. 3 – ℰ 055 417 17 03 – www.seedamm-plaza.ch – geschl.
Samstagmittag, Sonntag - Montag*
Tagesteller 24 CHF – Menü 29/97 CHF – Karte 21/78 CHF
Das Ambiente ist elegant japanisch und die Gäste lieben zum einen die traditio-
nellen Gerichte wie Sushi und Teppanyaki, aber zum anderen auch die Möglich-
keit, alles zu einem individuellen "all in one menu" zusammenzustellen.

PIODINA – Ticino ➜ Vedere Brissago

PLAN-les-OUATES – Genève ➜ Voir à Genève

PLANS-MAYENS – Valais ➜ Voir à Crans-Montana

PLAUN da LEJ – Graubünden ➜ Siehe Sils Maria

PLEUJOUSE
Jura (JU)   ⊠ 2953 – 90 h. – alt. 585 m – Carte régionale **2**-C3
🚄 Bern 98 km – Delémont 21 km – Basel 46 km – Biel 55 km
Carte routière Michelin 551-I4

✕✕   **Château de Pleujouse**   🍴 ⇆ 🅿
🍴   *Le Château 18 – ℰ 032 462 10 80 – www.juragourmand.ch/le-chateau
– fermé 23 décembre - 13 janvier, 30 mars - 9 avril, 29 juin - 15 juillet,
5 - 15 octobre, lundi et mardi ; janvier - mars : mercredi soir, jeudi midi, lundi et
mardi*
Menu 43/89 CHF – Carte 75/96 CHF
Perché sur un éperon rocheux, ce château fort du 10ᵉ s. domine les environs...
Aux fourneaux, le couple de chefs régale avec des produits bio et régionaux ;
pain, gratins et riz-au-lait sont préparés au four à pain. Une véritable démarche
d'artisan, au plus près du terroir, qui nous ramène aux festins de jadis !

PONTE BROLLA – Ticino ➜ Vedere Tegna

PONTRESINA

Graubünden (GR) – ⊠ 7504 – 2 080 Ew – Höhe 1 774 m (Wintersport : 1 805/
2 262 m) – Siehe Regionalatlas **11-J5**
▶ Bern 334 km – Sankt Moritz 9 km – Chur 94 km – Davos 66 km
Michelin Straßenkarte 553-X10

Grand Hotel Kronenhof   ← ⌂ ⌂ 🖼 🌐 🐾 ⓛ 🎽 🕺 🛜 ♨ 🅿
*Via Maistra 130 – ℰ 081 830 30 30 – www.kronenhof.com – geschl. Anfang April
- Mitte Juni, Mitte Oktober - Anfang Dezember*
112 Zim ☐ – 🛇300/490 CHF 🛇🛇475/825 CHF – 9 Suiten – ½ P
Rest *Kronenstübli* – siehe Restaurantauswahl
Rest *Pavillon* Karte 45/98 CHF – *(nur Mittagessen)*
Fast vergessene Zeiten sind wieder gegenwärtig, in Form eines echten Bijous a. d.
19. Jh.: herrlich die Halle mit ihrer kunstvoll bemalten Stuckdecke, und dann das
prächtige Grand Restaurant (für Hausgäste)... wahrlich sehenswert! Ganz und gar
nicht historisch: der tolle moderne Spa auf 2000 qm.

Walther   ← ⌂ 🖼 🐾 🍴 🎽 ♿ 🛜 ♨ 🅿
*Via Maistra 215 – ℰ 081 839 36 36 – www.hotelwalther.ch – geschl. 6. April
- 12. Juni, 11. Oktober - 11. Dezember*
68 Zim ☐ – 🛇160/335 CHF 🛇🛇320/650 CHF – 2 Suiten – ½ P
Rest *La Stüva* – siehe Restaurantauswahl
Der klassische Stil des schönen Gebäudes (1907 als Hotel eröffnet) setzt sich in
der stuckverzierten Halle mit Kamin und in den Zimmern fort. Hübsch: die Arven-
holz-Juniorsuite. Familie Walther leitet das Haus übrigens schon seit über 50 Jahren, und das mit einem sicheren Gespür für das Wohl ihrer Gäste... kleine
Annehmlichkeiten hier und da sind selbstverständlich.

Saratz   ← ⌂ ⌂ ⤨ 🖼 🐾 ⓛ 🍴 🎽 🕺 ⤨ Rest. 🛜 ♨ 🅿
*Via da la Stazion 2 – ℰ 081 839 40 00 – www.saratz.ch – geschl. 12. April
- 5. Juni*
93 Zim ☐ – 🛇224/365 CHF 🛇🛇280/435 CHF – 2 Suiten – ½ P
Rest *Jugendstil Restaurant* ℰ 081 839 40 40 – Menü 92/135 CHF
– Karte 85/114 CHF – *(nur Abendessen)*
Rest *Pitschna Scena* ℰ 081 839 40 40 – Tagesteller 26 CHF – Karte 28/77 CHF –
(geschl. November und Sonntag - Dienstagmittag)
Rest *La Cuort* ℰ 081 839 40 40 – Karte 49/68 CHF – *(geschl. 12. April - 26. Juni,
18. Oktober - 14. Dezember und im Sommer: Mittwoch - Donnerstag) (nur
Abendessen) (Tischbestellung ratsam)*
Das schmucke historische Chesa Nouva und der neuere Anbau Ela Tuff bieten
zeitgemässe Zimmer - im Stammhaus hat man das Jugendstilflair bewahrt. Im
Jugendstil Restaurant bietet man eine breit gefächerte Karte. Donnerstags Live-
Musik in der Pitschna Scena. La Cuort: kleines Gewölbe mit Fondue und Raclette.

Allegra garni   🍴 ♿ 🛜 🅿
*Via Maistra 171 – ℰ 081 838 99 00 – www.allegrahotel.ch – geschl. 7. April
- 12. Juni, Mitte Oktober - Anfang Dezember*
54 Zim ☐ – 🛇140/280 CHF 🛇🛇200/375 CHF
Hotel mit luftiger Atriumhalle und geradlinigen Feng-Shui-Zimmern, in der obersten Etage mit besonders schöner Sicht. Im Preis inbegriffen ist das Erlebnisbad
Bellavita, das man bequem über einen Verbindungsgang erreicht.

Müller   🐾 🍴 🛜 🅿
*Via Maistra 202 – ℰ 081 839 30 00 – www.hotel-mueller.ch – geschl. 7. April
- 5. Juni*
23 Zim ☐ – 🛇130/160 CHF 🛇🛇220/300 CHF – 8 Suiten – ½ P
Rest *Stüva - EssZimmer* – siehe Restaurantauswahl
Das helle klare Interieur des traditionsreichen Hauses ist ein geschmackvoller
Mix aus alpenländisch und stylish-modern - alte Holztüren und -balken im Cà
Rossa a. d. 18. Jh. In der Wintergarten-Lounge staunen Whisky-Freunde über
130 Sorten!

⌂ Albris   ⇐ ⌂ 🏠 🖥 🛜 🚗 P

Via Maistra 228 – 𝒞 081 838 80 40 – www.albris.ch – geschl. 7. April - 11. Juni,
19. Oktober - 4. Dezember
36 Zim ☲ – ♦135/160 CHF ♦♦210/420 CHF – ½ P
Rest *Kochendörfer* – siehe Restaurantauswahl
Bei Claudio und Stephanie Kochendörfer werden in 4. Generation Service und
Aufmerksamkeit gross geschrieben. Und das fängt schon am Morgen an bei frischen Backwaren aus der eigenen Bäckerei, nachmittags lockt dann das Café mit
leckeren Kuchen! Und wie möchten Sie wohnen? In charmanten Arvenholz-Zim-
mern oder in einem der drei Lärchenholz-Dachzimmer? Ebenso schön zum Entspannen: der tolle kleine Saunabereich samt lichtem Ruheraum mit Bergblick.

⌂ Steinbock   ⇐ ⎚ 🏠 🛜 🚗 P

Via Maistra 219 – 𝒞 081 839 36 26 – www.hotelsteinbock.ch – geschl.
18. Oktober - 4. Dezember
32 Zim ☲ – ♦60/175 CHF ♦♦140/380 CHF – ½ P
Rest *Colanistübli* – siehe Restaurantauswahl
Das Engadiner Haus a. d. 17. Jh. ist eine nette Ferienadresse mit gemütlichen Zimmern. Gäste können den Freizeitbereich des benachbarten Hotel Walther kostenfrei mitbenutzen. Fondue & Käsespezialitäten gibt es im "Gondolezza", einer aus-
rangierten Gondelkabine!

⌂ Chesa Mulin garni   ⇐ 🏠 🖥 🛜 🚗 P

Via da Mulin 15 – 𝒞 081 838 82 00 – www.chesa-mulin.ch – geschl. 20. April
- 1. Juni, 20. Oktober - 14. Dezember
30 Zim ☲ – ♦120/190 CHF ♦♦200/280 CHF
Ein Familienbetrieb mit freundlichen Zimmern, die alle mit einem dekorativen
grossen Bild einem Engadiner Märchen gewidmet sind. Schöner Ausblick von
der Liegeterrasse.

⌂ Station ⓝ   🕾 🏠 🖥 ⌙ Zim, 🅰🅲 Zim, 𝔔 🛜 ▲ P

Villa dalla Staziun 42 – 𝒞 081 838 80 00 – www.station-pontresina.ch
21 Zim ☲ – ♦110/160 CHF ♦♦180/260 CHF – ½ P
Rest Tagesteller 15 CHF – Karte 40/74 CHF
Während man im modernen Atriumbau zu fairen Preisen in zeitgemäss-funktiona-
len Zimmern wohnt (schön die Altholzmöbel), lässt man sich im Stammhaus a. d.
J. 1908 (ehemals Bahnhofsrestaurant) auf zwei gemütlich-rustikalen Etagen Pizza
und Pasta servieren.

XXX La Stüva – Hotel Walther   🕾 𝔔 P

Via Maistra 215 – 𝒞 081 839 36 36 – www.hotelwalther.ch – geschl. 6. April
- 12. Juni, 11. Oktober - 11. Dezember und Montag - Dienstag
Menü 85/120 CHF – Karte 55/116 CHF – *(nur Abendessen)*
Wer sitzt nicht gerne in diesem schönen Ambiente aus angenehm hellen Tönen
und 200 Jahre altem Fichtenholz und lässt sich an gut eingedeckten Tischen klassische Gerichte servieren?

XXX Kronenstübli – Grand Hotel Kronenhof   𝔔

Via Maistra 130 – 𝒞 081 830 30 30 – www.kronenhof.com – geschl. Anfang April
- Mitte Juni, Mitte Oktober - Anfang Dezember und Sonntag - Montag, ausser
Hochsaison
Menü 98/148 CHF – Karte 72/130 CHF – *(nur Abendessen) (Tischbestellung*
ratsam)
Eine wunderschöne Arvenholztäferung und dazu feine Tischkultur, das macht das
Restaurant elegant und gemütlich zugleich - genau der richtige Rahmen für die
klassische Küche. Auch Raucher haben es hier stilvoll: Für sie hat man die ehema-
lige Stube der Eigentümer zum Salon gemacht.

XX Stüva - EssZimmer – Hotel Müller   ⇐ 🕾 P

Via Maistra 202 – 𝒞 081 839 30 00 – www.hotel-mueller.ch – geschl. 7. April
- 5. Juni
Tagesteller 25 CHF – Menü 30 CHF (mittags)/79 CHF – Karte 45/125 CHF
Die rustikal-elegante Stüva und das moderne EssZimmer bieten italienische Küche
mit Südtiroler und Schweizer Spezialitäten. Abends zudem klassische Tranchierge-
richte in der Stüva.

XX **Kochendörfer** – Hotel Albris 🍴
Via Maistra 228 – ℰ 081 838 80 40 – www.albris.ch – geschl. 7. April - 11. Juni,
19. Oktober - 4. Dezember
Tagesteller 38 CHF – Menü 52/55 CHF – Karte 50/113 CHF
Wie überall im Haus der Kochendörfers sind die Mitarbeiter auch im Restaurant
sehr freundlich und zuvorkommend. Da lässt man sich gerne in geradlinigem,
warmem Ambiente mit klassischer und regionaler Küche umsorgen.

X **Colanistübli** – Hotel Steinbock 🍴 ⌘ **P**
Via Maistra 219 – ℰ 081 839 36 26 – www.hotelsteinbock.ch – geschl.
18. Oktober - 4. Dezember
Tagesteller 25 CHF – Menü 39/67 CHF – Karte 34/83 CHF
Benannt nach dem Jägersmann Gian Marchet Colani (er soll 16 Gämse an einem
Tag erlegt haben), serviert man in den heimeligen getäferten Stuben Engadiner
und Bündner Spezialitäten.

Süd-Ost Richtung Berninapass

🏠 **Gasthaus Berninahaus** 🍴 ⪜ 🍴 🎿 ♨ ♿ 🛜 **P**
Bernina Suot 3, 7,5 km Richtung Berninapass ✉ 7504 – ℰ 081 842 62 00
– www.berninahaus.ch – geschl. Mai, Mitte November - Mitte Dezember
24 Zim ⌂ – ♦102/140 CHF ♦♦184/210 CHF – ½ P
Rest Tagesteller 22 CHF – Menü 38 CHF (abends) – Karte 39/77 CHF
Sie suchen Ruhe und tolle Bergkulisse? Das Engadiner Haus a. d. 16. Jh. liegt fast
einsam am Berninapass in 2000 m Höhe. Wirklich schön die viele Holz überall im
Haus - da steckt sowohl in den Zimmern (reizend u. a. die historischen Arvenholz-
Zimmer) als auch in den drei gemütlichen Gaststuben jede Menge Bündner
Charme! Die Küche ist ebenso regional.

🏠 **Morteratsch** 🍴 ⪜ 🍴 ⌘ 🛜 **P**
Morteratsch 4 , 5 km Richtung Berninapass ✉ 7504 – ℰ 081 842 63 13
– www.morteratsch.ch – geschl. Mai, November
34 Zim ⌂ – ♦95/150 CHF ♦♦130/250 CHF – ½ P
Rest Tagesteller 24 CHF – Menü 45 CHF – Karte 42/75 CHF
Die herrliche Ruhe am Talende unterhalb des namengebenden Gletschers
geniesst man auch in den Gästezimmern, denn TV gibt es hier nicht! Während
es mittags vor allem Skifahrer und Ausflügler (Bergbahn hält am Haus) zur bürgerlichen Küche auf die sonnige Terrasse zieht, gibt es am Abend in einer gemütlichen Arvenstube klassische Gerichte, die am Tisch zubereitet werden.

PORRENTRUY

Jura (JU) – ✉ 2900 – 6 703 h. – alt. 423 m – Carte régionale **2**-C3
▶ Bern 102 km – Delémont 28 km – Basel 56 km – Belfort 37 km
Carte routière Michelin 551-H4

🏠 **Bellevue** ⌘ ♦ ch, 🛜 ⚒ **P**
🐕 *Route de Belfort 46 – ℰ 032 466 55 44 – www.bellevue-porrentruy.ch – fermé 1er*
- 8 janvier
10 ch ⌂ – ♦115/180 CHF ♦♦115/180 CHF – ½ P
Rest Plat du jour 20 CHF – Menu 48 CHF (déjeuner en semaine)/98 CHF
– Carte 60/88 CHF
Rest *Brasserie* Plat du jour 20 CHF – Carte 51/80 CHF
À la sortie de la ville, un bâtiment moderne sans grand charme en apparence,
mais on y découvre des chambres confortables et bien tenues, aux prix mesurés.
Une fringale ? Profitez du restaurant et de sa carte brasserie.

POSCHIAVO

Grigioni (GR) – ✉ 7742 – 3 575 ab. – alt. 1 014 m – Carta regionale **11**-K5
▶ Bern 366 km – Sankt Moritz 40 km – Chur 126 km – Davos 99 km
Carta stradale Michelin 553-Y11

🏠 **Suisse** 🍴 🛋 📶 **P**
Via da Mez 151 – 𝒞 081 844 07 88 – www.suisse-poschiavo.ch
– chiuso 31 ottobre - 14 dicembre
24 cam 🍽 – ♦90/110 CHF ♦♦145/180 CHF – ½ P
Rist Menu 40/80 CHF – Carta 33/81 CHF
Nel centro della ridente località, cordiale accoglienza in una struttura che dispone
di camere di diversa tipologia, curate nella loro semplicità.

PRAGG-JENAZ
Graubünden (GR) – ✉ 7231 – Höhe 719 m – Siehe Regionalatlas **5-J4**
▶ Bern 241 km – Chur 31 km – Bad Ragaz 22 km – Davos 30 km
Michelin Straßenkarte 553-W8

🍴🍴 **Sommerfeld** mit Zim 🐝 🍴 🛁 📶 ♻ **P**
☺☺ *Furnerstr. 2, (beim Bahnhof) – 𝒞 081 332 13 12 – www.sommerfeld.ch*
– geschl. Mitte April - Anfang Mai, Oktober 3 Wochen und Dienstag - Mittwoch
19 Zim 🍽 – ♦85/102 CHF ♦♦140/174 CHF – ½ P
Tagesteller 19 CHF – Menü 66/142 CHF – Karte 42/102 CHF
Bruno Bertoli bietet in den gemütlichen Stuben eine weitgehend traditionelle
Küche, die er mit Elementen aus der Molekularküche mixt, und dafür verwendet
er viele Bioprodukte. Alles wird selbstgemacht, auch die schöne Pralinenauswahl
zum Kaffee - unbedingt probieren! Wenn Sie länger bleiben möchten, fragen Sie
doch auch mal nach der Familien-Abenteuerwoche oder nach Rafting- und Klet-
tertouren!

PRANGINS – Vaud ➔ Voir à Nyon

PRATTELN
Basel-Landschaft (BL) – ✉ 4133 – 15 282 Ew – Höhe 290 m
– Siehe Regionalatlas **3-E2**
▶ Bern 90 km – Liestal 8 km – Basel 12 km – Solothurn 61 km
Michelin Straßenkarte 551-L4

🏰 **Courtyard by Marriott** 🍴 🕭 🛋 ♿ 🎥 📶 🏋 🚗 **P**
Hardstr. 55 – 𝒞 061 827 17 17 – www.courtyardbasel.com
173 Zim – ♦159/229 CHF ♦♦159/229 CHF, 🍽 28 CHF – 2 Suiten
Rest Tagesteller 28 CHF – Menü 40 CHF – Karte 42/63 CHF
Eine moderne Businessadresse mit guter Autobahnanbindung, Airport-Shuttle
und direktem Zugang zum Freizeitbad "aquabasilea". Auch "Long Stay"-Zimmer
mit Kitchenette. Internationales Angebot im Restaurant.

Les PRÉS-D'ORVIN – Berne ➔ Voir à Orvin

Le PRESE
Grigioni (GR) – ✉ 7746 – alt. 965 m – Carta regionale **11-K5**
▶ Bern 371 km – Sankt Moritz 45 km – Chur 131 km – Davos 103 km
Carta stradale Michelin 553-Y12

🏠 **La Romantica** 🏠 🍴 🛁 🛋 ♿ rist, 📶 🏋 **P**
via Principale – 𝒞 081 844 03 83 – www.laromantica.ch – chiuso novembre
- aprile
25 cam 🍽 – ♦82/105 CHF ♦♦132/224 CHF – ½ P
Rist La Romantica Piatto del giorno 30 CHF – Menu 40/45 CHF
– Carta 46/68 CHF
Cordiale gestione familiare in un hotel che si contraddistingue per le sue curate
camere ed un nuovo centro congressi. Specialità ittiche lacustri e piatti più internazionali vi attendono, invece, nel grazioso ristorante.

La PUNT-CHAMUES-CH.
Graubünden (GR) – ✉ 7522 – 759 Ew – Höhe 1 697 m – Siehe Regionalatlas **11-J5**
▶ Bern 318 km – Sankt Moritz 14 km – Chur 77 km – Davos 53 km
Michelin Straßenkarte 553-X10

Gasthaus Krone

Via Cumünela 2 – ℰ 081 854 12 69 – www.krone-la-punt.ch – geschl. Mitte April - Anfang Juni, November - Mitte Dezember
17 Zim ☲ – ✝135/260 CHF ✝✝205/260 CHF
Rest *Gasthaus Krone* – siehe Restaurantauswahl
In dem Haus direkt am Inn stimmen Gastfreundschaft und Service, nicht zuletzt dank der persönlichen Führung von Sonja und Andreas Martin. Dazu schönes Ambiente mit klaren Formen, heimischem Holz und Kunst - besonders chic die grossen Zimmer mit ihrem geradlinigen Design.

Bumanns Chesa Pirani (Daniel Bumann)

Via Chantunela 15 – ℰ 081 854 25 15 – www.chesapirani.ch – geschl. 5. April - 10. Juni, 4. Oktober - 9. Dezember und Sonntag - Montag, ausser Hochsaison
Menü 158/208 CHF – Karte 124/164 CHF – *(nur Abendessen) (Tischbestellung ratsam)*
Der Klassiker unter den Engadiner Gourmetrestaurants! Ingrid und Daniel Bumann-Jossen sind mit ungebrochenem Engagement für ihre Gäste da: Der Patron bietet klassisch-französische Küche auf hohem Niveau (ein besonderes Faible hat er für Safran), seine Frau ist die gute Seele des Hauses, charmant und herzlich.
→ Menü mit Safran aus Mund im Wallis. Engadiner Fischsuppe mit Baumnuss-Blini, Mangold und Wachtelei aus S-chanf. Zweierlei Lamm aus dem Bergell mit Kichererbsen, Erbsen, Tomaten und Minze.

Gasthaus Krone – Hotel Gasthaus Krone

Via Cumünela 2 – ℰ 081 854 12 69 – www.krone-la-punt.ch – geschl. Mitte April - Anfang Juni, November - Mitte Dezember
Karte 55/109 CHF
Hübsch sind die vier Arvenstuben alle, von traditionell mit Kachelofen bis geradlinig-modern. Und was passt besser zu so viel regionaler Gemütlichkeit als schmackhafte Schweizer Spezialitäten wie hausgemachte Capuns sowie Fisch oder Fleisch aus dem Arvenholzrauch?

RAPPERSWIL-JONA

Sankt Gallen (SG) – ✉ 8640 – 26 354 Ew – Höhe 409 m – Siehe Regionalatlas **4-G3**
▶ Bern 161 km – Zürich 39 km – Sankt Gallen 73 km – Schwyz 34 km
Michelin Straßenkarte 551-R6

Schwanen

Seequai 1 – ℰ 055 220 85 00 – www.schwanen.ch
24 Zim – ✝185/215 CHF ✝✝280/320 CHF, ☲ 25 CHF – 1 Suite – ½ P
Rest *Le Jardin* – siehe Restaurantauswahl
Rest *Schwanen Bar* Tagesteller 45 CHF – Menü 65/150 CHF – Karte 70/113 CHF
Rest *Boulevard Café* Tagesteller 45 CHF – Menü 65/85 CHF – Karte 68/89 CHF
Herrlich liegt das jahrhundertealte Gebäude in einer Häuserzeile an der Seepromenade. Die Zimmer verbinden modernen Stil mit altem Charme, teilweise mit Seeblick. In der Schwanen Bar serviert man Grilladen, im Café wählt man aus einem breiten Angebot. Geniessen Sie die Aussicht von einer der Terrassen!

Speer

Untere Bahnhofstr. 5 – ℰ 055 220 89 00 – www.hotel-speer.ch
55 Zim ☲ – ✝145/205 CHF ✝✝205/285 CHF – 1 Suite
Rest *Sayori* Tagesteller 18 CHF – Karte 47/87 CHF
Die Zimmer in dem Hotel gegenüber dem Bahnhof sind freundlich und geradlinig-modern. Beliebt bei den Einheimischen ist das Restaurant Sayori mit seinem Angebot aus China, Thailand und Japan, der integrierten Sushi-Bar sowie der Mojo-Bar, die jeden Abend geöffnet hat.

Hirschen garni

Fischmarktplatz 7 – ℰ 055 220 61 80 – www.hirschen-rapperswil.ch – geschl. Ende Dezember - Anfang Januar
13 Zim ☲ – ✝145/175 CHF ✝✝215/235 CHF
Sehr schöne Zimmer (individuell mit hübschen gemusterten Stoffen ausstaffiert) stehen in dem kleinen Hotel, einem Haus von 1511, zur Verfügung. Günstig ist auch die zentrale Lage nur wenige Schritte vom Zürichsee entfernt.

XX **Villa Aurum** mit Zim 🖚 🛜 ⟳ **P**

Alte Jonastr. 23 – 𝒞 055 220 72 82 – www.villaaurum.ch – geschl.
Samstagmittag
3 Zim ⌒ – **†**160/180 CHF **††**260/280 CHF
Tagesteller 35 CHF – Menü 46 CHF (mittags unter der Woche)/108 CHF
– Karte 57/104 CHF – *(Tischbestellung ratsam)*
Mit seinem eleganten Villen-Flair ist das hier schon ein schönes individuelles Haus, und bedient wird man sehr aufmerksam. Sie möchten ein Menü? Es gibt eine Fisch-, eine Fleisch- und eine vegetarische Variante. Im Sommer ist es draussen unter der grossen Kastanie besonders angenehm. Übrigens: Die drei Gästezimmer im OG sind genauso geschmackvoll wie das Restaurant!

XX **Rathaus** ♿ 𝒩 ⟳

Hauptplatz 1, (1. Etage) – 𝒞 055 210 11 14 – www.rrrj.ch
Tagesteller 24 CHF – Menü 59 CHF (mittags unter der Woche)/89 CHF
– Karte 64/97 CHF
Im feinen Ratsstübli in der 1. Etage speist man saisonal. Neben Bodensee-Zander und Zürichsee-Forelle gibt es auch Klassiker wie Zürcher Geschnetzeltes. Die gleichen Gerichte serviert man auch in der legeren Wirtschaft im EG.

XX **Le Jardin** – Hotel Schwanen ⟵ 🏠 𝒩

Seequai 1 – 𝒞 055 220 85 00 – www.schwanen.ch
Menü 45/150 CHF – Karte 81/115 CHF
Hier geben elegante Möbel und opulente Kronleuchter den Ton an. Ein Erlebnis der Extraklasse ist der fantastische Seeblick! Dazu klassische französische Küche.

X **Thai Orchid** 🏠

🕸 *Engelplatz 4 – 𝒞 055 210 91 91 – www.thaiorchid.ch – geschl. 21. Dezember*
- 5. Januar, 19. Juli - 10. August und Samstagmittag, Sonntagmittag, Montag
Tagesteller 20 CHF – Menü 95 CHF – Karte 44/100 CHF – *(Tischbestellung ratsam)*
Das Restaurant in der Fussgängerzone ist immer gut besucht - und das liegt an der authentischen Thai-Küche! Ein kulinarisches Erlebnis der exotischen Art sind z. B. Som Tam oder Curry-Spezialitäten wie Gäng Massaman und Pat Pong Gui!

RAVAISCH – Graubünden ➜ Siehe Samnaun

RECKINGEN
Wallis (VS) – ✉ 3998 – 460 Ew – Höhe 1 315 m – Siehe Regionalatlas **8-F5**
◨ Bern 141 km – Andermatt 50 km – Brig 30 km – Interlaken 85 km
Michelin Straßenkarte 552-N10

🏠 **Joopi** ⟵ 🏠 🛜 **P**

Bahnhofstrasse 7 – 𝒞 027 974 15 50 – www.joopi.ch – geschl. Mitte April
- Anfang Juni, Mitte Oktober - Anfang Dezember
20 Zim ⌒ – **†**72/80 CHF **††**125/150 CHF – ½ P
Rest Tagesteller 20 CHF – Karte 29/69 CHF – *(geschl. Mittwoch)*
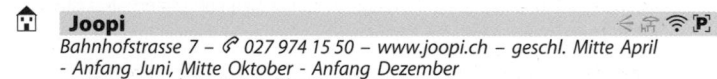
Wer zum Langlauf (oder auch zum Wandern) nach Reckingen kommt, wohnt gerne in dem regionstypischen Holzhaus nahe der alten Dorfkirche - gepflegt und preislich fair! Der Chef ist stolz auf seine Spezialität "Cholerä" (in Blätterteig gebackenes Gemüse/Fleisch)!

In Reckingen-Gluringen

X **Tenne** mit Zim 🏠 🛜 **P**

🍽 *Furkastr. 2 – 𝒞 027 973 18 92 – www.tenne.ch – geschl. Juni und November;*
April - November: Dienstag
14 Zim ⌒ – **†**80/110 CHF **††**140/190 CHF – ½ P
Tagesteller 20 CHF – Menü 68/102 CHF – Karte 38/86 CHF
Das sympathische Restaurant ist ein langjähriger Familienbetrieb, auch die beiden Söhne sind mit im Haus (der eine am Herd, der andere im Service). Geboten werden zeitgemässe Gerichte, aber auch "Grossmutters Küche". Und wer über Nacht bleiben möchte, findet hier nette moderne Gästezimmer.

347

REGENSDORF

Zürich (ZH) – ✉ 8105 – 16 975 Ew – Höhe 443 m – Siehe Regionalatlas **4-F2**
▶ Bern 121 km – Zürich 19 km – Baden 22 km – Luzern 61 km
Michelin Straßenkarte 551-P4

🏠🏠🏠 Mövenpick 　　　　　　　　　　🍴 📶 ⅗ Rest, 🔟 ⅗ 🛜 ⅘ 🚗
⊛⊛ *Im Zentrum 2, Zufahrt über Watterstr. 44 – ℰ 044 871 51 11*
– www.moevenpick-regensdorf.com
150 Zim – ♦128/443 CHF ♦♦158/533 CHF, ☲ 26 CHF
Rest Tagesteller 20 CHF – Menü 30/90 CHF – Karte 36/100 CHF
Rest *Ciao* Tagesteller 21 CHF – Menü 40/90 CHF – Karte 31/100 CHF – *(geschl. Samstagmittag, Sonntag)*
Ideales Businesshotel: top Seminarbereich (19 Räume), einzigartig der "Meet & Relax Room" mit Showküche. Die besten Zimmer sind die Deluxe im 6. Stock. Zugang zum benachbarten Fitness- und Wellnesspark. Traditionell isst man im Hotelrestaurant, italienisch im Ciao.

REHETOBEL

Appenzell Ausserrhoden (AR) – ✉ 9038 – 1 709 Ew – Höhe 958 m
– Siehe Regionalatlas **5-I2**
▶ Bern 218 km – Sankt Gallen 13 km – Appenzell 27 km – Bregenz 28 km
Michelin Straßenkarte 551-V5

✂✂✂ Gasthaus Zum Gupf (Walter Klose) mit Zim 　🐾 ⅗ ⪉ 🛏 🏠 🛜 ⟳ 🅿
⊛ *Gupf 21, (auf dem Bergrücken), Nord-Ost: 2 km – ℰ 071 877 11 10*
– www.gupf.ch – geschl. 19. Januar - 10. Februar, 20. Juli - 11. August und Montag - Dienstag
6 Zim ☲ – ♦180/260 CHF ♦♦260 CHF – 2 Suiten
Tagesteller 42 CHF – Menü 109/129 CHF – Karte 80/133 CHF – *(Tischbestellung ratsam)*
Idyllisch schon die Anfahrt auf 1083 m: ringsum Wiesen und mittendrin dieser Bilderbuch-Gasthof samt Bauernhof! Die heimelige Einrichtung ist genauso liebenswert wie die Chefin, die die feine klassisch-regionale Küche ihres Mannes Walter Klose serviert - allein die "einfache" Leberknödelsuppe ein echter Genuss! Mit 2800 Positionen ist der Weinbestand einer der besten Europas, einschliesslich der grössten Weinflasche der Welt (480 l)! Da bleibt man am besten gleich über Nacht!
→ Tatar vom Kalbsfilet mit gebratenen Kalbsmilken, Spargel, Wachtelspiegelei und Trüffelvinaigrette. Rinderfilet auf Blattspinat mit Schmorzwiebeln und Kartoffel-Mandelbällchen. Taubenbrust mit Topinamburpüree und Pfeffer-Ingwerjus.

✂ Gasthaus zur Post 　　　　　　　　　　　　　　　　　　🅿
Dorf 6, (1. Stock) – ℰ 071 877 14 42 – www.gourmetatelier.ch – geschl. 25. Januar - 1. Februar, 5. Juli - 6. August und Sonntag - Dienstag
Menü 69/108 CHF – *(nur Abendessen)*
In der historischen Poststation serviert Ihnen Gastgeber Paul Zünd in zwei heimeligen Stuben mit Wohnzimmercharakter das Menü "seiner" Moni (Küchenchefin Monika Zünd-Keller), das Sie mit 3 bis 6 Gängen wählen können. Darunter findet sich z. B. das "Petersilienwurzelsüppchen mit Rindstatar" oder (für zwei Personen) auch das "Entrecôte Double".

REICHENAU-TAMINS – Graubünden → Siehe Tamins

REICHENBACH

Bern (BE) – ✉ 3713 – 3 469 Ew – Höhe 706 m – Siehe Regionalatlas **8-E5**
▶ Bern 47 km – Interlaken 26 km – Gstaad 58 km – Kandersteg 19 km
Michelin Straßenkarte 551-K9

✗ **Bären** 🏡 ♿ ✿ **P**

Dorfplatz – ☎ 033 676 12 51 – www.baeren-reichenbach.ch – geschl. Juni - Juli
3 Wochen, November 2 Wochen und Sonntagabend - Dienstag
Tagesteller 22 CHF – Menü 89/112 CHF – Karte 52/92 CHF
Chef Christian Künzi-Mürner kocht schmackhafte traditionelle Gerichte wie "Ravioli mit Rind gefüllt" oder "Lamm und Ziege, Knoblauch, Gemüse". Die historisch getäferten Stuben in dem Berner Haus a. d. 16. Jh. sind wirklich liebenswert und heimelig - schauen Sie mal nach oben, die elektrischen Leitungen sind schon sehenswert!

RHEINFELDEN

Aargau (AG) – ✉ 4310 – 12 174 Ew – Höhe 285 m – Siehe Regionalatlas **3**-E2
▶ Bern 93 km – Basel 21 km – Aarau 37 km – Baden 46 km
Michelin Straßenkarte 551-L4

🏠 **Park-Hotel am Rhein** 🌊 ← 🏡 🏡 📱 ♿ 🛜 🛁 **P**

Roberstenstr. 31 – ☎ 061 836 66 33 – www.parkresort.ch
48 Zim 🍴 – ♦185/285 CHF – 7 Suiten – ½ P
Rest *Bellerive* – siehe Restaurantauswahl
Rest *Park-Café* Menü 28 CHF (mittags) – Karte 36/71 CHF
Herrlich am Rhein liegt dieses schöne zeitgemässe Hotel inklusive Privatklinik. Besonders toll die topmodernen Juniorsuiten und Suiten mit eigenem Wintergarten! Im Park-Café ist es immer lebendig - hier gibt es traditionelle Küche. Übrigens: Sie haben kostenfreien Direktzugang zur Wellness-Welt "sole uno".

🏠 **Schützen** 🏡 🏡 📱 🛜 🛁 **P**

Bahnhofstr. 19 – ☎ 061 836 25 25 – www.hotelschuetzen.ch
26 Zim 🍴 – ♦122/193 CHF ♦♦182/240 CHF – ½ P
Rest Tagesteller 18 CHF – Menü 32 CHF (mittags unter der Woche)/55 CHF
– Karte 48/83 CHF
Das heimatgeschützte Gebäude liegt zwar nicht direkt am Rhein, dafür aber geschickt in der Altstadt, nahe dem Bahnhof, und parken kann man auch gut. Die Zimmer sind hell, freundlich und zeitgemäss, im modernen Restaurant serviert man regionale Küche mit internationalen Einflüssen. Schön die Gartenterrasse.

✗✗ **Bellerive** – Park-Hotel am Rhein ← 🏡 🏡 ♿ **P**

Roberstenstr. 31 – ☎ 061 836 60 63 – www.parkresort.ch
Tagesteller 28 CHF – Menü 42 CHF (mittags unter der Woche)/79 CHF
– Karte 46/90 CHF
Klare Linien bestimmen das Interieur des Restaurants und natürlich - dank grosser Fensterfront - der Blick auf den Rhein! Klassisch-französische Küche mit vielen Fischspezialitäten, aber auch Fleischgerichte wie z. B. Chateaubriand.

RIED-BRIG – Wallis ➜ Siehe Brig

RIEDERALP

Wallis (VS) – ✉ 3987 – Höhe 1 930 m (Wintersport : 1 925/2 869 m)
– Siehe Regionalatlas **8**-F6
▶ Bern 113 km – Brig 8 km – Andermatt 90 km – Sion 73 km
Michelin Straßenkarte 552-M11

mit Luftseilbahn ab Mörel erreichbar

🏠 **Walliser Spycher** 🌊 ← 🏡 🏡 📱 🛜

Aletschpromenade 106 – ☎ 027 927 22 23 – www.walliser-spycher.ch – geschl.
12. April - 6. Juni, 18. Oktober - 12. Dezember
18 Zim 🍴 – ♦105/165 CHF ♦♦180/300 CHF – 1 Suite – ½ P
Rest Tagesteller 23 CHF – Menü 36/49 CHF – Karte 35/94 CHF
Die Lage ist ein Traum! Seit 1963 leitet das Ehepaar Berchtold - inzwischen zusammen mit Sohn Marc - das kleine Hotel unterhalb der Gondelbahn. Massives Nussbaumholz verbreitet in den Zimmern Wärme, nach Süden hin blickt man auf Rhonetal und Matterhorn.

🏠 **Edelweiss** ← 🏛 📶 💤 Zim, 🛜

Liftweg 1 – 𝒞 027 927 37 37 – www.edelweiss-riederalp.ch – geschl. 7. April
- 6. Juli, 6. Oktober - 15. Dezember
6 Zim 🍽 – 📞100/160 CHF 📞📞200/280 CHF – 4 Suiten – ½ P
Rest *Da Vinci* Tagesteller 24 CHF – Menü 54/76 CHF (abends) – Karte 61/77 CHF
– (geschl. Juli - Oktober: Montag)
In dem Chalet neben dem Kinderskilift erwarten die Gäste behagliche Zimmer und Familienappartements im regionstypischen Stil, teilweise mit Südbalkon. Zeitgemässe Küche im freundlich gestalteten Da Vinci. Daneben hat man eine sonnige Terrasse.

RIEDHOLZ – Solothurn → Siehe Solothurn

RIED-MUOTATHAL

Schwyz (SZ) – ⊠ 6436 – Höhe 567 m – Siehe Regionalatlas **4-G4**
▶ Bern 159 km – Luzern 56 km – Altdorf 30 km – Einsiedeln 35 km
Michelin Straßenkarte 551-Q7

XX **Adler** 💤 ↻ 🅿

𝕌 *Kappelmatt 1 – 𝒞 041 830 11 37 – www.adler-muotathal.ch – geschl.*
20. Dezember - 1. Januar, 19. Juli - 17. August und Sonntag - Montag
Tagesteller 26 CHF – Menü 69/80 CHF – Karte 45/80 CHF
Frische Forellen, im Herbst Wild, im Frühjahr Gitzi... aber auch doppeltes Kalbskotelett oder Kalbsleber sowie Alpkäseravioli sind aus dem traditionsreichen Landgasthof mit seinen drei gemütlichen holzgetäferten Stuben nicht wegzudenken. Das freundliche Betreiberpaar ist in dem Haus a. d. 17. Jh. (Gasthaus seit über 150 Jahren) die 2. Generation der Familie Jann.

RIEHEN – Basel-Stadt → Siehe Basel

RIEMENSTALDEN

Schwyz (SZ) – ⊠ 6452 – 92 Ew – Höhe 1 030 m – Siehe Regionalatlas **4-G4**
▶ Bern 162 km – Luzern 51 km – Altdorf 16 km – Schwyz 16 km
Michelin Straßenkarte 553-Q7

X **Kaiserstock** mit Zim 💤 ← 🏛 💤 ↻ 🅿 ⇄

𝕌 *Dörfli 2 – 𝒞 041 820 10 32 – www.kaiserstock.ch – geschl. Januar 3 Wochen,*
März 1 Woche, Juli 2 Wochen und Montag - Dienstag
3 Zim 🍽 – 📞62 CHF 📞📞124 CHF
Tagesteller 25 CHF – Karte 36/74 CHF – *(Tischbestellung ratsam)*
Urbanen Lifestyle finden Sie hier nicht, dafür aber idyllische Abgeschiedenheit und schmackhafte traditionelle Gerichte von Robert Gisler, von denen die hausgemachten Ravioli oder die glasierte Kalbshaxe fast schon ein Muss sind! Schön anzuschauen: Im Sommer ist der Landgasthof umrahmt von Blumenpracht!

RIFFELALP – Wallis → Siehe Zermatt

RIGI KALTBAD

Luzern (LU) – ⊠ 6356 – Höhe 1 438 m – Siehe Regionalatlas **4-G3**
▶ Bern 147 km – Luzern 43 km – Sarnen 62 km – Zürich 57 km
Michelin Straßenkarte 551-P7

mit Zahnradbahn ab Vitznau oder mit Luftseilbahn ab Weggis erreichbar

🏠🏠 **Rigi Kaltbad** 💤 ← 🛏 🏛 📶 💤 Rest, 🛜 🧖

Zentrum 4 ⊠ 6356 – 𝒞 041 399 81 81 – www.hotelrigikaltbad.ch
– geschl. 7. - 30. April
52 Zim 🍽 – 📞170/275 CHF 📞📞220/400 CHF – ½ P
Rest *SunSet* Menü 20/80 CHF – Karte 42/95 CHF – *(nur Abendessen)*
Rest *Rigi Stübli* Tagesteller 25 CHF – Karte 38/68 CHF – *(nur Mittagessen)*
Bereits der Weg hierher - per Luftseilbahn oder Zahnradbahn - ist wunderbar! In 1450 m Höhe erwarten Sie dann puristisch-moderne Zimmer, für Familien erweiterbar. Weiteres Highlight: preislich inkludiertes Mineralbad & Spa designed by Mario Botta. Zu essen gibt es mittags im Rigi Stübli traditionelle Speisen und Tagesteller, abends im SunSet ein zusätzliches Wahlmenü.

La RIPPE

Vaud (VD) – ⊠ 1278 – 1 065 h. – alt. 530 m – Carte régionale **6-A6**
🔁 Bern 143 km – Genève 22 km – Lausanne 47 km – Lons-le-Saunier 89 km
Carte routière Michelin 552-B10

XX **Auberge Communale de l'Etoile** avec ch 🔁 🔁 🔁 🄿

⊜ *Rue des 4 Fontaines 4 – ℰ 022 367 12 02 – www.aubergelarippe.ch – fermé*
février une semaine, Pâques une semaine, fin juillet - début août 2 semaines,
dimanche et lundi
4 ch ☷ – 👤120 CHF 👤👤140 CHF
Plat du jour 18 CHF – Menu 49/68 CHF – Carte 71/90 CHF
Dans cette ancienne auberge communale (18ᵉ s.), pleine de charme et de
lumière, on apprécie une savoureuse cuisine classique, déclinée au café à travers
une assiette du jour et une petite carte (lapin aux pruneaux, poulet au curry…).
Tenue sans reproche dans les chambres.

RISCH

Zug (ZG) – ⊠ 6343 – 9 779 Ew – Höhe 417 m – Siehe Regionalatlas **4-F3**
🔁 Bern 126 km – Luzern 22 km – Zug 14 km – Zürich 47 km
Michelin Straßenkarte 551-P6

🏨 **Waldheim** ≤ 🔁 🔁 🄼 🔁 Rest, 🔁 🔁 🄿
Rischerstr. 27 – ℰ 041 799 70 70 – www.waldheim.ch – geschl. 21. Dezember
- 21. Januar, 4. - 13. Oktober
33 Zim ☷ – 👤120/190 CHF 👤👤230/290 CHF – ½ P
Rest *Waldheim* – siehe Restaurantauswahl
Rest *Bistro* Karte 45/86 CHF
Der erweiterte historische Gasthof liegt sehr schön oberhalb des Zugersees, wo
man ein Strandbad mit Liegewiese hat. Die Zimmer sind unterschiedlich, vom
kleinen "Meda" im lauschigen Chalet bis hin zum grossen "Rigi" im Neubau
- viele mit Seeblick. Gemütliches Bistro mit Täferung und Kachelofen.

XX **Waldheim** – Hotel Waldheim 🔁 ≤ 🔁 🄼 🄿
Rischerstr. 27 – ℰ 041 799 70 70 – www.waldheim.ch – geschl. 21. Dezember
- 21. Januar, 4. - 13. Oktober
Tagesteller 48 CHF – Menü 83/119 CHF (abends) – Karte 53/100 CHF
Besonders nett sitzen Sie in dem eleganten Restaurant an den Erkertischen - von
hier aus geniessen Sie eine freie Sicht auf den See. Die ambitionierte internationale Küche bietet z. B. "Kalbstatar mit Dallenwiler Ziegenfrischkäse" oder "Wolfsbarsch mit Gewürzkruste".

RISCHLI – Luzern → Siehe Sörenberg

RONCO – Ticino → Vedere Gerra Gambarogno

RONCO SOPRA ASCONA

Ticino (TI) – ⊠ 6622 – 675 ab. – alt. 355 m – Carta regionale **9-G6**
🔁 Bern 246 km – Locarno 9 km – Bellinzona 29 km – Lugano 52 km
Carta stradale Michelin 553-Q12

🏠 **Ronco** ≤ 🔁 🔁 🔁 🔁 cam, 🔁 🔁
piazza della Madonna 1 – ℰ 091 791 52 65 – www.hotel-ronco.ch – chiuso
gennaio - febbraio
20 cam ☷ – 👤70/230 CHF 👤👤140/300 CHF
Rist Piatto del giorno 40 CHF – Menu 54/62 CHF – Carta 62/101 CHF
Moderna lobby con bar e bella terrazza panoramica con piscina da cui approfittare della splendida vista in una struttura molto intrigante. Se la maggior parte
delle camere sono uniformi e funzionali, sei sono state interamente rinnovate. Il
ristorante in stile moderno-mediterraneo propone gustose ricette tradizionali.

a Porto Ronco Sud-Est : 1,5 km – alt. 205 m – ✉ 6613

🏠 **La Rocca**   ⊲ 🛍 🗺 🕼 🖾 🛜 **P**
via Ronco 61, Sud-Ovest : 1 km – 𝒞 *091 785 11 44 – www.la-rocca.ch*
– chiuso novembre - marzo
19 cam 🖙 – 🛉190/370 CHF 🛉🛉290/470 CHF – ½ P
Rist *La Rocca* – vedere selezione ristoranti
Spiaggia privata ed una posizione così bella che con la vista vi sembrerà di toccar
le isole di Brissago. Camere moderne e confortevoli, sebbene non tutte molto
ampie: richiedete quelle con il balcone che si affaccia sul lago.

🍴🍴 **La Rocca** – Hotel La Rocca   ⊲ 🕼 **P**
via Ronco 61, Sud-Ovest : 1 km – 𝒞 *091 785 11 44 – www.la-rocca.ch*
– chiuso novembre - marzo e lunedì
Piatto del giorno 38 CHF – Menu 52/62 CHF (cena) – Carta 62/101 CHF
Cucina classico/tradizionale e splendido panorama dalla terrazza-giardino di questo piacevole ristorante, leggermente sopraelevato in collina. Il centro di Ascona è
a soli 5 minuti d'auto.

RORSCHACH

Sankt Gallen (SG) – ✉ 9400 – 8 918 Ew – Höhe 399 m – Siehe Regionalatlas **5-I2**
▶ Bern 218 km – Sankt Gallen 14 km – Bregenz 27 km – Konstanz 37 km
Michelin Straßenkarte 551-V4

in Rorschacherberg Süd: 3 km Richtung Lindau und Spital – Höhe 470 m –
✉ 9404

🏠 **Rebstock**   ⊲ 🛍 🕼 🖾 🛜 🚠 🚗 **P**
Thalerstr. 57 – 𝒞 *071 855 24 55 – www.rebstock.ch*
55 Zim 🖙 – 🛉127/159 CHF 🛉🛉190/222 CHF
Rest Tagesteller 25 CHF – Menü 69 CHF (abends) – Karte 43/72 CHF
Der engagiert geführte Familienbetrieb liegt oberhalb des Ortes, von den meisten
der wohnlichen Zimmer blickt man auf den Bodensee - fragen Sie nach den
modernen im neuen Anbau! Im Restaurant - hier geniesst man auch die tolle Aussicht - gibt es eine bürgerliche Karte.

🏠 **Schloss Wartegg**   🐾 ⊲ 🛍 🕼 🌙 🖾 🛜 🚠 **P**
von Blarer-Weg 1 – 𝒞 *071 858 62 62 – www.wartegg.ch*
– geschl. 4. - 21. Januar
25 Zim 🖙 – 🛉165/195 CHF 🛉🛉265/290 CHF – ½ P
Rest Tagesteller 25 CHF – Menü 54 CHF (abends) – Karte 47/73 CHF
Hektik gibt's hier nicht, das "Bio-Schloss" am Bodensee strahlt eine angenehme
Ruhe aus, nicht zuletzt weil es Fernseher & Co. im Haus nicht gibt! Ihnen wird hier
trotz aller moderner Geradlinigkeit so manches schöne Detail von einst begegnen, darunter auch das historische Bad (1928) mit Sauna! Herrlich der Park auf 9
ha. Im Restaurant nur Bioprodukte.

ROSSINIÈRE

Vaud (VD) – ✉ 1658 – 551 h. – alt. 922 m – Carte régionale **7-C5**
▶ Bern 82 km – Montreux 52 km – Bulle 24 km – Gstaad 20 km
Carte routière Michelin 552-G10

🍴 **Les Jardins de la Tour**   🕼 **P**
Rue de la Placette 16 – 𝒞 *026 924 54 73 – www.lesjardinsdelatour.ch*
– fermé 6 - 21 avril, 12 - 27 octobre, lundi et mardi
Menu 45 CHF (déjeuner en semaine)/120 CHF – *(réservation indispensable)*
En ces Jardins, le chef cultive arômes et parfums... Sûre de ses classiques et soignée, sa cuisine séduit, et le repas est d'autant plus agréable que le décor se
révèle d'une charmante simplicité : bois doré, fleurs, vieux objets...

ROTHENBURG

Luzern (LU) – ✉ 6023 – 7 227 Ew – Siehe Regionalatlas **3**-F3
▶ Bern 107 km – Luzern 8 km – Sarnen 27 km – Aarau 45 km
Michelin Straßenkarte 551-O6

✗ Gasthof Ochsen ⓝ   🛖 ☆ ♿

*Flecken 32 – 𝒞 041 280 12 72 – www.ochsen-rothenburg.ch – geschl. Mitte Juli
- Anfang August 3 Wochen und Sonntag - Montag*
Tagesteller 18 CHF – Menü 45 CHF (mittags) – Karte 46/80 CHF
Gemütlich-rustikal ist es in dem rund 500 Jahre alten Gasthof. Gekocht wird tradi-
tionell-bürgerlich und mit mediterranem Einfluss - mittags Businessmenü und
kleine Lunchkarte, am Abend gibt es ein umfangreiches Angebot.

ROUGEMONT

Vaud (VD) – ✉ 1659 – 907 h. – alt. 992 m (Sports d'hiver : 992/2 151 m)
– Carte régionale **7**-D5
▶ Bern 88 km – Montreux 57 km – Bulle 35 km – Gstaad 9 km
Carte routière Michelin 552-H10

🏠 Hôtel de Commune   📺 🛜 🅿

*Rue des Allamans 7 – 𝒞 026 925 11 00 – fermé avril 3 semaines et octobre
- novembre 3 semaines*
11 ch ⌇ – ✝85/120 CHF ✝✝150/180 CHF – ½ P
Rest Plat du jour 20 CHF – Carte 44/85 CHF – *(fermé mercredi sauf en haute
saison) (réservation conseillée)*
Connu depuis 1833 au centre du petit village de Rougemont, ce joli chalet a su
préserver son cachet montagnard et rustique. Les chambres, simples et bien
tenues, comme le café-restaurant, distillent une attachante atmosphère rurale...

ROVIO

Ticino (TI) – ✉ 6821 – 786 ab. – alt. 500 m – Carta regionale **10**-H7
▶ Bern 292 km – Lugano 15 km – Bellinzona 42 km – Milano 71 km
Carta stradale Michelin 553-R-S14

🏨 Park Hotel Rovio   ⌘ ← 🍴 🛖 ⚒ 🐾 🛋 🖏 🎬 🍽 🛜 ⋯ 🛜 🅿

*via Ronchi 8 – 𝒞 091 649 73 72 – www.parkhotelrovio.ch – chiuso inizio
novembre - fine marzo*
40 cam ⌇ – ✝85/115 CHF ✝✝160/260 CHF
Rist Piatto del giorno 25 CHF – Menu 30/40 CHF – Carta 32/65 CHF
Alle pendici del monte Generoso, l'hotel dispone di camere in gran parte ristrut-
turate, confortevoli spazi comuni e di una spettacolare terrazza-giardino con vista
sul lago. Rinnovato negli interni, il ristorante offre una cucina classica.

RÜMLANG

Zürich (ZH) – ✉ 8153 – 7 019 Ew – Höhe 430 m – Siehe Regionalatlas **4**-G2
▶ Bern 128 km – Zürich 15 km – Schaffhausen 54 km – Zug 18 km
Michelin Straßenkarte 551-P4

🏠 Holiday Inn Express   🛖 🛋 ♿ 🎬 🛜 🌿 🚗 🅿

Hofwisenstr. 30 – 𝒞 044 809 34 00 – www.hiexzurich.ch
163 Zim ⌇ – ✝109/499 CHF ✝✝109/499 CHF
Rest Menü 25 CHF – Karte 35/53 CHF – *(nur Abendessen)*
Die günstige Lage nahe dem Airport, gut ausgestattete Zimmer in geradlinig-
modernem Design sowie der kostenfreie Flughafen-Shuttle machen dieses Hotel
aus. In der Halle gibt es eine Bar, das Restaurant bietet eine einfache Karte und
Snacks.

RÜSCHLIKON

Zürich (ZH) – ✉ 8803 – 5 425 Ew – Höhe 433 m – Siehe Regionalatlas **4**-G3
▶ Bern 133 km – Zürich 8 km – Wädenswil 20 km – Zug 29 km
Michelin Straßenkarte 551-P5

Belvoir   🐾 ← ♨ 🛁 |🏋| 🕭 🌐 🛜 🛁 🚗 🄿
Säumerstr. 37 – ℰ 044 723 83 83 – www.belvoirhotel.ch
60 Zim – ♟210/300 CHF ♟♟240/360 CHF, ⊑ 28 CHF
Rest *Belvoir* – siehe Restaurantauswahl
Hier ist die Lage Trumpf! Da darf man sich in den Zimmern nicht nur auf eine topmoderne hochwertige Einrichtung freuen (Getränke, Nespresso und W-Lan sind übrigens kostenfrei), sondern auch auf eine tolle Sicht auf Zürichsee, Zürich und Alpen! Darüber hinaus kann man auf 400 qm bei Kosmetik, Massage & Co. relaxen. Schön aktuell sind auch die Tagungsräume.

Belvoir – Hotel Belvoir   ← 🏡 🕭 🌐
Säumerstr. 37 – ℰ 044 723 83 83 – www.belvoirhotel.ch
Menü 25 CHF (mittags)/31 CHF – Karte 66/94 CHF
Erwähnt werden sollten hier zum einen der klare moderne Stil, zum anderen der traumhafte Blick (ein besonderes Highlight natürlich von der Terrasse!) und zum Dritten das integrierte Grill-Restaurant, in dem am Abend variable Cuts auf dem Holzkohlegrill kommen! Ansonsten gibt es zeitgemässe Gerichte und auch Klassiker wie Chateaubriand. Mittags ist die Karte kleiner.

SAANEN – Bern ➜ Siehe Gstaad

SAANENMÖSER – Bern ➜ Siehe Gstaad

SAAS ALMAGELL
Wallis (VS) – ✉ 3905 – 383 Ew – Höhe 1 672 m (Wintersport : 1 673/2 400 m)
– Siehe Regionalatlas **8-F6**
▶ Bern 111 km – Brig 37 km – Sierre 55 km – Sion 71 km
Michelin Straßenkarte 552-L13

Pirmin Zurbriggen   🏡 🔲 🌐 ♨ 🛁 |🏋| 🕭 ⚒ 🛜
– ℰ 027 957 23 01 – www.zurbriggen.ch/saasalmagell – geschl. 15. April
- 15. Juni
12 Zim ⊑ – ♟120/180 CHF ♟♟240/260 CHF – 16 Suiten – ½ P
Rest Menü 45 CHF – *(nur Abendessen)*
Bekanntestes Mitglied der Familie Zurbriggen ist wohl Ski-Olympiasieger Pirmin (gelegentlich ·im Haus)! Moderner Stil, heimisches Holz - und immer wieder Design-Elemente von Heinz Julen. Verglaster Fitnesstower mit Bergblick. Spass und Betreuung für Kids von 4 - 17 Jahre. HP inklusive.

SAAS FEE
Wallis (VS) – ✉ 3906 – 1 710 Ew – Höhe 1 798 m (Wintersport : 1 800/3 600 m)
– Siehe Regionalatlas **8-E6**
▶ Bern 111 km – Brig 36 km – Sierre 55 km – Sion 71 km
Michelin Straßenkarte 552-L12

Ferienart Resort & SPA   ← 🔲 🌐 ♨ 🛁 |🏋| 🕭 ⚒ 🍴 Rest. 🛜 🛁
Dorfweg 1 – ℰ 027 958 19 00 – www.ferienart.ch   Stadtplan : A2**a**
– geschl. 20. April - 19. Juni
60 Zim ⊑ – ♟220/600 CHF ♟♟280/800 CHF – 11 Suiten – ½ P
Rest Tagesteller 24 CHF – Menü 30 CHF (mittags)/78 CHF – Karte 51/84 CHF
Auch bei schlechtem Wetter kommt hier keine Langeweile auf: von Beauty über Fitness (u. a. Indoor-Kletterwand) bis Nightlife, nicht zu vergessen das Kinderprogramm! Besonders schön wohnt man in den Alpensuiten. Die kulinarischen Genüsse verteilen sich auf drei Restaurants: das klassische Cäsar Ritz, das italienische Del Ponte und das Wellnessrestaurant Papalagi. HP inklusive.

Schweizerhof   🐾 ← 🔲 🌐 ♨ 🛁 |🏋| 🛜 🛁
Haltenstr. 10 – ℰ 027 958 75 75   Stadtplan : A2**z**
– www.schweizerhof-saasfee.ch – geschl. Mitte April - Mitte Juni,
November - Dezember 3 Wochen
46 Zim ⊑ – ♟145/280 CHF ♟♟300/570 CHF – ½ P
Rest *Lieblingsrestaurant* – siehe Restaurantauswahl
Ruhige Lage, "the wave" auf 1000 qm (nach Feng Shui konzipierter Spa) sowie wohnliche Zimmer - die meisten klassisch, aber auch moderne (Wellness-) Suiten und Juniorsuiten.

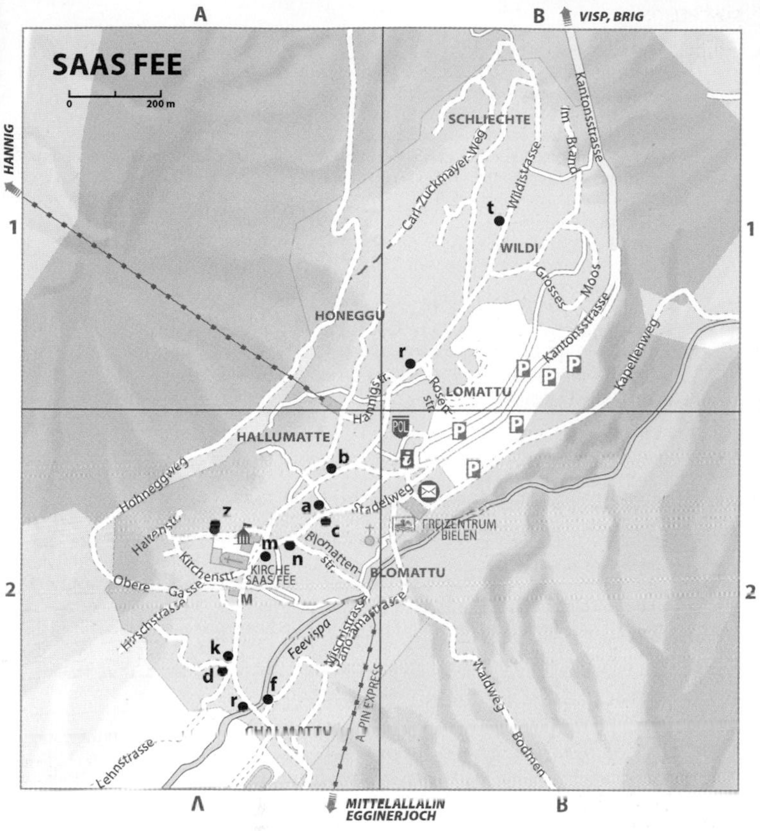

SAAS FEE

A B ↟ VISP, BRIG

(Map of Saas Fee with labels: HANNIG, SCHLIECHTE, WILDI, HONEGGU, LOMATTU, HALLUMATTE, BLOMATTU, KIRCHE SAAS FEE, CHALMATTU, Carl-Zuckmayer-Weg, Kantonsstrasse, Im Brand, Glosses Moos, Kapellenweg, Hannigstr., Rosen str., Hohneggweg, Haltenstr., Kirchenstr., Obere Gasse, Hirschstrasse, Lehnstrasse, Feevispa, Wildistrasse, Stadelweg, Blomatten str., Panoramastrasse, Mischabelstrasse, ALPIN EXPRESS, Waldweg, Bodmen, FREIZENTRUM BIELEN)

↟ MITTELALLALIN EGGINERJOCH

A B

🏨 **Beau-Site**   ← ☕ 🖻 🗖 🐾 ⬦ 🍴 ✗ Zim, 🛜

🐾 *Obere Dorfstr. 30 – ✆ 027 958 15 60*   Stadtplan : A2**b**
– www.saasfee.sunstar.ch – geschl. Mitte April - Mitte Juni, Mitte Oktober - Mitte Dezember
35 Zim 🛏 – ♦85/180 CHF ♦♦140/330 CHF – 4 Suiten – ½ P
Rest *La Ferme* Tagesteller 20 CHF – Menü 49/57 CHF (abends) – Karte 45/95 CHF
Rest *Fee Chäller* Menü 49/60 CHF   Karte 51/102 CHF – *(nur Abendessen)*
(Tischbestellung ratsam)
Es ist wohl der schöne Mix aus Möbelstücken, der dem Traditionshaus seinen romantischen Touch verleiht! Der Chef - ein Gastgeber der alten Schule - hat ein Faible für Bergkräuter - probieren Sie seine Tees! Gemütlich-rustikal: La Ferme und Fee Chäller mit Grill- und Käsegerichten.

🏨 **Allalin**   ← ☕ 🖻 🐾 ⬦ 🍴 ✗ Zim, 🛜 ❄

Lomattenstr. 7 – ✆ 027 958 10 00 – www.allalin.ch   Stadtplan : B1**r**
– geschl. Mai, Oktober - Mitte Dezember
30 Zim 🛏 – ♦114/206 CHF ♦♦268/418 CHF – ½ P
Rest *Walliserkanne* Menü 47/57 CHF (abends) – Karte 41/82 CHF – *(Dezember - April nur Abendessen)*
Die Zurbriggens sind hier bereits in der 4. Generation Ihre Gastgeber. Die meisten Zimmer sind hübsch in klaren modernen Linien gehalten. In der Halle eine kleine Bibliothek. Hingucker in der Walliserkanne: handgeschnitzte Saaser Möbel und alte Holzbalken.

Du Glacier garni   ≤ ⛧ 🏠 🕮 ⛴ ⛲
Blomattenstr. 2 – ℰ 027 958 16 00 – www.duglacier.ch   Stadtplan : A2**n**
– geschl. Mai - Mitte Juni, Oktober - November
41 Zim ⬚ – 🕴110/300 CHF 🕴🕴170/360 CHF – 5 Suiten
Das Hotel in dem stattlichen Gebäude im Zentrum wurde 1901 eröffnet. Ein kleines Highlight ist die schöne Dom-Suite, in der auch Familien auf zwei Etagen genügend Platz finden!

Metropol   ≤ ⛧ 🔲 🏠 🕮 ⅛ Rest, ⛲ 🛁
Untere Dorfstr. 35 – ℰ 027 958 58 58   Stadtplan : A2**c**
– www.metropol-saas-fee.ch – geschl. 20. April - 20. Juni, 13. Oktober
- 20. November
51 Zim ⬚ – 🕴136/216 CHF 🕴🕴372/500 CHF – ½ P
Rest Menü 45 CHF – Karte 41/69 CHF *– (nur Abendessen)*
Sie wohnen im Herzen des Wintersportortes! Hier spielt Feng Shui eine grosse Rolle, entsprechend hat man den Saunabereich und viele moderne Zimmer gestaltet. Bei Live-Pianomusik geht es in der Lobby klassisch-gediegen zu.

The Dom   ⛩ 🕮 ⛲
Dorfplatz 2 – ℰ 027 958 77 00 – www.thedom.ch   Stadtplan : A2**m**
– geschl. Ende April - Mitte Juni
28 Zim ⬚ – 🕴145/450 CHF 🕴🕴145/450 CHF – ½ P
Rest Tagesteller 18 CHF – Menü 20/40 CHF – Karte 32/87 CHF
1881 als erstes Hotel in Saas Fee gegründet, präsentiert sich diese historische Adresse im Zentrum gegenüber der Kirche nun - rund 130 Jahre später - als gelungene Mischung aus Moderne und Tradition. Stein und warmes Holz verleihen der schicken geradlinigen Einrichtung alpinen Charme, die Technik topaktuell. Das attraktive Design setzt sich im Restaurant fort - hier serviert man regionale Küche.

Saaserhof   ≤ ⛧ 🏠 🛌 🕮 ⛲ 🛁
Leenstr. 1 – ℰ 027 958 98 98 – www.saaserhof.ch   Stadtplan : A2**d**
– geschl. Mai - Juni
45 Zim ⬚ – 🕴136/295 CHF 🕴🕴232/570 CHF – 3 Suiten – ½ P
Rest Menü 50 CHF – Karte 46/80 CHF *– (nur Abendessen)*
Aussicht auf die Berge und einen neuzeitlichen Saunabereich bietet dieses Haus. Die Zimmer sind hell und modern eingerichtet oder etwas älter und rustikal. Mit viel Holz hat man das Restaurant regionstypisch gestaltet. Alternativ gibt es ein gemütliches Fondue-Restaurant.

Mistral   ≤ ⛩ ⅛ ⛲
Gletscherstr.1 – ℰ 027 958 92 10 – www.hotel-mistral.ch   Stadtplan : A2**f**
– geschl. Ende April - Mitte Juni
12 Zim ⬚ – 🕴130/155 CHF 🕴🕴220/260 CHF – ½ P
Rest Tagesteller 22 CHF – Menü 42/65 CHF – Karte 33/80 CHF
Ideale Lage am Dorfende, nicht weit von den Liften: Mit den Skiern fährt man praktisch bis vor die Tür! Das kleine Hotel ist tipptopp gepflegt, Zimmer teilweise mit Whirlwanne, W-Lan gratis. Während der Saison Après-Ski-Bar vor dem Haus.

Feehof garni   🕮 ⅛ ⛲
Dorfstr. 28 – ℰ 027 958 97 00 – www.feehof.ch   Stadtplan : A2**k**
7 Zim ⬚ – 🕴90/135 CHF 🕴🕴160/248 CHF
Neuzeitliche und funktionelle Gästezimmer mit Balkon in einem familiären kleinen Hotel nahe dem Dorfplatz. Auch Familienzimmer sind vorhanden.

Etoile   ⅌ ≤ ⛧ ⛩ 🏠 🕮 ⅛ Rest, ⛲
Wildistr. 21 – ℰ 027 958 15 50 – www.hotel-etoile.ch   Stadtplan : B1**t**
– geschl. 18. April - 20. Juni, 3. Oktober - 19. Dezember
22 Zim ⬚ – 🕴95/125 CHF 🕴🕴190/250 CHF – ½ P
Rest Karte 22/49 CHF *– (Abendessen nur für Hausgäste)*
Engagiert leitet der Chef das recht ruhig am Ortsrand gelegene Haus. Er bietet seinen Gästen einiges: So organisiert er Wanderungen, Weinproben und täglich wechselnde kulinarische Themenabende!

Bristol ⟨ 🍴 🛏 💷 ⌨ 🛜

Dorfstr. 60 – ☎ *027 958 12 12* Stadtplan : A2**r**
*– www.hotel-bristol-saas-fee.ch – geschl. 28. April - 20. Juni, 1. November
- 3. Dezember*
20 Zim 🛌 *–* ♦85/130 CHF ♦♦85/130 CHF *– ½ P*
Rest *Tagesteller 22 CHF – Menü 28/55 CHF – Karte 28/72 CHF*
Das Haus der Bumanns (3. Generation) ist beliebt bei Familien: Gleich nebenan liegen Lifte und Kinderskischule (auf Anfrage mit Kinderbetreuung)! Die meisten Zimmer verfügen über Balkone mit Sicht auf die Berge.

Waldhotel Fletschhorn (Markus Neff) mit Zim 🦺 🌿 ⟨ 🍴 🛏 🐾 ⌨ 🛜

(über Wanderweg Richtung Sengg B1, 30 Min.) – ☎ *027 957 21 31*
*– www.fletschhorn.ch – geschl. Mitte April - Mitte Juni, Mitte Oktober - Mitte
Dezember*
13 Zim 🛌 *–* ♦240/480 CHF ♦♦350/990 CHF *– ½ P*
Menü 90 CHF (mittags)/210 CHF – Karte 122/162 CHF
Wenn Maren Müller im Service mit Herzlichkeit und Engagement besticht, Charlie Neumüller sein Wissen um Walliser Weine zum Besten gibt (die meisten der 1200 Positionen stammen von hier) und Markus Neff als Dritter im Bunde mit seiner modernen Küche glänzt, heisst es geniessen auf der ganzen Linie! Da unternimmt man gerne einen Fussmarsch zu diesem wahrhaft idyllischen Fleckchen Erde! Sie können aber auch den Elektro-Shuttlebus nehmen.
→ Trüffel Wellington in Marsanne Blanche pochiert und in feinem Blätterteigmantel gebacken. Gebratener Steinbutt auf kurz sautiertem Rotkohl, Rosmarinbutter. Oberwalliser Lammrücken unter der Roggenbrotkruste, Kartoffel-Kräuter-Gemüse in Alpenrahm.

Lieblingsrestaurant – Hotel Schweizerhof 🦺 ⟨ 🛏 🍽

Haltenstr. 10 – ☎ *027 958 75 75* Stadtplan : A2**z**
*– www.schweizerhof-saasfee.ch – geschl. Mitte April - Mitte Juni,
November - Dezember 3 Wochen*
*Menü 140/160 CHF – Karte 76/126 CHF – (nur Abendessen, Dienstag - Mittwoch
nur Menü)*
Das junge und engagierte Team des "Lieblingsrestaurants" bietet seinen Gästen eine mediterran beeinflusste Küche, begleitet von einer schönen Weinauswahl (rund 450 Positionen), die Ihnen Medy Hischier - Gastgeber und Weinkenner - präsentiert.

auf dem Spielboden mit Gondelbahn erreichbar A2- Höhe 2 450m - ✉ 3906 Saas
Fee

Spielboden ⟨ 🛏

– ☎ *027 957 22 12 – www.spielboden.ch – geschl. Ende April - Mitte Dezember*
*Menü 65/85 CHF – Karte 56/106 CHF – (nur Mittagessen bis 15:30 Uhr)
(Tischbestellung erforderlich)*
Sie können nur erahnen, welch grandioser Ausblick sich Ihnen hier oben in 2450 m Höhe bietet! Sie erreichen das Chalet per Bergbahn oder über die Skipistel Die Atmosphäre drinnen ist gemütlich, jung, frisch! Die Küche ist modern, auch Wiener Schnitzel gehört zum Angebot.

SACHSELN
Obwalden (OW) – ✉ 6072 – 4 926 Ew – Höhe 472 m – Siehe Regionalatlas **4-F4**
▶ Bern 101 km – Sarnen 4 km – Luzern 23 km – Emmen 28 km
Michelin Straßenkarte 551-N8

Kreuz 🅝 🛏 💷 🍽 Zim, 🛜 🦺 🚗

Bruder-Klausen-Weg 1 ✉ *6072 –* ☎ *041 660 53 00 – www.kreuz-sachseln.ch*
26 Zim 🛌 *–* ♦150/185 CHF ♦♦220/270 CHF *– ½ P*
Rest *Tagesteller 21 CHF – Karte 46/64 CHF*
In dem traditionsreichen Gasthaus am Dorfplatz neben der Kirche wohnen Sie in schönen klassischen Zimmern mit moderner Technik - nebenan hat man noch einige grosse Zimmer im "Farbhaus", das älter ist als die Eidgenossenschaft! Im Restaurant bekommt man traditionelle Küche und viele Fischgerichte.

X **Gasthaus Engel** mit Zim ⚐ ✗ 🛜 ♻ **P**
Brünigstr. 100 – ✆ 041 660 36 46 – www.engel-sachseln.ch – geschl. Mitte
Februar 3 Wochen, Mitte September 1 Woche und Dienstag - Mittwoch
10 Zim ⌁ – ♦70/90 CHF ♦♦140 CHF – ½ P
Tagesteller 19 CHF – Menü 34 CHF (mittags unter der Woche) – Karte 40/87 CHF
Mitten im Ort hat das Ehepaar Wey-Felder einen gestandenen Gasthof von 1756:
Sie kümmert sich freundlich um die Gäste, er kocht ambitioniert-regional, so z. B.
"Forelle auf Kartoffelstock". Seine lange Zeit im Tessin merkt man an leckeren
Risotto- und Pastagerichten. Nette frische Gästezimmer.

SÄRISWIL

Bern (BE) – ✉ 3049 – Höhe 640 m – Siehe Regionalatlas **2-D4**
▶ Bern 15 km – Biel 31 km – Fribourg 40 km – Neuchâtel 53 km
Michelin Straßenkarte 551-I7

XX **Zum Rössli** ⪡ ⚐ ✗ ♻ **P**
Staatsstr. 125 – ✆ 031 829 33 73 – www.roessli-saeriswil.ch – geschl. 8.
- 22. Februar, 5. - 26. Juli und Ende Juli - August: Sonntag - Montag; September
- Juni: Montag - Dienstag
Tagesteller 18 CHF – Menü 40 CHF (mittags unter der Woche)/75 CHF
– Karte 37/96 CHF
Ein seit Generationen familiär geleitetes Gasthaus a. d. 19. Jh. In dem gemütlichen
Restaurant bietet man traditionelle und regionale Küche. Toll sitzt man im Winter-
garten mit Blick auf die Berge! Für Feiern: "La Ferme" nebenan.

SAFENWIL

Aargau (AG) – ✉ 5745 – 3 551 Ew – Siehe Regionalatlas **3-E3**
▶ Bern 72 km – Aarau 13 km – Luzern 54 km – Zug 77 km
Michelin Straßenkarte 551-M5

X **Central** Ⓝ ⚐ ✗ **P**
Dorfstr. 18 – ✆ 062 797 07 98 – www.restaurant-central.ch
– geschl. Weihnachten - 6. Januar, Mai 1 Woche, Juni 1 Woche, Oktober 2
Wochen und Samstag - Sonntag
Tagesteller 17 CHF – Menü 25 CHF (mittags) – Karte 57/83 CHF – (Tischbestellung
ratsam)
Ein Geheimtipp in der Region! In ihrem sympathischen ländlich-schlichten Gast-
haus (urig die Holzdecke) bietet Anita Müller geschmackvolle und unkomplizierte
Gerichte wie "mariniertes Kalbszüngli mit gebratenen Artischocken und Kapern".
Und haben Sie schon die tolle Gartenterrasse entdeckt?

SAILLON

Valais (VS) – ✉ 1913 – 2 327 h. – alt. 522 m – Carte régionale **7-D6**
▶ Bern 141 km – Martigny 13 km – Montreux 53 km – Sion 20 km
Carte routière Michelin 552-H12

🏛 **Bains de Saillon** ⌇ ⪡ ⬚ ⚐ ⌁ 🖥 ◉ 🏛 🛌 🎿 🛜 🏋 **P**
Route du centre Thermal 16 – ✆ 027 602 11 11 – www.bainsdesaillon.ch
70 ch ⌁ – ♦160/270 CHF ♦♦210/320 CHF – ½ P
Rest Plat du jour 19 CHF – Menu 53 CHF (déjeuner) – Carte 35/44 CHF
Ce confortable hôtel est rattaché à un complexe comprenant appartements et
commerces, ainsi qu'à un centre thermal indépendant. En hiver, se baigner sous
la neige dans l'une des piscines extérieures chauffées est une expérience…
remarquable !

SAINT-AUBIN

Neuchâtel (NE) – ✉ 2024 – 2 440 h. – Carte régionale **1-B4**
▶ Bern 69 km – Neuchâtel 19 km – Fribourg 65 km – Lausanne 57 km
Carte routière Michelin 552-G7

X **La Maison du Village**

Rue de la Fontanette 41 – ℰ 032 835 32 72 – www.maisonduvillage.ch – fermé début janvier 2 semaines, lundi et mardi

Plat du jour 19 CHF – Menu 65/100 CHF – Carte 62/91 CHF

Marc Strebel, jeune chef valaisan déjà expérimenté, réalise ici une cuisine de l'instant, d'instinct ; il compose des plats fort bien ficelés, goûteux et généreux, mariant de beaux produits et des saveurs parfois originales... avec de jolis clins d'œil à la tradition française ! Carte plus simple au déjeuner.

SAINT-BLAISE – Neuchâtel ➜ Voir à Neuchâtel

SAINT-GALL – Sankt Gallen ➜ Voir à Sankt Gallen

SAINT-LÉGIER – Vaud ➜ Voir à Vevey

SAINT-LÉONARD – Valais ➜ Voir à Sion

SAINT-LUC

Valais (VS) – ✉ 3961 – 2 622 h. – alt. 1 650 m (Sports d'hiver : 1 650/3 000 m) – Carte régionale **8**-E6

▶ Bern 191 km – Sion 37 km – Brig 54 km – Martigny 65 km

Carte routière Michelin 552-J12

Bella Tola

Rue Principale – ℰ 027 475 14 44 – www.bellatola.ch – fermé 12 avril - 13 juin et 18 octobre - 18 décembre

30 ch ☷ – ♦136/170 CHF ♦♦216/430 CHF – ½ P

Rest *Chez Ida-Le Tzambron* – voir la sélection des restaurants

Féru d'histoire, le propriétaire de cet hôtel, créé il y a 150 ans, a tout fait pour préserver son authentique cachet. Meubles anciens, fresques, souvenirs d'hier, etc. : nous sommes transportés au 19e s. et... dans son ambiance si romantique !

XX **Chez Ida-Le Tzambron** – Hôtel Bella Tola

Rue Principale – ℰ 027 475 14 44 – www.bellatola.ch – fermé 12 avril - 13 juin et 18 octobre - 18 décembre

Plat du jour 22 CHF – Menu 49/88 CHF – Carte 59/87 CHF

Deux options pour se restaurer au sein de l'hôtel Bella Tola, au charme 19e s. très marqué. Chez Ida évoque un jardin d'hiver, et l'on y déguste une cuisine créative aux accents végétariens, diététiques et bien-être. Au Tzambron, au contraire, nous voilà dans une auberge de montagne (pierres, cheminée)... où les spécialités fromagères sont reines !

SAINT-MAURICE

Valais (VS) – ✉ 1890 – 4 345 h. – alt. 422 m – Carte régionale **7**-C6

▶ Bern 116 km – Martigny 16 km – Montreux 28 km – Sion 42 km

Carte routière Michelin 553-X10

X **De la Gare**

Place de la Gare – ℰ 024 485 13 60 – www.lafarge.ch – fermé Noël - 6 janvier, 3 - 18 août, dimanche et lundi

Plat du jour 20 CHF – Menu 50 CHF (déjeuner en semaine)/75 CHF – Carte 39/84 CHF – *(réservation conseillée)*

Face à la gare, ce joli bâtiment de 1906 abrite un café-restaurant où les amateurs de produits du terroir se sentiront chez eux : on se régale de jambon et de saucisses à rôtir, cuisinés sous l'œil vigilant de Patricia Lafarge, la propriétaire. À moins qu'on ne préfère, le soir, déguster une fondue au fromage du Valais...

SAINT-SAPHORIN – Vaud ➜ Voir à Vevey

SAINT-SULPICE

Vaud (VD) – ✉ 1025 – 3 305 h. – alt. 397 m – Carte régionale **6**-B5

▶ Bern 107 km – Lausanne 7 km – Genève 63 km – Fribourg 87 km

Carte routière Michelin 552-D10

🏨 Starling   🕭 ⌨ 📱 ♿ 🆎 🛜 🏋 🚗

Route Cantonale 31 – ℰ 021 694 85 85 – www.shlausanne.com
154 ch – 🛆150/295 CHF 🛆🛆150/295 CHF, ⬜ 25 CHF – ½ P
Rest Plat du jour 20 CHF – Menu 45/65 CHF – Carte 41/78 CHF – *(fermé
20 décembre - 4 janvier)*
Design, coloré, lumineux, branché avec son restaurant et son lounge-bar... Le chic
contemporain caractérise ce bâtiment aux lignes épurées, séduisant pour une
étape comme pour un voyage d'affaires. Le tout à cinq minutes à pied du Swiss-
Tech Convention Center et de l'école polytechnique de Lausanne.

SALGESCH (SALQUENEN)
Wallis (VS) – ✉ 3970 – 1 393 Ew – Höhe 576 m – Siehe Regionalatlas **8-E6**
▶ Bern 176 km – Sion 23 km – Fribourg 145 km – Lausanne 117 km
Michelin Straßenkarte 552-J11

🏠 Arkanum   🕭 ⌨ ♿ 🛜 🅿

*Unterdorfstr. 1 – ℰ 027 451 21 00 – www.hotelarkanum.ch
– geschl. 1. - 11. Januar, 26. Juli - 9. August*
27 Zim ⬜ – 🛆103/115 CHF 🛆🛆178/188 CHF – ½ P
Rest *Bacchus* Tagesteller 23 CHF – Menü 65 CHF – Karte 37/83 CHF – *(geschl.
Sonntagabend)*
In dem Hotel in zentraler Lage hat man immer wieder das Thema Wein mitein-
fliessen lassen, so z. B. in einigen Erlebniszimmern wie "Fasszimmer" oder "Reben-
haus" und auch in den Restaurantnamen "Bacchus" oder Bistro-Beizli "Höllen-
wein". Schweizer Küche, z. B. Cordon bleu, Rösti...

SALORINO – Ticino ➜ Vedere Mendrisio

SALUMS – Graubünden ➜ Siehe Laax

SAMEDAN
Graubünden (GR) – ✉ 7503 – 2 982 Ew – Höhe 1 709 m (Wintersport : 1 750/
2 453 m) – Siehe Regionalatlas **11-J5**
▶ Bern 333 km – Sankt Moritz 8 km – Chur 93 km – Davos 61 km
Michelin Straßenkarte 553-X10

🏨 Quadratscha   ≤ 🛆 🖼 🎿 ⌨ 🎽 Rest, 🛜 🚗 🅿

*Via Quadratscha 2 – ℰ 081 851 15 15 – www.quadratscha.ch – geschl. 5. April
- 19. Juni, 26. Oktober - 14. Dezember*
25 Zim ⬜ – 🛆150/194 CHF 🛆🛆240/368 CHF – ½ P
Rest Menü 45/55 CHF – *(nur Abendessen) (Tischbestellung ratsam)*
In dem Urlaubshotel geniessen Sie vom Südbalkon Ihres Zimmer die Sicht und
entspannen in der Sauna, im recht grossen Schwimmbad oder bei einer Massage
(auf Bestellung). Das Restaurant bietet ein 3- oder 4-Gänge-Menü (auch im Rahmen der HP).

🏠 Donatz   ⌨ 🎽 🛜 🚗

Plazzet 15 – ℰ 081 852 46 66 – www.hoteldonatz.ch – geschl. 11. April - 6. Juni
25 Zim ⬜ – 🛆145/215 CHF 🛆🛆245/350 CHF – ½ P
Rest *La Padella* – siehe Restaurantauswahl
Familienbetrieb im verkehrsberuhigten Ortskern. Die Superior-Zimmer sind ganz
modern gehalten. Viel Holz macht den Frühstücksraum charmant. Öffentliches
"Mineralbad" 150 m entfernt.

🍴🍴 La Padella – Hotel Donatz   🕊 🎽

*Plazzet 15 – ℰ 081 852 46 66 – www.hoteldonatz.ch – geschl. 11. April - 6. Juni
und Montag - Dienstagmittag; im November und April: Montag - Dienstag*
Tagesteller 27 CHF – Karte 59/153 CHF
Im rustikalen, aber stilvoll und elegant hergerichteten Restaurant werden gerne
Speisen bestellt, die man am Tisch flambiert (Spezialität des Hauses), wie z. B.
Rindsfilet "Woranoff".

auf Muottas Muragl Süd: 3 km Richtung Pontresina, ab Muragl über Standseilbahn (10 min.) erreichbar - Höhe 2 456m – ⊠ 7503

🏨 **Muottas Muragl** 🐾 ← 🛋 🍽 📶 ⚭ 🤶 🛜 🏋
Punt Murage – 𝒞 081 842 82 32 – www.muottasmuragl.ch – geschl. 7. April - 5. Juni, 26. Oktober - 19. Dezember
15 Zim ⌁ – †186 CHF ††282/370 CHF – 1 Suite
Rest *Panorama* Tagesteller 35 CHF – Menü 77/101 CHF – Karte 40/93 CHF
Ein Paradies für Schlittler und Schneeschuh-Wanderer in 2456 m Höhe. Das Berghotel von 1907 ist heute modern-alpin - nicht zu vergessen der gigantische Blick über das Engadin! Im Restaurant speist man mittags etwas rustikaler. Selbstbedienungsrestaurant "Scatla". Panoramaterrasse.

Wie entscheidet man sich zwischen zwei gleichwertigen Adressen?
In jeder Kategorie sind die Häuser nochmals geordnet, die besten Adressen stehen an erster Stelle.

SAMNAUN
Graubünden (GR) – ⊠ 7563 – 793 Ew – Höhe 1 846 m (Wintersport : 1 840/2 864 m)
– Siehe Regionalatlas **11-K3**
▶ Bern 393 km – Scuol 38 km – Chur 142 km – Landeck 52 km
Michelin Straßenkarte 553-AA8

🏨 **Chasa Montana** ← 🛋 🍽 📺 🌐 🤶 🛁 🏋 🛜 ⚭ 🚗 P
🍱 *Dorfstr. 30 – 𝒞 081 861 90 00 www.hotelchasamontana.ch – geschl. Mai und November*
45 Zim ⌁ – †142/410 CHF ††220/830 CHF – 10 Suiten – ½ P
Rest *La Miranda Gourmet Stübli* ❀ – siehe Restaurantauswahl
Rest *La Pasta* Tagesteller 19 CHF – Karte 28/81 CHF
Rest *La Grotta* Karte 36/95 CHF – *(geschl. Mai - November) (nur Abendessen)*
Man bleibt nicht stehen in diesem Ferienhotel, und so dürfen sich die Gäste auf einen attraktiven modernen Spa-Bereich freuen! Unverändert angenehm sind der gute Service und die wohnlichen Zimmer (meist mit Bergblick!) - die Suiten haben sogar teilweise eine Whirlwanne. Italienische Küche im La Pasta. Urig: La Grotta mit regionalen Käsegerichten, Fondue und Fleisch vom heissen Stein.

🏨 **Post** ← 🍽 🤶 🛁 � 🚗 🛜 ⚭ 🚗 P
🍱 *Dorfstr. 9 – 𝒞 081 861 92 00 – www.wellnesshotelpost.ch – geschl. 5. - 8. Mai, 3. - 7. November*
52 Zim ⌁ – †73/130 CHF ††120/300 CHF – ½ P
Rest Tagesteller 18 CHF – Menü 25 CHF – Karte 38/68 CHF
In dem familiengeführten Hotel lässt es sich nicht nur gut wohnen: Relaxen Sie z. B. beim Saunieren im schönen "Stella Aqua" oder trainieren Sie im gut ausgestatteten Fitnessraum im Haus Samnaunia! Wer ein bisschen was Besonderes möchte, bucht die hübsche Turm-Juniorsuite. Und gastronomisch? Regionale und internationale Küche im Restaurant (mittags mit Terrasse), dazu die Bar "Why not". Übrigens: Dank der Lage mitten im Ort können Sie direkt vor der Tür zollfrei shoppen!

🏨 **Des Alpes** ← 🤶 🛜 ⚭ 🚗 P
Dorfstr. 39 – 𝒞 081 868 52 73 – www.hotel-desalpes-samnaun.ch – geschl. Mai - Juni, Mitte Oktober - November
17 Zim ⌁ – †60/190 CHF ††120/366 CHF – ½ P
Rest *Des Alpes* – siehe Restaurantauswahl
Im Laufe von über 40 Jahren hat Familie Heis ihr kleines Hotel stetig erweitert und verbessert. Fast alle Zimmer haben einen Balkon, teilweise sind sie besonders modern (schön der Mix aus klaren Linien und warmem Holz!). Toll zum Relaxen: die Wasserbetten im Ruheraum und der Heupool in charmant-rustikalem Ambiente. Man hat übrigens einen hauseigenen Shop, in dem Sie ermässigt einkaufen können!

XX **La Miranda Gourmet Stübli** – Hotel Chasa Montana   🐾 **P**

*Dorfstr. 30 ✉ 7563 – ☎ 081 861 90 00 – www.hotelchasamontana.ch
– geschl. Mai, November und Sonntag - Montag*
Menü 69/135 CHF – *(nur Abendessen) (Tischbestellung ratsam)*
In dem modern-eleganten kleinen Gourmetstübli darf man sich auf geschmack-
volle Speisen freuen, die Johannes Partoll aus internationalen und regionalen Pro-
dukten zubereitet und z. B. als Überraschungsmenü anbietet. Freunden edler
Weine wird die Wahl nicht leicht fallen!
→ Variation von der Gänseleber. Geschmortes und rosa Gebratenes vom Reh mit
Rotkraut und Navetten. Heimisches Rinderfilet mit Portwein und Pastinaken.

X **Des Alpes** – Hotel Des Alpes   ≤ 🕸 **P**

*Dorfstr. 39 – ☎ 081 861 52 73 – www.hotel-desalpes-samnaun.ch – geschl. Mai
- Juni, Mitte Oktober - November*
Tagesteller 16 CHF – Menü 28 CHF – Karte 28/80 CHF
Als Küchenchef im elterlichen Betrieb hat Patrick Heis mit Gerichten wie "Ge-
schnetzeltes mit Rösti" natürlich auch ein Stückchen seiner Bündner Heimat auf
der Karte etabliert. Im Sommer sollten Sie auf der sonnigen Terrasse speisen!

in Samnaun-Ravaisch Nord-Ost: 1,5 km – Höhe 1 800 m – ✉ 7563 Samnaun

🏨 **Homann**   ≤ 🐾 🛏 🕸 🛜 **P**

*Ravaischstr. 12 – ☎ 081 861 91 91 – www.hotel-homann.ch – geschl. Anfang Mai
- Mitte Juni, Ende Oktober - Ende November*
30 Zim 🛏 – †84/163 CHF ††124/330 CHF – ½ P
Rest *Homann's Restaurant* 🕸🕸 – siehe Restaurantauswahl
Das Gourmetrestaurant der Familie Homann dürfte Ihnen bekannt sein, aber
haben Sie bei den engagierten Gastgebern auch schon mal gewohnt? Sie haben
nämlich ein schönes Ferienhotel mit regionalem Charme. Gönnen Sie sich doch
das "Homann's Deluxe" mit Whirlwanne! Gut entspannen lässt es sich aber auch
im ansprechenden Sauna- und Ruhebereich. Und für Aktive: Die Gondelbahn ins
Skigebiet liegt unterhalb des Hauses.

🏠 **Astoria**   ≤ 🏠 🐾 🛜 🌊 **P**

*Talstr. 66 – ☎ 081 861 82 42 – www.astoria-samnaun.ch – geschl. Anfang Mai
- Mitte Juni und Mitte Oktober - Ende November*
10 Zim 🛏 – †82/160 CHF ††106/310 CHF – 1 Suite – ½ P
Rest Tagesteller 23 CHF – Menü 27/35 CHF – Karte 36/60 CHF
In dem kleinen Schwesterhotel des "Homann" ist man ebenfalls sehr gut aufgeho-
ben: Helles Naturholz macht die Zimmer behaglich, alle mit Balkon. Sie hätten es
gerne ein bisschen grösser? Das hübsche Appartement mit Kachelofen misst 42
qm. Eine Alternative zur Homann'schen Gourmetküche ist die gemütlich-rustikale
Dorfstube. Und einkaufen kann man hier im Haus auch noch: Man hat einen
Duty-free-Shop.

🏠 **Smart-Hotel** garni   ≤ 🛏 ♿ 🛜 **P**

*Talstr. 70 – ☎ 081 860 25 25 – www.smart-hotel.ch – geschl. 4. Mai - 9. Juli,
12. Oktober - 27. November*
31 Zim 🛏 – †87/130 CHF ††114/220 CHF
Eine trendige Adresse, durch und durch geradlinig-modern und funktional. Ser-
vice-Leistungen wie Frühstücksbuffet und Zimmerreinigung sind zubuchbar,
"Smart"-Reinigung gratis.

XX **Homann's Restaurant** – Hotel Homann   🐾 ≤ **P**

*Ravaischstr. 12 – ☎ 081 861 91 91 – www.hotel-homann.ch – geschl. 15. April
- 10. Juli, 5. Oktober - 15. Dezember und Sonntag - Mittwoch*
Menü 161/268 CHF – *(nur Abendessen) (Tischbestellung erforderlich)*
Die Brüder Horst und Daniel Homann bieten hier sicher eine der aufwändigsten
Küchen der Schweiz - geradezu ein Feuerwerk aus erstklassigen Produkten und
äusserst exaktem Handwerk! Ein Kontrast dazu ist das gemütlich-ländliche Ambiente, in dem man freundlich, geschult und dennoch unaufdringlich umsorgt wird.
→ Gänselebervariation nach Saison. Kaisergranat an Krustentierschaum mit Kür-
bis. Sommerbock mit Pfeffer-Preiselbeerjus und 3erlei Sellerie.

SANKT GALLEN (SAINT-GALL)

Sankt Gallen (SG) – ⊠ 9000 – 74 111 Ew – Höhe 668 m – Siehe Regionalatlas **5-I2**
▣ Bern 209 km – Bregenz 36 km – Konstanz 40 km – Winterthur 59 km
Michelin Straßenkarte 551-U5

Stadtpläne siehe nächste Seiten

Einstein 🔲 🦢 *Ls* 🕸 🕭 🤶 🛋 🛋

Berneggstr. 2 – 𝒞 071 227 55 55 – www.einstein.ch Stadtplan : A2**a**
10 Zim 🖙 – 🛉220/455 CHF 🛉🛉285/520 CHF – 4 Suiten – ½ P
Rest *E. Restaurant* – siehe Restaurantauswahl
Es muss ja nicht gleich eine Suite sein, auf guten Komfort brauchen Sie auch in
den zeitgemäss-eleganten Superior- oder Comfort-Zimmern nicht zu verzichten.
Zum Wellness- und Fitnesspark nebenan (nur für Hotelgäste und Mitglieder!)
haben Sie direkten Zugang. Modernes Tagungscenter.

Radisson BLU 🤶 🦢 *Ls* 🕸 🕭 🎰 🤶 🛋 🛋

Sankt Jakob Str. 55 – 𝒞 071 242 12 12 Stadtplan : B1**a**
– www.radissonblu.com/hotel-stgallen
120 Zim – 🛉229 CHF 🛉🛉229 CHF, 🖙 27 CHF – 3 Suiten ½ P
Rest *olivé* 𝒞 071 242 12 30 – Karte 49/110 CHF
Sie sind geschäftlich in St. Gallen? Hier haben Sie ein hochwertiges und funktionelles Hotel, in dem es auch eine trendige Bar und sogar ein Spielkasino gibt. Das
Restaurant olivé hat zwei Klassiker immer auf der Karte: Tatar und Chateaubriand
- am Tisch zubereitet bzw. tranchiert!

Metropol 🤶 🕭 🤶 🛋

Bahnhofplatz 3 – 𝒞 071 228 32 32 Stadtplan : A2**t**
– www.hotel-metropol.ch
32 Zim 🖙 – 🛉155/210 CHF 🛉🛉250/290 CHF – ½ P
Rest *Erststock-Restaurant* Tagesteller 18 CHF – Menü 24 CHF (mittags)/86 CHF
– Karte 42/86 CHF – *(geschl. Ende Juli - Anfang August 2 Wochen und Sonntag)*
Das Haus direkt am Bahnhof wird von Chefin Karin Bloch top geführt, an ihrer
Seite ein wirklich professionelles Team! Zahlreiche kleine Details überall machen
das Haus zu etwas Besonderem. Das Restaurant bietet moderne Küche, beliebt
das Tagessen.

Sorell Hotel City Weissenstein garni 🕭 🤶 🅿

Davidstr. 22 – 𝒞 071 228 06 28 Stadtplan : A2**n**
– www.cityweissenstein.ch – geschl. 23. Dezember - 4. Januar, 2. - 6. April
33 Zim 🖙 – 🛉140/190 CHF 🛉🛉180/260 CHF
Das Hotel liegt günstig nahe der Altstadt, wird mit Engagement geleitet und die
Zimmer und Appartements sind tipptopp gepflegt! Tipp: Im Sommer können Sie
zum Frühstücken auf der Terrasse sitzen.

eastside 🅝 🤶 🕭 🕭 Zim, 🤶 🛋 🛋

Langgasse 151 über Langgasse D1, Richtung Arbon ⊠ 9008 – 𝒞 071 511 31 21
– www.hoteleastside.ch – geschl. 1. - 5. Januar, 17. Juli - 2. August
46 Zim – 🛉130/190 CHF 🛉🛉160/240 CHF
Rest Tagesteller 18 CHF – Karte 34/58 CHF – *(geschl. Sonntag)*
Eine ideale Adresse für Businessgäste: gute Verkehrsanbindung, funktionell ausgestattete Zimmer in geradlinig-zeitgemässem Stil, W-Lan und Parken sind kostenfrei.

Dom 🤶 🕭 🕭 🍴 Rest, 🤶 🛋

Webergasse 22 – 𝒞 071 227 71 71 – www.hoteldom.ch Stadtplan : A2**d**
– geschl. 23. Dezember - 4. Januar
43 Zim 🖙 – 🛉155/175 CHF 🛉🛉225 CHF
Rest Menü 19 CHF – *(nur Mittagessen) (nur Buffet)*
In dem Integrationsbetrieb in der Innenstadt wohnt man in modern-funktionellen
Zimmern in Weiss-Grün, Weiss-Lila, Weiss-Rot... Wenn es nicht so viel kosten darf:
Man hat auch zehn einfache Budgetzimmer.

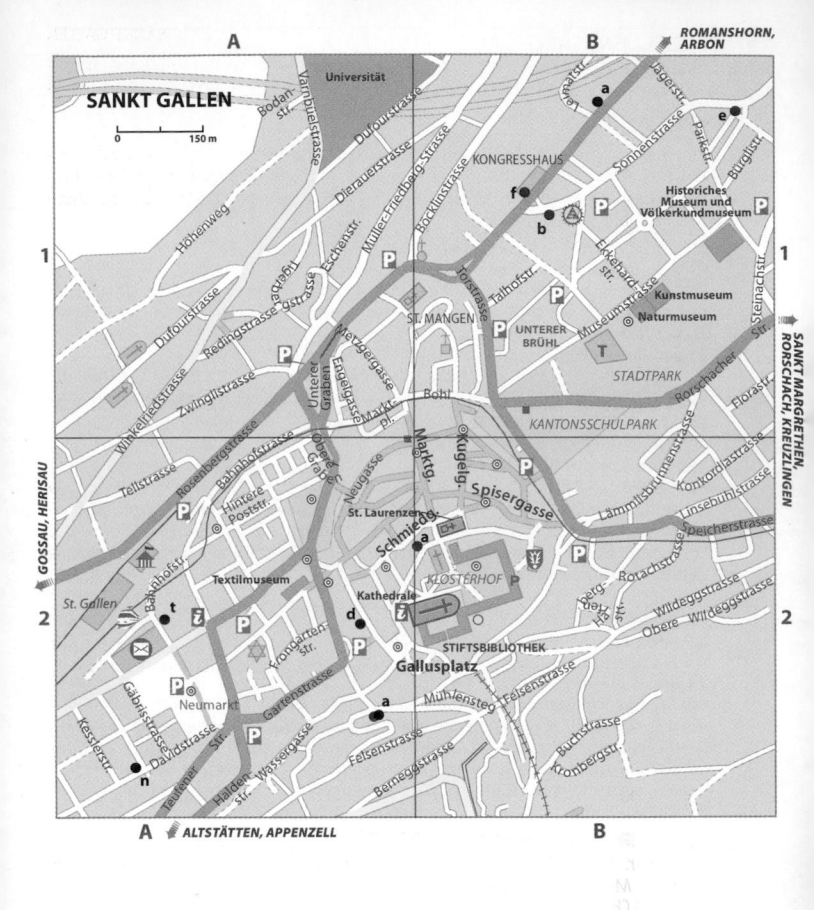

✕✕ **Vreni Giger's Jägerhof** 😋 🏠

Brühlbleichestr. 11 – ☏ 071 245 50 22   Stadtplan : B1**e**
– www.jaegerhof.ch – geschl. 24. Dezember - 8. Januar, 1. - 6. April, 5. Juli
- 9. August und Samstagmittag, Sonntag sowie an Feiertagen
Tagesteller 45 CHF – Menü 100/200 CHF – Karte 81/148 CHF
Die klassische Küche der Chefin wird in Form eines grossen Menüs serviert, aus
dem man auch à la carte bestellen kann. Zum Essen reicht man eine tolle Weinkarte mit über 1000 Positionen, schön die Auswahl an glasweise ausgeschenkten
Weinen.

✕✕ **Netts Schützengarten** 🏠 ♿ 🍽 ⇄ 🅿

😊 *Sankt Jakob Str. 35 ⊠ 9004 – ☏ 071 242 66 77*   Stadtplan : B1**f**
– www.netts.ch – geschl. Sonntag sowie an Feiertagen
Menü 56 CHF (mittags unter der Woche)/102 CHF – Karte 54/98 CHF –
(Tischbestellung ratsam)
Vorne sitzt man eher rustikal (hier trinkt man zum Essen gerne ein Bier vom Fass
- Brauerei direkt im Haus!), der hintere Bereich ist eleganter. Aus der Küche kom-
men z. B. "Kalbsrücken auf Pilznudeln" oder "geschnetzeltes Leberli mit Rösti".
Schön die Terrasse.

XX **Candela** 🏠 🍴 ⇄
🦐 *Sonnenstr. 5 – ☎ 071 246 46 46* Stadtplan : B1**b**
🦀 *– www.restaurantcandela.ch – geschl. Samstagmittag, Sonntag*
Tagesteller 20 CHF – Menü 88/108 CHF – Karte 61/89 CHF
Essen Sie gerne regional? Oder lieber mediterran? In diesem zeitgemässen Restaurant gibt es Schmackhaftes vom "Lammrücken mit Auberginenravioli" bis "Curry-Linsensuppe mit geröstetem Kokos". Besonders gemütlich: das getäferte Chlaustübli.
ENGLERS Steakhouse – siehe Restaurantauswahl

XX **LEVEL im Schoren** ⓝ 🏠 🅿
Dufourstr. 150 – ☎ 071 999 09 09, über A1 – www.restaurant-schoren.ch
– geschl. Sonntag - Montag
Tagesteller 45 CHF – Menü 102/142 CHF – Karte 78/105 CHF
Am Hang etwas abseits der Innenstadt findet man dieses Restaurant mit freundlicher Atmosphäre. Die Küche ist international ausgerichtet und wird modern präsentiert. Schön auch der elegante Wintergarten und die Terrasse.

XX **E. Restaurant** – Hotel Einstein 🚻 ⇄
Berneggstr. 2 – ☎ 071 227 55 55 – www.einstein.ch Stadtplan : A2**a**
– geschl. Mitte Juli - Mitte August und Samstagmittag, Sonntagmittag
Menü 35 CHF (mittags unter der Woche)/110 CHF – Karte 53/84 CHF
"E" wie "Einstein". In dem eleganten Restaurant geniessen Sie nicht nur regionale und internationale Küche, sondern auch einen schönen Blick über die Stadt!

X **Zur alten Post** 🕯 🏠 ⇄
Gallusstr. 4, (1. Etage) – ☎ 071 222 66 01 Stadtplan : AB2**a**
– www.apost.ch – geschl. Ende Juli - Anfang August 3 Wochen und Sonntag
- Montag sowie an Feiertagen
Tagesteller 23 CHF – Menü 55/89 CHF – Karte 43/84 CHF
In dem Riegelhaus in bester Altstadtlage speist man in schön ungezwungener Atmosphäre bei auffallend freundlichem Service Schweizer Küche, aber auch die ein oder andere österreichische Spezialität (Tipp: Marillenknödel - das Warten lohnt sich!). Weinkarte mit Raritäten.

X **ENGLERS Steakhouse** – Restaurant Candela 🏠 🍴
Sonnenstr. 5 – ☎ 071 246 46 46 – www.englers.ch Stadtplan : B1**b**
– geschl. Montag - Donnerstag
Menü 68 CHF – Karte 58/94 CHF – (nur Abendessen)
Im Gebäude neben dem "Candela" sind vor allem Fleisch-Fans gut aufgehoben, denn in der Showküche des Steakhouse kommen Angus Beef, Ribeye-Steak & Co. auf den Grill - Vegetarier werden aber auch fündig!

in Wittenbach Nord-Ost: 3 km über Sankt-Jakob-Strasse B1

XX **Segreto** 🕯 🏠 🅺 🍴 ⇄ 🅿
🦊 *Abacus Platz 1 ✉ 9301 – ☎ 071 290 11 11 – www.segreto.ch – geschl. Ende Juli*
- Anfang August und Samstagmittag, Sonntag - Montag
Menü 54 CHF (mittags)/140 CHF – Karte 81/105 CHF
Martin Benninger beweist hier eindrucksvoll, wie fein und elegant ein reduzierter moderner Kochstil sein kann! Seine klassisch und mediterran inspirierte Küche setzt auf Geschmack und Aroma, vom iPad wählt man dazu wunderbare Weine zu fairen Preisen. Und das Ambiente? Schön freundlich und warm. Tipp: der tolle Wintergarten mit Tisch und Sofa.
➜ Scampi mit Gazpachovinaigrette und Tequila. Hausgemachte Teigtaschen mit Kalbfleischfüllung und Liebstöckel. Gebratenes Bodenseefelchen mit Passionsfruchthollandaise und grünem Spargel.

SANKT MORITZ

Graubünden (GR) – ✉ 7500 – 5 147 Ew – Höhe 1 775 m (Wintersport : 1 772/
3 057 m) – Siehe Regionalatlas **11-J5**
▶ Bern 327 km – Chur 88 km – Davos 67 km – Scuol 63 km
Michelin Straßenkarte 553-X10

© J.D. Sudres / hemis.fr

 Hotels

🏛🏛🏛🏛 Badrutt's Palace ⟨ 🍴 🎿 🔲 🌐 🎋 🕭 ⚒ 🛏 ⚔ 🎫 Rest, 🍴 Rest, 📶
Via Serlas 27 – 𝒞 081 837 10 00 – www.badruttspalace.com 🍴 🚗 **P**
– geschl. 4. April - 25. Juni, 7. September - Anfang Dezember Stadtplan : B1**a**
120 Zim ⊑ – ♦225/1125 CHF ♦♦370/2335 CHF – 37 Suiten – ½ P
Rest *Nobu* – siehe Restaurantauswahl
Rest *Le Restaurant* 𝒞 081 837 28 20 – Menü 130/160 CHF – Karte 116/197 CHF
– (nur Abendessen)
Rest *Le Relais* 𝒞 081 837 28 23 – Karte 161/194 CHF – (geschl. April - Anfang
Dezember) (nur Mittagessen)
Für die Gäste ist sie das "Wohnzimmer von St. Moritz", die klassisch-stilvolle
Lobby dieses Luxushotels von 1896. Mit wertvoller "Douglas"-Holzdecke und fast
schon musealem Charakter ist "Le Grand Hall" das Herz des Traditionshauses. Als
Kontrast: der moderne Spa - beeindruckend der Weg dorthin durch die Steingrot-
te! Während man mittags im Le Relais isst, bietet am Abend Le Restaurant einen
festlich-eleganten Rahmen für die französische Küche. Danach können Sie im
Winter im berühmten King's Club die Nacht zum Tag machen.

🏛🏛🏛🏛 Suvretta House 🛎 ⟨ 🍴 🔲 🌐 🎋 🕭 ⚒ 🛏 ⚔ 🎫 Rest, 🍴 Rest, 📶 🍴
Via Chasellas 1, Süd-West: 2 km über Via Somplaz A2 🚗 **P**
– 𝒞 081 836 36 36 – www.suvrettahouse.ch
171 Zim ⊑ – ♦365/880 CHF ♦♦730/1760 CHF – 10 Suiten – ½ P
Rest *Grand Restaurant* Menü 95 CHF – Karte 59/92 CHF – (geschl. Mitte April
- Ende Juni, Mitte September - Anfang Dezember) (nur Abendessen)
Rest *Suvretta Stube* Karte 73/118 CHF
Bei aller Kultiviertheit und klassischer Eleganz kommt in dem Grandhotel von
1912 auch eine gewisse familiäre Atmosphäre auf: Fast wie zu Hause fühlt man
sich z. B. in der geschmackvollen Halle bei der gemütlichen "tea time"! Stilvoll
speisen heisst es im Grand Restaurant unter der 100 Jahre alten Original-Holz-
decke, Regionales in der behaglichen Stube mit Terrasse und für Kinder der separate "Teddy Club". Wunderbar die einsame Waldrandlage vor grandioser Bergkulisse, der Service stets präsent und auffallend freundlich. Im Winter werden die
Tennisplätze zur Eislaufbahn.

 Die rote Kennzeichnung weist auf besonders angenehme Häuser hin 🏛🏛 XxX.

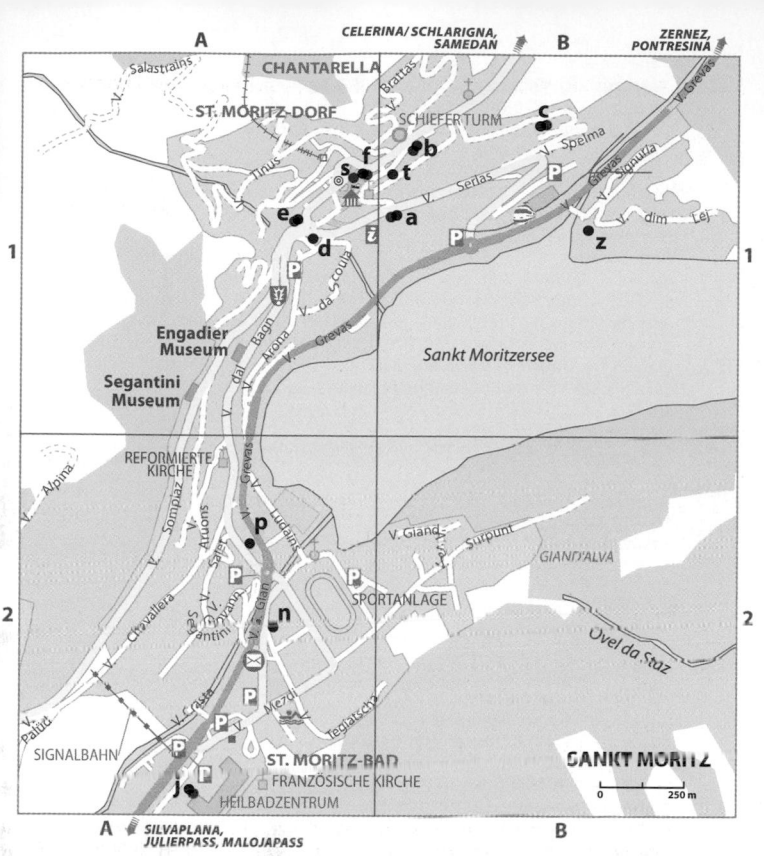

Carlton

< 🔲 ⊕ ♨ ⅄ 🛏 ⅃ Rest, ☆ % Zim, 🛜 ⅍ 🚗 🅿

Via Johannes Badrutt 11 – ☎ 081 836 70 00
Stadtplan : B1**c**
– www.carlton-stmoritz.ch – geschl. 6. April - 11. Dezember
39 Zim ☷ – 🛉850/2850 CHF 🛉🛉900/8000 CHF – 21 Suiten – ½ P
Rest *Da Vittorio* ✿ – siehe Restaurantauswahl
Rest *Romanoff* Menü 140 CHF – Karte 99/157 CHF – *(nur Abendessen)*
Was Innenarchitekt Carlo Rampazzi in den Juniorsuiten und Suiten des 1913 erbauten Hauses geschaffen hat, ist wirklich vom Feinsten: hochwertigste Materialien in edlem Design, dazu Blick auf See und Berge. Seine traditionelle Seite zeigt das Haus in der grosszügigen Lobby: alte Holztäfelung, Stuckdecke, historischer offener Kamin. Ebenso gediegen das Romanoff mit toller Aussicht, die auf der Terrasse noch getoppt wird - ein wahrer Hotspot!

Kulm

< 🍴 ⌂ 🔲 ⊕ ♨ ⅄ % 🆖 🛏 ☆ % Zim, 🛜 ⅍ 🚗 🅿

Via Veglia 18 – ☎ 081 836 80 00 – www.kulm.com
Stadtplan : B1**b**
– geschl. 6. April - 26. Juni, 6. September - 5. Dezember
133 Zim ☷ – 🛉290/735 CHF 🛉🛉535/1620 CHF – 40 Suiten – ½ P
Rest *the K* – siehe Restaurantauswahl
Rest *The Pizzeria* Tagesteller 26 CHF – Karte 45/105 CHF
Rest *Sunny Bar / Restaurant Nito* Menü 90/135 CHF – Karte 56/105 CHF – *(nur Abendessen)*
Überall im Haus spürt man die 150-jährige Tradition, schon die Fassade des imposanten Hotels kündet von der langen Geschichte. Gelungen integriert in das klassische Bild: der geschmackvoll-moderne Spa, in dem heimisches Material wie Arvenholz und Stein Bezug zur Region nimmt - top die Aussicht! The Pizzeria mit italienischem Angebot, japanische Küche in der Sunny Bar.

367

Kempinski Grand Hotel des Bains

Via Mezdi 27 – ☎ 081 838 38 38
– www.kempinski.com/st-moritz – geschl. 6. April
- 18. Juni, 21. September - 3. Dezember
Stadtplan : A2**j**

168 Zim – 300/1125 CHF 370/1525 CHF – 16 Suiten – ½ P
Rest Cà d'Oro ✿ **Rest Enoteca** – siehe Restaurantauswahl
Rest Les Saisons ☎ 081 838 30 81 – Menü 89/110 CHF – Karte 83/111 CHF –
(nur Abendessen)
Rest Sra Bua ☎ 081 838 30 81 – Menü 129/135 CHF – Karte 105/153 CHF –
(geschl. 6. April - 3. Dezember und Sonntag) (nur Abendessen)
In dem wunderschönen Grandhotel von 1864 gehen Moderne und Klassik eine harmonische Verbindung ein, passend dazu die dekorativen alten Fotografien. Wer hoch hinaus möchte, bucht am besten eine Tower Suite über 3 Etagen! Und auch der Spa auf 2800 qm sucht seinesgleichen - mit eigenem Quellwasser! Internationale Küche im Les Saisons, Asiatisches samt Sushi im Sra Bua.

Monopol

Via Maistra 17 – ☎ 081 837 04 04 – www.monopol.ch
– geschl. 7. April - 12. Juni, 20. September - 4. Dezember
Stadtplan : A1**f**

70 Zim – 240/335 CHF 380/680 CHF – 3 Suiten – ½ P
Rest Mono – siehe Restaurantauswahl
Sie interessieren sich für Kunst? Dann können Sie in diesem Hotel allerlei schöne Werke bestaunen, wenn Sie gerade mal nicht vom Whirlpool aus durch die raumhohe Fensterfront die tolle Sicht auf See und Berge geniessen! Nicht weniger reizvoll ist der Ausblick von der Dachterrasse!

Schweizerhof

Via dal Bagn 54 – ☎ 081 837 07 07
– www.schweizerhofstmoritz.ch
Stadtplan : A1**d**

82 Zim – 163/300 CHF 163/300 CHF – ½ P
Rest Acla ☎ 081 837 07 01 – Tagesteller 21 CHF – Menü 65 CHF (abends)
– Karte 47/100 CHF
Hier sollten Sie ein Zimmer mit See- und Bergblick buchen, und am besten eines mit Balkon! Eine schöne Aussicht hat man aber auch vom Saunabereich mit Dachterrasse in der obersten Etage. Und fürs leibliche Wohl ist im Acla und auf der sonnigen Terrasse gesorgt: Spezialitäten sind Wiener Schnitzel und Tafelspitz. Lust auf Nachtleben? In der Piano Bar und im Stübli gibt's Live-Musik.

Steffani

Sonnenplatz 6 – ☎ 081 836 96 96 – www.steffani.ch
Stadtplan : A1**e**

56 Zim – 205/310 CHF 310/600 CHF – 5 Suiten – ½ P
Rest Le Mandarin – siehe Restaurantauswahl
Rest Le Lapin Bleu Tagesteller 28 CHF – Karte 43/112 CHF
Hier lässt es sich gut Urlaub machen: Wohnlich-alpenländisch ist es in dem gewachsenen Hotel, das bereits in 3. Generation familiengeführt ist. Wer Wert legt auf Aussicht, nimmt am besten ein Zimmer zum Tal. Schön auch das Le Lapin Bleu mit seiner warmen Holztäferung - mit Terrasse.

Waldhaus am See

Via Dim Lej 6 – ☎ 081 836 60 00
– www.waldhaus-am-see.ch
Stadtplan : B1**z**

50 Zim – 100/230 CHF 220/460 CHF – 2 Suiten – ½ P
Rest Menü 80 CHF (abends) – Karte 45/112 CHF
Trumpf ist hier ganz klar der wunderbare Seeblick! Sehen lassen können sich aber auch die wohnlichen Zimmer mit ihrem Arvenholz, von denen vier grosse Wohnungen wie gemacht sind für Familien. Schön auch die Bar, über die sich vor allem Whisky-Liebhaber freuen werden: Hier gibt es nämlich über 1000 verschiedene Sorten!

🏠 **Languard** garni ≼ 🛏 ❄ 🤶 **P**
Via Veglia 14 – 𝒞 *081 833 31 37* Stadtplan : B1**t**
– www.languard-stmoritz.ch – geschl. 12. April - 4. Juni, 11. Oktober
- 3. Dezember
22 Zim 🛏 *–* 🛏100/219 CHF 🛏🛏195/391 CHF
In der ehemaligen Villa ist seit Mitte des letzten Jahrhunderts dieses familiär und
mit Herzblut geleitete Hotel untergebracht. Die Zimmer sind hell und geräumig,
ein Grossteil bietet tollen Seeblick, ebenso die Frühstücksveranda.

🏠 **the Piz** 🍴 🛏 ❄ 🤶
𝒞 *Via dal Bagn 6 –* 𝒞 *081 832 11 11 – www.piz-stmoritz.ch* Stadtplan : A2**p**
29 Zim 🛏 *–* 🛏95/150 CHF 🛏🛏200/290 CHF *– ½ P*
Rest Tagesteller 15 CHF – Menü 23/50 CHF – Karte 32/77 CHF
Das Hotel liegt zentral im Ortsteil St. Moritz-Bad und bietet ein gutes Preis-Leistungs-Verhältnis. Man hat geräumige Gästezimmer mit Holzfussboden sowie eine
beliebte Bar. Im Haus befindet sich auch eine Pizzeria.

🏠 **Corvatsch** 🍴 🛏 ⚹ ❄ Zim, 🤶 🚗 **P**
Via Tegiatscha 1 – 𝒞 *081 837 57 57* Stadtplan : A2**n**
– www.hotel-corvatsch.ch – geschl. 12. April - 22. Mai, 18. Oktober - 2. Dezember
29 Zim 🛏 *–* 🛏145/400 CHF 🛏🛏220/460 CHF *– ½ P*
Rest Tagesteller 28 CHF – Menü 38 CHF (mittags unter der Woche)/78 CHF
– Karte 47/98 CHF
Eine gepflegte familiäre Adresse nicht weit vom St. Moritzer See, deren Gästezimmer alle behaglich im Engadiner Stil eingerichtet sind. Spezialität im Restaurant
sind regionale Speisen und Grillgerichte. Terrasse auf dem Gehsteig.

🔴 **Restaurants**

🍴🍴🍴🍴 **Cà d'Oro** – Kempinski Grand Hotel des Bains 🎗 ❄ **P**
𝕔 *Via Mezdi 27 –* 𝒞 *081 838 30 81* Stadtplan : A2**j**
– www.kempinski-stmoritz.com – geschl. 6. April - 3. Dezember
und Montag - Dienstag
Menü 170/260 CHF – Karte 152/204 CHF *– (nur Abendessen) (Tischbestellung*
ratsam)
Ein klassischer hoher Speisesaal, exquisit in Einrichtung und Tischkultur, eingespielt der junge italienische Service... so stellt man sich das Gourmetrestaurant
eines Grandhotels vor. Hier bietet Matthias Schmidberger seine feine mediterrane
Küche: Sie ist detailverliebt, überaus präzise und mit einem untrüglichen Gespür
für Kombinationen zubereitet.
→ Fegato Grasso e Capesanta - Foie gras und Jakobsmuschel, Bergamotte, Macadamia, Birne. Rombo e Tartufo - Atlantik-Steinbutt und Alba-Trüffel, Topinambur,
Rauchmandel, Gartenkresse. Fortuna - Mascarpone, Apfelkaramell, Pekannüsse.

🍴🍴🍴 **Da Vittorio** – Hotel Carlton 🎗 ≼ 🆔 ❄ **P**
𝕔 *Via Johannes Badrutt 11 –* 𝒞 *081 836 70 00* Stadtplan : B1**c**
– www.carlton-stmoritz.ch – geschl. 6. April - 11. Dezember und Sonntag
- Montag
Menü 290 CHF – Karte 135/315 CHF
Die Brüder Enrico und Roberto Cerea aus dem gleichnamigen Restaurant in Bru-
saporto kochen hier in der Wintersaison mit einem Teil ihrer bewährten Crew
klassisch-italienisch - Basis für die aromenintensiven Gerichte sind natürlich abso-
lut hochwertige Zutaten.
→ Rindfleisch-Battuta, Périgord Trüffel und Cognac-Sauce. Paccheri alla Vittorio
verfeinert mit Grana Padano. Kalbstournedos "alla Rossini", Foie gras und weisser
Trüffel.

🍴🍴🍴 **the K** – Hotel Kulm ≼ **P**
Via Veglia 18 – 𝒞 *081 836 80 00 – www.kulm.com* Stadtplan : B1**b**
– geschl. 6. April - 5. Dezember
Menü 98 CHF – Karte 89/170 CHF *– (nur Abendessen)*
Im Restaurant des weithin bekannten Hotel Kulm mischen sich Gewölbedecke
und halbhohe Holztäferung mit modernen Akzenten und geschmackvoller Tischkultur zu einer stilvollen Atmosphäre. Zur internationalen Küche gibt es eine
schöne Weinauswahl.

Enoteca – Kempinski Grand Hotel des Bains ※ **P**
Via Mezdi 27 – ☎ *081 838 30 81* Stadtplan : A2**j**
– www.kempinski-stmoritz.com – geschl. 6. April - 18. Juni,
21. September - 3. Dezember; Juni - September: Sonntag - Montag,
Dezember - April: Mittwoch - Donnerstag
Menü 119/149 CHF – Karte 114/166 CHF – *(nur Abendessen)*
Über Ihnen eine bemerkenswerte Stuckdecke, unter Ihnen schöner Parkettboden,
dazwischen dekorative Weinregale, die dem eleganten Rahmen Gemütlichkeit
verleihen. Die italienische Küche gibt es als interessantes "Dreierlei"-Konzept:
Jeder Gang besteht aus drei kleinen Gerichten.

Nobu – Hotel Badrutt's Palace ৬ ⅗ ※ **P**
Via Serlas 27 – ☎ *081 837 28 22* Stadtplan : B1**a**
– www.badruttspalace.com – geschl. 6. April - Anfang Dezember
Menü 185/345 CHF – Karte 68/265 CHF – *(nur Abendessen)*
In den Wintermonaten, wenn sich der internationale Jetset am Ort einfindet, öffnet das Nobu (benannt nach Nobuyuki Matsuhisa) seine Pforten. Ein Szene-Treff
am Abend mit japanisch-internationaler Küche.

Mono – Hotel Monopol ৪৪
Via Maistra 17 – ☎ *081 837 04 04 – www.monopol.ch* Stadtplan : A1**s**
– geschl. 7. April - 12. Juni, 20. September - 4. Dezember
Menü 65/79 CHF – Karte 62/145 CHF – *(nur Abendessen) (Tischbestellung*
ratsam)
Direkt von der Fussgängerzone zu zeitgemässer italienischer Küche! Dafür
bietet das Restaurant zwei hell gestaltete, elegante Räume mit dekorativen
Bildern an den Wänden - in einem von beiden verbreitet eine schöne Holzdecke Behaglichkeit.

Chasellas ← ☆ **P**
Via Suvretta 22, Süd-West: 2,5 km über Via Somplaz A2
– ☎ *081 833 38 54 – www.suvrettahouse.ch – geschl. Mitte April - Ende Juni,*
Mitte Oktober - Anfang Dezember
Menü 115 CHF – Karte 58/122 CHF
Das Konzept kommt an: Das zum "Suvretta House" gehörende Restaurant mit
dem hübschen rustikalen Ambiente zieht mittags mit seinen einfachen Gerichten
Skifahrer an (das Haus liegt nämlich direkt an der Skipiste), am Abend speist man
dagegen gehobener - da kocht Küchenchef Robert Jagisch dann z. B. Klassiker
wie Stroganoff oder Zürcher Geschnetzeltes.

el paradiso - La Ventana ৪৪ ← ☆ ⇦
Nord-West: mit Signalbahn und Fussweg (30 Min.) oder Sesselbahn Suvretta /
Chasellas und Fussweg (10 Min.) – ☎ *081 833 40 02 – www.el-paradiso.ch*
– geschl. 6. April - 20. Juni, 19. Oktober - 12. Dezember und ausser Saison:
Dienstag
Karte 72/218 CHF – *(bis 17 Uhr geöffnet) (Tischbestellung erforderlich)*
Allein die Sicht ist die Sesselbahnfahrt und den kleinen Fussmarsch
hinauf in 2181 m Höhe wert, aber auch die Spezialitäten des quirligen Res-
taurants (im Winter Mindestumsatz von 75 CHF). Auf der Karte: Welsfilet,
Kalbskotelett und Fondue genauso wie Trüffel und Kaviar. Bodenständiger:
"El Establo".

Le Mandarin – Hotel Steffani ⇦ ৬ **P**
Sonnenplatz 6 – ☎ *081 836 96 96 – www.steffani.ch* Stadtplan : A1**e**
– geschl. Mitte April - Ende Juni, Mitte September - Ende November und Juni
- September: Montag
Menü 46/72 CHF – Karte 43/170 CHF – *(nur Abendessen)*
Wenn Sie nach einem anstrengenden Tag in den Bergen Gelüste auf chinesische
Küche haben, dann sind Sie im Le Mandarin mitten im Ort genau richtig. Gekocht
wird nach kantonesischen Rezepten.

auf der Corviglia mit Standseilbahn erreichbar – Höhe 2 488 m –
⊠ 7500 Sankt Moritz

🗶🗶   Mathis Food Affairs - La Marmite   🕸 ⋚ 🏠

– 𝒞 081 833 63 55 – www.mathisfood.ch – geschl. 13. April - 29. November
Tagesteller 45 CHF – Karte 99/200 CHF – (nur Mittagessen)
Brasserie Karte 53/88 CHF – (nur Mittagessen)
In der Bergstation auf 2486 m Höhe trifft man sich auf klassisch-internatio-
nale Küche aus top Produkten - einschliesslich Kaviar und Trüffel. Man beachte
auch die Auswahl an Grossflaschen auf der Weinkarte! Wer doch lieber bei Rösti
oder Linseneintopf bleibt, isst in der offen angeschlossenen Brasserie etwas einfacher. Nebenan im Loungerestaurant "De Fät Moonk" können Sie sich auch eine
Zigarre genehmigen.

in Champfèr Süd-West: 3 km – Höhe 1 820 m – ⊠ 7512

🏣🏣   Giardino Mountain   🍴 🖃 🐕 🕸 🖼 🎱 🕭 🛧 🤶 🛁 🏖 🅿

Via Maistra 3 – 𝒞 081 836 63 00 – www.giardino-mountain.ch – geschl. Mitte
April - Mitte Juni, Mitte September - Anfang Dezember
64 Zim ⌂ – ♟280/810 CHF ♟♟355/1120 CHF – 14 Suiten – ½ P
Rest Ecco on snow 🕸🕸 **Rest Stüva**🕸 **Rest Guardalej** – siehe
Restaurantauswahl
Das schöne Häuserensemble ist nicht nur ein stylisches Ferienhotel mit Grandho-
tel-Service, es ist mit seinen drei Restaurants - im Sommer sind zwei davon geöffnet - auch ein wahres Gourmet-Hotel (HP frei wählbar). Das exklusive Design ist
trendig-chic und zugleich wohnlich-warm, der Spa erstklassig. Abends legt in
der behaglichen Hotelhalle gerne mal ein DJ auf.

🗶🗶🗶   Ecco on snow – Hotel Giardino Mountain   🕸 🍴 🅿

🕸🕸   Via Maistra 3 – 𝒞 081 836 63 00 – www.giardino-mountain.ch
– geschl. April - November und Montag - Dienstag
Menü 142/208 CHF – (nur Abendessen) (Tischbestellung ratsam)
Wer die Küche von Rolf Fliegauf ganzjährig geniessen möchte, muss im Som-
mer ins "Ristorante Ecco" in Ascona, denn hier in St. Moritz sind er und sein
Team nur im Winter im Einsatz. Beiden Restaurants gemeinsam ist die ausdrucks-
starke und fein abgestimmte moderne Küche in Form zweier Menüs sowie der
exzellente Damenservice: unaufdringlich, charmant und fachlich top!
→ Bretonische Garnele, Austernemulsion, Limone. Bresse Taube, Blumenkohl,
Kakao. Zitrusfrüchte, Pinienkerne, Dinkelgras.

🗶🗶🗶   Talvo By Dalsass (Martin Dalsass)   🕸 🏠 🕸 🅿

🕸   Via Gunels 15 – 𝒞 081 833 44 55 – www.talvo.ch – geschl. Mitte April - Ende
Juni, Mitte Oktober - Ende November und Montag - Dienstagmittag; Ende Juni
- Mitte Oktober: Montag - Dienstag; in der Hochsaison kein Ruhetag
Tagesteller 40 CHF – Menü 80 CHF (mittags)/225 CHF – Karte 133/200 CHF –
(Tischbestellung ratsam)
Von modernem Schnickschnack hält Martin Dalsass nicht viel, stattdessen sind
Geschmack, Kraft und Aroma der klassisch-mediterranen Speisen umso deutlicher
- das fängt schon bei der hausgemachten Salami des Chefs an, die es zum Apero
gibt! Und diese feine Küche hat einen besonders schönen Rahmen verdient: das
behagliche warme Holz eines alten Bauernhauses von 1658.
→ Cavatelli, Muscheln, Calamaretti. Challans-Ente mit Kastanienhonig lackiert und
schwarzem Pfeffer. Olivenöl-Schokoladenmousse (Felchlin Arriba 72%), Himbeeren, Fleur de Sel.

🗶🗶   Guardalej – Hotel Giardino Mountain   🏠 🕸 🅿

Via Maistra 3 – 𝒞 081 836 63 00 – www.giardino-mountain.ch – geschl. Mitte
April - Mitte Juni, Mitte September - Anfang Dezember; im Sommer: Mittwoch
Menü 85/125 CHF – Karte 76/100 CHF – (nur Abendessen)
Modern-elegantes Ambiente unter schönen alten Deckenbalken - das ist der
ansprechende Rahmen für die geschmackvolle und frische Küche von Markus
Rose. Zuvorkommend und freundlich-kompetent serviert man hier regional-medi-
terrane Gerichte wie "konfiertes Saiblingsfilet auf Erbsenpüree".

☆ **Stüva** – Hotel Giardino Mountain 🛎 🕿 **P**

Via Maistra 3 – ☎ 081 836 63 00 – www.giardino-mountain.ch – geschl. Mitte April - Mitte Juni, Mitte September - Anfang Dezember; im Sommer: Montag - Dienstag

Karte 55/106 CHF – *(Tischbestellung ratsam)*

Reichlich Altholz und schöner Steinboden machen die kleine Stüva urig und gemütlich. Aus der Küche kommen Bündner Gerichte mit internationalen Anklängen: Capuns und Veltliner Pizzoccheri oder auch geschmorte Kalbsbacke und Lamm-Entrecôte.

SANKT NIKLAUSEN

Obwalden (OW) – ⊠ 6066 – Höhe 839 m – Siehe Regionalatlas **4**-F4
▶ Bern 110 km – Luzern 24 km – Altdorf 50 km – Engelberg 34 km
Michelin Straßenkarte 551-O8

☆ **Alpenblick** ⟨ 🕿 **P**

Melchtalerstr. 40 – ☎ 041 660 15 91 – www.restaurantalpenblick.ch – geschl. Juli - Anfang August und Montag - Dienstag

Tagesteller 24 CHF – Menü 105 CHF – Karte 48/91 CHF – *(Tischbestellung ratsam)*

Das einsam gelegene Restaurant mit einfachem Gaststubenbereich und kleiner gediegener Stube bietet schmackhafte traditionelle Küche und Spezialitätenwochen. Die herrliche Sicht geniesst man am besten von der Terrasse.

SAN PIETRO di STABIO – Ticino → Vedere Stabio

SANTA MARIA VAL MÜSTAIR

Graubünden (GR) – ⊠ 7536 – 1 545 Ew – Höhe 1 388 m
– Siehe Regionalatlas **11**-K4
▶ Bern 337 km – Scuol 63 km – Chur 125 km – Davos 69 km
Michelin Straßenkarte 553-AA10

🏠 **Crusch Alba** 🛎 🖾 ⁒ Zim, 🛜 **P** 🚫

Via Maistra 21 – ☎ 081 858 51 06 – www.hotel-cruschalba.ch
13 Zim ⌘ – ♥95/130 CHF ♥♥160/180 CHF **Rest** Karte 27/34 CHF

Der älteste Gasthof im Val Müstair ist originalgetreu restauriert. Viel Holz schafft hier Wohnlichkeit. Sehenswert: historische Aufenthaltsräume sowie die urige Küche von einst. In den behaglichen Gaststuben bietet man regionale Spezialitäten und auch Pizza.

in Valchava West: 1 km – Höhe 1 414 m – ⊠ 7535

🏠 **Central** ⟨ 🛎 🕿 ⁒ Zim, 🛜 🏊 **P**

Bauorcha – ☎ 081 858 51 61 – www.centralvalchava.ch – geschl. 7. - 27. April
18 Zim ⌘ – ♥115/120 CHF ♥♥190/200 CHF – 2 Suiten – ½ P
Rest Tagesteller 25 CHF – Karte 42/69 CHF

Das frühere Engadiner Bauernhaus mit der auffallend bemalten Fassade ist ein Familienbetrieb mit recht modernen Zimmern im regionalen Stil. Heubäder und Massage. Das Restaurant mit heimeliger Stube bietet traditionelle und regionale Gerichte sowie Klassiker und leichte Küche. Im UG befindet sich eine Pizzeria.

SARNEN

Obwalden (OW) – ⊠ 6060 – 9 959 Ew – Höhe 473 m – Siehe Regionalatlas **4**-F4
▶ Bern 106 km – Luzern 20 km – Altdorf 44 km – Brienz 34 km
Michelin Straßenkarte 551-N8

🏠 **Krone** 🕿 🏊 🛎 ⌘ ⁒ 🛜 🏊 **P**

Brünigstr. 130 – ☎ 041 666 09 09 – www.krone-sarnen.ch
59 Zim ⌘ – ♥165 CHF ♥♥268 CHF – ½ P
Rest Tagesteller 21 CHF – Menü 37 CHF (mittags unter der Woche)
– Karte 38/80 CHF

Das Businesshotel liegt im Ortskern, dennoch kann man hier gut parken. Die Zimmer sind geradlinig-zeitgemäss mit individuellem Touch, das Restaurant ist ein gelungener Mix aus modernem und traditionellem Stil. Gekocht wird überwiegend mit regionalen Produkten, die Weine kommen ausschliesslich aus der Schweiz.

in Wilen Süd-West: 3 km – Höhe 506 m – ⊠ 6062

🏠🏠 **Seehotel Wilerbad** ♨ ⟨ 🛋 ⾕ 🖽 🌐 🏠 🅛 🖨 🛜 🏊 🅿
Wilerbadstr. 6 – 𝒞 041 662 70 70 – www.wilerbad.ch
61 Zim 🛏 – 🛏155/210 CHF 🛏🛏280/360 CHF – ½ P
Rest Tagesteller 24 CHF – Menü 59 CHF – Karte 48/88 CHF
Rest *Taptim Thai* Tagesteller 23 CHF – Menü 72 CHF – Karte 47/67 CHF
Im 17. Jh. als Schwefelbad bekannt geworden, heute ein interessanter Mix aus
Tagungs- und Wellnesshotel. Gönnen Sie sich z. B. eine der Spa-Juniorsuiten und
relaxen Sie im 1300 qm grossen Spa - chic das Holz-Stein-Design! Und gastrono-
misch? Traditionelle Küche im Restaurant, Thai-Food im Taptim Thai.

SATIGNY
Genève (GE) – ⊠ 1242 – 3 874 h. – alt. 485 m – Carte régionale **6-A6**
▶ Bern 163 km – Genève 11 km – Bellegarde-sur-Valserine 33 km –
Divonne-les-Bains 23 km
Carte routière Michelin 552-A11

à Peney-Dessus Sud : 3 km par route de Dardagny et voie privée – ⊠ 1242 Satigny

🍽🍽🍽🍽 **Domaine de Châteauvieux** (Philippe Chevrier) avec ch 🍴 ♨ ⟨ 🛋 ⾕
❀❀ *Chemin de Châteauvieux 16 – 𝒞 022 753 15 11* 🆎 ch. 🛜 ⟳ 🅿
– www.chateauvieux.ch – fermé Noël - Nouvel An 2 semaines, Pâques une
semaine, fin juillet - début août 2 semaines, dimanche et lundi
13 ch 🛏 – 🛏260/370 CHF 🛏🛏315/425 CHF – ½ P
Menu 96 CHF (déjeuner en semaine)/290 CHF – Carte 196/216 CHF – *(réservation
conseillée)*
Hors des sentiers battus, au-dessus de la campagne genevoise et des vignes,
cette grande maison de tradition, pleine d'âme et de cachet, cultive l'excellence
! Technicien autant qu'artiste, Philippe Chevrier emprunte des chemins originaux
qui exhaussent... les saveurs les plus naturelles : on renoue ici avec l'essentiel. Et
pour la nuit, les chambres sont délicieuses.
➜ Le tartare de langoustines au Loctudy au caviar Osciètre et toasts au beurre
d'algues. La poularde de Bresse "Miéral" rôtie à la broche, jus à la truffe noir du
Tricastin. Le croustillant au miel et figues noires, poêlé aux épices, glace au poivre
de Tasmanie.

à Peney-Dessous Sud : 3 km – ⊠ 1242 Satigny

🍽 **Le Café de Peney** 🍴
*Route d'Aire-la-Ville 130 – 𝒞 022 753 17 55 – www.cafedepeney.ch – fermé
24 décembre - 2 janvier*
Plat du jour 27 CHF – Menu 65/115 CHF – Carte 89/106 CHF – *(réservation
conseillée)*
Un décor digne d'une carte postale ancienne : des persiennes vertes, de vieux
objets, une terrasse sous la glycine... et, tout aussi intactes, les saveurs de beaux
produits cuisinés avec finesse. Ce Café fait souvent salle comble !

SAX
Sankt Gallen (SG) – ⊠ 9468 – Höhe 484 m – Siehe Regionalatlas **5-I3**
▶ Bern 246 km – Sankt Gallen 63 km – Gamprin 7 km – Eschen 9 km
Michelin Straßenkarte 551-V6

🍽🍽 **Schlössli ⑩** mit Zim ⟨ 🍴 🍸 🛜 ⟳ 🅿
*Gaditsch 1 – 𝒞 081 750 40 90 – www.schloesslisax.ch – geschl. Februar 1 Woche,
November 1 Woche und Sonntagabend - Montag*
9 Zim 🛏 – 🛏115 CHF 🛏🛏195 CHF
Tagesteller 28 CHF – Menü 54/79 CHF – Karte 33/84 CHF
Die ehemaligen Betreiber des "Weissen Kreuzes" in Malans sind samt Team in die-
ses hübsche Haus von 1551 umgezogen - gemütlich die Stuben, herrlich die Ter-
rasse. Das breite Speiseangebot reicht vom Fleischkäse bis zum Berglamm. Tipp:
Bleiben Sie über Nacht - die Zimmer sind wirklich geschmackvoll!

SCHAFFHAUSEN

Schaffhausen (SH) – ⊠ 8200 – 35 413 Ew – Höhe 403 m – Siehe Regionalatlas **4-G1**
▶ Bern 172 km – Zürich 52 km – Winterthur 29 km – Villingen 56 km
Michelin Straßenkarte 551-Q3

🏠 **Die Fischerzunft** ⩽ 📶

Rheinquai 8 – ℰ 052 632 05 05 – www.fischerzunft.ch   Stadtplan : B2**a**
10 Zim ⌕ – 🛉210/260 CHF 🛉🛉295/460 CHF
Rest *Die Fischerzunft* ❀ **Rest *VinOpium*** ☺ – siehe Restaurantauswahl
Nicht nur die hervorragende Fischerzunft-Küche ist ein Grund für einen Besuch
hier: Übernachten Sie doch mal in einem der wirklich geschmackvollen und
wohnlichen Zimmer! Von einigen schaut man zum Rhein. Nicht verpassen sollte
man das ausgezeichnete Frühstück!

🏠 **Bahnhof** garni 📶 ⌂ 📶 🏋 🚗 🅿

Bahnhofstr. 46 – ℰ 052 630 35 35   Stadtplan : A1**e**
– www.hotelbahnhof.ch – geschl. 19. Dezember - 5. Januar
45 Zim ⌕ – 🛉165/270 CHF 🛉🛉220/320 CHF – 3 Suiten
Seit über 100 Jahren werden in dem Haus direkt gegenüber dem Bahnhof schon
Gäste beherbergt und nun, nach abgeschlossener Renovierung, ist es noch schöner angesichts der wohnlichen und modernen Zimmer. Auch für Tagungen eine
geeignete Adresse.

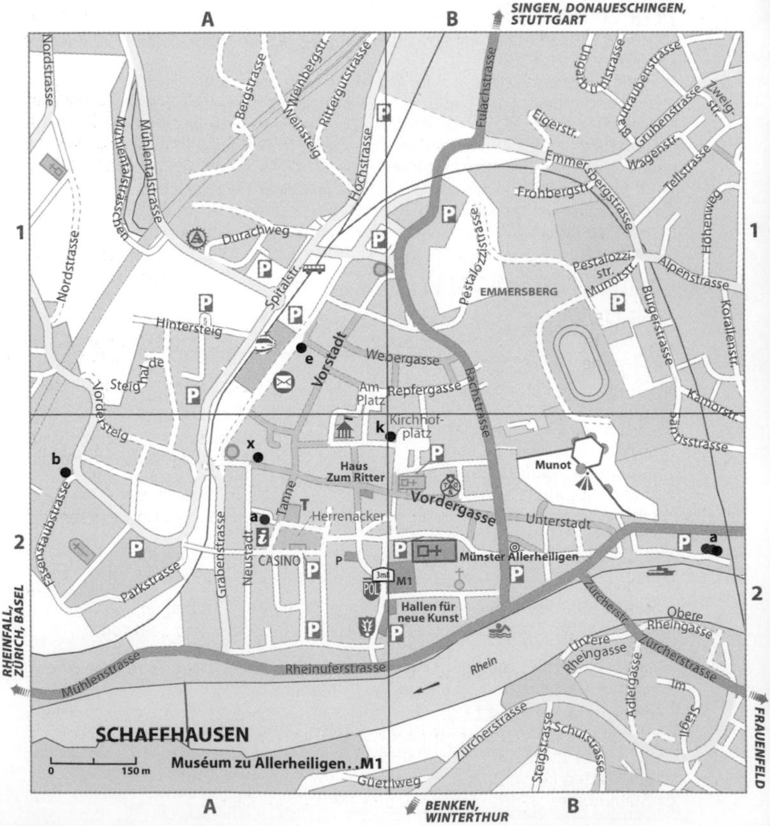

Kronenhof 🛏 🐾 🌊 🦽 Rest. 💢 🛜 🏋

Kirchhofplatz 7 – 𝒞 *052 635 75 75* Stadtplan : B2**k**
– www.kronenhof.ch
41 Zim 🗹 **–** 🛏145/155 CHF 🛏🛏180/210 CHF – 3 Suiten – ½ P
Rest *Kronenstube* Tagesteller 18 CHF – Karte 33/72 CHF
Rest *OX Steakhouse* Karte 30/78 CHF – *(geschl. Sonntag - Montag) (nur Abendessen)*
In dem traditionellen Haus in der Altstadt weht nach der Übernahme durch Familie Pirnstill-Marchesi ein frischer Wind: Neben modernisierten Zimmern hat man den attraktiven kleinen "City Wellness"-Bereich. Und gastronomisch? Da gibt es mittags im gesamten Restaurant regionale Küche, am Abend wird ein Teil davon zum OX Steakhouse.

Promenade 🛏 🌊 🛜 🦽 🏊 🅿

Fäsenstaubstr. 43 – 𝒞 *052 630 77 77* Stadtplan : A2**b**
– www.promenade-schaffhausen.ch – geschl. 22. Dezember - 10. Januar
39 Zim 🗹 **–** 🛏142/175 CHF 🛏🛏200/240 CHF – ½ P
Rest Menü 26/38 CHF – Karte 35/82 CHF
Etwas ausserhalb der Stadt und dennoch nur wenige Gehminuten vom Zentrum steht die schmucke alte Villa, die schon seit rund 30 Jahren als Hotel geführt wird. Die Zimmer sind funktionell und technisch recht gut ausgestattet, das Restaurant ist bürgerlich.

Rüden garni 🌊 🛜 🦽

Oberstadt 20 – 𝒞 *052 632 36 36 – www.rueden.ch* Stadtplan : A2**x**
– geschl. 20. Dezember - 3. Januar
30 Zim 🗹 **–** 🛏170/220 CHF 🛏🛏190/280 CHF
Man investiert hier immer wieder und hält das Hotel gut in Schuss, so hat man das schöne historische Zunfthaus ansprechend modern eingerichtet (chic ist z. B. der Lounge- und Frühstücksbereich geworden!), bewahrt aber bewusst sehenswerte Details wie die alte Treppe unter hohen Decken oder Holzbalken und Mauerwerk in den Zimmern.

🍴🍴🍴 Die Fischerzunft (André Jaeger) – Hotel Die Fischerzunft 🐾 ⬅ 🛏

Rheinquai 8 – 𝒞 *052 632 05 05* Stadtplan : B2**a**
– www.fischerzunft.ch – geschl. 25. Januar - 18. Februar und Montag - Dienstag
Menü 175/235 CHF – Karte 130/192 CHF
Seit 1975 ist der Gross- und Altmeister der Fusion aus asiatischer und französisch-mediterraner Küche nun in seiner Fischerzunft aktiv und ist seinem ganz persönlichen Stil stets treu geblieben. André Jaeger lebt seine Küche und wird dabei trefflich von seiner Frau Jana Zwesper unterstützt - immer wieder ein Erlebnis, zu dem auch noch der tolle Rheinblick kommt.
→ Halber Hummer mit Tandoori auf Hibachi Shanghai Nudelsalat mit Gurken, Sesamcrème, Madras Curry Dip, Yoghurt-Kreuzkümmel, Koriander Sauce, Bretonischer Steinbutt an der Gräte in der Fülle gegärt mit Kräuteremulsion, Reispapillote. Simmenthaler Kalbskotelett für 2 Personen in zwei Gängen serviert.

🍴🍴 Wirtschaft zum Frieden 🛏

Herrenacker 11 – 𝒞 *052 625 47 67* Stadtplan : A2**a**
– www.wirtschaft-frieden.ch – geschl. Ende Dezember - Anfang Januar 2 Wochen, über Ostern 1 Woche, Juli - August 2 Wochen und Sonntag - Montag
Tagesteller 21 CHF – Menü 50 CHF (mittags unter der Woche)/98 CHF
– Karte 51/104 CHF
Während seiner bis ins 15. Jh. zurückreichenden Geschichte hatte das Gasthaus aufgrund eines Nachbarschaftsstreits auch mal den Namen "Wirtschaft zum Streit". Heute ist davon rein gar nichts mehr zu spüren - wie auch angesichts der ambitionierten klassischen Küche von Fabrice Bischoff. Bestellen Sie - wie die vielen Stammgäste - doch mal Bäggli und Milken vom Kalb!

X **VinOpium** – Hotel Die Fischerzunft   85 ≤ 🏠

Rheinquai 8 – 𝒞 052 632 05 05 – www.vinopium.ch   Stadtplan : B2**a**
– geschl. 25. Januar - 18. Februar und Montag - Dienstag
Karte 52/76 CHF
Das Zweitrestaurant von André Jaeger ist mit seinem Bistro-Lounge-Charakter
schön unkompliziert und sehr beliebt. Auch hier finden sich Gerichte mit asiatischer Finesse, z. B. "Orkney-Lachs in Thaivinaigrette", im Kontrast dazu aber
auch "Kalbshackbraten in Schmorsauce"!

in Herblingen Nord-Ost: 3 km über Tulachstrasse B1 – Höhe 404 m –
✉ 8207 Schaffhausen

🏠 **Hohberg**   🏠 ▣ 🗫 ⛱ 🛜 ♨ ℙ

Schweizersbildstr. 20 – 𝒞 052 643 42 50 – www.hotel-hohberg.ch
34 Zim ⌂ – 💲100/185 CHF 💲💲135/215 CHF – 1 Suite – ½ P
Rest Tagesteller 18 CHF – Menü 65 CHF – Karte 39/89 CHF
Die Lage im Gewerbegebiet ist verkehrsgünstig (das Zentrum von Schaffhausen
ist gut erreichbar), dennoch hat man den Wald direkt vor der Tür. Neben zeitgemässen Zimmern, die schön hell eingerichtet sind, gehört zu dem Familienbetrieb
auch ein Restaurant mit traditioneller Küche und eine Pizzeria mit Holzofen. Und
noch etwas für Pferdefreunde: Es gibt hier auch eine Reithalle.

in Neuhausen am Rheinfall Süd-West: 2 km über Mühlenstrasse A2, Richtung
Rheinfall – Höhe 397 m – ✉ 8212

XX **Schlössli Wörth**   ≤ 🏠 ▣ ⇔ ℙ

Rheinfallquai 30, (Am Rheinfall) – 𝒞 052 672 24 21
– www.schloessliwoerth.ch – geschl. 21. Januar - 8. Februar und Oktober - März:
Mittwoch
Tagesteller 39 CHF – Menü 49/97 CHF – Karte 38/93 CHF – *(Tischbestellung*
ratsam)
Viel spektakulärer kann ein Restaurant nicht liegen, denn die ehemalige Zoll-
station findet sich direkt gegenüber dem grössten Wasserfall Europas! An diesem einzigartigen Ort empfängt Sie Daniel Ciapponi als überaus engagierter
Gastgeber, der Ihnen die international-regionalen Speisen seines Küchenteams
serviert.

S-CHANF
Graubünden (GR) – ✉ 7525 – 748 Ew – Höhe 1 667 m – Siehe Regionalatlas **11**-J4
▶ Bern 318 km – Chur 104 km – Triesen 110 km – Triesenberg 114 km
Michelin Straßenkarte 553-Y10

🏠 **Villa Flor** garni   ⇔ 🛜 ℙ

Somvih 19 – 𝒞 081 851 22 30 – www.villaflor.ch
7 Zim ⌂ – 💲220/410 CHF 💲💲220/410 CHF
Die Gäste mögen die persönliche Gästebetreuung durch die Chefin ebenso
wie das attraktive Interieur der 1904 erbauten Villa. Vom Flur über den Salon
und die Bibliothek bis in die Gästezimmer mischt sich auf überaus stilvolle Art
und Weise Historisches (Jugendstildekor, Holztäferung, Kachelofen...) mit
dezenten modernen Details und wechselnder Kunst. Unter all dem schönen
Alten setzen die schicken geradlinig-zeitgemässen und meist offenen Bäder
sehenswerte Akzente.

Sie möchten spontan verreisen? Besuchen Sie die Internetseiten der Hotels,
um von deren Sonderkonditionen zu profitieren.

SCHANGNAU
Bern (BE) – ✉ 6197 – 903 Ew – Höhe 933 m – Siehe Regionalatlas **8**-E4
▶ Bern 55 km – Langnau im Emmental 26 km – Luzern 59 km – Thun 29 km
Michelin Straßenkarte 551-L8

in Kemmeriboden-Bad Süd-Ost: 8 km – Höhe 979 m – ⊠ 6197 Schangnau

🏠 **Kemmeriboden-Bad** 🦢 < 🛋 🛖 🐒 😩 ৬ 🤶 🖄 **P**
Kemmeriboden – ℰ 034 493 77 77 – www.kemmeriboden.ch – geschl. Dezember 3 Wochen, April 1 Woche
27 Zim 🖵 – ♦110/215 CHF ♦♦156/280 CHF – 3 Suiten – ½ P
Rest Tagesteller 27 CHF – Menü 79 CHF – Karte 41/72 CHF – *(geschl. Sonntagabend, November - April : Sonntagabend - Montag)*
Herrlich ruhig liegt der historische Gasthof mit der schmucken Holzfassade am Ende des Tals. Die Zimmer sind recht unterschiedlich, im Winter kann man sogar im Iglu übernachten! Und wie wär's mit Fondue im Iglu-Restaurant? Ansonsten speist man in gemütlich-rustikalem Ambiente oder draussen unter alten Linden.

SCHEUNENBERG

Bern (BE) – ⊠ 3251 – Höhe 487 m – – ⊠ Wengi B. Büren
– Siehe Regionalatlas **2**-D4
▶ Bern 26 km – Biel 20 km – Burgdorf 31 km – Neuchâtel 49 km
Michelin Straßenkarte 551-I-J6

XX **Sonne** (Kurt Mösching) 🕸 🛖 ⇔ **P**
🍴 *Scheunenberg 70 – ℰ 032 389 15 45 – www.sonne-scheunenberg.ch – geschl. 16. Februar - 3. März, 21. September - 6. Oktober und Montag - Dienstag*
🌸 Tagesteller 40 CHF – Menü 69 CHF (mittags unter der Woche)/155 CHF
– Karte 119/144 CHF – *(Tischbestellung ratsam)*
Gastgeber in dem stilvollen Bauernhaus a. d. 19. Jh. sind die gebürtige Dänin Iris Mösching und Oberländer Kurt Mösching. Beide leben ihren Beruf, und das sehr charmant. Der Patron setzt in seiner feinen Küche auf Top-Produkte, eine klassische Basis und einen Schuss Kreativität. Tipp: der lauschige Garten!
→ Scampi auf frischen Eierschwämmchen mit Gemüse, Mango Chutney und hausgemachten Nudeln. Jakobsmuschel-Carpaccio mit Thunfisch-Sashimi auf mariniertem Gemüse. Maibock auf Rahmwirsing mit Artischocken und Rosmarinsauce.
Bistro 🕮 – siehe Restaurantauswahl

X **Bistro** – Restaurant Sonne 🕸 🛖 **P**
🕮 *Scheunenberg 70 – ℰ 032 389 15 45 – www.sonne-scheunenberg.ch – geschl. 16. Februar - 3. März, 21. September - 6. Oktober und Montag - Dienstag*
Tagesteller 25 CHF – Karte 63/92 CHF
Auch das Bistro der "Sonne" hat seinen Reiz, denn auch hier wird frisch gekocht, vom Klassiker "Aperitif-Turm" bis zum "Rindsschmorbraten mit Gemüse und Polenta". Und obendrein sitzt man auch noch gemütlich. Auf Nachfrage bekommt man auch die Menüs des Gourmetrestaurants.

SCHINDELLEGI

Schwyz (SZ) – ⊠ 8834 – Siehe Regionalatlas **4**-G3
▶ Bern 158 km – Schwyz 24 km – Zug 31 km – Zürich 33 km
Michelin Straßenkarte 551-Q6

🏠 **Ramada** 🛖 🛎 ৬ Zim, 🤶 🖳 🚗 **P**
Chaltenbodenstr. 16 – ℰ 044 788 99 99 – www.ramada-feusisberg.ch
82 Zim 🖵 – ♦165/370 CHF ♦♦195/400 CHF – ½ P
Rest Tagesteller 17 CHF – Menü 23/79 CHF – Karte 37/125 CHF
Praktisch ist die Lage im Industriegebiet, chic das klare, moderne Design in erdigen Tönen. Mit im Haus: "Sihlpark Wellness" auf 1500 qm mit Sauna- und Fitnessbereich. Im Restaurant Fuego liegt der Schwerpunkt auf Grillgerichten aus der Showküche.

SCHLARIGNA – Graubünden → Siehe Celerina

SCHLATTINGEN

Thurgau (TG) – ⊠ 8255 – Höhe 427 m – Siehe Regionalatlas **4**-G2
▶ Bern 170 km – Zürich 51 km – Frauenfeld 20 km – Schaffhausen 14 km
Michelin Straßenkarte 551-R3

ぶぶ   **dreizehn sinne im huuswurz ⓝ** (Cornelius Speinle)   🏠 ⊘

ぶ   *Obstgartenstr. 5 – ℰ 052 657 17 29 – www.dreizehnsinne.ch – geschl. 26. Januar*
- 8. Februar, 27. Juli - 9. August und Sonntagabend - Dienstag
Menü 139 CHF – *(nur Abendessen, sonntags auch Mittagessen) (Tischbestellung ratsam)*
"Willkommen im Wohnzimmer von Kirstin und Cornelius Speinle"! So fühlt man sich in dem intimen kleinen Restaurant, wenn sich die "gute Seele" des Hauses liebevoll um Sie kümmert. Etwas Besonderes ist auch die Küche: aufwändig und doch reduziert, spannend, ohne abzuheben, innovativ ohne übertriebene Spielerei.
→ Gänseleberroyale mit Wachtelessenz, Wachtelchip und Waldpilzen. Geschmorte Froschschenkel mit Bärlauch, Knoblauch und Weissbierschaum. Lammrücken mit Aubergine, Mönchsbart, Zwiebelgel und Kartoffelgalantine.

ぶ   **Frieden "Ban Thai"**   🅰🅲 🅿

Hauptstr. 10 – ℰ 052 657 33 52 – www.ban-thai.ch – geschl. Ende Dezember
- Anfang Januar, Ende Juli - Anfang August und Sonntag
Menü 40/75 CHF – Karte 31/69 CHF – *(nur Abendessen)*
In einem alten Gasthof in der Ortsmitte befindet sich das freundliche Restaurant mit familiärer Atmosphäre und authentisch zubereiteter thailändischer Küche.

SCHÖFTLAND

Aargau (AG) – ✉ 5040 – 3 895 Ew – Siehe Regionalatlas **3**-E3
▶ Bern 81 km – Aarau 12 km – Liestal 49 km – Luzern 40 km
Michelin Straßenkarte 551-M5

ぶぶ   **Schlossgarten**   🕭 🏠 ♿ 🅰🅲 ✄ ⇆ 🅿

Dorfstr. 3 – ℰ 062 721 52 57 – www.schlossgarten-schoeftland.ch – geschl.
Sonntag - Montag
Menü 95/180 CHF – Karte 60/168 CHF – *(nur Abendessen)*
Beizli Tagesteller 24 CHF – Menü 59 CHF (mittags unter der Woche)
– Karte 39/82 CHF – *(geschl. Sonntagabend - Montag)*
An der Stelle der einstigen Schlossstallungen steht heute das "Gourmet" von Andrea und Christian (Mitti) Mitterbacher. Abends serviert man moderne Küche wie "Skrei mit Limone und geräuchertem Kartoffelschaum". Im Beizli einfachere Auswahl.

SCHÖNBÜHL

Bern (BE) – ✉ 3322 – Höhe 526 m – Siehe Regionalatlas **2**-D4
▶ Bern 18 km – Biel 36 km – Burgdorf 15 km – Neuchâtel 64 km
Michelin Straßenkarte 551-J7

ぶぶ   **Schönbühl** mit Zim   🕭 ⌱ 🏠 🛏 🛜 ⇆ 🛁 🅿

Alte Bernstr. 11 – ℰ 031 859 69 69 – www.gasthof-schoenbuehl.ch – geschl. über
Weihnachten und Mittwoch
11 Zim 🖵 – 🛏119/135 CHF 🛏🛏189/205 CHF – ½ P
Tagesteller 19 CHF – Menü 40/65 CHF – Karte 33/80 CHF – *(Tischbestellung ratsam)*
Seit Generationen leitet Familie Gerber den Gasthof von 1846 mit seinen charmanten Stuben. Zur frischen bürgerlichen Küche ("Gerber's Gschnätzlets" oder auch "Lammrücken in der Kräuterkruste") passt die schöne Bordeaux-Auswahl. Toll: die Terrasse unter Platanen. Übernachten kann man in zeitgemässen Zimmern.

SCHÖNENWERD

Solothurn (SO) – ✉ 5012 – 4 826 Ew – Höhe 379 m – Siehe Regionalatlas **3**-E3
▶ Bern 77 km – Aarau 5 km – Baden 31 km – Basel 59 km
Michelin Straßenkarte 551-M5

Storchen 　　　　　　　　🏠 🅿 ⑁ 🎬 Rest, ⚻ 🛜 🛁 🅿

Oltnerstr. 16 – ☎ 062 858 47 47 – www.hotelstorchen.ch – geschl. 20. Dezember - 10. Januar

49 Zim ⌂ – †120/201 CHF ††170/235 CHF – 1 Suite – ½ P

Rest *A la Carte* Tagesteller 20 CHF – Menü 40 CHF (mittags unter der Woche) – Karte 47/72 CHF – *(geschl. Sonntag)*

Rest *Giardino* Tagesteller 22 CHF – Karte 45/67 CHF

Ein funktionelles Geschäftshotel in der Ortsmitte mit guten Tagungsmöglichkeiten und modernen Zimmern. Das Restaurant A la Carte wird durch das legere Bistro Giardino ergänzt - die Terrasse ist für beide Bereiche.

SCHÖNRIED – Bern ➜ Siehe Gstaad

SCHWARZHÄUSERN

Bern (BE) – ✉ 4911 – 503 Ew – Siehe Regionalatlas **3**-E3

▶ Bern 53 km – Aarau 43 km – Luzern 72 km – Delémont 52 km

Michelin Straßenkarte 551-L5

Grossweier ❶ 　　　　　　　　　　🏠 ⇄ 🅿

Grossweier 12, Nord: 1 km Richtung Wolfwil – ☎ 062 922 38 38 – www.grossweier.ch – geschl. Anfang Januar 1 Woche, Juli 2 Wochen, Oktober 1 Woche und Mittwoch - Donnerstag

Tagesteller 18 CHF – Menü 63 CHF – Karte 46/97 CHF

Nach vielen Wanderjahren ist Fredi Boss sesshaft geworden und betreibt nun zusammen mit Partnerin Kati Petschke diesen Landgasthof. In der einfachen Gaststube und im eleganten Säli gibt es frische bürgerliche Speisen wie Kotelett vom Freilandschwein sowie hausgemachte Pasta und weitere mediterrane Einflüsse.

SCHWARZSEE

Fribourg (FR) – ✉ 1716 – alt. 1 050 m – Carte régionale **7**-D5

▶ Bern 54 km – Fribourg 27 km – Lausanne 107 km – Sion 158 km

Carte routière Michelin 552-I9

Hostellerie am Schwarzsee 　　　⇐ 🛗 🏠 🖳 ⚻ 🎬 ⑁ 🛜 🛁 🚗

Seestr. 10 – ☎ 026 412 74 74 – www.hostellerieamschwarzsee.ch

40 ch ⌂ – †110/140 CHF ††175/240 CHF – 10 suites – ½ P

Rest Menu 49 CHF (dîner) – Carte 36/94 CHF

À 1 040 m d'altitude, ce grand chalet borde le lac Noir et offre une vue imprenable sur les Préalpes. Les chambres, avec balcon, sont habillées de pin et de couleurs acidulées. La grande terrasse tout comme l'espace détente (sauna, piscine, etc.) regardent les montagnes. Nature et air pur...

SCHWELLBRUNN

Appenzell Ausserrhoden (AR) – ✉ 9103 – 1 476 Ew – Siehe Regionalatlas **5**-H2

▶ Bern 205 km – Herisau 7 km – Appenzell 17 km – Frauenfeld 46 km

Michelin Straßenkarte 551-T5

Kuk ❶ 　　　　　　　　　　　　🏠 ⇄ 🅿

Im Rank 83 – ☎ 071 351 12 12 – www.kukimrank.ch – geschl. Sonntag - Dienstag

Tagesteller 26 CHF – Menü 49 CHF (mittags)/115 CHF (abends)

Die Schulbank muss man in der ehemaligen Dorfschule nicht mehr drücken, auch wenn die Deko noch etwas daran erinnert. Heute spielen hier Kunst und Genuss die Hauptrolle. In dem urigen kleinen Restaurant gibt es mittags und abends je ein Menü, am Mittag auch mal deftigen Hackbraten, am Abend kocht man feiner.

SCHWENDE – Appenzell Innerrhoden ➜ Siehe Appenzell

SCHWYZ

Schwyz (SZ) – ✉ 6430 – 14 663 Ew – Höhe 501 m – Siehe Regionalatlas **4**-G4

▶ Bern 150 km – Luzern 47 km – Altdorf 19 km – Einsiedeln 27 km

Michelin Straßenkarte 551-Q7

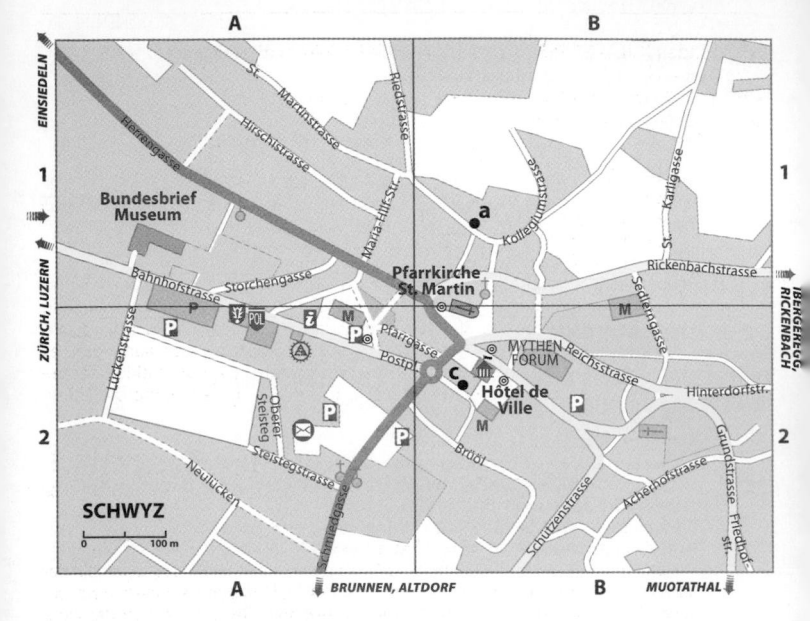

A ⬛ BRUNNEN, ALTDORF   B ⬛ MUOTATHAL ⬛

Wysses Rössli

Am Hauptplatz 3 – ℰ 041 811 19 22 – www.wrsz.ch   Stadtplan : B2**c**
– geschl. 26. Dezember - 4. Januar

27 Zim 🛏 – ♦120/170 CHF ♦♦200/290 CHF – ½ P
Rest Tagesteller 25 CHF – Menü 40/95 CHF – Karte 41/85 CHF

Mitten im Ort steht das Stadthaus mit der klassischen Fassade, in dem zeitlos eingerichtete Gästezimmer und einige Biedermeierzimmer bereitstehen. In gemütlichen Stuben bietet man internationale und regionale Gerichte. Hübsch ist die historische Täferstube.

Schwyzer-Stubli

Riedstr. 3 – ℰ 041 811 10 66 – www.schwyzer-stubli.ch   Stadtplan : B1**a**
– geschl. 1. - 5. Januar, 13. Juli - 3. August, 24. - 31. Dezember und Samstagmittag, Sonntag - Montag
Tagesteller 24 CHF – Menü 75/99 CHF – Karte 50/96 CHF

Ein behagliches Gasthaus mit sehenswerter Täferung. Neben einer elegant-modernen Raucherlounge verfügt man auch über eine ruhig gelegene berankte Terrasse.

Nord-West 5,5 km über Herrengasse A1, Richtung Einsiedeln – ✉ 6422 Steinen

Adelboden (Franz Wiget)

✿✿ *Schlagstrasse – ℰ 041 832 12 42 – www.wiget-adelboden.ch – geschl. 24. Dezember - 3. Januar, 15. Februar - 12. März, 12. Juli - 6. August und Sonntag - Montag*
Menü 85 CHF (mittags unter der Woche)/185 CHF – Karte 127/159 CHF –
(Tischbestellung ratsam)

Franz Wiget - das bedeutet klassisch basierte, ehrliche, geradlinige Küche, die gänzlich auf Spielereien verzichtet. Was hier zählt, sind Produktqualität und Geschmack. Und was könnte einen derartigen kulinarischen Genuss besser begleiten als ein schönes Ambiente (gemütlich die Stuben, herrlich die Terrasse) und ein versierter, umsichtiger Service? Letzterer ist für Ruth Wiget eine Herzenssache.

→ Gänseleber "au torchon" mit schwarzem Pfeffer, Kirschen-Bonbons und hausgebackenem Brioche. Dombes Wachtel mit Entenleber und unserem "Gummelistunggis" mit Périgord Trüffel. Pochierter Pfirsich "Melba" mit Vanilleglace, Himbeeren und Mandeln.

SCUOL (SCHULS)

Graubünden (GR) – ⊠ 7550 – 2 333 Ew – Höhe 1 244 m (Wintersport : 1 250/ 2 783 m) – Siehe Regionalatlas **11-K4**

▶ Bern 317 km – Chur 106 km – Davos 49 km – Landeck 59 km

Michelin Straßenkarte 553-Z9

🏠 **Belvédère** ≤ 🏠 🍴 ⋔ ℐ 🛏 ఉ Zim, 🚶 ℀ Rest, 🛜 🏋 🚗

Stradun 330 – 𝒞 081 861 06 06   Stadtplan : B1**z**
– www.belvedere-scuol.ch
81 Zim ☲ – 🛏150/250 CHF 🛏🛏260/470 CHF – 12 Suiten – ½ P
Rest Menü 69/89 CHF (abends) – Karte 69/77 CHF

Schon der interessante Architektur-Mix spricht einen an: ein traditionsreiches Haus von 1876, daneben der moderne Südflügel Ala Nova sowie der Neubau Chasa Nova (hier schicke Suiten). Zum Engadin Bad Scuol (erreichbar durch die Passarelle) haben Sie freien Zutritt, Anwendungen und Sauna gibt es aber auch direkt im Hotel. Sie essen gerne draußen? Eine der beiden Terrassen liegt schön nach hinten, mit Bergblick. Familien nutzen gerne die Paket-Angebote im Haus.

🏠 **Guarda Val** ≤ 🏠 ⋔ 🛜 🏋 🚗 **P**

Vi 383 – 𝒞 081 861 09 09 – www.guardaval-scuol.ch   Stadtplan : B1**g**
– geschl. 12. April - 4. Juni
36 Zim ☲ – 🛏170/265 CHF 🛏🛏240/420 CHF – 3 Suiten – ½ P
Rest *Guarda Val* – siehe Restaurantauswahl

Für alle, die Trubel lieber meiden: Gruppen werden Ihnen keine begegnen, Kinder auch nur hier und da. Dafür ein wirklich schönes Ambiente aus warmem Holz und klaren Linien, aus Tradition und Moderne. Versäumen Sie es nicht, von der wunderbaren Terrasse der Cheminée-Bar den Blick schweifen zu lassen! Praktisch: Durch den Verbindungsgang gelangen Sie zu den Partnerhotels Belvédère und Belvair sowie zum Engadin Bad Scuol.

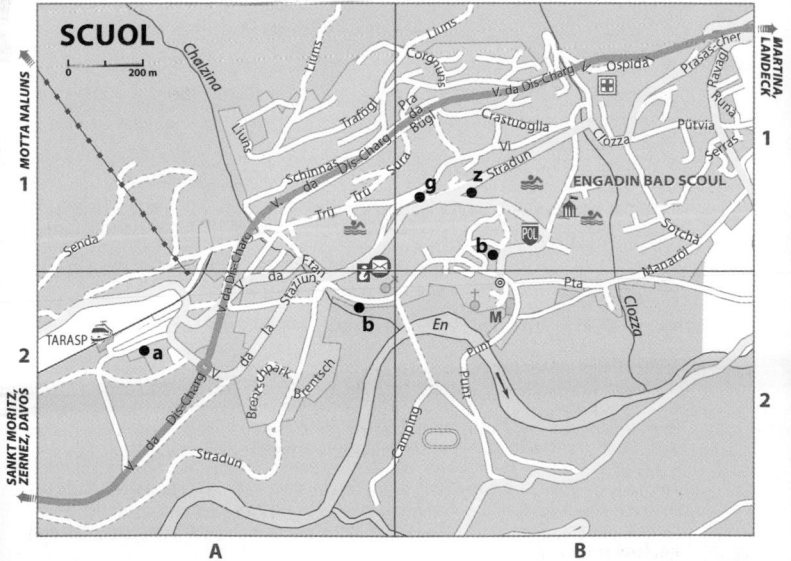

Altana ⟨ 🛱 🖳 & 🛜 🚗 **P**

Via Staziun 496 – ✆ 081 861 11 11 – www.altana.ch   Stadtplan : A2**a**
– geschl. 22. März - 5. Juni, 18. Oktober - 19. Dezember
24 Zim 🖃 – ♦139/179 CHF ♦♦180/328 CHF – ½ P
Rest Tagesteller 18 CHF – Menü 85 CHF – Karte 45/108 CHF
Nur einen Steinwurf von der Seilbahn entfernt wohnt man bei engagierten Gastgebern. In den Zimmern massive Erlenholzmöbel, die mit Öl und Wachs natürlich
behandelt sind; die nach Süden mit Balkon. Von der Sonnenterrasse des Restaurants schaut man auf Tal und Berge.

Engiadina 🍴 🛜 🚗 **P**

Rablüzza 152 – ✆ 081 864 14 21   Stadtplan : B1**b**
*– www.hotel-engiadina.ch – geschl. 10. April - 30. Mai, 2. November
- 18. Dezember*
14 Zim 🖃 – ♦120/290 CHF ♦♦184/304 CHF – 2 Suiten – ½ P
Rest Menü 47 CHF (abends) – Karte 34/85 CHF – *(geschl. Sonntag - Montag)*
In dem alten Engadiner Haus in einer beschaulichen Seitenstrasse betreut Familie
Barbüda-Giston wohltuend persönlich ihre Gäste. Kleines Highlight: die Dach-
geschoss-Suite mit offenem Holzgiebel im Chasa Ladina. Auch in den Restaurantstuben sorgt reichlich Holz für heimelige Atmosphäre. Regionale Küche.

Filli ⟨ 🛱 🖳 🛜 **P**

Chantröven 107 – ✆ 081 864 99 27 – www.filli-scuol.ch   Stadtplan : A2**b**
– geschl. Anfang April - Mitte Mai, Anfang November - Mitte Dezember
21 Zim 🖃 – ♦110/160 CHF ♦♦210/320 CHF – ½ P
Rest Tagesteller 19 CHF – Menü 54/72 CHF – Karte 48/80 CHF
Hier schläft man in soliden und gepflegten Zimmern (im Engadiner Stil oder auch
moderner) und lässt sich in zeitgemäss-geradlinigem Ambiente bürgerliche
Schweizer Küche servieren - und wer beim Essen gerne eine schöne Aussicht
hat, nimmt am besten auf der Terrasse Platz.

✕✕ Guarda Val – Hotel Guarda Val ⟨ 🚗 🍴 **P**

Vi 383 – ✆ 081 861 09 09 – www.guardaval-scuol.ch   Stadtplan : B1**g**
– geschl. 12. April - 4. Juni und ausser Saison: Sonntag - Montag
Menü 69/109 CHF – Karte 68/90 CHF – *(nur Abendessen) (Tischbestellung
erforderlich)*
Das auf verschiedenen Ebenen angelegte Restaurant besticht durch eine
moderne Interpretation alpenländischen Stils. Und die Küche? Die bietet ein Aus-
wahlmenü mit regionalen und internationalen Gerichten - frisch und gut.

in Vulpera Süd-West: 3 km über Via da Dis-Charg A2 – Höhe 1 268 m – ✉ 7552

Villa Post 🍴 ⟨ 🛱 🖳 & Zim, 🛜 Zim, 🛜 ♨ **P**

*– ✆ 081 864 11 12 – www.villa-post.ch – geschl. April - Mai und Ende Oktober
- Mitte Dezember*
25 Zim 🖃 – ♦75/125 CHF ♦♦139/290 CHF – ½ P
Rest *Palatin* Menü 55 CHF – Karte 42/72 CHF – *(nur Abendessen)*
Ein mit schönen antiken Einzelstücken dekoriertes Hotel am Kurpark. Rustikale
Zimmer, teils gemütlich mit Dachschräge oder auch mit Blick auf die Wildfutter-
krippe. Im Palatin, einer geschmackvollen Arvenstube, bietet man eine kleine
regionale und internationale Karte - hier sitzen übrigens auch die Hotelgäste
beim täglich wechselnden HP-Menü. Panoramaterrasse.

in Tarasp Süd-West: 6 km über Via da Dis-Charg A2 – Höhe 1 414 m – ✉ 7553

Schlosshotel Chastè 🍴 ⟨ 🚗 ♨ 🍴 🛜 🚗 **P**

*Sparsels – ✆ 081 861 30 60 – www.schlosshoteltarasp.ch – geschl. Ende
März - Ende Mai, Mitte Oktober - Mitte Dezember*
16 Zim 🖃 – ♦175/185 CHF ♦♦300/390 CHF – 2 Suiten – ½ P
Rest *Restaurant Chastè* – siehe Restaurantauswahl
Es ist kein Schloss, auch wenn der Name das vielleicht vermuten liesse (das
Schloss liegt aber in Sichtweite), sondern ein über 400 Jahre altes Bauernhaus,
das mit seinem heimeligen Arvenholz den Charme des kleinen Bergdorfs widerspiegelt. Wärme, Behaglichkeit, viele kleine Aufmerksamkeiten und eine persönliche, familiäre Gästebetreuung, wie man sie nur selten findet!

XX **Restaurant Chastè** – Schlosshotel Chastè   🕸 ⪡ 🏠 ⚙ **P**

Sparsels – 𝒞 081 861 30 60 – www.schlosshoteltarasp.ch – geschl. Ende
März - Ende Mai, Mitte Oktober - Mitte Dezember und Montag - Dienstag
Tagesteller 35 CHF – Menü 55 CHF (mittags unter der Woche)/140 CHF
– Karte 60/96 CHF
Das gemütliche Restaurant (wohltuendes Arvenholz, wohin man schaut) hat sich
zu einem Klassiker des Unterengadins entwickelt - das liegt natürlich in erster
Linie an der schmackhaften französischen Küche, die es z. B. als "Engadiner
Lammrücken in Estragon-Meaux-Senf-Sauce" gibt. Mittags ist die Karte kleiner.

SEDRUN

Graubünden (GR) – ✉ 7188 – 1 542 Ew – Höhe 1 441 m (Wintersport : 1 450/
2 215 m) – Siehe Regionalatlas **9**-G5
▶ Bern 169 km – Andermatt 23 km – Altdorf 57 km – Bellinzona 105 km
Michelin Straßenkarte 553-Q9

🏠 **La Cruna**   🕉 📶 🛜 ⚗ **P**

🍽 *Via Alpsu 65 – 𝒞 081 920 40 40 – www.hotelcruna.ch – geschl. 7. April - 8. Mai,*
25. Oktober - 4. Dezember
29 Zim ⛄ – 🛏90/145 CHF 🛏🛏140/230 CHF – ½ P
Rest *Tavetscher-Gaststube* – siehe Restaurantauswahl
In dem traditionsreichen Gasthaus sorgt Familie Russi dafür, dass man freundlich
betreut wird und behaglich wohnt. Wer es besonders komfortabel mag, bucht die
Suite "Raffael" oder eine der beiden schicken modern-alpenländischen Juniorsuiten "Cavradi" oder "Badus" im Dachgeschoss. Sind Ihnen übrigens die bemalten
Gamsgeweihe aufgefallen? Hier hat die Chefin ihre kreative Ader gezeigt!

🏠 **Soliva**   ⪡ 🏠 🕉 📶 ⚗ 🛜 🚪

😊 *Via Alpsu 83 – 𝒞 081 949 11 14 – www.hotelsoliva.ch – geschl. 1. - 16. Juni, 1.*
- 16. Dezember
18 Zim ⛄ – 🛏70/160 CHF 🛏🛏150/230 CHF
Rest Tagesteller 19 CHF – Karte 30/75 CHF – *(geschl. ausser Saison Montag)* ・
Besonders Familien fühlen sich in dem schönen Bündnerhaus mitten im Dorf wohl
- ideal sind da die vier Maisonetten! Die persönliche Atmosphäre kommt gut an,
ebenso die gepflegte regionstypische Einrichtung, die auch in der rustikalen Gaststube für Behaglichkeit sorgt - für Raucher hat man hier auch einen Bereich.

XX **Tavetscher-Gaststube** – Hotel La Cruna   🏠 ⟳

Via Alpsu 65 – 𝒞 081 920 40 40 – www.hotelcruna.ch – geschl. 7. April - 8. Mai,
25. Oktober - 4. Dezember; Mai - Juni sowie September - Oktober: Mittwoch
Tagesteller 21 CHF – Karte 43/86 CHF
So richtig gemütlich ist es in den Stuben hier, ganz besonders in der ursprünglich
aus dem Jahre 1796 stammenden original Bündnerstube! Es gibt traditionell-
regionale Küche mit internationalem Einfluss - ein beliebter Klassiker des Hauses
ist das "Cordon bleu vom Schwein mit Coppa, Brie und Oregano". Man beachte
die tolle Grappa-Auswahl!

SEEBACH   Zürich ➜ Siehe Zürich

SEEDORF

Bern (BE) – ✉ 3267 – 2 968 Ew – Höhe 565 m – Siehe Regionalatlas **2**-D4
▶ Bern 18 km – Biel 21 km – Fribourg 48 km – Neuchâtel 39 km
Michelin Straßenkarte 551-I7

in Baggwil Süd-Ost: 0,5 km – Höhe 605 m – ✉ 3267 Seedorf

X **Curtovino**   🕸 🏠 ⚙ **P**

😊 *Bernstr. 104 – 𝒞 032 392 55 32 – www.curtovino.ch – geschl. Samstagmittag,*
Sonntag - Montag
Tagesteller 18 CHF – Menü 75 CHF – Karte 49/89 CHF
Hier bietet man internationale Küche sowie einen Weinkeller mit Bordelais-Trou-
vaillen und Weinwochen. Dekorativ sind die farbenfrohen Bilder des Chefs.
Texas-Lounge mit Grill.

SEMENTINA
Ticino (TI) – ⊠ 6514 – 3 111 ab. – alt. 225 m – Carta regionale **10-H6**
▶ Bern 221 km – Locarno 17 km – Bellinzona 3 km – Lugano 29 km
Carta stradale Michelin 553-S12

 Fattoria L'Amorosa 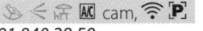 cam,
via Moyar 11, Sud-Ovest : 2,5 km direzione Gudo – ℰ *091 840 29 50*
– www.amorosa.ch
10 cam ⊡ – ♦80/160 CHF ♦♦150/300 CHF
Rist Menu 46/130 CHF – *(chiuso novembre - febbraio : domenica sera e lunedì)*
Al confine tra Sementina e Gudo, tra dolci colline terrazzate a vigneti, suite ed
ampie camere per famiglie in due strutture attigue: ambienti di gusto rustico-medi-
terraneo. Sala degustazione-osteria dove assaporare una schietta cucina locale.

SEMPACH
Luzern (LU) – ⊠ 6204 – 4 105 Ew – Höhe 515 m – Siehe Regionalatlas **4-F3**
▶ Bern 98 km – Luzern 19 km – Aarau 51 km – Zug 40 km
Michelin Straßenkarte 551-N6

ᛮᛮ **Gasthof Adler** mit Zim
ⓒ *Stadtstr. 22 –* ℰ *041 460 13 23 – www.adler-sempach.ch – geschl. 8.*
- 23. Februar, 26. September - 12. Oktober und Sonntag - Montag
3 Zim ⊡ – ♦110 CHF ♦♦160 CHF
Tagesteller 22 CHF – Menü 58 CHF (mittags)/102 CHF – Karte 50/98 CHF
Sympathisch und versiert leiten Heidi und Hanspeter Künzli den über 400 Jahre
alten "Adler" im Herzen der Altstadt. Der Chef kocht Klassisches wie Rindstatar
und Regionales wie Felchen aus dem Sempachersee sowie "Chlinigkeite" oder
"Öppis för dä Gloscht". Terrassen hat man sogar zwei: zur Stadt oder zum See!

SEMPACH STATION
Luzern (LU) – ⊠ 6203 – Höhe 514 m – Siehe Regionalatlas **4-F3**
▶ Bern 101 km – Luzern 16 km – Olten 43 km – Sursee 11 km
Michelin Straßenkarte 551-N6

🏠 **BIRDLAND THE HOTEL** ❶ garni
Eichenstr. 1 – ℰ *041 369 81 81 – www.birdland-hotel.ch*
44 Zim ⊡ – ♦111/166 CHF ♦♦151/287 CHF
Hochwertig und topmodern. In den Zimmern schöner Holzboden, helle Naturfarben und edel schimmernde Goldtöne - gewidmet sind sie bedrohten Vogelarten,
einschliesslich akustischer Untermalung. Etwas Besonderes: Shuttle im original
Londoner Taxi. Sie mögen Golf? Indoor-Simulator und Putting Green.

ᛮᛮ **Sempacherhof - Säli** mit Zim
ⓒ *Bahnhofstr. 13* ⊠ *6203 –* ℰ *041 469 70 10 – www.sempacherhof.ch – geschl.*
Ende Juli - Anfang August 2 Wochen und Samstagmittag, Sonntag
5 Zim ⊡ – ♦110/120 CHF ♦♦172 CHF – ½ P
Tagesteller 19 CHF – Menü 49 CHF – Karte 47/78 CHF
Rosso Menü 45 CHF (abends) – Karte 41/65 CHF
Ein wirklich tipptopp gepflegter Betrieb, den das Gastgeberpaar hier führt. Das
Ambiente gediegen-elegant, die Küche zeitgemäss-saisonal und die Auswahl an
österreichischen Weissweinen, italienischen Rotweinen sowie Bordeaux ist sehr
ansprechend! Man bietet auch regelmässig interessante Weinverkostungen. Traditionelle und mediterrane Gerichte im Rosso.

SENT
Graubünden (GR) – ⊠ 7554 – 903 Ew – Höhe 1 440 m – Siehe Regionalatlas **11-K4**
▶ Bern 322 km – Chur 109 km – Bregenz 171 km – Triesenberg 119 km
Michelin Straßenkarte 553-AA8

🏠 Pensiun Aldier   🛋 📶 🅿

*Plaz 154 – 𝒞 081 860 30 00 – www.aldier.ch – geschl. November - Mitte
Dezember, Mitte April - Mitte Juni*
16 Zim 🛏 – 🛏189/259 CHF 🛏🛏270/370 CHF – ½ P
Rest Tagesteller 25 CHF – Karte 50/88 CHF

Sollte Carlos Gross seine bemerkenswerte Kunstsammlung anderen vorenthalten?
Ein klares "Nein" - und so entstand die Idee eines eigenen Hotels mit integriertem
Museum! Und nicht nur im Gewölbekeller, sondern im ganzen Haus finden die
Gemälde und Skulpturen der Gebrüder Alberto und Diego Giacometti sowie die
Fotografien von Ernst Scheidegger gebührende Beachtung. Aber auch die hoch-
wertige Einrichtung in Zimmern, Restaurant, Lounge und Bar zieht Blicke auf
sich: klare moderne Formen kombiniert mit warmem Holz.

Le SENTIER – Vaud ➜ Voir à Joux (Vallée de)

SEON
Aargau (AG) – ✉ 5703 – 4 795 Ew – Höhe 446 m – Siehe Regionalatlas **3**-F3
▶ Bern 90 km – Aarau 14 km – Baden 22 km – Luzern 41 km
Michelin Straßenkarte 551-N5

❌❌ Bänziger   🛋 ✂ 🅿

*Seetalstr. 43 – 𝒞 062 775 11 39 – www.restaurant-baenziger.ch – geschl. Anfang
Januar, Mai 2 Wochen, September 2 Wochen und Montag - Dienstag*
Menü 95/130 CHF – Karte 63/105 CHF – (nur Abendessen)
Man kommt einfach gern zu Marianne Müller und Martin Bänziger. Das liegt am
freundlichen und unaufdringlichen Service, an der charmanten Atmosphäre und
natürlich an der schmackhaften klassischen Küche des Patrons. Aus sehr guten
Produkten bereitet er z. B. "Engadiner Lammrücken in der Kräuterkruste" zu.

Le SÉPEY
Vaud (VD) – ✉ 1863 – 1 025 h. – Carte régionale **7**-C6
▶ Bern 116 km – Lausanne 57 km – Fribourg 85 km – Sion 67 km
Carte routière Michelin 552 G11

🏠 Le Cerf 🅾   🛋 🏨 🛗 📶 🚗 🅿

Grand Rue 5 – 𝒞 024 491 11 94 – www.lecerf.ch
11 ch 🛏 – 🛏100 CHF 🛏🛏140/160 CHF – ½ P
Rest Plat du jour 18 CHF – Menu 43/80 CHF – Carte 42/74 CHF

Derrière une façade boisée, typique des alpes vaudoises, cet hôtel dispose de
chambres modernes et sobrement décorées, où l'on se sent bien. Pour les familles,
des chambres plus spacieuses sont à disposition. Au restaurant, fondues et röstis
font le bonheur des gourmands !

SERTIG DÖRFLI – Graubünden ➜ Siehe Davos

SESEGLIO – Ticino ➜ Vedere Chiasso

SIERRE
Valais (VS) – ✉ 3960 – 15 945 h. – alt. 534 m – Carte régionale **7**-D6
▶ Bern 171 km – Sion 18 km – Brig 38 km
Carte routière Michelin 552-J11

🏨 Terminus   🛗 ♿ 🅰 📶 🚗 🅿

*Rue du Bourg 1 – 𝒞 027 455 13 51 – www.hotel-terminus.ch – fermé fin
décembre - début janvier 2 semaines et juillet 3 semaines*
19 ch 🛏 – 🛏145/180 CHF 🛏🛏220/245 CHF
Rest *Didier de Courten* ✿✿ **Rest** *L'Atelier Gourmand* – voir la sélection des
restaurants

Terminus, tout le monde descend ! À deux pas de la gare, cet hôtel chargé d'histoire (il est né en 1870) offre l'occasion d'une étape confortable... et délicieuse si
l'on profite des restaurants. Surprise derrière la belle façade jaune : les lieux ont
été entièrement décorés dans un style minimaliste et élégant.

🏨 De la Poste 🗐 🎦 🤶 🛜 🚗

Rue du Bourg 22 – 𝒞 027 456 57 60 – www.hotel-sierre.ch
15 ch 🖵 – 🛉143/148 CHF 🛉🛉235/245 CHF
Rest Plat du jour 20 CHF – Menu 30/75 CHF – Carte 36/51 CHF – *(fermé mi-juillet - mi-août, dimanche et mercredi)*
Impossible de rater cette maison du 18ᵉ s. avec sa façade jaune ! En son temps, elle accueillit Goethe et Rilke... Aujourd'hui, les chambres sont fraîches et modernes, leur style épuré s'inspirant des arbres de la région. Insolite, le restaurant Le Trèfle a réellement la forme d'un trèfle !

🍴🍴🍴 Didier de Courten – Hôtel Terminus 🕸 ⏷ 🆎 🛇 🅿

🕸 🕸 *Rue du Bourg 1 – 𝒞 027 455 13 51 – www.hotel-terminus.ch – fermé fin décembre - début janvier 2 semaines, juillet 3 semaines, dimanche et lundi*
Menu 125 CHF (déjeuner en semaine)/250 CHF – Carte 165/188 CHF
La sobriété du décor met d'autant mieux en valeur l'assiette et c'est tant mieux : Didier de Courten est l'un des chefs les plus inventifs de sa génération, signant des assiettes d'une grande complexité mais toujours limpides par l'harmonie de leurs saveurs et leur précision technique. Le beau mariage de l'originalité et de l'excellence !
→ Le cœur de filet de veau piqué de lard Colonnata. Un tronçon de bar de ligne rôti. Les noix de ris de veau braisées au vin des glaciers sur un lit de macaroni longs.

🍴 L'Atelier Gourmand – Hôtel Terminus 🛜 ⏷ 🆎 🅿

Rue du Bourg 1 – 𝒞 027 455 13 51 – www.hotel-terminus.ch – fermé fin décembre - début janvier 2 semaines, juillet 3 semaines, dimanche et lundi
Plat du jour 30 CHF – Menu 89 CHF (dîner) – Carte 56/98 CHF
La deuxième adresse de Didier de Courten se présente comme une brasserie contemporaine et conviviale. Elle permet de découvrir à moindre coût le travail inventif du chef : la carte propose non seulement des spécialités montagnardes, mais aussi des créations originales... Le tout accompagné de vins exclusivement suisses.

SIGIGEN

Luzern (LU) – ✉ 6019 – Höhe 760 m – Siehe Regionalatlas **4-F3**
▶ Bern 105 km – Luzern 21 km – Olten 48 km – Wolhusen 11 km
Michelin Straßenkarte 551-N7

🍴🍴 Pony - Pavillon 🕸 🛜 🅿

🖙 *– 𝒞 041 495 33 30 – www.pony-sigigen.ch – geschl. Februar 2 Wochen, August 2 Wochen und Montag - Dienstag*
Tagesteller 40 CHF – Menü 45 CHF (mittags unter der Woche)/120 CHF – Karte 59/102 CHF
Gaststube Tagesteller 19 CHF – Menü 45 CHF – Karte 39/73 CHF
Philipp Felber bietet in dem geschmackvoll-eleganten hellen Pavillon eine ambitionierte schweizerisch-internationale Küche, à la carte oder als interessantes Menü. Wer's traditionell-bürgerlich mag, isst in der Gaststube.

SIGRISWIL

Bern (BE) – ✉ 3655 – 4 679 Ew – Höhe 800 m – Siehe Regionalatlas **8-E5**
▶ Bern 41 km – Interlaken 19 km – Brienz 39 km – Spiez 25 km
Michelin Straßenkarte 551-K9

🏨 Solbadhotel 🖐 ⟨ 🕸 🛜 🖾 ⊕ 🕉 🇷🇸 🖺 ⏷ 🛇 Rest. 🛜 🏔 🚗 🅿

Sigriswilstr. 117 – 𝒞 033 252 25 25 – www.solbadhotel.ch – geschl. 4. - 16. Januar
66 Zim 🖵 – 🛉145/170 CHF 🛉🛉220/310 CHF – 4 Suiten – ½ P
Rest Menü 46 CHF (abends) – Karte 51/85 CHF
Die Gastgeber Luzia und Herbert Wicki sowie das gesamte Personal sind auffallend freundlich. Aber nicht nur das, auch die tolle Panoramalage, das wohnlich-moderne Ambiente und der Spa machen das Haus zu einer schönen Urlaubsadresse! Zimmer meist mit Seeblick - diesen geniesst man auch von der Terrasse!

SIHLBRUGG

Zug (ZG) – ⊠ 6340 – Höhe 538 m – Siehe Regionalatlas **4-G3**

▣ Bern 140 km – Zürich 27 km – Einsiedeln 31 km – Rapperswil 28 km

Michelin Straßenkarte 551-P6

in HirzelHöhe 720 m – ⊠ 8816

XX **Krone - Tredecim** mit Zim   🗊 🤶 ⟳ **P**

Sihlbrugg 4 – 𝒞 044 729 83 33 – www.krone-sihlbrugg.ch
10 Zim – 🛉150/230 CHF 🛉🛉160/240 CHF, ⌂ 25 CHF
Tagesteller 65 CHF – Menü 92 CHF (mittags)/185 CHF
– Karte 120/151 CHF – *(geschl. Sonntagmittag, Montag - Dienstag)*
Gast- und Poststube Tagesteller 35 CHF – Menü 59/89 CHF
– Karte 62/132 CHF – *(geschl. Montag - Dienstag)*
Der lateinische Name "Tredecim" (zu Deutsch "13") hat Bedeutung: Seit 13 Generationen leitet Familie Huber den Landgasthof von 1796, man wählt aus 13 kreativen Gerichten. Alternativ bietet die Gast- und Poststube traditionelle Klassiker. Nach dem Essen in einer der heimelig getäferten Stuben bleibt man gerne über Nacht - die Zimmer sind schön, aufwändig, individuell.

Das Symbol ❧ weist auf eine Weinkarte mit besonders attraktivem Angebot hin.

SILS MARIA (SEGL MARIA)

Graubünden (GR) – ⊠ 7514 – Höhe 1 815 m (Wintersport: 1 800/3 303 m)
– Siehe Regionalatlas **11** J5

▣ Bern 325 km – Sankt Moritz 11 km – Chur 86 km   Sondrio 89 km

Michelin Straßenkarte 553-W11

🏛 **Waldhaus**   ❧ ⬙ ≤ ⛲ 🖾 🖾 ⸓ ♨ 🖂 ✕ 📳 ⸙ ✗ Rest, 🤶 ✼ 🚗 **P**

Via da Fex 3 – 𝒞 081 838 51 00 – www.waldhaus-sils.ch
– geschl. 12. April - 16. Juni, 18. Oktober - 17. Dezember
132 Zim ⌂ – 🛉182/759 CHF 🛉🛉364/887 CHF – 8 Suiten – ½ P
Rest Menü 75 CHF – Karte 55/96 CHF – *(nur Abendessen)*
Rest *Arvenstube* Tagesteller 29 CHF – Karte 62/100 CHF
Stattliches klassisches Grandhotel in malerischer Waldlage, dessen 100-jährige Geschichte im eigenen Museum Beachtung findet. Die Zimmer könnten unterschiedlicher kaum sein - einige mit Originalmobiliar von 1908. In der netten kleinen Arvenstube isst man besonders gemütlich an stilvoll eingedeckten Tischen. Die Küche ist klassisch, hat aber auch regionale Einflüsse.

🏠 **Post**   ⸓ 📳 🖂 ✗ Rest, 🤶 🚗

Via Runchet 4 – 𝒞 081 838 44 44 – www.hotelpostsils.ch
– geschl. 8. April - 11. Juni, 12. Oktober - 17. Dezember
38 Zim ⌂ – 🛉135/270 CHF 🛉🛉215/540 CHF   4 Suiten – ½ P
Rest *Stüva da la Posta* Tagesteller 19 CHF – Menü 68/78 CHF (abends)
– Karte 50/93 CHF
Freundlich leitet Familie Nett das Hotel im Zentrum, dessen Zimmer regionstypisch eingerichtet sind, im neueren Bereich mit frischen Farbakzenten. Sauna in mediterranem Stil. In der Stüva da la Posta erwarten Sie moderne Gerichte und auch Engadiner Spezialitäten.

🏠 **Edelweiss**   ⛲ 🖾 ⸓ 🖂 ✗ ✼ 🚗 **P**

Via da Marias 63 – 𝒞 081 838 42 42 – www.hotel-edelweiss.ch
– geschl. 6. April - 20. Juni, 5. Oktober - 18. Dezember
65 Zim ⌂ – 🛉145/345 CHF 🛉🛉255/995 CHF – 3 Suiten
Rest Karte 52/105 CHF
Im Zentrum steht das traditionsreiche Hotel mit seiner klassisch-eleganten Lobby, in der man abends am Kamin einem Pianisten lauschen kann. Geräumige Juniorsuite Marmoré. Halbpension bietet man im Jugendstilsaal, A-la-Carte-Gäste speisen im gemütlichen Arvenholzstübli.

Privata 🛏 📶 🚗

Via da Marias 83 – ☎ 081 832 62 00 – www.hotelprivata.ch
– geschl. 12. April - 12. Juni, 18. Oktober - 5. Dezember
25 Zim 🖃 – ♦145/185 CHF ♦♦230/350 CHF – 1 Suite – ½ P
Rest Menü 54 CHF – *(nur Abendessen)*
Das Haus ist tipptopp gepflegt und wird sehr gut geführt - schon seit über 40
Jahren hat die Familie diese gemütliche Ferienadresse. Für Wohnlichkeit in den
Zimmern sorgt Arvenholz, die Eckzimmer sind etwas geräumiger. Im Restaurant
kann man abends auch als Nicht-Hausgast ein Menü bestellen und beim Essen
in den schönen kleinen Garten schauen. Lust auf eine Kutschfahrt? Los geht's
gleich gegenüber dem Hotel.

Maria 📶 🛗 🎽 Zim, 🚗 🅿

Via da Marias 19 – ☎ 081 832 61 00 – www.hotel-maria.ch – geschl. 25. April
- 6. Juni, 2. November - 6. Dezember
40 Zim 🖃 – ♦100/135 CHF ♦♦210/270 CHF – ½ P
Rest *Stüva Marmoré* Tagesteller 18 CHF – Karte 29/98 CHF
So mögen es auch die zahlreichen Stammgäste: Das Haus wird seit vielen Jahren familiär geführt, ist gut gepflegt und die Zimmer sind mit frischen Farben
und hellem Holz freundlich eingerichtet. Und machen Sie es sich ruhig auch mal
mit einer Zeitung in der Lobby bequem. Gemütlich wird es auch in der liebenswerten Arvenstube Stüva Marmoré mit ihrem sehenswerten uralten Ofen. Mittags
kleine Karte.

🍴🍴 **Alpenrose** 📶

Via da Marias 133 – ☎ 081 833 80 08 – geschl. Mitte April - Juni,
Mitte Oktober - Mitte Dezember
Karte 48/93 CHF
Das Restaurant ist gut besucht, und das liegt zum einen am gemütlichen Ambiente
in den hellen getäferten Stuben, zum anderen an der frischen regionalen Küche,
die hier auf den (abends etwas aufwändiger eingedeckten) Tisch kommt.

in Sils Baselgia Nord-West: 1 km – Höhe 1 802 m – ✉ 7515

🏘 **Margna** 💆 ⚓ 🏊 🌀 ♨ 🍴 🛗 📶 🚗 🅿

Via da Baselgia 27 – ☎ 081 838 47 47 – www.margna.ch
– geschl. 7. April - 19. Juni, 19. Oktober - 18. Dezember
55 Zim 🖃 – ♦200/290 CHF ♦♦350/530 CHF – 8 Suiten – ½ P
Rest *Enoteca Murütsch* – siehe Restaurantauswahl
Rest *Grill* Tagesteller 30 CHF – Menü 75/105 CHF (abends)
– Karte 50/126 CHF
Rest *Stüva* Tagesteller 30 CHF – Karte 48/124 CHF
An Atmosphäre mangelt es dem Hotel a. d. 19. Jh. wahrlich nicht: auffallend
freundlich der Service, geschmackvolles Interieur von der stilvoll-historischen
Lobby über die individuellen Zimmer (warmes Holz, hübsche Stoffe...) bis zum
Massage-, Sauna- und Ruhebereich auf drei Etagen (klar-modern das Design).
Dekorativ die Bilder einer Privatsammlung. Gastronomisch hat man u. a. die
behagliche Stüva von 1817.

🏘 **Chesa Randolina** 🐾 💆 ⚓ 🏊 🌀 🛗 📶 🚗 🅿

Via da Baselgia 40 – ☎ 081 838 54 54 – www.randolina.ch
– geschl. 13. April - 4. Juni, 24. Oktober - 18. Dezember
38 Zim 🖃 – ♦120/300 CHF ♦♦240/330 CHF – 7 Suiten – ½ P
Rest Karte 48/109 CHF
Die richtige Adresse für geruhsame Ferien am See in einem Familienbetrieb mit
Engadiner Charme. Appartements und Sauna hat man im Nachbarhaus Crastella.
Langläufer wird's freuen: Die Loipe führt direkt am Haus vorbei. Und was gibt
es nach einem aktiven Tag Schöneres als ein gemütliches Essen? Serviert wird
regionale Küche mit Fondues, aber auch mediterran beeinflusste Gerichte, dazu
Weine zu fairen Preisen.

✗ **Enoteca Murütsch** – Hotel Margna
Via da Baselgia 27 – ☎ 081 838 47 47 – www.margna.ch – geschl. 7. April - 29. Juni, 19. Oktober - 18. Dezember und Montag; im Sommer: Sonntag - Montag
Tagesteller 30 CHF – Karte 50/104 CHF – *(nur Abendessen)*
An Heimeligkeit ist die ehemalige Kutscherstube kaum zu übertreffen: viel Holz, ein offener Kamin und mittig das Antipasti-Buffet und die schöne Aufschnittmaschine. Und auf der Karte: Piccata, Ossobuco, Panna Cotta... Einige Nudelgerichte werden direkt am Tisch zubereitet.

in Sils Fextal Süd: 2 km, über Wanderweg (30 Min.) oder mit Hotelbus erreichbar – Höhe 1 920 m – ✉ 7514 Sils Maria

🏠 **Chesa Pool** ♨ ← 🛏 🏡 🌿 Zim,
🐾 *Via da Platta 5 ✉ 7514 – ☎ 081 838 59 00 – www.pensiun-chesapool.ch – geschl. 7. April - 13. Juni, 19. Oktober - 12. Dezember*
21 Zim 🛏 – †130/165 CHF ††220/340 CHF – ½ P
Rest Tagesteller 21 CHF – Menü 40 CHF (abends) – Karte 37/78 CHF
Herrliche Ruhe und Abgeschiedenheit, kein Fernseher lenkt von der Idylle des Fextales ab! Besonderen Charme versprühen das historische Arvenzimmer oder die uralte kleine Bibliothek in dem Bauernhaus von 1585. Mittags A-la-carte-Restaurant mit Tagesempfehlung. HP inklusive.

in Fex-Crasta Süd: 2 km, über Wanderweg (40 Min.) oder mit Hotelbus erreichbar – Höhe 1 960 m – ✉ 7514 Sils Maria

🏠 **Sonne** ♨ ← 🛏 🏡 🌿 🌿 Zim, 📶
Via da Fex 37 – ☎ 081 826 53 73 – www.hotel-sonne-fex.ch – geschl. Mitte April - Mitte Juni, Mitte Oktober - Mitte Dezember
13 Zim 🛏 – †140/160 CHF ††260/300 CHF – 1 Suite – ½ P
Rest Tagesteller 18 CHF – Karte 33/79 CHF
Nur zu Fuss oder mit dem Pferdeschlitten kommt man in das traumhafte ruhige Fextal - Hotelgäste werden abgeholt! Und als wäre die reizende alpenländische Atmosphäre nicht schon charmant genug, wird man hier auch noch ausgesprochen persönlich von Familie Witschi betreut! Die typische Schweizer Gemütlichkeit spürt man natürlich auch in den Stuben bei bürgerlicher Küche.

in Plaun da Lej Süd-West: 5 km – Höhe 1 802 m – ✉ 7517

✗✗ **Murtaröl** ← 🏡 🅿
Via dal Malögia 14, (an der Strasse nach Maloja) – ☎ 081 826 53 50 – www.plaundalej.ch
Karte 41/106 CHF – *(Tischbestellung ratsam)*
Fischrestaurant, Fischhandel, eigene Räucherei... Hier am Silsersee gibt es ein tolles und topfrisches Angebot an Süss- und Meerwasserfisch sowie Meeresfrüchten. Tipp: Gehen Sie durch die Küche und schauen Sie sich die Hummer, Langusten, Austern und Fische in den Aquarien an! Im Nebenhaus gibt es noch eine nette kleine Fondue-Stube sowie einfache Gästezimmer.

SILVAPLANA
Graubünden (GR) – ✉ 7513 – 1 012 Ew – Höhe 1 816 m (Wintersport : 1 870/ 3 303 m) – Siehe Regionalatlas **11-J5**
▶ Bern 321 km – Sankt Moritz 7 km – Chur 82 km – Sondrio 85 km
Michelin Straßenkarte 553-W11

🏨 **Art & Genuss Hotel Albana** 🌿 🛗 📶 🧖 🛋 🅿
Via vers Mulins 5 – ☎ 081 838 78 78 – www.hotelalbana.ch – geschl. Ende April - Ende Juni, Mitte Oktober - Ende November
65 Zim 🛏 – †135/250 CHF ††210/250 CHF – ½ P
Rest *Spunta Engiadina* – siehe Restaurantauswahl
Rest *Thailando* Tagesteller 20 CHF – Menü 25 CHF (unter der Woche)/69 CHF – Karte 39/104 CHF
Hotel im Zentrum neben der Kirche. Die Zimmer bieten teilweise tolle Sicht auf See und Berge, darunter Juniorsuiten mit Kamin sowie Maisonetten, die für Familien ideal sind. Im Thailando kommen Freunde der Thai-Küche auf ihre Kosten.

ツツ **Spunta Engiadina** – Art & Genuss Hotel Albana P
Via vers Mulins 5 – ☎ 081 838 78 78 – www.hotelalbana.ch – geschl. Ende April
- Ende Juni, Mitte Oktober - Ende November
Tagesteller 25 CHF – Karte 45/110 CHF
Hier sitzt man wirklich nett in einer gemütlich getäferten Stube und lässt sich
regionale Küche servieren - und die kommt z. B. als Bündner Gerstensuppe oder
Kalbsgeschnetzeltes mit Rösti auf den Teller. Und wie wär's mit Apfelstrudel als
Nachtisch?

in Surlej Süd: 1 km – Höhe 1 877 m – ✉ 7513 Silvaplana

🏠 **Nira Alpina** ⟨ 🏟 🗠 🎽 & ⅋ Rest, 🛜 🐴 🚗
Via dal Corvatsch 76 – ☎ 081 838 69 69 – www.niraalpina.com – geschl. 5. April
- Mitte Juni, Ende September - Ende November
70 Zim 🍽 – ♦225/845 CHF ♦♦270/910 CHF – ½ P
Rest *Stars* – siehe Restaurantauswahl
Rest *Trattoria* Menü 89 CHF – Karte 48/97 CHF – *(geschl. 21. April - 29.*
November) *(nur Abendessen)*
Top die Lage direkt an der Talstation Corvatsch (ideal für Skifahrer), hübsch die
modern-alpinen Zimmer (geniessen Sie vom Südbalkon den Blick auf Silvaplana
und See!), schön der Saunabereich mit Sicht auf die Piste... Hier lässt es sich zeit-
gemäss-leger wohnen. Neben der rustikalen Trattoria mit mediterranem Angebot gibt es noch ein Bistro mit Terrasse am Tellerlift.

🏠 **Bellavista** ⥢ ⟨ 🖾 🏟 🛜 🚗 P
Via da l'Alp 6 – ☎ 081 838 60 50 – www.bellavista.ch – geschl. 13. April - 11. Juni,
20. Oktober - 26. November
34 Zim 🍽 – ♦110/230 CHF ♦♦240/400 CHF – ½ P **Rest** Karte 46/159 CHF
Ein Ferienhotel, das auch für Gesellschaften ideal ist: Von der Feier in der heime-
ligen Jagdhütte im Garten bis zum Seminar im modern-alpinen Grotto. Versuchen
Sie auch die Produkte aus der Fleischtrocknerei. In mehrere Stuben unterteiltes
Restaurant mit Wild aus eigener Jagd.

ツツ **Stars** ⟨ 🖾 & ⅋
Via dal Corvatsch 76 – ☎ 081 838 69 69 – www.niraalpina.ch – geschl. 5. April
- Mitte Juni, Ende September - Ende November
Menü 89 CHF – Karte 56/112 CHF – *(nur Abendessen)*
Es ist überaus reizvoll, bei zeitgemäss-internationalen Gerichten den Blick über
das Tal schweifen zu lassen! Die Vorspeisen werden als kleine Portionen serviert,
so kann man dies und das probieren. Dazu sorgen moderne Einrichtung und
freundlicher Service, Live-Musik und Einblicke in die offene Küche für die passende Atmosphäre.

SINS
Aargau (AG) – ✉ 5643 – 4 182 Ew – Höhe 406 m – Siehe Regionalatlas **4-F3**
▶ Bern 125 km – Luzern 22 km – Zürich 44 km – Aarau 42 km
Michelin Straßenkarte 551-O6

🏠 **arcade** garni 🎽 & 🛜 🐴 🚗 P
Luzernerstr. 31 – ☎ 041 789 78 78 – www.hotel-arcade.ch
63 Zim – ♦155/185 CHF ♦♦199/215 CHF, 🍽 15 CHF
In dem modernen Businesshotel schläft man in funktionellen Zimmern mit Parkettboden, grossem Schreibtisch und sehr guter Technik, im Preis inbegriffen ist
die Tiefgarage. Die nette Weinbar bietet abends Snacks und kleine Gerichte
- wer mehr möchte, kann gegenüber im Löwen essen!

SION (SITTEN)
Wallis (VS) – ✉ 1950 – 31 207 h. – alt. 491 m – Carte régionale **7-D6**
▶ Bern 156 km – Brig 55 km – Aosta 103 km – Lausanne 95 km
Carte routière Michelin 552-I12
390

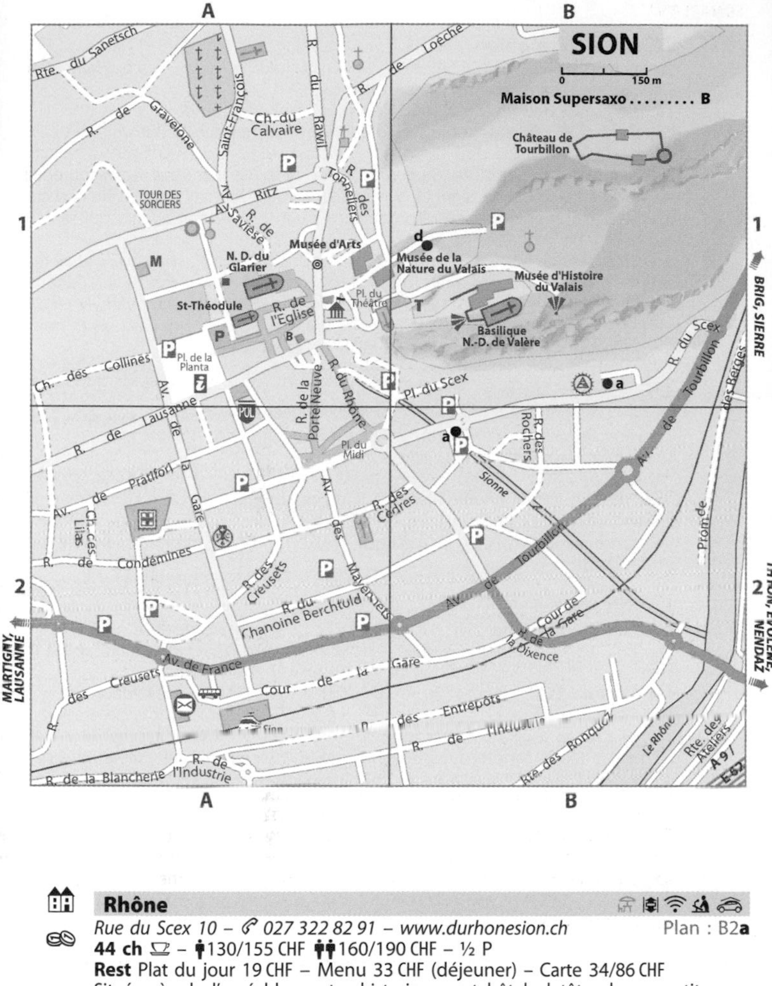

SION

Maison Supersaxo .... B

Château de Tourbillon

TOUR DES SORCIERS

Musée d'Arts

N. D. du Glarier

St-Théodule

Pl. de l'Église

Musée de la Nature du Valais

Musée d'Histoire du Valais

Basilique N.-D. de Valère

Pl. de la Planta

Pl. du Scex

Pl. du Midi

MARTIGNY, LAUSANNE

BRIG, SIERRE

THYON, EVOLÈNE, NENDAZ

🏨 Rhône

🛏️🛎️📶♨️🚗

Rue du Scex 10 – ℰ 027 322 82 91 – www.durhonesion.ch   Plan : B2**a**

44 ch ☕ – ♦130/155 CHF ♦♦160/190 CHF – ½ P

Rest Plat du jour 19 CHF – Menu 33 CHF (déjeuner) – Carte 34/86 CHF

Situé près de l'agréable centre historique, cet hôtel plutôt calme constitue un pied-à-terre idéal avant de partir en excursion. Côté rue, les chambres offrent une jolie vue sur la forteresse de Valère, qui surplombe la ville.

🏨 Ibis

🛏️🛎️♿📶♨️🅿️

Avenue Grand-Champsec 21, (Sud-Est : par rue de la Dixence B2)
– ℰ 027 205 71 00 – www.ibishotel.com/0960

71 ch – ♦105/150 CHF ♦♦105/150 CHF, ☕ 16 CHF

Rest Plat du jour 18 CHF – Carte 40/70 CHF – *(fermé samedi midi et dimanche midi)*

Toutes identiques, les chambres offrent le confort habituel de la chaîne Ibis, le tout aux portes de Sion. Parfait pour la clientèle de passage.

Les prix indiqués devant le symbole ♦ correspondent au prix le plus bas en basse saison puis au prix le plus élevé en haute saison, pour une chambre single. Même principe avec le symbole ♦♦, cette fois pour une chambre double.

✕✕✕ Damien Germanier   ⬦ Ⓜ ⬦ 🅿

Rue du Scex 33 – 𝒞 027 322 99 88   Plan : B1**a**
– www.damiengermanier.ch
– fermé 2 - 20 janvier, 27 juillet - 17 août, dimanche et lundi
Plat du jour 38 CHF – Menu 65 CHF (déjeuner en semaine)/185 CHF
– Carte 138/187 CHF
Une élégance sobre et racée, du confort et de l'espace : un écrin séduisant, pour une cuisine qui le mérite bien. Le travail de Damien Germanier se révèle particulièrement délicat et raffiné, entre produits de grande qualité et arômes puissants... Une belle table, assurément.
➜ Le filet de maquereau : Mariné façon escabèche, oignons nouveaux et petits légumes vinaigrés, rouille légère et crevettes grises. Le veau suisse : La poitrine confite 48 heures et le quasi juste saisi, une autre vision des petits pois et carottes. Les agrumes : Le parfait glacé pamplemousse et cœur mara des bois et fruits frais, crème glacée à la bière blanche et fin sablé oriental.

✕✕ L'Enclos de Valère   🏠

Rue des Châteaux 18 – 𝒞 027 323 32 30   Plan : B1**d**
– www.enclosdevalere.ch – fermé 20 décembre - 3 février, dimanche et lundi ; mai - septembre : dimanche soir et lundi
Plat du jour 21 CHF – Menu 52 CHF (déjeuner)/105 CHF – Carte 57/97 CHF
Cette maison traditionnelle, blottie à l'ombre du château, offre l'une des plus plaisantes terrasses du Sion médiéval. Et Valère n'est pas le nom du chef, originaire de Nancy, mais de la basilique ! Attention, le parking de la Cible est un peu loin.

✕ La Sitterie   🏠

Route du Rawyl 41, (par A1) – 𝒞 027 203 22 12 – www.lasitterie.ch
– fermé Noël - Nouvel An, fin août - début septembre, dimanche, lundi et jours fériés
Plat du jour 35 CHF – Menu 75/88 CHF – Carte 72/106 CHF – *(réservation conseillée)*
Le chef a fait le choix de limiter les prix et de jouer la carte de la simplicité, avec des petites tables carrées dans une seule salle. Pari gagné : les clients affluent... attirés par la qualité de la cuisine. Une cuisine créative, à l'accent du Sud, avec de fréquentes touches d'épices et d'herbes aromatiques !

à Uvrier Est : 5 km par Avenue de Tourbillon B1 – alt. 498 m – ✉ 1958

🏠 Des Vignes   ⬉ 🍴 🏠 ▢ 🌀 ✕ 🛏 ⬦ ⬦ ch, 🛜 ⬦ 🅿

Rue du Pont 9 – 𝒞 027 203 16 71 – www.hoteldesvignes.ch
– fermé 22 décembre - 12 janvier
43 ch ⬛ – ♦165/270 CHF ♦♦225/365 CHF – 2 suites – ½ P
Rest *Au Cep de Vigne* Plat du jour 22 CHF – Menu 38 CHF (déjeuner en semaine)/108 CHF – Carte 63/106 CHF – *(fermé 22 décembre - 12 janvier, 30 juin - 13 juillet, samedi midi, dimanche soir et lundi)*
À flanc de montagne, entre village et vignoble, cet hôtel ravira les amoureux d'espace et de beaux volumes. Les chambres sont décorées sobrement, dans un style contemporain. Côté restaurant, l'Italie est à l'honneur, avec pâtes, risottos, etc.

à Saint-Léonard Est : 6 km par Avenue de Tourbillon B1 – alt. 505 m – ✉ 1958

✕ Buffet de la Gare   🏠 🅿

Avenue de la Gare 35 – 𝒞 027 203 43 43 – www.buffetdelagare-st-leonard.ch
– fermé mi-janvier 2 semaines, mi-juillet - début août 3 semaines, lundi et mardi
Plat du jour 22 CHF – Menu 68/102 CHF – Carte 69/93 CHF
Cette sympathique maison, reconnaissable à sa façade orangée et ses volets verts, est née en 1901 pour accueillir les voyageurs. Au fil des années, sa cuisine, toujours gourmande, n'a pas raté le train de la modernité : cabillaud skrei clouté au chorizo, langoustines rôties au thym, cuisse de lapin au citron confit...

à Vex Sud-Est : 6,5 km par rue de la Dixence B2 – ⊠ 1981

ⅩⅩ L'Argilly ⟨ 🎍 ⅏ 🅿

Route du Val d'Hérens – 𝄢 027 207 27 17 – www.argilly.ch – fermé 24 - 30 décembre, dimanche soir, lundi et mardi
Plat du jour 38 CHF – Menu 95 CHF – Carte 57/100 CHF
En montant sur les hauteurs de Sion, peu avant d'arriver à la bourgade de Vex, une halte est tout indiquée dans le restaurant du jeune chef français Sébastien Donati. Assis dans la véranda, on plonge son regard dans la vallée du Rhône, avant de découvrir le bœuf du val d'Hérens, spécialité du lieu...

à La Muraz Nord-Ouest : 2 km par route de Savièse A1 – alt. 657 m – ⊠ 1950 Sion

ⅩⅩ Relais du Mont d'Orge 🕸 ⟨ 🎍 🅿

Route de la Muraz – 𝄢 027 395 33 46 – www.ricou.ch – fermé 16 février - 2 mars, 17 août - 1ᵉʳ septembre, dimanche soir et lundi
Plat du jour 19 CHF – Menu 50/135 CHF – Carte 97/123 CHF
Le peintre suisse Albert Chavaz habitait autrefois cette maison pleine de charme, située sur les hauteurs de la ville, avec une belle vue sur les montagnes. Mais on oublie vite le paysage en dégustant les plats du chef, gourmands et réalisés avec de très bons produits !

SITTEN – Wallis ➜ Siehe Sion

SÖRENBERG

Luzern (LU) – ⊠ 6174 – Höhe 1 166 m (Wintersport : 1 166/2 350 m)
– Siehe Regionalatlas **8-F4**
▶ Bern 69 km – Luzern 50 km – Brienz 45 km – Stans 47 km
Michelin Straßenkarte 551-M8

in Rischli Nord-West: 2 km – ⊠ 6174

🏠 Rischli ⟨ 🎍 🕸 🍽 🎍 🍸 📶 🧖 🅿

Rischlistr. 88 – 𝄢 041 488 12 40 – www.hotel-rischli.ch – geschl. April 2 Wochen, Dezember 2 Wochen
25 Zim 🍽 – 🛏123/148 CHF 🛏🛏206/256 CHF – ½ P
Rest Tagesteller 21 CHF – Menü 25 CHF (mittags)/35 CHF – Karte 29/42 CHF
Ein familiengeführtes Hotel direkt an der Skipiste. Die Zimmer sind überwiegend modern eingerichtet, im Freizeitbereich in der 3. Etage bietet man auch Kosmetik und Massage. Bürgerliche Küche im neuzeitlichen Restaurant oder in der rustikalen Gaststube.

SOLEURE – Solothurn ➜ Voir à Solothurn

SOLOTHURN (SOLEURE)

Solothurn (SO) – ⊠ 4500 – 16 465 Ew – Höhe 432 m – Siehe Regionalatlas **2-D3**
▶ Bern 44 km – Basel 69 km – Biel 26 km – Luzern 84 km
Michelin Straßenkarte 551-J6

🏠 Roter Turm 🎍 🍽 📶 🧖

Hauptgasse 42 – 𝄢 032 622 96 21 – www.roterturm.ch   Stadtplan : A1**c**
36 Zim 🍽 – 🛏110/165 CHF 🛏🛏180/240 CHF – ½ P
Rest *La Tourelle* – siehe Restaurantauswahl
Rest *Turmstube* Tagesteller 19 CHF – Menü 28/45 CHF – Karte 40/67 CHF
Am "Zytglocke-Turm" im Herzen von Solothurn liegt das aus vier historischen Häusern bestehende familiengeführte Hotel mit recht individuellen, aber immer zeitgemässen Zimmern. Suchen Sie etwas Spezielles? Dann fragen Sie nach den Themenzimmern wie "Marilyn Monroe", "Casanova"... Schön auch die diversen Antiquitäten! In der Turmstube serviert man traditionelle Küche.

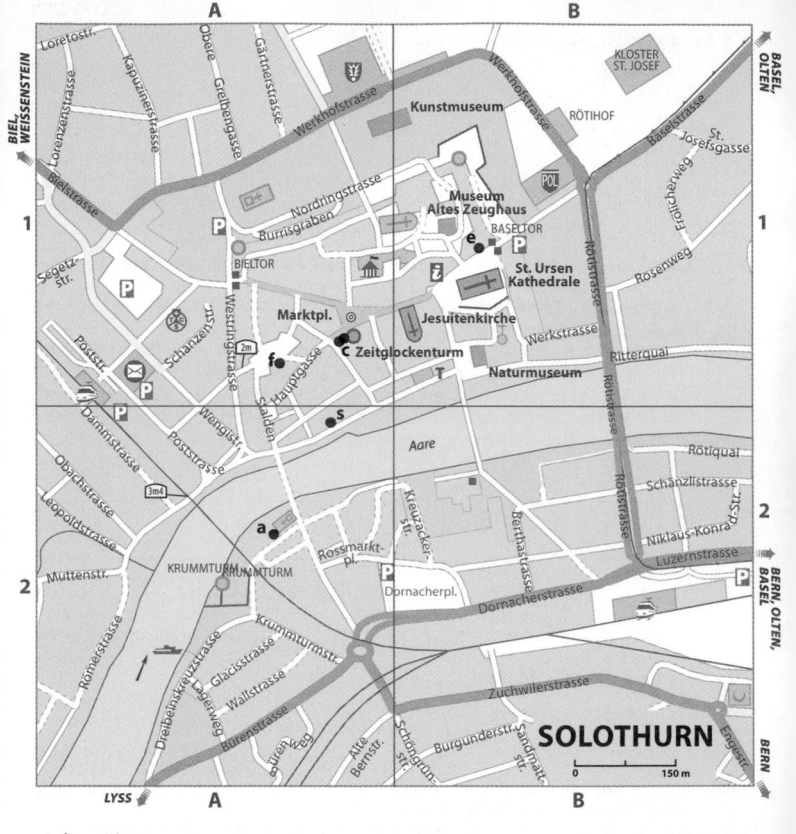

SOLOTHURN

0   150 m

🏠 **Hotel an der Aare**   ⟨ 🛋 🔾 🕍

Oberer Winkel 2 – ℰ 032 626 24 00 – www.hotelaare.ch   Stadtplan : A2**a**
– geschl. Ende Dezember - Anfang Januar
16 Zim ☲ – ♦130/176 CHF ♦♦170/242 CHF
Rest Tagesteller 23 CHF – Menü 30 CHF (mittags) – Karte 43/79 CHF – *(geschl. im Sommer: Montag, im Winter: Sonntag)*
Das ehemalige Schwesternhaus des Alten Spitals verbindet puristisch-trendiges Design mit historischer Bausubstanz. Alle Zimmer zur Aare hin. Variable Tagungs-/Veranstaltungsräume. Erdfarben dominieren im Restaurant mit schöner Terrasse zum Fluss.

XX   **Zum Alten Stephan - Zaugg's Zunftstube** (Andy Zaugg)   𝔅
❀   *Friedhofplatz 10, (1. Etage) – ℰ 032 622 11 09*   Stadtplan : A1**f**
– www.alterstephan.ch – geschl. Weihnachten - Anfang Januar, Anfang April 1 Woche, Juli - August, Ende Oktober 2 Wochen und Sonntag - Montag
Menü 98/190 CHF – *(nur Abendessen) (Tischbestellung erforderlich)*
Es ist eine feine, sehr produktbezogene Küche ohne Chichi, die die Gäste in die nette Gourmetstube zieht, ins "Reich von Andy Zaugg". Er bietet abends ein grosses Menü, das den Jahreszeiten entsprechend 4-mal im Jahr wechselt. Im Service unterstützen ihn seine Frau Roberta und ein engagiertes kleines Team. Schöne Weinauswahl mit rund 450 Positionen.
→ Rote Crevetten aus San Remo auf Sizilianische Art. Kalbskotelett gebraten aus dem Emmental mit Portweinjus, Kartoffelstock und Saisongemüse. Hausgemachtes Vanilleglace mit Valrhona Schokoladenganache.
Stadtbeiz ❀ – siehe Restaurantauswahl

XX **La Tourelle** – Hotel Roter Turm ⌂
Hauptgasse 42 – ☎ 032 622 96 21 – www.roterturm.ch　　Stadtplan : A1**c**
– geschl. Samstagmittag, im Winter: Samstagmittag, Sonntagabend
Tagesteller 37 CHF – Menü 70/90 CHF (abends) – Karte 73/91 CHF
Keine Frage, hier oben in der 5. Etage sind bei der wunderschönen Aussicht die
wenigen Terrassenplätze im Sommer besonders begehrt! Aber auch drinnen im
eleganten Restaurant geniesst man den Blick über die Stadt, und dazu gibt es
ambitionierte klassische Küche, die auch mal über die Region hinaus schaut.

X **SALZHAUS** 🏠 ⚅ ⊕
Landhausquai 15a – ☎ 032 622 01 01　　Stadtplan : A2**s**
– www.restaurant-salzhaus.ch – geschl. 12. - 18. Februar
Tagesteller 20 CHF – Menü 63/72 CHF (abends) – Karte 57/80 CHF –
(Tischbestellung ratsam)
Dieser trendige Restaurant-Hotspot ist ein attraktiver Mix aus urbaner Coolness
und historischem Rahmen (interessant das freiliegende alte Mauerwerk)! Es gibt
internationale Küche mit regionalem Einfluss: mittags als Lunchbox, abends
etwas anspruchsvoller, z. B. als "konfierte Kalbsschulter / Pommes Nouvelles /
Frühlingsgemüse".

X **Baseltor** mit Zim 🏠 📶
Hauptgasse 79 – ☎ 032 622 34 22 – www.baseltor.ch　　Stadtplan : B1**e**
– geschl. Sonntagmittag und an Feiertagen
15 Zim 💷 – 🛏130/170 CHF 🛏🛏200/230 CHF
Tagesteller 25 CHF – Karte 44/77 CHF
Ein Stück Stadtgeschichte ist dieses Haus direkt neben dem Baseltor, in dem
sich übrigens auch Gästezimmer befinden. Diese wie auch die Zimmer im
Haupthaus sind wirklich chic: klares modernes Design in historischem Rahmen.
Die mediterran inspirierte Küche gibt es sowohl in der Gaststube im Parterre
als auch in der 1. Etage.

X **Stadtbeiz** – Restaurant Zum Alten Stephan 🏠 ⌂
(😊) *Friedhofplatz 10 – ☎ 032 622 11 09*　　Stadtplan : A1**f**
*– www.alterstephan.ch – geschl. Weihnachten - Anfang Januar, Anfang April 1
Woche, Anfang August 10 Tage, Ende Oktober 2 Wochen und Sonntag - Montag*
Menü 58 CHF – Karte 54/102 CHF
Die im EG unter der Zunftstube gelegene Stadtbeiz ist nicht nur räumlich die
Basis des "Alten Stephan", hier hat der Erfolg des Hauses auch seinen
Ursprung! Andy Zaugg und Stefan Bader kochen in diesem Restaurant
ebenso geschmackvoll und frisch, aber eben auch fürs kleinere Budget. Klas-
siker sind da z. B. "Kalbs-Cordon-Bleu gefüllt mit Gorgonzola" oder die deftige
"Schweinsbratwurst mit Zwiebeljus". Im Sommer sitzt man natürlich am liebs-
ten auf der Terrasse!

in Riedholz Nord-Ost: 3 km über Baselstrasse B1 – Höhe 474 m – ✉ 4533

XXX **Attisholz - le feu** (Jörg Slaschek) 🏠 ⌂ ⚆ ⊕ 🅿
🍃 *Attisholzstr. 3, Süd: 1 km – ☎ 032 623 06 06 – www.attisholz.ch – geschl. Mitte
Februar 10 Tage, Ende Juli 2 Wochen und Sonntagabend - Dienstag*
Menü 98/175 CHF – Karte 120/151 CHF – *(Tischbestellung ratsam)*
Der gebürtige Bayer Jörg Slaschek hat sein wunderschönes, über 300 Jahre altes
Gasthaus zu einer der ersten Adressen der Region gemacht, und das liegt an der
feinen, mit kreativen Ideen durchzogenen klassischen Küche aus hervorragenden
Produkten. Das Restaurant selbst ist aber auch ausgesprochen geschmackvoll mit
seinen warmen Tönen, hellem Holz und grauem Steinkamin. Freundlich und
geschult sorgt das Serviceteam für einen reibungslosen Ablauf. Sehr gute Weinauswahl mit Schwerpunkt Europa.
➜ Mit Zitrone gebratene Jakobsmuschel und Krebssalat mit jungen Gartenerb-
sen. Milchlammschulter aus dem Ofenrohr mit Carciofini. Chili-Con-Doce: Kandier-
ter Süssmais mit Chili und Mangocaipirinha.
Gaststube🍴 – siehe Restaurantauswahl

X **Gaststube** – Restaurant Attisholz   🏖 🍴 🎿 ⇆ 🅿

Attisholzstr. 3, Süd: 1 km – ☎ 032 623 06 06 – www.attisholz.ch – geschl. Mitte Februar 10 Tage, Ende Juli 2 Wochen und Montag - Dienstag
Tagesteller 22 CHF – Menü 69/79 CHF (abends) – Karte 53/99 CHF
Unter dem 300 Jahre alten Kreuzgewölbe sitzt es sich gemütlich in rustikaler Atmosphäre und auch hier zeichnen Jörg Slaschek und sein Team für die schmackhaften Gerichte verantwortlich: "geschmorte Lammschulter mit Bramata-Polenta", "Böhmischer Rahmsauerbraten mit Baumnuss-Kaiserschmarrn"...

in Luterbach Nord-Ost: 4 km über Baselstrasse B1 und Attisholz – Höhe 433 m – ⊠ 4542

🏨 **Park Forum Wylihof**   🛏 🚲 🍴 🎿 🛜 ⚒ 🅿

Wylihof 43, (beim Golfplatz) – ☎ 032 681 34 34 – www.parkforum.ch – geschl. 18. Juli - 2. August, 12. - 31. Dezember
21 Zim 🍽 – ♦125/190 CHF ♦♦155/245 CHF – 2 Suiten
Rest Tagesteller 24 CHF – Menü 42 CHF – Karte 32/78 CHF – *(geschl. Samstag - Sonntag)*
Das hübsche Ensemble aus Villa, Blumensteinhaus und Golfplatz gibt dem Seminarhotel schon einen ganz eigenen und speziellen Charme. Die Zimmer sind wohnlich, hell und freundlich, teils richtig gross und als Luxusappartement ausgelegt. Im Restaurant gibt es zuerst ein frisches Frühstück, später dann internationale Küche.

SONCEBOZ

Berne (BE) – ⊠ 2605 – 1 791 h. – alt. 653 m – Carte régionale **2-C3**
▶ Bern 55 km – Delémont 36 km – Biel 12 km – La Chaux-de-Fonds 31 km
Carte routière Michelin 551-H6

XX **Du Cerf** (Jean-Marc Soldati) avec ch   🏖 📶 ⚒ 🅰 rest. 🛜 ⇆ 🅿

Rue du Collège 4 – ☎ 032 488 33 22 – www.cerf-sonceboz.ch – fermé 22 décembre - 7 janvier, 8 juillet - 12 août, dimanche soir, lundi, mardi et mercredi
10 ch 🍽 – ♦112 CHF ♦♦174 CHF – ½ P
Menu 155/180 CHF – *(dîner seulement du jeudi au samedi) (réservation indispensable)*
Le classicisme est de mise dans cet élégant relais de poste de 1707, où le duo Jean-Marc Soldati et Christian Albrecht cuisine dans les règles de l'art : la qualité des produits, le soin d'exécution, l'apparente simplicité des recettes, tout contribue à l'harmonie et à l'intensité des saveurs. Un menu-surprise au choix.
→ Escalope de foie gras de canard poêlée en vinaigrette à l'huile de noisette. Dodine de lapereau aux chanterelles. Feuillantines aux pommes façon Tatin.
Brasserie 🐝 – voir la sélection des restaurants

X **Brasserie** – Restaurant Du Cerf   🍴 ⚒ 🅰 🅿

Rue du Collège 4 – ☎ 032 488 33 22 – www.cerf-sonceboz.ch – fermé 22 décembre - 7 janvier, 8 juillet - 12 août, mardi soir et mercredi
Plat du jour 20 CHF – Menu 81 CHF – Carte 36/76 CHF – *(réservation indispensable)*
Un lieu sympathique, au cœur de la vie du village, sous l'égide du restaurant gastronomique Le Cerf. À la carte, priorité aux plats (bien) mijotés et au terroir !

SORAL

Genève (GE) – ⊠ 1286 – 718 h. – alt. 455 m – Carte régionale **6-A6**
▶ Bern 169 km – Genève 14 km – Lausanne 75 km – Annecy 37 km
Carte routière Michelin 552-A12

X **Café Fontaine**   🍴

Route de Rougemont 59 – ☎ 022 756 14 21 – fermé Noël - Nouvel An, avril 2 semaines, fin juillet - août 2 semaines, dimanche et lundi
Plat du jour 18 CHF – Menu 64/76 CHF – Carte 52/79 CHF
Risotto à la truffe et sot-l'y-laisse, Saint-Jacques panées aux pépins de courge et cappuccino de potimarron, etc. Une jolie cuisine d'inspiration française dans ce village frontalier, signée par un jeune chef passionné, qui sait aussi sélectionner de bons vins de propriétaires, en particulier suisses.

SPEICHER

Appenzell Ausserrhoden (AR) – ✉ 9042 – 4 183 Ew – Höhe 924 m
– Siehe Regionalatlas **5-I2**
▶ Bern 213 km – Sankt Gallen 8 km – Altstätten 17 km – Bregenz 41 km
Michelin Straßenkarte 551-U6

⌂ **Appenzellerhof** 🍽 Zim, 📶 ⛴ 🅿
Hauptstr. 6 – ✆ 071 343 71 10 – www.appenzellerhof.ch
19 Zim ⊡ – 👤120/170 CHF 👤👤160/220 CHF – ½ P
Rest Menü 48/65 CHF – Karte 39/82 CHF – *(geschl. 21. Dezember - 5. Januar und Sonntag - Montag) (nur Abendessen)*
In dem erweiterten hübschen Fachwerkhaus im Ortskern bieten die freundlichen Gastgeber wohnliche, zeitlos eingerichtete Zimmer. In der 1. Etage befindet sich die ländlich-gediegene Stube mit Täferung und Kachelofen. Gekocht wird mit Bioprodukten.

SPIEZ

Bern (BE) – ✉ 3700 – 12 549 Ew – Höhe 628 m – Siehe Regionalatlas **8-E5**
▶ Bern 41 km – Interlaken 18 km – Bulle 102 km – Kandersteg 28 km
Michelin Straßenkarte 551-K9

🏨 **Eden** ⟨ 📶 📺 💆 ✂ 🍽 🛗 👤 📶 ⛴ 🚗 🅿
Seestr. 58 – ✆ 033 655 99 00 – www.eden-spiez.ch
44 Zim ⊡ – 👤218/408 CHF 👤👤320/590 CHF – ½ P
Rest *Belle Époque* – siehe Restaurantauswahl
Ein sehr geschmackvolles Haus, schon die Tiefgarage mit Seeblick zeugt von Wertigkeit! Nur einige der Pluspunkte: Alle Zimmer (von klassisch bis zeitgemäss) mit elektrisch verstellbaren Betten, das Frühstück appetitlich und frisch, im Garten eine eigene Gärtnerei, im Chalet nebenan Kosmetik, Massage, Fitness.

🏨 **Belvédère** 💆 ⟨ 📶 ✂ 💆 🛗 👤 📶 ⛴ 🚗 🅿
Schachenstr. 39 – ✆ 033 655 66 66 – www.belvedere-spiez.ch – geschl. Februar 2 Wochen
76 Zim ⊡ – 👤175/310 CHF 👤👤295/480 CHF – ½ P
Rest *Belvédère* – siehe Restaurantauswahl
Die traumhafte Parklage mit Panoramablick auf den Thunersee und komfortable Zimmer sowie das eigene Strandbad (nur einen Katzensprung entfernt) machen das Haus zu einer idealen Ferienadresse! Nicht zu vergessen die vielfältigen Wellnessmöglichkeiten. Toll die Dachterrasse.

🍽🍽🍽 **Belvédère** – Hotel Belvédère 🍸 ⟨ 📶 🍽 👤 🔄 🅿
Schachenstr. 39 – ✆ 033 655 66 66 – www.belvedere-spiez.ch – geschl. Februar 2 Wochen
Menü 98/125 CHF – Karte 59/112 CHF
Im eleganten Restaurant (Stilmöbel, schöne Kronleuchter...) erwarten Sie klassischfranzösische Küche, eine sehr gepflegte Atmosphäre und nicht zuletzt eine traumhafte Aussicht auf den Thunersee - begleitet wird das Ganze von einer ausgezeichneten Weinauswahl! Fumoir mit Belvédère-Zigarre als Spezialität.

🍽🍽🍽 **Belle Époque** – Hotel Eden ⟨ 👤 🍽 🔄 🅿
Seestr. 58 – ✆ 033 655 99 00 – www.eden-spiez.ch
Menü 65 CHF (abends) – Karte 60/90 CHF
Wer beim Namen "Belle Époque" an stilvoll-elegantes Ambiente denkt, liegt ganz richtig: über Ihnen tolle Kronleuchter, unter Ihnen schöner Parkettboden... Klassische und Schweizer Küche, dazu tagsüber eine interessante kleine Bistrokarte.

SPORZ – Graubünden → Siehe Lenzerheide

SPREITENBACH

Aargau (AG) – ✉ 8957 – 10 930 Ew – Höhe 424 m – Siehe Regionalatlas **4-F2**
▶ Bern 110 km – Aarau 33 km – Baden 10 km – Dietikon 4 km
Michelin Straßenkarte 551-O4

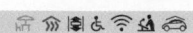

🏠 **Sorell Hotel Arte**
Wigartestr. 10 – 𝒞 056 418 42 42 – www.artespreitenbach.ch
72 Zim ⌂ – ♦150/195 CHF ♦♦180/250 CHF – ½ P
Rest Tagesteller 20 CHF – Karte 31/96 CHF
Das gepflegte Hotel ist ideal für Tagungen und Businessgäste. Man bietet zeitgemäss-funktionale Zimmer und Seminarräume. Zudem hat man eine nette Sauna und eine Bowlingbahn. Helles, neuzeitliches Restaurant mit internationaler Küche.

STABIO
Ticino (TI) – ⊠ 6855 – 4 371 ab. – alt. 347 m – Carta regionale **10-H7**
▶ Bern 300 km – Lugano 23 km – Bellinzona 50 km – Milano 66 km
Carta stradale Michelin 553-R14

a San Pietro di Stabio Nord-Ovest : 1 km – ⊠ 6854

XX **Montalbano**
via Montalbano 34c – 𝒞 091 647 12 06 – www.montalbano.ch – chiuso 2 settimane gennaio, 2 settimane luglio, sabato a mezzogiorno, domenica sera e lunedì
Piatto del giorno 35 CHF – Menu 58 CHF (pranzo in settimana)/93 CHF
– Carta 73/103 CHF – *(consigliata la prenotazione)*
Sito sull'omonimo colle, caratteristico ristorante d'impronta familiare con quadri moderni, sculture ed una piacevole terrazza. Cucina mediterranea e a mezzogiorno menu ridotto.

STÄFA
Zürich (ZH) – ⊠ 8712 – 13 876 Ew – Höhe 414 m – Siehe Regionalatlas **4-G3**
▶ Bern 158 km – Zürich 26 km – Einsiedeln 28 km – Luzern 73 km
Michelin Straßenkarte 551-Q6

XX **Gasthof zur Sonne** ⓝ mit Zim
Seestr. 37 – 𝒞 043 477 10 10 – www.sonnestaefa.ch – geschl. 8. - 23. Februar, 4. - 19. Oktober und Sonntag - Montag
11 Zim ⌂ – ♦150 CHF ♦♦180/220 CHF
Tagesteller 36 CHF – Menü 43/88 CHF – Karte 58/95 CHF
In 2. Generation führen Patricia und Cäsar Meyer den historischen Gasthof am Zürichsee. Die Küche des Patrons ist ebenso traditionell wie international, der Schwerpunkt liegt auf Fischgerichten. Probieren Sie das "Eglifilet mit Kräutersauce", das nach altem Familienrezept zubereitet wird!

X **Zur Alten Krone**
Goethestr. 12 ⊠ 8712 – 𝒞 044 926 40 10 – www.altekrone.ch – geschl. 1. - 5. Januar, 3. - 17. August und Sonntag - Montag
Tagesteller 24 CHF – Menü 35/65 CHF – Karte 45/108 CHF
Unter dem schönen Kreuzgewölbe bietet Patron Mario Eberharter traditionelle Küche. Als gebürtiger Österreicher kocht er auch gerne Gerichte aus seiner Heimat - so gibt's jeden Samstag Typisches wie Leberknödelsuppe, Tafelspitz, Backhendl...

STALDEN – Bern ➜ Siehe Konolfingen

STANS
Nidwalden (NW) – ⊠ 6370 – 8 112 Ew – Höhe 451 m – Siehe Regionalatlas **4-F4**
▶ Bern 125 km – Luzern 15 km – Altdorf 30 km – Engelberg 20 km
Michelin Straßenkarte 551-O7

🏠 **Engel**
Dorfplatz 1 – 𝒞 041 619 10 10 – www.engelstans.ch
20 Zim ⌂ – ♦90/125 CHF ♦♦140/180 CHF – ½ P
Rest Tagesteller 19 CHF – Karte 42/79 CHF – *(geschl. Dienstag)*
Am Dorfplatz steht das über 300 Jahre alte Gasthaus, das von Familie Keller engagiert geführt wird. Zur Wahl stehen eher einfachere Standardzimmer und minimalistisch gestaltete Designerzimmer. Aus der Küche kommen am Abend z. B. Buntbarsch auf Fenchelsalat oder Cordon Bleu. Alternativ gibt es eine kleinere Karte (Sandwiches, Kalbs-Bratwurst...), auch schon mittags.

X **Wirtschaft zur Rosenburg** 🏠
Alter Postplatz 3, (im Höfli) – ℰ 041 610 24 61 – www.rosenburg-stans.ch
– geschl. Mitte Februar 1 Woche, Mitte Juli - Anfang August und Montag
- Dienstag
Tagesteller 20 CHF – Menü 66 CHF – Karte 31/91 CHF
Historie, wohin man schaut - wunderschön der historische Wehrturm! Seit über 20 Jahren bietet Patron Martin Meier "Guets vo hie" wie Felchenfilet oder Gerichte vom Molkenschwein, aber auch Internationales. Toll auch die Innenhofterrasse.

STECKBORN
Thurgau (TG) – ✉ 8266 – 3 669 Ew – Höhe 404 m – Siehe Regionalatlas **4-H2**
▶ Bern 185 km – Sankt Gallen 55 km – Frauenfeld 18 km – Konstanz 16 km
Michelin Straßenkarte 551-S3

🏨 **Feldbach** 🧺 ≤ 🛏 🏠 🖥 🕭 Rest, 🦽 🛜 🧖 🅿
Im Feldbach 10, (Am Yachthafen) – ℰ 052 762 21 21 – www.hotel-feldbach.ch
– geschl. 13. Dezember - Ende Februar
36 Zim 🍽 – ♦160/190 CHF ♦♦230/260 CHF – ½ P
Rest Tagesteller 26 CHF – Menü 78 CHF – Karte 49/78 CHF
Hier überzeugen die ruhige Lage am Bootshafen mit Blick auf den Bodensee und neuzeitliche Zimmer mit Rattanmobiliar. Auch als Tagungsadresse geeignet. Schön sitzt man im Restaurant in einem gegenüberliegenden Kloster a. d. 13. Jh. Hübsche Seeterrasse.

🏠 **Frohsinn** ≤ 🏠 🛜 🅿
Seestr. 62 – ℰ 052 761 11 61 – www.frohsinn-steckborn.ch geschl. Februar
10 Zim 🍽 – ♦90/125 CHF ♦♦135/170 CHF
Rest Karte 39/71 CHF – *(geschl. November 1 Woche*
und Mittwoch, September - Mai: Mittwoch - Donnerstag)
Das kleine Hotel in dem netten Riegelhaus am See hat einen familiären Charakter. Die Gäste erwarten praktisch ausgestattete Zimmer und ein eigener Bootssteg. Reizvoll ist die zum See hin gelegene Laubenterrasse des Restaurants. Regionale Fischspezialitäten.

STEFFISBURG – Bern → Siehe Thun

STEIN am RHEIN
Schaffhausen (SH) – ✉ 8260 – 3 286 Ew – Höhe 413 m – Siehe Regionalatlas **4-G2**
▶ Bern 177 km – Zürich 58 km – Baden 77 km – Frauenfeld 16 km
Michelin Straßenkarte 551-R3

🏨 **Chlosterhof** ≤ 🏠 🖥 🛋 🖥 🦽 Zim, 🛜 🧖 🚗
Oehningerstr. 2 – ℰ 052 742 42 42 – www.chlosterhof.ch
43 Zim 🍽 – ♦190/240 CHF ♦♦240/300 CHF – 24 Suiten – ½ P
Rest *Le Bateau* – siehe Restaurantauswahl
Rest *Il Giardino* Tagesteller 30 CHF – Menü 60 CHF – Karte 52/78 CHF
Attraktiv die Halle mit gemütlichem Kamin, schön die Bar, wohnlich-gediegen die Zimmer, chic die stilvoll-modernen Suiten in Weiss... Und das komfortable Haus hat noch mehr zu bieten: nämlich seine Lage direkt am Ufer, am Übergang vom Bodensee in den Rhein! Für Restaurantgäste gibt es mit dem "Il Giardino" eine italienische Alternative zum "Le Bateau".

🏨 **Rheinfels** ≤ 🏠 🖥 🦽 🛜 🧖
Rhygasse 8 – ℰ 052 741 21 44 – www.rheinfels.ch – geschl. Mitte Dezember
- Mitte März
16 Zim 🍽 – ♦140/160 CHF ♦♦200/260 CHF – 1 Suite – ½ P
Rest Tagesteller 30 CHF – Menü 58 CHF – Karte 41/91 CHF – *(geschl. September*
- Juni: Mittwoch)
Aus dem mittelalterlichen Wasserzoll- und Lagerhaus in der Altstadt ist ein kleines Hotel unter familiärer Leitung entstanden, dessen gediegene Zimmer teils zum Rhein liegen. Rustikale Restauranträume und Rheinterrasse.

🏠 **Adler** 🛏 ▤ ▥ Rest, ⅗ 🛜

*Rathausplatz 2 – 𝒞 052 742 61 61 – www.adlersteinamrhein.ch – geschl. Ende
Januar - Mitte Februar, November 3 Wochen*
22 Zim 🖦 – ♦137/152 CHF ♦♦152/187 CHF – 1 Suite – ½ P
Rest Tagesteller 30 CHF – Menü 50/118 CHF – Karte 50/91 CHF
Schön fügt sich das Haus mit sehenswerter Fassadenmalerei von Alois Carigiet in
das historische Stadtbild ein. Zeitgemässe Zimmer, teilweise im Gästehaus auf der
anderen Rheinseite.

𝖄𝖄𝖄 **Le Bateau** – Hotel Chlosterhof ≺ 🏡 ⅗

Oehningerstr. 2 – 𝒞 052 742 42 42 – www.chlosterhof.ch
Tagesteller 50 CHF – Menü 75/125 CHF – Karte 85/125 CHF
Das Gourmetrestaurant des Chlosterhofs kommt modern und stylish daher mit
seinen violetten Farbakzenten - nur die Terrasse zum Rhein ist da im Sommer
doch noch ein bisschen verlockender! Die ambitionierte Küche von Antonino
Messina können Sie aber natürlich hier wie dort kennenlernen!

STEINEN – Schwyz → Siehe Schwyz

SUBERG – Bern → Siehe Lyss

SUGIEZ
Fribourg (FR) – ✉ 1786 – 2 011 h. – alt. 434 m – Carte régionale **2-C4**
▶ Bern 32 km – Neuchâtel 21 km – Biel 36 km – Fribourg 25 km
Carte routière Michelin 552-H7

𝖄𝖄 **De l'Ours** avec ch 🐾 🍴 🏡 ▤ � 🛜 ⇔ ⚗ 🅿

🛋 *Route de l'Ancien Pont 5 – 𝒞 026 673 93 93 – www.hotel-ours.ch*
*– fermé 15 décembre - 6 janvier, 16 - 24 février, 12 octobre - 3 novembre, lundi
et mardi*
8 ch 🖦 – ♦135 CHF ♦♦220/245 CHF
Plat du jour 19 CHF – Menu 31 CHF (déjeuner en semaine)/91 CHF
– Carte 45/85 CHF – *(réservation conseillée)*
Une maison bernoise (1678) entre canal, lac et vignobles. La demeure ne manque
pas de caractère avec son architecture typique, ses chambres cossues et sa salle
de restaurant élégante et chic (également une salle bistro plus simple). À la carte :
des recettes de saison et un remarquable choix de vins (800 références).

SUHR
Aargau (AG) – ✉ 5034 – 9 673 Ew – Höhe 397 m – Siehe Regionalatlas **3-F3**
▶ Bern 82 km – Aarau 4 km – Baden 24 km – Basel 68 km
Michelin Straßenkarte 551-N4

🏨 **Bären** 🛜 ⚗ 🅿

*Bernstr.-West 56 – 𝒞 062 855 25 25 – www.baeren-suhr.ch – geschl. Anfang
Januar 1 Woche*
31 Zim 🖦 – ♦117/148 CHF ♦♦175/195 CHF – ½ P
Rest *Bärenstübli* – siehe Restaurantauswahl
Rest *Suhrenstübli* Tagesteller 24 CHF – Menü 56 CHF (mittags unter der
Woche)/116 CHF – Karte 37/80 CHF – *(geschl. Samstagmittag - Sonntag)*
Der traditionsreiche "Bären" wurde 1773 erbaut und bietet heute als zeitgemässes
Hotel funktionelle, freundliche Zimmer mit sehr guter Technik, alle mit Nespresso-
Maschine. Neben dem Bärenstübli hat man noch das Suhrenstübli, in dem man
eher traditionell kocht.

𝖄𝖄 **Bärenstübli** – Hotel Bären 🏡 🅿

*Bernstr.-West 56 – 𝒞 062 855 25 25 – www.baeren-suhr.ch – geschl. Anfang
Januar 1 Woche*
Tagesteller 30 CHF – Menü 56 CHF (mittags unter der Woche)/116 CHF
– Karte 58/96 CHF – *(geschl. Samstagmittag, Sonntag)*
Hübsch und wohnlich ist das Ambiente hier, dazu trägt auch viel warmes Holz
bei. Der neue Chef am Herd sorgt für frische Akzente - an schön eingedeckten
Tischen serviert man eine aktualisierte klassische Küche.

SUMISWALD

Bern (BE) – ✉ 3454 – 5 028 Ew – Höhe 700 m – Siehe Regionalatlas **3**-E4
🚌 Bern 44 km – Burgdorf 16 km – Luzern 63 km – Olten 58 km
Michelin Straßenkarte 551-L7

Bären 🚗 ‖ 🚇 🤝 🛜 🏿 P

Marktgasse 1 – ℰ 034 431 10 22 – www.baeren-sumiswald.ch
18 Zim 🛏 – 🛏100 CHF 🛏🛏170 CHF – ½ P
Rest Tagesteller 22 CHF – Menü 45 CHF – Karte 27/62 CHF – *(geschl. Ende Januar- Anfang Februar 2 Wochen, Ende Juli Anfang - August 3 Wochen und Montag - Dienstag)*
Aus dem 15. Jh. stammt das schmucke denkmalgeschützte Haus. Familie Hiltbrunner bietet wohnliche Zimmer (vier davon mit schönem altem Holz), freundlichen Service und ein gutes, frisches Frühstück. Bürgerlich-regionale Küche in gemütlichen Stuben. Ideal für Veranstaltungen: der sehenswerte Jugendstilsaal.

SURLEJ – Graubünden ➜ Siehe Silvaplana

SURSEE

Luzern (LU) – ✉ 6210 – 9 079 Ew – Höhe 504 m – Siehe Regionalatlas **3**-F3
🚌 Bern 90 km – Luzern 23 km – Aarau 26 km – Baden 48 km
Michelin Straßenkarte 551-N6

Bellevue am See 🚲 ≤ 🚗 ‖ 🤝 🍸 Rest, 🛜 🏿 P

Bellevueweg 7 – ℰ 041 925 81 10 – www.bellevue-sursee.ch – geschl. Januar
19 Zim 🛏 – 🛏135/220 CHF 🛏🛏220/320 CHF – ½ P
Rest Tagesteller 30 CHF – Menü 45 CHF (mittags unter der Woche)/95 CHF – Karte 41/87 CHF – *(geschl. Sonntagabend - Montag)*
Schön seenah (200 m) kann man bei Familie Friedrich wohnen, und zwar in einer schmucken Villa! Ein paar der individuellen Zimmer haben einen eigenen Balkon. Im lichten Wintergartenrestaurant gibt es saisonal-bürgerliche Küche und dazu eine gute Weinauswahl.

amrein'S 🚲 🚗

Centralstr. 9, (Zentrale Stadtverwaltung) – ℰ 041 922 08 00 – www.amreins.ch – geschl. 12. - 23. Februar, 10. - 18. Mai, 19. Juli - 3. August und Sonntag - Montag sowie an Feiertagen
Menü 67/89 CHF (abends) – Karte 62/89 CHF
Romy und Beat Amrein-Egli sind nicht nur sympathische Gastgeber, sie bieten in ihrem schönen puristischen Restaurant auch gute Küche. Es gibt kreative Schweizer Gerichte mit mediterranem Einfluss wie "Saibling von der Waadtländer Riviera" oder "Irisches Rindsfilet vom Green Egg Grill mit Rosmarin-Risotto".

SUSTEN-LEUK

Wallis (VS) – ✉ 3952 – Höhe 627 m – Siehe Regionalatlas **8**-E6
🚌 Bern 183 km – Brig 29 km – Leukerbad 14 km
Michelin Straßenkarte 552-K11

Relais Bayard ≤ 🚗 ‖ 🍸 Zim, 🛜 🏿 P

Kantonsstr. 151, Ost: 1 km Richtung Brig – ℰ 027 474 96 96 – www.relaisbayard.ch
30 Zim 🛏 – 🛏100/220 CHF 🛏🛏170/260 CHF – ½ P
Rest Tagesteller 18 CHF – Menü 30/50 CHF – Karte 30/83 CHF
Der Landgasthof liegt an der Strasse nach Brig und am Golfplatz. Man bietet funktionell eingerichtete Zimmer sowie Duplex-Zimmer, die für Familien geeignet sind. Gediegen-rustikales Restaurant und Pizzeria.

SUTZ-LATTRIGEN

Bern (BE) – ✉ 2572 – 1 358 Ew – Höhe 450 m – Siehe Regionalatlas **2**-C3
🚌 Bern 44 km – Biel 7 km – Neuchâtel 36 km – Solothurn 33 km
Michelin Straßenkarte 551-I6

ɃɃ Anker 🏠 ♻ **P**
@@ *Hauptstr. 4 – ☏ 032 397 11 64 – www.anker-sutz.ch*
– geschl. 23. Februar -15. März, 21. September - 11. Oktober und Montag
- Dienstag
Tagesteller 17 CHF – Menü 55/78 CHF – Karte 42/81 CHF
Eine sympathische Adresse ist der Berner Gasthof, der herzlich von Familie Müller-Rommel geleitet wird. Traditionelle Speisen in urgemütlichen Räumen. Terrasse unter Platanen.

TÄGERWILEN – Thurgau ➜ Siehe Kreuzlingen

TARASP – Graubünden ➜ Siehe Scuol

TAVERNE
Ticino (TI) – ✉ 6807 – 2 934 ab. – alt. 364 m – Carta regionale **10-H6**
▶ Bern 235 km – Lugano 10 km – Bellinzona 21 km – Locarno 31 km
Carta stradale Michelin 553-R13

ɃɃɃ Motto del Gallo con cam 🏠 📶 ♻ **P**
via Bicentenario 16 – ☏ 091 945 28 71 – www.mottodelgallo.ch
– chiuso 2 - 28 gennaio e domenica - lunedì a mezzogiorno
4 cam 🖙 – ☗130 CHF ☗☗240 CHF
Piatto del giorno 42 CHF – Menu 112 CHF – Carta 87/112 CHF – *(consigliata la prenotazione)*
Ristorante elegante e decisamente particolare: un gruppo di piccole case del XV secolo, riccamente arredate con mobili antichi e opere d'arte. Il menu presente una serie di piatti dai sapori regionali e mediterranei; molto bella la terrazza esterna.

TEGNA
Ticino (TI) – ✉ 6652 – 2 566 ab. – alt. 258 m – Carta regionale **9-G6**
▶ Bern 244 km – Locarno 6 km – Andermatt 112 km – Bellinzona 28 km
Carta stradale Michelin 553-Q12

a Ponte Brolla – ✉ 6652

ɃɃ Da Enzo con cam 🦞 🦐 🏠 📶 **P**
via ai Grotti – ☏ 091 796 14 75 – www.ristorantedaenzo.ch
– chiuso metá novembre - inizio marzo, mercoledì e giovedì a mezzogiorno
2 cam 🖙 – ☗250/280 CHF ☗☗280/300 CHF
Piatto del giorno 33 CHF – Menu 65 CHF (pranzo)/98 CHF (cena)
– Carta 74/111 CHF
Casa ticinese in sasso e bella terrazza-giardino: ai tipici tavoli in granito - coperti in parte da volte, in parte da alberi - piatti squisitamente mediterranei. Fornita enoteca in cantina e due romantiche camere in un antico grotto.

ɃɃ T3e Terre con cam 🏠 📶 ♻ **P**
@ *via Vecchia Stazione 2 – ☏ 091 743 22 22 – www.3terre.ch*
– chiuso 2 settimane inizio novembre, 1 settimana a Carnevale, martedì e mercoledì; metà luglio - metà agosto : martedì e mercoledì a mezzogiorno
5 cam 🖙 – ☗160/215 CHF ☗☗185/215 CHF
Piatto del giorno 28 CHF – Menu 91 CHF – Carta 61/103 CHF
In una cornice idilliaca, vicino al fiume Maggia, la vista offerta dal giardino d'inverno o dalla soleggiata terrazza di questo locale non lascia indifferenti. La cucina omaggia la tradizione e i sapori mediterranei come i tagliolini verdi fatti in casa con vongole, capesante e ragù di mare o i filettini di coniglio alla piastra con olive taggiasche, pomodoro fresco e feta.

✗ **Centovalli** con cam   🛱 ⍏ 🤏 **P**
via Vecchia Stazione 5 – 𝒞 091 796 14 44 – www.centovalli.com – chiuso
23 dicembre - febbraio, lunedì e martedì
10 cam 🖙 – ♥100/160 CHF ♥♥149/210 CHF
Piatto del giorno 27 CHF – Carta 40/88 CHF – *(consigliata la prenotazione)*
Nelle sale rustico-moderne di questo tipico grotto ticinese o sulla bella terrazza
riparata da un pergolato, servizio informale e stuzzicanti proposte regionali. La
specialità? Il risotto!

TGANTIENI – Graubünden → Siehe Lenzerheide

THALWIL
Zürich (ZH) – ⊠ 8800 – 17 340 Ew – Höhe 435 m – Siehe Regionalatlas **4**-G3
▶ Bern 134 km – Zürich 12 km – Luzern 47 km – Schwyz 55 km
Michelin Straßenkarte 551-P5

🔠 **Sedartis**   ⪝ 🛱 🛗 ⅙ 🤏 ⍧ ⍐
Bahnhofstr. 16 – 𝒞 043 388 33 00 – www.sedartis.ch
40 Zim – ♥180/280 CHF ♥♥180/280 CHF, 🖙 26 CHF
Rest Tagesteller 20 CHF – Menü 30 CHF (unter der Woche) – Karte 50/84 CHF
Modernes Businesshotel direkt am Bahnhof und nur 10 Minuten vom Zentrum
Zürichs. Alle Zimmer mit Balkon oder Terrasse, Indoor-Golf, Relax-Center für Kos-
metik und Massage sowie diverse Tagungsräume und ein Seminarhaus. Das Res-
taurant samt schöner Terrasse bietet Schweizer Küche und Bistrogerichte.

THAYNGEN
Schaffhausen (SH) – ⊠ 8240 – 5 034 Ew – Höhe 440 m – Siehe Regionalatlas **4**-G1
▶ Bern 180 km – Zürich 61 km – Baden 80 km – Schaffhausen 10 km
Michelin Straßenkarte 551-Q2

in Hüttenleben Nord-West: 1,5 km

✗✗ **Hüttenleben** mit Zim   🛱 🤏 **P**
Drachenbrunnenweg 5 – 𝒞 052 645 00 10 – www.huettenleben.ch – geschl.
27. Dezember - 6. Januar, 26. Juli - 6. August, 27. September - 8. Oktober und
Montag - Dienstag
4 Zim 🖙 – ♥96 CHF ♥♥167 CHF
Tagesteller 25 CHF – Menü 43 CHF (mittags unter der Woche)/95 CHF
– Karte 55/96 CHF
Der Landgasthof bietet internationale Küche mit italienischen und regionalen Ein-
flüssen. Vom lichten Wintergarten blickt man in den Garten, nett ist auch die rus-
tikale Pasteria.

THÖRIGEN
Bern (BE) – ⊠ 3367 – 1 023 Ew – Höhe 488 m – Siehe Regionalatlas **3**-E3
▶ Bern 41 km – Aarau 54 km – Basel 69 km – Luzern 83 km
Michelin Straßenkarte 551-L6

✗✗ **Löwen** (Nik Gygax)   🛱 ⟳ **P**
🏵 *Langenthalstr. 1 – 𝒞 062 961 21 07 – www.nikgygax.ch – geschl. Juli - August 2*
Wochen und Sonntag - Montag
Menü 85/225 CHF – Karte 98/163 CHF – *(Tischbestellung ratsam)*
Nik Gygax' "Löwen" ist ein grosser Klassiker des Emmentals und weit darüber
hinaus. Man sitzt in zwei wohnlichen Stuben (im Sommer ist es im Garten unter
Kastanien am schönsten) und geniesst seine sehr geschmackvolle französische
Küche. Mittags zusätzliche einfachere Karte. Weinkenner schätzen die Raritäten.
→ Variation von warmer und kalter Gänseleber. Wildfang Steinbutt-Tranche mit
Macaroni und Trüffel. Filet vom Simmentaler Rind mit Gänseleber gefüllt.

THÔNEX – Genève → Voir à Genève

XX **Schönbühl** – Hotel Schönbühl   ⪡ 🎀 ⅏ ⌂ **P**

Dorfstr. 47 – 𝒞 033 243 23 83 – www.schoenbuehl.ch – geschl. Januar und
Montag; Oktober - April: Sonntag - Montag

Tagesteller 18 CHF – Menü 50 CHF (mittags unter der Woche)/79 CHF
– Karte 55/94 CHF
Auch zum Essen ist das Haus der Joos' ein schöner Tipp: "Rinderschmorbraten mit
Kartoffelstampf", "Acquerello Risotto mit Garnele"... Zur regional-internationalen
Küche gibt's eine tolle Aussicht auf den See - da sitzt man natürlich auch gerne
auf der Terrasse!

in Oberhofen Süd-Ost: 3 km – Höhe 563 m – ⊠ 3653

🏨 **Park Hotel**   ⪢ ⪡ 🛏 📱 🤶 🚗 **P**

Friedbühlweg 36 – 𝒞 033 244 91 91 – www.parkhoteloberhofen.ch – geschl.
Anfang Januar 1 Woche, Februar 1 Woche
36 Zim 🛏 – 👤120/160 CHF 👤👤240/355 CHF – ½ P
Rest *Montana* – siehe Restaurantauswahl
In diesem freundlich geführten Hotel (eine rund 100 Jahre alte Villa) empfängt
man Sie in einer hübschen Lobby. Sie wohnen in zeitgemässen Zimmern und blicken auf den See! Schön ruhig die leicht erhöhte Lage.

XX **Montana** – Park Hotel   ⪡ 🛏 🎀 **P**

Friedbühlweg 36 – 𝒞 033 244 91 91 – www.parkhoteloberhofen.ch – geschl.
Anfang Januar 1 Woche, Februar 1 Woche und Mitte Oktober - Ostern: Sonntag
- Montag
Tagesteller 22 CHF – Menü 39 CHF (mittags unter der Woche)/95 CHF
– Karte 61/112 CHF
Ansprechend das geradlinig-zeitgemässe Interieur des Restaurants, durch die
grossen Fenster geht der Blick Richtung See und Berge. Die Küche: gehoben und
schmackhaft, mit klassischen und modernen Elementen.

THUNSTETTEN

Bern (BE) – ⊠ 4922 – 3 086 Ew – Höhe 435 m – Siehe Regionalatlas **3-E3**
▶ Bern 43 km – Basel 62 km – Luzern 76 km – Biel 45 km
Michelin Straßenkarte 551-L6

In Thunstetten-Forst West: 1,5 km Richtung Herzogenbuchsee – ⊠ 4922

XX **Forst**   ⪡ 🎀 ⅏ ⌂ **P**

Forst 101 – 𝒞 062 963 21 11 – www.restaurantforst.ch – geschl. Ende September
- Anfang Oktober 2 Wochen und Dienstag - Mittwoch
Tagesteller 35 CHF – Menü 72 CHF (mittags unter der Woche)/120 CHF
– Karte 52/90 CHF
In dem historischen Gasthof erwarten Sie sympathische Gastgeber und internatio-
nale Küche mit vielen Lammgerichten. Als echter "Jaguar"-Fan bietet Chef
Andreas Koch auch "Englische Wochen", "Afternoon Tea" sowie Weine und
Schaumweine von der Insel. Schön: die Terrasse mit Blick zur Jurakette.

THUSIS

Graubünden (GR) – ⊠ 7430 – 2 937 Ew – Höhe 697 m – Siehe Regionalatlas **10-I4**
▶ Bern 266 km – Chur 26 km – Bellinzona 93 km – Davos 47 km
Michelin Straßenkarte 553-U9

🏠 **Weiss Kreuz**   🎀 🤶 📱 ⅏ Rest, 🛜 🚗 **P**

Neudorfstr. 50 – 𝒞 081 650 08 50 – www.weisskreuz.ch
39 Zim 🛏 – 👤90/140 CHF 👤👤150/240 CHF – ½ P
Rest Tagesteller 19 CHF – Menü 24 CHF (mittags unter der Woche)/72 CHF
– Karte 38/88 CHF
Hinter der schmucken roten Fassade können Sie zeitgemäss wohnen (immer wieder werden Zimmer renoviert) und auch zum Essen bietet man schöne Räume: hell und elegant der Speisesaal, sehr gemütlich die Bündner Stube. Auf der
Speisekarte machen z. B. Sauerbraten vom Rind oder Capuns Appetit. Und wenn
mal etwas Besonderes ansteht: Gesellschaften geniessen im Dachwintergarten
eine tolle Aussicht!

THYON-Les COLLONS

Valais (VS) – ⊠ 1988 – alt. 2 187 m (Sports d'hiver : 1 800/3 300 m)
– Carte régionale **7-D6**

▶ Bern 179 km – Sion 24 km – Brig 74 km – Martigny 53 km

Carte routière Michelin 552-I12

aux Collons alt. 1 802 m – ⊠ 1988

⌂   **La Cambuse**   ⤷ ⪍ 🏡 ❤ ch, 🛜 🛁 🅿
🍴   *Chemin de la Bourgeoisie 11 – ℰ 027 281 18 83 – www.lacambuse.ch*
       – fermé 12 avril - 26 juin et 25 octobre - 12 décembre
🍽   **10 ch** 🖵 – ♥80/140 CHF ♥♥160/200 CHF – 1 suite – ½ P
       Rest Plat du jour 18 CHF – Menu 25 CHF (déjeuner)/70 CHF – Carte 39/95 CHF –
       (fermé juillet - octobre : mercredi)
       Ce chalet familial domine le val d'Hérens, à 1 900 m d'altitude : une vue et une
       situation magnifiques, juste au pied des pistes. Les chambres sont très fraîches,
       habillées de bois blond. Après le ski, c'est cuisine traditionnelle... et fondues !

La TOUR-de-PEILZ – Vaud → Voir à Vevey

La TOUR-DE-TRÊME – Fribourg → Voir à Bulle

TRIMBACH – Solothurn → Siehe Olten

TRIN

Graubünden (GR) – ⊠ 7014 – 1 251 Ew – Höhe 875 m – Siehe Regionalatlas **5-I4**

▶ Bern 257 km – Chur 15 km – Glarus 85 km – Triesenberg 54 km

Michelin Straßenkarte 553-U8

X X   **Casa Alva** mit Zim   ▤ 🛜 🛁
       Via Vlsut 31, (1. Etage) – ℰ 081 630 42 45 – www.casaalva.ch – geschl. 18. Juni
       - 13. Juli, 29. Oktober - 16. November und Dienstag - Mittwoch
       6 Zim 🖵 – ♥150 CHF ♥♥210 CHF
       Menü 64/108 CHF – *(nur Abendessen) (Tischbestellung ratsam)*
       Nach Jahren auf Mallorca zog es Lucia Monn und Corsin Pally zurück in die Hei-
       mat. Warum sie für ihr Restaurant das ehemalige Pfarrhaus gewählt haben? Hier
       passen ihre zeitgemässen Menüs (benannt nach Bündner Bergen) schön zum
       Rahmen: ein Mix aus zurückhaltend modernem Stil und alter Bausubstanz,
       ein attraktives Nebeneinander von klaren Formen und rustikalem Holz.

TRUN

Graubünden (GR) – ⊠ 7166 – 1 221 Ew – Höhe 852 m – Siehe Regionalatlas **10-H4**

▶ Bern 190 km – Andermatt 44 km – Altdorf 78 km – Bellinzona 96 km

Michelin Straßenkarte 553-S9

X X   **Casa Tödi** mit Zim   ⤷ ❤ Rest, 🛜 ♻ 🚗 🅿
🕙   *Via Principala 78, (1. Etage) – ℰ 081 943 11 21 – www.casatoedi.ch – geschl.*
       13. April - 7. Mai, 26. Oktober - 19. November und Dienstag - Mittwoch
       11 Zim 🖵 – ♥82/90 CHF ♥♥151/165 CHF – ½ P
       Tagesteller 26 CHF – Menü 65/125 CHF – Karte 58/77 CHF – *(abends*
       Tischbestellung ratsam)
       Lust auf klassisches Boeuf Bourguignon? Und als Dessert Birnen-Mandel-Clafoutis?
       Die gute Küche von Manuel Reichenbach ist noch nicht alles, was der Familien-
       betrieb (seit 1925) zu bieten hat, denn historische Täferung, Specksteinofen und
       umlaufende Holzbank machen es richtig gemütlich. Übrigens: Unterm Dach
       trocknen im Winter Salsiz von Schwein und Kartoffel, hergestellt nach Grossmut-
       ters Rezept!

TSCHUGG

Bern (BE) – ⊠ 3233 – 459 Ew – Höhe 470 m – Siehe Regionalatlas **2-C4**

▶ Bern 36 km – Neuchâtel 14 km – Biel 29 km – La Chaux-de-Fonds 34 km

Michelin Straßenkarte 552-H7

XX **Rebstock** 🏨 🍴 🅴 **P**

😊 *Unterdorf 60 – 𝒞 032 338 11 61 – www.rebstock-tschugg.ch – geschl. Montag - Dienstagmittag*
Tagesteller 18 CHF – Menü 45/95 CHF – Karte 37/97 CHF
Das schöne Restaurant mit mediterranem Touch bietet neben traditionell-saisonal geprägter Küche auch recht authentische Thai-Gerichte. Wem der nette Rahmen des ehemaligen Weinguts gefällt, kann hier auch übernachten: Die Zimmer sind gepflegt und freundlich.

TWANN

Bern (BE) – ✉ 2513 – 1 095 Ew – Höhe 434 m – Siehe Regionalatlas **2**-C4
▶ Bern 50 km – Neuchâtel 23 km – Biel 10 km – La Chaux-de-Fonds 43 km
Michelin Straßenkarte 551-H6

🏠 **Fontana** ≪ 🛏 🏢 🛜 🏃 **P**

Moos 10 – 𝒞 032 315 03 03 – www.hotelfontana.ch – geschl. 16. Dezember - 27. Januar
20 Zim ⊑ – ♦129/159 CHF ♦♦199/259 CHF – ½ P
Rest *Fontana* – siehe Restaurantauswahl
In dem Hotel nahe der Bahnlinie stehen freundliche Zimmer mit Balkon und Seeblick bereit. Ruhiger sind die Zimmer nach hinten zum Weinberg. Chic: das Designzimmer "Le Boudoir", schön modern auch die Businesszimmer.

🏠 **Bären** 🛏 🍴 🏢 🛜 🏃 **P**

Moos 36 – 𝒞 032 315 20 12 – www.baeren-twann.ch – geschl. November 2 Wochen
13 Zim ⊑ – ♦108/138 CHF ♦♦170/229 CHF – ½ P
Rest Tagesteller 27 CHF – Menü 58 CHF – Karte 40/89 CHF – *(geschl. Oktober - April: Montag - Dienstag)*
Zwischen Weinbergen und Bielersee, unweit der Bahnlinie, liegt das mit funktionellen Gästezimmern ausgestattete Hotel. Einige Zimmer verfügen über einen kleinen Balkon zum See. Restaurant und Terrasse bieten Seeblick. Traditionelle Küche mit viel Fisch.

XX **Zur Ilge** 🍴 **P**

Kleintwann 8 – 𝒞 032 315 11 36 – www.restaurantilge.ch – geschl. Montag - Dienstag; November - März : Sonntagabend
Menü 49/99 CHF – Karte 45/95 CHF
In dem Haus a. d. 15. Jh. erwartet Sie neben zwei rustikalen Stuben ein richtig modernes Restaurant. Die sympathischen Gastgeber Maja und Paul Thiébaud bieten hier Traditionelles mit asiatischem Einfluss, von "Kalbsniere in Senfsauce" bis "Egli Hongkong". Historischer Apéro-Keller, Terrasse zum See.

XX **Fontana** – Hotel Fontana ≪ 🛏 🍴 **P**

Moos 10 – 𝒞 032 315 03 03 – www.hotelfontana.ch – geschl. 16. Dezember - 27. Januar und Sonntagabend - Montag
Menü 69/133 CHF – Karte 39/92 CHF
In unterschiedlich gestalteten Stuben von modern bis rustikal lässt man sich zeitgemäss interpretierte Regionalküche servieren, und die bietet z. B. Egli-Gerichte und auch Treberwurst-Spezialitäten. Terrasse mit Sicht auf den Bielersee.

UEBERSTORF

Freiburg (FR) – ✉ 3182 – 2 395 Ew – Siehe Regionalatlas **2**-D4
▶ Bern 20 km – Fribourg 19 km – Neuchâtel 46 km – Solothurn 58 km
Michelin Straßenkarte 552-I8

🏠 **Schloss Ueberstorf** 🍴 🛏 🏢 🍴 Zim, 🛜 🏃 **P**

Schlossstr. 14 – 𝒞 031 741 47 17 – www.schlossueberstorf.ch
15 Zim ⊑ – ♦150 CHF ♦♦240 CHF
Rest Tagesteller 32 CHF – Karte 48/86 CHF – *(Tischbestellung ratsam)*
Die Gebete sind nur noch eine entfernte Erinnerung in diesem alten Kloster a. d. 16. Jh.! Von nun an dient das Anwesen der Beherbergung sowie Seminaren. Geblieben ist die Sachlichkeit des Ortes, die sich in einer schlichten und raffinierten Dekoration widerspiegelt: helle Töne, Parkett, hier und da antike Möbelstücke… Eine Insel des Friedens.

UETIKON am SEE

Zürich (ZH) – ✉ 8707 – 5 931 Ew – Höhe 414 m – Siehe Regionalatlas **4**-G3

▶ Bern 143 km – Zürich 18 km – Rapperswil 15 km

Michelin Straßenkarte 551-Q5

XX   **Wirtschaft zum Wiesengrund** (Hans-Peter Hussong)   🎋 🕸 **P**

😺😺   *Kleindorfstr. 61 – ℰ 044 920 63 60 – www.wiesengrund.ch – geschl. Februar 2*
Wochen, August 3 Wochen und Sonntag - Montag
Tagesteller 38 CHF – Menü 64 CHF (mittags unter der Woche)/180 CHF
– Karte 103/154 CHF – *(Tischbestellung ratsam)*
Dieses lukullische Kleinod von Ines und Hans-Peter Hussong steht für Gastlichkeit
im allerbesten Sinne, und die beruht auf höchstem Engagement und - auch nach
all den Jahren - ungetrübter Freude an der Arbeit, am Herd und im Service. Die
Küche ist durch und durch klassisch, absolute Produktqualität ist das A und O.
Tipp: die Terrasse im schönen Garten mit Platanen.
➜ Langoustines in Olivenöl gebraten auf Artischocken mit grüner Sauce. Schmor-
bratenravioli an Salbei und Nussbutter. Crépinette vom Ochsenschwanz in Merlot
geschmort.

UETLIBERG – Zürich ➜ Siehe Zürich

UNTERÄGERI

Zug (ZG) – ✉ 6314 – 8 280 Ew – Höhe 725 m – Siehe Regionalatlas **4**-G3

▶ Bern 148 km – Luzern 45 km – Einsiedeln 31 km – Rapperswil 29 km

Michelin Straßenkarte 551-Q6

🏠🏠   **Seminarhotel am Ägerisee**   ≤ 🎋 🕸 🖥 🕭 Rest, 🎬 Rest, 🛜 🛁 🚗 **P**

Seestr. 10 – ℰ 041 754 61 61 – www.seminarhotelaegerisee.ch
80 Zim 🖵 – †170/260 CHF ††210/300 CHF – ½ P
Rest Tagesteller 30 CHF – Karte 46/95 CHF
Eine komfortable und zeitgemässe Adresse ist das auf Tagungen ausgelegte
Hotel, zu dessen Annehmlichkeiten die Lage am See zählt. Es stehen auch kostenfrei Leihfahrräder zur Verfügung. Internationale Küche im modernen Restaurant
mit Seeblick, angrenzend die puristisch gestylte Lounge mit Kamin.

UNTERBÄCH

Wallis (VS) – ✉ 3944 – 409 Ew – Höhe 1 228 m (Wintersport : 1 220/2 500 m)
– Siehe Regionalatlas **8**-E6

▶ Bern 90 km – Brig 22 km – Sierre 28 km – Sion 44 km

Michelin Straßenkarte 552-L11

🏠🏠   **Alpenhof**   🌤 ≤ 🎋 🔲 🕸 🖥 🕸 🛜 🛁 🚗 **P**

Dorfstr. 33 – ℰ 027 935 88 44 – www.myalpenhof.ch – geschl. April, November
32 Zim 🖵 – †95/125 CHF ††160/240 CHF – 2 Suiten – ½ P
Rest Tagesteller 17 CHF – Menü 30 CHF (mittags unter der Woche)/69 CHF
– Karte 42/95 CHF – *(geschl. Montag)*
In dem Hotel im Zentrum des kleinen Ortes wählt man zwischen älteren, klassisch
eingerichteten Zimmern im Haupthaus und modernen, helleren im Annex, fast
alle mit Balkon! Neben dem Restaurant in geradlinigem Stil hat man im Keller
noch den "Spycher" mit Grill- und Käsegerichten.

UNTERENGSTRINGEN

Zürich (ZH) – ✉ 8103 – 3 398 Ew – Siehe Regionalatlas **4**-F2

▶ Bern 120 km – Zürich 11 km – Aarau 42 km – Zug 38 km

Michelin Straßenkarte 551-P4

XX   **Witschi's Restaurant**   🎋 🕸 🔄

Zürcherstr. 55 – ℰ 044 750 44 60 – www.witschirestaurant.ch – geschl.
21. Dezember - 15. Januar, 26. Juli - 10. August und Sonntag - Montag;
Dezember: Sonntag
Tagesteller 35 CHF – Menü 65 CHF (mittags)/180 CHF – Karte 81/152 CHF –
(Tischbestellung ratsam)
Heinz Witschi bevorzugt die klassische Küche, und er versteht sein Handwerk.
Tipp: Samstagmittags gibt es meist ein besonderes Menü-Angebot! Draussen die
hübsch begrünte Terrasse. Ideal für Gesellschaften ist der elegante Gourmetclub.

UNTERIBERG
Schwyz (SZ) – ✉ 8842 – 2 324 Ew – – ✉ Unteriberg – Siehe Regionalatlas **4**-G3
▶ Bern 177 km – Schwyz 21 km – Glarus 63 km – Zug 51 km
Michelin Straßenkarte 551-R7

✗ **Landgasthof Rösslipost** mit Zim 🛋 🍴 🛜 ↻

Schmalzgrubenstr. 2 – 🕿 055 414 60 30 – www.roesslipost.ch – geschl. 21. April
- 5. Mai, 28. September - 9. Oktober, Sonntag - Montag und an Feiertagen
12 Zim 🛏 – 💰90/110 CHF 💰💰130/180 CHF – ½ P
Tagesteller 19 CHF – Menü 50 CHF (abends unter der Woche)/98 CHF
– Karte 55/83 CHF
Die Chefin (bereits die 5. Generation der Familie Fässler) steht selbst in der Küche
und kocht saisonal. Serviert wird in Kathrins Restaurant oder in der einfachen Gaststube - nicht zu vergessen die Terrasse hinter dem Haus! Schlichte Gästezimmer.

UNTERSEEN – Bern (BE) ➔ Siehe Interkalen

UNTERSIGGENTHAL
Aargau (AG) – ✉ 5417 – 6 876 Ew – Höhe 379 m – Siehe Regionalatlas **4**-F2
▶ Bern 109 km – Aarau 32 km – Baden 6 km – Schaffhausen 55 km
Michelin Straßenkarte 551-O4

✗✗✗ **Chämihütte** ⩽ 🛋 ↻ 🅿

Rooststr. 15, Nord: 1 km Richtung Koblenz – 🕿 056 298 10 35
– www.chaemihuette.ch – geschl. Februar 1 Woche, Juli 10 Tage, Oktober 1
Woche und Sonntagabend - Dienstag
Tagesteller 35 CHF – Menü 38 CHF (mittags)/90 CHF – Karte 55/108 CHF
Im Sommer ist natürlich die wunderschöne Terrasse ein Anziehungspunkt, aber
auch in dem klassischen Restaurant sitzt man gerne, um sich die traditionell-
französische Küche schmecken zu lassen. Zudem bietet man eine schöne Zigar-
renauswahl.

URNÄSCH
Appenzell Ausserrhoden (AR) – ✉ 9107 – 2 241 Ew – Höhe 826 m
– Siehe Regionalatlas **5**-H3
▶ Bern 209 km – Sankt Gallen 20 km – Altstätten 26 km – Herisau 10 km
Michelin Straßenkarte 551-U5

✗✗ **Urnäscher Kreuz** 🛋 ↻ 🅿

Unterdorfstr. 16 – 🕿 071 364 10 20 – www.urnaescher-kreuz.ch
– geschl. Sonntagabend - Montag; November - Mitte April: Sonntag - Montag
Tagesteller 17 CHF – Menü 65/107 CHF – Karte 51/84 CHF – (Tischbestellung
ratsam)
"Kalbsgeschnetzeltes mit Pilzrahmsauce, getrockneten Tomaten, Sommergemüse
und Butterrösti" - schmackhafte regionale Speisen wie diese gibt es unter der Leitung von Christian Oertle und Philippe Michel in dem typischen Appenzeller Haus.
Holztäferung und niedrige Decken machen es drinnen schön gemütlich, dennoch
sollten Sie im Sommer unbedingt auf der Terrasse an der Urnäsch essen!

URSENBACH
Bern (BE) – ✉ 4937 – 897 Ew – Höhe 588 m – Siehe Regionalatlas **3**-E3
▶ Bern 43 km – Burgdorf 20 km – Langnau im Emmental 29 km – Luzern 57 km
Michelin Straßenkarte 551-L6

✗✗ **Hirsernbad** 🛋 🅿

Hirsern 102, Süd: 1 km Richtung Oeschenbach – 🕿 062 965 32 56
– www.hirsernbad.ch – geschl. Februar 2 Wochen und Dienstag - Mittwoch
Tagesteller 19 CHF – Menü 75/110 CHF – Karte 35/97 CHF
Schön gemütlich ist der historische Landgasthof, bereits seit 1976 in Familien-
hand. Viel Fisch aus der Region findet sich auf der Karte, aber auch Emmentaler
Spezialitäten wie Schafsvoressen. Für Apéros: Weinkeller und Spycher von 1647.

UTZENSTORF

Bern (BE) – ⊠ 3427 – 4 156 Ew – Höhe 474 m – Siehe Regionalatlas **2-D3**

▶ Bern 26 km – Biel 35 km – Burgdorf 12 km – Olten 47 km

Michelin Straßenkarte 551-K6

XX **Bären** 🛋 ↻ **P**

😊 *Hauptstr. 18 – ℰ 032 665 44 22 – www.baeren-utzenstorf.ch – geschl. Ende Januar - Anfang Februar und Montag - Dienstag*
Tagesteller 25 CHF – Menü 50 CHF (mittags unter der Woche)/110 CHF – Karte 52/103 CHF
In dem schmucken Berner Gasthof von 1261 mit seinen hübschen Stuben isst man richtig gut, und zwar überwiegend traditionelle Gerichte wie z. B. "Lammentrecôte mit Pistazien", zubereitet von Vater und Sohn Thommen (13. und 14. Generation!). Im Sommer lockt die Terrasse unter Platanen. Stilvolle Säle.

UVRIER – Valais ➜ Voir à Sion

UZNACH

Sankt Gallen (SG) – ⊠ 8730 – 5 998 Ew – Siehe Regionalatlas **5-H3**

▶ Bern 180 km – Sankt Gallen 62 km – Herisau 40 km – Glarus 27 km

Michelin Straßenkarte 551-S6

XX **Der Kunsthof ℕ** 🛋 & ↻ **P**

🍃 *Zürcherstr. 28 – ℰ 055 290 22 11 – www.derkunsthof.ch – geschl. 6. - 14. April, 20. Juli - 4. August, 5. - 13. Oktober und Montagabend - Dienstag*
Menü 59 CHF (mittags)/207 CHF – Karte 108/118 CHF – *(Tischbestellung ratsam)*
Der gebürtige Salzburger Christian Geisler hat nach erfolgreichen Jahren in Zermatt hier seine neue Wirkungsstätte. Seine Küche: produktorientiert, kreativ und ausdrucksstark. Der Rahmen: ein aufwändig sanierter ehemaliger Heuboden mit einem tollen Mix aus klarem Design und dem rustikalen Gebälk des offenen Dachstuhls. Der Service: angenehm unprätentiös und herzlich.
➜ Hamachi, Edamame, Erdnuss. Lamm, Pastinake, Artischocke. Banane, Schokolade, Pistazie.

VACALLO

Ticino (TI) – ⊠ 6833 – 3 112 ab. – alt. 375 m – Carta regionale **10-H7**

▶ Bern 269 km – Lugano 29 km – Bellinzona 55 km – Como 9 km

Carta stradale Michelin 553-S14

🏨 **Conca Bella** 📶 & 🅰🅒 rist, 🛜 🏊

via Concabella 2 – ℰ 091 697 50 40 – www.concabella.ch – chiuso fine dicembre - inizio gennaio 2 settimane, inizio agosto 3 settimane
17 cam ⊡ – †115/155 CHF ††160/230 CHF – ½ P
Rist *Conca Bella* 🍃 – vedere selezione ristoranti
Rist *Al Conca* Carta 51/73 CHF – *(chiuso domenica e lunedì)*
Sotto il campanile del paese, albergo semplice e familiare, ma pulito e confortevole; le camere superior sono un po' più ricercate e costano - di conseguenza - leggermente di più.

XX **Conca Bella** – Hotel Conca Bella 🐾 & 🅰🅒 ↻

🍃 *via Concabella 2 – ℰ 091 697 50 40 – www.concabella.ch – chiuso fine dicembre - inizio gennaio 2 settimane, inizio agosto 3 settimane, domenica e lunedì*
Piatto del giorno 39 CHF – Menu 52 CHF (pranzo)/140 CHF – Carta 91/106 CHF – *(consigliata la prenotazione)*
Uno dei giovani cuochi più interessanti del Ticino, vi delizierà con proposte creative, ma sempre equilibrate ed armoniose, oltre che gustose, in prevalenza basate su ottimi prodotti italiani.
➜ Tortelli al Parmigiano liquido e culatello, con balsamico invecchiato nelle nostre botti. Triglia in crosta di Pop-Corn, crema di peperone e yoghurt. Piccione della Bresse in due cotture con gelatina al rabarbaro e Campari.

VALBELLA – Graubünden ➜ Siehe Lenzerheide

VALCHAVA – Graubünden ➜ Siehe Santa Maria i.M.

VALENDAS

Graubünden (GR) – ✉ 7122 – 298 Ew – Siehe Regionalatlas **10**-I4
▶ Bern 270 km – Chur 27 km – Glarus 97 km – Triesenberg 66 km
Michelin Straßenkarte 553-T8

🍴🍴 **Gasthaus am Brunnen** 🅝 mit Zim   🏡 🕼 ᕲ 🛜 ⟳ 🄿

Hauptstr. 61 ✉ 7122 – ℰ 081 920 21 22 – www.gasthausambrunnen.ch
– geschl. 27. April - 11. Mai, 2. - 16. November und Montag - Dienstagmittag
6 Zim ⌂ – †150/170 CHF ††200/220 CHF – 1 Suite – ½ P
Tagesteller 18 CHF – Menü 76/138 CHF – Karte 48/67 CHF mittags
Ein Schmuckstück mitten in dem Bündner Bergdorf. Einheimische treffen sich gerne in der rustikalen Stube zu Mittagessen oder Stammtisch, eleganter sitzt man im geradlinig-schicken Restaurant. Gekocht wird modern und nur mit Zutaten aus der Region, z. B. "Kalbsfilet vom Salzstein mit Kräuterkaviar, Senf-Schnittlauchrisotto und Gemüse". Lecker: die Desserts der Chefin!

VALEYRES-sous-RANCES

Vaud (VD) – ✉ 1358 – 562 h. – Carte régionale **6**-B5
▶ Bern 86 km – Lausanne 34 km – Neuchâtel 45 km – Fribourg 60 km
Carte routière Michelin 552-D8

🍴🍴 **A la Vieille Auberge** 🅝   🏡 ⟳

Route Romaine 2 – ℰ 024 441 00 06 – www.lavieilleauberge.ch
– fermé fin janvier - début février 2 semaines, fin avril une semaine, fin juillet
- début août 2 semaines, dimanche, lundi et jours fériés
Plat du jour 18 CHF – Menu 53 CHF (déjeuner en semaine)/99 CHF
– Carte 61/83 CHF
Cette Vieille auberge porte bien son nom : c'est la plus ancienne maison de la localité ! Le chef Éric Hamart y propose une goûteuse cuisine de saison – pressé de joue de bœuf, cuisse de lapin aux tomates confites, etc. – tandis que le service, efficace et attentionné, est assuré par Myriam, sa charmante épouse.

VALS

Graubünden (GR) – ✉ 7132 – 986 Ew – Höhe 1 248 m – Siehe Regionalatlas **10**-H5
▶ Bern 229 km – Chur 52 km – Andermatt 83 km – Davos 109 km
Michelin Straßenkarte 553-T10

🏨 **Rovanada**   

– ℰ 081 935 13 03 – www.rovanada.ch – geschl. 6. April - 31. Mai
42 Zim ⌂ – †90/130 CHF ††150/280 CHF – ½ P
Rest Tagesteller 24 CHF – Menü 39/69 CHF – Karte 39/78 CHF
Ein sehr gut geführtes Ferienhotel in dem Ort mit dem bekannten Valser Wasser. Zimmer meist mit Balkon und schöner Aussicht, einige topmodern mit alpinem Touch. Massageangebot. Italienische Küche im La Cucina, Grillgerichte im Diavolo, Bündner Stuben mit Regionalem.

🏨 **Steinbock**   

Valé 199c – ℰ 081 935 13 13 – www.hotel-steinbock.ch
– geschl. April - Mai
15 Zim ⌂ – †100/118 CHF ††160/200 CHF – ½ P
Rest Tagesteller 25 CHF – Menü 42 CHF – Karte 30/70 CHF
Gastgeberin Marionna Casutt hat mit ihrem kleinen Hotel voll ins Schwarze getroffen: Die Lage direkt an der Bergbahnstation könnte für Skifahrer und Wanderer nicht günstiger sein und auch das Haus selbst kann sich wirklich sehen lassen: ein würfelförmiger Bau, der sowohl aussen als auch innen moderne Geradlinigkeit mit heimischen Naturmaterialien wie Holz und Granit verbindet.

VANDOEUVRES – Genève → Voir à Genève

VERBIER

Valais (VS) – ✉ 1936 – 2 163 h. – alt. 1 406 m (Sports d'hiver : 1 500/3 330 m)
– Carte régionale **7-D6**
▶ Bern 159 km – Martigny 28 km – Lausanne 98 km – Sion 55 km
Carte routière Michelin 552-H12

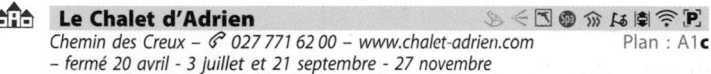

W Verbier 🏅   ⟨ 🚷 🏊 🖳 🕸 🕸 🎿 🛗 🏋 ⬆ ch, 🍴 rest, 🛜 🏌 🚗

Rue de Médran 70 – 𝒞 027 472 88 88 – www.whotels.com   Plan : B2
130 ch ⛌ – ♦300/1150 CHF ♦♦350/1200 CHF – 11 suites – ½ P
Rest *AROLA* – voir la sélection des restaurants
Rest *EAT-HOLA* Menu 90/120 CHF – Carte 36/62 CHF

Il présente l'architecture caractéristique des chalets suisses... mais c'est bien là sa seule concession à la tradition ! Cet hôtel flambant neuf bouscule les codes de l'hôtellerie de montagne : ambiance chic et branchée, esprit design et coloré... ou comment allier l'âme rustique du bois et les dernières technologies. Déjà le fleuron de la station.

Le Chalet d'Adrien   🕷 ⟨ 🖳 🕸 🕸 🛗 🏋 🛜 🅿

Chemin des Creux – 𝒞 027 771 62 00 – www.chalet-adrien.com   Plan : A1**c**
– *fermé 20 avril - 3 juillet et 21 septembre - 27 novembre*
20 ch – ♦365/1490 CHF ♦♦365/1490 CHF, ⛌ 48 CHF – 9 suites – ½ P
Rest *La Table d'Adrien* ✿ **Rest** *Le Grenier* – voir la sélection des restaurants

On se sent vraiment bien dans ce grand chalet au-dessus de Verbier. Les chambres et les suites sont décorées avec goût et ont pris des noms de fleurs des montagnes. Une vue splendide, du charme à revendre : une adresse au sommet !

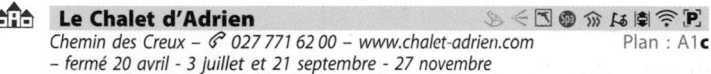

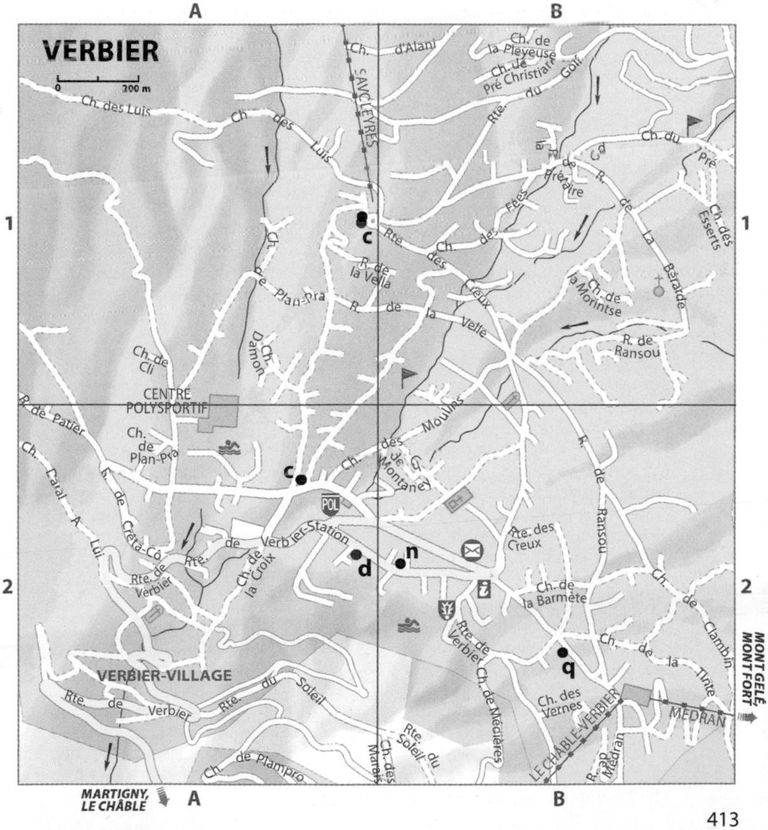

Cordée des Alpes   ☐ 🔲 🌐 🐾 £₆ 🖫 ⅃ ch, % rest, 🛜 🔦 🚗
Route du Centre Sportif 24 – ℰ 027 775 45 45   Plan : A2**c**
– www.hotelcordee.com – fermé 1ᵉʳ novembre - 7 décembre
32 ch ⊋ – 🕯190/490 CHF 🕯🕯250/650 CHF – 4 suites
Rest Carte 60/95 CHF – *(dîner seulement)*
Loin du design et de la modernité, on se plonge volontiers dans la beauté artisanale de cette maison. Ici, le luxe est niché dans les détails, petites touches de bois rustique et carrelages peints à la main... Qui font que l'on se sent chez soi.

Nevaï   🐾 🖫 ⅃ % 🛜 🔦 🚗 🅿
Route de Verbier 55 – ℰ 027 775 40 00 – www.nevaihotel.com   Plan : B2**n**
– fermé 14 avril - 3 juillet, 1ᵉʳ septembre - 4 décembre
33 ch ⊋ – 🕯170/425 CHF 🕯🕯260/680 CHF – 2 suites
Rest Carte 62/89 CHF – *(dîner seulement)*
Nevaï signifie "neige" dans le dialecte local. La décoration de cet hôtel, contemporaine, détonne avec le style montagnard en vigueur dans la région. On appréciera le confort des chambres et le restaurant où l'on sert grillades et cuisine du monde.

Le Chalet de Flore sans rest   🍽 ＜ 🐾 🖫 🛜 🚗 🅿
Rue de Médran 20 – ℰ 027 775 33 44 – www.chalet-flore.ch   Plan : B2**q**
– fermé mai - juin et octobre - novembre
20 ch ⊋ – 🕯260/610 CHF 🕯🕯290/640 CHF
Posté sur les hauteurs de la station, à côté des télécabines du domaine des 4-Vallées, l'hôtel propose un salon de thé et des chambres à la fois montagnardes et raffinées, même cosy ! Un refuge charmant après une journée au grand air...

La Grange   🐜 🔚 🅿
Rue de Verbier – ℰ 027 771 64 31 – www.lagrange.ch – fermé   Plan : A2**d**
mai et juin
Plat du jour 20 CHF – Menu 28 CHF (déjeuner)/130 CHF – Carte 55/108 CHF –
(fermé mercredi soir et dimanche en automne)
Brasserie Plat du jour 20 CHF – Menu 28/47 CHF – Carte 40/80 CHF
Un cadre rustique et montagnard, des objets anciens glanés ici et là, le décor est planté. Au restaurant, plats du terroir, gibier et poissons frais s'accompagnent d'une belle carte des vins (France, Italie, Valais). Grillades au feu de bois, raclettes et fondues à la Brasserie.

La Table d'Adrien – Hôtel Le Chalet d'Adrien   🐜 🔚 🅿
Chemin des Creux – ℰ 027 771 62 00   Plan : A1**c**
– www.chalet-adrien.com – fermé 20 avril - 16 juillet
et 12 septembre - 10 décembre
Menu 120 CHF (végétarien)/210 CHF – Carte 119/143 CHF – *(dîner seulement)*
Un hôtel de luxe avec restaurant gastronomique et, bien sûr, une ambiance élégante. Le chef, dont les racines italiennes sont aisément discernables, prépare une cuisine magistrale et exquise. Les conseils professionnels du sommelier et le service attentionné donnent la touche finale à une parfaite soirée.
→ Grenouilles de Vallorbe poêlées et en cromesquis, tarte fine à l'ail doux. Le foie gras, la myrte et les pistaches. Homard rôti à l'huile de crustacés, calamar farci comme à Lecce.

AROLA 🅽 – Hotel W Verbier   🔚 %
Rue de Médran 70 – ℰ 027 472 88 88 – www.whotels.com   Plan : B2
Plat du jour 40 CHF – Menu 90/120 CHF (dîner) – Carte 74/108 CHF
Sergi Arola, chef étoilé en Espagne, s'apprête à conquérir le cœur des Suisses ! Dans un intérieur décontracté ou sur la terrasse dominant la vallée, on se régale de cette cuisine inspirée et résolument moderne : soupe d'orties à la salade de pommes vertes et émulsion de fenouil ; homard, sot-l'y-laisse et champignons...

X **Le Grenier** – Hôtel Le Chalet d'Adrien   舘 斎 **P**
Chemin des Creux – 𝒞 *027 771 62 00*   Plan : A1**c**
– www.chalet-adrien.com – fermé 21 avril - 3 juillet et 21 septembre
- 27 novembre
Menu 55/85 CHF – Carte 82/108 CHF
Ce "restaurant d'alpage" a les deux pieds dans la tradition locale, et assume son
côté rustique et convivial : de belles boiseries, un bon feu de bois et une superbe
vue sur les sommets enneigés en hiver... Les spécialités ? Bœuf et volaille grillés
sur braséro, raclette, steack tartare et fromages suisses.

VERDASIO – Ticino ➜ Vedere Centovalli

VERS-chez-les-BLANC – Vaud ➜ Voir à Lausanne

VERS-chez-PERRIN – Vaud ➜ Voir à Payerne

VERSOIX
Genève (GE) – ✉ 1290 – Carte régionale **6-A6**
▪ Bern 148 km – Genève 10 km – Lausanne 53 km – Annecy 55 km
Carte routière Michelin 552-B11

XX **Du Lac**   ≼ 斎 Ġ **P**
🐸 *Quai de Versoix 1* – 𝒞 *022 779 31 00* – *www.restaurant-du-lac-versoix.ch* – *fermé*
fin décembre - début janvier 2 semaines, Pâques 2 semaines, fin octobre une
semaine, dimanche et lundi
Plat du jour 21 CHF – Carte 60/87 CHF – *(réservation conseillée)*
Un décor graphique, des assiettes fusion : un restaurant résolument contemporain, où se mêlent avec goût poisson du Léman, produits méditerranéens et
recettes d'Asie. Le lac ? Il est à deux pas, juste de l'autre côté de la route.

VEVEY

Vaud (VD) – ✉ 1800 – 18 594 h. – alt. 386 m – Carte régionale **7-C5**
▶ Bern 85 km – Montreux 7 km – Lausanne 25 km – Yverdon-les-Bains 60 km
Carte routière Michelin 552-F10

© Zoonar /b arapovic / age fotostock

Hotels

Trois Couronnes

Rue d'Italie 49 – ✆ 021 923 32 00 Plan : B2**s**
– www.hoteltroiscouronnes.ch
55 ch – 🕴450/600 CHF 🕴🕴450/600 CHF, ☕ 40 CHF – 16 suites – ½ P
Rest *Les Trois Couronnes* ✿ – voir la sélection des restaurants
Le charme indéfectible d'une institution née en 1842 sur les rives du lac Léman : un tête-à-tête somptueux et exclusif... Architectures néoclassiques, colonnades, stucs, mais aussi des chambres à la pointe du confort contemporain, un luxueux wellness, etc. Ce palace mérite bien ses couronnes !

Grand Hôtel du Lac

Rue d'Italie 1 – ✆ 021 925 06 06 – www.ghdl.ch Plan : B2**a**
49 ch – 🕴310/550 CHF 🕴🕴310/550 CHF, ☕ 39 CHF – 1 suite – ½ P
Rest *Les Saisons* ✿ **Rest *La Véranda*** – voir la sélection des restaurants
Ce palace de grand standing est né en 1868. Ses façades, salons et salle de bal conservent un faste intact ! Les chambres sont raffinées ; les plus luxueuses donnent sur le lac. Un lieu privilégié, plein d'âme et d'élégance, au-delà des modes...

Astra

Place de la Gare 4 – ✆ 021 925 04 04 – www.astra-hotel.ch Plan : AB1**n**
100 ch – 🕴105/155 CHF 🕴🕴140/245 CHF, ☕ 23 CHF – ½ P
Rest Plat du jour 21 CHF – Menu 35/65 CHF – Carte 38/81 CHF
Ce bâtiment moderne jouxte la gare et est parfaitement adapté à la clientèle d'affaires. Nombreuses prestations : chambres fonctionnelles, salles de conférence, fitness, sauna et jacuzzi panoramique au 5e étage ! Sans oublier plusieurs bars et restaurants.

Le Léman sans rest

Route de Blonay 20, par B2, direction Blonay : 0,5 km
– ✆ 021 944 33 22 – www.lelemanhotel.ch
– fermé 22 décembre - 5 janvier
21 ch ☕ – 🕴155/195 CHF 🕴🕴210/270 CHF
Un brin excentré, cet hôtel a l'avantage d'être à seulement 2 km de l'autoroute. Et cette situation n'empêche pas certaines chambres – toutes modernes et confortables – d'avoir vue sur le lac ! Idéal pour un séjour d'affaires ou une étape.

VEVEY

(Map of Vevey showing areas A, B and grid rows 1, 2, with references including MONT PÉLERIN, BULLE, FRIBOURG; LAUSANNE; NESTLÉ; SAINT-LÉGIER, BLONAY; MONTREUX; Lac Léman; PARC DE L'ARABIE; ÉGLISE St-Martin; ÉGLISE ANGLIC.; ÉGLISE SAINTE-CLAIRE; ALIMENTARIUM; scale 0 — 200 m)

Plan : B2**a**

Restaurants

XXX **Les Saisons** – Grand Hôtel du Lac

☆ *Rue d'Italie 1 – ℰ 021 925 06 06 – www.grandhoteldulac.ch*
– fermé juin - mi-septembre, dimanche, lundi, mardi et mercredi
Menu 115/169 CHF – Carte 141/164 CHF – *(dîner seulement)*
Le restaurant gastronomique – et très chic – du Grand Hôtel du Lac. Au piano, le chef, Thomas Neeser, signe avec virtuosité une partition délicate, sans compromis quant à la qualité des produits. Le décor revisite de manière originale le style Louis XVI ! Bon rapport qualité-prix.
→ Foie gras de canard, rhubarbe, vinaigre balsamique, navet. Truite lacustre et huître Marennes d'Oléron, lard seché, pomme verte, avocat, concombre. Chevreuil en croûte de sel au poivre rose, celerie, mûre, noisette.

Chaque restaurant étoilé est accompagné de trois plats évoquant le style de sa cuisine. S'ils ne figurent pas toujours à la carte, c'est souvent au profit d'autres savoureuses recettes, inspirées par la saison. N'hésitez pas à les découvrir !

VEVEY

XXX **Les Trois Couronnes** – Hôtel Trois Couronnes ⟨= ⌂ ⌂ **P**
⟨⟩ *Rue d'Italie 49 – 𝒞 021 923 32 00 – www.hoteltroiscouronnes.ch* Plan : B2**s**
– fermé dimanche ; octobre-avril : samedi midi et dimanche
Plat du jour 35 CHF – Menu 75/145 CHF – Carte 91/120 CHF
Classique, élégant et feutré... la quintessence du Restaurant, où le soleil ne se
montre pas que dans le ciel, mais aussi dans l'assiette, grâce à la cuisine méridio-
nale du chef. Un beau moment, avec une vue impressionnante sur le lac Léman
– à défaut de Méditerranée.
➜ Artichauts violets cuisinés à la barigoule, cubes de foie gras. Féra du lac Léman
à la plancha, fleur soufflée et chanterelles. Filet de bœuf du Pays à la moelle, jeunes pousses d'épinard et artichauts.

XXX **Denis Martin** 🐝 🍽 ⌂
⟨⟩ *Rue du Château 2 – 𝒞 021 921 12 10 – www.denismartin.ch* Plan : B2**u**
– fermé 15 décembre - 12 janvier, 22 juillet - 6 août, dimanche et lundi
Menu 368/450 CHF – *(dîner seulement)*
Des poudres, des gelées, des fumées... Chef ou alchimiste ? Denis Martin
est avant tout un expérimentateur, pour qui la cuisine est surprise et jeu ! Décom-
poser et recomposer, démultiplier, réduire à l'essence, à l'échelle "moléculaire" : le
repas est une véritable expérience qui attise la curiosité.
➜ Truite du lac, cédrat, réglisse, abricot. Bœuf de 21 jours, béarnaise revisitée.
Neige de litchi, pamplemousse, raisin à la lie.

XX **La Véranda** – Grand Hôtel du Lac ⟨= ⌂ **P**
Rue d'Italie 1 – 𝒞 021 925 06 06 – www.ghdl.ch Plan : B2**a**
Plat du jour 39 CHF – Menu 59 CHF (déjeuner en semaine)/99 CHF
– Carte 86/119 CHF
On se croirait plutôt dans un luxueux jardin d'hiver que dans une véranda tant le
décor est agréable. En tout cas, la cuisine est fraîche et raffinée, et la vue sur le
lac, imprenable... À noter : le menu déjeuner consiste en un choix de trois mets
à la carte. Une jolie adresse.

à **Chardonne** Nord : 5 km par A1, direction Fribourg – alt. 592 m – ✉ 1803

XX **Le Montagne** (David Tarnowski) ⟨= ⌂ **P**
⟨⟩ *Rue du Village 21 – 𝒞 021 921 29 30 – www.le-montagne.com – fermé fin
décembre - début janvier 2 semaines, à Pâques, fin juillet - mi-août 3 semaines,
dimanche et lundi*
Plat du jour 40 CHF – Menu 72 CHF (déjeuner en semaine)/198 CHF
– Carte 121/179 CHF
Dans son petit village dominant le lac, l'endroit a comme des airs de chalet face
aux belles montagnes du Valais. Une véritable source d'inspiration pour le
chef, David Tarnowski, qui innove sans cesse, tirant ainsi le meilleur des produits
régionaux !
➜ Le rectangulaire de petit pois de saison, légumes verts croquants et jus végé-
tal. La féra du lac Léman en fine mousseline ou pochée selon le moment. Le
risotto Carnaroli cuisiné "all onda" aux truffes noires et saucisson vaudois, jus de
rôti au basilic.

à **La Tour-de-Peilz** Sud-Est : 2 km par B2, direction Montreux – alt. 390 m –
✉ 1814

🏠 **Hostellerie Bon Rivage** ⟨= ⌂ ⌂ ▤ ⛤ 🛜 ⌂ **P**
Route de St-Maurice 18 – 𝒞 021 977 07 07 – www.bon-rivage.ch
54 ch ☱ – †145/215 CHF ††185/255 CHF
Rest *L'Olivier* Menu 58/75 CHF – Carte 63/85 CHF – *(fermé 21 décembre
- 18 janvier ; septembre - mai : dimanche et lundi)*
Entre Vevey et Montreux, cet hôtel fondé au 19ᵉ s offre un accès direct au lac
Léman, idéal pour une petite baignade. Quelques chambres disposent d'un balcon tourné vers les flots... On peut profiter du restaurant, dont la carte, méditerranéenne, valorise les fruits et légumes du potager.

418

à Corsier Nord : 3 km – alt. 424 m – ⊠ 1804

X **Le Châtelard** 🏖 🖼

Sentier des Crosets 1 – ℰ 021 921 19 58 – www.cafeduchatelard.ch
– fermé 24 décembre - 5 janvier, 30 juillet - 15 août, samedi et dimanche
Plat du jour 19 CHF – Carte 49/65 CHF
Dans une ruelle pentue, cette maison en pierre apparaît très pittoresque. Elle évoque un estaminet, couleur locale au déjeuner avec de nombreux habitués, mais elle cache une deuxième salle plus confortable et une jolie terrasse... Au menu : une séduisante cuisine du marché et un beau choix de vins suisses.

à Saint-Saphorin Ouest : 4 km par Route de Lavaux A1 – ⊠ 1071

XX **Auberge de l'Onde** 🖼 ⇧

Chemin neuf 2 – ℰ 021 925 49 00 – www.aubergedelonde.ch
– fermé 21 décembre - 14 janvier, lundi et mardi
Plat du jour 35 CHF – Menu 52/150 CHF – Carte 61/132 CHF
Une jolie bâtisse de 1730, au cœur de ce village viticole... La façade invite à entrer, et l'on découvre un vrai lieu de vie, riche en promesses : l'établissement compte non seulement un restaurant traditionnel, mais aussi une pinte et une rôtisserie où les viandes grillées sont à l'honneur !

à Saint-Légier Est : 5 km – alt. 553 m – ⊠ 1806

XX **Auberge de la Veveyse** (Jean-Sébastien Ribette) 🖼 **P**

Route de Châtel-St-Denis 212, par Blonay : 4,5 km – ℰ 021 943 67 60
– www.auberge-de-la-veveyse.ch – fermé Noël - mi-janvier 3 semaines, fin août - début septembre 2 semaines, dimanche, lundi et mardi midi
Menu 78 CHF (déjeuner en semaine)/180 CHF
Une auberge à la fois chaleureuse et élégante, où l'on déguste une cuisine pleine de finesse. La philosophie du chef ? Mettre les sens en éveil et souligner la qualité des produits... Pas de carte mais des menus-surprise où chacun peut adapter le nombre de plats à ses envies.
→ Marbré de lapin et foie gras en habit de choux verts. Ciselé de féra du lac mi-fumé aux éclats de pistaches et son bricelet au pamplemousse. Queues de langoustines rôties à l'ail des ours accompagné de sa tuile aux épices.
Brasserie – voir la sélection des restaurants

X **Brasserie** – Restaurant Auberge de la Veveyse 🖼 **P**

Route de Châtel-St-Denis 212, par Blonay : 4,5 km – ℰ 021 943 67 60
– www.auberge-de-la-veveyse.ch – fermé Noël - mi-janvier 3 semaines, fin août - début septembre 2 semaines, dimanche, lundi et mardi midi
Plat du jour 20 CHF – Menu 62 CHF – Carte 68/100 CHF
Une autre manière d'apprécier la gastronomie au sein de l'Auberge de la Veveyse. Ici, on joue le registre bistrotier avec des plats comme les tartines en folie, la salade gigantesque ou la pièce de veau aux morilles. Canaille !

VEX – Valais → Voir à Sion

VEYRIER – Genève → Voir à Genève

VEYSONNAZ
Valais (VS) – ⊠ 1993 – 568 h. – alt. 1 240 m (Sports d'hiver : 1 400/3 300 m)
– Carte régionale **7-D6**
🚗 Bern 162 km – Sion 13 km – Martigny 36 km – Montreux 74 km
Carte routière Michelin 552-I12

🏨 **Chalet Royal** 🖼 ⇐ 🖼 📶 ⅃ & rest. ⅋ rest. 🛜 🎿 🖼 **P**

Route du Magrappé, (à la station) – ℰ 027 208 56 44 – www.chaletroyal.com
– fermé 30 avril - 31 mai et 15 novembre - 14 décembre
56 ch � – †134/176 CHF †† 216/312 CHF – ½ P
Rest Menu 74/108 CHF – Carte 66/112 CHF
Les meilleures chambres de ce chalet contemporain proche de la télécabine offrent une vue magnifique sur le Rhône et les montagnes. Au restaurant, on est également aux premières loges pour admirer le paysage ! Bon niveau de confort.

VEYTAUX – Vaud ➡ Voir à Montreux

VICO MORCOTE – Ticino ➡

VIÈGE – Wallis ➡ Voir à Visp

VILLAREPOS
Fribourg (FR) – ⊠ 1583 – 576 h. – alt. 498 m – Carte régionale **2**-C4
▶ Bern 39 km – Neuchâtel 33 km – Estavayer-le-Lac 23 km – Fribourg 15 km
Carte routière Michelin 552-H7

XX   **Auberge de la Croix Blanche** (Arno Abächerli) avec ch   🕸 🐾 🏠
ε3   *Route de Donatyre 22* – 𝒞 *026 675 30 75*   🍽 ch, 🛜 ↻ **P**
     – www.croixblanche.ch – fermé fin décembre - mi-janvier 3 semaines, octobre 2
     semaines, mardi et mercredi
     8 ch ☡ – 🕴165 CHF 🕴🕴265 CHF
     Menu 68 CHF (déjeuner en semaine)/128 CHF – Carte 81/123 CHF
     Une de ces adresses que l'on quitte à regret… Parfaitement tenue, avec nombre
     d'attentions à l'égard de la clientèle, et surtout une délicieuse cuisine, fine et soi-
     gnée, sans sophistication inutile ! Pour sûr, l'envie est grande de prolonger l'expé-
     rience en profitant de l'une des chambres, très chaleureuses.
     ➡ Salade de caille de Villarepos. Poissons du lac de Morat selon arrivage. Selle
     d'agneau bio de Villarepos rôti au four, pommes dauphine et légumes.
     Bistro🏠 – voir la sélection des restaurants

X   **Bistro** – Restaurant Auberge de la Croix Blanche   🕸 🏠 ↻ **P**
   Route de Donatyre 22 – 𝒞 *026 675 30 75* – *www.croixblanche.ch* – *fermé fin*
🍴   *décembre - mi-janvier 3 semaines, octobre 2 semaines, mardi et mercredi*
🏠   Plat du jour 19 CHF – Menu 35 CHF (déjeuner en semaine) – Carte 43/81 CHF
     Des banquettes et des tables en bois, des plats à l'ardoise : l'Auberge de la Croix
     Blanche fait aussi Bistro ! On s'y arrête volontiers pour prendre l'apéro, manger un
     plat du jour (tripes, foie, tête de veau, etc.) ou se prélasser sur la jolie terrasse… en
     toute gourmandise.

VILLARS-sur-OLLON
Vaud (VD) – ⊠ 1884 – 1 208 h. – alt. 1 253 m (Sports d'hiver : 1 200/2 120 m)
– Carte régionale **7**-C6
▶ Bern 118 km – Montreux 31 km – Lausanne 56 km – Martigny 33 km
Carte routière Michelin 552-G11

🏨   **Chalet Royalp**   🐾 🍽 📺 ⊙ 🛋 ᴸᔆ 🎿 🛜 🚗 **P**
   Domaine de Rochegrise 252 – 𝒞 *024 495 90 90* – *www.royalp.ch* – *fermé*
   novembre et avril - mai 3 semaines
   63 ch ☡ – 🕴290/620 CHF 🕴🕴290/620 CHF
   Rest *La Rochegrise* – voir la sélection des restaurants
   Pour des vacances exclusives et raffinées, cet ensemble de chalets contemporains
   est tout indiqué : ambiance montagnarde chaleureuse, chic et feutrée – dans les
   chambres, très spacieuses, comme dans les salons –, spa, etc. Quand Alpes rime
   avec RoyAlp…

🏨   **Du Golf**   ≤ 🐾 🏠 ⊙ 🛋 ᴸᔆ 🎾 🎿 ᵭ ch, 🍽 rest, 🛜 🎿 🚗 **P**
   Rue Centrale 152 – 𝒞 *024 496 38 38* – *www.hoteldugolf.ch*
   69 ch ☡ – 🕴155/315 CHF 🕴🕴230/440 CHF – ½ P
   Rest Plat du jour 25 CHF – Menu 40 CHF (déjeuner en semaine)/70 CHF
   – Carte 42/89 CHF – *(fermé 15 avril - 31 mai et 15 octobre - 15 décembre)*
   Tout ce l'on attend d'un bon hôtel à la montagne : vue sur les sommets, chambres spacieuses et confortables où le bois domine (côté village ou côté vallée) ;
   espace bien-être ; restaurant et carnotzet (fondues et raclettes)… Avec en prime
   une gestion familiale, soucieuse de satisfaire les clients.

Alpe Fleurie 〈 🐩 🛏 🤶 🛋 **P**

Rue Centrale 148 – ℰ 024 496 30 70 – www.alpe-fleurie.com – fermé mai
17 ch – 🛏125/185 CHF 🛏🛏190/215 CHF, ☟ 16 CHF – 5 suites – ½ P
Rest *Alpe Fleurie* Plat du jour 21 CHF – Menu 38 CHF (déjeuner en semaine)
– Carte 39/101 CHF – *(fermé mardi et mercredi)*
Au cœur de la station, ce grand chalet est tenu par la même famille depuis 1946.
Voilà bien une adresse de tradition qui distille un esprit à elle... Chaque chambre
est différente, toutes d'esprit montagnard, et plusieurs d'entre elles offrent une
vue superbe sur la vallée.

🍴🍴 La Rochegrise 🛋 **P**

*Domaine de Rochegrise 252 – ℰ 024 495 90 00 – www.royalp.ch – fermé
novembre et avril - mai 3 semaines*
Carte 64/101 CHF
Voilà une adresse qui fait le bonheur des familles avec enfants, et pour cause : la
carte varie les plaisirs ! Plats ambitieux et inventifs, classiques de la région... Il y en
a ici pour tous les goûts, et l'on se régale.

VIRA GAMBAROGNO
Ticino (TI) – ✉ 6574 – 662 ab. – alt. 204 m – Carta regionale **10-H6**
▶ Bern 231 km – Locarno 13 km – Bellinzona 18 km – Lugano 36 km
Carta stradale Michelin 553-R12

Bellavista ⌁ 〈 🛋 🐩 ⛵ 🛏 AC rist, ⚷ rist, 🔺 **P**

*strada d'Indeman 18, Sud : 1 km – ℰ 091 795 11 15 – www.hotelbellavista.ch
– chiuso 3 novembre - 15 marzo*
63 cam ☟ – 🛏128/147 CHF 🛏🛏236/282 CHF
Rist Piatto del giorno 35 CHF – Menu 45 CHF (cena) – Carta 59/81 CHF
Piccoli edifici sparsi in un lussureggiante parco dominante il lago e, accanto alla
costruzione principale, la piacevole terrazza-giardino con piscina. Costanti lavori
di rinnovo rendono questa struttura sempre attuale e consigliabile. Proprio una
"Bellavista"... anche dalla sala da pranzo!

🍴 Rodolfo 🐩 🛋

*via Cantonale 68 – ℰ 091 795 15 82 – chiuso settembre - giugno : domenica sera
- lunedì, luglio - agosto : lunedì - martedì a mezzagiorno*
Piatto del giorno 32 CHF – Menu 64/107 CHF – Carta 71/102 CHF
All'interno di una casa patrizia del '700, con il camino crepitante che crea la giusta
atmosfera, quattro salette rustiche vi accolgono per proporvi le specialità del territorio. Nella bella stagione, optate per la deliziosa terrazza.

VISP (VIÈGE)
Wallis (VS) – ✉ 3930 – 7 281 Ew – Höhe 651 m – Siehe Regionalatlas **8-E6**
▶ Bern 85 km – Brig 10 km – Saas Fee 27 km – Sierre 29 km
Michelin Straßenkarte 552-L11

Visperhof garni 🛏 ⚷ 🤶 🛋

Bahnhofstr. 2 – ℰ 027 948 38 00 – www.visperhof.ch
53 Zim ☟ – 🛏105/145 CHF 🛏🛏180/230 CHF
Zentral die Lage gegenüber dem Bahnhof, funktional und gepflegt die Zimmer,
einige besonders modern in geradlinigem Stil (ansprechend die Farbakzente)
- ebenso die Coffee-Lounge "tiziano's" (hier gibt es auch Snacks) sowie der Frühstücksraum in der 6. Etage.

🍴 Staldbach 🐩 🛋 🛋 **P**

*Talstr. 9 – ℰ 027 948 40 30 – www.staldbach.ch – geschl. Anfang Januar 2
Wochen*
Menü 62 CHF (mittags)/62 CHF – Karte 46/106 CHF
Auf dem Weg nach Saas Fee oder Zermatt kann man hier (am Fusse des höchs-
ten Rebberges Europas) gut einkehren: internationale und regionale Küche, dazu
Walliser Weine. Spassige Aktivität: Verkehrs-Parcours für Kinder.

VITZNAU
Luzern (LU) – ⊠ 6354 – 1 206 Ew – Höhe 435 m – Siehe Regionalatlas **4-G4**
▶ Bern 145 km – Luzern 41 km – Stans 52 km – Schwyz 18 km
Michelin Straßenkarte 551-P7

🏨🏨🏨 Park Hotel Vitznau   ← ⇦ ⏋ ⊕ 🐎 ⅃ℐ ※ 🎚 ᵹ 🅰 ᾯ 🏋 🚗 🅿

Seestr. 18 – ☎ *041 399 60 60* – *www.parkhotel-vitznau.ch*
15 Zim ⊠ – ♦650/3150 CHF ♦♦700/3300 CHF – 32 Suiten
Rest *focus* ❀❀ **Rest** *PRISMA* ❀ – siehe Restaurantauswahl
Von dem ehrwürdigen Parkhotel a. d. J. 1903 steht heute nur noch die Fassade.
Ein Luxus-Hideaway wie aus dem Bilderbuch: Hier geniesst man Grosszügigkeit,
beispielhaften Service, den topmodernen exklusiven Spa, die überaus hochwertigen individuellen Juniorsuiten, Suiten und Residenzen... oder auch einfach nur die
tolle Lage direkt am See! Passend zum niveauvollen Bild: eigene Motorboote und
Hubschrauberlandeplatz!

🏨🏨 Vitznauerhof   ← ⇦ ⊕ 🐎 ⅃ℐ 🎚 ᾯ 🏋 🅿

Seestr. 80 – ☎ *041 399 77 77* – *www.vitznauerhof.ch* – *geschl. November - März*
49 Zim ⊠ – ♦310/340 CHF ♦♦390/690 CHF – 4 Suiten – ½ P
Rest *Sens* ❀ **Rest** *Inspiration* – siehe Restaurantauswahl
So schön das Haus von 1901 schon von aussen ist, so geschmackvoll und wertig
sind die Zimmer! Wellness, ein eigenes Strandbad und natürlich der Bergblick
sowie gute Veranstaltungsmöglichkeiten machen das Hotel für Urlauber und
Seminare gleichermassen interessant.

🏮🏮🏮🏮 focus – Park Hotel Vitznau   🕸 ← 🍽 ᵹ 🅰 🅿

❀❀ *Seestr. 18* – ☎ *041 399 60 60* – *www.parkhotel-vitznau.ch* – *geschl. Sonntag;*
Oktober - März: Sonntag - Montag
Menü 150/225 CHF – *(nur Abendessen) (Tischbestellung ratsam)*
Aufwändig, durchdacht und kreativ setzt Nenad Mlinarevic natürliche Aromen
gekonnt in Szene. Immer im Fokus: das Grundprodukt, und das ist vom Feinsten. Neben der äusserst ansprechenden Optik der Speisen begeistert auch der
edle naturbetonte Look des Restaurants, ganz zu schweigen von der fantastischen Aussicht, die von der Terrasse aus kaum zu übertreffen ist!
→ Königskrabbe, Spitzkohl, Algen, Zitrone. Luma Pork, Apfel, Meerrettich, Sellerie.
Weizengras, Ziegenfrischkäse, Rapsöl, Crumble.

🏮🏮 PRISMA – Park Hotel Vitznau   🕸 ← 🍽 ᵹ 🅰 ⇄ 🅿

❀ *Seestr. 18* – ☎ *041 399 60 60* – *www.parkhotel-vitznau.ch* – *geschl. Oktober*
- März: Dienstagabend, Mittwochabend, Donnerstagabend
Tagesteller 52 CHF – Menü 90/145 CHF – Karte 86/128 CHF – *(Tischbestellung
ratsam)*
Mit "Prisma NOON" bietet Christian Nickel in dem schicken Glaskubus täglich
kreative Klassiker und Lunch, am Abend geht es unter dem Namen "SUNSET AT
PRISMA" auf eine kulinarische Reise mit wechselnden Zielen - fein z. B. die aromenintensive Küche Marokkos. Bemerkenswert die Weinkarte. Ein Traum die Terrasse!
→ Wachtelsalat mit Brust und Keule, Melone, Dattel, Arganöl. Rindsfilet rosa
gebraten, Grillgemüse, Café de Paris. Exotisches Schokoladendessert mit Felchlin
Schokoladenganache, Luftschokolade und Mangosorbet.

🏮🏮 Sens – Hotel Vitznauerhof   ← 🍽 ᵹ 🅿

❀ *Seestr. 80* – ☎ *041 399 77 77* – *www.vitznauerhof.ch* – *geschl. November - März*
und Montag - Mittwochmittag, ausser Hochsaison
Menü 85/185 CHF – Karte 87/118 CHF – *(Tischbestellung ratsam)*
Näher am Wasser speisen ist kaum möglich, vor allem, wenn Sie auf der tollen
Terrasse oder in der Lounge sitzen! Das ehemalige Bootshaus macht's möglich.
Aus der Küche kommen Klassiker sowie die Menüs "Regional" und "SENSationen". Wer sich etwas Besonderes gönnen möchte, bucht "VIP Island".
→ Cannelloni, Eierschwämmli, Kresse, Kalbskopfbacke. Wildfang-Wolfsbarsch, Fenchel, Passionsfrucht, Oliven. Innerschweizer Kalb, Johannisbeeren, Schalotten,
Lauch.

ХХ **Inspiration** – Hotel Vitznauerhof   < 🐾 🛋 & 🕀 🅿

Seestr. 80 – 𝒞 *041 399 77 77 – www.vitznauerhof.ch – geschl. November - März*
Karte 80/105 CHF
Hier mischt sich Villenflair (Stuck, hohe Decken...) mit schickem geradlinigem Interieur. Die Küche bietet international-saisonale Gerichte und traditionelle Klassiker, auf der Panoramaterrasse am See serviert man zudem Grillgerichte.

VOGELSANG – Luzern → Siehe Eich

VOUVRY
Valais (VS) – ✉ 1896 – 3 706 h. – alt. 381 m – Carte régionale **7-C6**
🔼 Bern 103 km – Montreux 13 km – Aigle 13 km – Évian-les-Bains 26 km
Carte routière Michelin 552-F11

ХХХ   **Auberge de Vouvry** (Martial Braendle) avec ch   🏦 🕱 🦅 ch, 🕿 🕀 🍴

❀   *Avenue du Valais 2 –* 𝒞 *024 481 12 21 – www.aubergedevouvry.ch*   🅿
   – fermé 1ᵉʳ - 14 janvier, 16 juin - 1ᵉʳ juillet, 15 septembre - 1ᵉʳ octobre,
   dimanche soir et lundi
   12 ch ⌸ – ♦80/95 CHF ♦♦120/150 CHF – 3 suites – ½ P
   Menu 70/186 CHF – Carte 103/184 CHF
   Dans le village, ce relais de poste ne passe pas inaperçu avec son imposante façade blanche. Sa table cultive le classicisme avec art : produits nobles, vins prestigieux et réalisations dans les règles honorent la gastronomie française. Comment se lasser de tels plaisirs ? Sans oublier le carnotzet, très animé, et les chambres, parfaites pour une étape !
   → Œuf poule en mouvement aux asperges vertes et râpé de truffes. Ris de veau aux chanterelles et fèves. Carré d'agneau farci de ratatouille au jus de curry doux.
   Le Bistrot – voir la sélection des restaurants

Х   **Le Bistrot** – Restaurant Auberge de Vouvry   🛋 🅿

🍤   *Avenue du Valais 2 –* 𝒞 *024 481 12 21 – www.aubergedevouvry.ch – fermé 1ᵉʳ*
   - 14 janvier, 16 juin - 1ᵉʳ juillet, 15 septembre - 1ᵉʳ octobre, dimanche soir et
   lundi
   Plat du jour 18 CHF – Menu 56/67 CHF – Carte 36/84 CHF
   Après le restaurant gastronomique, le bistrot ! Au sein de la belle Auberge de Vouvry, une autre option pour faire un repas de terrines, salades, poisson du Léman, entrecôte, rognons, etc.

VUFFLENS-le-CHÂTEAU
Vaud (VD) – ✉ 1134 – 798 h. – alt. 471 m – Carte régionale **6-B5**
🔼 Bern 111 km – Lausanne 17 km – Morges 2 km
Carte routière Michelin 552-D10

ХХХ   **L'Ermitage** (Bernard et Guy Ravet) avec ch   🏦 🦞 🦅 🛋 🕿 🕀 🅿

❀   *Route du Village 26 –* 𝒞 *021 804 68 68 – www.ravet.ch – fermé 21 décembre*
   - 9 janvier, 3 - 23 août, dimanche, lundi et mardi midi
   9 ch ⌸ – ♦200/250 CHF ♦♦200/250 CHF
   Menu 75 CHF (déjeuner en semaine)/260 CHF – Carte 171/325 CHF
   Dans cette jolie demeure, la cuisine est une affaire de famille ! Les légumes du potager donnent toute leur saveur à de belles recettes classiques, sans parler du pain fait maison. Une impression de fraîcheur à prolonger l'été au jardin, face à l'étang. Et pour une ou plusieurs nuits, les chambres sont charmantes...
   → Foie gras de canard à la plancha. Le jarret de veau cuit 36 heures, mousseline crémeuse de charlottes. Le baba au rhum.

VULPERA – Graubünden → Siehe Scuol

WÄDENSWIL

Zürich (ZH) – ✉ 8820 – 20 967 Ew – Höhe 408 m – Siehe Regionalatlas **4-G3**
▶ Bern 149 km – Zürich 24 km – Aarau 71 km – Baden 48 km
Michelin Straßenkarte 551-Q6

🏠 **Engel**   ⇐ 🖼 👤 Rest, 🛜 ♨ 🅿

Engelstr. 2, (1. Etage) – 𝒞 044 780 00 11 – www.engel-waedenswil.ch
10 Zim 🛏 – 👤125/140 CHF 👤👤180/200 CHF
Rest Tagesteller 25 CHF – Menü 40/90 CHF – Karte 36/100 CHF
Das traditionsreiche Gasthaus liegt in direkter Bahnhofsnähe, nur durch die Bahnlinie vom See getrennt. Die Zimmer sind recht geräumig. Schlicht-modernes Restaurant mit schöner Seesicht, ergänzt durch die nette Tapas-Bar mit kleinem Speisenangebot.

✕✕ **Eder's Eichmühle**   🦞 🖼 ⇔ 🅿

Eichmühle 2, Süd: 3 km Richtung Einsiedeln – 𝒞 044 780 34 44
– www.eichmuehle.ch – geschl. Ende Februar - Anfang März 2 Wochen,
Ende September - Anfang Oktober 2 Wochen und Montag - Dienstag
Tagesteller 42 CHF – Menü 49 CHF (mittags unter der Woche)/145 CHF
– Karte 87/136 CHF
Traumhaft liegt das einstige Bauernhaus samt tollem Garten, und hier ist Familie Eder sympathisch und engagiert im Einsatz. Nicht mehr wegzudenken von der Karte und sehr gefragt bei den vielen Stammgästen ist das Fischmenü mit Gerichten wie "Sashimi und Tataki von Thuna mit Wasabi und Meeralgensalat".

WALD

Zürich (ZH) – ✉ 8636 – 9 343 Ew – Höhe 962 m – Siehe Regionalatlas **4-H3**
▶ Bern 162 km – Zürich 36 km – Sankt Gallen 60 km – Herisau 47 km
Michelin Straßenkarte 551-S5

🏠 **Bleichibeiz**   🖼 🛗 👤 Rest, ♨ 🛜 ♨ 🅿
🍴

Jonastr. 11 – 𝒞 055 256 70 20 – www.bleiche.ch
25 Zim 🛏 – 👤100/130 CHF 👤👤160/190 CHF – ½ P
Rest Tagesteller 20 CHF – Menü 50 CHF (abends) – Karte 47/69 CHF
Klares Design in der ehemaligen Spinnerei von 1850. In einigen Zimmern mittig ein Milchglas-Kubus (hier das Bad), aus dem es rot, blau, grün oder gelb leuchtet! Im Haus auch ein nettes legeres Bistro. Angeschlossen: "BleicheFit" und "BleicheBad" gegen Gebühr.

WALENSTADT

Sankt Gallen (SG) – ✉ 8880 – 5 432 Ew – Höhe 426 m – Siehe Regionalatlas **5-I3**
▶ Bern 207 km – Sankt Gallen 98 km – Vaduz 31 km – Gamprin 39 km
Michelin Straßenkarte 551-U6

✕ **Löwen** Ⓝ   🖼

Seestr. 20 – 𝒞 081 735 11 80 – www.loewen-walenstadt.ch – geschl. 7.
- 17. Februar, 24. Mai - 8. Juni, 23. August - 15. September, über Weihnachten 1
Woche und Sonntag - Montag
Tagesteller 48 CHF – Menü 65/120 CHF – Karte 69/135 CHF – *(Tischbestellung ratsam)*
Stefan Rehli hat in dem gepflegten Gasthaus ein gemütliches Gewölberestaurant (nett die mediterrane Note), in dem er Schmackhaftes wie "Pata-Negra-Filet mit Risotto" bietet. Alternativ gibt es die rustikale Gaststube mit bürgerlicher Küche.

WALLISELLEN – Zürich ➜ Siehe Zürich

WANGEN bei DÜBENDORF

Zürich (ZH) – ✉ 8602 – 7 578 Ew – Höhe 445 m – Siehe Regionalatlas **4-G2**
▶ Bern 134 km – Zürich 14 km – Frauenfeld 36 km – Schaffhausen 42 km
Michelin Straßenkarte 551-Q5

XX **Sternen - Badstube** (Matthias Brunner) mit Zim 🛏 🛜 ⇆ **P**
🕸 *Sennhüttestr. 1 – 𝒞 044 833 44 66 – www.sternenwangen.ch – geschl. 1.*
- 8. Januar, 15. - 23. Februar, 12. - 27. Juli und Sonntag - Montag
6 Zim – 🛇120/140 CHF 🛇🛇170/190 CHF, 🛏 15 CHF
Tagesteller 36 CHF – Menü 55 CHF (mittags unter der Woche)/159 CHF
– Karte 77/106 CHF
Die Mischung macht's: In der Badstube ist es der Mix aus puristisch-modernem Stil
und Original-Tonnengewölbe a. d. 16. Jh. Von Patron Matthias Brunner kommt
eine feine, unkomplizierte und produktbezogene klassische Küche. Und sollten
Sie mal mehr als ein Glas Wein trinken, erwarten Sie gepflegte Gästezimmer.
→ Carne Cruda, Lime Panna Cotta, Piment d'Espelette Sablés. Wagyu Flat Iron
Streifen, Paradieskörner, junge Charlotte-Kartoffeln, Saubohnenragout. Rhabarber,
Löwenzahnhonig-Parfait, Mandeln.
Gaststube – siehe Restaurantauswahl

X **Gaststube** – Restaurant Sternen 🛜 **P**
🥜 *Sennhüttestr. 1 – 𝒞 044 833 44 66 – www.sternenwangen.ch – geschl. 1.*
- 8. Januar, 15. - 23. Februar, 12. - 27. Juli und Sonntag - Montag
Tagesteller 20 CHF – Menü 24/33 CHF – Karte 38/76 CHF
Wer den typischen Charakter des historischen Gasthofs mit all seinem gemütlichen rustikalen Holz spüren möchte, isst in der Gaststube - die Küche hier ist
natürlich traditionell.

WATTWIL

Sankt Gallen (SG) – ✉ 9630 – 8 379 Ew – Höhe 614 m – Siehe Regionalatlas **5**-H3
▶ Bern 186 km – Sankt Gallen 37 km – Bad Ragaz 60 km – Rapperswil 27 km
Michelin Straßenkarte 551-S5

XX **Krone** 🛜 ⇆ **P**
Ebnaterstr. 136 – 𝒞 071 988 13 44 – www.kronewattwil.ch – geschl. Januar
- Februar 2 Wochen, Juli - August 2 Wochen, Oktober 2 Wochen und Montag
- Dienstag
Tagesteller 21 CHF – Menü 39/115 CHF – Karte 45/104 CHF
Ein netter Zwei-Mann-Betrieb: der Chef am Herd, die Chefin im Service. Am Mit-
tag ist es hier etwas legerer, abends deckt man hochwertig ein, geboten wer-
den den Gästen schmackhafte Gerichte von Kalbsleber bis Jakobsmuscheln.

WEESEN

Sankt Gallen (SG) – ✉ 8872 – 1 591 Ew – Höhe 424 m – Siehe Regionalatlas **5**-H3
▶ Bern 186 km – Sankt Gallen 82 km – Bad Ragaz 43 km – Glarus 15 km
Michelin Straßenkarte 551-T6

🏨 **Parkhotel Schwert** ≤ 🛜 🛗 ⅙ 🛜 🧖
Hauptstr. 23 – 𝒞 055 616 14 74 – www.parkhotelschwert.ch – geschl. 15. Januar
- 15. Februar
35 Zim 🛏 – 🛇85/155 CHF 🛇🛇120/190 CHF – ½ P
Rest *Brasserie Du Lac* Tagesteller 28 CHF – Menü 60 CHF (mittags unter der
Woche) – Karte 28/68 CHF
Das Gasthaus stammt von 1523 und ist damit eines der ältesten der Schweiz! Die
Gäste geniessen die Lage am See, den man von vielen Zimmern aus sieht! Die
Brasserie (hier gibt es klassisch-traditionelle Küche) kann man zur Terrasse und
somit zum See hin komplett öffnen.

XX **Fischerstube** 🥂
Marktgasse 9, (1. Etage) – 𝒞 055 616 16 08 – www.fischerstubeweesen.ch
Tagesteller 25 CHF – Menü 48 CHF (mittags unter der Woche) – Karte 56/126 CHF
– (geschl. Mittwoch) (Tischbestellung ratsam)
Seit über 40 Jahren bietet Dieter Frese hier frische Fischgerichte, und die kom-
men gut an! Es gibt Egli, Felchen, Zander und Hecht, aber auch Salzwasserfisch.
Wer es legerer mag, bestellt im modernen Bistro Kleinigkeiten wie Fischknusperli
mit Sauce Tartare oder Pasta mit Meeresfrüchten. Nette Raucherlounge.

WEGGIS

Luzern (LU) – ⊠ 6353 – 4 181 Ew – Höhe 435 m – Siehe Regionalatlas **4-F4**

▶ Bern 140 km – Luzern 21 km – Schwyz 30 km – Zug 28 km

Michelin Straßenkarte 551-P7

🏨 Park Weggis   ⟨ 🛁 ⧓ ⑩ 🛗 🎭 🖾 🛜 🎿 🚗 🅿

Hertensteinstr. 34 – ℰ *041 392 05 05* – *www.parkweggis.ch*

46 Zim – ♦265/900 CHF ♦♦400/900 CHF, ⧓ 34 CHF – 6 Suiten – ½ P

Rest *Sparks* **Rest** *Park Grill* – siehe Restaurantauswahl

Wer hierherkommt, weiss, dass Lage, Service und Wertigkeit stimmen! Für besonders exklusives Wohnen buchen Sie eine Suite sowie Private Spa in einem Cottage (nur hier Sauna). Die Liegewiese grenzt direkt an den See, wo man im Sommer einen Drink an der Beach Bar nimmt! Hinzu kommt ein eigener Bootssteg.

🏨 Beau Rivage   ⟨ 🛁 ⧓ 🎭 🛜 🎿 🚗 🅿

Gotthardstr. 6 – ℰ *041 392 79 00* – *www.beaurivage-weggis.ch*

39 Zim ⧓ – ♦145/195 CHF ♦♦220/460 CHF – ½ P

Rest *Beau Rivage* – siehe Restaurantauswahl

Zum grandiosen Seeblick kommen hier noch die geschmackvollen Zimmer, modern und doch zeitlos - besonders gefragt sind die seeseitigen mit Balkon! Schön entspannen kann man am Garten-Pool. Weiterer Trumpf: Man hat direkten Zugang zum See.

🏨 Post Hotel   🎭 🖾 🎿 🛗 🎭 🖾 Zim, 🎿 🚗 🅿
🐾

Seestr. 8 – ℰ *041 392 25 25* – *www.poho.ch*

45 Zim – ♦159/269 CHF ♦♦219/349 CHF, ⧓ 25 CHF – ½ P

Rest Tagesteller 35 CHF – Menü 89 CHF – Karte 62/95 CHF – *(geschl. November - Mai: Sonntag - Dienstag) (nur Abendessen)*

Jung, trendig, urban, so das Design. Grosse Bar mit DJ, Asian Dining Lounge (im Winter So.-Mo. abends) sowie Wine Cellar und rustikales Weggiser Stübli als Restaurant-Alternativen - hier ist für jeden etwas dabei! Der See gleich vor der Tür, da ist die Lake Side Terrace am Schiffssteg natürlich beliebt!

🏨 Central   ⟨ 🛁 🎭 ⧓ 🎭 🛗 Rest, 🎽 🛜

Seestr. 25 – ℰ *041 392 09 09* – *www.central-am-see.ch*

44 Zim ⧓ – ♦90/160 CHF ♦♦175/380 CHF – ½ P

Rest Tagesteller 23 CHF – Menü 23/120 CHF – Karte 47/90 CHF

Das Hotel an der Promenade bietet moderne, individuell gestaltete Zimmer mit schönem Blick auf den See - den hat man auch von den etwas kleineren und klassischeren Zimmern im Gästehaus Frohburg. Dazu einen beheizten Pool, Strandbad und Bootssteg sowie das Rigi Stübli (traditionelle Küche) und den Wintergarten (internationales Angebot). Im Winter gibt's zudem Fondue.

🏨 Rössli   ⧓ ⑩ 🎭 🖾 🎭 🛗 🎽 🛜 🅿

Seestr. 52 – ℰ *041 392 27 27* – *www.wellness-roessli.ch*

62 Zim ⧓ – ♦135/190 CHF ♦♦190/330 CHF

Rest *flavour* – siehe Restaurantauswahl

Die Vorteile liegen auf der Hand: Seenähe, moderne Zimmer, "La Mira"-Spa mit zahlreichen Beauty-Anwendungen... Sie suchen etwas Besonderes? Dann buchen Sie eines der Superior-Turmzimmer mit Aussicht - am besten das im 4. Stock!

🏨 Seehotel Gotthard   🛁 🎭 🛗 🛜 🚗 🅿

Gotthardstr. 11 – ℰ *041 390 21 14* – *www.gotthard-weggis.ch* – *geschl. 2. November - 3. Dezember*

16 Zim – ♦120/160 CHF ♦♦170/230 CHF – ½ P

Rest Tagesteller 26 CHF – Karte 42/85 CHF – *(geschl. Dienstag, im Winter: Montag - Dienstag)*

Wohnlich und freundlich sind die Zimmer in dem familiengeführten kleinen Hotel - etwas einfacher, aber ebenfalls nett die günstigeren Budget-Zimmer. Gäste können das Garten-Schwimmbad des Hotels Beau Rivage mitbenutzen. Modernes Ambiente und traditionell-saisonale Küche nebst Pizza und Pasta im Bistro-Stübli oder auf der Seeterrasse.

XXX **Beau Rivage** – Hotel Beau Rivage ← 🕍 🕸 **P**
Gotthardstr. 6 – ℰ 041 392 79 00 – www.beaurivage-weggis.ch
Menü 44 CHF (mittags)/69 CHF – Karte 52/82 CHF
Sie mögen klassisch-stilvolle Atmosphäre? Dann lassen Sie sich hier an schön ein-
gedeckten Tischen französisch inspirierte Küche und gute Weine servieren, dabei
geht Ihr Blick durch die grossen Fenster Richtung See.

XX **Park Grill** 🔘 – Hotel Park Weggis 🦂 ← 🕍 & 🎟 🕸 🔄 **P**
Hertensteinstr. 34 – ℰ 041 392 05 05 – www.parkweggis.ch – geschl. Montag
- Dienstag
Tagesteller 50 CHF – Karte 72/218 CHF – *(nur Abendessen, sonntags auch*
Mittagessen) (Tischbestellung ratsam)
Moderne Formen und warme Töne, so der Look dieses schicken Grillrestaurants
- nicht zu vergessen der Seeblick, und den hat man drinnen wie draussen! Das
Angebot umfasst internationale Klassiker und hochwertiges US-Beef sowie Fisch
und Krustentiere. Im Weinkeller lagern rund 2500 Positionen!

XX **flavour** – Hotel Rössli 🕍 & 🔄 **P**
Seestr. 52 – ℰ 041 392 27 27 – www.wellness-roessli.ch
Menü 54/79 CHF – Karte 39/74 CHF
Bereits im 16. Jh. wurden in diesem Lokal, dem ältesten am Ort, die ersten Gäste
bewirtet! Heute geht es hier neuzeitlicher zu, die Gastlichkeit ist geblieben! Die
Küche: regional und saisonal. "Spiceroom" für Gesellschaften.

XX **Sparks** – Hotel Park Weggis 🦂 ← 🕍 & 🎟 🕸 🔄 **P**
Hertensteinstr. 34 – ℰ 041 392 05 05 – www.parkweggis.ch
Tagesteller 42 CHF – Menü 60 CHF (mittags)/109 CHF – Karte 64/99 CHF
Gut durchdachtes stylisches Ambiente, in dem ein riesiger Empire-Korblüster fun-
kelnder Mittelpunkt ist. Sie geniessen neben einem tollen Seeblick moderne
Küche und Interessantes aus dem Weinkeller.

in Hertenstein Süd-West: 3 km – Höhe 435 m – ⊠ 6353

🏠 **Campus Hotel** 🦕 ← 🍴 🕍 🕸 🛗 💆 🖢 & 🎟 Rest. 🕸 Rest. 🤶 🛗 **P**
Hertensteinstr. 156 – ℰ 041 399 71 71 – www.campus-hotel-hertenstein.ch
59 Zim ⌒ – †240/320 CHF ††280/360 CHF – ½ P
Rest Tagesteller 32 CHF – Menü 42 CHF (mittags unter der Woche)/75 CHF
– Karte 52/84 CHF – *(geschl. November - Ostern)*
Hier wohnt man nicht nur überaus modern, sondern auch noch in top Lage: Von
den wertig und geradlinig-chic eingerichteten Zimmern blickt man auf die Berge
und den See unmittelbar vor dem Haus. Letzterer ist für die Hotelgäste auch
direkt zugänglich. Gleich nebenan die Schiffstation Hertenstein. Sie kommen
zum Tagen? Die 12 Räume sind technisch auf dem neuesten Stand.

WEINFELDEN

Thurgau (TG) – ⊠ 8570 – 10 699 Ew – Höhe 429 m – Siehe Regionalatlas **5**-H2
▶ Bern 182 km – Sankt Gallen 40 km – Arbon 26 km – Frauenfeld 19 km
Michelin Straßenkarte 551-T4

🏠 **Gasthof Eisenbahn** 🕍 🕸 Rest. 🤶 **P**
Bahnhofstr. 2 – ℰ 071 622 10 60 – www.gasthof-eisenbahn.ch – geschl.
24. Januar - 2. Februar, 13. Juli - 3. August
19 Zim ⌒ – †90/130 CHF ††170/225 CHF – ½ P
Rest Tagesteller 23 CHF – Menü 45 CHF – Karte 30/77 CHF – *(geschl. Sonntag)*
Das Riegelhaus in Bahnhofsnähe ist ein kleiner Familienbetrieb mit hellen neuzeit-
lichen Gästezimmern, der im Sommer auch gerne von Radtouristen besucht wird.
Freundlich-ländlich gestaltetes Restaurant mit saisonaler Küche.

XX **Wirtschaft zum Löwen** 🕍 🕸 🔄
Rathausstr. 8 – ℰ 071 622 54 22 – www.zum-loewen.ch – geschl. Ende
Juli - Anfang August 3 Wochen und Mittwoch - Donnerstag
Tagesteller 25 CHF – Menü 59/89 CHF – Karte 51/91 CHF
Aus dem 16. Jh. stammt das Haus mit der hübschen Fachwerkfassade. Man speist
in der rustikalen Gaststube, in der gediegen-eleganten Ratsherrenstube oder auf
der Gartenterrasse.

🍴 Gambrinus   🏡 🕸

Marktstr. 2 – ℰ 071 622 11 40 – www.gambrinus-weinfelden.ch – geschl. Februar 1 Woche, Juli 2 Wochen, Oktober 2 Wochen und Sonntag - Montag
Tagesteller 34 CHF – Menü 95 CHF (abends) – Karte 48/125 CHF
Gemütlich und familiär ist die Atmosphäre in den rustikalen Stuben. Zur authentischen italienischen Küche gehört auch Pasta, die man vor den Augen der Gäste frisch zubereitet.

🍴 Pulcinella   🏡 ⇔

Wilerstr. 8 – ℰ 071 622 12 66 – www.pulcinella.ch – geschl. Anfang Januar 1 Woche, März 1 Woche, Mitte Juli - Anfang August 3 Wochen und Sonntag - Montag
Tagesteller 25 CHF – Menü 80 CHF (abends) – Karte 50/86 CHF
Schon äusserlich ist das gepflegte Gasthaus einladend und drinnen erst... Hier erwartet Sie herzliche "gastronomia italiana"! Seit rund 20 Jahren bekocht der gebürtige Neapolitaner Enzo Peluso seine Gäste und das kleine Restaurant erfreut sich grosser Beliebtheit - kein Wunder bei geschmackvollen Gerichten wie "Pappardelle an Nusssauce" oder "Kaninchen mediterran".

WEININGEN

Zürich (ZH) – ⌧ 8104 – 4 287 Ew – Höhe 413 m – Siehe Regionalatlas **4**-F2
▶ Bern 117 km – Zürich 21 km – Aarau 39 km – Luzern 56 km
Michelin Straßenkarte 551-P4

🍴🍴 Winzerhaus   ⇐ 🏡 🕸 ⇔ 🅿

Haslernstr. 28, Nord: 1 km – ℰ 044 750 40 66 – www.winzerhaus.ch – geschl. 24. Dezember - 7. Januar und Dienstag
Tagesteller 31 CHF – Menü 65/93 CHF – Karte 52/104 CHF
Klassische Speisen und Wild aus eigener Jagd hoch über dem Limmattal. Im Sommer kocht man zusätzlich thailändisch, und auf der tollen Terrasse zwischen Weinreben und mit Panoramablick auf Zürich und die Alpen wird gegrillt.

WEISSBAD – Appenzell Innerrhoden → Siehe Appenzell

WEISSFLUHGIPFEL – Graubünden → Siehe Davos

WENGEN

Bern (BE) – ⌧ 3823 – 1 100 Ew – Höhe 1 275 m (Wintersport : 1 274/2 500 m)
– Siehe Regionalatlas **8**-E5
▶ Bern 71 km – Interlaken 16 km – Grindelwald 16 km – Luzern 82 km
Michelin Straßenkarte 551-L9

mit Zahnradbahn ab Lauterbrunnen erreichbar

🏨 Beausite Park   ⊗ ⇐ 🚃 🏡 🖳 🕸 🛏 📱 🕸 Zim, 🛜

– ℰ 033 856 51 61 – www.parkwengen.ch – geschl. Mitte April - Ende Mai, Ende September - Mitte Dezember
36 Zim ⌸ – ♦180/280 CHF ♦♦360/460 CHF – 4 Suiten – ½ P
Rest Menü 65 CHF (abends) – Karte 65/95 CHF
Eine wohnlich-komfortable Urlaubsadresse in traumhafter Lage am Waldrand. Per Ski gelangt man vom Hotel direkt zur Seilbahn, toll im Sommer der kleine Naturbadeteich. Vitalbereich in modernem Stil mit Beauty und Massage. Klassisch ist das Ambiente im Restaurant.

🏨 Regina   ⊗ ⇐ 🚃 🕸 🛏 📱 🕸 🛜 🛁

– ℰ 033 856 58 58 – www.hotelregina.ch – geschl. April - Mai, Oktober - Mitte Dezember
75 Zim ⌸ – ♦125/200 CHF ♦♦200/400 CHF – 4 Suiten – ½ P
Rest *Jack's Brasserie* **Rest** *Chez Meyer's* – siehe Restaurantauswahl
Bereits in 5. Generation betreiben die Meyers mit Herzblut ihr klassisches Haus in schöner Panoramalage. Luxuriös und sehr hochwertig sind die vier Suiten. Im UG: Boutique mit Feinkost, Wein und Dekoartikeln.

Schönegg 🦅 ≤ 🕸 🖼 🛜

Dorfstrasse – ✆ 033 855 34 22 – www.hotel-schoenegg.ch – geschl. 29. März - 4. Juni, 1. Oktober - 18. Dezember
19 Zim ⬛ – †130/210 CHF ††260/420 CHF – 1 Suite – ½ P
Rest *Schönegg* – siehe Restaurantauswahl
Aufmerksame Gastgeber, schöne Zimmer und tolle Umgebung. Warmes Holz macht die Zimmer alpenländisch-wohnlich, dazu der Blick auf das Jungfrau-Massiv! Wer gerne ein bisschen mehr Platz hat, bucht die modern-alpine "Jungfrau Suite"!

Caprice 🦅 ≤ 🕸 🖼 🛜

– ✆ 033 856 06 06 – www.caprice-wengen.ch – geschl. 12. April - 29. Mai, 5. Oktober - 19. Dezember
18 Zim ⬛ – †210/250 CHF ††250/435 CHF – 2 Suiten – ½ P
Rest *Caprice* – siehe Restaurantauswahl
Ein hübsches kleines Chalet mit Sicht auf das Jungfrau-Massiv und wohnlichen Zimmern mit alpenländischem Flair. Sie können mit den Skiern direkt bis zum Haus fahren! Schön die Sonnenterrasse - hier frühstückt man auch gerne!

Wengener Hof 🦅 ≤ 🛋 🎿 🕸 🖼 🍴 Rest, 🛜

– ✆ 033 856 69 69 – www.wengenerhof.ch – geschl. 6. April - 24. Mai, 30. September - 19. Dezember
42 Zim ⬛ – †97/280 CHF ††194/540 CHF – ½ P
Rest Menü 35 CHF – *(nur Abendessen für Hausgäste)*
Das Ferienhotel mit klassischem Rahmen liegt etwas abseits des Dorfkerns und überzeugt durch ruhige Lage und Blick auf Berge und Tal. Im Panoramagarten stehen Liegen bereit.

Alpenrose 🦅 ≤ 🛋 🖼 🍴 Rest, 🛜

– ✆ 033 855 32 16 – www.alpenrose.ch – geschl. 7. April - 17. Mai, 29. September - 19. Dezember
40 Zim ⬛ – †116/228 CHF ††206/446 CHF – ½ P
Rest Menü 46 CHF (abends) – *(nur Abendessen für Hausgäste)*
Unterhalb des Dorfzentrums steht das älteste Hotel Wengens, inzwischen in 5. Generation von Familie von Allmen geführt. Schön wohnlich die Zimmer mit Holztäferung, komfortabler die Superior-Zimmer. Behaglich-gediegen die Lounge mit Kamin.

Bären 🦅 ≤ 🖼 🛜

– ✆ 033 855 14 19 – www.baeren-wengen.ch – geschl. 6. April - 24. Mai, 11. Oktober - 11. Dezember
17 Zim ⬛ – †130/160 CHF ††180/250 CHF – ½ P
Rest *Bären* – siehe Restaurantauswahl
Wirklich gepflegt wohnt man in diesem Haus im Unterdorf, das seit über 20 Jahren von Willy und Therese Brunner geführt wird. Die Zimmer sind neuzeitlich und schön hell.

𝓧𝓧𝓧 Chez Meyer's – Hotel Regina ≤ 🎿 💠

– ✆ 033 856 58 58 – www.hotelregina.ch – geschl. April - Mai, Oktober - Mitte Dezember und Montag - Mittwoch
Menü 84/180 CHF (abends) – Karte 160/166 CHF – *(nur Abendessen)* *(Tischbestellung erforderlich)*
Umsichtig kümmert man sich in dem eleganten kleinen Restaurant bei Pianomusik und Bergblick um die Gäste. Mit Engagement bereitet Mickael Cochet französische Speisen zu - interessant die beiden Menüs "Dégustation" und "Découverte".

𝓧𝓧 Schönegg – Hotel Schönegg ≤ 🎿 🍴

Dorfstrasse – ✆ 033 855 34 22 – www.hotel-schoenegg.ch – geschl. 29. März - 4. Juni, 1. Oktober - 18. Dezember
Menü 75/120 CHF – Karte 67/101 CHF – *(nur Abendessen)* *(Tischbestellung ratsam)*
So richtig gemütlich sitzt man hier umgeben von rustikalem Altholz und charmanter Deko, durch die Fensterfront blickt man auf die Berge. Auf den Teller kommen Produkte aus der Region, darunter auch heimische Pilze und Kräuter. Im Sommer mittags kleine Lunchkarte. Und wie wär's mit einem Apero im Weinkeller?

XX **Caprice** – Hotel Caprice   ≤ 斎
– 𝒞 033 856 06 06 – www.caprice-wengen.ch – geschl. 12. April - 29. Mai,
5. Oktober - 19. Dezember
Menü 55 CHF (mittags) – Karte 67/84 CHF
Das Ambiente ist neuzeitlich-elegant, die Küche modern-französisch. Mittags bietet man eine kleinere Speisenauswahl. Besonders beliebt sind natürlich die Plätze auf der Panoramaterrasse!

XX **Bären** – Hotel Bären   ≤ 斎
⊜ – 𝒞 033 855 14 19 – www.baeren-wengen.ch – geschl. 6. April - 24. Mai,
11. Oktober - 11. Dezember; im Sommer: Samstagmittag, Sonntag; im Winter:
Samstagmittag, Sonntagmittag
Tagesteller 18 CHF – Menü 18 CHF (mittags unter der Woche)/69 CHF
– Karte 56/85 CHF
Wer zum Essen zu den Brunners kommt, sitzt in freundlicher Atmosphäre und lässt sich Gerichte wie "Lammhaxe mit Rotweinsauce", das regionale Menü "Kneugraben" oder auch das Jahreszeitenmenü servieren. Interessant das günstige Mittagsmenü.

X **Jack's Brasserie** – Hotel Regina   斎 ⇔
– 𝒞 033 856 58 58 – www.hotelregina.ch – geschl. April - Mai, November - Mitte
Dezember
Menü 56 CHF – Karte 60/110 CHF
Schön sitzt man auch im zweiten Meyer'schen Restaurant: hohe Stuckdecke, schwere Leuchter, klassisches Ambiente... Geboten wird eine französisch und regional ausgelegte Küche.

in Wengernalp mit Zug ab Interlaken, Lauterbrunnen oder Wengen
erreichbar – Höhe 1 874 m – ✉ 3823 Wengen

▥ **Jungfrau**   ✎ ≤ 斎 🐾 🍴 🛜 ⛱
– 𝒞 033 855 16 22 – www.wengernalp.ch – geschl. Anfang April - Mitte
Dezember
23 Zim � – ♥340/410 CHF ♥♥490/560 CHF – 1 Suite – ½ P
Rest Karte 46/73 CHF – (geschl. Anfang April - Juni, Mitte September - Mitte
Dezember) (nur Mittagessen, abends nur für Hausgäste)
Ein exklusives Domizil vor einzigartiger Bergkulisse! In 3. Generation bewahrt Familie von Almen den klassisch-traditionellen Charme des Hauses, man spürt die Liebe zum Detail in den schönen Räumen. Im Sommer gibt es im Alpstübli tagsüber Schweizer Spezialitäten, im Winter mittags regional-französische Gerichte. Am Abend für Hausgäste eine hochwertige HP (inkl.).

WERGENSTEIN
Graubünden – ✉ 7433 – Siehe Regionalatlas **10-I5**
▶ Bern 282 km – Chur 40 km – Glarus 110 km – Triesen 75 km
Michelin Straßenkarte 553-U10

X **Capricorns** ❿   ≤ 斎 🍴 🅿
– 𝒞 081 630 71 72 – www.capricorns.ch – geschl. Anfang April – Mitte Mai und
Ende Oktober – Weihnachten
Tagesteller 15 CHF – Menü 22 CHF (mittags)/42 CHF – Karte 39/66 CHF
Auf rund 1500 m und mitten im Naturpark Beverin steht das alte Berggasthaus. Und was passt besser hierher als eine schlichte Stube ganz in Holz, in der der man Bündner Küche serviert? Lassen Sie sich bei traumhafter Aussicht z. B. "Zweierlei vom Bio-Alpschwein mit Gerstenblinis und Weisskraut" schmecken!

WETTINGEN
Aargau (AG) – ✉ 5430 – 20 135 Ew – Höhe 388 m – Siehe Regionalatlas **4-F2**
▶ Bern 106 km – Aarau 28 km – Baden 3 km – Schaffhausen 70 km
Michelin Straßenkarte 551-O4

※※ **Sternen - Stella Maris**   🕭 🍴 ♻ 🅿

Klosterstr. 9 – ℰ 056 427 14 61 – www.sternen-kloster-wettingen.ch – geschl. 23.
- 30. Dezember und Samstagmittag
Menü 48 CHF (mittags unter der Woche)/62 CHF – Karte 60/109 CHF
Klostertaverne Tagesteller 20 CHF – Karte 50/97 CHF
Gastronomie seit 1254 bietet das wunderschöne Riegelhaus (Teil des Klosters und ehemaliges Weiberhaus). Seit 1990 kocht Patron Walter Josef Erni im eleganten Stella Maris Klassiker wie Chateaubriand oder Fischpfännchen. In der rustikaleren Klostertaverne isst man etwas einfacher. Hübsch die Terrassenbereiche.

WETZIKON

Zürich (ZH) – ⊠ 8620 – 23 274 Ew – Höhe 532 m – Siehe Regionalatlas **4-G3**
◨ Bern 150 km – Zürich 29 km – Rapperswil 15 km – Schwyz 51 km
Michelin Straßenkarte 551-R5

🏠 **Swiss Star ⓝ**   🍴 🛗 �& 🛜 ᴟ 🚗 🅿

Grubenstr. 5 – ℰ 044 578 78 00 – www.hotel-swiss-star.ch
105 Zim – 📱129/139 CHF 📱📱149/159 CHF, ⊇ 22 CHF – 5 Suiten – ½ P
Rest Tagesteller 26 CHF – Menü 39 CHF (mittags) – Karte 46/88 CHF – *(geschl. Samstagmittag)*
Hier werden die Erwartungen an ein modernes Businesshotel erfüllt: praktische Lage unweit des Bahnhofs (nach Zürich sind **es** 20 Mln.), zeitgemäss-funktionale Zimmer mit kostenfreiem W-Lan und gute Seminarräume. Restaurant im 6. Stock mit Internationaler Küche. Schön die Terrasse, gemütlich die Smokers Lounge.

※※※ **Il Casale**   🕭 🍴 �& ♻ 🅿
❀
Leutholdstr. 5 – ℰ 043 477 57 37 – www.il-casale.ch – geschl. 22. Februar
- 2. März, 26. Juli - 18. August und Samstagmittag, Sonntag - Montag
Tagesteller 33 CHF – Menü 116/168 CHF – Karte 91/124 CHF
Ausgezeichnete Speisen und aufmerksame Gästebetreuung gehen hier Hand in Hand. Der Service herzlich, angenehm ruhig und mit italienischem Charme, die Küche von Antonino Alampi modern-mediterran und aromenreich. Mittags reicht man die Bistrokarte, auf Nachfrage aber auch gerne die Abendkarte.
→ Tagliolini mit Eierschwämmli und confierten Tomaten, Basilikum und Sherry. Pulpo alla Fiamma. Kalbs-Ribeye mit Bärlauchgnocchi und Zucchetti.
Bistro 🍴 – siehe Restaurantauswahl

※ **Bistro** – Restaurant Il Casale   🍴 ᴆ ♻ 🅿
🍴
Leutholdstr. 5 – ℰ 043 477 57 37 – www.il-casale.ch – geschl. 22. Februar
- 2. März, 26. Juli - 18. August und Sonntag - Montag, Samstagmittag
Tagesteller 33 CHF – Menü 53 CHF – Karte 64/90 CHF
Sie mögen es leger, möchten aber dennoch gut essen? Die Gerichte des Bistros (z. B. "Loup de Mer mit Bärlauchkartoffeln und Catalogna") sind preisgünstiger, aber dennoch schmackhaft, kommen sie doch ebenfalls aus der "Il Casale"-Küche.

WIDEN

Aargau (AG) – ⊠ 8967 – 3 481 Ew – Höhe 540 m – Siehe Regionalatlas **4-F3**
◨ Bern 110 km – Aarau 33 km – Baden 23 km – Dietikon 8 km
Michelin Straßenkarte 551-O5

Ausserhalb Nord-Ost: 1,5 km auf dem Hasenberg

🏠 **Ryokan Hasenberg**   🍷 ≼ 🛖 🛗 🄰🄲 🛜 ᴟ 🅿

Hasenbergstr. 74 – ℰ 056 648 40 00 – www.hotel-hasenberg.ch – geschl. 1.
- 4. Januar, 25. Februar - 10. März, 5. - 18. August, 23. - 27. Dezember
2 Zim – 📱180/200 CHF 📱📱200/220 CHF, ⊇ 20 CHF – 5 Suiten – ½ P
Rest ***Usagiyama*** ❀ **Rest** ***Hasenberg*** **Rest** ***Sushi Nouveau*** – siehe Restaurantauswahl
Japanische Lebensart mitten in der Schweiz! Von aussen gleicht das Ganze noch keinem typischen Ryokan, innen allerdings schon. Familie Kurahayashi hat das kleine Boutique-Hotel geschmackvoll nach dem Vorbild ihrer Heimat gestaltet. Sie wohnen (und essen) in authentisch-puristisch gehaltenen Zimmern. Oder ziehen Sie europäischen Stil vor?

WILEN – Obwalden → Siehe Sarnen

WINKEL
Zürich (ZH) – ⊠ 8185 – 4 088 Ew – Höhe 450 m – Siehe Regionalatlas **4-G2**
▶ Bern 135 km – Zürich 19 km – Schaffhausen 31 km – Zug 56 km
Michelin Straßenkarte 551-Q4

in Niederrüti Süd: 1 km – Höhe 443 m – ⊠ 8185

XX **Wiesental**   🍴 & ⇧ 🅿
Zürichstr. 25 – ℰ 044 860 15 00 – www.restaurant-wiesental.ch – geschl.
Samstagmittag, Sonntag
Tagesteller 23 CHF – Menü 56 CHF – Karte 32/74 CHF
Wie möchten Sie speisen? Heimelig-rustikal in einer holzgetäferten Stube oder lie-
ber etwas eleganter im Restaurant? Hier wie dort bietet man traditionelle Klassi-
ker wie Leberli oder Geschnetzeltes und auch internationale Speisen.

WINTERTHUR
Zürich (ZH) – ⊠ 8400 – 104 468 Ew – Höhe 439 m – Siehe Regionalatlas **4-G2**
▶ Bern 146 km – Zürich 28 km – Baden 46 km – Konstanz 45 km
Michelin Straßenkarte 551-Q4

WINTERTHUR

🏠🏠🏠 Park Hotel

🍃 *Stadthausstr. 4 –* 📞 *052 265 02 65* ⌘ 🛎 ♿ Rest, 🅰🅲 Rest, 📶 🛁 🐕 **P**
Stadtplan : B2**r**
– www.phwin.ch
72 Zim 🛏 – 👤175/295 CHF 👤👤245/345 CHF – 1 Suite
Rest *Bloom* 📞 052 265 03 65 – Tagesteller 20 CHF – Karte 32/84 CHF
Das Hotel ist ganz auf den Businessgast zugeschnitten und liegt nahe der Fussgängerzone. Die Zimmer geradlinig und funktional, einige mit Balkon, W-Lan und Minibar sind gratis. Modern-urban das Restaurant, dazu die gut besuchte Terrasse zum Park.

🏠🏠 Banana City

Schaffhauserstr. 8 – 📞 *052 268 16 16* ⌘ 🛎 ♿ 🅰🅲 Rest, 📶 🛁 🐕
Stadtplan : A1**b**
– www.bananacity.ch
101 Zim 🛏 – 👤180/260 CHF 👤👤250/330 CHF – 5 Suiten – ½ P
Rest Tagesteller 25 CHF – Menü 27 CHF – Karte 59/93 CHF
Die Leute hier nennen das lange gebogene Gebäude "Banane" - daher der Name. Die Minibar ist kostenlos, ebenso die Parkplätze vor dem Hotel. Die Zimmer sind modern, die geräumigen Residenzzimmer mit Klimaanlage. Im Restaurant gibt es internationale und klassische Küche.

🏠🏠 Krone

Marktgasse 49 – 📞 *052 208 18 18* 🛎 🍴 📶 🛁 🐕
Stadtplan : B2**k**
– www.kronewinterthur.ch – geschl. Weihnachten - Anfang Januar,
Mitte Juli - Mitte August
40 Zim 🛏 – 👤155/240 CHF 👤👤190/270 CHF – ½ P
Rest *Pearl* ❀ **Rest** *La Couronne* – siehe Restaurantauswahl
Ein denkmalgeschütztes Haus mitten in der Altstadt, hinter dessen historischer Fassade zeitgemäss-funktionale Zimmer mit Parkett auf die Gäste warten. Parkgarage ca. 100 m entfernt.

🏠🏠 Wartmann

Rudolfstr. 15 – 📞 *052 260 07 07 – www.wartmann.ch* ⌘ 🛎 ♿ 🅰🅲 Zim, 📶
Stadtplan : A2**s**
– geschl. 1. - 4. Januar
68 Zim 🛏 – 👤129/185 CHF 👤👤189/229 CHF
Rest *Argentina* 📞 052 203 53 53 – Karte 43/90 CHF
In dem Hotel gegenüber dem Bahnhof stehen freundliche, funktionelle Gästezimmer zur Verfügung, WiFi kostenfrei, schön die Schwarz-Weiss-Bilder der Stadt. Im Parkhaus vis-à-vis bietet man vergünstigte Tarife. Restaurant mit Steakkarte.

🍴🍴 Pearl – Hotel Krone

❀ *Marktgasse 49 –* 📞 *052 208 18 18* ⌘ ♿ 🍴
Stadtplan : B2**k**
– www.kronewinterthur.ch – geschl. Weihnachten - Anfang Januar,
Mitte Juli - Mitte August und Samstagmittag, Sonntag - Montag
Menü 118/183 CHF – Karte 108/124 CHF
Wie moderne und kreative Küche aussieht? Im Falle von Denis Ast ist es eine harmonische Kombination zahlreicher kleiner Bestandteile, in denen sich der volle Geschmack und die ganze Kraft ausgesuchter Produkte wiederfinden. Passend dazu das stilvoll-zeitgemässe Ambiente.
➔ Handgetauchte Jakobsmuschel, Blumenkohl, Eigelb, Röstzwiebel. Lamm, Lauch, Champignon, Ziegenfrischkäse. Rhabarber, Schafsmilchjoghurt, Sauerampfer, Himbeere.

🍴🍴 Strauss - Ambiance

Stadthausstr. 8 – 📞 *052 212 29 70* ⌘ ♿ 🍴 🔄
Stadtplan : B2**s**
– www.strauss-winterthur.ch – geschl. Sonntag und an Feiertagen
Tagesteller 34 CHF – Karte 59/112 CHF
Am Sommertheater mitten in Winterthur serviert man neben Klassikern wie "chalbsgschnätzlets zürcher art" auch saisonale Küche. Und wie wär's mit dem "amüs busch mönü"? Lebendig die Terrasse, trendig die Bar Vineria.

435

X **Trübli** 🍴
Bosshardengässchen 2 – ℰ 052 212 55 36 Stadtplan : B2**a**
*– www.truebli-winterthur.ch – geschl. April - Mai 2 Wochen, Juli - August 1
Woche und Sonntag - Montag sowie an Feiertagen*
Tagesteller 22 CHF – Menü 56 CHF (mittags)/105 CHF – Karte 61/100 CHF
Gemütlich sitzt man in der sympathischen familiären Adresse in der Fussgänger-
zone am Altstadtrand. Auf der traditionell-saisonalen Karte liest man z. B. "po-
chiertes Seesaiblingsfilet auf weissen Spargeln an Chardonnaysauce".

X **La Couronne** – Hotel Krone 🍴 ᐸ ❀
Marktgasse 49 – ℰ 052 208 18 18 Stadtplan : B2**k**
*– www.kronewinterthur.ch – geschl. Weihnachten - Anfang Januar, Mitte Juli
- Mitte August und Sonntag*
Tagesteller 19 CHF – Karte 56/72 CHF
Im Zweitrestaurant der "Krone" geht es leger und unkompliziert zu, und gut essen
kann man auch, denn das Küchenteam ist dasselbe wie im "Pearl". Es gibt Klassiker
wie Zürcher Geschnetzeltes oder Cordon bleu, aber auch Burger und Sandwiches.

in Wülflingen Nord-West: 2,5 km über Wülflingerstrasse A1 – ✉ 8408 Winterthur

XX **Schloss Wülflingen** 🍴 ᐸ ❀ P
Wülflingerstr. 214 – ℰ 052 222 18 67 – www.schloss-wuelflingen.ch
Tagesteller 30 CHF – Menü 98 CHF – Karte 63/91 CHF
Stilvoll und gemütlich sind die Stuben in dem schmucken Haus a. d. 17. Jh. samt
sehenswerter Details wie Täferungen, Malereien und Öfen. Gekocht wird Interna-
tionales wie "Kalbshohrücken mit Jus und Rosmarin-Kartoffelstock und Gemüse".

XX **Taggenberg** 🦌 ᐸ 🍴 P
*Taggenbergstr. 79, Nord-West: 1,5 km, über Strassenverkehrsamt
– ℰ 052 222 05 22 – www.restaurant-taggenberg.ch – geschl. Februar 1 Woche,
Ende Juli - Anfang August 2 Wochen und Samstagmittag, Sonntag - Montag*
Tagesteller 32 CHF – Menü 49 CHF (mittags)/96 CHF – Karte 52/110 CHF
Patronne Margriet Schnaibel und Küchenchef Jens Nather erfreuen ihre (Stamm-)
Gäste mit charmant-herzlichem Service und leckeren Gerichten wie "Entrecôte
vom Pata Negra mit Kräuterpolenta". Man hat übrigens auch einen kleinen Wein-
laden.

WÖLFLINSWIL
Aargau (AG) – ✉ 5063 – 988 Ew – Höhe 440 m – Siehe Regionalatlas **3**-E2
▶ Bern 119 km – Aarau 11 km – Zürich 55 km – Basel 47 km
Michelin Straßenkarte 551-M4

XX **Landgasthof Ochsen** mit Zim 🍴 ❀ P
☺ *Dorfplatz 56 – ℰ 062 877 11 06 – www.ochsen-woelflinswil.ch – geschl. 15.
- 25. Februar, 7. - 15. April, 29. September - 14. Oktober und Dienstag - Mittwoch*
9 Zim ⌂ – ♦80/100 CHF ♦♦150 CHF
Tagesteller 21 CHF – Menü 79/115 CHF – Karte 61/104 CHF
Hier ist Gastfreundschaft seit 1288 zu Hause. Aus der frischen traditionell geprägten Küche von Jörg Lenzin sollte man z. B. "Strudel von der Fricker Forelle" oder
"gepökelte Schweinskopfbäggli" probieren! Etwas einfacher isst man in der Gaststube. Schlicht, praktisch und nett: die Gästezimmer.

WOHLEN bei BERN
Bern (BE) – ✉ 3033 – 8 901 Ew – Höhe 549 m – Siehe Regionalatlas **2**-D4
▶ Bern 10 km – Biel 49 km – Burgdorf 33 km – Solothurn 48 km
Michelin Straßenkarte 551-I7

XX **Kreuz** 🍴 ᐸ ❀ P
☺ *Hauptstr. 7 – ℰ 031 829 11 00 – www.kreuzwohlen.ch – geschl. Februar 1
Woche, Juli 3 Wochen, Weihnachten 1 Woche und Montag - Dienstag*
Tagesteller 17 CHF – Menü 28 CHF (mittags unter der Woche)/90 CHF
– Karte 42/79 CHF
Seit 1618 wird der nette Gasthof an der Hauptstrasse als Familienbetrieb
geführt. Chef Peter Tschannen (bereits die 12. Generation) kocht regional-traditio-
nell. Kinderspielplatz.

WOLFGANG – Graubünden → Siehe Davos

WOLHUSEN
Luzern (LU) – ⊠ 6110 – 4 143 Ew – Höhe 571 m – Siehe Regionalatlas **3**-F4
▶ Bern 99 km – Luzern 23 km – Sarnen 42 km – Stans 36 km
Michelin Straßenkarte 551-N7

X **Mahoi ①**   ৬ ঞ

*Hiltenberg, (Nord: 2 km, im Tropenhaus, über Spazierweg in 10 Minuten
erreichbar, ab Spital Parkplatz) – ℰ 041 925 77 99
– www.tropenhaus-wolhusen.ch – geschl. 20. Juli - 11. August und
Sonntagabend - Dienstag*
Tagesteller 19 CHF – Menü 45 CHF (mittags)/94 CHF – Karte 66/85 CHF –
(Tischbestellung ratsam)
Die frische, gute Küche entschädigt für den kleinen Fussmarsch zu den beeindruckenden Treibhäusern. Man speist hier umgeben von exotischen Pflanzen,
deren Früchte sich natürlich in Speisen wie "grilliertem Rindsfilet mit Mais-
muffin und Avocado" wiederfinden. Auch tropischer Buntbarsch wird vor Ort
gezüchtet.

WORB
Bern (BE) – ⊠ 3076 – 11 324 Ew – Höhe 585 m – Siehe Regionalatlas **2**-D4
▶ Bern 11 km – Burgdorf 20 km – Langnau im Emmental 20 km – Thun 28 km
Michelin Straßenkarte 551-J7

🏠 **Zum Löwen**   ☜ ঞ **P**

Enggisteinstr. 3 – ℰ 031 839 23 03 – www.loewen-worb.ch
13 Zim ☳ ♦125/135 CHF ♦♦195 CHF
Rest Zum Löwen – siehe Restaurantauswahl
Der typische Berner Landgasthof a. d. 14. Jh. hat seinen Charme - seit 300 Jahren
wird er von Familie Bernhard betrieben, die Zimmer sind rustikal. Tipp: Schauen
Sie sich das Korkenziehermuseum im Gewölbekeller an!

XX **Eisblume ①**

*Enggisteinstr. 16a, (Eingang über Bünliweg 2) – ℰ 031 839 03 00
– www.eisblume-worb.ch – geschl. 8. Juli - 29. August und Sonntag - Dienstag*
Menü 110/170 CHF – *(nur Abendessen)*
Wer hätte gedacht, dass in einem ehemaligen Gewächshaus einer der spannends-
ten Gastro-Hotspots der gesamten Region Bern und darüber hinaus entstehen
würde! Simon Apothéloz kocht ausgesprochen durchdacht und elegant, stellt
seine Gerichte intelligent und kontrastreich zusammen, stimmt Aromen perfekt
ab! Eine besondere Küche in einem speziellen Rahmen!
→ Konfierter Saibling, Tofu, Tomate, Verveine. Lammschulter und Zunge, Feige, Senf, Bohnen. Panna Cotta von gerösteten Mandeln, Zitronenthymian,
Pflaume.

XX **Zum Löwen** – Hotel Zum Löwen   ☜ ✧ **P**

*Enggisteinstr. 3 – ℰ 031 839 23 03 – www.loewen-worb.ch – geschl. 18. Juli
- 9. August und Samstag - Sonntag*
Tagesteller 17 CHF – Menü 65/98 CHF – Karte 34/94 CHF
Die lange Tradition dieses Hauses spürt man auch beim Essen in der überaus
gemütlichen holzgetäferten Gaststube. Aus frischen Zutaten entstehen hier
schmackhafte regionale Gerichte. Zum Apero geht man ins hübsche "Löie-
Stöckli".

WORBEN
Bern (BE) – ⊠ 3252 – 2 211 Ew – Höhe 442 m – Siehe Regionalatlas **2**-D3
▶ Bern 35 km – Aarberg 8 km – Biel 9 km – Murten 28 km
Michelin Straßenkarte 552-I6

🏨 ⚓ Worbenbad 🍴 🖼 🦋 🛋 🛎 🤚 🍴 🛏 P.

Hauptstr. 77 – ℰ 032 384 67 67 – www.worbenbad.com – geschl. 20. Juli - 2. August
32 Zim – ♦99/150 CHF ♦♦155/189 CHF, ⌂ 22 CHF – ½ P
Rest *Le Grill* Tagesteller 32 CHF – Menü 56 CHF – Karte 58/84 CHF – *(geschl. Sonntagabend)*
Rest *Sardi's* Tagesteller 19 CHF – Karte 42/56 CHF – *(geschl. Sonntagabend)*
Hätten Sie gedacht, dass das Seminar- und Businesshotel ein historischer Ort ist, der bis ins Jahr 1463 zurückreicht? Besonders schön sind die vier romantischen Themenzimmer. Speisen können Sie im "Le Grill" (internationale Küche) oder alternativ im Bistro "Sardi's". Angenehm: direkter Zugang zum öffentlich genutzten Freizeitbereich mit grossem Hallenbad.

WÜLFLINGEN – Zürich ➜ Siehe Winterthur

WÜRENLOS

Aargau (AG) – ⊠ 5436 – 5 850 Ew – Höhe 420 m – Siehe Regionalatlas **4-F2**
◻ Bern 110 km – Aarau 31 km – Baden 8 km – Luzern 59 km
Michelin Straßenkarte 551-O4

✗✗ Rössli 🍴 ⟳ P.

Landstr. 77 – ℰ 056 424 13 60 – www.roessli-wuerenlos.ch – geschl. Ende Dezember - Anfang Januar, Mai 2 Wochen, Oktober 2 Wochen und Samstagmittag, Sonntag - Montag
Karte 62/112 CHF
Mit Tochter Stephanie ist nun die 6. Generation in dem schönen historischen Gasthof der Familie Meier. Der Patron nennt seine Küche "Tradition mit einer Brise Moderne" - hier treffen "Kutteln Zürcher Art" auf "Turbot in Currysauce". In der gemütlichen Gaststube gibt es noch eine etwas schlichtere Zusatzkarte.

YVERDON-les-BAINS

Vaud (VD) – ⊠ 1400 – 28 486 h. – alt. 435 m – Carte régionale **6-B5**
◻ Bern 76 km – Neuchâtel 40 km – La Chaux-de-Fonds 57 km – Lausanne 40 km
Carte routière Michelin 552-E8

🏨 ⚓ La Prairie 🍴 🍴 🦋 ✗ 🖥 ⅙ rest, 🛜 🤚 P.

Avenue des Bains 9 – ℰ 024 423 31 31 – www.laprairiehotel.ch
36 ch ⌂ – ♦175 CHF ♦♦230 CHF – 1 suite – ½ P
Rest *Brasserie - Les 4 Saisons* Plat du jour 20 CHF – Menu 62/105 CHF – Carte 40/93 CHF – *(fermé dimanche soir)*
Cette imposante demeure entourée de verdure est idéale pour un séjour dans la station thermale. On apprécie ses chambres, cossues et spacieuses, et son espace bien-être. L'établissement abrite également une brasserie.

🏠 Du Théâtre sans rest 🍴 🖥 ⅙ ✗ 🛜 🤚 P.

Avenue Haldimand 5 – ℰ 024 424 60 00 – www.hotelyverdon.ch
31 ch ⌂ – ♦165/190 CHF ♦♦210/280 CHF
Tendez l'oreille, c'est tout juste si ne parviennent pas les répliques des acteurs sur scène ! Près du théâtre, cette demeure patricienne abrite des chambres confortables, dont certaines avec terrasse. Préférez celles, plus spacieuses et calmes, dans la dépendance sur le jardin. L'été, on prend le petit-déjeuner en terrasse.

à Cheseaux-Noréaz Est : 2 km – ⊠ 1400 Cheseaux

✗ ⚓ Table de Mary 🔙 🍴 ⅙ P.

Route du Gymnase 2, Ouest : 3 km – ℰ 024 436 31 10 – www.latabledemary.ch – fermé Noël 2 semaines, Pâques 2 semaines, début août 2 semaines, lundi et mardi
Plat du jour 19 CHF – Menu 60 CHF (déjeuner)/130 CHF – Carte 86/103 CHF
On aime s'asseoir à la Table de Mary ! Dans la salle, donnant sur le lac de Neuchâtel, on apprécie une agréable cuisine du marché, goûteuse et soignée. À noter, le beau choix de poissons frais sélectionnés par le chef originaire de Quimper, en Bretagne. Très bon rapport qualité-prix.

YVORNE

Vaud (VD) – ✉ 1853 – 1 028 h. – alt. 395 m – Carte régionale **7-C6**
▶ Bern 105 km – Montreux 14 km – Aigle 2 km – Lausanne 43 km
Carte routière Michelin 552-G11

XXX   **La Roseraie**   ⌘ 🍽 **P**

Nord : 2 km par route cantonale – ✆ *024 466 25 89* – *www.roseraie.ch* – *fermé
Noël - début janvier, fin juillet - mi-août, dimanche et lundi*
Menu 78 CHF (déjeuner en semaine)/175 CHF – Carte 100/140 CHF
La Pinte Menu 59 CHF – Carte 66/103 CHF
Un décor classique (boiseries et pierres), une terrasse verdoyante – bien agréable
aux beaux jours – et un accueil charmant, pour une carte elle aussi classique...
Cette Roseraie dégage un vrai parfum de tradition ! Petits plats à prix doux au
bistrot La Pinte.

ZÄZIWIL – Bern → Siehe Grosshöchstetten

ZERMATT

Wallis (VS) – ✉ 3920 – 5 786 Ew – Höhe 1 610 m (Wintersport : 1 620/3 883 m)
– Siehe Regionalatlas **8-E7**
Bern 115 km – Brig 40 km – Sierre 59 km – Sion 75 km
Michelin Straßenkarte 552-K13
mit dem Zug ab Täsch erreichbar

© Renaudin / SoFood / Photononstop

Hotels

Mont Cervin Palace

Rest,

Bahnhofstr. 31 – ✆ 027 966 88 88 — Stadtplan : A1**b**
– www.montcervinpalace.ch – geschl. Mitte April - Mitte Juni, Mitte September - Anfang Dezember
82 Zim – 300/790 CHF 345/1310 CHF – 68 Suiten – ½ P
Rest *Capri* **Rest *Grill Le Cervin*** – siehe Restaurantauswahl
Rest Menü 85/105 CHF – Karte 61/83 CHF
Seit 1852 hat Luxus hier mitten in Zermatt einen Namen: Mont Cervin Palace! Familie Kunz wahrt die Tradition und verbindet sie geschickt mit Modernem. Rund 250 Mitarbeiter garantieren top Service. Besonderheit: Shuttle von und zur eigenen Parkgarage in Täsch! Gediegener Speisesaal.

Grand Hotel Zermatterhof

Rest,

Bahnhofstr. 55 – ✆ 027 966 66 00 — Stadtplan : A1**w**
– www.zermatterhof.ch – geschl. 19. April - 19. Juni, 20. September - Ende November
66 Zim – 190/390 CHF 340/690 CHF – 12 Suiten – ½ P
Rest *Prato Borni* – siehe Restaurantauswahl
Rest *Lusi* Tagesteller 28 CHF – Karte 47/108 CHF
Der Inbegriff eines Grandhotels! Man geht mit der Zeit und hält dennoch die Tradition (seit 1879) lebendig! Unter den schönen und individuellen Zimmern stechen die Chalet-Suiten besonders hervor. Modern und saisonal speist man im hellen und freundlichen "Lusi" (im Zermatter Dialekt einst kleine Laternen für Bergsteiger).

The Omnia

Auf dem Fels – ✆ 027 966 71 71 — Stadtplan : A1**d**
– www.the-omnia.com
– geschl. Mitte April - Mitte Juni
18 Zim – 320/700 CHF 480/1030 CHF – 12 Suiten
Rest *The Omnia* – siehe Restaurantauswahl
Im wahrsten Sinne herausragend! Hoch auf dem Fels hat der New Yorker Architekt Ali Tayar die Mountain Lodge modern interpretiert: klare Linien und natürliche Farben, dazu Stein und warmes heimisches Holz! Ein eigener Aufzug führt von der Fussgängerzone hinauf.

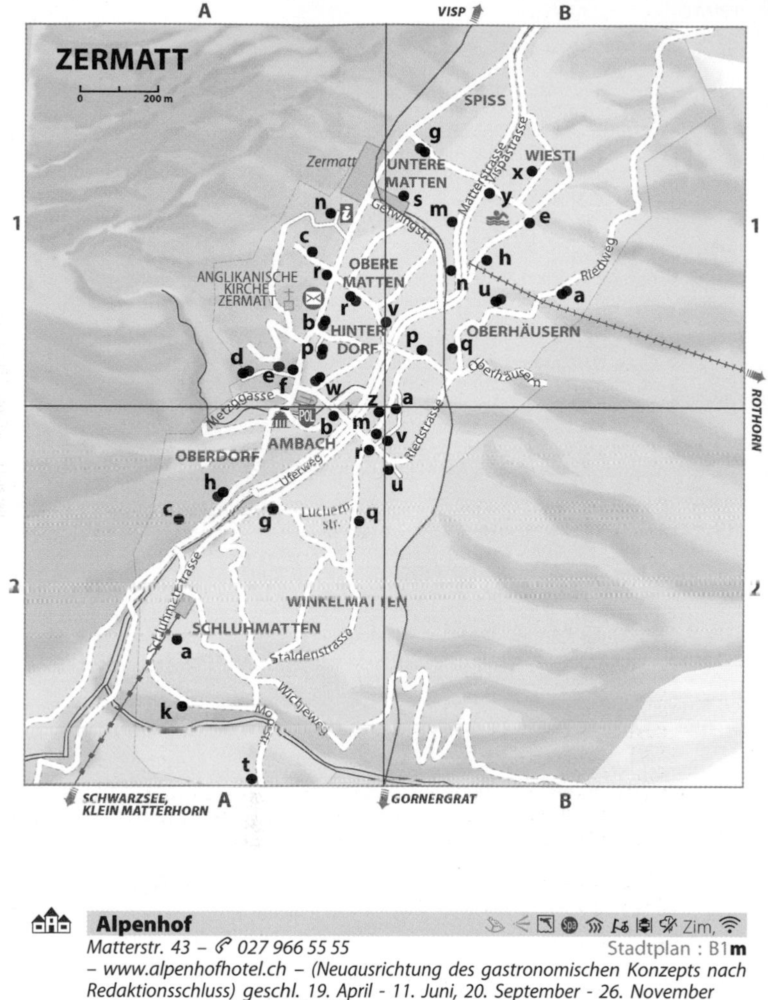
ZERMATT
0 200 m
VISP
SCHWARZSEE, KLEIN MATTERHORN
GORNERGRAT
ROTHORN
SPISS
WIESTI
UNTERE MATTEN
OBERE MATTEN
HINTERDORF
OBERHÄUSERN
OBERDORF
AMBACH
WINKELMATTEN
SCHLUHMATTEN
ANGLIKANISCHE KIRCHE ZERMATT
Zermatt
Getwingstr.
Matterstrasse
Vispastrasse
Riedweg
Oberhäusern
Metzggasse
Riedstrasse
Uferweg
Luchernstr.
Staldenstrasse
Wichjeweg
Schluhmattstrasse

Alpenhof

Zim,

Matterstr. 43 – 027 966 55 55 Stadtplan : B1**m**
– www.alpenhofhotel.ch – (Neuausrichtung des gastronomischen Konzepts nach Redaktionsschluss) geschl. 19. April - 11. Juni, 20. September - 26. November
54 Zim – 173/218 CHF 310/436 CHF – 8 Suiten – ½ P
Rest Menü 54/178 CHF – *(nur Abendessen)*

Überaus gefragt ist dieses komfortable Chalet der Familie Julen. Kein Wunder, denn hier stimmt sowohl der Service als auch das elegante Interieur in den individuellen Zimmern und der schönen Cigar Lounge. Dazu wohliges Relaxen in der Blockhaus-Atmosphäre der "Stillen Alm".

Parkhotel Beau-Site

Rest,

Brunnmattgasse 9 – 027 966 68 68 Stadtplan : B1**p**
– www.parkhotel-beausite.ch – geschl. 24. April - 30. Mai, 18. Oktober - 29. November
75 Zim – 159/215 CHF 268/480 CHF – 10 Suiten – ½ P
Rest Menü 58/80 CHF (abends) – Karte 55/84 CHF – *(nur Abendessen) (Tischbestellung ratsam)*

Trotz allen Fortschritts hat das Hotel von 1907 doch etwas Klassisch-Traditionelles - das spürt man, sobald man die Lobby betritt! Grosszügiger und etwas moderner wohnt man im Chalet. Beliebt die Grillabende im Sommer (dienstags und freitags).

Monte Rosa
Rest, 🛜

Bahnhofstr. 80 – ☏ 027 966 03 33 — Stadtplan : A1**f**
– www.monterosazermatt.ch – geschl. Mitte April - Mitte Juni, Mitte September
- Mitte Dezember
41 Zim 🗄 – ♦200/425 CHF ♦♦250/560 CHF – 9 Suiten – ½ P
Rest Menü 65 CHF *– (nur Abendessen)*
Das historische Hotel mit den roten Fensterläden bietet gemütlich-gediegene Räume wie Leselobby und Bar sowie wertig und technisch sehr gut ausgestattete Zimmer. Besonders schicke Suiten im 6. Stock. Stilvoll-klassisches Restaurant.

Mirabeau
Rest, 🛜

Untere Mattenstr. 12 – ☏ 027 966 26 60 — Stadtplan : B1**g**
– www.hotel-mirabeau.ch – geschl. 26. April - 6. Juni, 21. September
- 16. Oktober
60 Zim 🗄 – ♦175/297 CHF ♦♦290/635 CHF – 3 Suiten – ½ P
Rest *Le Corbeau d'Or* – siehe Restaurantauswahl
Rest *zermatta* Tagesteller 45 CHF – Menü 57 CHF – Karte 51/106 CHF
Schöne moderne Zimmer! Im Annex betonen heimische Naturmaterialien die alpine Eleganz. Stein und Holz aus der Region schaffen auch im "Alpinen Refugium" ein angenehmes Ambiente, ebenso im geradlinig gestalteten "zermatta" - hier isst man etwas legerer als im Gourmet-Restaurant, z. B. das Wahlmenü.

La Ginabelle
Rest, 🛜

Vispastr. 52 – ☏ 027 966 50 00 – www.la.ginabelle.ch — Stadtplan : B1**y**
– geschl. 26. April - 14. Mai, 25. Oktober - 27. November
42 Zim 🗄 – ♦110/280 CHF ♦♦276/558 CHF – 2 Suiten – ½ P
Rest Tagesteller 34 CHF – Menü 48/145 CHF – Karte 38/79 CHF *– (nur Abendessen)*
Ein frischer Kontrast zum klassisch-alpenländischen Stil des Hauses: die neuen Zimmer im Stammhaus! Hier hat man den hellen, warmen Holzton mit klaren, modernen Formen kombiniert. Diverse Spa-Angebote von "Schön durchs Jahr" bis "Family & Fun". Zeitgemässe Küche im eleganten Restaurant.

Alex
Rest, 🛜

Bodmenstr. 12 – ☏ 027 966 70 70 — Stadtplan : A1**n**
– www.hotelalexzermatt.com – geschl. 19. April - 3. Juni, 11. Oktober
- 27. November
84 Zim 🗄 – ♦230/350 CHF ♦♦440/525 CHF – 15 Suiten – ½ P
Rest Tagesteller 45 CHF – Menü 80/100 CHF (abends) – Karte 72/110 CHF
Die Zimmer sind fast schon Unikate! Steckenpferd der Seniorchefin sind Dekorationen: aufwändige Holzschnitzereien, individuelle Sessel und Stoffe mit unterschiedlichsten Mustern und Farben - alles hier ist geschmackvoll und auch ein bisschen speziell. Man spürt das Engagement der Gastgeber! Imposanter Weinkeller.

Schönegg
🛜

Riedweg 35 – ☏ 027 966 34 34 – www.schonegg.ch — Stadtplan : B1**u**
– geschl. 19. April - 8. Juni, 20. September - 27. November
48 Zim 🗄 – ♦190/350 CHF ♦♦290/630 CHF – 5 Suiten – ½ P
Rest *Gourmetstübli* – siehe Restaurantauswahl
Ein Aufzug bringt Sie von der Talstation durch den Berg hindurch direkt zur Hotelrezeption! Zimmer teils mit tollem Blick aufs Matterhorn - fragen Sie nach den Zimmern im "Petit Chalet", sehr chic hier der modern-alpine Stil!

CERVO Mountain Boutique Resort
🛜

Riedweg 156 – ☏ 027 968 12 12 – www.cervo.ch — Stadtplan : B1**a**
– geschl. Ende April - Ende Juni
28 Zim 🗄 – ♦240/450 CHF ♦♦380/840 CHF – 8 Suiten
Rest *CERVO* – siehe Restaurantauswahl
"Alpiner Lifestyle" trifft es auf den Punkt! Hochwertig umgesetzt in einem alten Jagdhaus und diversen Chalets (für Gruppen oder Familien auch komplett buchbar). Neuestes Highlight: "Owner's Lodge"! Top: die exponierte Lage mit grandioser Aussicht. Lounge-Bar für den Après-Ski schlechthin! Fondue, Raclette & Co. im "Ferdinand".

Julen

Riedstr. 2 – ☎ 027 966 76 00 – www.julen.ch Stadtplan : A2**r**
27 Zim ⊑ – 🛉150/470 CHF 🛉🛉240/720 CHF – 5 Suiten – ½ P
Rest Tagesteller 16 CHF – Menü 55 CHF (abends) – Karte 40/94 CHF
Rest *Schäferstübli* Tagesteller 32 CHF – Karte 50/95 CHF – *(nur Abendessen)*
Charme und Atmosphäre verbreiten Familie Julen und ihr Team in dem schmucken Chalet. Die Zimmer: sehr heimelig und mit frischen Farbakzenten hübsch gestaltet. Beliebt ist der günstige Tagesteller, den man mittags im Restaurant bietet, im Schäferstübli sind Grill- und Käsegerichte die Spezialität.

Coeur des Alpes garni

Oberdorfstr. 134 – ☎ 027 966 40 80 Stadtplan : A2**c**
– www.coeurdesalpes.ch – geschl. 26. April - 5. Juni, 18. Oktober - 20. November
22 Zim ⊑ – 🛉170/250 CHF 🛉🛉220/370 CHF – 6 Suiten
Mit dem eigenen Aufzug von der Fussgängerzone ins Hotel! Etwas ganz Besonderes sind die exklusiven Lofts (benannt nach den Kindern der überaus liebenswerten und zuvorkommenden Gastgeber). Speziell: Glasboden in der Lobby, darunter der Pool!

Matthiol

Moosstr. 40 – ☎ 027 968 17 17 – www.matthiol.com Stadtplan : A2**t**
– geschl. Mitte April Ende Juni, Mitte Oktober Mitte Dezember
17 Zim ⊑ – 🛉260/470 CHF 🛉🛉340/550 CHF – 6 Suiten
Rest Karte 62/92 CHF – *(geschl. im Sommer: Montag) (nur Abendessen)*
(Tischbestellung ratsam)
Hier wird man zweifelsohne hohen Ansprüchen gerecht, denn das Haus ist äusserst wertig und nicht von der Stange! Nur eines von vielen Details: Von der schicken freistehenden Badewanne Ihrer Juniorsuite oder Suite blicken Sie auf das Matterhorn!

Matterhorn Focus garni

Winkelmattenweg 32 – ☎ 027 966 24 24 Stadtplan : A2**a**
*– www.matterhorn-focus.ch – geschl. Ende April - Mitte Juni, Mitte Oktober
- Mitte November*
25 Zim – 🛉190/480 CHF 🛉🛉240/530 CHF – 5 Suiten
Glas, Stahl und Holz - das ist das Markenzeichen des Designers Heinz Julen. Fast alle Zimmer mit Balkon und Sicht auf Zermatt oder Matterhorn. Ein Aufzug bringt Sie direkt zum Matterhorn-Express!

Schlosshotel garni

Bahnhofplatz 18 – ☎ 027 966 44 00 Stadtplan : B1**s**
– www.schlosshotelzermatt.ch – geschl. 12. Oktober - 22. November
43 Zim ⊑ – 🛉130/390 CHF 🛉🛉240/640 CHF – 6 Suiten
Eine Augenweide ist hier schon die Lounge: auffallend schöner heller Stein, dazu ruhige, warme Töne und ansprechende bequeme Sitzgruppen. Wohnlichkeit pur auch in den modern-eleganten Zimmern mit ihren gedeckten Farben und geschmackvollen Stoffen. Oder ziehen Sie eine "Junior Suite Rustikal" vor? Oder vielleicht eine stylish-alpine Suite?

Eden garni

Riedstr. 5 – ☎ 027 967 26 55 – www.hotel-eden.ch Stadtplan : AB2**v**
– geschl. 3. Mai - 15. Juni, 4. Oktober - 26. November
30 Zim ⊑ – 🛉135/210 CHF 🛉🛉205/405 CHF
Neuzeitlich ausgestattete Zimmer, ein gepflegter Freizeitbereich mit Zugang zum Garten und ein Open-End-Frühstücksbuffet sprechen für das im Chaletstil gebaute Hotel.

Erwarten Sie in einem ✗ oder 🏠 nicht den gleichen Service wie in einem ✗✗✗✗✗ oder 🏠🏠🏠🏠.

🏨 **Backstage** 📶

Hofmattstr.4 – ☎ 027 966 69 70   Stadtplan : A1**r**
– www.backstagehotel.ch – geschl. 3. Mai - 4. Juni
19 Zim 🛏 – 📞200/830 CHF 📞📞230/850 CHF
Rest *After Seven* 🏵 – siehe Restaurantauswahl
Nach 20 Jahren Kulturzentrum hat der Zermatter Künstler Heinz Julen hier sein
ganz persönliches Hotel geschaffen, in dem er des Öfteren selbst anzutreffen
ist. Spezieller Look, stylish bis ins Detail, überall Unikate, eigenes Kino. Ein Aus-
bund an Exklusivität sind die 3,70 m hohen "Cube-Lofts"! Auch der Spa ist nicht
von der Stange: Thema ist die Schöpfungsgeschichte!

🏨 **Post** ⟵ 🐾 🛗 🍸 Zim, 📶

Bahnhofstr. 41 – ☎ 027 967 19 31 – www.hotelpost.ch   Stadtplan : A1**p**
28 Zim 🛏 – 📞159/470 CHF 📞📞199/570 CHF – 1 Suite – ½ P
Rest *Portofino* – siehe Restaurantauswahl
Rest *Broken Tex Mex Grill* Karte 50/83 CHF – *(geschl. Mai - November) (nur
Abendessen)*
Rest *Spaghetti & Pizza Factory* Karte 53/87 CHF – *(nur Abendessen)*
Mitten im Zentrum steht dieses Lifestyle- und Boutique-Hotel mit gelungenem
geradlinig-modernem Design, dazu Kunstausstellungen und Erlebnisgastronomie
mit Bars, Clubs, Live-Musik und Disco.

🏨 **Europe** 🧖 ⟵ 🛋 🏛 🐾 🛗 🍸 📶

Riedstr. 18 – ☎ 027 966 27 00 – www.europe-zermatt.ch   Stadtplan : B2**u**
– geschl. Mai
39 Zim 🛏 – 📞130/230 CHF 📞📞290/510 CHF – ½ P
Rest Menü 46 CHF – *(nur Abendessen)*
Walliser Schwarznasenschafe sind die Leidenschaft von Chef (und Schäfer!) Ruedi
Julen: Bilder und Felle als Dekor, aus der Küche Fleisch und Wurst (die für Hausgäste inkludierte HP können auch externe Gäste bestellen). Die Zimmer: etwas
älter oder modern-alpin - Letzteres trifft auch den schicken Style des Sauna-
bereichs!

🏨 **Albatros** garni 🧖 ⟵ 🐾 🛗 📶

Steinmattstr. 93 – ☎ 027 966 80 60   Stadtplan : A2**q**
– www.hotel-albatros.ch – geschl. Mitte April - Ende Juni
18 Zim 🛏 – 📞100/200 CHF 📞📞180/380 CHF – 2 Suiten
Das Haus befindet sich in ruhiger Lage und verfügt über wohnliche Zimmer, in
denen hübsche Stoffe ein stimmiges Ambiente schaffen. Whirlwanne mit Panoramablick in der Juniorsuite!

🏨 **Chesa Valese** garni 🐾 🛗 📶

Steinmattstr. 30 – ☎ 027 966 80 80   Stadtplan : A2**z**
– www.chesa-valese.ch
23 Zim 🛏 – 📞110/165 CHF 📞📞210/310 CHF
Eine gemütliche familiäre Adresse mit allerlei schönem Dekor, regionstypisch eingerichteten Gästezimmern und freundlichen Mitarbeitern.

🏨 **Simi** garni 🧖 🐾 🛗 📶

Brantschenhaus 20 – ☎ 027 966 45 00   Stadtplan : A1**c**
– www.hotelsimi.ch – geschl. 7. Oktober - 2. Dezember
40 Zim 🛏 – 📞137/182 CHF 📞📞220/354 CHF – 2 Suiten
Nadja und Arno Liebenstein-Biner sind engagierte Gastgeber - und Hundesbesit-
zer, daher heissen sie auch Ihren Vierbeiner willkommen! Gemütlicher Treffpunkt
ist die moderne Kamin-Lounge-Bar.

🏨 **Allalin** garni ⟵ 🛋 🐾 🛗 📶

Kirchstr. 40 – ☎ 027 966 82 66 – www.hotel-allalin.ch   Stadtplan : A2**b**
– geschl. 20. April - 5. Juni, 5. Oktober - 27. November
30 Zim 🛏 – 📞120/215 CHF 📞📞200/400 CHF
Ein wirklich nettes und mit Herz geführtes Haus, in dem viel Holz, schöne Schnit-
zereien, Landhauszimmer mit rustikalem Touch (teils mit Balkon zum Matterhorn)
und ein moderner Alpin-Spa mit vier verschiedenen Saunen zum Wohlbefinden
beitragen.

▆▆ Mountain Paradise garni   🛎 🚏 🛋 📶 🤶

Schluhmattstr. 130 – 𝒞 027 966 80 40   Stadtplan : A2**k**
– www.mountainparadise.ch – geschl. Mai - Mitte Juni
18 Zim ⬜ – ♦130/250 CHF ♦♦180/300 CHF
Behagliches, warmes Holz, wohin man auch schaut! Im Winter kann man mit den Skiern praktisch bis vor die Tür fahren. Einige Zimmer mit Matterhornblick, ein Mehrbettzimmer (bis 8 Pers.).

▆▆ Pollux   📶 🛋 📶 💱 Rest. 🤶 ⛸

Bahnhofstr. 28 – 𝒞 027 966 40 00 – www.hotelpollux.ch   Stadtplan : A1**r**
35 Zim ⬜ – ♦127/226 CHF ♦♦230/396 CHF – ½ P
Rest Tagesteller 22 CHF – Menü 34 CHF (mittags) – Karte 33/75 CHF
Die Gästezimmer dieses zentral gelegenen Hotels vereinen auf gelungene Weise modernes Design und rustikale Elemente. Hauseigene Diskothek. Von der Terrasse des Restaurants beobachten Sie das lebendige Treiben im Ort.

▆▆ Bellerive garni   📶 🛋 💱 🤶

Riedstr. 3 – 𝒞 027 966 74 74 – www.bellerive-zermatt.ch   Stadtplan : A2**m**
– geschl. 26. April - 19. Juni, 11. Oktober - 20. November
26 Zim ⬜ – ♦130/220 CHF ♦♦200/380 CHF
Das Hotel bietet schöne modern-alpine Zimmer sowie einige in ländlicherem Stil. Frühstücksraum und Lobby sind geradlinig und freundlich gestaltet. Halbpension auf Wunsch.

▆▆ Phoenix garni   🛎 ⪬ 🛋

Untere Wiestistr. 11 – 𝒞 027 968 18 19   Stadtplan : B1**x**
– www.hotelphoenix.ch – geschl. Mai, Oktober - November
27 Zim ⬜ – ♦140/180 CHF ♦♦160/340 CHF
Altholz und Bruchstein stehen für Tradition, klare und bewusst schlichte Formen für Moderne. Fortschrittlich und ökologisch wertvoll: Man heizt mittels Erdwärme!

▆ Holiday   🛎 ⪬ 🛋 🤶

Gryfelblatte 4 – 𝒞 027 966 04 00 – www.hotelholiday.ch   Stadtplan : B1**e**
– geschl. 11. April - 21. Mai, 5. Oktober - 18. Dezember
36 Zim ⬜ – ♦110/280 CHF ♦♦170/350 CHF – ½ P
Rest Menü 80/150 CHF – Karte 73/123 CHF – *(geschl. im Sommer und Sonntag - Montag) (nur Abendessen) (Tischbestellung ratsam)*
Hier lässt es sich gut wohnen: Von Ihrem Balkon geniessen Sie den Blick auf die Berge, für Familien hält man Mehrbettzimmer bereit und die Mitarbeiter im Haus sind stets freundlich und hilfsbereit! Das Speiseangebot ist international und regional.

▆ Aristella   📶 🛋 🤶

Steinmattweg 7 – 𝒞 027 967 20 41   Stadtplan : B2**a**
– www.aristella-zermatt.ch – geschl. Ende April - Anfang Juni, Mitte Oktober - Ende November
28 Zim ⬜ – ♦120/300 CHF ♦♦200/450 CHF
Rest Menü 45 CHF – Karte 49/104 CHF – *(nur Abendessen)*
Klare moderne Formen, freundliche Farben und viel helles, warmes Holz, so das Ambiente hier. In den Zimmern dekorative Bilder zum Thema Schweiz: je nach Etage "Gebirge", "Tal", "See" oder "Stadt". Der Mix aus Geradlinigkeit und angenehmen Naturmaterialien findet sich auch in der Lounge und im Saunabereich. Im gemütlich-rustikalen Restaurant gibt es u. a. Grilladen.

▆ Bella Vista garni   🛎 ⪬ 🚏 📶 🛋 💱 🤶

Riedweg 15 – 𝒞 027 966 28 10   Stadtplan : B1**q**
– www.bellavista-zermatt.ch – geschl. 26. April - 12. Juni, 18. Oktober - 11. Dezember
19 Zim ⬜ – ♦105/235 CHF ♦♦165/310 CHF – 2 Suiten
Wer's persönlich mag, ist bei Familie Götzenberger-Perren bestens aufgehoben: der Chalet-Charme, die Herzlichkeit der Gastgeber und sehr liebenswürdige Extras wie hausgemachte Marmelade und selbst gebackene Brötchen (Chef ist Konditormeister) oder auch Fondue- und Raclette-Abende!

⌂ **Alpenblick** ♨ ≤ 🐾 ⅃♨ 🖥 ᾠ ᾠ

Oberdorfstr. 106 – ℰ *027 966 26 00* Stadtplan : A2**h**
– www.alpenblick-zermatt.ch – geschl. 29. September - 19. Dezember
32 Zim ☷ – 🛏130/185 CHF 🛏🛏245/340 CHF – ½ P
Rest *Alpenblick* – siehe Restaurantauswahl
Seit über 80 Jahren ist das Hotel in Familienhand. Die Zimmer sind nett und gut in Schuss - besonders wohnlich die Superior-Zimmer und die Juniorsuite. Ideal für Wanderfreunde: Zur Matterhorn-Paradise-Bergbahn sind es nur wenige Gehminuten.

⌂ **Welschen** garni ♨ ≤ 🛒 ᾠ

Wiestistr. 44 – ℰ *027 966 63 33* Stadtplan : B1**h**
– www.welschen-zermatt.ch – geschl. Mitte Oktober - Anfang Dezember
14 Zim ☷ – 🛏90/150 CHF 🛏🛏160/250 CHF
Ein sehr nettes Haus unter familiärer Leitung, das ruhig nicht weit von der Talstation des Sunnegga-Express entfernt liegt. Warmes Holz sorgt hier für Gemütlichkeit.

⌂ **Cheminée** ≤ 🛒 ᾠ ᾠ

Matterstr. 31 – ℰ *027 966 29 44* Stadtplan : B1**n**
*– www.hotelcheminee.ch – geschl. 19. April - 13. Juni, 27. September
- 2. Dezember*
16 Zim ☷ – 🛏85/130 CHF 🛏🛏160/260 CHF – ½ P
Rest Karte 21/79 CHF – *(Sommer nur Abendessen)*
Das kleine Hotel liegt gegenüber der Sunnegga-Station, neben dem Haus plätschert die durch den Ort fliessende Mattervispa! Die meisten Zimmer mit eigenem Balkon. Bürgerlich-rustikales Restaurant mit Wintergarten.

● Restaurants

XXX **Capri** – Hotel Mont Cervin Palace ≤ ⅙ ᾠ
🕸 *Hofmattstr. 12 –* ℰ *027 966 88 88* Stadtplan : A1**b**
– www.montcervinpalace.ch – geschl. Mitte April - Anfang Dezember und Montag
Menü 140/250 CHF – Karte 96/135 CHF – *(nur Abendessen)*
Wer es im Sommer nicht nach Capri schafft, kann die hervorragende italienische Küche von Andrea Migliaccio und dem Team des "Capri Palace" im Winter hier in Zermatt geniessen! Passend dazu das elegante Ambiente und der top Service, nicht zu vergessen der Panoramablick - das Restaurant befindet sich im 4. Stock!
→ Triologie von Bernsteinmakrele, Wolfsbarsch und Palomita. Fusilli mit Kaninchen, Artischocken und Pecorino. Steinbutt in der Salzkruste mit Champagnersauce.

XXX **The Omnia** – Hotel The Omnia ≤ 🍽 ᾠ
Auf dem Fels – ℰ *027 966 71 71 – www.the-omnia.com* Stadtplan : A1**d**
– geschl. Mitte April - Mitte Juni
Menü 100 CHF – Karte 82/109 CHF – *(nur Abendessen)*
Das edle und äusserst moderne Design des Hotels setzt sich im Restaurant fort. Dazu bietet die interessante Speisekarte eine ebenso zeitgemässe Küche aus frischen Produkten.

XXX **Prato Borni** – Grand Hotel Zermatterhof ≤ 🛒 ᾠ
Bahnhofstr. 55 – ℰ *027 966 66 00* Stadtplan : A1**w**
*– www.zermatterhof.ch – geschl. 19. April - 19. Juni, 24. August
- Ende November*
Tagesteller 51 CHF – Menü 75/135 CHF – Karte 51/85 CHF – *(nur Abendessen)*
Intarsienvertäfelungen, opulente Maria-Theresia-Lüster und nobles Mobiliar zeugen von der Grandezza dieses Luxushotels. Dem Rahmen entsprechend wird Wert auf gepflegte Abendkleidung gelegt. Auf der Karte Klassiker wie Homard Thermidor und Crêpes Suzette.

XX Le Corbeau d'Or – Hotel Mirabeau
Untere Mattenstr. 12 – ℰ 027 966 26 60   Stadtplan : B1**g**
– www.hotel-mirabeau.ch – geschl. 21. April - 13. Dezember und Sonntag
- Montag
Menü 95/145 CHF – Karte 83/161 CHF – *(nur Abendessen) (Tischbestellung ratsam)*
In dem kleinen Gourmet-Restaurant sorgen Beige- und Brauntöne und eine schöne Altholztäferung für eine elegante Note. Die niveauvolle Küche ist klassisch, hat aber auch zeitgemässe Einflüsse.

XX After Seven – Hotel Backstage
Hofmattstr. 4 – ℰ 027 966 69 70   Stadtplan : A1**r**
– www.backstagehotel.ch – geschl. Mitte April - Mitte Dezember und Sonntag
Menü 127/187 CHF – *(nur Abendessen) (Tischbestellung ratsam)*
Cool, modern, trendy, das trifft dieses Restaurant ganz genau. Ivo Adam begeistert hier im Winter mit seinem kreativen "Seven"-Konzept aus Ascona, einem variantenreichen und spannenden Menü mit 4 - 7 Gängen. Dazu könnte die einzigartige urban-alpine Atmosphäre - designt by Heinz Julen - nicht besser passen.
→ Jakobsmuschel, Gurke, Salty-Fingers, Brokkolicrème. Wolfsbarsch, Kürbis, Kaffee. Zweierlei Rind, Entenleber, Zwiebel.

XX Grill Le Cervin – Mont Cervin Palace
Bahnhofstr. 31 – ℰ 027 966 88 88   Stadtplan : A1**b**
– www.montcervinpalace.ch – geschl. Mitte April - Mitte Juni, Mitte September - Anfang Dezember
Karte 77/108 CHF – *(nur Abendessen)*
Das Interieur aus hellem Holz und folkloristischen Stoffen fügt sich harmonisch in die Walliser Bergwelt ein. Kulinarisch werden Sie u. a. mit Grilladen verwöhnt, die man vor Ihren Augen auf dem offenen Feuer zubereitet.

XX Le Mazot
Hofmattstr. 23 – ℰ 027 966 06 06   Stadtplan : AB1**v**
– www.lemazotzermatt.ch – geschl. Ende April - Ende Juni, Mitte Oktober - Ende November und Montag
Menü 64/120 CHF – Karte 57/89 CHF – *(nur Abendessen) (Tischbestellung ratsam)*
Mündlich empfiehlt man seinen Gästen hier saisonale Küche und Grillgerichte wie die bekannten Lammspezialitäten, die am Holzkohlegrill mitten im Restaurant zubereitet werden.

XX Gourmetstübli – Hotel Schönegg
Riedweg 35 – ℰ 027 966 34 34 – www.schonegg.ch   Stadtplan : B1**u**
– geschl. 13. April - 8 Juni, 20. September - 6. Dezember
Menü 45/95 CHF (abends) – Karte 87/129 CHF
Eine Bauernstube wie aus dem Bilderbuch: Holztäferung mit aufwändigen Bemalungen und Stuckverzierungen sowie schöne Tischwäsche sorgen für eine heimelige Atmosphäre.

XX Portofino – Hotel Post
Bahnhofstr. 41 – ℰ 027 967 19 31 – www.hotelpost.ch   Stadtplan : A1**p**
– geschl. Mai - November und Montag - Dienstag
Menü 88/198 CHF – Karte 88/121 CHF – *(nur Abendessen) (Tischbestellung ratsam)*
Dem Lokal wurde ein trendiges Gewand aus alpenländischem Chic verpasst. An stilvoll hergerichteten Tischen offeriert man Ihnen moderne Kulinarik, die sich von Mediterranem beeinflussen lässt.

X CERVO – Hotel CERVO
Riedweg 156 – ℰ 027 968 12 12 – www.cervo.ch   Stadtplan : B1**a**
– geschl. Ende April - Ende Juni
Menü 88 CHF (abends) – Karte 62/106 CHF – *(Tischbestellung ratsam)*
Eintreten, abschalten und sich wohlfühlen. Das ist im Jagdhaus garantiert - modernes Design inszeniert alpenländische Materialien auf urig-charmante Art. Tolle Terrasse (wärmende Wolldecken liegen aus) mit freiem Blick aufs Matterhorn.

✕ **Alpenblick** – Hotel Alpenblick   ⇐ 🏠 🦅
Oberdorfstr. 106 – ☎ *027 966 26 00*   Stadtplan : A2**h**
– www.alpenblick-zermatt.ch – geschl. 29. September - 19. Dezember
Menü 42 CHF – Karte 44/67 CHF
Lassen Sie sich in gepflegt-rustikalem Ambiente traditionelle Gerichte und Walliser Spezialitäten servieren. Bei schönem Wetter sitzt man am besten auf der Gartenterrasse!

auf der Riffelalp mit Zahnradbahn Gornergrat und Riffelalpbähnli (Sommer)
(20 min.) erreichbar – Höhe 2 210 m – ✉ 3920 Zermatt

🏨 **Riffelalp Resort**   🍸 ⇐ 🚳 ⬛ 🖅 🏠 🕰 🛝 ⽘ 🛎 🦅 Zim, 🛜 🏋
– ☎ 027 966 05 55 – www.riffelalp.com – geschl. Mitte April - Mitte Juni, Mitte September - Mitte Dezember
65 Zim ⊆ – ♦245/630 CHF ♦♦430/1200 CHF – 5 Suiten – ½ P
Rest *Alexandre* Menü 80 CHF – Karte 60/111 CHF – *(nur Abendessen)*
Schlichtweg ein Traum für Skifahrer und Wanderer! Exponiert thront das Hotel inmitten zig Viertausender! Vom wohltemperierten Aussenpool blickt man aufs Matterhorn vis-à-vis! In der Saison veranstaltet man Konzerte (Zelt). Im Walliser Keller munden Schweizer Spezialitäten, im Del Bosco italienische; die stilvollgehobene Alternative ist das Alexandre.

in Furi mit Gondelbahn erreichbar – Höhe 1 861 m – ✉ 3920 Zermatt

🏠 **Silvana**   🍸 ⇐ 🚳 🏠 ⬛ 🕰 🛎 🦅 Zim, 🛜
Furri 265 – ☎ *027 966 28 00 – www.hotelsilvana.ch – geschl. Mai - Juni, Oktober - November*
21 Zim ⊆ – ♦95/155 CHF ♦♦170/310 CHF – ½ P
Rest *Gitz-Gädi* Tagesteller 20 CHF – Menü 30/55 CHF – Karte 25/78 CHF – *(Tischbestellung ratsam)*
Von der Zwischenstation der Gondelbahn sind es nur wenige Schritte zu diesem Haus in herrlich ruhiger Lage. Gemütlich hat man Zimmer, Lounge und Bar gestaltet. Viel Holz, Stein und allerlei Zierrat versprühen im Gitz-Gädi urig-traditionellen Charme. HP inklusive.

in Zum See mit Gondelbahn bis Furi und Spazierweg (15 min.) oder über Schwarzseepromenade A2 (40 min.) erreichbar – ✉ 3920 Zermatt

✕ **Zum See**   🏠
– ☎ 027 967 20 45 – www.zumsee.ch – geschl. Mitte April - Mitte Juni, Anfang Oktober - Anfang Dezember
Karte 50/90 CHF – *(nur Mittagessen) (Tischbestellung erforderlich)*
Familie Mennig führt das heimelige Chalet in dem Bergweiler seit 25 Jahren. International-saisonale sowie Walliser Küche, dazu gute Weine, vor allem aus Italien. Sonnige Terrasse.

in Findeln mit Sunnegga Express und Spazierweg (25 min.) oder über Spazierweg von Zermatt (50 min.) erreichbar – Höhe 2 036 m – ✉ 3920 Zermatt

✕ **Findlerhof**   ⇐ 🏠
– ☎ 027 967 25 88 – www.findlerhof.ch – geschl. 25. April - 15. Juni, 10. Oktober - 28. November
Tagesteller 25 CHF – Karte 41/90 CHF – *(nur Mittagessen) (Tischbestellung ratsam)*
Der gigantische Blick aufs Matterhorn macht das urige Restaurant in 2051 m Höhe so beliebt - vor allem natürlich bei Skifahrern (für Fussgänger ist der Weg hierher mitunter etwas beschwerlich)! Italienische und Schweizer Gerichte und ebensolche Weine.

✕ **Chez Vrony**   ⇐ 🏠 🦅
Findeln – ☎ *027 967 25 52 – www.chezvrony.ch – geschl. 26. April - 13. Juni, 11. Oktober - 28. November*
Menü 32/65 CHF – Karte 51/76 CHF – *(nur Mittagessen) (Tischbestellung ratsam)*
Ein echter Hotspot, und zwar ein ausgesprochen charmanter! Viel Holz und liebenswerte Dekorationen verbreiten Wärme und Gemütlichkeit. Und dann ist da noch die Aussicht... Die ist einmalig schön hier in 2100 m Höhe und von der Terrasse am besten zu bewundern! Dazu gibt es traditionelle und mediterrane Küche - oder kommen Sie vielleicht schon zum Frühstück?

ZINAL

Valais (VS) – ⊠ 3961 – alt. 1 671 m (Sports d'hiver : 1 670/2 896 m)
– Carte régionale **8**-E6
▶ Bern 195 km – Sion 42 km – Brig 60 km – Sierre 27 km
Carte routière Michelin 552-J12

Europe

Rue des Cinq 4000 – 𝒞 027 475 44 04 – www.europezinal.ch
– *fermé 19 avril - 4 octobre*
34 ch ☲ – ♦102/149 CHF ♦♦174/258 CHF – ½ P
Rest Plat du jour 20 CHF – Carte 27/75 CHF
Cet imposant chalet moderne trône sur la place principale, à deux pas de la télé-cabine : pratique pour s'adonner au ski. Au restaurant, le choix se fait entre des plats suisses et internationaux (dont des pizzas). Un bon hôtel de montagne.

ZOFINGEN

Aargau (AG) – ⊠ 4800 – 10 824 Ew – Höhe 432 m – Siehe Regionalatlas **3**-E3
▶ Bern 70 km – Aarau 19 km – Luzern 46 km – Olten 12 km
Michelin Straßenkarte 551-M5

Zofingen 🏠 📶 |●| 🌿 Rest, 🛜 ♨

Kirchplatz 30 – 𝒞 062 745 03 00 – www.hotel-zofingen.ch
39 Zim ☲ – ♦100/240 CHF ♦♦160/340 CHF – ½ P
Rest Menü 36 CHF (mittags unter der Woche)/48 CHF – Karte 46/79 CHF
Mitten in Zofingen steht das gleichnamige Hotel, das mit Engagement geführt wird und ausgesprochen gepflegt ist. Man wohnt hier in zeitgemässen, freundlichen Zimmern und speist im Bögli oder in der eleganteren Thutstube, und zwar Schweizer Küche von der Kalbsbratwurst bis zum Züricher Geschnetzelten.

🍴🍴 Federal 📶 ♨

Vordere Hauptgasse 57 – 𝒞 062 751 88 10 – www.federal-zofingen.ch
– *geschl. 23. - 30. Dezember, 19. Juli - 11. August*
Tagesteller 44 CHF – Menü 48 CHF (mittags)/98 CHF – Karte 78/106 CHF
Ein gemütlich-elegantes Restaurant In der Altstadt. Aufmerkam der Service, frisch und gut die Küche. Patron Walter Gloor bietet asiatische Einflüsse (er war u. a. zehn Jahre in Hongkong) sowie Klassisches, z. B. "thailändischer Rindsfiletsalat", aber auch "Kalbshohrücken-Steak mit Kalbsbäggli-Portweinragout".

🍴🍴 Schmiedstube 📶 🌿

Schmiedgasse 4 – 𝒞 062 751 10 58 – www.schmiedstube.ch – geschl.
Samstagabend - Sonntag
Tagesteller 20 CHF – Menü 28 CHF (mittags)/55 CHF – Karte 37/75 CHF
Im 1. Stock eines Altstadthauses a. d. 15. Jh. befindet sich die gediegene, mit Sichtbalken und Holzdecke dekorierte Stube. Die Küche ist klassisch. Einfacheres Ambiente im EG.

ZOLLIKON – Zürich ➔ Siehe Zürich

ZÜRICH

Zürich (ZH) – ⊠ 8000 – 380 777 Ew – Höhe 409 m – Siehe Regionalatlas **4-G2**
▶ Bern 125 km – Aarau 47 km – Baden 24 km – Chur 122 km
Michelin Straßenkarte 551-P5
Stadtpläne siehe nächste Seiten

© Food collection / age fotostock

→ Liste alphabétique des hôtels
→ Alphabetische Liste der Hotels
→ Elenco alfabetico degli alberghi
→ Index of hotels

450

→ **Liste alphabétique des restaurants**
→ **Alphabetische Liste der Restaurants**
→ **Elenco alfabetico degli ristoranti**
→ **Index of restaurants**

Restaurants ouverts le dimanche
Restaurants sonntags geöffnet
Ristoranti aperti domenica
Restaurants open on Sunday

Bianchi	XX	461
Bistro Quadrino	X ⊕	463
Brasserie Schiller	XX	462
Conti	XX	461
Zum Doktorhaus	XX	478
Eden au Lac	XXX	461
Garden Restaurant	XX	463
Helvetia	X	474
Kronenhalle	XX	461
Lake Side	XX	462
Meta's Kutscherhalle	X	476
Opera	XX	462
Orangerie	XX	473
Orsinl	XX	472
Le Poisson	XX	473
Quaglinos	X	464
Rive Gauche	XX	472
Rôtisserie	XX	473
Sala of Tokyo	X	475
Seerestaurant Quai 61	X	476
Sonnenberg	XXX	460
White Elephant	X	464
Wirtschaft zur Höhe	XX	478
Zunfthaus zur Zimmerleuten	XX	463
Zürichberg	XX	462

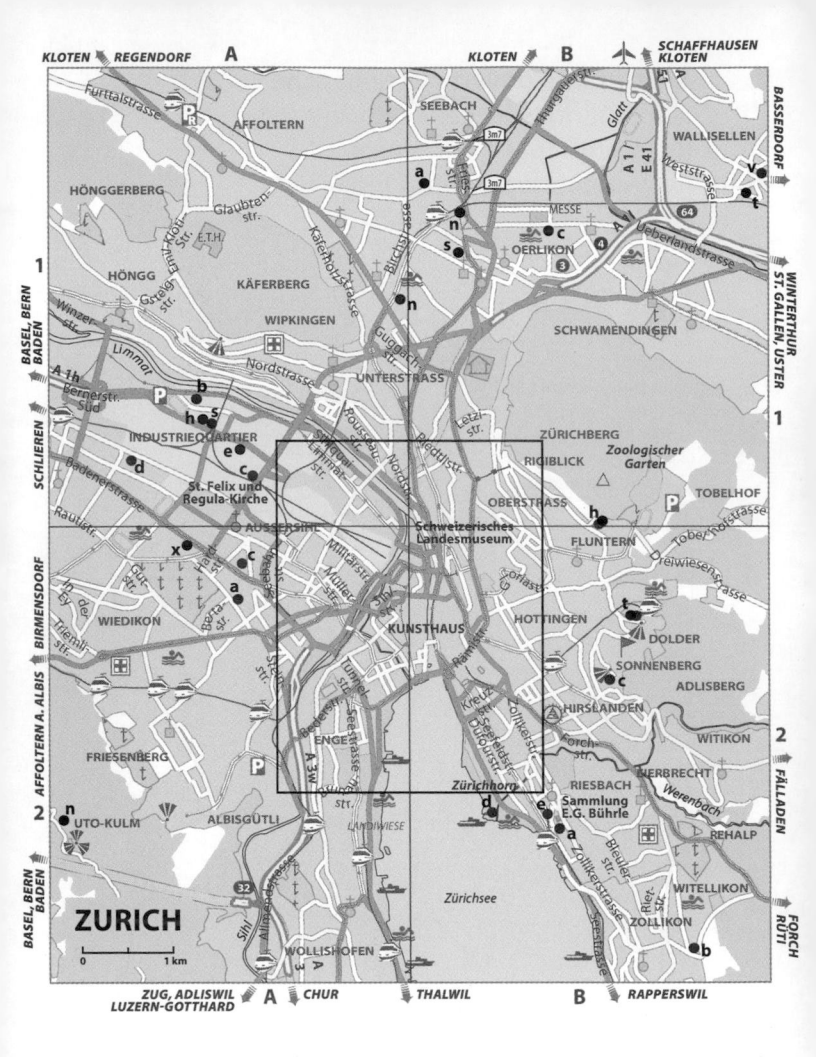

Rechtes Ufer der Limmat (Universität, Kunsthaus)

🏨🏨🏨🏨 The Dolder Grand

🐕 ⟨ 🛏 🖻 🌐 ⚙ 🏋 ⅙ ✕ 🛎 ♿ 🅰 🛜 🐾 🚗

Kurhausstr. 65 ✉ *8032* – 𝒞 *044 456 60 00*   Stadtplan : B2**t**
– www.thedoldergrand.com

162 Zim – 🛇540/740 CHF 🛇🛇600/1150 CHF, ⌑ 32 CHF – 11 Suiten

Rest *The Restaurant* ✿✿ **Rest** *Garden Restaurant* – siehe
Restaurantauswahl

In dem Grandhotel von 1899 ist alles exklusiv, erst recht seit dem grossen Umbau und der Wiedereröffnung 2008! Die Eleganz und der Luxus des Hotels gipfeln in der Maestro-Suite mit 400 qm hoch über Zürich - hier haben Sie sogar Ihren eigenen Flügel! Auch der Spa lässt auf seinen 4000 edlen Quadratmetern kaum Wünsche offen, und dann der Traumblick...

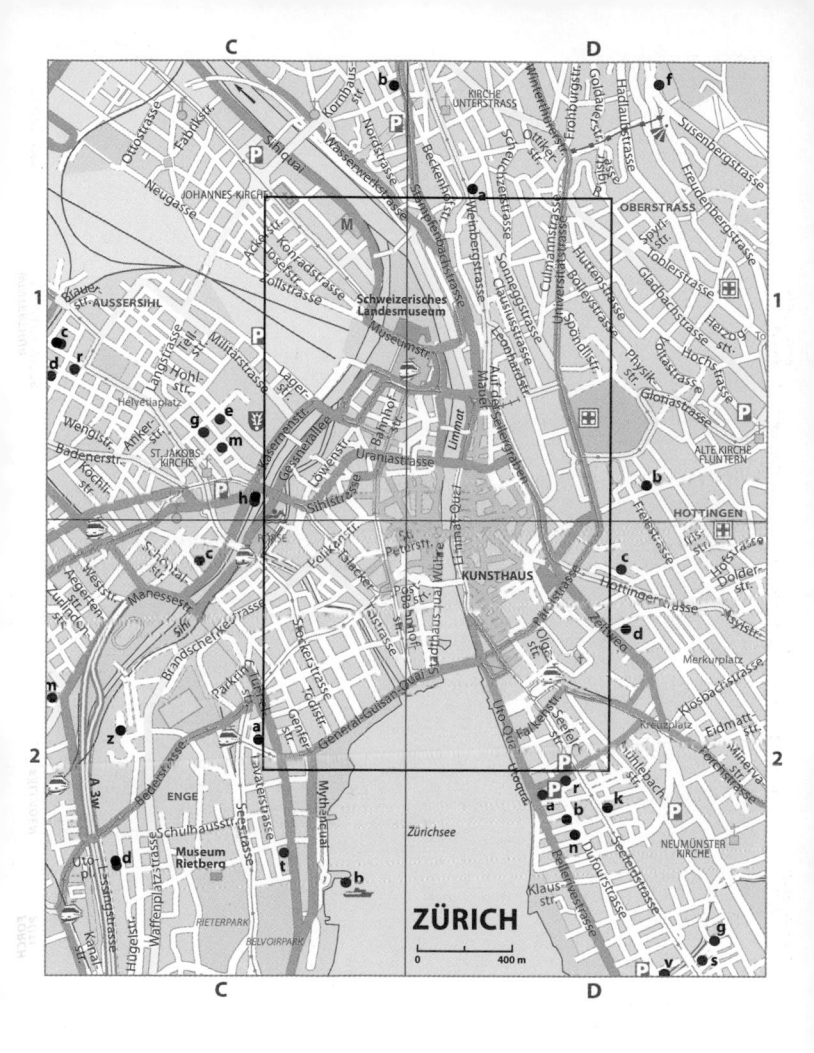

Marriott ⟨ 🏠 � 🛎 🔥 Rest, 🅰🅲 🔀 Rest, 🎧 🏖 🚗

Neumühlequai 42 ⌧ 8006 – 𝒞 044 360 70 70   Stadtplan : E1**c**
– www.zurichmarriott.com
266 Zim – ♦295/505 CHF ♦♦295/655 CHF, ⌼ 39 CHF – 9 Suiten
Rest *White Elephant* – siehe Restaurantauswahl
Rest *eCHo* 𝒞 044 360 70 00 – Karte 60/83 CHF – *(nur Abendessen)*
Das erste (und somit denkmalgeschützte) Hochhaus Zürichs ist ein sehr komfortables Domizil mit luxuriösem Touch, gediegenen Zimmern mit toller Aussicht und
allem, was man in einem internationalen Hotel erwartet. Das "eCHo" bietet am
Abend Schweizer Küche auf eigene Art, zudem gibt es in der "Bar & Lounge 42"
amerikanische Snacks.

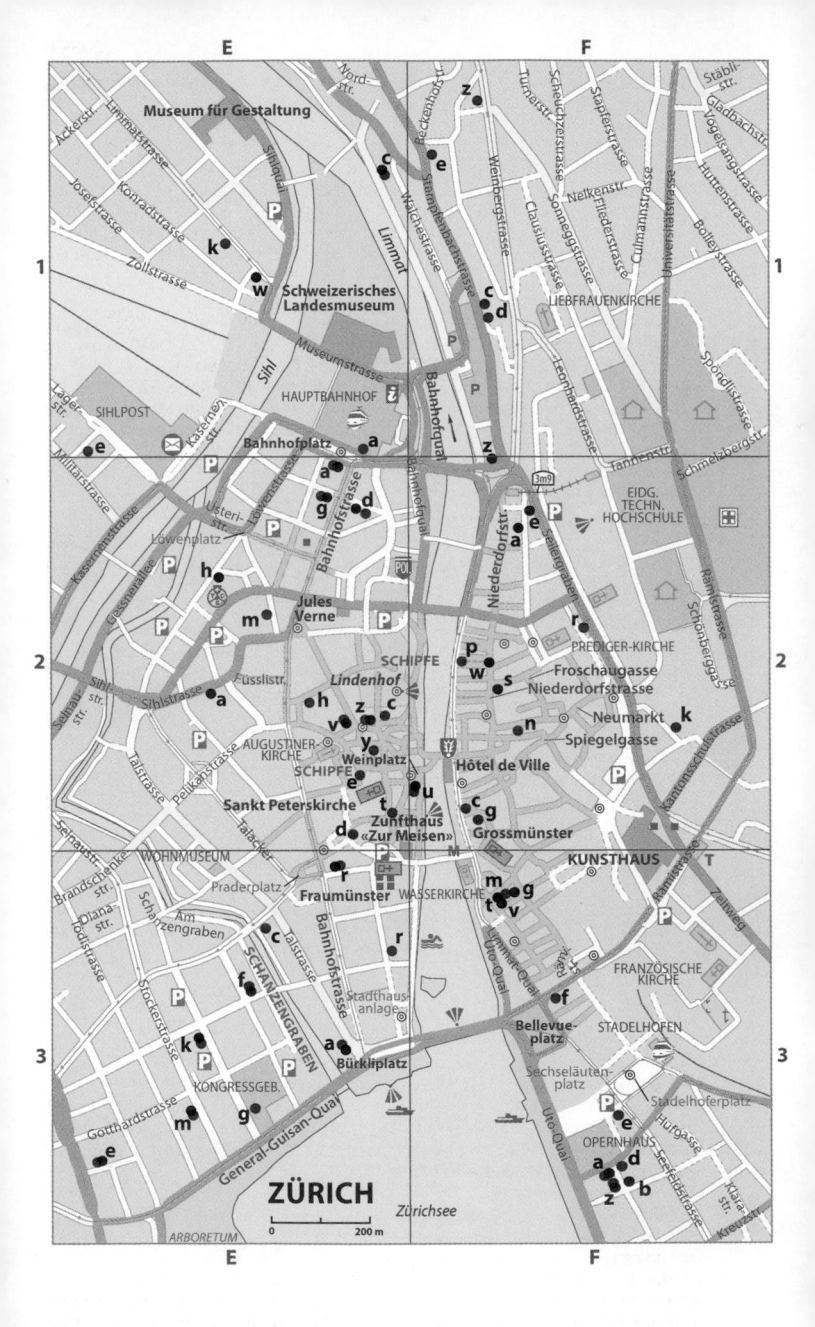

ZÜRICH

0   200 m

Zürichsee

Zürichberg

Orellistr. 21 ✉ 8044 – ✆ 044 268 35 35 Stadtplan : B1_2**h**
– www.zuerichberg.ch
66 Zim ☕ – 🚹285/590 CHF 🚹🚹315/590 CHF – ½ P
Rest *Zürichberg* – siehe Restaurantauswahl
Die Lage kann man für Züricher Verhältnisse durchaus als spektakulär bezeichnen, denn der Blick von dem ehemaligen Kurhaus von 1900 ist phänomenal! Aber auch die moderne Halle, eine schicke Bar und nicht zuletzt die gut ausgestatteten Designerzimmer in Alt- und Neubau entschädigen für den Weg hier hinauf!

Central Plaza

Central 1 ✉ 8001 – ✆ 044 256 56 56 – www.central.ch Stadtplan : F1**z**
93 Zim – 🚹200/405 CHF 🚹🚹220/415 CHF, ☕ 28 CHF – 8 Suiten
Rest *King's Cave* ✆ 044 256 55 55 – Tagesteller 41 CHF – Karte 52/83 CHF
Gegenüber dem Bahnhof, direkt am Limmatufer gelegenes Hotel von 1883 mit klassischer Fassade und grosszügiger Halle. Die Zimmer sind meist nicht sehr geräumig, aber komfortabel und modern - fragen Sie nach den ganz neuen! Grillrestaurant King's Cave im Kellergewölbe - früher teilweise Tresor der UBS.

Steigenberger Bellerive au Lac

Utoquai 47 ✉ 8008 – ✆ 044 254 40 00 Stadtplan : D2**a**
– www.steigenberger.com/zuerich
50 Zim – 🚹279/459 CHF 🚹🚹279/459 CHF, ☕ 35 CHF – 1 Suite
Rest Tagesteller 29 CHF – Karte 48/101 CHF
Das Hotel wurde in den letzten Jahren intensiv renoviert und aufgefrischt, so freut man sich nicht nur über den See direkt vor der Tür, sondern auch über wohnlich-elegante Art-déco-Zimmer mit moderner Technik und geschmackvollen Bädern, allen voran die Grand Suite mit wunderschöner Dachterrasse! Im Restaurant bietet man Schweizer Küche mit internationalen Einflüssen.

Ambassador à l'Opéra

Falkenstr. 6 ✉ 8008 – ✆ 044 258 98 98 Stadtplan : F3**a**
– www.ambassadorhotel.ch
45 Zim – 🚹275/520 CHF 🚹🚹395/650 CHF, ☕ 28 CHF
Rest *Opera* – siehe Restaurantauswahl
Das ehemalige Patrizierhaus hat sich zu einem schmucken Boutique-Hotel mit eigenem Stil gemausert. Die Zimmer sind sehr unterschiedlich geschnitten, überaus wohnlich und richtig schön - und sie haben angenehme Details wie erstklassige Betten, Nespresso-Maschine und moderne Technik.

Europe

Dufourstr. 4 ✉ 8008 – ✆ 043 456 86 86 Stadtplan : F3**z**
– www.hoteleurope-zuerich.ch
39 Zim – 🚹160/395 CHF 🚹🚹230/450 CHF, ☕ 25 CHF – 2 Suiten
Rest *Quaglinos* – siehe Restaurantauswahl
Hier haben Sie sich ein stilvolles kleines Hotel ausgesucht - zwischen 1898 und 1900 erbaut, direkt bei der Oper gelegen, klassisch-elegant und wohnlich mit wertigen Stoffen und Tapeten, hier und da der Charme der 50er Jahre... und technisch "up to date"! Zimmerservice ohne Aufpreis.

Wellenberg garni

Niederdorfstr. 10, (am Hirschenplatz) ✉ 8001 Stadtplan : F2**s**
– ✆ 043 888 44 44 – www.hotel-wellenberg.ch
42 Zim ☕ – 🚹195/360 CHF 🚹🚹230/455 CHF – 3 Suiten
Nicht nur die perfekte Lage im Herzen der Altstadt zieht Gäste an, auch die komfortable Einrichtung ist einen Aufenthalt wert: Die Zimmer sind individuell, wohnlich, meist angenehm geräumig, teilweise mit stylischen Details. Und am Morgen: gutes Frühstücksbuffet in frischem modernem Ambiente. Fitnesspark wenige Gehminuten entfernt, Beauty-Center gleich gegenüber.

Opera garni 🗑 AC 🛜
Dufourstr. 5 ✉ 8008 – 𝒞 *044 258 99 99* — Stadtplan : F3**b**
– www.operahotel.ch
58 Zim – ✝235/430 CHF ✝✝330/600 CHF, ⌷ 26 CHF
Der Schwesterbetrieb des Ambassador vis-à-vis ist ebenfalls eine wohnlich-gemütliche Adresse und die etwas günstigere Alternative. Sie schlafen in geschmackvollen Zimmern, bedienen sich morgens am regional geprägten Frühstücksbuffet und verweilen bei einem Tee in der eleganten Lobby.

Seefeld garni 🦽 🗑 🛜 🍽
Seefeldstr. 63 ✉ 8008 – 𝒞 *044 387 41 41* — Stadtplan : D2**k**
– www.hotelseefeld.ch
64 Zim – ✝225/275 CHF ✝✝280/380 CHF
Businesshotel im trendigen Seefeldquartier nahe dem Zürichsee, klares Design überall. Man bietet hier sehr unterschiedlich geschnittene Zimmer bis hin zum Deluxe-Zimmer unterm Dach mit Whirlwanne und Dachbalkon. Unter der Woche kleine Speisen in der Bar.

Krone Unterstrass 🗑 ♿ Zim, AC Zim, 🍴 Rest, 🛜 ⚙ 🅿
Schaffhauserstr. 1 ✉ 8006 – 𝒞 *044 360 56 56* — Stadtplan : C1**b**
– www.hotel-krone.ch
77 Zim – ✝140/260 CHF ✝✝160/320 CHF, ⌷ 19 CHF
Rest Tagesteller 23 CHF – Menü 40/85 CHF – Karte 53/77 CHF
In dem Hotel etwas oberhalb des Zentrums wohnt man im Stammhaus mit recht individuellen Zimmern oder im Townhouse - hier die modernsten Zimmer (mit kleiner Küche). Und gastronomisch? Zur Wahl stehen das einfache Tagesrestaurant oder klassische Küche in gediegenerem Rahmen mit Cheminée und Bar. Praktisch: Sie parken günstig in der nahen öffentlichen Garage.

Claridge 🏠 🗑 AC Zim, 🛜 🅿
Steinwiesstr. 8 ✉ 8032 – 𝒞 *044 267 87 87* — Stadtplan : D2**d**
– www.claridge.ch – geschl. Ende Dezember - Anfang Januar
31 Zim ⌷ – ✝260/380 CHF ✝✝320/480 CHF – ½ P
Rest Orsons Gourmet Tagesteller 28 CHF – Menü 49 CHF (mittags)
– Karte 69/113 CHF – (geschl. Samstagmittag, Sonntag sowie an Feiertagen)
Rest Orsons Küche.de Karte 42/72 CHF *– (geschl. Sonntag sowie an Feiertagen) (nur Abendessen)*
Bewusst bewahrt man in dem Haus von 1835 den klassisch-traditionellen Stil - schön machen sich da die zahlreichen Antiquitäten in den recht geräumigen, sehr individuellen Zimmern. Wer zum Essen kommt, wählt zwischen "Orsons Gourmet" mit gegrilltem Hochlandrind als Spezialität und "Orsons Küche.de" mit deutschen Gerichten.

Helmhaus garni 🗑 AC 🍴 🛜
Schifflände 30 ✉ 8001 – 𝒞 *044 266 95 95* — Stadtplan : F3**v**
– www.helmhaus.ch
24 Zim ⌷ – ✝225/390 CHF ✝✝310/470 CHF
Die Vorteile dieses kleinen Hotels? Es liegt in der Altstadt, der See ist nicht weit, die Zimmer sind wertig und komfortabel und zum Frühstück gibt's freundliche Atmosphäre und ein frisches Buffet. Wenn Sie es besonders chic mögen, wählen Sie ein Design-Zimmer!

Altstadt garni 🗑 🛜
Kirchgasse 4 ✉ 8001 – 𝒞 *044 250 53 53* — Stadtplan : F3**t**
– www.hotel-altstadt.ch
25 Zim ⌷ – ✝210/300 CHF ✝✝280/320 CHF
Mit einem Gespür für Formen und Farben hat man dem Haus in der Altstadt ein stilvoll-modernes Gesicht gegeben, und das mit ganz besonderer (literarischer) Note: In den Zimmern sind handgeschriebene Texte bekannter Dichter vom Künstler H. C. Jenssen als Bilder dargestellt, dazu Bücher der jeweiligen Autoren!

🏠 **Lady's First** garni   ⋔ 🍴 ♿ 🛜
Mainaustr. 24 ✉ *8008 –* ☎ *044 380 80 10*   Stadtplan : D2**n**
– www.ladysfirst.ch – geschl. 20. Dezember - 6. Januar
28 Zim 🍴 – 🛏185/400 CHF 🛏🛏195/450 CHF
Ein individuelles, von Frauen konzipiertes Haus. Altbau-Charme trifft auf modernes Design in sehr unterschiedlich geschnittenen Zimmern. Exklusiv für Damen: Saunabereich mit Dachterrasse und Massageangebot. Als Hotelgäste sind auch Herren willkommen!

🏠 **Rütli** garni   🍴 ♿ 🅰🅲 ⋙ 🛜
Zähringerstr. 43 ✉ *8001 –* ☎ *044 254 58 00*   Stadtplan : F2**a**
– www.rutli.ch
58 Zim 🍴 – 🛏180/230 CHF 🛏🛏265/420 CHF
Hotel nahe dem Bahnhof mit klar-moderner Einrichtung von der Halle über die Zimmer bis in den Frühstücksraum. Mal was anderes: die von Graffitikünstlern gestalteten "Cityrooms".

🏠 **Du Théâtre** garni   🍴 ♿ ⋙ 🛜
Seilergraben 69 ✉ *8001 –* ☎ *044 267 26 70*   Stadtplan : F2**e**
– www.hotel-du-theatre.ch
50 Zim – 🛏155/315 CHF 🛏🛏210/360 CHF, 🍴 20 CHF
Heute ersetzen Hauskino und Hörspiele das einstige Theater. In den DG-Zimmern ist es dank Klimaanlage auch im Sommer angenehm kühl. Sie möchten etwas mehr Platz? Dann fragen Sie nach den beiden Mini-Suiten! Frühstück und internationale Gerichte gibt es in der "La Suite Lounge" mit Dachterrasse. Praktisch für Zugreisende: Zum Hauptbahnhof sind es nur wenige Gehminuten.

🏠 **Plattenhof**   🍴 🍴 ♿ 🛜 🦱
Plattenstr. 26 ✉ *8032 –* ☎ *044 251 19 10*   Stadtplan : D1**b**
– www.plattenhof.ch
37 Zim 🍴 – 🛏175/285 CHF 🛏🛏195/395 CHF
Rest Sento ☎ 044 251 16 15 – Tagesteller 23 CHF – Karte 47/75 CHF
– (geschl. Weihnachten - Anfang Januar und Samstag - Sonntag sowie an Feiertagen)
In dem kleinen, aber feinen Design-Hotel nahe dem Uni-Spital kann man sich wohlfühlen, und das liegt nicht zuletzt an den ansprechend puristisch gehaltenen Zimmern mit individueller Note. Der klare Stil findet sich auch im netten Barbereich und im Restaurant Sento - Letzteres mit "cucina della mamma".

🏠 **Rex** garni   🍴 🅰🅲 🛜 🅿
Weinbergstr. 92 ✉ *8006 –* ☎ *044 360 25 25*   Stadtplan : D1**a**
– www.hotelrex.ch
41 Zim 🍴 – 🛏145/235 CHF 🛏🛏205/270 CHF
Praktisch ist die Lage am Rande der Innenstadt, und wer mit dem Auto kommt, darf sich über die eigenen Parkplätze freuen. Drinnen überzeugen dann neuzeitlich und funktionell eingerichtete Zimmer (teilweise klimatisiert) und am Morgen die gepflegte Auswahl am Frühstücksbuffet.

🏠 **Seegarten**   ⋙ 🍴 ⋙ 🛜
Seegartenstr. 14 ✉ *8008 –* ☎ *044 388 37 37*   Stadtplan : D2**b**
– www.hotel-seegarten.ch
28 Zim 🍴 – 🛏205/295 CHF 🛏🛏295/340 CHF
Rest Latino ☎ 044 388 37 77 – Tagesteller 25 CHF – Karte 39/94 CHF
– (geschl. Samstagmittag, Sonntagmittag)
Sie haben gerne ein bisschen mediterranes Flair? In dem sympathischen Hotel im attraktiven Seefeldquartier werden Sie sich dann nicht nur in den individuellen Zimmern mit Holzböden und hellen, warmen Tönen wohlfühlen, sondern auch im Latino bei italienischer Küche. Die interessante Sammlung Schweizer Plakate hier im Haus ist übrigens ein Hobby des Chefs. Zimmerservice gibt es ohne Aufpreis.

🏠 **Rössli** garni   📧 🍃 📶
Rössligasse 7 ✉ 8001 – ☎ 044 256 70 50   Stadtplan : F3**g**
– www.hotelroessli.ch
26 Zim ☲ – 🛏135/260 CHF 🛏🛏185/330 CHF – 1 Suite
Das Hotel wird vom Direktoren-Ehepaar Hugi angenehm persönlich geführt und es ist ein Haus mit Atmosphäre! Das liegt zum einen am Altbauflair, zum anderen an den wohnlichen und etwas individuellen Zimmern. Sie träumen von einer Dachterrasse? Die haben Sie in der 100 qm grossen Appartement-Suite! Und wer Lust auf Tapas hat, geht in die Bar gleich hier im Haus.

🏠 **Hirschen** garni   📧 📶
Niederdorfstr. 13 ✉ 8001 – ☎ 043 268 33 33   Stadtplan : F2**w**
– www.hirschen-zuerich.ch
27 Zim ☲ – 🛏165/190 CHF 🛏🛏200/250 CHF
Im 15. Jh. als Hospiz erbaut, heute ein beliebtes Hotel im Herzen der Altstadt. Es wird persönlich geleitet und hat nette schlichte Zimmer sowie eine tolle Dachterrasse. Aber nicht nur das: Da gibt es noch die Weinschenke mit ausgewählten Weinen und kalten Platten. Und gerne kommt man auch zum Heiraten hierher - kein Wunder, der historische Gewölbekeller ist schon ein besonderer Rahmen!

XXXX **The Restaurant** – Hotel The Dolder Grand   🍽 🍃 🌇 ♿ ⒶⓋ
✿ ✿ *Kurhausstr. 65 ✉ 8032 – ☎ 044 456 60 00*   Stadtplan : B2**t**
– www.thedoldergrand.com – geschl. 15. Februar - 2. März, 19. Juli - 10. August und Samstagmittag, Sonntag - Montag
• INNOVATIV • Menü 158/298 CHF – Karte 155/209 CHF – *(Tischbestellung ratsam)*
Sollten Sie - gefangen von der famosen Küche und ihrer aufwändigen Präsentation (Heiko Nieder sei Dank!) - doch von Ihrem Teller aufblicken, bietet auch das Interieur (alte Kassettendecke, geradlinige Eleganz, eindrucksvoller Weinschrank) eine überaus reizvolle Optik, und die Sicht von der Terrasse erst!
→ Hummer mit Erdbeeren, Randen, Estragon und Senf. Reh mit Gartenkräutern, Sonnenblumenkernen und Angostura. Dessert von Heidelbeeren, Sellerie, Gurke und Ingwer.

XXX **Rigiblick - Spice** mit Zim   🍽 🍸 🍃 🌇 📧 ♿ Rest, 🍃 📶 🚗
✿ *Germaniastr. 99 ✉ 8044 – ☎ 043 255 15 70*   Stadtplan : D1**f**
– www.restaurantrigiblick.ch – geschl. 24. Dezember - 5. Januar und Sonntag - Montag
• KREATIV • **7 Zim** ☲ – 🛏380/550 CHF 🛏🛏380/650 CHF
Tagesteller 38 CHF – Menü 54 CHF (mittags)/195 CHF – *(Tischbestellung ratsam)*
Wenngleich die Aussicht hier wirklich ein Traum ist, so verdient doch die Küche Ihre volle Aufmerksamkeit. Verantwortlich für die ausdrucksstarken, kreativen und zudem äusserst ansprechend und aufwändig präsentierten Speisen ist Dennis Puchert. Mittags: günstiger Lunch und Auszug aus der Abendkarte. Hohen Ansprüchen werden auch die exklusiven Appartements gerecht.
→ Tafelspitz und geräucherter Aal, Zwiebeln, Radieschen, Senf. Mistkratzerli und Entenstopfleber, Spinat, Kerbelwurzel, Rhabarber. Weisse Schokolade, Gurke, Martini und Mandel.
Bistro Quadrino 🍴 – siehe Restaurantauswahl

XXX **Sonnenberg**   🍽 🍃 🌇 ♿ ⒶⓋ ⇔ 🅿
Hitzigweg 15 ✉ 8032 – ☎ 044 266 97 97   Stadtplan : B2**c**
– www.sonnenberg-zh.ch
• FRANZÖSISCH KLASSISCH • Tagesteller 38 CHF – Karte 54/127 CHF – *(Tischbestellung ratsam)*
Wer möchte nicht beim Essen den tollen Blick auf Zürich und den See geniessen? In dem Restaurant im FIFA-Areal kommt zur wunderbaren Lage noch modern-elegante Atmosphäre und zahlreiche Klassiker à la Jacky Donatz. Probieren Sie sein Kalbskotelett oder das Siedfleisch - begleitet werden sie von einer hervorragenden Weinauswahl.

XXX **Eden au Lac ⓝ** ≼ 🅰🄲 ⅋ 🄿

Utoquai 45, (im Hotel Eden au Lac) ✉ *8008* Stadtplan : D2**a**
– ✆ *044 266 25 25 – www.edenaulac.ch – geschl. Samstagmittag*
• INTERNATIONAL • Tagesteller 38 CHF – Menü 55 CHF (mittags)/165 CHF
– Karte 78/136 CHF
In dem klassisch-eleganten Restaurant speisen Sie mit Blick auf den Zürichsee,
und zwar internationale Gerichte wie "Schweizer Bio-Ei - Kartoffelmousseline
- Trüffel" oder "Bretonischer Steinbutt - Spinatravioli - Schwarzwurzel".

XX **mesa** 🍽 ⅋ 🄰🄲 ⅋

🕸 *Weinbergstr. 75* ✉ *8006* – ✆ *043 321 75 75* Stadtplan : F1**z**
– *www.mesa-restaurant.ch – geschl. 24. Dezember - 6. Januar, 13. Juli*
- 5. August und Samstagmittag, Sonntag - Montag
• MEDITERRAN • Tagesteller 40 CHF – Menü 65 CHF (mittags)/225 CHF – *(Tisch-
bestellung ratsam)*
Küchenchef Antonio Colaianni kann seine italienische Heimat nicht verleugnen:
Seine feinen und aromenintensiven Speisen sind mediterran geprägt, moderne
Akzente bringen Spannung. Der Service ist geradezu brillant, überaus zuvorkom-
mend, aber nie aufdringlich - hier trifft Professionalität auf Charme. Stil und Klasse
vermittelt auch das geradlinige Interieur.
→ Artischockenboden gefüllt mit mediterranem Gemüse. Offenes Raviolone mit
Eigelb, Blattspinat, Trüffel. Entlebucher Kalbshaxe, Kartoffelschaum, Gemüse.

XX **Conti** ⅋

Dufourstr. 1 ✉ *8008* – ✆ *044 251 06 66* Stadtplan : F3**d**
– *www.bindella.ch – geschl. Mitte Juli - Mitte August 4 Wochen*
• ITALIENISCH • Tagesteller 48 CHF – Menü 54 CHF – Karte 64/111 CHF
Ein schönes altes Stadthaus in unmittelbarer Nähe der Oper mit klassischem Interieur, stilvoller hoher Stuckdecke und Bilderausstellung. Dazu passt die ambitionierte italienische Küche fernab von Pizza und Standard-Pastagerichten!

XX **Haus zum Rüden** ⅋ 🄰🄲 ⅋ ⇔

Limmatquai 42, (1. Etage) ✉ *8001* – ✆ *044 261 95 66* Stadtplan : F2**c**
– *www.hauszumrueden.ch – geschl. Samstag - Sonntag*
• FRANZÖSISCH KLASSISCH • Tagesteller 48 CHF – Menü 65/139 CHF
– Karte 73/124 CHF
Das Zunfthaus an der Münsterbrücke stammt von 1348 - aus dieser Zeit ist auch
die einmalige 11 m breite Holzflachtonnendecke erhalten, die den Gotischen Saal
eindrucksvoll überspannt! Klassische Speisen aus frischen Produkten heissen hier
z. B. "gebratener Zander auf Castelluccio-Linsen". Ein kleines Angebot gibt es auch
in der modernen Rüden-Bar mit Terrasse.

XX **Bianchi** 🍽 🄰🄲

Limmatquai 82 ✉ *8001* – ✆ *044 262 98 44* Stadtplan : F2**p**
– *www.ristorante-bianchi.ch*
• FISCH UND MEERESFRÜCHTE • Tagesteller 28 CHF – Karte 51/121 CHF –
(Tischbestellung ratsam)
Ein Eldorado für Fisch- und Meeresfrüchte-Liebhaber! Das helle, moderne Restaurant direkt an der Limmat ist gut frequentiert, und das hat seinen Grund: Hier
werden sehr gute Produkte im mediterranen Stil zubereitet und von einem
geschulten Team serviert! Im Winter Austern-Bar zum Apero.

XX **Kronenhalle** 🄰🄲 ⇔

Rämistr. 4 ✉ *8001* – ✆ *044 262 99 00* Stadtplan : F3**f**
– *www.kronenhalle.com*
• TRADITIONELL • Tagesteller 50 CHF – Karte 64/124 CHF – *(Tischbestellung
ratsam)*
Eine Zürcher Institution ist das seit 1862 als Restaurant geführte Haus am Belle-
vueplatz. Hier gibt es eine über Jahrzehnte gewachsene Kunstsammlung zu
bewundern, die sich perfekt in den klassischen Rahmen einfügt. Ebenso traditionell ist auch die Küche, "Grosses Pièces" sind die Spezialität.

XX **Lake Side**   ⇐ 🏠 ৬ 🅰 ⇔
Bellerivestr. 170 ✉ *8008 –* ☎ *044 385 86 00*   Stadtplan : B2**d**
– www.lake-side.ch
• INTERNATIONAL • Tagesteller 38 CHF – Karte 66/100 CHF
Sehr schön liegt das moderne Restaurant im Seepark Zürichhorn. Gekocht wird
international mit asiatischen Einflüssen - so ist z. B. auch für Sushi-Freunde etwas
dabei. Vor allem auf der grossen Terrasse ist der See zum Greifen nah!

XX **Brasserie Schiller**   🏠 ৬
Sechseläutenplatz 10 ✉ *8001 –* ☎ *044 222 20 30*   Stadtplan : F3**e**
– www.brasserie-schiller.ch – geschl. 24. - 26. Dezember
• TRADITIONELL • Tagesteller 34 CHF – Menü 69 CHF (abends)
– Karte 57/102 CHF
Das schöne historische Gebäude war früher Sitz der Neuen Zürcher Zeitung,
heute herrscht hier modern-elegante Brasserie-Atmosphäre, aus der offenen
Küche kommen traditionelle und klassische Gerichte. Bis 23 Uhr gibt es
ein Opern-Menü, sonntags Brunch.

XX **Casa Ferlin**   🅰 🕊
Stampfenbachstr. 38 ✉ *8006 –* ☎ *044 362 35 09*   Stadtplan : F1**c**
– www.casaferlin.ch – geschl. Mitte Juli - Mitte August und Samstag - Sonntag
• ITALIENISCH • Tagesteller 37 CHF – Menü 57 CHF (mittags)/108 CHF
– Karte 68/132 CHF – *(Tischbestellung ratsam)*
Seit 1907 hat Familie Ferlin dieses Restaurant, inzwischen in 4. Generation. Sehr
zu Freude der Gäste ist der traditionelle Charakter samt rustikalem Touch erhalten
geblieben - den mag man hier nämlich genauso wie die frische klassisch-italienische Küche!

XX **Opera** – Hotel Ambassador à l'Opéra   🅰
Falkenstr. 6 ✉ *8008 –* ☎ *044 258 98 98*   Stadtplan : F3**a**
– www.operarestaurant.ch
• FRANZÖSISCH KLASSISCH • Tagesteller 28 CHF – Menü 68/82 CHF (abends)
– Karte 51/104 CHF
In dem modern-eleganten Restaurant wandert der Blick unweigerlich über Decke
und Wände - Grund dafür sind die raumerfüllenden Opernmotive! Ebenso
Ansprechendes gibt es auf dem Teller zu sehen: klassische Küche mit Schwer-
punkt Fisch, aber auch Rehrücken, Kalbsbäggli & Co.

XX **Gandria**   🏠
Rudolfstr. 6 ✉ *8008 –* ☎ *044 422 72 42*   Stadtplan : D2**g**
– www.restaurant-gandria.ch – geschl. 21. Dezember - 4. Januar, 11. - 31. Mai
und Samstagmittag, Sonntag; Januar - Oktober : Samstag - Sonntag
• MEDITERRAN • Tagesteller 29 CHF – Karte 48/103 CHF
Gernot und Regula Draxler bieten in ihrem behaglichen Restaurant, nahe dem
Zürichsee und in einem ruhigen Wohngebiet gelegen, mediterrane Speisen. Die
Atmosphäre ist familiär, was dem Ganzen einen gewissen Charme gibt! Mittags
ist das Haus gut besucht, da sollten Sie reservieren!

XX **Stapferstube da Rizzo**   🏠 🕊 🅿
☺ *Culmannstr. 45* ✉ *8006 –* ☎ *044 350 11 00*   Stadtplan : F1**s**
– www.stapferstube.ch – geschl. Sonntag
• MEDITERRAN • Menü 39 CHF (mittags unter der Woche)/98 CHF
– Karte 59/112 CHF
In der stadtbekannten Stapferstube gibt seit einiger Zeit der Süditaliener Giovanni
Rizzo den Ton an. Da hat die Küche natürlich eine starke italienische Prägung, das
schmeckt man z. B. beim leckeren "gebratenen Tintenfisch mit Knoblauch, Kräu-
tern und Peperoncini"! Und das in rustikal-gemütlicher Atmosphäre oder im Sommer draussen. Praktisch: die eigenen Parkplätze.

XX **Zürichberg** – Hotel Zürichberg   ⇐ 🏠 ৬ 🕊
Orellistr. 21 ✉ *8044 –* ☎ *044 268 35 65*   Stadtplan : B1_2**h**
– www.zuerichberg.ch
• MODERN • Tagesteller 23 CHF – Karte 53/95 CHF
In exponierter Lage erwartet Sie ein interessantes Lokal, in dem klares Design vor-
herrschend ist. Sie sind unmittelbar dabei, wenn die Herdkünstler in der bestens
einsehbaren Showküche ihrer Arbeit nachgehen. Sonntags gibt's Brunch!

XX **Garden Restaurant** – Hotel The Dolder Grand   ≤ 🍴 & 🅰🅲
Kurhausstr. 65 ✉ 8032 – 𝒞 044 456 60 00   Stadtplan : B2**t**
– www.thedoldergrand.com
• INTERNATIONAL • Menü 60 CHF (mittags unter der Woche)/80 CHF
– Karte 84/240 CHF
Modernes Design, exklusiver Service und ein international-mediterraner Küchen-
stil sind neben der fantastischen Aussichtsterrasse gewichtige Argumente, um
hier mit allen Sinnen zu geniessen. Sonntags Brunch!

XX **Zunfthaus zur Zimmerleuten**   🍴 🅰🅲 ⇔
Limmatquai 40, (1. Etage) ✉ 8001 – 𝒞 044 250 53 65   Stadtplan : F2**g**
– www.zunfthaus-zimmerleuten.ch
• TRADITIONELL • Tagesteller 22 CHF – Menü 34/65 CHF – Karte 53/102 CHF
Küferstube 𝒞 044 250 53 63 – Tagesteller 24 CHF – Karte 43/80 CHF
Seit über 550 Jahren gehört dieses Züricher Baudenkmal an der Limmat der Zunft
der Zimmerleute. Nach aufwändiger Sanierung geniesst man heute im 1. Stock
ambitionierte traditionelle Küche in stilvollem Rahmen - eine Etage höher der
sehenswerte Zunftsaal für Anlässe aller Art. Einfacher geht es in der netten Küferstube bei bürgerlichen Gerichten zu.

XX **Blaue Ente** ❶   🍴 & 🅰🅲 ⇔
Seefeldstr. 223 ✉ 8008 – 𝒞 044 388 68 40   Stadtplan : B2**a**
– www.blaue-ente.ch – geschl. Samstagmittag, Sonntag
• INTERNATIONAL • Tagesteller 23 CHF – Karte 53/96 CHF – *(Tischbestellung
ratsam)*
Aussen historische Industriekultur, innen trendig-lebendige Atmosphäre
- man beachte die alte Kraftmaschine! Unkompliziert und aufmerksam
umsorgt man Sie mit hausgemachten Gerichten (sogar das Mehl für das
eigene Brot mahlt man nebenan selbst). Abends ist das Angebot ambitionier-
ter. Schön sitzt man im Hof.

X **Bistro Quadrino** – Restaurant Rigiblick   ≤ 🍴 & 🍽
☺ *Germaniastr. 99 ✉ 8044 – 𝒞 043 255 15 70*   Stadtplan : D1**f**
– www.restaurantrigiblick.ch – geschl. 24. Dezember - 5. Januar und Montag
• REGIONAL • Tagesteller 26 CHF – Menü 65/75 CHF – Karte 58/77 CHF
Im "Rigiblick" gibt es nicht nur exquisite Gourmetküche und edle Appartements:
Auch diese lockere Variante hat ihre Freunde, und die mögen z. B. "geschmorte
Kalbsbäggli mit Kartoffelstock" oder einfach einen Flammkuchen. Im Sommer
sitzt man natürlich draussen und schaut auf die Stadt.

X **Oepfelchammer**   🍷
Rindermarkt 12, (1. Etage) ✉ 8001 – 𝒞 044 251 23 36   Stadtplan : F2**n**
*– www.oepfelchammer.ch – geschl. 24. Dezember - 5. Januar, 3. - 6. April, 12. Juli
- 10. August und Sonntag - Montag sowie an Feiertagen*
• TRADITIONELL • Tagesteller 26 CHF – Menü 69 CHF (abends) – Karte 61/79 CHF
Sie hat wirklich Atmosphäre, die älteste erhaltene Weinstube der Stadt! Schon
der Dichter Gottfried Keller war in dem Altstadthaus a. d. 14. Jh. zu Gast, und
auch heute ist der urige Charme gefragt. Passend dazu kommt Traditionelles auf
den Tisch.

X **Didi's Frieden**   🍷
Stampfenbachstr. 32 ✉ 8006 – 𝒞 044 253 18 10   Stadtplan : F1**d**
*– www.didisfrieden.ch – geschl. 24. Dezember - 4. Januar, 4. - 18. Oktober
und Samstagmittag, Sonntag*
• MODERN • Tagesteller 32 CHF – Menü 98 CHF – Karte 63/100 CHF –
(Tischbestellung ratsam)
Didi Bruna hat hier ein nettes, lebendiges und stets gut frequentiertes Restaurant (originell die Weinglas-Lüster!), in dem man am Abend schmackhafte
und frische zeitgemässe Speisen wie "Filet und Bäggli vom Rind" bekommt,
mittags gibt es nur Tagesmenüs. Und die Weinauswahl dazu? Gut und
bezahlbar.

X **Stefs Freieck**   ⚐ ⌘ ⟳

Wildbachstr. 42 ✉ 8008 – ℰ 044 380 40 11   Stadtplan : D2**s**
– www.stefs.ch – geschl. 1. - 14. Januar, August 2 Wochen und Sonntag
- Montag
• INTERNATIONAL • Menü 65 CHF – Karte 65/95 CHF – *(nur Abendessen)*
(Tischbestellung ratsam)
Im trendigen Seefeldquartier werden Sie in diesem kleinen Biedermeier-Häus-
chen von Meinrad Schlatter empfangen, der Sie in quirliger Atmosphäre char-
mant mit der guten Küche seines Partners Stefan Wieser bewirtet: internatio-
nale Gerichte mit regionalem Touch wie "Terrine vom Luzerner Bierschwein-
Schinken".

X **Monte Primero - Wolfbach**   ⚐

Wolfbachstr. 35 ✉ 8032 – ℰ 043 433 00 88   Stadtplan : D2**c**
– www.monteprimero.ch – geschl. Weihnachten - Neujahr und Sonntag
- Montag, Samstagmittag sowie an Feiertagen
• MEDITERRAN • Tagesteller 32 CHF – Karte 56/105 CHF
Wenn auch die Holztäferung im Restaurant eher alpenländisch wirkt, die
schmackhafte Küche ist mediterran-spanisch, mit spezieller Tapas-Karte. Charmant
die Chefin im Service. Nette Plätze gibt's auch draussen auf der kleinen Terrasse
zum Steinwiesenplatz.

X **Drei Stuben**   ⚐ ⌘ ⟳
☺
Beckenhofstr. 5 ✉ 8006 – ℰ 044 350 33 00   Stadtplan : F1**e**
– www.dreistuben-zuerich.ch – geschl. 24. Dezember - 4. Januar und
Samstagmittag, Sonntag
• TRADITIONELL • Tagesteller 25 CHF – Menü 89/109 CHF
– Karte 61/110 CHF
Boden, Decke, Wände…, überall rustikales Holz, das wohltuende Heimeligkeit verbreitet - ganz so, wie man es sich in einer Quartierbeiz mit 300-jähriger Gasthaustradition wünscht! Dazu passt auch der Garten mit altem Baumbestand. Gekocht
wird bei Marco Però und seinem Team ambitioniert: traditionell und zeitgemäss-
international die Speisen.

X **Ban Song Thai**   🅰🅲 ⌘
🍴🍴
Kirchgasse 6 ✉ 8001 – ℰ 044 252 33 31   Stadtplan : F3**m**
– www.bansongthai.ch – 24. Dezember - 4. Januar, 20. Juli - 12. August und
Samstagmittag, Sonntag sowie an Feiertagen
• THAILÄNDISCH • Tagesteller 20 CHF – Menü 34 CHF (mittags unter der
Woche)/63 CHF – Karte 43/72 CHF – *(Tischbestellung ratsam)*
Das Restaurant nahe Kunsthaus und Grossmünster bietet eine authentische thai-
ländische Küche aus frischen Produkten - mittags als Buffet, am Abend in Form
einer anspruchsvolleren Karte.

X **White Elephant** – Hotel Marriott   ≤ & 🅰🅲 ⌘
Neumühlequai 42 ✉ 8001 – ℰ 044 360 73 22   Stadtplan : E1**c**
– www.whiteelephant.ch – geschl. Samstagmittag, Sonntagmittag
• THAILÄNDISCH • Tagesteller 29 CHF – Menü 37 CHF (mittags unter der
Woche) – Karte 57/97 CHF
Ein Tipp für Liebhaber authentischer Thai-Küche. Was hier aus frischen Produkten
zubereitet wird, kann schonmal ein typisch scharfes Erlebnis sein! Probieren sollte
man auf jeden Fall die Currys.

X **Quaglinos** – Hotel Europe   ⌘
Dufourstr. 4 ✉ 8008 – ℰ 043 456 86 86   Stadtplan : F3**z**
– www.hoteleurope-zuerich.ch
• FRANZÖSISCH KLASSISCH • Tagesteller 29 CHF – Karte 60/120 CHF
Lebendig, authentisch! Ein Bistro, dessen typisches Interieur sofort Savoir-vivre
vermittelt. Serviert werden natürlich klassische französische Spezialitäten wie z.
B. "Foie gras de canard" oder "Entrecôte Café de Paris", aber auch selten gewor-
dene Gerichte wie das "Kalbsvoressen".

X **Bistro**   ⌂ ⅏

Dufourstr. 35 ⊠ 8008 – ℰ 044 261 06 00 – geschl. Juli 2   Stadtplan : D2**r**
Wochen und Samstag - Sonntag
• TRADITIONELL • Tagesteller 25 CHF – Karte 49/71 CHF
Im Seefeldquartier ist das Bistro als angenehm ungezwungene Adresse bekannt,
in der man zu fairen Preisen bürgerlich-traditionell isst. Da dürfen Cordon bleu
und Zürcher Geschnetzeltes auf der Karte nicht fehlen!

X **Rechberg**   ⌂ ⅏

Chorgasse 20 ⊠ 8001 – ℰ 044 251 17 60   Stadtplan : F2**r**
– www.rechberg.ch – geschl. August 2 Wochen, über Weihnachen und Sonntag
• SPANISCH • Tagesteller 24 CHF – Karte 46/102 CHF
Von aussen ist das Restaurant der Familie Yánez-Criado recht unscheinbar, innen
modern in klaren Linien gehalten - genauso unkompliziert wie die schlichte,
schmackhafte mediterran-spanische Küche der Chefin, die z. B. als "Tintenfisch
alla plancha" auf den Tisch kommt.

X **Riviera** ⓝ   ⌂ ↻

Dufourstr. 161 ⊠ 8008 – ℰ 044 422 04 26   Stadtplan : D2**v**
– www.enoteca-riviera.ch – geschl. Samstagmittag, Sonntag
• ITALIENISCH • Tagesteller 28 CHF – Menü 68/98 CHF (abends)
– Karte 57/83 CHF
Luca Messina, in Zürich kein Unbekannter, hat hier sein neues Restaurant
- das Ambiente recht rustikal, die Küche authentisch italienisch samt hausgemachter Pasta und Osso buco, dazu ein ambitioniertes saisonales Degustationsmenü.

Linkes Ufer der Limmat (Hauptbahnhof, Geschäftszentrum)

🏛🏛🏛 **Baur au Lac**   ⇐ ⅃ᴁ 🖃 ᴝ 𝕄 🛜 ♨ 🚗

Talstr. 1 ⊠ 8001 – ℰ 044 220 50 20 – www.bauraulac.ch   Stadtplan : E3**a**
102 Zim – ♦540 CHF ♦♦870 CHF, ⊑ 46 CHF – 18 Suiten
Rest *Pavillon* ❀ **Rest** *Rive Gauche* – siehe Restaurantauswahl
Seit 1844 werden hier Gäste empfangen und noch heute präsentiert sich das
Haus als prächtiges Grandhotel alter Schule. Exklusiv die Zimmer (klassischer Stil,
dazu topaktuelle Technik), hervorragend der Service (von der kostenfreien Minibar bis zum IT-Butler) und eine Betreiberfamilie, deren Engagement in jeden Winkel zu sehen und zu spüren ist! Schöner Garten.

🏛🏛🏛 **Park Hyatt**   🜨 ⅃ᴁ 🖃 ᴝ 𝕄 🛜 ♨ 🚗

Beethoven Str. 21 ⊠ 8002 – ℰ 043 883 12 34   Stadtplan : E3**k**
– www.zurich.park.hyatt.ch
138 Zim – ♦490/1050 CHF ♦♦640/1200 CHF, ⊑ 47 CHF – 4 Suiten
Rest *Parkhuus* – siehe Restaurantauswahl
Typisch für ein Park Hyatt: modern, hochwertig, wohnlich. Der Service ist sehr gut
und die grossen, luxuriösen Zimmer sind ebenfalls selbstverständlich, ausserge-
wöhnlich ist dagegen der bemerkenswert zeitgemässe Ballsaal! Echte Klassiker
sind inzwischen die Onyx-Bar sowie das Herzstück des Hotels, die Halle - hier
nimmt man das Frühstück ein.

🏛🏛🏛 **Widder**   ⅃ᴁ 🖃 ᴝ 𝕄 🛜 ♨ 🚗

Rennweg 7 ⊠ 8001 – ℰ 044 224 25 26   Stadtplan : E2**v**
– www.widderhotel.ch
42 Zim – ♦470/670 CHF ♦♦650/850 CHF, ⊑ 48 CHF – 7 Suiten
Rest *Widder Restaurant* – siehe Restaurantauswahl
Was die Schweizer Architektin Tilla Theus aus dem historischen Häuserensemble
in der Altstadt gemacht hat, kann sich wirklich sehen lassen: ein Paradebeispiel
für ein Boutique-Hotel, so stilvoll, luxuriös und individuell sind die Zimmer, Altes
gemischt mit Design-Elementen, topmoderne Technik, nicht zu vergessen der
exzellente Service! Gemütlich: bei Flammkuchen in der Wirtschaft zur Schtund
sitzen.

Savoy Baur en Ville

Poststr. 12, (am Paradeplatz) ⊠ *8001 –* ℰ *044 215 25 25*   Stadtplan : E3**r**
– www.savoy-zuerich.ch
95 Zim � – ♦470/800 CHF ♦♦780/840 CHF – 9 Suiten
Rest *Baur Rest Orsini* – siehe Restaurantauswahl
Ein Haus mit Stil und Klasse, und das seit 1838! Mit echtem Service im klassischen Sinne und einem Interieur aus exklusiven Massanfertigungen wird man der langen Hoteltradition gerecht. Untermalt wird das gediegene Flair durch die abendliche Live-Piano-Musik in der Bar.

Sheraton Zürich ⓝ

Pfingstweidstr.100 ⊠ *8005 –* ℰ *044 285 40 00*   Stadtplan : A1**s**
– www.sheratonzurichhotel.com
193 Zim – ♦189/399 CHF ♦♦189/399 CHF, � 35 CHF – 4 Suiten
Rest *Route twenty-six* Tagesteller 28 CHF – Menü 34 CHF (mittags)/70 CHF
– Karte 48/100 CHF
Gefragt bei Businessgästen: Die Zimmer sind stilvoll-urban designt und gleichzeitig funktional, kleine Aufmerksamkeit die kostenfreie Nespresso-Maschine. Schön der Ausblick von der Club Lounge im 10. Stock! Das "Route twenty-six" bietet Typisches aus den 26 Schweizer Kantonen, im Bistro "NUOVO" gibt es Frühstück, Panini und abends Pasta.

Renaissance Tower Hotel

Turbinenstr. 20 ⊠ *8005 –* ℰ *044 630 33 30*   Stadtplan : A1**e**
– www.renaissancezurichtower.com
300 Zim – ♦195/450 CHF ♦♦195/450 CHF, � 29 CHF – 50 Suiten
Rest *Equinox* ℰ *044 630 30 30* – Tagesteller 34 CHF – Karte 60/82 CHF –
(geschl. Samstagmittag, Sonntag)
Schon die Rezeption mit ihrem edlen reduzierten Design in schickem Hell-Dunkel-Kontrast trifft den urbanen Lifestyle, der in dem eindrucksvollen Tower allgegenwärtig ist - ob in den Zimmern, in Restaurant und Lobbybar oder - "on top" - in der Executive Club Lounge und im Health Club mit 24-h-Fitness - toll der Blick von hier oben!

Storchen

Weinplatz 2, Zufahrt über Storchengasse 16 ⊠ *8001*   Stadtplan : F2**u**
– ℰ *044 227 27 27* – *www.storchen.ch*
67 Zim � – ♦430/560 CHF ♦♦600/760 CHF – 1 Suite
Rest *Rôtisserie* – siehe Restaurantauswahl
Direkt an der Limmat steht eines der ältesten Hotels der Stadt. Geschmackvolle Stoffe von Jouy in eleganten Zimmern, Storchen-Suite mit Dachterrasse und Seeblick. Herrlich: die Balkonterrasse des Restaurants sowie die des Cafés "Barchetta" am Weinplatz. Sonntags Brunch.

Schweizerhof

Bahnhofplatz 7 ⊠ *8021 –* ℰ *044 218 88 88*   Stadtplan : E2**a**
– www.hotelschweizerhof.com
107 Zim � – ♦365/515 CHF ♦♦570/1240 CHF – 11 Suiten
Rest *La Soupière* – siehe Restaurantauswahl
Das traditionelle Hotel a. d. 19. Jh. glänzt nicht nur mit seiner eindrucksvollen Fassade, auch der Wohlfühlfaktor in den eleganten Zimmern stimmt, und auf sehr guten, aufmerksamen Service braucht man ebensowenig zu verzichten! Zudem lässt die Nähe zur exklusiven Bahnhofstrasse die Herzen der Shopping-Fans höher schlagen. Eine Kleinigkeit essen kann man im Café Gourmet.

B2 Boutique Hotel+Spa garni

Brandschenkenstr. 152 ⊠ *8002 –* ℰ *044 567 67 67*   Stadtplan : C2**z**
– www.b2boutiquehotels.com
60 Zim – ♦320 CHF ♦♦370 CHF – 9 Suiten
Architekturliebhaber aufgepasst! Dieses denkmalgeschützte Anwesen von 1866 hat Zürcher Braugeschichte geschrieben, nun ist es ein topmodernes Designhotel und nicht ganz alltäglich. Alles ist stylish-urban, ohne kühl zu sein, und wo sonst findet man eine 33 000 Bücher umfassende Bibliothek mit Lüstern aus Hürlimann-Bierflaschen und "Spanischbrödlis" als Snack? Mit im Haus, aber kostenpflichtig: Thermalbad mit Rooftop-Pool!

🏨 **Alden Luxury Suite Hotel**   🛎 ♿ 🅰 🛜 **P**

Splügenstr. 2 ✉ *8002 – ℰ 044 289 99 99 – www.alden.ch*   Stadtplan : E3**e**
22 Suiten – 🛏500/800 CHF 🛏🛏500/800 CHF, 🍽 34 CHF
Rest *Alden* – siehe Restaurantauswahl

Das schmucke Haus von 1895 strahlt eine diskrete Exklusivität aus, was zum einen am aufmerksamen, aber unaufdringlichen Service liegt, zum anderen an der edlen Einrichtung, die moderne Geradlinigkeit mit einer gewissen Klassik verbindet. Vielleicht noch eine Dachterrasse als i-Tüpfelchen? Die finden Sie in den beiden Loft-Suiten.

🏨 **Glockenhof**   🍴 🛎 ♿ 🅰 🛜 🏋

Sihlstr. 31 ✉ *8022 – ℰ 044 225 91 91 – www.glockenhof.ch*   Stadtplan : E2**a**
91 Zim 🍽 – 🛏230/420 CHF 🛏🛏340/560 CHF – 2 Suiten
Rest Tagesteller 26 CHF – Menü 52 CHF (mittags unter der Woche)
– Karte 40/96 CHF

Die Zimmer des geschichtsträchtigen Hauses im Zentrum sind wertig und teils mit heimischen Materialien eingerichtet; ruhiger zum idyllischen Innenhof - hier die schöne berankte Terrasse, auf der man auch zum Essen sitzen kann. Alternativ bieten sich das legere "Glogge Egge" mit Tagesgerichten oder das moderne "Conrad" mit klassisch-französischer Küche an.

🏨 **Ascot**   🛎 🅰 Zim, 🍽 Rest, 🛜 🏋 🚗

Tessinerplatz 9 ✉ *8002 – ℰ 044 208 14 14*   Stadtplan : C2**a**
– www.ascot.ch
74 Zim 🍽 – 🛏195/460 CHF 🛏🛏227/512 CHF
Rest Tagesteller 44 CHF – Menü 68 CHF (mittags) – Karte 47/134 CHF – *(geschl. Samstag - Sonntag)*

Modern in Stil und Technik sind die Zimmer in dem Hotel im Geschäftszentrum, alle mit Tee-/Kaffeemaschine, teilweise mit Balkon. Das Restaurant kommt mit Lederpolstern, Mahagoniholz und Karoteppich "very british" daher. Das Essen: Steak und Seafood, eine Spezialität ist klassisch gebratenes Roastbeef vom Trolley. Alternativ Sushi und Teppanyaki im "Fujiya of Japan". In der Bar abends Live-Piano-Musik.

🏨 **Engimatt**   🍽 🛎 🛜 🏋 🚗

Engimattstr. 14 ✉ *8002 – ℰ 044 284 16 16*   Stadtplan : C2**d**
– www.engimatt.ch
71 Zim 🍽 – 🛏210/350 CHF 🛏🛏250/400 CHF – ½ P
Rest *Orangerie* – siehe Restaurantauswahl

Man spürt, dass Familie Huber das Hotel im recht ruhigen Quartier Enge mit Engagement und Stil führt. Die geschmackvoll-gediegene Atmosphäre fängt gleich in der angenehm lichten Lobby an und begleitet Sie in die geradlinigmodernen oder klassischeren Zimmer - alle haben eine individuelle Note und teilweise einen Balkon.

🏨 **Sheraton Neues Schloss Zürich**   🛎 ♿ 🅰 🛜 🏋

Stockerstr. 17 ✉ *8002 – ℰ 044 286 94 00*   Stadtplan : E3**m**
– www.sheraton.com/neuesschloss
59 Zim – 🛏240/499 CHF 🛏🛏250/539 CHF, 🍽 39 CHF – 1 Suite
Rest *Le Jardin Suisse* – siehe Restaurantauswahl

Das kleine Boutique-Hotel liegt ideal: Der Zürichsee, die exklusive Bahnhofstrasse und natürlich Banken aller Couleur sind zum Greifen nah. Und in den Zimmern lässt es sich dank modern-komfortabler Ausstattung und wohnlich-warmer Farbtöne trefflich entspannen.

🏨 **Glärnischhof**   🍴 🛎 🅰 🛜 🏋 **P**

Claridenstr. 30 ✉ *8022 – ℰ 044 286 22 22*   Stadtplan : E3**f**
– www.hotelglaernischhof.ch
62 Zim 🍽 – 🛏260/410 CHF 🛏🛏330/510 CHF
Rest *Le Poisson* – siehe Restaurantauswahl
Rest *Glärnischhof* Tagesteller 23 CHF – Menü 29 CHF (mittags unter der Woche)/45 CHF – Karte 30/85 CHF

Das Businesshotel im Bankenquartier wird gut geführt, der Service ist aufmerksam und in den Zimmern übernachtet man zeitgemäss und funktionell - dazu gehören auch W-Lan gratis, Kaffeemaschine und teilweise iPod-Station.

St. Gotthard
Bahnhofstr. 87 ✉ *8021 –* ☏ *044 227 77 00* Stadtplan : E2**g**
– www.hotelstgotthard.ch
135 Zim – ✝291/353 CHF ✝✝318/451 CHF, ⌚ 34 CHF – 3 Suiten
Rest *Hummer- & Austernbar* – siehe Restaurantauswahl
Rest *Lobbybar-Bistro* ☏ 044 211 76 25 – Tagesteller 28 CHF – Menü 30 CHF
(mittags) – Karte 43/95 CHF
Das traditionsreiche Haus von 1889 hat seinen klassischen Rahmen bewahrt, dennoch hat man sehr moderne Zimmer: "Oriental" und "Design" heissen die beiden
wohnlichen Einrichtungsstile, die Kategorien reichen vom kleineren Einzelzimmer
bis zur 85-qm-Suite. Direkt vor der Tür die Bahnhofstrasse mit besten Einkaufs-
möglichkeiten, einen guten Kaffee zwischendurch gibt's in der Bar "Manzoni"
hier im Haus.

Greulich
Herman-Greulich-Str. 56 ✉ *8004 –* ☏ *043 243 42 43* Stadtplan : C1**c**
– www.greulich.ch
23 Zim ⌚ **–** ✝235 CHF ✝✝270 CHF – 5 Suiten
Rest *Greulich* – siehe Restaurantauswahl
Sie mögen es puristisch-chic und aufs Wesentliche reduziert? Die Zimmer hier
haben nicht nur ihr attraktives helles Design zu bieten, sondern sind teilweise
auch sehr grosszügig geschnitten. Der Tag beginnt mit einem frischen Bio-Früh-
stück, später gibt es Kaffee und Kuchen im eigenen Café.

25Hours Zürich West
Pfingstweidstr. 102 ✉ *8005 –* ☏ *044 577 25 25* Stadtplan : A1**h**
– www.25hours-hotels.com
126 Zim – ✝180/350 CHF ✝✝180/350 CHF, ⌚ 25 CHF
Rest *NENI* ☏ 044 577 22 22 – Tagesteller 22 CHF – Karte 36/82 CHF
Das moderne Businesshotel im dynamischsten Entwicklungsgebiet der Stadt ist
eine Hommage des Designers Alfredo Häberli an "Züri". Die Zimmer gibt's als "Pla-
tin", "Gold" und "Silber" - farbenfroh, geschwungen und sehr urban! Im NENI gibt
es bei puristischer Atmosphäre israelisch-orientalische Küche nach Haya Molcho.

Mercure Hotel Stoller
Badenerstr. 357 ✉ *8003 –* ☏ *044 405 47 47* Stadtplan : A2**x**
– www.mercure.com
80 Zim – ✝120/320 CHF ✝✝120/320 CHF, ⌚ 27 CHF
Rest *Ratatouille* Tagesteller 25 CHF – Karte 32/75 CHF – *(November - April nur
Mittagessen)*
Das Traditionshaus wurde einmal komplett erneuert - zu verdanken ist das dem
Engagement und der Weitsicht von Werner Stoller, der für seine Gäste nun
schön moderne Zimmer mit ganz aktueller Technik hat. Praktisch: Mit der nahen
Tram kommt man schnell ins Zentrum und zum Hauptbahnhof.

Kindli
Pfalzgasse 1 ✉ *8001 –* ☏ *043 888 76 76 – www.kindli.ch* Stadtplan : E2**z**
21 Zim ⌚ **–** ✝220/340 CHF ✝✝300/420 CHF
Rest *Kindli* – siehe Restaurantauswahl
Ob vor über 500 Jahren oder heute, das "Kindli" war schon immer ein bisschen
vornehmer - im Spätmittelalter für Pilger und nun als charmantes Boutique-Hotel,
dessen wohnlich-individuelle Zimmer Businessgäste und Stadtbesucher gleichermassen ansprechen. Sie möchten länger bleiben? Dann buchen Sie eines der
sechs hochwertigen Appartements.

Townhouse garni
Schützengasse 7, (5. Etage) ✉ *8001 –* ☏ *044 200 95 95* Stadtplan : E2**d**
– www.townhouse.ch
25 Zim – ✝160/285 CHF ✝✝190/415 CHF, ⌚ 13 CHF
Es ist ein exklusives Haus und die Lage könnte kaum besser sein - nur wenige
Schritte und Sie sind in der berühmten Bahnhofstrasse! Möbel und Tapeten sind
etwas für Liebhaber des englischen Stils. Wer nicht auf dem Zimmer frühstücken
möchte, geht dazu in die Bar D-Vino gleich gegenüber.

Helvetia 🛎 🛜

Stauffacherquai 1 ✉ *8004 – ℰ 044 297 99 99*   Stadtplan : C1**h**
– www.hotel-helvetia.ch
16 Zim – 🛏220/280 CHF 🛏🛏250/350 CHF, 🖵 10 CHF
Rest *Helvetia* – siehe Restaurantauswahl
Gastgeber Daniel Zelger ist locker und sympathisch und so ist auch das
kleine Boutique-Hotel direkt an der Sihl - man fühlt sich einfach wohl! Die
Zimmer sind charmant in ihrem Mix aus Jugendstilelementen und modernem
Look.

City garni 🛎 🆎 🛜 🏊

Löwenstr. 34 ✉ *8001 – ℰ 044 217 17 17*   Stadtplan : E2**h**
– www.hotelcity.ch
60 Zim – 🛏165/270 CHF 🛏🛏260/350 CHF, 🖵 17 CHF
Die Vorzüge dieses Hotels? Zum einen wohnt man hier sehr zentral in unmittelbarer Nähe der Fussgängerzone, zum anderen sind die Zimmer gepflegt und
schön zeitgemäss eingerichtet.

Pavillon – Hotel Baur au Lac 🚲 🕭 🆎 🍴

Talstr. 1 ✉ *8001 – ℰ 044 220 50 20 – www.aupavillon.ch*   Stadtplan : E3**a**
– geschl. Samstagmittag, Sonntag
• FRANZÖSISCH KLASSISCH • Tagesteller 64 CHF – Menü 76 CHF (mittags unter
der Woche)/160 CHF – Karte 118/214 CHF
"Geschmorte Wildhasenschulter und gebeiztes Filet in Royalsauce mit Topinam-
burpüree", so oder so ähnlich liest sich die klassische Speisekarte. Und dazu ein
Wein vom eigenen Weingut? Das elegante Design ist das Werk von Stararchitekt
Pierre-Yves Rochon. Besonders schön ist die fast komplett verglaste, luftig-hohe
Rotonde mit Parkblick!
→ Gyoza Tortellini gefüllt mit Artischocken und Ziegenfrischkäse. Wildfang
Wolfsbarsch mit Liebstöckelsauce, grünem Gemüse und Venere Reis. Gla-
sierte Kalbshaxe, Mark auf Croûton mit frischen Kräutern, Agria-Kartoffel-
püree.

La Soupière – Hotel Schweizerhof 🕭 🆎

Bahnhofplatz 7 ✉ *8021 – ℰ 044 218 88 40*   Stadtplan : E2**a**
– www.hotelschweizerhof.com – geschl. Samstagmittag, Sonntag; Juli - August:
Samstag - Sonntag
• MODERN • Menü 79 CHF (mittags unter der Woche) – Karte 100/112 CHF
Fein kommt das Restaurant im 1. Stock des Hauses mit seiner ausgesuchten stilvollen Einrichtung daher. Und die Speisekarte? Sie bietet Klassisches, zeitgemäss
interpretiert und mit internationalen Einflüssen.

Baur – Hotel Savoy Baur en Ville 🕭 🆎 🍴

Poststr. 12, (am Paradeplatz) ✉ *8001 – ℰ 044 215 25 25*   Stadtplan : E3**r**
– www.savoy-zuerich.ch – geschl. Samstag - Sonntag
• FRANZÖSISCH KLASSISCH • Tagesteller 48 CHF – Menü 74 CHF
– Karte 98/150 CHF
Ausgefallene brasilianische Bergkristalllüster als edles Detail ergeben
zusammen mit der luxuriösen Ausstattung und der feinen Tischkultur ein
stilvoll-elegantes Bild, in das sich die klassisch-französische Küche trefflich
einfügt.

Alden – Alden Luxury Suite Hotel 🕭 🆎 🅿

Splügenstr. 2 ✉ *8002 – ℰ 044 289 99 99 – www.alden.ch*   Stadtplan : E3**e**
– geschl. Sonntag
• MEDITERRAN • Tagesteller 38 CHF – Menü 55 CHF (mittags)
– Karte 66/99 CHF
Klare Formen bestimmen hier das Interieur - einer der Räume hat eine tolle Stuck-
decke, die schön in das moderne Bild passt. Aus der zeitgemäss-mediterranen
Küche von Alexander Lassak kommt Ambitioniertes wie "Kürbisravioli mit Kanin-
chenrücken und Waldpilzen".

XXX **Hummer- & Austernbar** – Hotel St. Gotthard   AC 🍸

Bahnhofstr. 87 ✉ *8021* – 𝒞 *044 211 76 21*   Stadtplan : E2**g**
– www.hummerbar.ch – geschl. 13. Juli - 11. August und Sonntagmittag
• FRANZÖSISCH KLASSISCH • Tagesteller 50 CHF – Menü 68 CHF (mittags)/
145 CHF – Karte 61/208 CHF

Eine wahre Institution in der Stadt. 1935 eröffnet, bezeugen das elegante Interieur und die Autogrammkarten vieler Prominenter den Kultstatus dieses Restaurants. Serviert werden natürlich hauptsächlich Meeresfrüchte, und das inzwischen durchgehend auch am Nachmittag!

XX **CLOUDS**   ≤ & AC ⇔
🏵
Maagplatz 5, (im Prime Tower, 35. Etage) ✉ *8005*   Stadtplan : A1**c**
– 𝒞 044 404 30 00 – www.clouds.ch – geschl. 20. Juli - 17. August und
Samstagmittag, Sonntag
• MEDITERRAN • Tagesteller 45 CHF – Menü 115/155 CHF – Karte 84/120 CHF –
(Tischbestellung erforderlich)

In der 35. Etage des Prime Towers, und zwar in 126 m Höhe, geniesst man nicht nur einen "prime view", sondern auch eine "prime cuisine", nämlich die feine mediterrane Küche von David Martínez Salvany. Das lebendige modern-elegante Restaurant ist gut besucht, vergessen Sie also nicht, zu reservieren! Im Bistro und in der Lounge geht es kulinarisch schlichter zu.

→ Mediterrane CLOUDS Fischsuppe. Wolfsbarschfilet auf Meeresgrund und Bomba-Reis mit Meeresfrüchten. Gebratenes Rindsfilet, konfierte Tropea Zwiebeln, Schnittlauch-Kartoffelfrappée, Gemüse.

XX **Sein** (Martin Surbeck)   🛏 AC 🍸 ⇔
🏵
Schützengasse 5 ✉ *8001* – 𝒞 *044 221 10 65*   Stadtplan : E2**d**
– www.zuerichsein.ch – geschl. 24. Dezember - 5. Januar, 28. März. - 13. April,
19. Juli - 10. August und Samstag - Sonntag; Mitte November - Dezember:
Samstagmittag, Sonntag
• FRANZÖSISCH KLASSISCH • Tagesteller 49 CHF – Menü 85 CHF (mittags)/
175 CHF – Karte 96/134 CHF

Sie sitzen in ruhiger, entspannter Atmosphäre, beobachten durch die grossen Fenster das Treiben in der Einkaufsstrasse und geniessen die klassische Küche von Martin Surbeck und Ken Nakano - die gibt es als aufwändiges Menü (auch als vegetarische Variante) oder à la carte. Oder steht Ihnen der Sinn mehr nach den appetitlichen "Seinigkeiten" der Tapas Bar?

→ Roh marinierter Thunfisch auf Ochsenherztomaten mit Olivenkraut und Zitrusfrüchteconfit. Am Knochen gebratene Challon-Entenbrust auf Kartoffelpüree mit frischem Mais, Entenleber und tasmanischem Pfeffer. Mara des Bois - Erdbeerglace mit "Schockoladenerde" und Atsinakresse.

XX **Lindenhofkeller**   🐟 🏠 🍸

Pfalzgasse 4 ✉ *8001* – 𝒞 *044 211 70 71*   Stadtplan : E2**c**
– www.lindenhofkeller.ch – geschl. Ende Juli - August 3 Wochen, Weihnachten
1 Woche und Samstag - Sonntag sowie an Feiertagen
• FRANZÖSISCH KLASSISCH • Tagesteller 40 CHF – Menü 65 CHF (mittags unter
der Woche)/130 CHF – Karte 57/108 CHF

Eingestimmt vom beschaulichen Altstadtflair lässt man in dem eleganten Gewölberestaurant mit Wein-Lounge gerne die wohnlich-romantische Atmosphäre auf sich wirken, während man von René K. Hofer ambitioniert bekocht wird, klassisch und mit modernen Einflüssen.

XX **Widder Restaurant** – Hotel Widder   🐟 🏠

Rennweg 7 ✉ *8001* – 𝒞 *044 224 24 12*   Stadtplan : E2**v**
– www.widderhotel.ch – geschl. Mitte Juli - Mitte August und Sonntag - Montag
• MODERN • Menü 85/195 CHF – Karte 68/131 CHF – *(Juli - August: nur*
Abendessen)

Der gebürtige Schweizer Dietmar Sawyere (er kochte bereits in England, Neuseeland, Asien, Australien) bietet hier Speisen wie "Hummer-Salat mlt Verjus, Entenleber, Erbsen, Minze, Basilikum", und zwar in der eleganten Widderstube oder im etwas moderneren Turmstübli (hier darf geraucht werden) - beide wirklich geschmackvoll. Alle Weine aus Flaschen unter 100 CHF gibt es glasweise. Tipp: Maserati-Gourmet-Shuttle-Service!

✗✗ Intermezzo   ＆ 🅰🅲

Beethovenstr. 2, (im Kongresshaus) ✉ *8002*   Stadtplan : E3**g**
– ℰ 044 206 36 42 – www.kongresshaus.ch – geschl. 13. Juli - 14. August und Samstag - Sonntag sowie an Feiertagen
• MODERN • Tagesteller 55 CHF – Menü 59 CHF – Karte 74/101 CHF
Schön hell und zeitgemäss-elegant ist es hier, und wer am Fenster sitzt, geniesst zudem den Blick auf den See. Und als wären das Ambiente und die ambitionierte klassische Küche von Urs Keller und seinem Team nicht schon genug, versüsst Ihnen der Service den Aufenthalt noch mit Aufmerksamkeit und natürlichem Charme.

✗✗ Accademia del Gusto   🅰🅲

Rotwandstr. 48 ✉ *8004 – ℰ 044 241 62 43*   Stadtplan : C1**g**
– www.accademiadelgusto.ch – geschl. Juli - August 3 Wochen und Samstagmittag, Sonntag; Mai - August: Samstag - Sonntag
• ITALIENISCH • Tagesteller 32 CHF – Karte 57/104 CHF – *(Tischbestellung ratsam)*
Was lockt die Gäste immer wieder hierher? Ist es der italienische Charme von Mariana Piscopo oder die gute Küche ihres Mannes Stefano? Es ist beides, denn in sympathischer Atmosphäre machen hausgemachte Pasta, offen gegrillte Fleischspezialitäten und Gerichte wie "geschmorte Kalbsbacken in Barolosauce" noch mehr Freude. Die wenigen Aussenplätze sind im Sommer schnell besetzt.

✗✗ Metropol   🌳 ＆ 🅰🅲 ⇔

Fraumünsterstr. 12 ✉ *8001 – ℰ 044 200 59 00*   Stadtplan : E3**r**
– www.metropol-restaurant.ch – geschl. Sonntag sowie an Feiertagen
• INTERNATIONAL • Tagesteller 35 CHF – Menü 58 CHF (mittags unter der Woche) – Karte 71/102 CHF
Mitten im Bankenviertel steht das neu-barocke Gebäude mit dem stylish-puristischen Design von Iria Degen. Dazu passt die internationale Küche mit japanischen Einflüssen von zahlreichen Sushi- und Sashimi-Varianten bis hin zum Wagyu-Beef. Mittags gibt es auch ein günstiges Zusatzangebot. Lebendiger Barbereich.

✗✗ Tao's   🌳 ⇔

Augustinergasse 3 ✉ *8001 – ℰ 044 448 11 22*   Stadtplan : E2**e**
– www.tao-group.ch – geschl. Sonntag
• EURO-ASIATISCH • Tagesteller 28 CHF – Menü 51/180 CHF – Karte 59/109 CHF
Ein Hauch Exotik mitten in Zürich! Oben hat man es elegant, im EG etwas legerer. Raucher sitzen in Tao's Lounge Bar und können auch hier von der euro-asiatischen Karte mit diversen Grillgerichten wählen. Und im Sommer sitzt es sich auf der Terrasse sehr nett.

✗✗ 20/20 by Mövenpick   🐾 🅰🅲 ⇔

Nüschelerstr. 1, (1. Etage) ✉ *8001 – ℰ 044 211 45 70*   Stadtplan : E2**m**
– www.20-20.ch – geschl. 19. Juli - 10. August und Samstagmittag, Sonntag - Montag
• MEDITERRAN • Menü 36 CHF (mittags unter der Woche) – Karte 60/112 CHF – *(Tischbestellung ratsam)*
Im EG die legere Weinbar, im 1. Stock das Gourmetrestaurant der Mövenpick-Gastronomie. Wirklich schön die traditionell-elegante Arvenholztäferung in Kombination mit modernem Stil. Kerstin Rischmeyer kocht klassisch-saisonal, so z. B. "Rücken und Fledermausstück vom Kalb mit Kartoffel-Karotten-Stampf".

✗✗ Kaiser's Reblaube   🌳 ⇔

Glockengasse 7 ✉ *8001 – ℰ 044 221 21 20*   Stadtplan : E2**y**
– www.kaisers-reblaube.ch – geschl. 20. Juli - 7. August, Januar - Oktober: Samstagmittag, Sonntag - Montag und November - Dezember: Samstagmittag, Sonntag
• INTERNATIONAL • Tagesteller 32 CHF – Menü 58/120 CHF (mittags unter der Woche) – Karte 67/102 CHF – *(Tischbestellung ratsam)*
Harmonisch fügt sich das 1260 erbaute Haus in die enge kleine Altstadtgasse ein, und drinnen im Goethe-Stübli im 1. Stock und auch in der Weinstube im Parterre ist es so gemütlich, wie man es beim Anblick der historischen Fassade vermutet. Probieren Sie z. B. "Perlhuhnbrust mit Kürbissaft lackiert" oder "Rindsfilet am Stück im Ofen gebraten".

✗✗ **Rive Gauche** – Hotel Baur au Lac   🛋 AC 💱
Talstr. 1 ✉ *8001* – ☏ *044 220 50 20* – *www.agauche.ch*   Stadtplan : E3**a**
– geschl. Mitte Juli - Mitte August
• INTERNATIONAL • Tagesteller 39 CHF – Menü 49 CHF (mittags unter der Woche) – Karte 72/136 CHF
Hotspot inmitten der City. Tolles kosmopolitisches Interieur lockt ein trendiges junges und junggebliebenes Publikum zu Speis und Trank (Grilladen), zum Sehen und Gesehenwerden.

✗✗ **Veltlinerkeller**
Schlüsselgasse 8 ✉ *8001* – ☏ *044 225 40 40*   Stadtplan : E2**t**
– www.veltlinerkeller.ch – geschl. Mitte Juli - Mitte August
und Samstag - Sonntag; November - Dezember: Samstagmittag,
Sonntag
• TRADITIONELL • Tagesteller 40 CHF – Karte 75/113 CHF – *(Tischbestellung ratsam)*
Ausgesprochen gemütlich und charmant ist das Restaurant im jahrhundertealten ehemaligen "Haus zum Schlüssel" mitten in der Altstadt. Umgeben von warmem Holztäfer isst man Traditionelles mit klassisch-französischer Note.

✗✗ **Au Premier**   ♿ AC ⇔
Bahnhofplatz 15, (1. Etage) ✉ *8001* – ☏ *044 217 15 55*   Stadtplan : E1**a**
– www.au-premier.ch – geschl. Samstag - Sonntag sowie an Feiertagen
• INTERNATIONAL • Menü 59 CHF (mittags unter der Woche)/69 CHF
– Karte 64/96 CHF
In den schönen hohen Räumen des stattlichen Bahnhofsgebäudes ist das modern-puristische Restaurant mit Lounge und guten Veranstaltungsmöglichkeiten untergebracht. Internationale Küche, Juli und August ausschliesslich Schwedenbuffet.

✗✗ **Il Giglio**   🛋 💱
Weberstr. 14 ✉ *8004* – ☏ *044 242 85 97*   Stadtplan : C2**c**
– www.ilgiglio.ch – geschl. Weihnachten - Anfang Januar, Juli - August 3
Wochen und Samstagmittag, Sonntag sowie an Feiertagen; Juni - August:
Samstag - Sonntag
• ITALIENISCH • Tagesteller 36 CHF – Menü 55 CHF (mittags)/87 CHF
– Karte 66/105 CHF
Der aus Kalabrien stammende Vito Giglio kocht nun schon über 20 Jahre in dem kleinen Restaurant nicht weit von der Börse. Und was könnte zu seiner frischen klassisch italienischen Küche besser passen als entsprechende Weine und angenehm freundlich-familiäre Atmosphäre?

✗✗ **Da Angela**   🛋 ♿ 🅿
Hohlstr. 449 ✉ *8048* – ☏ *044 492 29 31*   Stadtplan : A1**d**
– www.daangela.ch – geschl. Ende Juli - Anfang August und Sonntag
• ITALIENISCH • Tagesteller 39 CHF – Karte 62/112 CHF – *(Tischbestellung ratsam)*
Küchenchef Mike Thomi hat zusammen mit seiner Lebensgefährtin das hübsche Restaurant übernommen, das Konzept haben sie beibehalten, denn die typisch italienische Küche samt hausgemachter Pasta ist beliebt! Spezialität sind "Cappelletti Angela mit Rindfleischfüllung, Butter und Knoblauch".

✗✗ **Orsini** – Hotel Savoy Baur en Ville   ♿ AC
Poststr. 12, (am Paradeplatz) ✉ *8001* – ☏ *044 215 25 25*   Stadtplan : E3**r**
– www.savoy-zuerich.com
• ITALIENISCH • Tagesteller 48 CHF – Menü 74 CHF – Karte 98/144 CHF – *(Tischbestellung ratsam)*
Für Liebhaber der klassischen italienischen Küche ist das "Orsini" eine wirklich schöne Adresse. Das elegante Ambiente steht der noblen Atmosphäre des Hotels gut zu Gesicht. Tagesgerichte ergänzen die seit rund 30 Jahren bewährte Karte.

XX **Parkhuus** – Hotel Park Hyatt 🛱 👌 AC
Beethoven Str. 21 ✉ 8002 – ☏ 043 883 10 75 Stadtplan : E3**k**
– www.zurich.park.hyatt.ch – geschl. Samstagmittag, Sonntag
• MODERN • Menü 49 CHF (mittags)/59 CHF – Karte 70/118 CHF
Ebenso modern und international wie das Hotel stellt sich auch das Restaurant
dar. Hier begeistern eine grosse Showküche, in der zeitgemässe Kreationen ent-
stehen, sowie die sehenswerte verglaste Weinbibliothek, welche Sie über eine
Wendeltreppe erreichen.

XX **Le Poisson** – Hotel Glärnischhof AC **P**
Claridenstr. 30 ✉ 8022 – ☏ 044 286 22 22 Stadtplan : E3**f**
– www.lepoisson.ch – geschl. 27. Dezember - 6. Januar
• FISCH UND MEERESFRÜCHTE • Tagesteller 49 CHF – Menü 59/120 CHF
– Karte 80/127 CHF – *(Samstag - Sonntag nur Abendessen)*
Hier dreht sich alles ums Meeresgetier - vom Wolfsbarsch über Bouillabaisse bis
zur Jakobsmuschel. In gediegener Atmosphäre darf man sich auf Klassiker des
Hauses freuen, sollte aber ruhig auch mal die neuen Gerichte des Küchenteams
probieren!

XX **Orangerie** – Hotel Engimatt 🛱 👌
Engimattstr. 14 ✉ 8002 – ☏ 044 284 16 16 Stadtplan : C2**d**
– www.engimatt.ch
• TRADITIONELL • Tagesteller 24 CHF – Menü 54 CHF – Karte 38/86 CHF
Ob Winter oder Sommer, hier haben Sie immer das Gefühl, unter dem Himmels-
zelt zu sitzen, denn das Restaurant besteht aus einem luftigen, schlicht-elegan-
ten Wintergarten und einer schön angelegten Terrasse. Die Küche ist traditionell.

XX **Rôtisserie** – Hotel Storchen ← 🛱 🕸
Weinplatz 2, Zufahrt über Storchengasse 16 ✉ 8001 Stadtplan : F2**u**
– ☏ 044 227 21 13 – www.storchen.ch
• FRANZÖSISCH KLASSISCH • Tagesteller 32 CHF – Menü 85/110 CHF (abends)
Karte 65/105 CHF
Wenn Sie in dem gediegenen Restaurant Platz nehmen, sollten Sie zum einen
Ihren Blick auf die herrlich bemalte Decke richten, zum anderen hinaus (wenn
Sie nicht sowieso schon auf der Terrasse sitzen) auf die Limmat und das Gross-
münster. Gekocht wird klassisch-traditionell.

XX **Caduff's Wine Loft** 🍸 🛱 🕸
Kanzleistr. 126 ✉ 8004 – ☏ 044 240 22 55 Stadtplan : C1**d**
– www.wineloft.ch – geschl. 24. Dezember - 5. Januar, Samstagmittag und
Sonntag
• FRANZÖSISCH KLASSISCH • Tagesteller 22 CHF – Menü 52/120 CHF
– Karte 39/115 CHF – *(Tischbestellung ratsam)*
Schon der Name deutet auf so manch interessantes Detail hin: Zum einen handelt
es sich hier um eine ehemalige Maschinenfabrik, in der der gebürtige Bündner
Beat Caduff gute Küche bietet (so z. B. sein "Kapaun in Morchelsauce"), zum ande-
ren wird der begehbare Weinkeller zum Erlebnis, wenn Sie sich aus über 2000
Positionen Ihr passendes Fläschchen selbst aussuchen! Und auch an Liebhaber
von Rohmilchkäse ist mit über 50 exzellenten Sorten gedacht.

XX **Convivio** AC
Rotwandstr. 62 ✉ 8004 – ☏ 043 322 00 53 Stadtplan : C1**e**
– www.convivio.ch – geschl. 1. - 7. Januar, über Ostern 1 Woche, 16. August
- 13. September und Samstagmittag, Sonntag
• ITALIENISCH • Tagesteller 39 CHF – Menü 49 CHF (mittags unter der Woche)/
98 CHF – Karte 73/96 CHF
Die warme Holztäferung bringt traditionellen Charme, die geradlinige Einrichtung eine moderne Note. In diesem schönen Ambiente kommt eine frische
und schmackhafte italienische Küche auf den Tisch, und auf Vorbestellung
auch Gerichte aus der spanischen Heimat des Patrons, nämlich Spanferkel,
Tapas & Co.

XX **L'altro** 🕊 🍴

Sternenstr. 11 ✉ 8000 – ✆ 044 201 43 98 Stadtplan : C2**t**
– www.l-altro.ch – geschl. 20. Juli - 9. August und Samstag - Sonntag
• ITALIENISCH • Tagesteller 45 CHF – Karte 45/115 CHF
Selbstgemachte Pasta, gegrillte Seezunge, Kalbskotelett... Nicht nur das 100-jährige Stadthaus selbst ist einladend mit seiner gemütlichen Täferung und dem schönen Parkettboden, durchaus lohnenswert ist es auch, die frische klassisch-italienische Küche zu probieren!

X **Helvetia** – Hotel Helvetia

Stauffacherquai 1, (1. Etage) ✉ 8004 – ✆ 044 297 99 99 Stadtplan : C1**h**
– www.hotel-helvetia.ch
• TRADITIONELL • Tagesteller 25 CHF – Karte 53/97 CHF
So schön gemütlich wie in der beliebten lebendigen Bar ist es auch eine Etage höher. Auch hier im Restaurant verbreiten Holzboden und Täferung angenehme Wärme. Da passt der freundlich-unkomplizierte Service gut ins Bild, der Ihnen z. B. Flusskrebs-Cocktail oder Filet vom Pata-Negra-Schwein an den Tisch bringt - von Francoise Wicki schmackhaft und frisch zubereitet.

X **Heugümper** 🕊 ♿ 🎴 ⇦⇨

Waaggasse 4 ✉ 8001 – ✆ 044 211 16 60 Stadtplan : E2**d**
*– www.restaurantheuguemper.ch – geschl. 24. - 26. Dezember, 1. - 11. Januar
, Mitte Juli - Mitte August und Samstag - Sonntag*
• EURO-ASIATISCH • Tagesteller 34 CHF – Menü 115 CHF (abends)
– Karte 56/103 CHF
In dem ehrwürdigen Stadthaus im Herzen von Zürich kocht man international mit asiatischem Einschlag - kleine Lunchkarte. Schickes modernes Bistro im Parterre, elegantes Restaurant im 1. Stock.

X **AURA** 🎴 ⇦⇨

Bleicherweg 5 ✉ 8001 – ✆ 044 448 11 44 Stadtplan : E3**c**
– www.aura-zurich.ch – geschl. Sonntag
• INTERNATIONAL • Tagesteller 34 CHF – Karte 64/93 CHF
Was sich hinter "AURA" verbirgt? Ein stylish-urbanes Restaurant, eine Event-Location der Extraklasse, eine Lounge oder ein Club? Von allem etwas, doch in erster Linie ist es eine trendige Adresse für Liebhaber moderner Crossover-Küche mit einem Faible für Grillgerichte - schauen Sie den Köchen auf die Finger! Zu finden am Paradeplatz in der alten Börse.

X
£3 **Sankt Meinrad** 🕊

Stauffacherstr. 163 ✉ 8004 – ✆ 043 534 82 77 Stadtplan : C1**r**
*– www.equi-table.ch – geschl. 1. - 7. Januar, 15. Juli - 5. August und Sonntag
- Montag*
• MODERN • Menü 95 CHF (vegetarisch)/150 CHF – Karte 72/109 CHF – *(nur Abendessen) (Tischbestellung ratsam)*
Das ambitionierte junge Küchenteam um Fabian Fuchs verarbeitet ausgesuchte Fairtrade- und Bioprodukte zu kreativen Gerichten voller ausdrucksstarker Aromen und moderner Texturen. Auch die Atmosphäre stimmt: Das Ambiente gemütlich und leger, der Service herzlich, unkompliziert und versiert.
→ Melone und Saibling, Stangensellerie, Avocado, Hüttenkäse. Zander und Lardo, Blumenkohl, Soja, Kürbiskerne. Wollschwein, Süsskartoffel, Zucchetti, Peperoni, Aubergine.

X **Bü's** 🍱 🕊 🎴

Kuttelgasse 15 ✉ 8001 – ✆ 044 211 94 11 Stadtplan : E2**h**
– www.buetique.com – geschl. 18. April - 3. Mai, 3. - 18. Oktober und Samstagabend - Sonntag
• MEDITERRAN • Tagesteller 36 CHF – Menü 59 CHF (mittags)/120 CHF
– Karte 59/120 CHF – *(Tischbestellung ratsam)*
Aus einer ehemaligen Metzgerei entstand dieses gemütliche Restaurant mit hübschem Garten. Hier gibt es zeitgemässe Küche mit mediterranen und traditionellen Einflüssen. Und werfen Sie auch einen Blick auf die Weinkarte - eine schöne Auswahl in allen Preislagen!

🍴 Camino   🛱 🕸

Freischützgasse 4 ⊠ 8004 – 𝒞 044 240 21 21   Stadtplan : E1**e**
– www.restaurant-camino.ch – geschl. 21. Dezember - 5. Januar und Samstag
- Sonntag
• INTERNATIONAL • Tagesteller 34 CHF – Menü 95/105 CHF – Karte 60/108 CHF
Engagiert leiten Mutter und Tochter das etwas versteckt liegende Restaurant.
Schön gemütlich ist es hier, und auch die mediterran beeinflusste klassische
Küche kommt an. Fragen Sie nach den "glutschtigi", das sind mündliche Emp-
fehlungen.

🍴 Kindli – Hotel Kindli   🛱

Pfalzgasse 1 ⊠ 8001 – 𝒞 043 888 76 78 – www.kindli.ch   Stadtplan : E2**z**
– geschl. Sonntag sowie an Feiertagen
• FRANZÖSISCH KLASSISCH • Tagesteller 34 CHF – Karte 70/100 CHF –
(Tischbestellung ratsam)
Den Charme des geschichtsträchtigen Hotels spürt man auch im beliebten und
stets gut besuchten gleichnamigen Restaurant. Dass man sich hier wohlfühlt,
liegt zum einen an der gemütlichen alten Holztäferung, zum anderen an der
lebendigen Atmosphäre, und die gute klassische Küche kommt noch dazu!

🍴 Jdaburg   🛱

Gertrudstr. 44 ⊠ 8003 – 𝒞 044 451 18 42   Stadtplan : A2**a**
– www.jdaburg.ch – geschl. Weihnachten - Anfang Januar, Juli 3 Wochen und
Samstagmittag, Sonntag - Montag
• MODERN • Tagesteller 27 CHF – Karte 54/99 CHF
Das kleine Restaurant mit zeitgemässer internationaler Küche ist hell und freundlich, die nette Terrasse liegt zur ruhigen Strasse hin. Am Mittag wählt man von
der kleinen Lunchkarte.

🍴 Sala of Tokyo   🛱 🅐🅒 ⟷

Limmatstr. 29 ⊠ 8005 – 𝒞 044 271 52 90   Stadtplan : E1**k**
– www.sala-of-tokyo.ch – geschl. Juli - August 3 Wochen, Weihnachten - Neujahr
2 Wochen
• JAPANISCH • Tagesteller 35 CHF – Menü 72/165 CHF – Karte 64/137 CHF
Seit 1981 ist das Haus der Japan-Klassiker in Zürich und dem eigenen Stil ist man
bis heute treu geblieben - erstklassige Produkte, Authentizität, Geschmack. Probieren Sie original Kobe-Beef, edlen Toro, die Eintopfgerichte "Nabemono" und
natürlich Sushi!

🍴 Le Jardin Suisse – Hotel Sheraton Neues Schloss Zürich   🛱 🅐🅒

Stockerstr. 17 ⊠ 8002 – 𝒞 044 286 94 00   Stadtplan : E3**m**
– www.sheraton.com/neuesschloss – geschl. Sonntag
• REGIONAL • Tagesteller 37 CHF – Menü 57 CHF (mittags unter der Woche)
– Karte 43/92 CHF
Ein Hauch von Bistrostil durchzieht das Lokal mit seiner auffälligen Wand aus
Bruchstein. Man serviert Ihnen traditionelle Schweizer Spezialitäten - im Sommer
auch gerne auf der umlaufenden Terrasse.

🍴 Greulich – Hotel Greulich   🛱 �& 🅟

Herman-Greulich-Str. 56 ⊠ 8004 – 𝒞 043 243 42 43   Stadtplan : C1**c**
– www.greulich.ch – geschl. Samstagmittag, Sonntag
• MODERN • Tagesteller 25 CHF – Menü 63 CHF – Karte 35/70 CHF –
(Tischbestellung ratsam)
Stimmig hat man das modernen Style des gleichnamigen Hotels auch im Restaurant umgesetzt, ebenso in der Cigar Lounge. Im Sommer sollten Sie auf der sehr
schönen Terrasse im Innenhof speisen!

Die Auswahl an Hotels und Restaurants ändert sich jährlich.
Kaufen Sie deshalb jedes Jahr den neuen Guide MICHELIN!

Maison Manesse (N)

Hopfenstr. 2 ✉ 8045 – ✆ 044 462 01 01 Stadtplan : C2**m**
– www.maisonmanesse.ch – geschl. 4. - 18. Januar, 19. Juli - 2. August und Sonntag - Montag
• KREATIV • Menü 110/165 CHF – *(nur Abendessen) (Tischbestellung ratsam)*
Ein neues In-Lokal der Züricher Gastroszene und nicht ganz alltäglich - wundern Sie sich nicht, hier wird man meist geduzt. Das Interieur gemütlich-rustikal, fast ganz in Weiss gehalten, die Küche produktbezogen, aromatisch, kreativ. Mittags nur Salat, Pasta, Steak.
➜ Hamachi, Mango, Avocado, Champignon, Wasabi-Tobiko. Jakobsmuschel, Frühlingszwiebel, Passionsfrucht, Fave Bohne. Spanferkel, Erbse, Minze, Lucuma, Bier.

Seerestaurant Quai 61 (N)

Mythenquai 61 ✉ 8002 – ✆ 044 405 61 61 Stadtplan : C2**b**
– www.quai61.ch – geschl. 9. - 22. Februar und Samstagmittag, Sonntagabend
• INTERNATIONAL • Tagesteller 25 CHF – Menü 45/85 CHF – Karte 46/102 CHF
Ein Pfahlbau am Zürichsee - maritim das Ambiente, schön der Blick durch die grossen Fenster auf Stadt, See und Alpen. Spezialität am Abend ist Fleisch vom Buchenholzgrill. Mittags kleinere Karte, ebenso auf der Terrasse und dem Sonnendeck.

Café Boy

Kochstr. 2 ✉ 8004 – ✆ 044 240 40 24 – www.cafeboy.ch Stadtplan : A2**c**
– geschl. Ende Dezember 2 Wochen und Samstag - Sonntag
• TRADITIONELL • Tagesteller 25 CHF – Menü 66 CHF – Karte 59/91 CHF
Wo einst linke Politikgeschichte geschrieben wurde, bietet Gastgeber Stefan Iseli nun in lebendig-puristischer Bistro-Atmosphäre die frische traditionelle Küche seines Partners Jann M. Hoffmann. Wein ist seine Leidenschaft, das merkt man, wenn er die umfangreiche Auswahl präsentiert. Einfachere Mittagskarte.

Brasserie Bernoulli (N)

Hardturmstr. 261 ✉ 8005 – ✆ 044 563 87 37 Stadtplan : A1**b**
– www.brasseriebernoulli.ch – geschl. 24. Dezember - 4. Januar und Samstagmittag, Sonntag sowie an Feiertagen
• INTERNATIONAL • Tagesteller 26 CHF – Karte 35/80 CHF – *(Tischbestellung ratsam)*
Sie mögen hausgemachte Pasta? Die ist sehr beliebt unter den international-mediterranen Gerichten dieses netten schlicht-legeren Restaurants. Probieren Sie z. B. "Tagliatelle mit grünen Spargeln und Ricotta-Pomodori-Secchi-Pesto". Mittags ist das Angebot kleiner, etwas einfacher und preisgünstiger.

Meta's Kutscherhalle

Müllerstr. 31 ✉ 8004 – ✆ 044 241 53 15 Stadtplan : C1**m**
– www.metas-kutscherhalle.ch – geschl. 21. Dezember - 5. Januar, 21. Juli - 10. August und an Feiertagen
• MEDITERRAN • Tagesteller 25 CHF – Menü 78/107 CHF (abends unter der Woche) – Karte 44/86 CHF – *(Tischbestellung ratsam)*
Die bekannte TV-Köchin Meta Hiltebrand hat sich ihren Traum vom eigenen Restaurant verwirklicht. Ihr Konzept: schlicht, kreativ, schmackhaft und mit mediterranem Touch, und das wird in der Küche z. B. in Form von "argentinischem Rindsfilet-Medaillon an süssem Pfeffer-Portweinjus" umgesetzt. Das Lokal: klein, lebendig, mit freiem Blick in die Küche. Tipp: Mittagsmenü.

in Zürich-Oerlikon Nord – ✉ 8050

Swissôtel

Schulstr. 44, (am Marktplatz) – ✆ 044 317 31 11 Stadtplan : B1**n**
– www.swissotel.com/hotels/zurich/
336 Zim – 🚹180/260 CHF 🚹🚹200/280 CHF, ☕ 35 CHF – 11 Suiten
Rest *le muh* ✆ 044 317 33 91 – Tagesteller 27 CHF – Karte 45/76 CHF
Das Hochhaus liegt im Zentrum am Marktplatz - vom Hallenbad in der 32. Etage überblickt man die ganze Stadt! Zum Übernachten stehen Zimmer in vier Einrichtungsstilen bereit, zum Tagen 19 Räume im "Convention Center" und zum Speisen das "le muh" mit internationaler und regionaler Küche (hier werden übrigens viele Bioprodukte verwendet).

🏨 Courtyard by Marriott
Max-Bill-Platz 19 – ℰ 044 564 04 04   Stadtplan : B1**a**
– www.courtyardzurich.com
152 Zim – 🛏149/259 CHF 🛏🛏149/259 CHF, � 29 CHF
Rest Tagesteller 25 CHF – Menü 40 CHF (unter der Woche)
– Karte 45/68 CHF
Eine Businessadresse zwischen Zentrum und Flughafen. Das Ambiente in den Zimmern ist modern und doch klassisch, besondere Extras wie z. B. Minibar gratis in den Superior-Zimmern im 6. Stock. Trendiges Restaurant mit internationalem Angebot.

🏨 Holiday Inn Messe
Wallisellenstr. 48 – ℰ 044 316 11 00   Stadtplan : B1**c**
– www.holidayinn.com/zurichmesse
164 Zim – 🛏169/349 CHF 🛏🛏169/349 CHF, ⊠ 28 CHF
Rest Tagesteller 21 CHF – Karte 43/77 CHF
Interessant ist hier vor allem die Lage direkt gegenüber dem Messezentrum. Zimmer mit gutem Platzangebot, sachlich-funktional in der Ausstattung. In der Brasserie "Bits & Bites" bekommt man Schweizer Küche und Internationales serviert.

🏨 Sternen Oerlikon
Schaffhauserstr. 335 – ℰ 043 300 65 65   Stadtplan : B1**s**
– www.sternenoerlikon.ch
56 Zim – 🛏111/265 CHF 🛏🛏143/265 CHF, ⊠ 18 CHF
Rest *Brasserie Ö* Karte 51/79 CHF – (geschl. Mitte Juli - Mitte August, Weihnachten - Anfang Januar)
Der traditionsreiche Sternen hat sich zu einem topmodernen Hotel gemausert: in den Zimmern geradlinig-wohnlicher Stil, warme Farben sowie W-Lan kostenfrei. Gastronomisch gibt es hier die Brasserie "Ö" mit französisch beeinflusster Küche.

🍴 Hofwiesen 🔘
Hofwiesenstr. 265 ✉ 8057 – ℰ 043 433 80 88   Stadtplan : A1**n**
– www.hofwiesen.ch – geschl. Samstagmittag, Sonntag
• ÖSTERREICHISCH • Tagesteller 25 CHF – Karte 46/92 CHF
Ein kleines Stück Österreich in Zürich. Dazu gehören natürlich auch Tafelspitz, Wiener Schnitzel, Marillenknödel... Die Küche ist frisch, unkompliziert und gespickt mit mediterranen Einflüssen, das Ambiente freundlich und geradlinig-modern.

in Glattbrugg Nord: 8 km über B1, Richtung Kloten – ✉ 8152

🏨 Hilton Zurich Airport
Hohenbühlstr. 10 – ℰ 044 828 50 50 – www.zurich.hilton.com
321 Zim – 🛏215/455 CHF 🛏🛏215/455 CHF, ⊠ 39 CHF – ½ P
Rest *Horizon10* ℰ 044 828 56 64 – Tagesteller 30 CHF – Menü 45/90 CHF
– Karte 41/115 CHF
Modern, funktionell und technisch up to date sind die Zimmer in diesem Hotel in Airportnähe, sehr grosszügig die Relaxation-Rooms. Variabler Tagungsbereich. Horizon10 bietet internationale Küche und Schweizer Spezialitäten.

🏨 Dorint Airport Zürich 🔘
Riethofstr. 40 – ℰ 044 808 10 00 – www.dorint.com/zuerich
235 Zim – 🛏150/350 CHF 🛏🛏180/380 CHF, ⊠ 30 CHF
Rest Tagesteller 30 CHF – Karte 42/110 CHF
Hier überzeugen die direkte Flughafennähe, modern-funktionale Zimmer, gut ausgestattete Tagungsräume und Airport-Shuttle-Service. Das Restaurant bietet mediterrane und regionale Küche. Interessant auch das Gebäude selbst: Es hat die Form eines Schweizer Kreuzes. Tipp: "Park, Sleep & Fly".

Mövenpick
🛐 🛗 💺 ♿ 🅰 🍴 Rest, 🛜 🧖 🅿️

Walter Mittelholzerstr. 8 – ☎ *044 808 88 88*
– www.moevenpick-hotels.com/zuerich-airport
323 Zim – ♦205/580 CHF ♦♦205/580 CHF, 🍴 33 CHF – 10 Suiten
Rest Tagesteller 20 CHF – Karte 36/85 CHF
Rest *Le Chalet* ☎ *044 808 85 55* – Menü 38 CHF (mittags) – Karte 56/99 CHF –
(geschl. 2. - 18. Januar, 13. Juli - 16. August und Samstag - Sonntag)
Rest *Dim Sum* ☎ *044 808 84 44* – Menü 25/75 CHF – Karte 37/71 CHF – *(geschl.
1. - 11. Januar, 13. Juli - 16. August und Samstagmittag, Sonntag)*
Seit Anfang der 70er Jahre gibt es das Haus nun schon, ansehen tut man ihm
sein Alter allerdings nicht: Die Zimmer sind frisch, modern und wohnlich! Auch
mit der gastronomischen Vielfalt wird man heutigen Ansprüchen gerecht - vom
Hotelrestaurant mit grossem Buffet über gehoben-traditionelle Schweizer Küche
im Le Chalet bis zu guten chinesischen Gerichten im Dim Sum.

in Kloten Nord: 12 km über B1 – ✉ 8302

Rias
🖦

Gerbegasse 6 – ☎ *044 814 26 52 – www.rias.ch – geschl. 22. Dezember
- 11. Januar, 19. Juli - 2. August und Samstag - Sonntag sowie an Feiertagen*
• REGIONAL • Tagesteller 20 CHF – Menü 95/145 CHF – Karte 55/108 CHF
Was Sie hier in einer Seitenstrasse von Kloten erwartet, ist nicht nur schönes zeit-
gemässes Ambiente, sondern auch eine gute, schmackhafte Küche, die Hansruedi
Nef z. B. als "geschmortes Kalbsbäggli", als "butterzarten Brasato" oder auch als
"Glühweinbirne mit Champagnersabayon" auf den Teller bringt. Und dazu emp-
fiehlt der freundliche Service schöne offene Weine.

in Wallisellen Nord-Ost: 10 km – ✉ 8304

Belair
🖦 🛗 🛜 🧖 🅿️

Alte Winterthurerstr. 16 – ☎ *044 839 55 55* Stadtplan : B1**t**
– www.belair-hotel.ch
47 Zim 🍴 – ♦190/240 CHF ♦♦210/270 CHF
Rest *La Cantinella* ☎ *044 839 55 99* – Tagesteller 27 CHF – Menü 58/135 CHF
(unter der Woche) – Karte 44/83 CHF
Das Hotel liegt günstig: nur fünf Autominuten zu Flughafen und Messe, wenige
Gehminuten zum Bahnhof Wallisleben. Mehr Platz und eine Klimaanlage bieten
die Businesszimmer. Frisches Design und italienische Küche im Restaurant La
Cantinella.

Zum Doktorhaus
🖦 🍴 💬

Alte Winterthurerstr. 31 – ☎ *044 830 58 22* Stadtplan : B1**v**
– www.doktorhaus.ch
• MEDITERRAN • Tagesteller 23 CHF – Menü 36 CHF (mittags unter der Woche)
– Karte 49/91 CHF
Steht Ihnen der Sinn nach mediterran-klassischer Küche in gemütlichen Restaurantstuben oder ziehen Sie es vor, in der trendigen Bar-Lounge einfach ein Sandwich zu essen oder einen Kaffee zu trinken? In diesem Gasthaus von 1732 ist beides möglich - und im Sommer gibt es zusätzlich Grillgerichte im Freien.

in Zollikon Süd-Ost: 4 km über Utoquai F3 – ✉ 8702

Wirtschaft zur Höhe
🖦 🍴 💬 🅿️

Höhestr. 73 – ☎ *044 391 59 59* Stadtplan : B2**b**
– www.wirtschaftzurhoehe.ch – geschl. Montag
• FRANZÖSISCH KLASSISCH • Tagesteller 44 CHF – Menü 58/135 CHF
– Karte 67/132 CHF
Auch nach gut 25 Jahren darf sich Familie Scherrer über zufriedene Gäste freuen,
denn nach wie vor kocht man in dem Traditionshaus ambitioniert, klassisch und
mit guten Produkten. Wie wär's z. B. mit "grillierten Jakobsmuscheln und Speck
auf Erbsenpüree" im gemütlichen Restaurant oder auf der schönen Terrasse?
Und als Dessert erstklassige hausgebackene "Tarte Tatin"!

am Flughafen Nord: 12 km über B1, Richtung Kloten

🏨 **Radisson BLU Zurich Airport** ⬅ 🕭 🖅 🕼 ᕕ 🆔 🛜 🍴

(direkter Zugang zu den Terminals) ✉ 8058 – ☎ 044 800 40 40
– *www.radissonblu.com/hotel-zurichairport*
323 Zim – 🛏250/750 CHF 🛏🛏250/750 CHF, ☲ 38 CHF – 7 Suiten
Rest *angels' wine tower grill* Menü 45/118 CHF – Karte 57/225 CHF – *(geschl.
Mitte Juli - Mitte August und Sonntag) (nur Abendessen)*
Rest *filini* Tagesteller 39 CHF – Menü 45/85 CHF – Karte 54/112 CHF
Näher am Airport kann man nicht wohnen, und das schön modern in den Zim-
mervarianten "At Home" "Chic", "Fresh". In der imposanten Atriumhalle ragt der
16 m hohe Wine Tower empor - von hier kommen die zahlreichen Weine, die
man im Restaurant angels' zu Grill-Klassikern geniesst, während man abends
die Artistik-Show der "Wine Angels" bestaunt! Italienisches im filini.

auf dem Uetliberg ab Zürich Hauptbahnhof mit der SZU-Bahn (25 min.)
und Fussweg (10 min.) erreichbar – Höhe 871 m – ✉ 8143 Uetliberg

🏨 **Uto Kulm** 🎠 ⬅ 🕭 🕼 🍴 ᕕ Rest, 🛜 🍴

– ☎ 044 457 66 66 – *www.utokulm.ch* Stadtplan : A2**n**
55 Zim – 🛏104/156 CHF 🛏🛏176/264 CHF, ☲ 30 CHF
Rest Tagesteller 22 CHF – Menü 69 CHF (abends)/89 CHF – Karte 61/124 CHF
Hier in 871 m Höhe liegt Ihnen Zürich zu Füssen, um Sie herum ein ungeahntes
Bergpanorama! Auch die modernen "Lifestyle-Zimmer" und die geräumigen "Ro-
mantik-Suiten" laden zu Bergferien nur 20 Minuten von der Wirtschaftsmetropole
ein. Für Familien sind die Maisonetten ideal. Das Restaurant wird im Sommer zur
grossen Terrasse! Bemerkenswerte Mouton-Rothschild-Sammlung!

ZUG

Zug (ZG) – ✉ 6300 – 27 537 Ew – Höhe 425 m – Siehe Regionalatlas **4-G3**
▶ Bern 139 km – Luzern 34 km – Zürich 31 km – Aarau 58 km
Michelin Straßenkarte 551-P6

🏨 **City Garden** 🍴 🖅 🆔 🍽 Rest, 🛜 🅿

Metallstr. 20 – ☎ 041 727 44 44 – *www.citygarden.ch* Stadtplan : B1**a**
82 Zim ☲ – 🛏390 CHF 🛏🛏440 CHF
Rest *CU Restaurant* Tagesteller 29 CHF – Karte 48/98 CHF
Schon von aussen ist das Hotel mit der verspiegelten Fassade ein Eyecatcher,
innen dann modernes und überaus urbanes Design, komfortable Zimmer und
nette kleine Details - alles schön schlicht gehalten! Im Restaurant internationale
Küche mit Tapas-Angebot. Die Lage: ruhig und dennoch zentral.

🏨 **Parkhotel Zug** 🍴 🗔 🕭 🖅 🖅 ᕕ 🆔 🛜 🍴 🚗

Industriestr. 14 – ☎ 041 727 48 48 – *www.parkhotel.ch* Stadtplan : B1**b**
106 Zim ☲ – 🛏330/370 CHF 🛏🛏400/420 CHF – 6 Suiten
Rest Tagesteller 29 CHF – Menü 65/104 CHF – Karte 67/96 CHF – *(geschl.
Samstag)*
Das komfortable und insgesamt eher klassisch gehaltene Businesshotel empfängt seine Gäste mit einer modernen Lobby und dem Livingroom. Die Zimmer sind zeitgemäss und technisch gut ausgestattet, die Lage ist angenehm
zentral (Bahnhof wenige Gehminuten entfernt). Restaurant mit speziellem
Lichtkonzept.

🏨 **Löwen** garni ⬅ 🖅 ᕕ 🆔 🛜

Landsgemeindeplatz 1 – ☎ 041 725 22 22 Stadtplan : AB2**n**
– *www.loewen-zug.ch* – *geschl. 20. Dezember - 4. Januar*
47 Zim ☲ – 🛏220/280 CHF 🛏🛏260/300 CHF
Im Herzen der Altstadt und direkt am See liegt der Löwen a. d. 16. Jh., der schon
seit über 200 Jahren als Hotel geführt wird. Sehr gepflegte Zimmer mit kostenfreier Nespresso-Maschine, viele mit Seeblick, dazu ein gutes Frühstück.

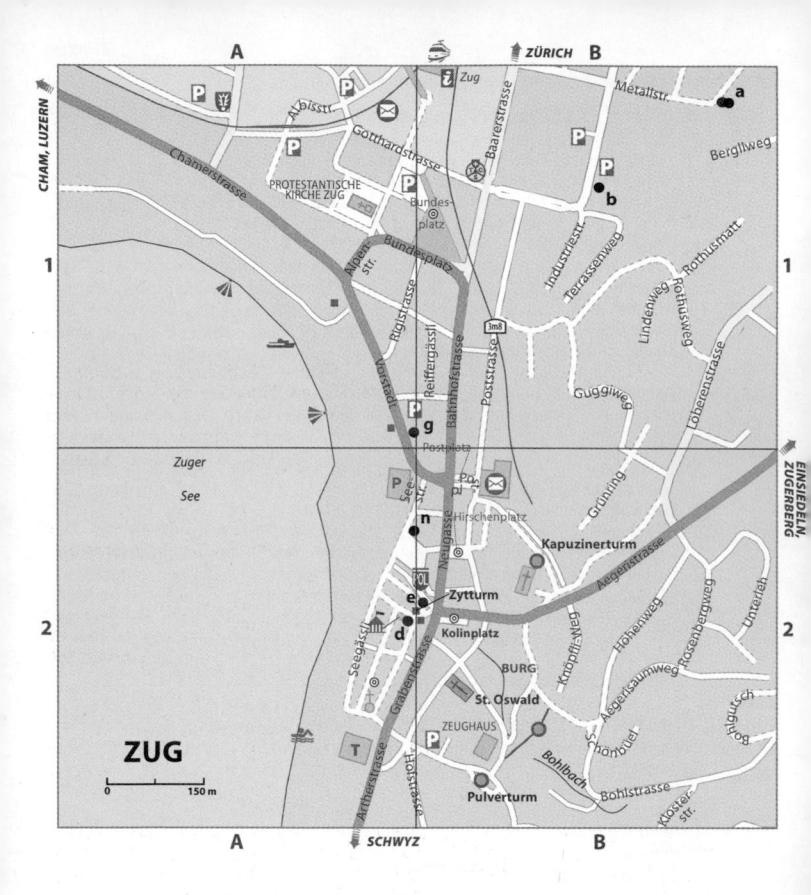

ZUG

🏠 **Guggital** 🏖 ⪡ 🏡 🍴 🛋 📶 ⛷ P
Zugerbergstr. 46, über B2 – 🕿 041 728 74 17 – www.hotel-guggital.ch – geschl.
19. Dezember - 6. Januar
20 Zim 🛏 – ♦160/190 CHF ♦♦195/240 CHF – ½ P
Rest Tagesteller 30 CHF – Karte 51/99 CHF
In recht ruhiger Panoramalage oberhalb der Stadt wohnt man in zeitgemässen und funktionellen Zimmern, die fast alle eine tolle Aussicht auf den See bieten. Im Stammhaus hat man auch ältere und günstigere Zimmer. Ganz besonders schön ist der Blick von der wunderbaren Terrasse unter Kastanien!

🏠 **Zugertor** 🍴 🛋 🅰🅲 Zim, ✗ 📶 🚗
Baarerstr. 97, über Baarerstrasse B1 – 🕿 041 729 38 38 – www.zugertor.ch
– geschl. 20. Dezember - 4. Januar
36 Zim 🛏 – ♦128/218 CHF ♦♦168/258 CHF – ½ P
Rest *Zeno's Spezialitäten Restaurant* 🕿 041 720 09 19 – Tagesteller 22 CHF
– Menü 69/89 CHF – Karte 28/68 CHF – *(geschl. Ende Juli - Anfang August und Samstag)*
Bei Familie von Rickenbach wohnt man in tipptopp gepflegten Zimmern, die schön modern und farblich frisch und freundlich gestaltet sind - für Familien sind die Premium-Zimmer ideal. Das Restaurant bietet traditionelle Küche, man ist bekannt für Fischgerichte. Praktisch: gut erreichbar am Zentrumsrand gelegen.

XXX **Rathauskeller - Zunftstube** &⬡ ⌂

Ober-Altstadt 1, (1. Etage) – 𝒞 041 711 00 58   Stadtplan : A2**d**
– www.rathauskeller.ch – geschl. 21. Dezember - 5. Januar, 30. März - 14. April,
Juli - August und Sonntag - Montag
Menü 68 CHF (mittags)/130 CHF – Karte 68/133 CHF – *(Tischbestellung ratsam)*
Historisches Flair, sehr komfortable Einrichtung, luxuriöse Tischkultur..., all das
spricht ebenso für die Zunftstube wie Stefan Meier selbst, denn der Patron alter
Schule serviert hier gute klassische Gerichte aus hervorragenden Produkten!
Bistro ⬡ – siehe Restaurantauswahl

XX **Zum Kaiser Franz im Rössl** ⌂

⬡ *Vorstadt 8 – 𝒞 041 710 96 36 – www.kaiser-franz.ch*   Stadtplan : AB1**g**
– geschl. Samstagmittag, Sonntag
Menü 32 CHF (mittags)/78 CHF – Karte 58/109 CHF – *(Tischbestellung ratsam)*
Patron Felix Franz, gebürtiger Steirer, hat hier am Zuger See ein Stück österreichische Heimat etabliert. Neben Saisonalem dürfen auch Gerichte wie Wiener
Schnitzel oder Salzburger Nockerl nicht fehlen. Richtig sympathisch ist das elegante Restaurant auch dank des angenehm legeren Service. Terrasse zum See.

XX **Aklin** ⌂ ⬡

Kolinplatz 10 – 𝒞 041 711 18 66   Stadtplan : B2**e**
– www.restaurantaklin.ch – geschl. Juli und Samstagmittag, Sonntag sowie an
Feiertagen
Menü 25 CHF (mittags unter der Woche)/133 CHF – Karte 59/117 CHF
Das historische Stadthaus neben dem Zytturm trägt seit 1787 den heutigen
Namen. In gemütlichen und mit Geschmack dekorierten Stuben sorgt der elsässi-
sche Chef Oliver Rossdeutsch für klassische Küche. Beliebt: diverse günstige Mit-
tagsmenüs!

X **Bistro** – Restaurant Rathauskeller ⌂

⬡ *Ober-Altstadt 1 – 𝒞 041 711 00 58*   Stadtplan : A2**d**
– www.rathauskeller.ch – geschl. 21. Dezember - 5. Januar, 30. März - 14. April,
Juli - August und Sonntag - Montag
Tagesteller 23 CHF – Karte 50/128 CHF
Im Bistro geht es gemütlich-leger zu, aber nicht minder ambitioniert. Neben
bekannten Klassikern wie "Waadtländer Saucisson" oder "Ungarischem Rinds-
gulyas" gibt es auch Gerichte aus der Zunftstube. Schön die Terrasse mitten in
der Altstadt.

ZUMIKON
Zürich (ZH) – ✉ 8126 – 5 167 Ew – Höhe 659 m – Siehe Regionalatlas **4-G3**
▶ Bern 135 km – Zürich 10 km – Rapperswil 24 km – Winterthur 35 km
Michelin Straßenkarte 551-Q5

XX **Triangel** ⌂ ⬡ **P**

Ebmatingerstr. 3 – 𝒞 044 918 04 54 – www.triangel.ch – geschl. Weihnachten
- Anfang Januar und Samstagmittag, Sonntag sowie an Feiertagen
Tagesteller 25 CHF – Menü 48 CHF (mittags)/85 CHF – Karte 44/98 CHF
Freundlich-gemütlich das Ambiente, sehenswert die wechselnden Bilderausstel-
lungen verschiedener Künstler. Nicht minder ansprechend die mediterrane
Küche - probieren Sie die Spezialitäten: hausgemachte Ravioli sowie Fisch und
Meeresfrüchte.

ZUOZ
Graubünden (GR) – ✉ 7524 – 1 277 Ew – Höhe 1 695 m (Wintersport : 1 716/
2 465 m) – Siehe Regionalatlas **11-J5**
▶ Bern 319 km – Sankt Moritz 19 km – Scuol 46 km – Chur 82 km
Michelin Straßenkarte 553-X10

Engiadina 🗿 🔊 🛜 🖴 🅿

San Bastiaun 13 – ☏ 081 851 54 54 – www.hotelengiadina.ch – geschl. April
- Mitte Juni, Mitte Oktober - Mitte Dezember
37 Zim 🖂 – 🛉125/170 CHF 🛉🛉220/310 CHF – ½ P
Rest *Engiadina* – siehe Restaurantauswahl
Rest *Chamanna* Karte 57/100 CHF – *(geschl. Montag, ausser Saison) (nur*
Abendessen)
Den Charme von einst bewahren, ohne stehenzubleiben - das ist in dem alteingesessenen Hotel mitten im Dorf gut gelungen. Warmes Holz und schön abgestimmte Farben machen die Zimmer wohnlich. Der Tag beginnt mit einem guten,
frischen Frühstück, am Abend sollten Sie im "Chamanna" Fondue, Raclette
oder die Tischgrill-Gerichte probieren - hier darf man übrigens rauchen!

Crusch Alva 🆕 🛜 🖴 🅿

Via Maistra 26 – ☏ 081 854 13 19 – www.cruschalva.ch
13 Zim 🖂 – 🛉110/140 CHF 🛉🛉140/290 CHF – ½ P
Rest *Stüva* Tagesteller 20 CHF – Menü 65 CHF – Karte 56/94 CHF – *(geschl.*
Dienstag)
Rest *Cruschetta* Tagesteller 20 CHF – Karte 43/94 CHF
Das Schwesterhotel des "Engiadina" ist ein heimatgeschütztes Gasthaus im Her-
zen des kleinen Ortes. Seine dicken alten Mauern atmen die über 500-jährige
Geschichte, drinnen viele Antiquitäten. Die Zimmer sind wohnlich im Engadiner
Stil eingerichtet, zwei haben noch schöne historische Möbel! Die beiden Restau-
rants bieten Bündner Küche, die Stüva ist etwas feiner.

XX Engiadina – Hotel Engiadina 🛜 🅿

San Bastiaun 13 – ☏ 081 851 54 54 – www.hotelengiadina.ch – geschl. April
- Mitte Juni, Mitte Oktober - Mitte Dezember und Mittwoch
Tagesteller 20 CHF – Menü 65 CHF – Karte 40/94 CHF – *(ausser Saison: nur*
Abendessen)
In den drei heimeligen Stuben erwarten Sie neben gepflegter Atmosphäre auch
schmackhafte Speisen wie "Mille-feuille vom Kalbskopf", "Glattbutt in Bouillabais-
se-Sud" oder "in Traubenkernöl pochierte Taubenbrust".

X Dorta 🆕 🛜 ♻ 🅿

Via Dorta 73 – ☏ 081 854 20 40 – www.dorta.ch – geschl. Mai, November und
Montag - Dienstag
Tagesteller 29 CHF – Karte 48/87 CHF – *(ausser Saison: ab 14:30 Uhr geöffnet)*
(Tischbestellung ratsam)
Den Charme dieses bemerkenswerten uralten Bauernhauses werden Sie mögen
- wirklich reizend die Atmosphäre in der einstigen Scheune samt Empore und
Gäms-Stübli! Aus der Küche kommen schmackhafte Bündner Gerichte wie "Car-
paccio vom Siedfleisch" oder "Winzerbraten mit Polenta" und natürlich Capuns,
Pizokel & Co.

ZWEISIMMEN

Bern (BE) – ✉ 3770 – 2 935 Ew – Höhe 942 m (Wintersport : 948/2 011 m)
– Siehe Regionalatlas **7**-D5
▶ Bern 71 km – Interlaken 53 km – Gstaad 17 km
Michelin Straßenkarte 551-I10

bei der Mittelstadtion mit 🚠 erreichbar

Hamilton Lodge 🆕 🐾 ⬅ 🛏 🛜 🗿 🔊 ♿ Zim, 🛜 🧖 🅿

Rindbergstr. 26 – ☏ 033 222 74 74 – www.hamiltonlodge.ch/zweisimmen
– geschl. 29. März - 9. Juni, 1. September - 18. Dezember
23 Zim 🖂 – 🛉120/165 CHF 🛉🛉190/340 CHF – ½ P
Rest Tagesteller 19 CHF – Menü 40 CHF (abends) – Karte 38/90 CHF
Einfach traumhaft liegt das charmante Chalet bei der Mittelstation. Im Winter
beginnt der Skispass gleich vor der Tür, im Sommer geht's zum Wandern. Wieder
zurück im Hotel, entspannt man im rustikalen Saunahaus. Zimmer und Restaurant
sind gleichermassen hübsch: ein Mix aus warmem Holz und modernem Stil.

Bannister/ Warburton-Lee / Photononstop

Fürstentum Liechtenstein

FÜRSTENTUM LIECHTENSTEIN

Siehe Regionalatlas **5-I3**

Michelin Straßenkarte 551-VW6+7

Die Hauptstadt des Fürstentums Liechtenstein, das eine Fläche von 160 km² und eine Einwohnerzahl von ca. 35 000 hat, ist VADUZ. Die Amtssprache ist Deutsch, darüber hinaus wird auch ein alemannischer Dialekt gesprochen. Landeswährung sind Schweizer Franken.

La principauté de Liechtenstein d'une superficie de 160 km², compte env. 35 000 habitants. La capitale est VADUZ. La langue officielle est l'allemand, mais on y parle également un dialecte alémanique. Les prix sont établis en francs suisses.

Il principato del Liechtenstein ha una superficie di 160 km² e conta 35 000 abitanti. Capitale é VADUZ. La lingua ufficiale é il tedesco, ma vi si parla anche un dialetto alemanno. I prezzi sono stabiliti in franchi svizzeri.

The principality of Liechtenstein, covering an area of 61,8 square miles, has 35 000 inhabitants. VADUZ is the capital. The official language is German, but a Germanic dialect is also spoken. Prices are in Swiss francs.

▶ Bern 162 - Aarau 47 - Baden 24 - Chur 122

Wintersport

Malbun 1 602/2 000m

BALZERS

(LIE) – ⊠ 9496 – 4 592 Ew – Höhe 474 m – Siehe Regionalatlas **5-I3**

▶ Bern 224 km – Vaduz 9 km – Chur 29 km – Feldkirch 22 km

🏨 **Hofbalzers**   🛗 🛜 **P**

Höfle 2 – ☎ (00423) 388 14 00 – www.hofbalzers.li – geschl. 20. Dezember - 8. Januar

26 Zim ⊒ – ♦115/140 CHF ♦♦145/190 CHF

Rest Leonardo – siehe Restaurantauswahl

Für Geschäftsreisende ideal ist das zentral gelegene Hotel. Die Zimmer sind hell und wohnlich, die Ausstattung ist funktionell. Mit im Haus: Dampfbad, kleiner Fitnessraum und eine Bar.

🍴 **Leonardo** – Hotel Hofbalzers   🐾 🛋 **P**

Höfle 2 – ☎ (00423) 388 14 00

– www.leonardo-balzers.li

– geschl. 20. Dezember - 8. Januar und Montag - Dienstag

Tagesteller 30 CHF – Karte 58/93 CHF

Ein modernes Ristorante, italienische Küche und ein Chef, dessen Leidenschaft Weine aus Italien sind! Man geniesst sie zum Essen - und kann sie in der Enoteca kaufen! Schöner Garten mit alten Platanen.

TRIESEN

Liechtenstein (LIE) – ⊠ 9495 – 4 989 Ew – Höhe 512 m – Siehe Regionalatlas **5-I3**

▶ Bern 230 km – Vaduz 4 km – Chur 39 km – Feldkirch 18 km

🏨 **Schatzmann**   🛗 ♿ 🛜 🚗 **P**

Landstr. 80 – ☎ (00423) 399 12 12 – www.schatzmann.li – geschl. 24. Dezember - 7. Januar

29 Zim ⊒ – ♦130/220 CHF ♦♦165/280 CHF – ½ P

Rest Schatzmann ⊛ – siehe Restaurantauswahl

Seit 1984 leitet das Ehepaar Schatzmann das Haus und hat es vom Gasthof zum Hotel gemacht! Man hat im hinteren Gebäude grosszügige Zimmer, im Stammhaus etwas einfachere und kleinere, die aber nicht minder gepflegt und wohnlich sind. Wer es komfortabler mag, sollte nach den ganz modernen Juniorsuiten fragen!

🏠 **Meierhof** ← 🦽 🕿 🏠 🖥 ✗ 🤶 🏔 🚗 **P**
Meierhofstr. 15 – 𝒞 (00423) 399 00 11 – www.meierhof.li
– geschl. 19. Dezember - 6. Januar
39 Zim 🖵 – 🛏125/155 CHF 🛏🛏165/195 CHF – 4 Suiten – ½ P
Rest Tagesteller 25 CHF – Menü 44 CHF – Karte 44/84 CHF
– (geschl. 19. Dezember - 6. Januar, 27. Juli - 3. August und Freitag - Sonntag sowie an Feiertagen)
Vor allem Businessgäste schätzen das Haus an der Strasse nach Triesenberg. Familie Kirchhofer-Kindle sorgt hier dafür, dass Sie zeitgemäss und wohnlich übernachten und mit einem frischen Frühstück in den Tag starten. In dem drei Gebäude umfassenden Hotel gibt es auch ein Restaurant, in dem man bevorzugt mit Bioprodukten aus der näheren Umgebung kocht.

🏠 **Schlosswald** garni ← 🦽 🖥 🤶 🏔 🚗 **P**
Eichholzweg 6 – 𝒞 (00423) 392 24 88 – www.schlosswald.li
33 Zim 🖵 – 🛏128/160 CHF 🛏🛏178/210 CHF
Hier wohnt man in erhöhter Lage über Triesen, recht ruhig und teilweise mit schönem Blick. Die Zimmer sind funktional und ganz auf den Business-gast ausgelegt, am Morgen wartet ein recht grosszügiges Frühstücksbuffet auf Sie.

✗✗ **Schatzmann** – Hotel Schatzmann 🕸 🤶 **P**
🏵
Landstr. 80 – 𝒞 (00423) 399 12 12 – www.schatzmann.li
– (Schliessung des Gourmet-Restaurants Juli 2015) geschl. 24. Dezember - 7. Januar und Samstag - Montag
Menü 65 CHF (mittags unter der Woche)/145 CHF
– Karte 82/128 CHF
Ob im gediegenen Restaurant oder im modernen Wintergarten, schön sitzt man immer, während man die geschmackvolle, sympathisch-unkomplizierte Küche von Klaus Schatzmann geniesst. Welcher Wein aus der exzellenten Auswahl von über 450 Positionen am besten dazu passt, sagt Ihnen das Damenteam um Inge Schatzmann.
→ Duo von Perlhuhn und Taube mit Foie gras und Zwiebel-Tarte-Tatin. Variation von Fischen und Krustentieren in drei Gängen serviert. Moelleux au Chocolat mit hausgemachtem Haselnussglace.

VADUZ
(LIE) – ✉ 9490 – 5 372 Ew – Höhe 460 m – Siehe Regionalatlas **5-I3**
▶ Bern 233 km – Chur 43 km – Feldkirch 15 km – Sankt Anton am Arlberg 76 km

🏨 **Park-Hotel Sonnenhof** 🕸 ← 🦽 🖹 🤶 🖥 ✗ 🤶 🏔 **P**
Mareestr. 29 – 𝒞 (00423) 239 02 02 – www.sonnenhof.li
– geschl. 20. Dezember - 12. Januar
29 Zim 🖵 – 🛏195/325 CHF 🛏🛏450/520 CHF – ½ P
Rest *Marée* 🏵 – siehe Restaurantauswahl
In den letzten Jahrzehnten hat Familie Real aus dem schönen Landhaus in traumhafter Lage ein wahres Schmuckstück gemacht. Die Zimmer: individuell, wertig, überaus wohnlich und geschmackvoll - da bleibt man gerne länger, auch angesichts des ausgezeichneten, persönlichen Service! Noch etwas zum Schwärmen ist der herrliche Garten, der im Sommer ein echter Blickfang ist.

🏨 **Residence** garni 🖥 🤶 🏔
Städtle 23 – 𝒞 (00423) 239 20 20 – www.residence.li
– geschl. 24. - 27. Dezember
27 Zim 🖵 – 🛏180/280 CHF 🛏🛏240/340 CHF – 2 Suiten
Sie suchen ein ganz auf den Businessgast zugeschnittenes, modern-komfortables Hotel im Herzen von Vaduz? Mit grosszügigen, technisch sehr gut ausgestatteten Zimmern in wamen Farben und dem frischen Frühstück ist das hier die richtige Adresse.

🏨 **Löwen** ⌂ 🍴 Zim, 📶 🏋 **P**

Herrengasse 35 – 📞 (00423) 238 11 44 – www.hotel-loewen.li
– geschl. Weihnachten - 8. Januar, 25. Juli - 10. August
8 Zim ⌷ – ✚199/259 CHF ✚✚299/369 CHF
Rest Tagesteller 35 CHF – Menü 63/99 CHF – Karte 47/109 CHF – *(geschl.*
Samstag - Sonntag)
Passend zur Historie des schmucken Hauses (1380) finden sich in den Zimmern teilweise schöne Antiquitäten, die vier grösseren mit Schlossblick. Während Sie auf der Terrasse den Blick über den eigenen Weinberg schweifen lassen, toben die Kids auf dem Spielplatz im Garten!

🍴🍴🍴 **Marée** (Hubertus Real) – Park-Hotel Sonnenhof 🛏 ≤ 🍴 ⌂ 🍴 **P**
🎍 *Mareestr. 29 – 📞 (00423) 239 02 02 – www.sonnenhof.li – geschl. 20. Dezember*
- 12. Januar und Samstagmittag
Menü 74 CHF (mittags)/150 CHF – Karte 97/129 CHF – *(Tischbestellung*
erforderlich)
Hubertus Real kocht klassisch, lässt aber auch hier und da moderne Elemente mit-einfliessen, und immer fallen in den feinen Gerichten die guten Produkte und die prägnante Würze auf. Das stilvoll-gemütliche Restaurant hat noch eine weitere Besonderheit: das "Adlernest", das Nonplusultra in puncto Aussicht - hier wird man weder nass, noch bekommt man kalte Füsse!
→ Asiatisch marinierte Thunfischwürfel, Mangoragout, Zitronengrasschaum. Zar-ter Rochenflügel, Kapern, braune Knoblauchbutter, Knusper-Brösel. Knusprig gla-sierte Brust vom Jungschwein mit saisonalen Beilagen.

🍴🍴 **Torkel** 🛏 ≤ ⌂ ♿ **P**
Hintergass 9 – 📞 (00423) 232 44 10 – www.torkel.li – geschl. 22. Dezember
- 6. Januar, 5. - 19. Oktober, 3. - 21. April; Mai - Oktober: Samstagmittag,
Sonntag und an Feiertagen; November - April: Samstagmittag, Sonntag
- Montag und an Feiertagen
Tagesteller 48 CHF – Menü 72/128 CHF – Karte 77/113 CHF
Ivo und Tanja Berger haben hier eine ungemein charmante Adresse mitten in den Reben - da ist natürlich die Terrasse der Renner! Drinnen im eleganten Restau-rant zieht der mächtige Torkelbaum (einstige Weinpresse) die Blicke auf sich. Aus der Küche kommt Klassisches wie "Charolais-Kalbsfilet & Morcheln".

Lexique

→ Lexique gastronomique

→ Gastronomisches Lexikon

→ Lessico gastronomico

→ Gastronomical lexicon

→ Lexique

→ Lexikon (siehe S. 507)
→ Lessico (vedere p. 514)
→ Lexicon

A

	→	→	→
à louer	zu vermieten	a noleggio	for hire
addition	Rechnung	conto	bill, check
aéroport	Flughafen	aeroporto	airport
agence de voyage	Reisebüro	agenzia di viaggio	travel bureau
agencement	Einrichtung	installazione	installation
agneau	Lamm	agnello	lamb
ail	Knoblauch	aglio	garlic
amandes	Mandeln	mandorle	almonds
ancien, antique	ehemalig, antik	vecchio, antico	old, antique
août	August	agosto	August
art-déco	Jugendstil	art-déco, liberty	Art Deco
artichaut	Artischocke	carciofo	artichoke
asperges	Spargel	asparagi	asparagus
auberge	Gasthaus	locanda	inn
aujourd'hui	heute	oggi	today
automne	Herbst	autunno	autumn
avion	Flugzeug	aereo	aeroplane
avril	April	aprile	April

B

	→	→	→
bac	Fähre	traghetto	ferry
bagages	Gepäck	bagagli	luggage
bateau	Boot, Schiff	barca	ship
bateau à vapeur	Dampfer	batello a vapore	steamer
baudroie	Seeteufel	pescatrice	angler fish
beau	schön	bello	fine, lovely
bette	Mangold	bietola	chards
beurre	Butter	burro	butter
bien, bon	gut	bene, buono	good, well
bière	Bier	birra	beer
billet d'entrée	Eintrittskarte	biglietto d'ingresso	admission ticket
blanchisserie	Wäscherei	lavanderia	laundry
bœuf bouilli	Siedfleisch	bollito di manzo	boiled beef
bouillon	Fleischbrühe	brodo	clear soup
bouquetin	Steinbock	stambecco	ibex
bouteille	Flasche	bottiglia	bottle
brochet	Hecht	luccio	pike

FRANÇAIS

cabri, chevreau	Zicklein, Gitzi	capretto	young goat
café	Kaffee	caffè	coffee
café-restaurant	Wirtschaft	ristorante-bar	café-restaurant
caille	Wachtel	quaglia	partridge
caisse	Kasse	cassa	cash desk
campagne	Land	campagna	country
canard, caneton	Ente, junge Ente	anatra	duck
cannelle	Zimt	cannella	cinnamon
câpres	Kapern	capperi	capers
carnaval	Fasnacht	carnevale	carnival
carottes	Karotten	carote	carrots
carpe	Karpfen	carpa	carp
carte postale	Postkarte	cartolina postale	postcard
cascades, chutes	Wasserfälle	cascate	waterfalls
céleri	Sellerie	sedano	celery
cépage	Rebsorte	ceppo	grape variety
cèpes, bolets	Steinpilze	boleto	ceps
cerf	Hirsch	cervo	stag (venison)
cerises	Kirschen	ciliegie	cherries
cervelle de veau	Kalbshirn	cervella di vitello	calf's brain
chaînes	Schneeketten	catene da neve	snow chain
chambre	Zimmer	camera	room
chamois	Gämse	camoscio	chamois
champignons	Pilze	funghi	mushrooms
change	Geldwechsel	cambio	exchange
charcuterie	Aufschnitt	salumi	pork butcher's meat
château	Burg, Schloss	castello	castle
chevreuil	Reh	capriolo	roe deer (venison)
chien	Hund	cane	dog
chou	Kraut, Kohl	cavolo	cabbage
chou de Bruxelles	Rosenkohl	cavolini di Bruxelles	Brussel sprouts
chou rouge	Rotkraut	cavolo rosso	red cabbage
chou-fleur	Blumenkohl	cavolfiore	cauliflower
choucroute	Sauerkraut	crauti	sauerkraut
circuit	Rundfahrt	circuito	round tour
citron	Zitrone	limone	lemon
clé	Schlüssel	chiave	key
col	Pass	passo	pass
collection	Sammlung	collezione	collection
combien ?	wieviel ?	quanto ?	how much ?
commissariat	Polizeirevier	commissariato	police headquarters
concombre	Gurke	cetriolo	cucumber
confiture	Konfitüre	marmellata	jam
coquille Saint-Jacques	Jakobsmuschel	cappasanta	scallops
corsé	kräftig	robusto	full bodied
côte de porc	Schweinekotelett	braciola di maiale	pork chop
côte de veau	Kalbskotelett	costata di vitello	veal chop
courge	Kürbis	zucca	pumpkin
courgettes	Zucchini	zucchino	zucchini
crème	Rahm	panna	cream
crêpes	Pfannkuchen	crespella	pancakes
crevaison	Reifenpanne	foratura	puncture
crevettes	Krevetten	gamberetti	shrimps, prawns
crudités	Rohkost	verdure crude	raw vegetables
crustacés	Krustentiere	crostacei	crustaceans
cuissot	Keule	cosciotto	leg

D

	→	→	→
débarcadère	Schiffanlegestelle	pontile di sbarco	landing-wharf
décembre	Dezember	dicembre	December
demain	morgen	domani	tomorrow
demander	fragen, bitten	domandare	to ask for
départ	Abfahrt	partenza	departure
dimanche	Sonntag	domenica	Sunday
docteur	Arzt	dottore	doctor
doux	mild	dolce	sweet, mild

E

	→	→	→
eau gazeuse	mit Kohlensäure (Wasser)	acqua gasata	sparkling water
eau minérale	Mineralwasser	acqua minerale	mineral water
écrevisse	Flusskrebs	gambero	crayfish
église	Kirche	chiesa	church
émincé	Geschnetzeltes	a fettine	thin slice
en daube, en sauce	geschmort, mit Sauce	stracotto in salsa	stewed, with sauce
en plein air	im Freien	all'aperto	outside
endive	Endivie	indivia	chicory
entrecôte	Zwischenrippenstück	costata	sirloin steak
enveloppes	Briefumschläge	buste	envelopes
épinards	Spinat	spinaci	spinach
escalope panée	paniertes Schnitzel	cotoletta alla milanese	escalope in breadcrumbs
escargots	Schnecken	lumache	snails
étage	Stock, Etage	piano	floor
été	Sommer	estate	summer
excursion	Ausflug	escursione	excursion
exposition	Ausstellung	esposizione, mostra	exhibition, show

F

	→	→	→
faisan	Fasan	fagiano	pheasant
farci	gefüllt	farcito	stuffed
fenouil	Fenchel	finocchio	fennel
féra	Felchen	coregone	dace
ferme	Bauernhaus	fattoria	farm
fermé	geschlossen	chiuso	closed
fêtes, jours fériés	Feiertage	giorni festivi	bank holidays
feuilleté	Blätterteig	sfoglia	puff pastry
février	Februar	febbraio	February
filet de bœuf	Rinderfilet	filetto di bue	fillet of beef
filet de porc	Schweinefilet	filetto di maiale	fillet of pork
fleuve	Fluss	fiume	river
foie de veau	Kalbsleber	fegato di vitello	calf's liver
foire	Messe, Ausstellung	fiera	fair
forêt, bois	Wald	foresta, bosco	forest, wood
fraises	Erdbeeren	fragole	strawberries
framboises	Himbeeren	lamponi	raspberries
fresques	Fresken	affreschi	frescoes
frit	frittiert	fritto	fried
fromage	Käse	formaggio	cheese

fromage blanc	Quark	formaggio fresco	curd cheese
fruité	fruchtig	fruttato	fruity
fruits de mer	Meeresfrüchte	frutti di mare	seafood
fumé	geräuchert	affumicato	smoked

G → → →

gare	Bahnhof	stazione	station
gâteau	Kuchen	dolce	cake
genièvre	Wacholder	coccola	juniper berry
gibier	Wild	selvaggina	game
gingembre	Ingwer	zenzero	ginger
girolles	Pfifferlinge, Eierschwämme	gallinacci (funghi)	chanterelles
glacier	Gletscher	ghiacciaio	glacier
grillé	gegrillt	alla griglia	grilled
grotte	Höhle	grotta	cave

H → → →

habitants	Einwohner	abitanti	residents, inhabitants
hebdomadaire	wöchentlich	settimanale	weekly
hier	gestern	ieri	yesterday
hiver	Winter	inverno	winter
homard	Hummer	astice	lobster
hôpital	Krankenhaus	ospedale	hospital
hôtel de ville, mairie	Rathaus	municipio	town hall
huile d'olives	Olivenöl	olio d'oliva	olive oil
huîtres	Austern	ostriche	oysters

I – J → → →

interdit	verboten	vietato	prohibited
jambon (cru, cuit)	Schinken (roh, gekocht)	prosciutto (crudo, cotto)	ham (raw, cokked)
janvier	Januar	gennaio	January
jardin, parc	Garten, Park	giardino, parco	garden, park
jeudi	Donnerstag	giovedì	Thursday
journal	Zeitung	giornale	newspaper
jours fériés	Feiertage	festivi	bank holidays
juillet	Juli	luglio	July
juin	Juni	giugno	June
jus de fruits	Fruchtsaft	succo di frutta	fruit juice

L → → →

lac	See	lago	lake
lait	Milch	latte	milk
langouste	Languste	aragosta	spiny lobster
langoustines	Langustinen	scampi	Dublin bay prawns
langue	Zunge	lingua	tongue
lapin	Kaninchen	coniglio	rabbit
léger	leicht	leggero	light
légumes	Gemüse	legume	vegetable
lentilles	Linsen	lenticchie	lentils

lièvre	Hase	lepre	hare
lit	Bett	letto	bed
lit d'enfant	Kinderbett	lettino	child's bed
lotte	Seeteufel	pescatrice	monkfish
loup de mer	Seewolf, Wolfsbarsch	branzino	sea bass
lundi	Montag	lunedì	Monday

M → → →

mai	Mai	maggio	May
maison	Haus	casa	house
maison corporative	Zunfthaus	sede corporativa	guild house
manoir	Herrensitz	maniero	manor house
mardi	Dienstag	martedì	Tuesday
mariné	mariniert	marinato	marinated
mars	März	marzo	March
mercredi	Mittwoch	mercoledì	Wednesday
miel	Honig	miele	honey
moelleux	weich, gehaltvoll	vellutato	mellow
monument	Denkmal	monumento	monument
morilles	Morcheln	spugnole (funghi)	morels
moules	Muscheln	cozze	mussels
moulin	Mühle	mulino	mill
moutarde	Senf	senape	mustard

N → → →

navet	weisse Rübe	navone	turnip
neige	Schnee	neve	snow
Noël	Weihnachten	Natale	Christmas
noisettes, noix	Haselnüsse, Nüsse	nocciole, noci	hazelnuts, nuts
nombre de couverts limités	Tischbestellung ratsam	coperti limitati-prenotare	booking essential
nouilles	Nudeln	tagliatelle, fettuccine	noodles
novembre	November	novembre	November

O → → →

octobre	Oktober	ottobre	October
œuf à la coque	weiches Ei	uovo à la coque	soft-boiled egg
office de tourisme	Verkehrsverein	informazioni turistiche	tourist information office
oignons	Zwiebeln	cipolle	onions
omble chevalier	Saibling	salmerino	char
ombragé	schattig	ombreggiato	shaded
oseille	Sauerampfer	acetosella	sorrel

P → → →

pain	Brot	pane	bread
Pâques	Ostern	pasqua	Easter
pâtisseries	Feingebäck, Kuchen	pasticceria	pastries
payer	bezahlen	pagare	to pay
pêches	Pfirsiche	pesche	peaches
peintures, tableaux	Malereien, Gemälde	dipinti, quadri	paintings
perche	Egli	persico	perch

perdrix, perdreau	Rebhuhn	pernice	partridge
petit déjeuner	Frühstück	prima colazione	breakfast
petits pois	grüne Erbsen	piselli	green peas
piétons	Fussgänger	pedoni	pedestrians
pigeon	Taube	piccione	pigeon
pinacothèque	Gemäldegalerie	pinacoteca	picture gallery
pintade	Perlhuhn	faraona	guinea fowl
piscine, - couverte	Schwimmbad Hallen-	piscina, - coperta	swimming pool, in-door -
plage	Strand	spiaggia	beach
pleurotes	Austernpilze	gelone	oyster mushrooms
pneu	Reifen	pneumatico	tyre
poireau	Lauch	porro	leek
poires	Birnen	pere	pears
pois gourmands	Zuckerschoten	taccole	mange tout
poisson	Fisch	pesce	fish
poivre	Pfeffer	pepe	pepper
police	Polizei	polizia	police
pommes	Äpfel	mele	apples
pommes de terre, - à l'eau	Kartoffeln, Salz -	patate, - bollite	potatoes, boiled -
pont	Brücke	ponte	bridge
ponton d'amarrage	Bootsteg	pontile	jetty
poulet	Hähnchen	pollo	chicken
pourboire	Trinkgeld	mancia	tip
poussin	Küken	pulcino	young chicken
printemps	Frühling	primavera	spring
promenade	Spaziergang	passeggiata	walk
prunes	Pflaumen	prugne	plums

Q → → →

| quetsche | Zwetschge | grossa susina | dark-red plum |
| queue de bœuf | Ochsenschwanz | coda di bue | oxtail |

R → → →

raie	Rochen	razza	skate
raifort	Meerrettich	rafano	horseradish
raisin	Traube	uva	grape
régime	Diät	dieta	diet
remonte-pente	Skilift	ski-lift	ski-lift
renseignements	Auskünfte	informazioni	information
repas	Mahlzeit	pasto	meal
réservation	Tischbestellung	prenotazione	booking
résidents seulement	nur Hotelgäste	solo per clienti alloggiati	residents only
ris de veau	Kalbsbries, Milken	animelle di vitello	sweetbread
rive, bord	Ufer	riva	shore, river bank
rivière	Fluss	fiume	river
riz	Reis	riso	rice
roches, rochers	Felsen	rocce	rocks
rognons	Nieren	rognone	kidneys
rôti	gebraten	arrosto	roasted
rouget	Rotbarbe	triglia	red mullet
rue	Strasse	strada	street
rustique	rustikal, ländlich	rustico	rustic

S

S	→	→	→
saignant	englisch gebraten	al sangue	rare
Saint-Pierre (poisson)	Sankt-Petersfisch	sampietro (pesce)	John Dory (fish)
safran	Safran	zafferano	saffron
salle à manger	Speisesaal	sala da pranzo	dining-room
salle de bain	Badezimmer	stanza da bagno	bathroom
samedi	Samstag	sabato	Saturday
sandre	Zander	lucio perca	perch pike
sanglier	Wildschwein	cinghiale	wild boar
saucisse	Würstchen	salsiccia	sausage
saucisson	Trockenwurst	salame	sausage
sauge	Salbei	salvia	sage
saumon	Lachs	salmone	salmon
sculptures sur bois	Holzschnitzereien	sculture in legno	wood carvings
sec	trocken	secco	dry
sel	Salz	sale	salt
semaine	Woche	settimana	week
septembre	September	settembre	September
service compris	Bedienung inbegriffen	servizio incluso	service included
site, paysage	Landschaft	località, paesaggio	site, landscape
soir	Abend	sera	evening
sole	Seezunge	sogliola	sole
sucre	Zucker	zucchero	sugar
sur demande	auf Verlangen	a richiesta	on request
sureau	Holunder	sambuco	elderbarry

T

T	→	→	→
tarte	Torte	torta	tart
téléphérique	Luftseilbahn	funivia	cable car
télésiège	Sessellift	seggiovia	chair lift
thé	Tee	tè	tea
thon	Thunfisch	tonno	tuna
train	Zug	treno	train
train à crémaillère	Zahnradbahn	treno a cremagliera	rack railway
tripes	Kutteln	trippa	tripe
truffes	Trüffeln	tartufi	truffles
truite	Forelle	trota	trout
turbot	Steinbutt	rombo	turbot

V

V	→	→	→
vacances, congés	Ferien	vacanze	holidays
vallée	Tal	vallata	valley
vendredi	Freitag	venerdì	Friday
verre	Glas	bicchiere	glass
viande séchée	Trockenfleisch	carne secca	dried meats
vignes, vignoble	Reben, Weinberg	vite, vigneto	vines, vineyard
vin blanc sec	herber Weisswein	vino bianco secco	dry white wine
vin rouge, rosé	Rotwein, Rosé	vino rosso, rosato	red wine, rosé
vinaigre	Essig	aceto	vinegar
voiture	Wagen	machina	car
volaille	Geflügel	pollame	poultry
vue	Aussicht	vista	view

FRANÇAIS

→ Lexikon

- → Lexique (voir page 500)
- → Lessico (vedere p. 514)
- → Lexicon

DEUTSCH

A

	→	→	→
Abend	soir	sera	evening
Abfahrt	départ	partenza	departure
Äpfel	pommes	mele	apples
April	avril	aprile	April
Artischocke	artichaut	carciofo	artichoke
Arzt	docteur	dottore	doctor
auf Verlangen	sur demande	a richiesta	on request
Aufschnitt	charcuterie	salumi	pork butcher's meat
August	août	agosto	August
Ausflug	excursion	escursione	excursion
Auskünfte	renseignements	informazioni	information
Aussicht	vue	vista	view
Ausstellung	exposition	esposizione, mostra	exhibition, show
Austern	huîtres	ostriche	oysters
Austernpilze	pleurotes	gelone	oyster mushrooms
Auto	voiture	Vettura	car

B

	→	→	→
Badezimmer	salle de bain	stanza da bagno	bathroom
Bahnhof	gare	stazione	station
Bauernhaus	ferme	fattoria	farm
Bedienung inbegriffen	service compris	servizio incluso	service included
Bett	lit	letto	bed
bezahlen	payer	pagare	to pay
Bier	bière	birra	beer
Birnen	poires	pere	pears
Blätterteig	feuilletage	pasta sfoglia	puff pastry
Blumenkohl	chou-fleur	cavolfiore	cauliflower
Boot, Schiff	bateau	barca	ship
Bootssteg	ponton d'amarrage	pontile	jetty
Briefumschläge	enveloppes	buste	envelopes
Brot	pain	pane	bread
Brücke	pont	ponte	bridge
Burg, Schloss	château	castello	castle
Butter	beurre	burro	butter

C - D

	→	→	→
Dampfer	bateau à vapeur	batello a vapore	steamer
Denkmal	monument	monumento	monument

Dezember	décembre	dicembre	December
Diät	régime	dieta	diet
Dienstag	mardi	martedì	Tuesday
Donnerstag	jeudi	giovedì	Thursday

E	→	→	→
Egli	perche	persico	perch
ehemalig, antik	ancien, antique	vecchio, antico	old, antique
Ei	œuf	uovo	egg
Einrichtung	agencement	installazione	installation
Eintrittskarte	billet d'entrée	biglietto d'ingresso	admission ticket
Einwohner	habitants	abitanti	residents, inhabitants
Endivie	endive	indivia	chicory
englisch gebraten	saignant	al sangue	rare
Ente, junge Ente	canard, caneton	anatra	duck
Erdbeeren	fraises	fragole	strawberries
Essig	vinaigre	aceto	vinegar

F	→	→	→
Fähre	bac	traghetto	ferry
Fasan	faisan	fagiano	pheasant
Fasnacht	carnaval	carnevale	carnival
Februar	février	febbraio	February
Feiertage	jours fériés	festivi	bank holidays
Feingebäck, Kuchen	pâtisseries	pasticceria	pastries
Felchen	féra	coregone	dace
Felsen	roches, rochers	rocce	rocks
Fenchel	fenouil	finocchio	fennel
Ferien	vacances, congés	vacanze	holidays
Fisch	poisson	pesce	fish
Flasche	bouteille	bottiglia	bottle
Fleischbrühe	bouillon	brodo	clear soup
Flughafen	aéroport	aeroporto	airport
Flugzeug	avion	aereo	aeroplane
Fluss	fleuve, rivière	fiume	river
Flusskrebs	écrevisse	gambero	crayfish
Forelle	truite	trota	trout
fragen, bitten	demander	domandare	to ask for
Freitag	vendredi	venerdì	Friday
Fresken	fresques	affreschi	frescoes
fruchtig	fruité	fruttato	fruity
Fruchtsaft	jus de fruits	succo di frutta	fruit juice
Frühling	printemps	primavera	spring
Frühstück	petit déjeuner	prima colazione	breakfast
Fussgänger	piétons	pedoni	pedestrians

G	→	→	→
Gämse	chamois	camoscio	chamois
Garten, Park	jardin, parc	giardino, parco	garden, park
Gasthaus	auberge	locanda	inn
gebacken	frit	fritto	fried
gebraten	rôti	arrosto	roasted

Geflügel	volaille	pollame	poultry
gefüllt	farci	farcito	stuffed
gegrillt	grillé	alla griglia	grilled
Geldwechsel	change	cambio	exchange
Gemäldegalerie	pinacothèque	pinacoteca	picture gallery
Gemüse	légumes	legume	vegetables
Gepäck	bagages	bagagli	luggage
geräuchert	fumé	affumicato	smoked
geschlossen	fermé	chiuso	closed
geschmort, mit Sauce	en daube, en sauce	stracotto, in salsa	stewed, with sauce
Geschnetzeltes	émincé	a fettine	thin slice
gestern	hier	ieri	yesterday
Glas	verre	bicchiere	glass
Gletscher	glacier	ghiacciaio	glacier
grüne Erbsen	petits pois	piselli	green peas
Gurke	concombre	cetriolo	cucumber
gut	bien, bon	bene, buono	good, well

H → → →

Hähnchen	poulet	pollo	chicken
Hartwurst	saucisson	salame	sausage
Hase	lièvre	lepre	hare
Haselnüsse, Nüsse	noisettes, noix	nocciole, noci	hazelnuts, nuts
Haus	maison	casa	house
Hecht	brochet	luccio	pike
Herbst	automne	autunno	autumn
Herrensitz	manoir	maniero	manor house
heute	aujourd'hui	oggi	today
Himbeeren	framboises	lamponi	raspberries
Hirsch	cerf	cervo	stag (venison)
Höhle	grotte	grotta	cave
Holunder	sureau	sambuco	elderberry
Holzschnitzereien	sculptures sur bois	sculture in legno	wood carvings
Honig	miel	miele	honey
Hummer	homard	astice	lobster
Hund	chien	cane	dog

I - J → → →

im Freien	en plein air	all'aperto	outside
Ingwer	gingembre	zenzero	ginger
Jakobsmuschel	coquille Saint-Jacques	cappasanto	scallops
Januar	janvier	gennaio	January
Jugendstil	art-déco	art-déco, liberty	Art Deco
Juli	juillet	luglio	July
Juni	juin	giugno	June

K → → →

Kaffee	café	caffè	coffee
Kalbshirn	cervelle de veau	cervella di vitello	calf's brain
Kalbskotelett	côte de veau	costata di vitello	veal chop
Kalbsleber	foie de veau	fegato di vitello	calf's liver
Kalbsbries, Milken	ris de veau	animelle di vitello	sweetbread
Kaninchen	lapin	coniglio	rabbit
Kapern	câpres	capperi	capers

Karotten	carottes	carote	carrots
Karpfen	carpe	carpa	carp
Kartoffeln, Salz -	pommes de terre, - à l'eau	patate, bollite	potatoes, boiled
Käse	fromage	formaggio	cheese
Kasse	caisse	cassa	cash desk
Keule	gigue, cuissot	cosciotto	leg
Kinderbett	lit d'enfant	lettino	child's bed
Kirche	église	chiesa	church
Kirschen	cerises	ciliegie	cherries
Knoblauch	ail	aglio	garlic
Konfitüre	confiture	marmellata	jam
kräftig	corsé	robusto	full bodied
Krankenhaus	hôpital	ospedale	hospital
Kraut, Kohl	chou	cavolo	cabbage
Krevetten	crevettes	gamberetti	shrimps, prawns
Krustentiere	crustacés	crostacei	crustaceans
Kuchen	gâteau	dolce	cake
Küken	poussin	pulcino	young chicken
Kürbis	courge	zucca	pumpkin
Kutteln	tripes	trippa	tripe

L → → →

Lamm	agneau	agnello	lamb
Lachs	saumon	salmone	salmon
Land	campagne	campagna	country
Landschaft	site, paysage	località, paesaggio	site, landscape
Languste	langouste	aragosta	spiny lobster
Langustinen	langoustines	scampi	Dublin bay prawns
Lauch	poireau	porri	leek
leicht	léger	leggero	light
Linsen	lentilles	lenticchie	lentils
Luftseilbahn	téléphérique	funivia	cable car

M → → →

Mahlzeit	repas	pasto	meal
Mai	mai	maggio	May
Malereien, Gemälde	peintures, tableaux	dipinti, quadri	paintings
Mandeln	amandes	mandorle	almonds
Mangold	bette	bietola	chards
mariniert	mariné	marinato	marinated
März	mars	marzo	March
Meeresfrüchte	fruits de mer	frutti di mare	seafood
Meerrettich	raifort	rafano	horseradish
Messe, Ausstellung	foire	fiera	fair
Milch	lait	latte	milk
mild	doux	dolce	sweet, mild
Mineralwasser	eau minérale	acqua minerale	mineral water
mit Kohlensäure (Wasser)	eau gazeuse	acqua gasata	sparkling water
Mittwoch	mercredi	mercoledì	Wednesday
Montag	lundi	lunedì	Monday
Morcheln	morilles	spugnole (funghi)	morels
morgen	demain	domani	tomorrow
Mühle	moulin	mulino	mill
Muscheln	moules	cozze	mussels

N

N	→	→	→
Nieren	rognons	rognone	kidneys
November	novembre	novembre	November
nur für Hotelgäste	résidents seulement	solo per clienti alloggiati	residents only
Nudeln	nouilles	fettucine	noodles

O

O	→	→	→
Ochsenschwanz	queue de bœuf	coda di bue	oxtail
Oktober	octobre	ottobre	October
Olivenöl	huile d'olives	olio d'oliva	olive oil
Ostern	Pâques	pasqua	Easter

P

P	→	→	→
paniertes Schnitzel	escalope panée	cotolet a alla milanese	escalope in breadcrumbs
Pass	col	passo	pass
Perlhuhn	pintade	faraona	guinea fowl
Pfannkuchen	crêpes	crespella	pancakes
Pfeffer	poivre	pepe	pepper
Pfifferlinge, Eierschwämme	girolles	gallinacci (funghi)	chanterelles
Pfirsiche	pêches	pesche	peaches
Pflaumen	prunes	prugne	plums
Pilze	champignons	funghi	mushrooms
Polizei	police	polizia	police
Polizeirevier	commissariat	commissariato	police headquarters
Postkarte	carte postale	cartolina postale	postcard

Q

Q	→	→	→
Quark	fromage blanc	formaggio fresco	curd cheese

R

R	→	→	→
Rahm	crème	panna	cream
Rathaus	hôtel de ville, mairie	municipio	town hall
Reben, Weinberg	vignes, vignoble	vite, vigneto	vines, vineyard
Rebhuhn	perdrix, perdreau	pernice	partridge
Rebsorte	cépage	ceppo	grape variety
Rechnung	addition	conto	bill, check
Reh	chevreuil	capriolo	roe deer (venison)
Reifen	pneu	pneumatico	tyre
Reifenpanne	crevaison	foratura	puncture
Reis	riz	riso	rice
Reisebüro	agence de voyage	agenzia di viaggio	travel bureau
Rinderfilet	filet de bœuf	filetto di bue	fillet of beef
Rochen	raie	razza	skate
Rohkost	crudités	verdure crude	raw vegetables
Rosenkohl	chou de Bruxelles	cavolini di Bruxelles	Brussel sprouts
Rotbarbe	rouget	triglia	red mullet
Rotkraut	chou rouge	cavolo rosso	red cabbage
Rotwein, Rosé	vin rouge, rosé	vino rosso, rosato	red wine, rosé
Rundfahrt	circuit	circuito	round tour
rustikal, ländlich	rustique	rustico	rustic

S → → →

Safran	safran	zafferano	saffron
Saibling	omble chevalier	salmerino	char
Salbei	sauge	salvia	sage
Salz	sel	sale	salt
Sammlung	collection	collezione	collection
Samstag	samedi	sabato	Saturday
Sankt-Petersfisch	Saint-Pierre (poisson)	sampietro (pesce)	John Dory (fish)
Sauerkraut	choucroute	crauti	sauerkraut
Sauerampfer	oseille	acetosella	sorrel
schattig	ombragé	ombreggiato	shaded
Schiffanlegestelle	débarcadère	pontile di sbarco	landing-wharf
Schinken (roh, gekocht)	jambon (cru, cuit)	prosciutto (crudo, cotto)	ham (raw, cokked)
Schlüssel	clé	chiave	key
Schnecken	escargots	lumache	snails
Schnee	neige	neve	snow
Schneeketten	chaînes	catene da neve	snow chain
schön	beau	bello	fine, lovely
Schweinefilet	filet de porc	filetto di maiale	fillet of pork
Schweinekotelett	côte de porc	braciola di maiale	pork chop
Schwimmbad, Hallen -	piscine, - couverte	piscina, - coperta	swimming pool, in-door -
See	lac	lago	lake
Seeteufel	baudroie, lotte	pescatrice	angler fish, monkfish
Seewolf, Wolfsbarsch	loup de mer	branzino	sea bass
Seezunge	sole	sogliola	sole
Seilbahn	téléphérique	funivia	cable car
Sellerie	céleri	sedano	celery
Senf	moutarde	senape	mustard
September	septembre	settembre	Septembe
Sessellift	télésiège	seggiovia	chair lift
Siedfleisch	bœuf bouilli	bollito di manzo	boiled beef
Skilift	remonte-pente	ski-lift	ski-lift
Sommer	été	estate	summer
Sonntag	dimanche	domenica	Sunday
Spargel	asperges	asparagi	asparagus
Spaziergang	promenade	passeggiata	walk
Speisesaal	salle à manger	sala da pranzo	dining-room
Spinat	épinards	spinaci	spinach
Steinbock	bouquetin	stambecco	ibex
Steinbutt	turbot	rombo	turbot
Steinpilze	cèpes, bolets	boleto	ceps
Stock, Etage	étage	piano	floor
Strand	plage	spiaggia	beach
Strasse	rue	strada	street

T → → →

Tal	vallée	vallata	valley
Taube	pigeon	piccione	pigeon
Tee	thé	tè	tea
Thunfisch	thon	tonno	tuna
Tischbestellung	réservation	prenotazione	booking
Tischbestellung ratsam	nombre de couverts limités	coperti limitati- prenotare	booking essential
Torte	tarte	torta	tart

Traube	raisin	uva	grape
Trinkgeld	pourboire	mancia	tip
trocken	sec	secco	dry
trockener Weisswein	vin blanc sec	vino bianco secco	dry white wine
Trockenfleisch	viande séchée	carne secca	dried meats
Trüffeln	truffes	tartufi	truffles

U – V

	→	→	→
Ufer	rive, bord	riva	shore, river bank
verboten	interdit	vietato	prohibited
Verkehrsverein	office de tourisme	informazioni turistiche	tourist information office

W

	→	→	→
Wacholder	genièvre	coccola	juniper berry
Wachtel	caille	quaglia	partridge
Wald	forêt, bois	foresta, bosco	forest, wood
Wäscherei	blanchisserie	lavanderia	laundry
Wasserfälle	cascades, chutes	cascate	waterfalls
weich, gehaltvoll	moelleux	vellutato	mellow
weiches Ei	œuf à la coque	uovo à la coque	soft-boiled egg
Weihnachten	Noël	Natale	Christmas
weisse Rübe	navet	navone	turnip
wieviel ?	combien ?	quanto ?	how much ?
Wild	gibier	selvaggina	game
Wildschwein	sanglier	cinghiale	wild boar
Winter	hiver	inverno	winter
Wirtschaft	café-restaurant	ristorante-bar	café-restaurant
Woche	semaine	settimana	week
wöchentlich	hebdomadaire	settimanale	weekly
Würstchen	saucisse	salsiccia	sausage

Z

	→	→	→
Zahnradbahn	train à crémaillère	treno a cremagliera	rack railway
Zander	sandre	lucio perca	perch pike
Zeitung	journal	giornale	newspaper
Zicklein, Gitzi	chevreau, cabri	capretto	young goat
Zimmer	chambre	camera	room
Zimt	cannelle	cannella	cinnamon
Zitrone	citron	limone	lemon
zu vermieten	à louer	a noleggio	for hire
Zucchini	courgettes	zucchino	zucchini
Zucker	sucre	zucchero	sugar
Zuckerschoten	pois gourmands	taccole	mange tout
Zug	train	treno	train
Zunfthaus	maison corporative	sede corporativa	guild house
Zunge	langue	lingua	tongue
Zwetschge	quetsche	grossa susina	dark-red plum
Zwiebeln	oignons	cipolle	onions
Zwischenrippenstück	entrecôte	costata	sirloin steak

→ Lessico

→ **Lexique** (voir page 500)
→ **Lexikon** (siehe S. 507)
→ **Lexicon**

A

→	→	→	→
a fettine	émincé	Geschnetzeltes	thin slice
a noleggio	à louer	zu vermieten	for hire
a richiesta	sur demande	auf Verlangen	on request
abitanti	habitants	Einwohner	residents, inhabitants
aceto	vinaigre	Essig	vinegar
acetosella	oseille	Sauerampfer	sorrel
acqua gasata	eau gazeuse	mit Kohlensäure (Wasser)	sparkling water
acqua minerale	eau minérale	Mineralwasser	mineral water
aereo	avion	Flugzeug	aeroplane
aeroporto	aéroport	Flughafen	airport
affreschi	fresques	Fresken	frescoes
affumicato	fumé	geräuchert	smoked
agenzia di viaggio	agence de voyage	Reisebüro	travel bureau
aglio	ail	Knoblauch	garlic
agnello	agneau	Lamm	lamb
agosto	août	August	August
al sangue	saignant	englisch gebraten	rare
all'aperto	en plein air	im Freien	outside
alla griglia	grillé	gegrillt	grilled
anatra	canard, caneton	Ente, junge Ente	duck
animelle di vitello	ris de veau	Kalbsbries, Milken	sweetbread
aprile	avril	April	April
aragosta	langouste	Languste	spiny lobster
arrosto	rôti	gebraten	roasted
art-déco, liberty	art-déco	Jugendstil	Art Deco
asparagi	asperges	Spargel	asparagus
astice	homard	Hummer	lobster
autunno	automne	Herbst	autumn

B

→	→	→	→
bagagli	bagages	Gepäck	luggage
barca	bateau	Boot, Schiff	ship
battello a vapore	bateau à vapeur	Dampfer	steamer
bello	beau	schön	fine, lovely
bene, buono	bien, bon	gut	good, well
bicchiere	verre	Glas	glass
bietola	bette	Mangold	chards
biglietto d'ingresso	billet d'entrée	Eintrittskarte	admission ticket
birra	bière	Bier	beer
boleti	cèpes, bolets	Steinpilze	ceps
bollito di manzo	bœuf bouilli	Siedfleisch	boiled beef

ITALIANO

bottiglia	bouteille	Flasche	bottle
braciola di maiale	côte de porc	Schweinekotelett	pork chop
branzino	loup de mer	Seewolf, Wolfsbarsch	sea bass
brodo	bouillon	Fleischbrühe	clear soup
burro	beurre	Butter	butter
buste	enveloppes	Briefumschläge	envelopes

C → → →

caffè	café	Kaffee	coffee
cambio	change	Geldwechsel	exchange
camera	chambre	Zimmer	room
camoscio	chamois	Gämse	chamois
campagna	campagne	Land	country
cane	chien	Hund	dog
cannella	cannelle	Zimt	cinnamon
cappasanta	coquille Saint-Jacques	Jakobsmuschel	scallops
capperi	câpres	Kapern	capers
capretto	cabri, chevreau	Zicklein, Gitzi	young goat
capriolo	chevreuil	Reh	roe deer (venison)
carciofo	artichaut	Artischocke	artichoke
carne secca	viande séchée	Trockenfleisch	dried meats
carnevale	carnaval	Fasnacht	carnival
carote	carottes	Karotten	carrots
carpa	carpe	Karpfen	carp
cartolina postale	carte postale	Postkarte	postcard
casa	maison	Haus	house
cascate	cascades, chutes	Wasserfälle	waterfalls
cassa	caisse	Kasse	cash desk
castello	château	Burg, Schloss	castle
catene da neve	chaînes	Schneeketten	snow chain
cavolfiore	chou-fleur	Blumenkohl	cauliflower
cavolini di Bruxelles	chou de Bruxelles	Rosenkohl	Brussel sprouts
cavolo	chou	Kraut, Kohl	cabbage
cavolo rosso	chou rouge	Rotkraut	red cabbage
cervella di vitello	cervelle de veau	Kalbshirn	calf's brain
cervo	cerf	Hirsch	stag (venison)
cetriolo	concombre	Gurke	cucumber
chiave	clé	Schlüssel	key
chiesa	église	Kirche	church
chiuso	fermé	geschlossen	closed
ciliegie	cerises	Kirschen	cherries
cinghiale	sanglier	Wildschwein	wild boar
cipolle	oignons	Zwiebeln	onions
circuito	circuit	Rundfahrt	round tour
coda di bue	queue de bœuf	Ochsenschwanz	oxtail
collezione	collection	Sammlung	collection
commissariato	commissariat	Polizeirevier	police headquarters
coniglio	lapin	Kaninchen	rabbit
conto	addition	Rechnung	bill, check
coperti limitati-prenotare	nombre de couverts limités	Tichbestellung ratsam	booking essential
coregone	féra	Felchen	dace
costata	entrecôte	Zwischenrippenstück	sirloin steak
cosciotto	gigue, cuissot	Keule	leg

515

costata di vitello	côte de veau	Kalbskotelett	veal chop
cotoletta alla milanese	escalope panée	paniertes Schnitzel	escalope in breadcrumbs
cozze	moules	Muscheln	mussels
crauti	choucroute	Sauerkraut	sauerkraut
cremagliera	train à crémaillère	Zahnradbahn	rack railway
crespella	crêpes	Pfannkuchen	pancakes
crostacei	crustacés	Krustentiere	crustaceans

D → → →

dicembre	décembre	Dezember	December
dieta	régime	Diät	diet
dipinti, quadri	peintures, tableaux	Malereien, Gemälde	paintings
dolce	gâteau	Kuchen	cake
dolce	doux	mild	sweet, mild
domandare	demander	fragen, bitten	to ask for
domani	demain	morgen	tomorrow
domenica	dimanche	Sonntag	Sunday
dottore	docteur	Arzt	doctor

E → → →

escursione	excursion	Ausflug	excursion
esposizione, mostra	exposition	Ausstellung	exhibition, show
estate	été	Sommer	summer

F → → →

fagiano	faisan	Fasan	pheasant
faraona	pintade	Perlhuhn	guinea fowl
farcito	farci	gefüllt	stuffed
fattoria	ferme	Bauernhaus	farm
febbraio	février	Februar	February
fegato di vitello	foie de veau	Kalbsleber	calf's liver
festivi	jours fériés	Feiertage	bank holidays
fiera	foire	Messe, Ausstellung	fair
filetto di bue	filet de bœuf	Rinderfilet	fillet of beef
filetto di maiale	filet de porc	Schweinefilet	fillet of pork
finocchio	fenouil	Fenchel	fennel
fiume	fleuve, rivière	Fluss	river
foratura	crevaison	Reifenpanne	puncture
foresta, bosco	forêt, bois	Wald	forest, wood
formaggio	fromage	Käse	cheese
formaggio fresco	fromage blanc	Quark	curd cheese
fragole	fraises	Erdbeeren	strawberries
fritto	frit	fritiert	fried
fruttato	fruité	fruchtig	fruity
frutti di mare	fruits de mer	Meeresfrüchte	seafood
funghi	champignons	Pilze	mushrooms
funivia	téléphérique	Luftseilbahn	cable car

G → → →

| gallinacci (funghi) | girolles | Pfifferlinge, Eierschwämme | chanterelles |
| gamberetti | crevettes | Krevetten | shrimps, prawns |

gambero	écrevisse	Flusskrebs	crayfish
gelone	pleurotes	Austernpilze	oyster mushrooms
gennaio	janvier	Januar	January
ghiacciaio	glacier	Gletscher	glacier
giardino, parco	jardin, parc	Garten, Park	garden, park
ginepro	genièvre	Wacholder	juniper berry
giornale	journal	Zeitung	newspaper
giorni festivi	fêtes, jours fériés	Feiertage	bank holidays
giovedì	jeudi	Donnerstag	Thursday
giugno	juin	Juni	June
grossa susina	quetsche	Zwetschge	dark-red plum
grotta	grotte	Höhle	cave

I → → →

ieri	hier	gestern	yesterday
indivia	endive	Endivie	chicory
informazioni	renseignements	Auskünfte	information
informazioni turistiche	office de tourisme	Verkehrsverein	tourist information office
installazione	agencement	Einrichtung	installation
inverno	hiver	Winter	winter

L → → →

lago	lac	See	lake
lamponi	framboises	Himbeeren	raspberries
latte	lait	Milch	milk
lavanderia	blanchisserie	Wäscherei	laundry
leggero	léger	leicht	light
legume	légumes	Gemüse	vegetable
lenticchia	lentilles	Linsen	lentils
lepre	lièvre	Hase	hare
lettino	lit d'enfant	Kinderbett	child's bed
letto	lit	Bett	bed
limone	citron	Zitrone	lemon
lingua	langue	Zunge	tongue
località, paesaggio	site, paysage	Landschaft	site, landscape
locanda	auberge	Gasthaus	inn
luccio	brochet	Hecht	pike
luccio perca	sandre	Zander	perch pike
luglio	juillet	Juli	July
lumache	escargots	Schnecken	snails
lunedì	lundi	Montag	Monday

M → → →

maggio	mai	Mai	May
mancia	pourboire	Trinkgeld	tip
mandorle	amandes	Mandeln	almonds
maniero	manoir	Herrensitz	manor house
marinato	mariné	mariniert	marinated
marmellata	confiture	Konfitüre	jam
martedì	mardi	Dienstag	Tuesday
marzo	mars	März	March
mele	pommes	Äpfel	apples
mercoledì	mercredi	Mittwoch	Wednesday

miele	miel	Honig	honey
monumento	monument	Denkmal	monument
morbido, cremoso	moelleux	weich, gehaltvoll	mellow
mulino	moulin	Mühle	mill
municipio	hôtel de ville, mairie	Rathaus	town hall

N → → →

Natale	Noël	Weihnachten	Christmas
navone	navet	weisse Rübe	turnip
neve	neige	Schnee	snow
nocciole, noci	noisettes, noix	Haselnüsse, Nüsse	hazelnuts, nuts
novembre	novembre	November	November

O → → →

oggi	aujourd'hui	heute	today
olio d'oliva	huile d'olives	Olivenöl	olive oil
ombreggiato	ombragé	schattig	shaded
ospedale	hôpital	Krankenhaus	hospital
ostriche	huîtres	Austern	oysters
ottobre	octobre	Oktober	October

P → → →

pagare	payer	bezahlen	to pay
pane	pain	Brot	bread
panna	crème	Rahm	cream
partenza	départ	Abfahrt	departure
Pasqua	Pâques	Ostern	Easter
passeggiata	promenade	Spaziergang	walk
passo	col	Pass	pass
pasticceria	pâtisseries	Feingebäck, Kuchen	pastries
pasto	repas	Mahlzeit	meal
patate, pommes de terre	Kartoffeln, Salz -	potatoes,	
- **bollite**	- à l'eau		boiled -
pedoni	piétons	Fussgänger	pedestrians
pepe	poivre	Pfeffer	pepper
pere	poires	Birnen	pears
pernice	perdrix, perdreau	Rebhuhn	partridge
persico	perche	Egli	perch
pescatrice	baudroie, lotte	Seeteufel	angler fish, monkfish
pesce	poisson	Fisch	fish
pesche	pêches	Pfirsiche	peaches
piano	étage	Stock, Etage	floor
piccione	pigeon, pigeonneau	Taube, junge Taube	pigeon
pinacoteca	pinacothèque	Gemäldegalerie	picture gallery
piscina,	piscine,	Schwimmbad,	swimming pool,
- **coperta**	- couverte	Hallen -	indoor -
piselli	petits pois	grüne Erbsen	green peas
pneumatico	pneu	Reifen	tyre
polizia	police	Polizei	police
pollame	volaille	Geflügel	poultry
pollo	poulet	Hähnchen	chicken
ponte	pont	Brücke	bridge

pontile	ponton d'amarrage	Bootssteg	jetty
pontile di sbarco	débarcadère	Schiffanlegestelle	landing-wharf
porro	poireau	Lauch	leek
prenotazione	réservation	Tischbestellung	booking
prima colazione	petit déjeuner	Frühstück	breakfast
primavera	printemps	Frühling	spring
prosciutto	jambon	Schinken	ham
(crudo, cotto)	(cru, cuit)	(roh, gekocht)	(raw, cokked)
prugne	prunes	Pflaumen	plums
pulcino	poussin	Küken	chick

Q - R   →   →   →

quaglia	caille	Wachtel	partridge
quanto ?	combien ?	wieviel ?	how much ?
rafano	raifort	Meerrettich	horseradish
razza	raie	Rochen	skate
riso	riz	Reis	rice
ristorante-bar	café-restaurant	Wirtschaft	café-restaurant
riva	rive, bord	Ufer	shore, river bank
robusto	corsé	kräftig	full bodied
rocce	roches, rochers	Felsen	rocks
rognone	rognons	Nieren	kidneys
rombo	turbot	Steinbutt	turbot
rustico	rustique	rustikal, ländlich	rustic

S   →   →   →

sabato	samedi	Samstag	Saturday
sala da pranzo	salle à manger	Speisesaal	dining-room
salame	saucisson	Hartwurst	sausage
sale	sel	Salz	salt
salmerino	omble chevalier	Saibling	char
salmone	saumon	Lachs	salmon
salsiccia	saucisse	Würstchen	sausage
salumi	charcuterie	Aufschnitt	pork butcher's meat
salvia	sauge	Salbei	sage
sambuco	sureau	Holunder	elderbarry
sampietro (pesce)	Saint-Pierre (poisson)	Sankt-Petersfisch	John Dory (fish)
scampi	langoustines	Langustinen	Dublin bay prawns
sculture in legno	sculptures sur bois	Holzschnitzereien	wood carvings
secco	sec	trocken	dry
sedano	céleri	Sellerie	celery
sede corporativa	maison corporative	Zunfthaus	guild house
seggiovia	télésiège	Sessellift	chair lift
Selvaggina	gibier	Wild	game
senape	moutarde	Senf	mustard
sera	soir	Abend	evening
servizio incluso	service compris	Bedienung inbegriffen	service included
settembre	septembre	September	September
settimana	semaine	Woche	week
settimanale	hebdomadaire	wöchentlich	weekly
sfoglia	feuilleté	Blätterteig	puff pastry
ski-lift	remonte-pente	Skilift	ski-lift
sogliola	sole	Seezunge	sole

solo per clienti alloggiati	résidents seulement	nur für Hotelgäste	residents only
spiaggia	plage	Strand	beach
spinaci	épinards	Spinat	spinach
spugnole (funghi)	morilles	Morcheln	morels
stambecco	bouquetin	Steinbock	ibex
stanza da bagno	salle de bain	Badezimmer	bathroom
stazione	gare	Bahnhof	station
stracotto, in salsa	en daube, en sauce	geschmort, mit Sauce	stewed, with sauce
strada	rue	Strasse	street
succo di frutta	jus de fruits	Fruchtsaft	fruit juice

T → → →

taccole	pois gourmands	Zuckerschoten	mange tout
tartufi	truffes	Trüffeln	truffles
tè	thé	Tee	tea
tonno	thon	Thunfisch	tuna
torta	tarte	Torte	tart
traghetto	bac	Fähre	ferry
treno	train	Zug	train
triglia	rouget	Rotbarbe	red mullet
trippa	tripes	Kutteln	tripe
trota	truite	Forelle	trout

U → → →

uovo à la coque	œuf à la coque	weiches Ei	soft-boiled egg
uva	raisin	Traube	grape

V → → →

vacanze	vacances, congés	Ferien	holidays
vallata	vallée	Tal	valley
vecchio, antico	ancien, antique	ehemalig, antik	old, antique
venerdì	vendredi	Freitag	Friday
verdure crude	crudités	Rohkost	raw vegetables
vettura	voiture	Auto	car
vietato	interdit	verboten	prohibited
vino bianco secco	vin blanc sec	herber Weisswein	dry white wine
vino rosso, rosato	vin rouge, rosé	Rotwein, Rosé	red wine, rosé
vista	vue	Aussicht	view
vite, vigneto	vignes, vignoble	Reben, Weinberg	vines, vineyard
vitigno	cépage	Rebsorte	grape variety

Z → → →

zafferano	safran	Safran	saffron
zenzero	gingembre	Ingwer	ginger
zucca	courge	Kürbis	pumpkin
zucchero	sucre	Zucker	sugar
zucchino	courgettes	Zucchini	zucchini

MICHELIN

Une collection à savourer!

Eine Kollektion zum Genießen!

Una collana da gustare!

Belgique • Belgïe & Luxembourg
Deutschland
España & Portugal
France
Great Britain & Ireland
Italia
Nederland • Netherlands
Suisse • Schweiz • Svizzera
Main Cities of Europe

Et aussi… Und auch… Ed anche:

New York City
Kyoto • Osaka • Kobe • Nara
Tokyo • Yokohama • Shonan
Hong Kong • Macau
Hokkaido
Chicago
London
Paris
San Francisco

Index des distinctions

→ Liste der Auszeichnungen
→ Elenco delle distinzioni
→ Index of awards

Les tables étoilées

→ Sterne-Restaurants
→ Gli esercizi con stelle
→ Starred restaurants

❀❀❀ 2015

Crissier	Restaurant de l'Hôtel de Ville
Fürstenau	Schauenstein

❀❀ 2015

Anières	Le Floris
Ascona	Ecco
Basel	Cheval Blanc
Basel	Stucki
Cossonay	Le Cerf
Hägendorf	Lampart's
Küsnacht	Rico's Kunststuben
Lausanne	Anne-Sophie Pic
Montreux / Brent	Le Pont de Brent
Le Noirmont	Georges Wenger
La Punt-Chamues-Ch.	Bumanns Chesa Pirani
Samnaun	Homann's Restaurant
Sankt Moritz / Champfèr	Ecco on snow
Satigny / Peney-Dessus	Domaine de Châteauvieux
Schwyz / Steinen	Adelboden
Sierre	Didier de Courten
Uetikon am See	Wirtschaft zum Wiesengrund
Vitznau	focus
Zürich	The Restaurant

Arosa	La Vetta
Ascona	Locanda Barbarossa
Ascona	Seven
Bad Ragaz	Äbtestube
Basel	Bel Etage
Basel	Les Quatre Saisons **N**
Basel	Matisse
Basel / Bottmingen	Philippe Bamas - Restaurant Sonne **N**
Bellinzona	Locanda Orico
Bern	Meridiano
Bern	Schöngrün
Brail	Vivanda
Bubendorf	Landgasthof Talhaus - PURO **N**
Bubendorf	Osteria Tre
Burgdorf	Emmenhof
Cavigliano	Tentazioni **N**
Charmey	La Table - Hôtel Le Sapin **N**
Crans-Montana	Hostellerie du Pas de l'Ours
Davos	Amrein's Seehofstübli
Eglisau	La Passion
Escholzmatt	Rössli - Jägerstübli
Flüh	Martin **N**
Fribourg	Le Pérolles / P.- A. Ayer
Fribourg / Bourguillon	Des Trois Tours
Gais	Truube **N**
Gattikon	Sihlhalde
Genève	Bayview
Genève	Il Lago
Genève	Le Chat Botté
Genève	Rasoi by Vineet
Genève	Vertig'O
Genève / Carouge	Le Flacon
Genève / Cologny	Auberge du Lion d'Or
Genève / Thônex	Le Cigalon
Gstaad	Chesery
Gstaad	LEONARD'S
Gstaad	Sommet
Hergiswil	Seerestaurant Belvédère
Hurden	Adler Hurden
Interlaken / Wilderswil	Alpenblick - Gourmetstübli
Klosters	Walserstube
Kreuzlingen	Nocturne GOURMET
Lausanne	La Table d'Edgard
Lugano	Arté
Mels	Schlüssel - Nidbergstube
Morges	Le Petit Manoir
Münchenbuchsee	Moospinte
Nebikon	Adler
Neuchâtel / Saint-Blaise	Le Bocca
Oberwil	Schlüssel **N**
Olten / Trimbach	Traube
Orsières	Les Alpes **N**

Rehetobel	Gasthaus Zum Gupf	
Saas Fee	Waldhotel Fletschhorn	
Samnaun	La Miranda Gourmet Stübli	**N**
Sankt Gallen / Wittenbach	Segreto	
Sankt Moritz	Cà d'Oro	
Sankt Moritz	Da Vittorio	
Sankt Moritz / Champfèr	Talvo By Dalsass	
Schaffhausen	Die Fischerzunft	
Scheunenberg	Sonne	
Schlattingen	dreizehn sinne im huuswurz	**N**
Sion	Damien Germanier	**N**
Solothurn	Zum Alten Stephan - Zaugg's Zunftstube	
Solothurn / Riedholz	Attisholz - le feu	
Sonceboz	Du Cerf	
Thörigen	Löwen	
Triesen (Liechtenstein)	Schatzmann	
Uznach	Der Kunsthof	**N**
Vacallo	Conca Bella	
Vaduz (Liechtenstein)	Park-Hotel Sonnenhof - Marée	
Verbier	La Table d'Adrien	
Vevey	Denis Martin	
Vevey	Les Saisons	
Vevey	Les Trois Couronnes	
Vevey / Chardonne	Le Montagne	
Vevey / Saint-Légier	Auberge de la Veveyse	
Villarepos	Auberge de la Croix Blanche	
Vitznau	PRISMA	**N**
Vitznau	Sens	**N**
Vouvry	Auberge de Vouvry	
Vufflens-le-Château	L'Ermitage	
Wangen	Sternen - Badstube	
Wetzikon	Il Casale	
Widen	Ryokan Hasenberg - Usagiyama	
Winterthur	Pearl	
Worb	Eisblume	**N**
Zermatt	After Seven	
Zermatt	Capri	
Zürich	CLOUDS	
Zürich	Maison Manesse	**N**
Zürich	Pavillon	
Zürich	Rigiblick - Spice	
Zürich	Sankt Meinrad	**N**
Zürich	Sein	
Zürich	mesa	

😊 Bib Gourmand

→ Repas soignés à prix modérés
→ Gute Küche zu moderaten Preisen
→ Pasti accurati a prezzi contenuti
→ Good food at moderate prices

Adligenswil	Rössli
Adliswil	Krone **N**
Aeschi bei Spiez / Aeschiried	Panorama
Aigle	la pinte communale **N**
Arosa	Arosa Kulm - Ahaan Thai
Arzier	Auberge de l'Union - Café
Ascona	Aerodromo da Nani **N**
Ascona	Giardino Lounge e Ristorante
Ascona	Seven Asia
Aubonne	L'Esplanade
Auvernier	Brasserie du Poisson **N**
Balgach	Rad Balgach **N**
Basel	Oliv
Basel / Bottmingen	Basilicum
Basel / Bottmingen	Bistro du Soleil
Baulmes	L'Auberge
Bern	Kirchenfeld
Bern	milles sens - les goûts du monde
Blatten bei Malters	Krone - Gaststube
Brissago	Osteria al Giardinetto **N**
Bülach	Zum Goldenen Kopf
Burgdorf	La Pendule **N**
Cham	the blinker **N**
Chancy	De la Place
Cossonay	La Fleur de Sel
Crans-Montana / Bluche	Edo
La Croix-de-Rozon / Landecy	Auberge de Landecy
Diessenhofen	Gasthaus Schupfen
Düdingen	Gasthof zum Ochsen
Ebersecken	Sonne
Emmen	Kreuz **N**
Engelberg	Hess by Braunerts
Erlenbach	Zum Pflugstein **N**
Erlinsbach	Hirschen **N**
Escholzmatt	Chrüter Gänterli
Fislisbach	Linde **N**
Frutigen	National - Philipp Blaser
Ftan	Paradies - La Cucagna **N**
Genève	Bistrot du Boeuf Rouge

Genève	L'Arabesque	
Genève	La Cantine des Commerçants	
Genève	Le 3 Rive Gauche	
Genève / Conches	Le Vallon	
Gerolfingen	Züttel	**N**
Grenchen	Chappeli	**N**
Gstaad / Saanen	16 Art Bar	**N**
Gunzgen	Sonne	
Gurtnellen	Gasthaus im Feld	**N**
Interlaken / Wilderswil	Alpenblick - Dorfstube	
Interlaken / Unterseen	benacus	**N**
Kandersteg	Ritter	**N**
Laax / Crap Masegn	Das Elephant	
Lausanne / Chalet-à-Gobet	Le Berceau des Sens	
Lömmenschwil	Ruggisberg	
Lugano / Massagno	Grotto della Salute	
Luthern	Gasthaus zur Sonne	
Lyss / Suberg	Pfister's Goldener Krug	**N**
Mägenwil	Bären	
Meiringen	Victoria	
Mels	Schlüsselstube	
Mels	Waldheim	
Mézières	Du Jorat - Brasserie	
Montricher	Auberge aux 2 Sapins	
Murten	Käserei	
Murten / Merlach	La Pinte du Vieux Manoir	**N**
Nebikon	Adler - Beizli	
Oberstammheim	Zum Hirschen	
Orvin / Les Prés d'Orvin	Le Grillon	
Pleujouse	Château de Pleujouse	
La Punt-Chamues-Ch.	Gasthaus Krone	
Reichenbach	Bären	
Ried-Muotathal	Adler	
Riemenstalden	Kaiserstock	
Saas Fee	Spielboden	
Sachseln	Gasthaus Engel	**N**
Safenwil	Central	**N**
Saint-Aubin	La Maison du Village	
Sankt Gallen	Candela	
Sankt Gallen	Netts Schützengarten	
Sankt Moritz / Champfèr	Giardino Mountain - Stüva	**N**
Sankt Niklausen	Alpenblick	
Schaffhausen	VinOpium	
Scheunenberg	Sonne - Bistro	
Sempach	Gasthof Adler	
Solothurn	Zum Alten Stephan - Stadtbeiz	
Solothurn / Riedholz	Attisholz - Gaststube	
Sonceboz	Du Cerf - Brasserie	
Stäfa	Gasthaus zur Sonne	**N**
Sursee	amrein'S	
Tegna / Ponte Brolla	T3e Terre	**N**
Thun / Hilterfingen	Schönbühl	
Thun / Steffisburg	Panorama - Bistro	
Trun	Casa Tödi	
Urnäsch	Urnäscher Kreuz	
Utzenstorf	Bären	

Bib Hôtel

→ Bonnes nuits à petits prix
→ Hier übernachten Sie gut und preiswert
→ Soggiorno di qualità a prezzo contenuto
→ Good accommodation at moderate prices

Adligenswil	Rössli	N
Aigle	CALM Comme à la Maison	N
Appenzell / Schwende	Alpenblick	
Arbon	Seegarten	
Arolla	Du Pigne	
Arzier	Auberge de l'Union	
Bergün	Bellaval	
Berikon	Stalden	
Champex	Alpina	
Cossonay	Le Funi	
Courgenay	De la Gare	
Cully	Auberge du Raisin	N
Davos	Bellevue	N
Davos / Sertig-Dörfli	Walserhuus	
Delémont	La Bonne Auberge	
Dürrenroth	Bären	
Ftan	Munt Fallun	
Fuldera	Staila	
Gilly	Auberge Communale	
Gondo	Stockalperturm	
Gordevio	Casa Ambica	
Guggisberg	Sternen	
Iseltwald	Chalet du Lac	
Kandersteg	Bernerhof	
Kreuzlingen / Tägerwilen	Trompeterschlössle	
Lauterbrunnen	Silberhorn	
Meggen	Balm	N
Meiringen	Victoria	
Mörigen	Seeblick	
Montricher	Auberge aux 2 sapins	
Mühledorf	Kreuz	
Reckingen	Tenne	
Sedrun	La Cruna	
Sumiswald	Bären	
Thyon-Les Collons	La Cambuse	

Hôtels agréables

→ Angenehme Hotels
→ Alberghi ameni
→ Particularly pleasant hotels

Andermatt	The Chedi
Bad Ragaz	Grand Resort
Genève	Beau-Rivage
Genève	Four Seasons Hôtel des Bergues
Gstaad	Grand Hotel Park
Gstaad	The Alpina Gstaad
Interlaken	Victoria-Jungfrau
Lausanne	Beau-Rivage Palace
Le Mont-Pèlerin	Le Mirador Kempinski
Montreux	Fairmont Le Montreux Palace
Sankt Moritz	Carlton
Sankt Moritz	Kulm
Sankt Moritz	Suvretta House
Vitznau	Park Hotel Vitznau
Zürich	The Dolder Grand

Arosa	Tschuggen Grand Hotel
Ascona	Castello del Sole
Ascona	Eden Roc
Ascona	Giardino
Ascona	Parkhotel Delta
Basel	Grand Hotel Les Trois Rois
Crans-Montana	Guarda Golf
Genève	D'Angleterre
Genève	De la Paix
Genève	InterContinental
Genève / Bellevue	La Réserve
Gstaad	Le Grand Bellevue
Locarno / Orselina	Villa Orselina
Lugano	Grand Hotel Villa Castagnola
Lugano	Villa Principe Leopoldo
Morcote	Swiss Diamond Hotel
Pontresina	Grand Hotel Kronenhof
Sankt Moritz	Kempinski Grand Hotel des Bains
Verbier	W Verbier
Vevey	Grand Hôtel du Lac
Weggis	Park Weggis

Zermatt	Grand Hotel Zermatterhof
Zermatt	Mont Cervin Palace
Zermatt	Riffelalp Resort
Zürich	Savoy Baur en Ville
Zürich	Widder

Adelboden	Parkhotel Bellevue
Appenzell / Weissbad	Hof Weissbad
Arosa	BelArosa
Brienz / Giessbach	Grandhotel Giessbach
Crans-Montana	Crans Ambassador
Crans-Montana / Plans-Mayens	Le Crans
Ennetbürgen	Villa Honegg
Ftan	Paradies
Genève	De la Cigogne
Genève	Les Armures
Genève	N'vY
Grindelwald	Schweizerhof
Gstaad	Le Grand Chalet
Gstaad / Schönried	ERMITAGE Wellness und Spa Hotel
Küsnacht	Seehotel Sonne
Lenk	Lenkerhof
Lenzerheide / Sporz	Maiensäss Hotel Guarda Val
Leukerbad	Les Sources des Alpes
Luzern	Montana
Melchsee-Frutt	frutt LODGE und SPA
Merligen	BEATUS
Montreux / Glion	Victoria
Neuchâtel / Monruz	Palafitte
Pontresina	Walther
Saint-Luc	Bella Tola
Samnaun	Chasa Montana
Sankt Moritz / Champfèr	Giardino Mountain
Sils Maria / Segl Baselgia	Margna
Spiez	Belvédère
Spiez	Eden
Vaduz (Liechtenstein)	Park-Hotel Sonnenhof
Verbier	Le Chalet d'Adrien
Villars-sur-Ollon	Chalet Royalp
Vitznau	Vitznauerhof
Zermatt	Alex
Zermatt	Alpenhof
Zermatt	The Omnia
Zürich	Alden Luxury Suite Hotel
Zürich	Schweizerhof
Zürich	Storchen

Ascona	Riposo
Baden	Limmathof Novum und Private Spa
Brail	IN LAIN Hotel Cadonau
Brissago	Yachtsport Resort
Genève	Tiffany
Gstaad / Schönried	Hostellerie Alpenrose
Kandersteg	Waldhotel Doldenhorn
Klosters	Walserhof
Locarno / Minusio	Giardino Lago
Madulain	Chesa Colani
Morges	Le Petit Manoir
Schaffhausen	Die Fischerzunft
Scuol	Guarda Val
Scuol / Tarasp	Schlosshotel Chastè
Wengen	Jungfrau
Wengen	Schönegg
Zermatt	CERVO Mountain Boutique Resort
Zermatt	Coeur des Alpes
Zermatt	Julen
Zermatt	Matterhorn Focus
Zermatt	Matthiol

Andermatt	The River House Boutique Hotel
Beckenried	Schlussel
Bever	Chesa Salis
Broc	Broc'aulit
Campo (Vallemaggia)	Locanda Fior di Campo
Carona	Villa Carona
Les Diablerets	du Pillon
Engelberg	Spannort
Gais	Bären
Gordevio	Casa Ambica
Kandersteg / Blausee-Mitholz	Blausee
Pontresina	Albris
La Punt-Chamues-Ch.	Gasthaus Krone
Scuol	Engiadina
Sils Maria/Fex-Crata	Sonne
Zermatt	Bella Vista
Zürich	Kindli

Restaurants agréables

→ Angenehme Restaurants
→ Ristoranti ameni
→ Particularly pleasant restaurants

XXXXX

| Lausanne | Anne-Sophie Pic |

Basel	Cheval Blanc
Crissier	Restaurant de l'Hôtel de Ville
Genève / Cologny	Auberge du Lion d'Or
Satigny / Peney-Dessus	Domaine de Châteauvieux
Vitznau	focus
Zürich	The Restaurant

Anières	Le Floris
Ascona	Ecco
Basel	Stucki
Brail	Vivanda
Cossonay	Le Cerf
Freidorf	Mammertsberg
Fürstenau	Schauenstein
Genève	Bayview
Gstaad	Chesery
Hägendorf	Lampart's
Klosters	Walserstube
Küsnacht	Rico's Kunststuben
Montreux / Brent	Le Pont de Brent
Neuchâtel / Saint-Blaise	Le Bocca
Le Noirmont	Georges Wenger
La Punt-Chamues-Ch.	Bumanns Chesa Pirani
Rehetobel	Gasthaus Zum Gupf
Saas Fee	Waldhotel Fletschhorn
Sankt Moritz / Champfèr	Ecco on snow
Schaffhausen	Die Fischerzunft
Solothurn / Riedholz	Attisholz - le feu

Taverne	Motto del Gallo
Vevey	Les Saisons
Vufflens-le-Château	L'Ermitage

Altnau	Urs Wilhelm's Restaurant
Arbon	Römerhof
Arosa	Kachelofa-Stübli
Bauen	Zwyssighaus
Bern	Schöngrün
Bern / Liebefeld	Landhaus Liebefeld
Birmenstorf	Pfändler's Gasthof zum Bären
Breil	Casa Fausta Capaul
Bubikon	Löwen - Apriori
Buonas	Wildenmann
Bursinel	La Clef d'Or
Centovalli	Stazione Da "Agnese i Adriana"
Chéserex	Auberge Les Platanes
Dallenwil	Gasthaus zum Kreuz
Erlenbach	Zum Pflugstein
Fribourg	L'Aigle-Noir
Ftan	Charn Alpina
Gattikon	Sihlhalde
Goldach	Villa am See
Gstaad	La Bagatelle
Gstaad / Saanen	Sonnenhof
Hurden	Adler Hurden
Ilanz / Schnaus	Stiva Veglia
Kandersteg	Au Gourmet
Lenzerheide / Sporz	Guarda Val
Lömmenschwil	Neue Blumenau
Malans	Weiss Kreuz
Münchenbuchsee	Moospinte
Neuchâtel	La Maison du Prussien
Neuheim	Falken
Oberwil	Schlüssel
Pleujouse	Château de Pleujouse
Rapperswil	Villa Aurum
Saint-Luc	Chez Ida-Le Tzambron
Sankt Gallen	Vreni Giger's Jägerhof
Sankt Gallen / Wittenbach	Segreto
Scheunenberg	Sonne
Schlattingen	dreizehn sinne im huuswurz
Schwyz / Steinen	Adelboden
Sihlbrugg / Hirzel	Krone - Tredecim
Sugiez	De l'Ours
Tegna / Ponte Brolla	Da Enzo
Thun	Arts Schloss Schadau
Uetikon am See	Wirtschaft zum Wiesengrund
Uznach	Der Kunsthof
Vaduz (Liechtenstein)	Torkel
Verbier	La Table d'Adrien

Vevey	La Véranda
Vitznau	PRISMA
Vitznau	Sens
Wädenswil	Eder's Eichmühle
Wengen	Schönegg
Widen	Ryokan Hasenberg - Usagiyama
Worb	Eisblume
Zürich	Widder Restaurant
Zürich	mesa

✕

Adelboden	Hohliebe-Stübli
Altendorf	Steinegg
Ascona	Giardino Lounge e Ristorante
Ascona	Seven
Bad Ragaz	Rössli
Basel / Muttenz	dr Egge - das restaurant
Beckenried	Schlüssel
Les Bois	Espace Paysan Horloger
Cavigliano	Tentazioni
Centovalli	Al Pentolino
Contra	senza punti
Fläsch	Landhaus
Forch	Neue Forch
Fribourg	Hôtel de Ville
Genève	Vertig'O
Genève / Conches	Le Vallon
Grandvaux	Auberge de la Gare
Grenchen	Chappeli
Gurtnellen	Gasthaus im Feld
Kandersteg	Ruedihus - Biedermeier Stuben
Locarno / Minusio	Giardino Lago
Lömmenschwil	Ruggisberg
Maloja	Bellavista
Münchenbuchsee	Gaststube
Saas Fee	Spielboden
Sankt Moritz	Chasellas
Sankt Moritz / Champfèr	Giardino Mountain - Stüva
Satigny / Peney-Dessous	Le Café de Peney
Zermatt	CERVO
Zürich	Sankt Meinrad

⚫Spa Wellness-Hotels

→ Bel espace de bien-être et de relaxation

→ Schöner Bereich zum Wohlfühlen

→ Centro benessere e relax

→ Extensive facility for relaxation and well-being

Adelboden	Parkhotel Bellevue 🏨
Adelboden	The Cambrian 🏨
Andermatt	The Chedi 🏨
Appenzell / Weissbad	Hof Weissbad 🏨
Arosa	Arosa Kulm 🏨
Arosa	BelArosa 🏨
Arosa	Tschuggen Grand Hotel 🏨
Arosa	Waldhotel National 🏨
Ascona	Castello del Sole 🏨
Ascona	Eden Roc 🏨
Ascona	Giardino 🏨
Baden	Limmathof Novum und Private Spa 🏨
Bad Ragaz	Grand Resort 🏨
Breil	La Val 🏨
Cademario	Cacclatori 🏨
Cademario	Kurhaus Cademario Hotel i Spa 🏨
Celerina	Cresta Palace 🏨
Chexbres	Le Baron Tavernier 🏨
Crans-Montana	Art de Vivre 🏨
Crans-Montana	Crans Ambassador 🏨
Crans-Montana	De L'Etrier 🏨
Crans-Montana	Grand Hôtel du Golf 🏨
Crans-Montana	Guarda Golf 🏨
Crans-Montana	Hostellerie du Pas de l'Ours 🏨
Crans-Montana / Plans-Mayens	Le Crans 🏨
Davos	InterContinental 🏨
Ennetbürgen	Villa Honegg 🏨
Feusisberg	Panorama Resort und Spa 🏨
Flims	Adula 🏨
Flims	Waldhaus Flims 🏨
Frutt	frutt LODGE und SPA 🏨
Genève	Four Seasons Hôtel des Bergues 🏨

Genève	Grand Hôtel Kempinski
Genève	InterContinental
Genève / Bellevue	La Réserve
Grindelwald	Schweizerhof
Gstaad	Grand Hotel Park
Gstaad	Gstaad Palace
Gstaad	Le Grand Bellevue
Gstaad	The Alpina Gstaad
Gstaad / Schönried	ERMITAGE Wellness und Spa Hotel
Gstaad / Saanenmöser	Golfhotel Les Hauts de Gstaad und SPA
Heiden	Heiden
Horn	Bad Horn
Interlaken	Lindner Grand Hotel Beau Rivage
Interlaken	Victoria-Jungfrau
Lausanne	Beau-Rivage Palace
Lausanne	Lausanne Palace
Lenk	Lenkerhof
Lenzerheide	Lenzerhorn
Lenzerheide	Schweizerhof
Lenzerheide / Valbella	Valbella Inn
Leukerbad	Les Sources des Alpes
Leukerbad	Mercure Hotel Bristol
Lipperswil	Golf Panorama
Locarno / Minusio	Esplanade
Locarno / Orselina	Villa Orselina
Lugano / Massagno	Villa Sassa
Luzern	Palace
Meisterschwanden	Seerose Resort und Spa
Merligen	BEATUS
Le Mont-Pèlerin	Le Mirador Kempinski
Montreux	Fairmont Le Montreux Palace
Morcote	Swiss Diamond Hotel
Morschach	Swiss Holiday Park
Pontresina	Grand Hotel Kronenhof
Saas Almagell	Pirmin Zurbriggen
Saas Fee	Ferienart Resort und SPA
Saas Fee	Schweizerhof
Saillon	Bains de Saillon
Saint-Luc	Bella Tola
Samnaun	Chasa Montana
Sankt Moritz	Badrutt's Palace
Sankt Moritz	Carlton
Sankt Moritz	Kempinski Grand Hotel des Bains
Sankt Moritz	Kulm
Sankt Moritz	Suvretta House
Sankt Moritz / Champfèr	Giardino Mountain

Sarnen / Wilen	Seehotel Wilerbad
Sigriswil	Solbadhotel
Verbier	Cordée des Alpes
Verbier	Le Chalet d'Adrien
Verbier	W Verbier
Vevey	Trois Couronnes
Villars-sur-Ollon	Chalet Royalp
Villars-sur-Ollon	Du Golf
Vitznau	Park Hotel Vitznau
Vitznau	Vitznauerhof
Weggis	Park Weggis
Weggis	Rössli
Zermatt	Alpenhof
Zermatt	Grand Hotel Zermatterhof
Zermatt	La Ginabelle
Zermatt	Mirabeau
Zermatt	Mont Cervin Palace
Zürich	The Dolder Grand

Michelin Travel Partner

Société par actions simplifiées au capital de 11 288 880 EUR
27 Cours de L'Île Seguin – 92100 Boulogne Billancourt (France)
R.C.S. Nanterre 433 677 721

© **Michelin et Cie, Propriétaires-Éditeurs 2014**

Dépôt légal octobre 2014

**Toute reproduction, même partielle et quel qu'en soit le support
est interdite sans autorisation préalable de l'éditeur**

**« Reproduit avec l'autorisation de swisstopo
(Direction fédérale des mensurations cadastrales) (VA072237) »**

Imprimé en Italie 10-2014
Sur du papier issu de forêts gérées durablement.

Compogravure : JOUVE, Saran (France)

Imprimeur et brocheur : LEGO PRINT (Italy)

Population : « Source : Office fédéral de la statistique, site Web Statistique suisse »

L'équipe éditoriale a apporté le plus grand soin à la rédaction de ce guide et à sa vérification. Toutefois, les informations pratiques (formalités administratives, prix, adresses, numéros de téléphone, adresses Internet...) doivent être considérées comme des indications du fait de l'évolution constante de ces données : il n'est pas totalement exclu que certaines d'entre elles ne soient plus, à la date de parution du guide, tout à fait exactes ou exhaustives. Avant d'entamer toutes démarches (formalités administratives et douanières notamment), vous êtes invités à vous renseigner auprès des organismes officiels. Ces informations ne sauraient de ce fait engager notre responsabilité.

Unser Redaktionsteam hat die Informationen für diesen Führer mit größter Sorgfalt zusammengestellt und überprüft. Trotzdem ist jede praktische Information (offizielle Angaben, Preise, Adressen, Telefonnummern, Internetadressen etc.) Veränderungen unterworfen und kann daher nur als Anhaltspunkt betrachtet werden. Es ist nicht auszuschließen, dass einige Angaben zum Zeitpunkt des Erscheinens des Führers nicht mehr korrekt oder komplett sind. Bitte fragen Sie daher zusätzlich bei der zuständigen offiziellen Stelle nach den genauen Angaben (insbesondere in Bezug auf Verwaltungs- und Zollformalitäten). Eine Haftung können wir in keinem Fall übernehmen.

I dati e le indicazioni contenuti in questa guida, sono stati verificati e aggiornati con la massima cura. Tuttavia alcune informazioni (prezzi, indirizzi, numeri di telefono, indirizzi Internet...) possono perdere parte della loro attualità a causa dell'incessante evoluzione delle strutture e delle variazioni del costo della vita: non è escluso che alcuni dati non siano più, all'uscita della guida, esatti o esaustivi. Prima di procedere alle eventuali formalità amministrative e doganali, siete invitati ad informarvi presso gli organismi ufficiali. Queste informazioni non possono comportare responsabilità alcuna per eventuali involontari errori o imprecisioni.